足迹

政法五院重建记忆

法律出版社编辑委员会／编

法律出版社
LAW PRESS·CHINA

总　序

人类文明的历史上，还没有哪一个时代像中国的改革开放40年一样，在历史长河中掀起如此巨大的浪花——它不仅深刻改变了一个国家的面貌与精神气质、使数亿人摆脱了贫困，还极大地改变了世界格局。

1978年，在那一年年底，中共中央一次全体会议——十一届三中全会扭转了中国的前进方向，开辟了一个时代。回首过去，我们发现，一些观念从那时开始在中国出现，一些声音从那时开始逐渐响起，一些人物开始登上历史舞台。从这一年开始，随着“加强社会主义民主，健全社会主义法制”历史性任务的提出，“法制”两个字进入了人们的视野；政法机关开始恢复重建；法律院系开始蓬勃发展。一部部法律从庙堂走进了人们的生活，一次次裁决推动着国家前进的脚步。从“有法可依、有法必依、执法必严、违法必究”到“科学立法、严格执法、公正司法、全民守法”，从“法制”到“法治”，从法治观念的形成到“依法治国，建设社会主义法治国家”写入《宪法》，再到“法治国家、法治政府、法治社会一体建设”，人们对法治的认识步步深入，中国的改革不断向前推进，结出丰硕的果实。在中国共产党的带领下，这个励精图治的古老国度，再一次创造了改革的奇迹。

40年发生了无数故事，40年产生了许多事物。为了纪念这难忘的40年，法律出版社组织编辑出版了一批“纪念改革开放40周年”主题图书。这些图书，将40年来颁布的重要法律及其释义甄选汇集，将法学领域有代表性的学术论文萃取精编，将有关政法机关的重建、法律院系的重生与发展进行展现，将一批被时代改变命运的人物再度唤起。我们希望从法律与法律人的视角，重新审视过去的40年，认真体会这不平凡的40年。

如江河东下，逝者如斯。岁月总会过去，人事总有代谢，但一个不平凡的时代留下的深刻痕迹，永远不会磨灭。“不忘初心，牢记使命”，习近平总书记在党的十九大报告中向全党发出的号召，使我们有理由期待，下一个40年，中国将更加惊艳！

法律出版社编辑委员会

2018年10月

目录

法大篇

目录

华政篇

中南篇

西政篇

目录

西法大篇

目录

改革开放四十年纪念

1978–2018

法大篇

从小月河到军都山下

第一部分

中国法学教育四十年

一、法学教育的发展阶段

改革开放以来这40年的法学教育可以分为三个阶段。第一个阶段是从1977年或1978年到1992年,这是我国法学教育的恢复期。第二个阶段是从1992年改革开放新时期到2012年党的十八大,这是我国法学教育的快速发展期。第三个阶段是2012年后至今,中国的法学教育进入了逐渐走向成熟发展的时期。在这个阶段办学规模得到了控制,以提高质量为核心的内涵发展成为法学院追求的目标。需要特别强调的是,选择1992年为节点,是因为在这之前法学教育处于恢复期,1992年以后法学教育进入快速成长期,法学院校的数量和规模如雨后春笋,扩张得非常快。

1. 恢复发展阶段(1977~1992年或1978~1992年)。中国法学教育的迅速恢复和发展发生在20世纪70年代末到90年代初的10多年间。在这一阶段,中国法学教育得到恢复重建,并在20世纪80年代中后期加速发展,到90年代初初步形成了多种形式、多种层次的法学教育体系,为1992年后中国法学教育发展的另一个高潮奠定了基础。但这一阶段,在尽量发展规模的同时,布点过多、师资短缺的矛盾日益显露,速度与质量的矛盾并未得到解决。

2. 改革发展阶段(1992~2012年)。中国法学教育的改革发展阶段是新中国成立之后法学教育的第二次发展高潮,是随着1992年邓小平南方谈话、党的十四大的召开和社会主义市场经济体制的建

1979 年 10 月 24 日，复办后的北京政法学院在冶金建筑研究院礼堂举行开学典礼，由曹海波院长主持

1979 年 10 月 24 日，复办后的北京政法学院在冶金建筑研究院礼堂举行开学典礼，全院师生 800 人参加了开学典礼

1979年10月24日,复办后的北京政法学院在冶金建筑研究院礼堂举行开学典礼,全院师生800人参加了开学典礼

1979年10月24日,复办后的北京政法学院在冶金建筑研究院礼堂举行开学典礼,时任最高人民法院院长江华出席并讲话

立应运而生的。1997 年“依法治国，建设社会主义法治国家”治国方略的提出，再一次为中国法学教育的蓬勃发展提供了新的契机，注入了新的动力。在这一时期，我国法学教育继续飞速发展，无论是设立法学院系的学校，还是招生的人数（1999 年高校扩大招生规模后增长更迅猛），都以惊人的速度增长。

3. 成熟发展时期（2012 年至今）。这一阶段，法学教育进入相对平稳发展时期，法学教育类型有了显著的划分，表现为法学硕士与法律硕士的培养有了明显的划分，博士培养得到一定的控制，在职博士逐渐减少，法学教育渐次摆脱了以数量增长为主的粗放式发展路线，走向以提升质量为核心的发展道路。

二、我国法学教育的成就

经过 40 年的发展，无论是在数量上，还是在质量上，我国法学教育都取得了巨大的成就。以法学一级学科作为统计口径，截至目前，全国共有 641 个法学本科专业学科点，法学专业在校生 311,429 人、知识产权专业在校生 8472 人、监狱学专业在校生 3416 人，未分入具体专业的法学类专业在校生 4601 人，法学类专业在校生总人数达到了 327,918 人之多。据媒体报道，我国法律职业岗位每年需求总数大约为 2 万个，而各类法学毕业生则达到了 14 万人之多。通过职业性较强的专业教育的法学生从法学院校毕业后，走上法律实务岗位的毕业生比例不高。其中，需要特别关注的是我国法学本科生的人才培养问题，每年 14 万法学专业各层次毕业生中，法学本科毕业生构成了绝对的主体。有数据显示，目前我国法学专业本科毕业生总数为 78,923 人，知识产权专业毕业生 632 人，监狱学专业在校生 716 人，未分入具体专业的法学类专业在校生 233 人，法学类专业在校生总人数达到了 80,504 人，占各类毕业生总人数的大半之多。有关数据显示，目前，我国法学门类硕士招生38,611人，占总硕士招生人数的5.99%。在校研究生191.14万人，比上年增加6.37万人。其中，在校博士生32.67万人，法学门类博士在校人数17,164人，占总在校博士生人数的5.25%；在校硕士生158.47万人，法学门类硕士在校生人数为108,171人，占在校硕士生总数的6.83%。2015年研究生毕业人数55.15万人，比上年增加1.57万人。其中，博士生毕业人数5.38万人，法学门类博士毕业人数2631人，占总体博士毕业人数的4.89%；硕士生毕业人数49.77万人，法学门类硕士生毕业人数36,765人，占总体硕士毕业人数的5.99%。

普通高校法学专任教师73,236人，占全体法学专人教师人数的97.26%。其中，定职级教师68,849人，占普通高校法学门类专人教师人数的94%；其中，未定职级教师4387人，占普通高校法学门类专任教师的5.98%。成人高校法学门类专任教师2064人，占全体法学门类专任教师人数的2.74%。其中，定职级教师1975人，占全体成人高校法学门类专任教师人数的95.69%；未定职级老师89人，占全体成人高校法学门类专任教师人数的4.3%。

以中国政法大学为例。目前，中国政法大学现有全日制在校生16,092人，其中本科生9386人，研究生5825人，留学生881人；专任教师879人，辅导员95人；专任教师中教授309人，博士生导师165人、硕士生导师479人，有博士或硕士学位的比例达91.01%。学校现有18个教学单位，12个在编科研机构，5个新型研究机构和7个协同创新中心。其中，由中国政法大学牵头组建的司法文明协同创新中心是首批经教育部、财政部认定的14个国家"2011计划"协同创新中心之一。2014年学校参与组建的"国家领土主权与海洋权益协同创新中心"成为第二批获得认定的24个国家"2011计划"协同创新中心之一；学校牵头组建的"马克思主义与全面依法治国协同创新中心”获批成为北京高校中国特色社会主义理论研究协同创新中心之一。法学为一级学科国家重点学科,政治学为一级学科北京市重点学科。

三、我国法学教育的问题

(一)平面问题

1. 区域分布不均衡。在数量方面,中国法学教育发展的最大问题在于它的不均衡性。这种不均衡性既表现在地域分布方面,也反映在法学院校隶属机构方面。法学高等教育机构分布在地域上呈现明显的不平衡态势。以 2013 年的数据为例,如果按照宏观经济领域中东部、中部、西部三大块来划分,东部地区 11 省市共有 347 所法学高等教育机构,占总数的 46%;中部地区 8 省共有 235 所,占总数的 31%;西部地区 12 省区市共有 171 所,占总数的 23%。从全国普通高校法学专任教师来看,法学高等教育机构分布在地域上呈现不平衡态势。如果按照宏观经济领域中东部、中部、西部三大块来划分,东部地区 11 省市共有全国普通高校法学专任教师 27,387 人,占总数的 44.39%,每省市平均 2530.64 人;中部地区 8 省共有全国普通高校法学专任教师 19,002 人,占总数的 30.30%,每省市平均 2375.25人;西部地区 12 省区市共有全国普通高校法学专任教师 15,867人,占总数的 25.30%,每省市平均 1322.25 人。

2. 隶属机构分布不均衡。仍以 2013 年数据为例,首先从普通法学类专业本科院校来看,法学高等教育机构分布在隶属关系上呈现明显的不平衡态势。由省级教育主管部门主管的成人本科类法学教育机构数量最多,达到 385 所,占法学高等教育机构总数的 54%。其次是民办机构,占法学高等教育机构总数的 24%。再次是教育部主管的法学教育机构,占法学高等教育机构总数的 10%,地级教育部门主管占法学高等教育机构总数的8%;省级其他部门主管院校的比例占总数的4%。国家安全生产监督管理、国家林业局、海关总署、交通运输部、司法部、外交部、中国共产主义青年团、中国民用航空总局、中华全国妇女联合会和中华全国总工会主管的普通本科类法学教育机构数量最少,均为1所,共10所,加起来大约为总数的1.33%。从普通高校法学专任教师数量来看,法学高等教育机构分布在隶属关系上呈现明显的不平衡态势。由省级教育主管部门主管的普通高校法学专任教师数量最多,数量达到28,435人,占普通高校法学专任教师总数的45.35%。其次是民办类普通高校法学专任教师数量,总数为9894人,占据普通高校法学专任教师总数的15.78%。省级其他部门主管机构的普通高校法学专任教师人数为8433人,占普通高校法学专任教师总数的13.45%;教育部主管机构的普通高校法学专任教师人数为6454人,占普通高校法学专任教师总数的10.29%。相比而言,中央办公厅、国家体育总局、国防部、中国科学院主管法学教育机构的专任教师数量都是个位数,在整个普通高校法学专任教师总数中所占比例微乎其微。

(二)实质问题

对比应然层面的法学教育,改革开放后的中国法学教育在量和质的发展方面,都存在问题。具体说来,量上的问题主要在于其不均衡性,既有区域分布方面的不均衡性,也有隶属关系方面的不均衡,这都可以通过数据反映出来。质上的问题则更多,主要表现为如下四个层面。

1. 职业教育属性缺失。在西方传统中,法律职业是与医生、牧师并列的三大传统特殊职业,都需要严格的职业训练,需要特殊的职业技能,具备特殊的职业伦理。法律职业的特殊性决定了法学教育本质而言必须是职业导向的,即法学教育是职业教育。这种职业导向可以追溯到古罗马时期，虽然经过中世纪初期短暂的罗马法复兴时期，但这种短暂与实在法的分离恰恰促进了法律职业化的统一性。这种职业取向的法学教育在当今世界各国的法学教育中体现得非常明显。中国法学教育处于规模上的粗放增长时期，缺乏职业导向。相较之下，主流国家的法律教育都是职业教育，这也就构成了中国法学教育当前最大的问题，即对法学教育的职业教育属性定位不清。其结果就是，大学无论是否有条件都进行法学教育，使法科的设立成了谋利的方式，使法学教育沦为一种过场式的普法启蒙。这对有中国特色法制体系的构建无疑是非常不利的。

2. 精英教育属性缺失。法律职业应当具有精英属性，作为一种高度专门化的职业，它在长期的发展历程中形成了一套非常严格的准入制度。而法学教育就是其中一个重要的前置条件。法律职业的精英性取决于其为社会所提供的服务的特殊性。法律职业为社会所提供的是对社会制度正常运转的维护，是公平和正义的价值输送。这一艺术化的活动只能由具备特殊技能和特殊职业道德者来履行。同时，法律职业所处理的是社会关系，而对社会关系的理解需要长期的生活经验和社会阅历，这就决定了法律职业必须经过特殊的经验训诫。法律职业作为社会公正的守护者，担负着社会利益的分配任务，而这不经过精英化的训诫自然无法实现。法学教育是法律人才的孵化器。既然社会需要的是精英型法律人才，法学教育当然也应培养精英型法律人才。精英法律人才的培养已成为当今世界主要国家的法学教育的一个基本趋向。而一个完整意义上的法学教育则应当是从入学到走入法律职业的整个过程，而从这个过程来看，当今世界主要国家的法学教育基本上都属于精英教育。我国法学教育规模过于庞大，很大程度上失去了精英属性。除一些精英院校外，法科生毕业即失业的现象已不是什么新鲜事。即便是一流的法学院毕业的法科生，尤其是法学本科生走向法律职业的比例也非常之低。并且，这一情况目前还没有停止的趋势，这是我们需要慎重对待的。

3. 德性教育缺失。法律职业作为一种服务社会的特殊行业，自然有特殊的伦理要求，这构成了法律职业的特色。严格而言，法律职业需要伦理与技巧的完美结合。只有伦理，没有技能，无法处理日益专门化的具体法律事务。而如果缺失职业伦理，那么，法律知识越精巧，对社会的危害反而越大。因而，在当今法学教育中强调职业伦理建设具有特定的重要意义，尤其是在当今司法公信力不高的情势下，加强法学教育中的德性教育、构建系统的法律职业伦理对中国法学教育至关重要。但是，我国统一的法学本科必修课中没有关于法律职业道德的专门课程，法学硕士和博士阶段的教育也没有关于“法律职业道德”“司法伦理”等一类课程。尽管中国大学的法学教育也同其他学科教育一样，开设有思想道德教育一类的“公共政治课”，但与法律职业道德教育并不相同，而且，由于教学内容、方法脱离“世道人心”等原因，效果并不好。不重视法律人才的道德建设是我国法学教育的一个重大缺陷，司法腐败对司法公信力的打击是巨大的，如果我们培养的法律人只有专业技能而没有基本的司法德性、没有司法为民的理念、没有维护社会公平正义的司法理想，那么，法学教育就很难说是成功的。而事实上，我国的法学教育确实存在这方面的严重问题，这是法学教育需要迫切反思的。

4. 职业技能教育缺失。我国传统的法学教育，通常以传授系统和科学的法律知识为目的，过于强调知识的灌输和纯理论的探讨，在教学方法上注重书本和课堂理论教学，较忽视对学生分析和处理实际法律案件和纠纷的能力培养。法学教育过程缺乏实际应用环节，法学知识变得生硬而抽象，教师台上讲，学生台下记，缺乏实际应用能力的培养过程，导致所学知识得不到准确理解和认识，法律知识掌握难以牢固。正因如此,法律实务部门对法学专业的毕业生和法学教育模式颇有微词,因为法学毕业生大都难以较快胜任实际工作,动手能力普遍较弱。当前中国的法学教育,虽然教学方法的改革呼声风起云涌。但在实际中,填鸭式教学仍然占据主导地位。对于法律职业所需要的那些职业技能,法学教育并没有给予足够的重视,甚至没有能力给予足够的重视。经过4年法学本科教育甚至研究生教育后的法科生往往连诉状都不知道怎么写,对具体的诉讼技巧则更是一无所知。法学教育成为一种没有基础的"屠龙之术"教育,法科生沦为没有一技之长的空想者。

四、我国法学教育改革的背景

在新的历史时期,当我们关注我国法学教育的转型发展时,首先需要关注的仍然是它转型发展的特定社会背景。正是这些政治经济社会政策层面的特殊背景,建构出法学教育对我国社会主义法治国家建设的重要意义。

(一)"四个全面"的战略布局

2014年12月习近平总书记在江苏调研时,第一次明确提出"四个全面"的总体布局,也就是"全面建成小康社会""全面深化改革""全面推进依法治国""全面从严治党"的战略布局。在"四个全面"战略布局中,和法律界关联最为密切的是"全面推进依法治国"战略布局。在全面推进依法治国与全面深化改革的过程中要处理好十大关系,首先就是法治与人治的关系。法学教育的改革本质上和我国经济社会发展的现代化紧密相关,和我国改革开放的治国方略紧密相关,且直接服务于我国的社会主义法治国家建设。

(二)全面参与全球治理的国际化路线

在中国参与全球治理的过程中,我国所主导的"一带一路"倡议日益凸显出其重要地位。对于全面参与全球治理和实施我国“一带一路”倡议所带来的挑战,法学教育的应对必然是培养更多高质量的法律职业人才,尤其是涉外型法律职业人才。在法律领域,全球治理的中国声音必然要通过国际规则的中国参与反映出来。而要有效地参与国际规则的制定,培养高质量的法律人才,尤其是涉外型法律人才就是必然之举。

(三)党的十八届四中全会《决定》及其《教学指导意见》

就法学界而言,党的十八届四中全会无疑具有里程碑意义。该会议通过了《中共中央关于全面推进依法治国若干重大问题的决定》(以下简称《决定》),《决定》关于全面推进依法治国的科学论断与重大部署,为深化高等法学教育改革指明了正确方向,提供了根本遵循。为了贯彻党的十八届四中全会《决定》,教育部高等学校法学类专业教学指导委员会研究制定了《高等法学教育贯彻十八届四中全会精神的教学指导意见》,该教学指导意见则明确提出要从严格教材选用、改革教学方法、加强教学研究、加强师资队伍建设四个方面全面提升我国法学教育的人才培养质量。

(四)《关于完善国家统一法律职业资格制度的意见》

我国于2015年12月4日正式出台了《关于完善国家统一法律职业资格制度的意见》,明确指向我国法治工作队伍的正规化、专业化、职业化建设,为建设社会主义法治国家提供人才保障。该意见的出台,对我国法律职业共同体的建设具有革命性的意义,它将立法、司法、执法、律师、公证等法律职业队伍统摄于统一法律职业队伍中,并将正规化的法学教育作为法律职业的准入条件,这必将深远地影响我国法学教育的未来发展和变革。经过该意见的整合,从法学教育到法律职业的一元化流动将会成为现实。法学教育的现代化进程将随着该意见对法学教育正规化的要求,以及法律职业队伍的正规化、职业化、专门化形成积极的对应关系，全面回应我国社会主义法治国家的建设大局。

(五)《法学类专业教学国家质量标准》的研制

《法学类专业教学国家质量标准》的研制工作，是遵循《国家中长期教育改革和发展规划纲要(2010～2020年)》与教育部《全面提高高等教育质量的若干意见》(以下简称《高教三十条》)要求进行的，是法学教育对我国宏观教育政策的具体回应。在该纲要和《高教三十条》这两个文件的指导下，我国高等教育92个专业的本科教学国家质量标准将于2016年年底正式公布，2017年我国将全面实施本科教学国家质量标准。作为我国高等教育重要组成部分的高等法学教育，未来的发展必然受到《法学类专业教学国家质量标准》的指引，从过去粗放式发展转向内涵式发展，从追求规模和数量的发展阶段转向以提升质量为核心的发展阶段。

(六)法学类专业评估工作的开展

制定法学类专业评估标准并适时开展专业评估是以我国《法学类专业教学国家质量标准》的研制和颁布为契机的，并且，这同样也是新一届法学类专业教学指导委员会的重要工作之一。《法学类专业教学国家质量标准》的制定适用，将确立我国法学教育的基础标准，严格我国法学教育的准入门槛，坚决将一些不符合法学教育办学标准的机构，通过评估的手段淘汰出去，推进我国法学教育的质量工程建设，全面提升我国法律职业人才的培养质量，推进我国法学教育向世界一流发展。

(七)卓越法律人才教育培养计划的总结及深入推进

2011年12月教育部和中央政法委联合颁布了《关于实施卓越法律人才教育培养计划的若干意见》，该意见明确指出，“我国高等法学教育还不能完全适应社会主义法治国家建设的需要，社会主义法治理念教育还不够深入,培养模式相对单一,学生实践能力总体不强,应用型、复合型司法职业人才培养不足。提高法律人才培养质量成为我国高等法学教育改革发展最核心最紧迫的任务”。根据该若干意见,2012 年教育部遴选并确定建设 58 个应用型、复合型法律职业人才教育培养基地,22 个涉外法律人才教育培养基地和 12 个西部基层法律人才教育培养基地,正式开始了分类培养卓越法律人才的系统工程。从实施效果来看,卓越法律人才教育培养模式基本上得到了法学界的认同。因此,2018 年 9 月 17 日《教育部中央政法委关于坚持德法兼修实施卓越法治人才教育培养计划 2.0 的意见》正式出台,标志着这一计划在未来将按照之前的设定目标继续运行下去,它所采用的培养机制也就越来越有可能对我国法学教育的发展起到范本性的作用。

(八)法学类专业课程体系的调整

在现行 16 门法学类专业核心课程体系设置下,必修课程门数过多,法学专业学生忙于上课,缺乏足够的时间进行自主学习,无法充分发挥学生自主学习的积极性和主动性。同时,前沿性、特色性课程不足以和具体的专业必修课形成合围,无法为学生提供某一领域足够前沿的知识体系,形成有效的知识供给。本届法学类专业教学指导委员会就法学类专业核心课程体系调整的可能性以及调整的原则等问题达成了共识,按照“让基础的更基础,让特色的更特色”的原则,充分释放法学院校的办学动力,使法学专业学生在夯实基础的前提下,更专注于某一领域特色能力的培养,使法学院校办出特色,更有力地适应我国社会主义法治建设的进程。

五、我国法学教育发展趋势

在 2017 年“五四”青年节来临之际,在中国政法大学建校 65 周年前夕，中共中央总书记、国家主席、中央军委主席习近平于5月3日上午来到中国政法大学考察，并就全面推进依法治国、加强法治人才培养发表重要讲话。习近平总书记指出，中国特色社会主义法治道路的一个鲜明特点，就是坚持依法治国和以德治国相结合，强调法治和德治两手抓、两手都要硬。法治人才培养要坚持立德树人，不仅要提高学生的法学知识水平，而且要培养学生的思想道德素养。

习近平总书记从全面依法治国的高度提出了法治人才培养的重要性，明确了全面推进依法治国的“三个事关”，指明了高校是法治人才培养的第一阵地。他指出，全面依法治国是坚持和发展中国特色社会主义的本质要求和重要保障，事关我们党执政兴国，事关人民幸福安康，事关党和国家事业发展。建设法治国家、法治政府、法治社会，实现科学立法、严格执法、公正司法、全民守法，都离不开一支高素质的法治工作队伍。法治人才培养上不去，法治领域不能人才辈出，全面依法治国就不可能做好。高校作为法治人才培养的第一阵地，要充分利用学科齐全、人才密集的优势，加强法治及其相关领域基础性问题的研究，对复杂现实进行深入分析、作出科学总结，提炼规律性认识，为完善中国特色社会主义法治体系、建设社会主义法治国家提供理论支撑。各级领导干部要做尊法、学法、守法、用法的模范，以实际行动带动全社会崇德向善，尊法守法。

习近平总书记的重要讲话和党的十八届四中全会通过的《中共中央关于全面推进依法治国若干重大问题的决定》（以下简称党的十八届四中全会《决定》）一脉相承，为我国法治人才培养工作提供了根本遵循，指明了基本方向，构成了我国未来法学教育和法治人才培养的发展趋势。我们认为，未来中国法学教育存在如下发展趋势。

（一）明确法学教育的职业教育属性

改革开放以来，我国法学教育以粗放式发展模式为主，尽管取得了巨大的成就,但同时也出现了一些问题,究其背后成因,根本上是对法学教育基本属性的认知问题。党的十八届四中全会的召开,对我国法学教育属性的界定,是一个重大的历史契机,它将法学教育的任务直接界定为“法治专门人才”的培养,这就间接明确了我国法学教育的职业教育属性。未来我国法学教育改革首先要明确我国法学教育的职业教育属性,将法学教育从通识教育的发展路径中扭转过来,逐渐回归职业教育的属性上。

(二)明确法学教育的精英教育属性

党的十八届四中全会《决定》确定了法治专门人才的培养目标,决定了法学教育的精英教育属性。党的十八届四中全会《决定》对法学教育具有明确的方向性意义,意味着法学教育的层次需要进一步提高。首先要在准入门槛上实现精英化,以正规化的法学教育取代过去多渠道的法学教育主体。其次要在过程上实现精英化,以职业化的培养过程取代过去素质化的培养过程,以专业化的人才培养机制取代过去通识化的人才培养机制,未来法学教育将从过去规模化的粗放式培养模式中解放出来,重新回归精英化的法学教育。

(三)强化法律职业伦理教育

从现实层面上说,不重视法律人才的道德建设是我国法学教育的一个重大缺陷,未来的法学教育应加大法律职业伦理的教育,并在法律职业的准入方面强化法律职业伦理的准入控制。针对法治人才培养内心拥护和真诚信仰问题,以“一元化”为导向贯彻落实《关于完善国家统一法律职业资格制度的意见》,明确只有正规的高等法学教育毕业生才有资格参加统一法律职业资格考试,实现法律职业知识共同体、公益共同体、信仰共同体的共同体建设。统一的法律职业前置条件为正规化的法学教育,经由正规化的法律职业遴选机制,形成以统一的法律知识背景、模式化思维方式、共同法律语言的知识共同体；以共同从事法律事务，具有共同职业利益和范围，共同维护职业利益的利益共同体；以成员间长期对法治事业的参与和投入，达成职业伦理共识，在精神上成为高度统一的信仰共同体，从而实现对法治的内心拥护和真诚信仰。

（四）建立法学专业严格准入认证体系

法学教育认证体系的建立直指中国法律职业改革的核心要义，也就正规化、职业化和专门化。目前，中国有将近647个法学本科专业学位点，有些并不具有法治专门人才的培养能力。为了确保法治专门人才的培养质量，在宏观的国家制度层面，有必要明确法学专业认证体系，并明确将认证结果和《统一法律职业资格考试》挂钩。法学教育认证体系的建立至少有正反两个方面的效果：从正的方面来看，可以通过督促法学院系认真提升法学教育质量，推动法学教育回归常识、回归本分，切实提升我国法学教育和法治人才培养质量；从反的方面来看，法学教育认证体系的建立有助于将法学教育中不符合经济社会发展和法治建设需求的法学院系通过制度的力量隔离出去，从而推动中国特色社会主义法治建设回归初心、回归梦想，真正为我国法治建设输送“德法兼修”的高素质法治专门人才。

（五）围绕人才培养要素明确具有退出机制的评估制度

一流法学教育的评估标准必须围绕人才培养要素。目前，在世界大学和学科评估排行中，比较著名的有QS世界大学排名（QS World University Rankings）、泰晤士高等教育世界大学排名（Times Higher Education，THE）、美国新闻世界大学排行榜（US News）和加拿大麦克林世界大学排行榜（Maclean's University Rankings）。我国要建设一流的法学教育，就应当能够经受起国际评估标准的检验，因此，法学教育评估体系的建立要参考国际通行的标准。与此同时，我们也要看到，作为社会科学，法学教育具有和理工类教育不同的特点，其民族性、本土性和继承性的特点更突出，正是基于这一特点，我国的法学教育评估制度体系还要更专注于其特色性，吸收国际专门的法学教育评估制度体系，比如，美国 ABA 关于其本土法学院的评估体系，日本文部省关于本国法学教育的评估体系。对于职业化的法学教育，世界通行的评估体系都较关注人才培养要素。这是由于法学教育和法律职业的特殊关系所决定的，也符合我国法律职业正规化、专业化和职业化建设的大势所趋。从这个角度来看，要建构具有中国特色世界一流的法学教育评估体系，就要以围绕生源质量、教学队伍、教学资源、就业与发展及社会认可度等人才培养要素为基础确定退出机制，从而倒逼不符合社会需求的法学院系退出中国的法学教育体系。

（六）强化法学教育的国际化建设

随着我国在全球治理领域中作用的日益提升和“一带一路”倡议的实施，我国法学教育的国际化建设，将走出传统的“拿来主义”模式，并渐次摆脱以欧美为主导的国际化建设模式，逐步走向更多元的发展模式。要充分利用国际优质教育资源，全面提高法律人才培养质量，积极探索创新涉外法治人才培养机制，探索课程、项目、专业建设的国际合作与双学位联合培养等多种国际合作与交流模式。同时，通过引进优质国际化教学资源，拓展法治人才国际视野，全面提升学生国际交流水平。在国际事务建设尤其是国际规则的制定方面，更多地通过参与、沟通、互动，在世界舞台上发出更多的中国声音。

（七）落实法学教育的法治化

我国法学教育的发展还处于相对粗放的阶段，缺乏相应的规范依据，在法学院校的创设、人才培养、考核和评估方面，尚没有系统的规范依据。对于这种现实，笔者建议尽快制定法学教育的规范体系，明确法学教育的创设、人才培养、考核和评估等标准，以制度化推进我国法学教育的发展。对于不符合法学院系创设条件的，要坚决通过制度予以淘汰。对于法学人才培养的过程，要细化标准，进行流程控制，强化内涵式掌控，推进法学教育的规范化发展。在可能的情况下，尽快出台我国国家层面的《法学教育法》，明确法学教育的基本目标，人才培养规格、师资条件、教学资源等具体配套措施，将法学教育的发展纳入法治化的道路上来，夯实我国法治专门人才的培养基础。

(八)建立各方义务明确的法学教育共同体

法学教育是一项立体工程，针对法治人才培养工作存在体制壁垒的问题，确定法治人才立体培养的理念，明确高校和实务部门对法治人才培养所承担的义务，以立体培养理念为引领，推动进一步修改我国《法官法》《检察官法》《律师法》等相关配套法律，将实务部门对法治人才培养所应承担的义务明确以法律规定的形式予以规范。同时，明确法治人才的全程式贯穿培养思维，以国家规范推动法治人才培养共同体建设，明确包括初等教育、中等教育、高等教育等不同阶段中各方对法治人才培养所承担的义务，切实落实协同培育的法治人才培养模式。

(九)规范法律职业遴选制度

应以法律职业共同体为目标，尽快贯彻落实《关于完善国家统一法律职业资格制度的意见》，真正实现"一元化"的法律职业遴选机制，深入推进法律职业资格遴选制度的落实，切实保障只有正规的高等法学教育毕业生才有资格参加统一法律职业资格考试的制度配套，以共同价值为引领，实现法律职业知识共同体、公益共同体、信仰共同体的共同体建设。

(十)创新法治人才培养模式

我国法学教育当前的"高中后＋四年制"的大学本科主体培养模

式,根本不足以实现培养出经验型、技术型的法律人才。笔者建议,从终点调整法学教育的培养模式,将法律职业的实践导向真正贯彻到法学教育的培养过程中,切实加强法律实训课程体系建设,强化法律实践教学,在法律实训和法律实践教学中培养法科学生的法律职业伦理和法律职业技能。

(十一)完善法律实践教学体系

我国法律实践教学体系的完善需要从三个层次进行完善:第一,明确法律实践教学是法学教育的必要组成部分,所有法学学校必须开设必要的法律实践课程;第二,明确法律实践教学的必要比例,以法治专门人才为培养目标,建议以 15% 的法律实践课程为法学本科教育的最低要求,切实完成法学教育的实训课程体系建设;第三,明确法律实践教学的内涵,明确它以法律诊所、模拟课程和校外实习为基本课程类型,以问题式教学为基本教学理论,以职业技能和职业伦理训练为基本教学目标。

(十二)改革法学教育课程体系

历史地看,我国法学教育法学专业课程体系的建设,其最初的标准化尝试是教育部法学类专业教学指导委员会于 1999 年确立的 14 门法学本科核心课程,2007 年又增补劳动与社会保障法、环境与资源保护法为核心课程。但是,随着我国经济社会的发展,在现行法学类专业核心课程体系下,各法学院系自主性不足,形成法学院系千人一面、特色不明显的现状,无法满足现实社会对高素质法治专门人才的多样化需求。此外,在现行法学类专业核心课程体系下,传统法学和新兴法学科目设置不平衡,无法覆盖新兴学科领域,新兴学科往往设置于选修课程类别中,影响了学生在新兴领域的积极性和主动性。为此,本届法学类专业教学指导委员会积极回应社会经济发展需求、国家全面推进依法治国战略需要,对法学类核心课程体系进行调整,以适应社会经济的发展要求为方向进行调整。

法学类专业核心课程体系调整坚持原则、勇于创新。法学类专业核心课程的调整,是回应中国经济政治社会发展的重要举措,是坚定落实党的十八届四中全会《决定》的重要工作,是对习近平总书记全国哲学社会科学工作座谈会上讲话精神、习近平总书记考察中国政法大学重要讲话精神和党的十九大精神的坚定落实。法学类专业核心课程调整的原则是坚持原有核心课程性质不变的原则、作增量调整的原则和重基础、出特色的原则。法学类专业核心课程调整的具体方法是采取分类设置的方法,这一创新将法学专业核心课程采取“10 + X”分类设置模式。“10”指法学专业学生必须完成的10门专业必修课,包括法理学、宪法学、中国法律史、刑法、民法、刑事诉讼法、民事诉讼法、行政法与行政诉讼法、国际法和法律职业伦理。“X”指各院校根据办学特色开设的其他专业必修课,包括经济法、知识产权法、商法、国际私法、国际经济法、环境资源法、劳动与社会保障法、证据法和财税法,“X”选择设置门数原则上不低于5门。

(十三)适应形势推进多元化教学方法改革

适应教育信息化与法治建设信息化的新形势,推动法学专业教育与现代信息技术的深度融合,打破校园与法治实务部门间的时空屏障,将社会资源引进高校、转化为优质教育教学资源,建立覆盖线上线下、课前课中课后、教学辅学的多维度智慧学习环境。法治实务部门要向法学院校开放数字化法治实务资源,将法庭庭审等实务信息化资源通过直播等方式实时接入法学院校。在大数据和人工智能的时代背景下,积极改变传统“传授式”(“填鸭式”)教学方法,以效果取向的教学方法代替以往的传统的教学方法,以学习效果为导向,开辟以案例教学法、诊所式教学法、问题中心教学法、讨论法为形式的多元化法学教学方法,推进法学教育教学方法的多元化建设。

第二部分

钱端升：新中国法学教育的开拓者

刘 杰

钱端升，1900年2月25日生于江苏省松江府（今属上海），祖上为中医世家。钱端升5岁时便随同父亲与伯父读书识字，8岁时家族私塾延聘了1位圣约翰毕业的先生当塾师，兼授国文、数学、英文、史地等科目，使钱端升受到了现代科学和文化的熏染。自1910年起，钱端升先后就读于上海敬业学堂和养正学堂，1913年考入松江（江苏）省立三中。1916年钱端升初考清华学校未被录取，为了投考名声颇著的清华学堂，钱端升于1916年秋转入师资力量更深厚的上海私立南洋中学。该中学是个人才荟萃之地，前后出了众多的社会精英。其校友中有文学泰斗巴金、国际摄影大师郎静山，中国杰出外交家顾维钧，12位中科院、工程院院士及各方面的专家。1917年钱端升考入北京清华留美预备学堂。

一、年轻的PHD最高学位获得者

1919年夏，钱端升获官费赴美留学，第一年便插入北达科他州立大学四年级攻读政治学，翌年夏天获文学学士学位。同年暑期他就读于密执安大学政治系，随后又赴哈佛大学，所学各课属历史、政治和经济3系的合成科目，同时他还旁听哈佛法学院的课目。深受哈佛"注重研究政治制度要关注它实际运作情况"的研究方法的影响，为完成博士论文，钱端升1922年春赴华盛顿，用数周时间在国会图书馆查阅资料，并向两院的书记长和若干委员会的主席请教国会委员会的权力与进行工作的具体情况，通过这种实际的调查研究获取博士论文的研究材料。

在结束哈佛课程后，钱端升经校长罗威尔先生介绍，到英、法、德、奥等国考察、漫游半载有余，访问了各国议会议员和工作人员，同时熟悉了某些大图书馆的情况。在此基础上，钱端升于1924年夏完成了以《议会委员会——比较政府研究》为题的博士论文并获得哈佛大学哲学博士学位。钱端升自己十分满意在哈佛大学的3年零2个月的学习，称其为“一生学习较顺利，较有成就的一段时间”。这一年，钱端升刚刚24岁，其好友陈翰笙评价道，“当时在美国的留学生很多，24岁便在著名大学获得PHD最高学位，还是不多见的”。

二、意气风发的大学教授

1924年秋，钱端升回国任教于清华大学，先担任教员。1925年秋，清华大学首次招收本科生，逐步成为一所完全的大学，钱端升也随之而成为教授。1927年春季，他开始在北京大学兼任教授，为政治系和法律系的学生开设宪法课。1927年秋季，因不满奉系军阀对教育界的横暴态度，钱端升南下南京，被中央大学聘为政治系副教授，而这也是当年中央大学教师的最高职称。1929年秋季，由于中央大学国民党派系之争和学生罢课，钱端升被迫辞职。利用短暂的失业阶段，钱端升翻译了英国自由史学家屈勒味林(George Macaulay Trevelyan，今译特里维廉)所著的《英国史》，该项工作一直到1931年4月结束，钱端升此时也到了北平。翻译的中文版《英国史》达60万字，堪称巨著，被列入《大学丛书》系列，1933年4月由商务印书馆出版单行本，1934年4月又分上中下三本刊印发行。

1930年秋，钱端升再度回到清华大学教书，同时在北京大学兼课。在此阶段，钱端升撰著了《德国的政府》一书。1934年年初，钱端升离开北平赴天津《益世报》任职主笔，撰写了大量时政社评宣传抗日，因撰写的一篇社论《论华北大势——兼送黄郛委员长南行》得罪了蒋介石，同时也受到当时对日妥协派的压制，在《益世报》被迫停刊后，不得不再度于同年 9 月再赴南京就聘于中央大学。应校长罗家伦之邀，钱端升代理了该校法学院院长一职，同时于 1936 年秋在中央大学法学院政治系设立了行政研究室，招入各大学毕业生若干人，在政治系诸教授指导之下，从事于中国行政之研究。

1938 年 8 月钱端升回国任教于由北京大学、清华大学与南开大学所组成西南联合大学，该校校址也经历了由长沙辗转蒙自最后落脚于昆明的艰难旅程。在西南联合大学期间，钱端升曾担任过政治学系主任和法学院院长。抗日战争胜利后，西南联合大学在 1946 年 5 月正式宣布解散，钱端升回到复员后的北京大学执教，并担任政治系主任。1947 年 10 月底，钱端升受好友费正清的邀请，远赴美国担任哈佛大学的客座教授，为期 1 年。

三、新中国法学教育的开拓者

1948 年 11 月钱端升婉拒了哥伦比亚大学的聘书和友人的挽留，毅然回到了国内，不久被推选为北京大学法学院院长。此时，北平即将解放，国民政府决定迁往我国台湾地区，除抢运故宫珍宝外也重点抢运著名学者，钱端升也被列于名单上。钱端升没有丝毫犹豫地选择了留下。他积极与中共地下党取得联系，并按照党的意图，保护革命师生，做教职工的工作，维护、接管学校，对北平解放后稳定北京大学正常秩序做出了贡献。解放后，钱端升以社会科学界代表的身份出席了中国人民政治协商会议，并于 1949 年 10 月 1 日被邀请登上天安门城楼参加了新中国的开国大典。

1952 年在全面学习苏联的背景下，全国高等学校院系调整大规模展开，在北京大学、燕京大学、辅仁大学、清华大学等校法学、政治学、社会学等专业基础上合并组建了北京政法学院（今中国政法大学），担任北京大学法学院院长的钱端升被任命为首任院长，成为新中国法治教育的重要推动者。北京政法学院在成立伊始便担负起尽快培养司法行政干部、在职人员，以组织起人民民主专政急需的政法干部队伍的任务。作为院长，钱端升在学校的初创过程中做出了诸多努力。建校两年间，学院主要以轮训在职干部为主，并招收了一批两年制的专修科学生，本科生都是来自北京大学、清华大学、燕京大学和辅仁大学的学生。其中 1950 年入学的本科生，在并入北京政法学院时已是二年级，只学习了一年，根据钱端升院长的指示“因为国家工作需要，不能等你们四年了，你们提前毕业，享受本科生待遇”，这批学生 1953 年就提前毕业了。这是北京政法学院的第一届毕业生。1951 年入学的四校学生，也只在北京政法学院学习了两年就提前于 1954 年毕业。而 1952 年新招收的两年制专修生，经过两年的学习，在 1954 年也毕业了。

从 1954 年开始，北京政法学院积极贯彻过渡时期政法教育的方针，认真进行学制改革，开始招收四年制本科生，并逐渐较少其他培养模式的招生人数。从此，北京政法学院的办学逐步走向了正规化，学院的建设与发展进入了一个新的历史时期。

而研究生教育的开始，则是在 1955 年，其初衷是缓解政法院校师资力量的严重不足。为适应提高教学质量和教师业务水平的迫切需要，1955 年北京政法学院决定在全国招收有一般理论与业务知识、现任政法学院助教或曾系统学习过理论与政法专业课程的大学毕业生为研究生，以培养民法、民事诉讼法、刑法、刑事诉讼法、司法鉴定等专业的师资，学制为 2 年。这一年 9 月，首批 75 名研究生到北京政法学院报到入学。这 75 名研究生并非面向社会招生而来的，而是由各个学校推荐而来，大都来自政法院校和各大学的法律系，如西南政法学院、华东政法学院等，具有良好的政治和专业基础。

钱端升担任院长期间十分注重学生的学习，当时凡涉及学生参加的活动，最后都要单独请示他本人。每次他必定会问及开展这项活动是否会影响到学生的上课学习。在他看来，学生的学习时间是神圣不可侵犯的。他总是讲，“我们做教育事业的，要有高度的责任感和强烈的责任心”。在他的观念里，教育就是为国家培养人才，那么，做教育的人就一定要对国家对学校对学生以及学生家长负责。那时，钱端升在和老师们交流时总是不忘提醒大家，脑子里要时刻绷着一根弦，就是要把教的每个学生真正装在心里。“上课你 1 个人迟到 5 分钟，对于一个班 40 多名学生，就相当于你迟到了 3 个半小时。这是再简单不过的道理了。”

北京政法学院于“文化大革命”期间被迫解散，在 1978 年复办后，学校终于在 1983 年迎来了腾飞的契机。是年，在中央“要抓紧筹办中国政法大学，把它建成中国政法教育中心”的指示下，以北京政法学院为基础的中国政法大学正式成立，邓小平同志为政法大学题写了校名。钱端升在《进一步加强人民民主专政》一文中对这所他曾经付诸太多心血的学校给予了厚望，“中国政法大学的成立，适应了国家形势的要求，实现了人们长期的心愿……我作为政法教育战线的 1 名老兵，以‘满目青山夕阳照’的心情，深信中国政法教育的前景是异常光明的，深信中国政法大学必将为进一步加强人民民主专政作出自己的贡献”。1986 年 2 月 24 日，中国政法大学、北京大学、外交学院等 8 家单位发起，为钱端升教授执教 60 周年在北京全国政协礼堂举行庆祝会。1988 年钱端升接受了中国政法大学名誉教授聘书。

1990 年 1 月 21 日，经历了风云变幻般人生的钱端升在北京病逝，中国政法大学全体教职工暨校友挽以长联：“执教六十载，著作等身，诲人不倦，倾心育英才，师情似海，五洲桃李永怀钱翁；参政大半生，风雨同舟，肝胆相照，一切为人民，望重如山，四海法曹同悼端公。”对自己的一生，钱端升如此评价：“经历了不同的时代，走过了曲折的道路，功过是非如何，窃以为还是留待来者评说为好。”而官方的悼词则是，他是中国杰出的老一代知识分子，不愧为中国爱国知识分子的学习榜样；他的逝世是中国学术研究和教育事业的一大损失；他的事迹将永远留在人们的心中，人们将永远怀念他。

江平：为法治奋斗的传奇人生

在改革开放过程中有一部值得大书特书、具有划时代意义的法律，那就是行政诉讼法。

这部法律被称为"中国法治建设中具有里程碑式的一页"。

有意思的是，行政诉讼法虽属行政法，但立法却由全国人大法工委民法室完成，行政立法研究组组长就是江平。

人物速写

早年投身学生运动。

留学苏联时就读于列宁曾经就读过的学校。

一生蹉跎，命运在"天堂"与"地狱"间切换，始终保持一颗赤子之心。

本想做一名"无冕之王"，却成为中国第四代法学家的标杆人物。

矢志不渝地为民主、自由、法治这些社会主义核心价值观呐喊。

他，就是江平。曾任中国政法大学前校长、终身教授，七届全国人大常委会委员、法制工作委员会副主任。

"您的格言是什么？"

"只向真理低头"和"生于忧患，死于安乐"。

"您给自己的评价是什么家？"

"我认为自己算不上一个法学家，我给自己的评价是法律教育家和法律活动家。"

……

读到这些对话，也许很多读者已有似曾相识的感觉，头脑中渐渐跳出一个人物——身材高大、腿脚不便但充满活力，饱满的额顶头发以根计数，睿智的双眸多数时候犀利得可以割人，偶尔又如儿童般纯真、开朗。

就是他，江平，中国政法大学前校长、终身教授，七届全国人大常委会委员、法制工作委员会副主任；一个只要提到中国当代法治就无论如何也绕不过去的人物。他不仅是改革开放40年的见证者、推动者，更是新中国法治建设的亲历者、开创者之一。他本身就是故事和传奇，戏剧般的人生经历又深深镌刻着时代的烙印。

改革开放40年最核心的问题有两个：一是市场，二是法治，
两者相辅相成。就法治而言，有两个任务：
一是完善市场经济的法律制度，二是制约政府权力。

“改革开放首先从开放市场开始，市场要从计划经济转到市场经济。”提到改革开放，江平马上提到市场和市场经济，他认为国企改制是40年核心的问题。

从国企改革开始，以江平为代表的法学家就卷进了这一历史潮流，他们的任务就是要从法律层面解决国企改革面临的难题，最重要的是明确国家与企业的财产权利关系。

经过长时间的论争，最终于1988年4月通过了《全民所有制工业企业法》，确立了“国家享有所有权、企业享有经营权”的国企经营模式。不过，这种模式在企业经营实践中的效果并不理想。

“于是，时任国务院副总理的朱镕基再开一个药方，决心再搞一个《全民所有制工业企业转换经营机制条例》，亲自主持召开了四次会议，我参加了其中一次。”江平回忆道。

这一条例虽然把给企业的经营权扩大到14项内容，“但由于这个条例对现实的种种妥协，效果大打折扣，仍然无法挽救国企改制的困境。”江平黯然地摇头。

“直到 1993 年 12 月《公司法》通过，才彻底解决了国企作为公司这种现代企业的产权结构问题。”江平说。

国家作为股东对公司享有股权，公司享有其财产的所有权。何曾想到，这个现在全社会熟知的基本常识，在改革开放中却经过了 15 年的争鸣与摸索。这就是中国的改革历程，没有先例，只有摸着石头过河。

我国向市场经济转轨不到 5 年就诞生了《公司法》，这让江平和同时代的法学家们感到欣慰，他说，“这是市场经济也是改革开放对法制的呼唤，我们的汗水没有白流，我们在它上面砌过砖、加过瓦”。

江平说，正是改革开放的契机，中国进行了 40 年符合现代化需要的配套立法，引起了国际法律界的瞩目。中国改革开放的历史，也是法律现代化的历史。

“在民法慈母般的眼睛里，每一个个人就是整个国家。”法律之母，民法首先迎来改革开放私法的复兴。

民法“四大名旦”佟柔、王家福、魏振瀛和江平，作为立法专家顾问参与了我国《民法通则》的起草，为私法奋斗、为私权呐喊也贯穿了江平的一生，成为他的坚守。

“以当时的时代背景和对后世的影响，我想无论对民法通则给出多高的评价都不为过。当时国外称它为中国的民事权利宣言。”江平说。

民法通则确立的四个核心原则：主体地位平等、权利本位（私权神圣）、过错责任和意思自治（契约自由）一直沿用至今，奠定了今天民商法的基础。而在当时，这四个原则的确立却是多么艰难。江平说，直到 1990 年前后，还有一位著名经济学家批评这是资产阶级自由化。

后来我国《物权法》的出台就更曲折。

由我国香港特别行政区经济学家郎咸平2004年一场讲演引发的“第三次改革开放大论战”，到北京大学学者巩献田的公开信，使正在审议中的物权法卷入“姓社姓资”争论的旋涡。直到2006年3月全国“两会”上，中央领导强调“改革方向绝不动摇”，立法才驶入快车道。2007年3月16日，历经7次审议的物权法通过，打破了立法机关审议同一法律次数的纪录。

在改革开放中还有一部江平认为应该值得书写的法律，具有划时代的意义，那就是“民告官”的《行政诉讼法》。

江平毫不吝啬地给予这部法律诸多赞美之词，称其为“中国法治建设中具有里程碑式的一页”“一部法律创设一个崭新的制度……结束了中国几千年来没有民告官的历史，给中国民主政治添上浓浓一笔”。

有意思的是，行政诉讼法虽属于行政法，但立法却由全国人大法工委民法室负责，让并不研究行政法的江平担任行政立法研究组组长，行政法专家罗豪才和应松年担任副组长，因为这和民事权利保障有密切关系。

江平说，“改革开放40年最核心的问题有两个，一是市场，二是法治，两者相辅相成。就法治而言有两个任务，一是完善市场经济的法律制度，二是制约政府权力。中国改革需要制约公权力，否则就无法建立市场经济，也无法保障私权”。

对于改革开放40年的实践和法治建设，江平给予了很高评价，他认为，对私权的扩大、公权的限制是非常重要的进步，从法制到法治是重大飞跃。

“中国政法大学有一种精神，就是只向真理低头的精神，

这种精神，是江平先生用他的言行为我们打造的，

他永远是我们中国政法大学的一面旗帜。”

尽管被社会各界冠以“法学泰斗”“著名法学家”的头衔，江平却总说自己没有读过也没有写过多少法学专著，算不上真正的法学家，只能算法律教育家、法律活动家。

江平自1956年年底留学回来到北京政法学院（中国政法大学前身）任教，开启了他的教书育人生涯。他从1982年到1990年担任中国政法大学副校长、校长，被很多学生称作“永远的校长”。

那时，江平留给学生的印象是“骑自行车的校长”“在地震棚办公的校长”。85级学生张则麦幽默地说：“看到江老师在简易棚里办公，我们心理就平衡了。”

但大家都爱回忆那时校园朝气勃勃的氛围，都说校园民主自由的气息弥补了艰苦办学条件带给大家的失落感，都说江校长功不可没。

江平于1988年7月到1990年2月担任中国政法大学校长，签有他名字的毕业证书只有85级一届。

在85级学生的记忆中有这样一幕，在毕业典礼上，每个学生眼含热泪听江平的毕业致辞，哽咽着高唱《国际歌》久久不愿离去……

1992年中国政法大学40周年校庆，当主持人讲到参加典礼的还有江平时，礼堂内响起潮水般的掌声。

事实上，大家都知道，江平出席与否，已成为衡量一个法律圈、校友圈活动是否成功、是否有规格的重要标准之一。

为什么大家如此看重江平？也许他给学生的题词就是答案，“只向真理低头”“生于忧患死于安乐”。

这是江平践行的人生格言，也是留给青年学子的宝贵精神。

江平人生中曾经的坎坷、不幸与不屈，足以使他成为青年人的励志导师。

刚刚意气风发学成归国，便遭“划右派”、离婚、断腿三祸并行，著名法学家郭道晖称“人生逆境，莫此为甚”，但江平只向真理低头，绝不向命运低头。

“拨乱反正”后，江平坚持讲真话、求真理，以其人格精神和学术思想对一代学子进行启蒙。中国政法大学的学生甚至将他与蔡元培相比，“江校长为我们确立了一种知识分子的人格精神和气质标准”。

需要特别一提的是，2010 年 9 月 18 日在江平口述自传《沉浮与枯荣：八十自述》的首发式上，中国政法大学校长黄进讲道：“中国政法大学有一种精神，就是只向真理低头的精神，这种精神，是江平先生用他的言行为我们打造的，他永远是我们中国政法大学的一面旗帜。”

中国政法大学教授、中国商法学会会长赵旭东说：“江老师极度珍惜自己教育家的角色，无私而勤勉地投入到教育和传播法治理念与知识的事业中。”

1983 年春，江平为司法部在西南政法学院（今西南政法大学）举办的全国高校民法师资班培训班讲授商法，他学术与思想的星星之火成燎原之势。“那次培训班把我的教师身份扩大到全国，这是我最大的荣光。”江平告诉记者。

江平在很多场合表示，“如果有来生，还做一名大学教授”。

江平桃李天下，博士成林。在担任中国政法大学终身教授后，江平的主要工作就是指导博士生，已经有 100 多人。赵旭东、孔祥俊、龙卫球、周小明、王涌、施天涛、申卫星……这些目前中国顶尖的民商法专家都出自“江门”。更让江平欣慰的是，“江门弟子”多数留在高校，接棒法学教育培养法律人才。

2000年年底，江平发起设立“江平民商法奖学金”，激励优秀学子，开法学界先河。我国台湾地区法学翘楚王泽鉴捐出20万元稿费“共襄盛举”，成为美谈。

“将私有财产权绝对化是对物权法的曲解。
同时，在世界任何一个国家，法院的最后裁判
都是不可动摇的，这是最高权威。”

“您为什么总在呐喊？”

“如果意见比较容易被采纳，就不必呐喊了。”江平尴尬地笑了笑，说：“但是，我现在能为社会做的只能是呐喊，呐喊还是能起到一些作用吧。”

去职后的江平没有隐去，没有淡出，反而声名更盛，并远远超出了法律界。这，源于他坚持不懈地呐喊。而且，他推出的两部重要文选均冠以“呐喊”二字，分别为《我所能做的是呐喊》和《私权的呐喊》。

进入新千年之后，江平更关注中国的一些具体社会转型问题，以呐喊为使命，为私权呐喊、为法治呐喊、为中国改革开放和思想解放呐喊……

2004年“郎旋风”引发的“第三次改革大论争”，经过长时间思考、沉淀，江平在2005年10月的一个活动上作了题为《中国改革成败得失的法律分析》的讲演。江平从六大方面为改革作出法律的辩护。

江平呐喊的方式除了撰文就是讲演，这使中国法律界诞生了一名社会活动家和讲演家。

2001年江平与吴敬琏高调宣布经济学与法学的结盟。在此后长达近十年的时间里，两大泰斗围绕“法治与市场经济”的多场公开“对话”引起各方关注和热议，“市场经济就是法治经济”的观点更深入人心。

著名财经作家吴晓波这样评价其意义，“这样的对话具有极强的启蒙气质和破冰意义，它在中国思想界打开了一扇窗，表明中国思想界已经开始在一个更广阔的学术背景下理性而独立地思考建设现代中国的路径”。

江平的活动和讲演足迹遍布了全国所有的省市区，许多的学术活动、社会活动都以邀请到江平参加并作学术讲演为荣。

有人问，为什么江平的讲演那么受欢迎？

有人答，作为知识分子，江平从未放弃自由之思想、独立之精神的道德和尊严。

作为一名独立思考者，江平不媚权，也不讨好舆论。

“当年物权法刚通过时曝出的重庆钉子户事件，再后来的杨佳案，您都站在了舆论的相反方而遭遇舆论批评甚至围剿。”记者说。

“将私有财产权绝对化是对物权法的曲解。同时，在世界任何一个国家，法院的最后裁判都是不可动摇的，这是最高权威。我不会为讨好某一个群体说话。”江平答。

他在多个场合勉励青年学子，
“千万不要丢掉赤子之心”“理想比现实重要”。

江平的一生都是故事，就连“江平”这个名字都有故事。

他中学就加入了中共地下党的外围组织，有过接头暗号。

他原名江伟琏，为南下工作革命需要而改名江平。

他是学霸，却有足以秒杀现在网络偶像的英俊外形和多才多艺。

他是我国第一批公派留苏学生，是列宁、高尔基、托尔斯泰的校友……

堪比戏剧的人生，每一幕戏都写着“赤子”2 字。

若不是赤子家国，怎会十几岁就投身共产党领导的学生运动，争民主争自由，并把它贯穿一生。

他是真正的才子，无论生在哪个时代都注定会成为大家、大师。

想当记者，就读燕京大学新闻系，却被组织安排学法律，成为一代法学大家；没有受过诗词方面的教育和训练，却在苦难岁月中“诗书丛里觅快活”。2005 年江平出版自己的诗词选《信是明年春自来》。

“平生最爱是放翁”，他每次去绍兴必去沈园怀古，他说“陆游这位爱国又多情的诗人和我有些相同遭遇”。

是啊，爱国又多情！

如果他不是这样的人，也许他就没有这么坎坷的遭遇；如果他不是这样的人，也许就成就不了他大写的人格和人们对他的尊敬。

他在多个场合勉励青年学子，“千万不要丢掉赤子之心”“理想比现实重要”。

他寄语中青年法学家，“凭良心说话。可以不说，可以少说，但不能昧着良心说”。

“大人者，不失其赤子之心也。”江平以一颗赤子家国之心，追求真理，无畏无惧，不仅点燃了中国民商法的今天，也成为这个时代当之无愧的法治布道者。

陈光中：改革开放造就了我的学术人生

1930 年 4 月 21 日，我出生于浙江省永嘉县白泉村。我少年时代性格开朗，爱好广泛，学习成绩常名列前茅。1948 年夏，以奖学金名额考取了中央大学（今南京大学）法律系。1950 年夏，我转学到北京大学法律系，并于 1952 年夏毕业。北京大学毕业后，我进入高等院校调整后的北京政法学院工作，后被分配担任刑事诉讼法学的教学工作。经过几年的勤奋努力，我在业务上崭露头角，于 1956 年被评为讲师。

正当我想大展宏图成为青年法学家时，1957 年夏"整风反右"运动开始了，北京政法学院一大批教授、老师和干部被错划为"右派"，我也被错误认定为"犯严重右倾错误"，受到批判和处分。接着，我被下放劳动、调离政治性强的法律业务教研室。1966 年 5 月，"文化大革命"开始了。我先是作为漏网"右派"被审查批判，后下放到安徽省濉溪县"五七干校"劳动。由于北京政法学院被撤销，全体教师或自找出路或在安徽就地分配，我随着在原教育部工作的爱人去广西大学教中国近代史。壮志未酬，心境戚戚难安。

1976 年 10 月粉碎了"四人帮"，1978 年 12 月召开了拨乱反正的党的十一届三中全会，国家进入了新的历史时期，我也开始了人生道路上崭新的历程。这一时期，我心情舒畅、精神焕发，夜以继日地工作，恨不得把前 20 年蹉跎的岁月都弥补回来。我个人的才能和学识积累得到了充分发挥，使我在事业成就上登上了巅峰，也使我立言之梦成真。1978 年在国家恢复职称评定之初，我被广西大学评为副教授，这时我已当了22年的讲师。同年，我被调回北京，任职于人民教育出版社，编写中学的中国历史教材。1982年秋，我被调到中国社会科学院法学研究所任刑法室主任。1983年中国政法大学在北京政法学院的基础上成立，我于是年秋被调回中国政法大学任研究生院副院长，后被评为教授。1988年我担任中国政法大学常务副校长，1992年任校长，1994年卸职。2001年10月17日，我被聘为中国政法大学终身教授，至今未退休。

从20世纪80年代开始，我先后担任了多种社会兼职，比较重要的有：国务院学位委员会第二届至第四届法学评议组成员，国家哲学社会科学研究“八五”“九五”届法学规划小组（评审组）成员、副组长，中国法学会第三届、第四届副会长，中国法学会诉讼法学研究会第一届至第四届会长（前三届称总干事），国家司法文明协同创新中心学术委员会主任，教育部社会科学委员会委员、法学部召集人之一以及最高人民法院、最高人民检察院专家咨询委员。

改革开放40年来，我获得了多个荣誉奖励，主要有：1991年10月，获国务院有突出贡献政府特殊津贴奖；2002年10月，我主编的《刑事诉讼法学》修订版教材获司法部全国法学教材与科研成果著作类一等奖；2004年11月，获英国文化委员会英中文化交流奖；2010年12月4日中央电视台等单位联合主办“法治的力量：十年法治人物颁奖盛典”，我获得了全国六大法学大家之一的荣誉；2012年10月，我主编的《中国司法制度的基础理论问题研究》一书获北京市第十二届哲学社会科学优秀成果奖特等奖；我的主编教材《刑事诉讼法学（第四版）》（中国政法大学出版社2010年版），获北京市教育委员会精品教材证书、北京高等教育经典教材奖；2012年9月我荣获全国杰出资深法学家称号（全国共25名获奖者，中国政法大学5名）；2018年10月20日，我获得中国刑事诉讼法学终身成就奖。

我一生严谨治学、勤勉敬业，即便是在耄耋之年，也一如往昔，笔耕不辍，不敢有丝毫懈怠，为国家民主法治事业作出了自己的贡献。具体而言，主要有以下几个方面：

一、著书立说，科研成果丰硕

改革开放以来，我一直活跃在法学科研第一线，共出版专著42部（个人专著、主编及合著），主编教材14本，独著以及合著的各类学术论文多达300余篇，同时，还有数篇见报见刊的访谈。我也因此被誉为法学界多产的老年法学家。其中，我具有代表性的著作有：《〈公民权利与政治权利国际公约〉批准与实施问题研究》、《中华人民共和国刑事诉讼法再修改专家建议稿与论证》、《中国司法制度的基础理论问题研究》、《陈光中法学文选》（第三卷）、《论检察》、《中国古代司法制度》、《司法改革问题研究》等。值得一提的是，我主编的教材《刑事诉讼法学》，目前已再版至第六版，成为国内最畅销的刑事诉讼法学教科书。我比较重要的论文有：《刑事证据制度与认识论》《国家刑事赔偿制度改革若干问题之探讨》《诉讼真实与证明标准改革》《关于深化司法改革若干问题的思考》等。这些著作与文章，有的直接推动了我国立法、司法的民主和现代化，有的推动了国家人权保障的进程，还有的是在基础理念上奠定了我的学术思想体系。

2015年7月起，我接受选聘担任了《中国大百科全书》（第三版）法学学科的主编，并在中国政法大学的支持下，成立了百科三版法学学科主编办公室。《中国大百科全书》是受到国务院支持的国家级大型出版项目，是我国科学文化事业的一项重要的基础性、标志性、创新性工程。目前，百科三版法学学科18个分支完成条目撰写近5000条，完成率约98%，条目撰写工作基本完成，审改任务仍然繁重。可以说，承担《中国大百科全书》法学学科的主编工作，是一项光荣而艰巨的任务。我将不辱使命,努力圆满完成编纂任务。

二、推进立法工作,成效显著

1993 年 10 月,我受全国人大常委会法制工作委员会的委托,牵头组织了刑事诉讼法修改研究小组。该小组在进行国内调查、国外考察的基础上,于 1994 年 7 月拟出了《刑事诉讼法(修改建议稿)》。次年,我们将该修改建议稿加以论证,正式出版,书名为《中华人民共和国刑事诉讼法修改建议稿与论证》。该书被分送给了中央有关立法、司法部门的领导和同行专家。全国人大常委会法制工作委员会在征求政法实践部门意见并参考我们的修改建议稿的基础上,经反复讨论修改,提出了《刑事诉讼法修正案(草案)》,于 1996 年 3 月被全国第八届人大第四次会议顺利通过。据统计,在我们所提出的修改建议稿中,包括审判方式改革、疑罪从无、律师提前介入诉讼等约 65% 的修改建议被新刑事诉讼法不同程度的采纳。2012 我全程参与了全国人大常委会法工委召开的关于刑事诉讼法修改的专家研讨会,为《刑事诉讼法》的再修改提出了许多有益建议。例如,由我所力倡的人权保障理念明确体现在 2012 年修改的《刑事诉讼法》第 2 条"尊重和保障人权"的规定中。其他诸如完善辩护制度,特别是确立侦查阶段辩论律师的地位、确立非法证据排除规则等主张也在修法中都得到相当程度的肯定和吸纳。

除刑事诉讼法的两次修改外,2007 年 7 月应国家立法部门邀请,我在国家赔偿法修改座谈会上,阐明了自己的诸多看法。会后,我又在《中国社会科学》上发表了《国家刑事赔偿制度改革若干问题探讨》一文,从理论与实际结合上系统地阐明了改革国家刑事赔偿制度的主张,供立法部门参考,这对我国《国家赔偿法》的修改起到较大的推动作用。

党的十八届六中全会后，我始终对国家监察制度的改革高度关注，不仅接连发表数篇论文系统阐述我对监察制度改革的主张，也在各学术研讨会上表达我对监察制度的认识。2017 年 11 月 7 日，在全国人大常委会正式公布《中华人民共和国监察法（草案）》、公开向社会征询意见后，针对草案存在的一些原则性问题，我本着学者的学术良心和勇于担当的精神，连续发声。在草案公布的第二天，我接受财经网的采访，率先提出了《监察法（草案）》应当修改的 5 点意见。2017 年 11 月 11 日，我参加了中国法学会宪法学研究会和中国刑事诉讼法学研究会联合主办的“国家监察体制改革：宪法学与刑事诉讼法学的对话”研讨会并作主题演讲，进一步针对《监察法（草案）》提出了八点系统性的修改意见（被称为“陈八条”）。在此过程中，《人民日报（内参）》将我的意见上报至中央。我的主张和建议对宪法的修改和监察法的制定起到了积极的推动作用，有的建议直接为后来通过的《监察法》所吸收。可以说，这是我 80 岁后致力于国家法治建设最有成就感的一件事。

三、教书育人，培养诉讼法学高级人才

1986 年，我被国务院学位委员会批准成为全国第一位诉讼法学博士生导师。我创立和主持的中国政法大学博士点是全国最早的诉讼法学博士点，在其后的 10 年时间里也是全国唯一的诉讼法学博士点。作为一名终身教授，我始终站在教学第一线，为学子们传道解惑。至今，由我培养出的博士和博士后已达 100 人。他们当中有的人成为在学术上卓有成就的学者，被评选为“全国十大杰出青年法学家”；有的成为实务部门的重要骨干，官居省部级；有的则活跃于国内外律师界。可谓是桃李盈门，英才辈出。这也是我为培养法学高级人才，发展诉讼法学特别是刑事诉讼法学所做的一项重要贡献。

为了鼓励和褒奖优秀的硕士生、博士生，我在学生、亲友和有关单位的支持下，募集资金近100万元，于2002年成立“陈光中诉讼法学奖学金基金会”。该基金会面向校内外，两年一次评选品行良好、学业优秀、科研突出的诉讼法学硕士生、博士生，予以奖励，以表达对诉讼法学年轻一代成长的关心。目前，该基金会仍在顺利运转。

四、繁荣海外学术交流与合作

作为一位站在法学研究前沿的学者，我深知要引领本学科不断创新、发展，就必须及时了解本学科的世界发展趋势。为此，我从20世纪80年代前期开始经常出国，曾到法国、德国、意大利、荷兰、英国、美国、加拿大、日本和北欧诸国讲学、考察和参加国际会议。我主持的中国政法大学刑事法律研究中心，先后与加拿大刑法改革和刑事政策国际中心、德国马普刑法研究所、美国耶鲁大学中国法研究中心等建立了合作关系，并多次组团出国考察。

值得一书的是，1992年10月，应台湾东吴大学校长章孝慈的邀请，我率领大陆法学家代表团11人赴台北参加海峡两岸法学学术交流会。此次“破冰之旅”是大陆法学家首次访问我国台湾地区，在宝岛台湾引起了轰动性的反响，当地电视台和报纸每天都有报道。次年，我又以中国政法大学校长的名义，在北京主持召开了大型的海峡两岸法学学术研讨会，章孝慈率领了60余人的代表团与会。这两次会议有力地促进了海峡两岸法学的交流。

近年来，我依然不遗余力地开展与海外的学术活动，特别是加强同德国等大陆法系国家的交流。例如，在我与德国慕尼黑大学法学院教授、当代德国著名刑事法专家贝恩德·许乃曼教授的联系与推动下，2016年12月在德国维尔茨堡大学召开了首届“德中刑事诉讼法学高端论坛”。作为中方代表，我以86岁高龄率领国内10名中青年知名法学家赴德参加会议,开启了中德两国刑事诉讼法学深入交流的序幕。2017 年 9 月,作为东道主,我邀请德方代表在中国政法大学举办了第二届“中德刑事诉讼法学高端论坛”,进一步强化我们与大陆法系刑事诉讼法学者的联系。我此次参会的会议论文《审判公正与证人出庭问题》于 2018 年在德国刑事法权威杂志《哥特达玛刑事法档案》第一卷发表,这是该杂志第一次刊登国内刑事诉讼法学者的论文。可以说,我的学术成就在国际范围内也获得了相当高的赞誉。

五、求真务实,创新学术思想

综合多年来的学术成果,我在以往学术主张的基础上创新性地提出了动态平衡诉讼观,以作为我多年来学术思想的名片。刑事诉讼法学上的“动态平衡观”主要表现在刑事实体法和刑事程序法相平衡、惩罚犯罪与保障人权相平衡、客观真实与法律真实相结合、控辩对抗和控辩和合相统一、诉讼公正与诉讼效率之间的合理平衡五个方面。这五项基本内容符合刑事司法一般规律,是我一以贯之的基本理念和思想标志,具有相当的创新精神。

同时,我一直倡导对人权的刑事司法保障,推动辩护制度的完善与发展。人权是当代国际社会获得普遍承认的价值和政治道德观念,是否尊重和保障人权已成为评判一个国家民主法治的标杆。因此,刑事诉讼程序改革、完善的方向,是在保障维护公共秩序基本功能得以发挥的同时,加强对刑事诉讼中人权的保障,并注意提高诉讼效率。

在司法实践中,我非常关心冤案的预防和平反。近年来,我也不断为纠正冤案而振臂呐喊。每一起冤假错案的发生都会严重破坏司法公信力,对司法公正造成巨大的冲击。例如,“聂树斌案”中,在司法机关对此案的申诉审查是否立案态度不明的关键时刻,我鲜明地指出"聂树斌案"的五人疑点已经撕裂了原有的证据证明体系,该案符合再审条件,理应重新公正审判,并呼吁人民法院提起再审,引起了社会的广泛关注。随后,我就本案中专业法医问题召开座谈会,并形成"'聂树斌案'法医问题咨询交流会内容纪要",提交最高人民法院相关领导。该案最后由最高人民法院改判聂树斌无罪,这是可以载入中国法治史册的适用疑罪从无规则的标志性案件。我对此案平反做出了一定贡献。

回眸今生,凝聚一句话:改革开放成就了我,让我成为新中国刑事诉讼法学的重要奠基人,一位著名法学家、法学教育家。

应松年的法治人生

他几乎不缺席行政法学界的各大会议，你总能持续不断地听到他在大事件中铿锵有力的发声。在全然不觉中，行政法学界的泰斗级人物应松年教授，已经年届8旬了。

没有几个人，能与“终身”的名誉和奖项捆绑在一起。应松年，中国行政法学会名誉会长，在他的身上，就至少有两个“终身”——中国政法大学终身教授、中国行政法学“终身成就奖”获得者。

他不愧于拥有这样的至上荣誉：30年来，一系列行政法律法规的颁行，他既是实际参与者，更是有力推动者；行政法学界当下的中坚力量，许多出自其门下。当然，还有这段广为传颂的至理名言：“做任何事情，说任何话，都要想一想，这件事情对老百姓有益吗？”

著作等身位于蓟门桥一畔的中国政法大学老校区3号楼，是中国政法大学法治政府研究院所在地。走进这座略显沧桑的小楼2层，斜对着楼梯口的就是应松年的办公室。

敲门进去，他立刻起身给记者倒了一杯茶水。屋里凉意很重，记者都觉得有点冷，但看起来屋里的主人很适应这样的低温。

“应老师，身体还蛮好的吧？”

“也不好了，我马上就要80岁了。”

采访应老师多年，概因他在行政法学界的活跃度始终不减，没有满头白发，没有苍老之相，始终神采奕奕、思维敏捷、言辞犀利，记者第一次注意到这位令人心生敬意的长者的年龄。等他再次站起来时，才忽然发觉确实如他自己所说：“腿不是那么好了。”

正如他的弟子，如今已是中国行政法学研究会会长、中国政法大学副校长马怀德所说："很多人在80岁时已步入了颐养天年、含饴弄孙的时光，但是应老师仍然保持着对行政法学研究和法治政府建设强烈的使命感和责任感，在一线做着各种学术上的努力，倾注着自己全部的心血。"

根据中国法学创新网统计，在行政法学领域，应松年发表文章的数量到目前为止，依然是高居榜首。"他确实像一头牛，话不多，总是很安静，但干起活来不惜力，有着常人没有的毅力和韧性。若你为应老师拉出一个成绩单，你会非常非常吃惊，一个人能干这么多活？"应松年的学生，中国行政法学研究会副会长、中国政法大学教授刘莘如是说。

这个出生于浙江宁波的学者，身上的南方人痕迹已经很浅了。虽然他最初踏入法律之门是在华东政法学院，但也不过只待了1年，就被卷入那个特殊的大时代潮流中，去了新疆伊犁。在经历了20年的"放逐"后，他才重新回到法律的圈子，成为西北政法学院的1名讲师。此时是1981年，应松年已45岁。

"年过不惑时找到了毕生事业"，这句话被用来形容应松年恰如其分。正是在西北政法学院，应松年开始接触行政法。在百废待兴的年代，师资力量奇缺，而行政法学作为一门新兴学科，更是如此。所以，新来的应松年被学校指派去做行政法学的授课与研究。

他善于思考，又勤于探索，当时的西北政法学院又恰好拥有全国最丰富的行政法学藏书，很快，在行政法学这条路上他就"上道了"。这种底气让他在不久以后抓住了另外一个改变人生的机会。

当时，行政法学在全国高校中别说专业了，连统编教材都没有。到北京出差的应松年，无意中听说司法部正在组织编写行政法教材。他没有考虑太多，就径自直接找上门了。"白石桥路44号，中央民族大学对面。”在那里，他见到了时任司法部法规司副司长的王珉灿，行政法学教材编写的带头人。

应松年没有过多客套，毛遂自荐要参与编写。王珉灿对这个没有听说过的“西北政法学院的普通讲师”没有拒绝，而是给了他一个参加教材编写研讨会的机会。这个研讨会成为他人生的转折点。在众多参会人员中，他被留了下来，正式成为行政法学教材的编写者之一。

《行政法概要》随后问世。这是新中国的第一部行政法统编教材，中国的行政法学正是由此开山。

应松年的人生也有了新开端，中国政法大学看中了这位在行政法学上孜孜以求的学者。应松年遂被调往中国政法大学。但出于对老东家的感情，依然承诺为西北政法学院继续效力，兼职授课。自此往返于两地很长一段时间。

在北京，应松年有了更多参与政治事务、立法工作的机会。他加入了一个在中国当代法制史上举足轻重的研究团队，并成为事实上的组织者与操作者。

在 1986 年全国人大常委会、司法部、最高人民法院、中宣部等单位联合召开的《民法通则》颁布座谈会上，时任全国人大法律委员会顾问的陶希晋提出了如下观点：“我们废除了国民党的‘六法全书’，但我们不能没有自己的法律体系。我认为，我们应该建立一个‘新六法’。”

随着我国《民法通则》于 1986 年 4 月 12 日通过，中国的“新六法”中已有民法、民事诉讼法、刑法、刑事诉讼法，所缺的正是行政法和行政诉讼法。

陶希晋的提议得到了全国人大常委会法工委领导的认同，一个专门研究行政立法的机构——行政立法研究组随后成立，“为重要的行政法提供毛坯”,应松年任副组长。

自此以后,中国几乎每一部行政法律规范出台,都有这个研究组的贡献。

应松年告诉《法制日报》记者:“我手下最早的一批硕士生来帮我工作。我们起草了好多份草案,送给陶老审核,但都没有得到陶老的认可。”行政法的起草遭遇挫折,到后来研究组调整方向,转向行政诉讼法的制定。

研究组从 1987 年 2 月开始起草行政诉讼法草案。1988 年 8 月,将该草案提交给全国人大常委会法工委。全国人大常委会法工委在此基础上开始正式起草工作,广泛征求意见,包括在《人民日报》上全文公布草案。1989 年 4 月 4 日,《行政诉讼法》在第七届全国人大二次会议上通过,并于 1990 年 10 月 1 日起施行。

应松年将《行政诉讼法》的出台作为行政立法研究组的第一个成果。《行政诉讼法》通过后,以平均每两三年一部法律的速度,研究组参与起草的 5 部法律也顺利通过:《国家赔偿法》(1994 年)、《行政处罚法》(1996 年)、《行政复议法》(1999 年)、《立法法》(2000 年)、《行政许可法》(2003 年)。唯有 2011 年颁布的《行政强制法》一拖多年。

除了中央层面立法,应松年也致力于推动地方立法,尤其是在一些全国立法时机未到或准备不足等多种情况导致的立法迟滞等问题上,他赞成地方立法先行先试。

湖南省在全国率先试水行政程序地方立法,就源于应松年的推动。2007 年“两会”期间,应松年与时任湖南省长周强偶然相遇,谈及制定行政程序法的想法,法学科班出身的周强予以认同。紧接着,应松年就在北京组织了一个专家小组,湖南方面也成立了立法小组。由专家提供初稿,湖南再按照地方实际修改完善。不到 1 年时间,作为国内首个行政程序单行法《湖南省行政程序规定》就完成了。

从应松年亲自推动协助使湖南省行政程序规定 2008 年出台起，至今已有 9 部地方规章和十几部地方规范文件是专门的行政程序规定。后来，他又积极推动控烟立法，并最终促成北京市“史上最严厉的控烟条例”出台。

与法同行，在很多立法背后，都有着应松年刚毅坚定的发声。

例如，在 1999 年我国《行政复议法》通过前，他在一次会议上问道，对部委或省级政府行政行为不服的，为什么不能由国务院复议？有人说，那样的话，总理就可能被推到被告席上。他却说，这有什么不好？这说明我们国家的法治已经进步到这个程度了。

“我知道这不可能被采纳。但理论上明确的事情，说了没用我也要说。我不能说违背良知的话。不然还算什么学者？学者不能连个立场都没有！”

2000 年 2 月在全国人大常委会举行的一次法制讲座上，应松年痛陈繁多的行政审批带来的种种弊病，建议尽快制定行政许可法，严格约束政府行政审批权力，更好地维护公民的合法权益。这些思想和观点都反映在 2004 年出台的《行政许可法》中。

正因为他一贯所持的立场，有人曾这样形容，在公民权利与政府权力如以卵击石的博弈中，“他永远站在鸡蛋的一边”。

他的说法做法并非突然为之。早在 1983 年应松年在《政法论坛》上发表的论文中，就可以看出其“为生民立命”的本心。他提出“我国社会主义行政法学的理论基础，只能是为人民服务”。

这在当时被不少人认为是“政治文章”，不够学术、不够法律。30 年前的应松年或许还没有把这种朴素模糊的想法转化成法律语言来表达，但“行政法要为老百姓服务”，在他的心里已经深埋。

听过应松年讲课的人都知道，他在上课期间必然会提醒学生：

"永远为了老百姓的利益，为了国家。你所做的任何事情、说任何话，永远不要忘记思考是否对老百姓有益。凡是对老百姓不利的，我们要勇敢地抨击，这样国家才有希望。"

当然，对于学生来说，应松年并非只有严肃的一面。他的学生、中国政法大学教授薛刚凌说："应老师和年轻的学生们在一起，总是以一种平等的态度进行交流。从我跟应老师读书开始，就觉得不论探讨学问还是处理事情，他都很民主，从来没有居高临下的姿态。讨论任何事情，他总会先让你说说看法，最后找到一个最为理想的解决办法。亲其师，信其道，从他那里，我们不仅学到了知识，还学会了做人的道理。"

除了如马怀德、刘莘、薛刚凌等师从应松年多年的曾经的研究生外，如今在行政法学界赫赫有名的许多专家均有过受教于他的经历。其中，最值得一提的是行政法的"黄埔一期"。1985 年中国政法大学研究生院受司法部委托，承办全国高校首届行政法师资进修班，40 多名学员来自全国各地的法律院系。作为主要组织者和参与者，应松年见证杨海坤、叶必丰、关保英、沈开举、王周户、付士成、吉雅、金国坤等一批著名学者从这里走了出去。

采访结束时，应松年送给记者一本他刚刚结集出版的口述传记《与法同行》，并感慨道："我这一生就是与法同行。"

（内容来源：《法制日报》，记者：张维）

张晋藩：办教育就是要出人才

张晋藩

一、另辟蹊径，搭建超前学科平台

1982年，中央5个部委（公、检、法、司还有教委）向中央政法委报告，决定成立中国政法大学（以下简称法大），并规定中国政法大学的体制是一校三院制。一校是一个校部，三院是本科生院、研究生院、进修生院。我参加中国政法大学研究生院的筹备始于1983年年初。春节过后，司法部就找我谈话，希望我去组织研究生院的工作。当时，我对研究生院很有兴趣，到政法大学，一是为了研究生教育事业，二是想建立一个中国法制史学的研究基地。

1983年5月筹备进入了紧张阶段，我的主要工作是负责学科设置和教学计划的安排。当时我对学科设置的设想是很超前的，除了法制史、法理、刑法、民法、诉讼法这些基本学科之外，还设置了两个新学科，一个是法社会学，另一个是环境保护法。当年这两个新学科都招收了硕士生。应该说，在学科建设上，研究生院是很超前的。第一届硕士生中就有社会学和环境保护法学专业的学生。当时，我们没有这方面的师资，就请北京大学和武汉大学的老师来讲课，甚至把法社会学的7名硕士生放到北京大学由袁方教授指导。还有一个超前的方面是对法制系统工程的研究。1985年政法大学研究生院召开了全国的法制系统工程研讨会，由我主持，请了钱学森钱老来作报告，这个会开得非常成功。会后，研究生院建立了法制系统工程教研室。学科设置超前是很可喜的，遗憾的是，教育司的负责人认为法大不具备条件，下令停招法社会学与环境保护法学硕士研究生。否则，这两个学科也会成为政法大学的重要研究基地。此外，法制系统工程教研室也撤销了。

在研究生的教学组织上，因为当时法大的教授算上我也就四五个人，副教授不到 20 人，一下子要指导 125 名硕士研究生力量不够，所以组建校与校、校与实务部门相结合的导师组。我认为这个教学组织形式很好，全力以赴地贯彻执行。后来，17 个学科的导师组都建立起来了。当时法学各学科的带头人都是我们导师组的成员或者组长。如国际公法的王铁崖，他很热心地组织导师组会议安排教学任务。国际私法请了韩德培来讲学，法理学请了中国人民大学的孙国华，民法请了佟柔，刑法请了高铭暄，法律思想史请了北京大学的张国华，他们都是第一流的专家。当时，导师组里法大的力量是次要的，以校外的导师为主。校内外结合的组织形式非常好，每个导师都传授自己之所长。除了校内外的专家，我们还将学校和实务部门的专家结合起来。比如，当时最高人民法院政策研究室主任张懋，人大常委会负责环境保护工作的曲格平给我们上课。导师组的教学组织形式在当时非常成功，第一届、第二届的研究生都享受到了这种教育的盛宴，他们的知识面是宽广的，所以第一届、第二届毕业生大部分留校成为法大的骨干。现在虽然不可能再采取这种形式，但是，经常地请各名家和实务部门的负责人来作学术报告，对开拓学生的思路大有好处。当时我们研究生院很有权威，导师组也非常尽职尽责。为了给导师一点车马费补助（当时没有讲课费），我争取到一笔经费给每个校外导师每月 10 元钱。他们不在乎钱的多少，在乎的是给予他一个讲坛去教育高层次的学生。如王铁崖先生年事已高，仍然辛辛苦苦来上课。

二、筚路蓝缕，不忘以人为本

研究生院初创阶段条件十分艰苦，共 3 个班，学校宿舍只能住 2 个班的学生，还有一个班住在大钟寺大队租的一个院子，旁边就是猪圈，每天三餐都要走到学校。我经常去看，每天 12 点的时候宿舍灯都亮着。校内有 4 个文艺团体混住，非常热闹。那边在吊嗓子练花腔，这边在念英语，就在那种条件下，我们培养出了非常优秀的研究生。所以，环境好了不一定培养出人才，条件艰苦也不一定不出人才。我读研究生时的导师是何思敬，是个老革命家老法学家。他们对我们讲过，在延安窑洞煤油灯下翻译《哥达纲领批判》，有一段关于"工钱同律"翻译对了，进城以后，在日光灯下却把这一段翻译错了。他说，条件艰苦的时候人的思想很集中，很容易刻苦，这令我印象非常深刻。研究生院的经验说明，在条件艰苦的情况下只要任务很明确、抓得很紧的话，可以出好人才，不一定要讲究条件。当然，这不是说在有条件的情况下不作改善，但是，一味地考虑条件不一定能念好书。

关于研究生的经费使用情况。尽管当时工作条件很差，但我们把应该用在研究生教育上的经费全部用在研究生的培养教育上。当时我们用经费给每两个学生发了一台收录机，让他们好好学英语。还有就是，每人每年有一次机会参加全国性的学术讨论。特别是到第一届的硕士论文调查的时候，调查经费是每人 400 元，全部都发给学生（那时候的 400 元可是不小的一笔钱），当时有的老师担心学生游山玩水，但事实证明这种担心是多余的，不少学生将多余的钱返还了研究生院。这次的论文调查对他们产生的影响太深了，写出了不少很好的报告，使他们真正看到了改革开放后祖国到底是什么样。看着是花了一点钱，但是这对他们的思想教育、视野的开阔，以及刺激他们努力学习好处更多。

三、百年树人，培养英才

回顾研究生院的发展，我认为，首先，中央在法大建立研究生院是正确的，尤其第一届集中招125人的大规模是十分必要的。因为我们缺少师资，所以第一届的研究生基本上是留校的，第二届的研究生也留了六七十人，一共200多人。师资力量是一所高校很重要的基础，今天他们都在第一线。较大规模的集中培养，既解决师资力量问题又解决研究力量的不足，中央的决策非常正确。其次，就是以导师组这种形式来解决师资的不足，这是非常好的措施。即使师资够了，也需要校内外结合、学校和实务部门结合来培养学生。请实务部门的专家来讲课就等于到下面去实习一次，起了非常好的作用。设立导师组的主要目的是解决师资的不足，但实际的效果也提高了教育质量，培养了人才。

还有，国家拨给研究生的经费是培养经费，应该专款专用在研究生的培养上，但要讲求计划性、讲求实效，不能乱花钱。

研究生院成立以后的一段时间，在国际上影响很好。从美国来讲学的教授说，“中国政法大学的研究生院相当于哈佛大学的法学院”；日本来讲学的教授说“你们的博士生相当于日本的博士。一点都不掺假的”。1987年第一届法制史专业博士生毕业，他们是新中国第一批法学博士生。所以，教育部颁发朱勇的博士证书编号为001号。当时主持答辩的7个答辩委员会都是第一流的专家，如戴逸、李侃等。

最后，我认为办学办教育就是要培养英才，培养治国安邦的人才，“十年树木，百年树人”，培养一个人才要花多少精力。我们国家就是人才紧缺，一个国家的强盛没有人才是不行的。像第二次世界大战后，美国和苏联都到德国去抢人才。从个人来讲，要有舍我其谁的国家担当意识。建设富强伟大的中国，舍我其谁。我们每个人要有这种理想和志向。

为学生点亮心中明灯

——专访中国政法大学终身教授李德顺

2017年“五四”青年节来临之际暨中国政法大学建校65周年前夕，习近平总书记会见了几位资深教授，李德顺就是其中之一。李德顺是我国著名的哲学家，现任中国政法大学终身教授、人文学院名誉院长、博士生导师。

1981年，李德顺在中国人民大学硕士研究生毕业后就留校成为一名教师，至今已做了36年的教师。72岁的李德顺被问及何时退休时，他微笑着说：“能干多久是多久。”

一、深挖学问之井

李德顺常引孟子的说法：“得天下英才而教育之”，乃人生乐事。在学生眼中，李德顺是位纯粹的学者，他深刻、机智。

李德顺主要从事价值论研究，他发现价值问题从根本上说是主体性问题，他把价值论理解为一种“主体性研究”。研究价值问题、主体性问题，需要放弃传统的实体思维，采用关系思维、实践思维。思维方式转变了，旧唯物主义无法解释的很多问题就会迎刃而解。他的这种“观”世界的方式，不仅深刻影响了同时代的马克思主义哲学，也影响了伦理学、法学和其他一些学科。

李德顺是位有情怀、有理想、有使命感的学者。他曾说，“我们的时代是应该、也可以出大的思想和思想家的时代，我们这代人有责任把中国文化传统向前推进”。

李德顺常把做学问比作打井,"你在这里刨几下,那里刨几下,即使也能出书、发文章,但价值不大。挖成一口井,水会源源不断地冒出来。做学问应该像打井:要善于发现内涵丰富、前景广阔的领域;要往深里挖,深刻、系统、透彻"。

李德顺最能以理服人,他对自己的学生、青年学者,甚至是误解他的人,都不摆架子、不动情绪,而是虚心和静心听取别人的意见,有道理的吸取,没道理的解释。

李德顺通过自己的为学与为人,以无言的方式给学生及同行传达了一种态度:作为学者,要对得起历史,要经得起后人质疑。

二、鼓励学术思辨

李德顺常说:"没有就学术问题跟我吵过架的人,我是记不住他的,包括我的学生。"他坚持学术是可争论的,哲学就需要思辨和争论,真理越辩越明。有位外校的学生,在硕士论文中反驳了李德顺的观点。在仔细了解这位学生的思路后,他告诉这位学生,"反驳我没关系,只要你肯研究、探索,我就支持"。这位学生很真诚,也很坚持。后来,他报考了李德顺的博士生,其博士论文仍然反对李德顺的观点,他们继续争辩。"我的学生可以不接受我的观点,并且我喜欢和我争论的学生。"李德顺说。

"我喜欢和年轻人在一起,年轻人很有活力。作为老师,我和学生就是朋友,要对学生的独立思考给予充分的信任和尊重。"李德顺笑着说。

在对学生的培养过程中,李德顺从不给学生定题目、画框框,而是尊重、鼓励学生自主选题和研究,只在学生遇到理论困难或思考瓶颈的时候才介入,从旁指导和帮助。所以,李德顺在招收研究生的时候,注重的是学生是否有学术热情和自己关心的问题,而学术履历和考试分数倒在其次。

在李德顺的博士论文《价值论》中有这样一句话："一切都必须从承认和尊重主体的权利和责任出发，把人的权利和责任还给人自己。"他说，"我做老师也是这样，我并不想成为你们的灯塔帮你们照亮前程，而是希望能帮你们在自己心里点亮一盏灯，把你们的权利和责任构建新型学科还给你们自己，这样你们自己就可以照亮未来"。

三、破疑解惑"有道"

2005 年李德顺刚来中国政法大学不久，就听到学生在校园里议论说，这位新来的终身教授，一把年纪的"老头儿"居然会收发短信！李德顺引以为乐事。后来，微信和朋友圈刚流行起来，学生就帮李德顺开通了，他也很快就熟练使用了，微信朋友圈成了他与同行讨论问题、向学生传道授业之所。

在学生孙美堂和曹融眼里，李德顺是一个风趣幽默、童心未泯，又豁达通透、富有人格魅力的人。

李德顺从不故作高深，擅长用简单朴实的大白话将复杂的问题娓娓道来。他用生动形象、妙趣横生的话语说明深刻的道理，使学生在欢乐的笑声中获得知识，陷入思考。

比如，一些学生在写论文时，习惯撇开核心问题，从概念源头古希腊说起、从"盘古开天地"说起，但到自己该说的关键环节时，却深入不下去，讲不出新意。李老师开玩笑地说："你要蒸馒头，可以从和面开始，不必从种麦子开始啊！"既通俗、幽默又深刻，让学生终生难忘。有李德顺在场的课堂、讲座、开题和答辩等场合，氛围总是轻松愉快的，他总能让学生觉得他不是 1 位严厉的老师，更像是 1 位和蔼的长者。他从不苛责学生，而是用自己丰富的人生经验和学术素养，帮助学生发现问题、理清思路、树立信心。

四、构建新型学科

近年来，国内关于法治文化的研究日益兴起，法治文化建设也开始受到重视，由法学界提出的拓展型概念和命题，反映了我国法学学科正在走向与人文学科密切结合的开放性研究，更反映出我国法治建设势必向文化建设层面提升的历史要求。

提到“法治文化”必然绕不开李德顺。

2006年李德顺任中国政法大学人文学院院长，他从大局着眼，着手建设中国政法大学的“非法”学科。

“法大人文，人文法大”，李德顺认为，文史哲等法学以外的学科，也要有法大的特色，并与法学深度结合。李德顺率先提出并论证了法治文化学科的概念。他提出：“搞法学的人向文化方面扩展，搞文史哲的人向法治方面进军。”

法治文化的本意，就是让法治成为普遍的生活方式。法治是全体人民的权利和责任，要探讨法治和人治的问题。经过李德顺的苦心经营，目前，“法治文化”已成为一个“新兴二级学科”的博士点，并且是人文学院的第一个博士点。经过几年来的努力，这里形成了一个以建设法治为导向和特色的人文社科交叉学科体系，带动了整个人文学院建设。如今，中国政法大学人文学院已被誉为“中国人文社会科学的学术重镇”。

一位以比较法学为生活方式的单纯学人

——潘汉典和他的"法学之路"

法学院　白　晟

潘汉典，一位为人低调、极少谈论自己的老人，一位跋涉在法学之路、作品颇丰、见证着中国法学发展足迹的老人。在他身上，折射着现代中国法学发展的轨迹和新中国法律学人奋斗的艰辛历程。

潘老从1948年开始任上海光华大学副教授，先后辗转上海光华大学、东吴大学、北京大学、北京政法学院、中国政治法律学会、中国社科院法学所及中国政法大学，迄今已从事法学教育与研究工作达64年之久。如果从潘老1943年的获奖论文《中国古代法学思想初探》算起，潘老的学术活动已持续了近70年。

潘老从小学到高中，大部分时间就读于广州名校——培正学校。培正学校的西学内容，如数理化等，几乎都是用英文教授。潘老的英语训练就是在培正学校完成的。毕业时，他获全校个人社会科（历史、地理）单科奖、国文特别奖，并以总成绩第一获成绩优良特别奖。

1940年7月在父亲故友潘君勉感佩父亲生平道义承诺予以经济资助的前提下，潘老考入上海东吴大学法学院法律系。20世纪40年代，潘老求学时的东吴法学院不但课程多，而且大部分用英文讲授，教材也用英文原版。不仅如此，东吴大学法学院还运用英美法的"判例法"教学方法，通过这样的训练，可以培养学生独立思考和判断的能力，这是东吴大学法学院的一个特点。也因此，东吴大学法学院学生的学习压力相当大。据东吴先贤倪征燠回忆,他们那一届学生入学时40多人,毕业时仅剩13人,主要原因是备课压力太大。与潘老同一届入东吴大学法学院的有71名同学,1944年毕业时获得学士学位的25人。即使将内迁重庆的部分学生计算在内,1944届学生毕业时获得学位的学生人数与入学时的人数之比,也不会超过50%。正是这种高标准、严要求,保证了东吴法学院学位的高质量。

太平洋战争爆发不久后的1942年年初,学校遭遇不幸,部分师生在盛振为院长的率领下前往重庆,留沪师生面临失业失学的困境。潘老在遭逢家庭和学业多重变故的情况下,不仅顺利完成各门功课,还于1943年以《中国古代法学思想初探》一文参加悬赏学术论文,获上海等地大学组第一名。除此之外,潘老看到东吴许多书都是日文的,而日本法律是引用德国的,由此萌生直接学习德国人著作的想法。怀着做学问要通晓中外的强烈求知欲,他选修了法、德、日等外国语课程。正是语言上的优势,使他于1944年发现了日本法学家江家义男翻译、日本早稻田大学出版社出版的《苏维埃刑法和劳动改造法典》,随后将其译为中文,并以毕业论文《汉译世界最新刑事法典——苏维埃刑法和劳动改造法》获学士学位。

大学毕业后,在鄂森老师的推荐下,潘老开始在上海中南银行(鄂森任该行法律顾问)信托部和地产部工作。虽然在银行工作收入比较可观,但由于此项工作是为了生计且有违潘老从事学术研究的心愿,潘老在此工作期间一直用自己的别名——潘宗洵,离开银行后才恢复了本名。

1946年东吴法学院研究所在上海恢复招收硕士研究生,潘老和其大学同学程筱鹤、俞伟奕等都成功考取。在学期间,潘老以国际私法成绩最优获著名国际私法专家郭云观教授的赏识。1948年,潘老以"中国有限公司法论——比较法的研究"为题撰写了学位论文,顺利毕业，成为东吴大学法学院为数不多的法学硕士之一(东吴大学法学院共颁发了31个法学硕士学位，包括1928年至1937年10年间的14个和1944年颁发的1个)。

潘老于1948年6月硕士毕业，郭云观老师时任上海高等法院院长、上海私立光华大学法律系主任。他先是推荐潘老进入上海高等法院，许以科长职务并送去一纸委任状。其时，潘老已对国民党政府的腐败十分痛恨，不愿参与政治，于是婉言谢绝并告知志愿从事学术研究，且正在考虑曹杰教授推荐的江西某国立大学的教职。郭云观闻之，改荐其为上海私立光华大学兼职教授。是年9月，潘老就任上海私立光华大学法律系兼职教授(后因有老教授认为他学历尚浅，于1949年改定为兼职副教授)，开始了自己喜欢的教学研究工作。

1950年春季，东吴大学法学院依照新的课程表要开设“马列主义(国家与法)法律理论”，因找不到教员，请潘老回母校兼课，潘老应约返校已是教师身份。潘老三入东吴大学法学院，与东吴大学法学院结下了一生的情缘，也由此奠定了他的法律人生：四年本科教育，为他打下了坚实的英美法和比较法基础；两年研究生教育，使他站在了法学和比较法的研究前沿；走上讲坛，他已是当时国内为数不多的新法学研究人员。潘老谈起东吴大学法学院，总是十分动情，他说自己的法学教育是在东吴法学院完成的，要感谢的东吴法学院师生很多、很多，他也以作为东吴法学院的校友而自豪。

1950年，潘老开始利用业余时间在“苏联侨民协会”设立的俄文专修学校补习俄文，坚持1年多时间，于1951年夏获得中级班结业证书。至此，他所学外语已达5种。这些语言优势，为他从事学术活动打下了坚实的基础。

1951年春，潘老不再在光华大学和东吴法学院兼课，集中时间阅读和学习了30余种马恩经典著作如《资本论》《反杜林论》等。是年

12月,潘老怀揣着对全国最高学府和梦寐以求的学术研究工作的追求到北京大学任职。

1952年5月北京政法学院成立。潘老的人事关系随北京大学法律系并入北京政法学院,任讲师。1953年2月中央政法干部学校学习期满,他被分配至新成立的北京政法学院政法业务教研室司法建设组。潘老在北京政法学院工作不到2个月,就于1953年4月时任被副会长张志让推荐、时任会长董必武决定指名调入新成立的中国政治法律学会(以下简称中国政法学会),费青教授时任政法学会研究部主任,潘老为当时唯一的研究员。

在中国政法学会工作期间,潘老先后在研究部、国际联络部工作,还参与了《政法研究》创刊的具体工作。工作之余,他翻译了恩格斯《英吉利宪法》和《英格兰状况》,因当时此类非俄文的政法类译文相当少见,受到时任中国政治法律学会会长董必武的鼓励和赞扬。

10年"文化大革命"时期,中国政法学会停止活动。潘老于1969年至1972年赴湖北沙洋最高人民法院"五七干校"锻炼劳动。之后,他于1973年4月被调入中国科学院法学所,任研究员。潘老回忆,在此期间,"在打着反对封、资、修的旗帜下的大批判中,20世纪50年代引进的苏联法学连同早被蔑视的西方法学一道被彻底地否定了。曾经在我国1954年《宪法》中引进的一些外国的法律原则和制度,如'法律面前人人平等'、律师辩护等制度在'文化大革命'期间制定的第二部宪法中被取消了"。需要补充的是,在此期间,哲学社会科学部法学研究所仍然于1973年起开始编辑出版《外国法学动态》,介绍关于苏联东欧各国和美、英、日本、西德、法国的法律和法学的最新信息,只是明确注明"内部资料,供领导参考",未公开发行。

潘老在《外国法学动态》1975年第3期上发表了《从美国最高法院院长〈1975年司法状况〉报告看美国司法窘境》的译文。以笔者手头的该期《外国法学动态》(复印件)来看,这与其说是一份刊物不如说是一份文件,其首页格式、纸张大小都与当时的中央文件无异,篇幅也只有区区12页。就该期《外国法学动态》的内容看,除潘老的上述译文外,另有一篇《布科夫斯基揭露苏修精神病院情况》,剩下的只有两则简讯,正好反映了当时既反帝(美帝国主义等)又反修(苏联修正主义等)的政治形势。仅有的两篇译文既无译者署名,也无脚注或资料来源,简陋之极。据潘老回忆,当时他还译有《当代美国国会政党和议员的构成概览》和《日本犯罪动态》两篇文章。

1957年在中国政治法律学会举行座谈会上,倪征燠先生曾呼吁"救救比较法"(他发言时提出三条具体建议:抢救人——具体提到戴修瓒和李浩培、抢救书和抢救课)。潘老的经历和作品表明他在以实际行动回应倪征燠先生的呼吁,同时,反映了潘汉典在夹缝中求生存,为保存中国比较法学血脉而做的艰辛努力。

2001年3月,潘老在接受中国社科院法学所高旭晨教授的访问时表示,"作为一个中国的法律工作者,我感到自己担负着一种使命。我要尽我的力量把外国最好的法律制度和先进的思想介绍进来"。他在主编《法学译丛》和《比较法研究》期间更是殚精竭虑,全力为外国法学和比较法学鸣锣开道。

1978年,改革开放初始,潘老受命负责筹备《法学译丛》并主编该刊,该刊于1979年1月出版创刊号。他除了在《法学译丛》担任8年(1979~1987年)主编外,还于1982年出任社科院法学所编译室主任。就担任《法学译丛》主编的8年工作而言,他不仅承担了主要的组织工作,而且校对了大量稿件。

概括潘老主编《法学译丛》和《比较法研究》(潘老经时任校党委书记陈卓、常务副校长甘绩华两次到家拜访,于1987年由社科院法学所调入我校,并于1988年出任比较法所第一任所长兼《比较法研究》主编)12 年期间的译文,笔者将其大致分为以下三类:第一,外国先进的法律思想介绍,如德沃金的《论规则的模式》、李 · 温伯格和朱迪思 · 温伯格的《论美国的法律文化》、耶林的《权利斗争论》和《当代英国的法社会学》等;第二,将比较法学的最新研究成果介绍到国内,比如,其对比较法学界两部名著《当代世界主要法系》和《比较法总论》的译介;第三,引介发达国家的法律制度,内容涉及宪法、行政法、民商法、刑法、诉讼法、国际法等几乎所有法律部门。

除了这些专业著作,人们对潘老译著最熟悉的莫过于商务印书馆 1985 年出版的意大利政治家、思想家马基雅弗里的《君主论》。这本不算厚的著作(中文字数不超过 10 万字)花费了潘老近 30 年的时间,参阅 17 种不同版本,涉及意、英、法、德、日等 5 种语言,并且四易其稿,如此行为常人几乎无法理解。正是潘老这种对知识的认真、对学术的敬畏,才使该书位列商务印书馆经典之列。中国翻译工作者协会于 2002 年以"长期从事翻译工作,成绩卓著"授予潘老资深翻译家荣誉证书。

潘老曾说道:"我致力于介绍和翻译有关国外法律和法学理论的最直接的目的,就是使它们能够为建立我们国家的良好的法律制度和法学体系提供有用的帮助。"在加拿大进行学术访问时,他还曾发表了一篇题为"中国法的文艺复兴"的讲演。

宪法始终是潘老多年学术活动的一个重点。在 20 世纪 50 年代,为了配合新宪法的制定和颁布,潘老翻译了恩格斯的《英吉利宪法》和《英格兰状况》。在 60 年代,潘老翻译了 10 余个国家的宪法,其中包括《摩洛哥宪法》《索马里宪法》《坦桑尼亚宪法》和《日本国宪法》等。

20 世纪 80 年代前后,为配合宪法修改,潘老先后翻译了《美国宪法最新修正案:平等权利修正案》《罗马尼亚社会主义共和国宪法》《(法国)人和公民的权利宣言》《日本国宪法》《法兰西共和国宪法》《德意志联邦共和国基本法》《1982 年(加拿大)宪法法》《意大利共和国宪法》《瑞典的新宪法》等。其中,罗马尼亚、日本、法国、德国、加拿大和意大利 6 国的宪法均是潘老翻译并发表于 1982 年我国现行《宪法》公布前。6 国宪法中绝大多数译注均出自潘老之手。

潘老不仅为我国历次宪法修改提供了大量最新的外国宪法文本和文献,而且对我国现行宪法(1982 年《宪法》)有直接的贡献。现行《宪法》第 32 条规定,中华人民共和国对于因为政治原因要求避难的外国人,可以给予受庇护的权利。现在的"外国人在中国受庇护的权利"的文本是现行宪法通过前才确定下来的。

潘老于 1991 年 12 月退休,其时已是古稀之年。他一生低调,退休后更是默默无闻。2003 年,他被我校聘为"特聘博士生导师"。从 2004 年起,潘老以 84 岁高龄开始在我校法学院(其后又受聘中美法学院——现为比较法学研究院)招收博士生。至 2018 年,潘老已指导了 10 位博士研究生,其中 8 位已获得博士学位。

2003 年 5 月,《元照英美法词典》横空出世。媒体于词典出版前夕报道:"这是一本有史以来中国最大的英汉英美法词典,共 460 多万字,所收词条已达到 4.5 万多个,是日本出版的《英美法词典》的 3 倍。在没有政府支持、没有经济资助、没有鲜花和掌声,甚至连正规办公室都没有的情况下,两代学人在默默无闻中历经九载寒暑的呕心沥血之作,终于接近了尾声。"

司法部一位司长评价道:"这是个很奇怪的事,一部具有国家权威的词典,却由一群无职无权无钱的学人和老人编撰,他们做了我们整个司法行政教育系统想做而做不了的事。"

据报载,接受薛波邀请担任词典总审订的潘汉典教授与薛波一起南下上海,向那些生活在被人们遗忘的角落里的东吴老人们寻求帮助。十几位老人都欣然应允,他们把审校词典看成了生命的绝唱。1998 年,上海审稿者平均年龄 84 岁。2003 年(词典出版之时),多位老人已经不在人世。据潘老回忆,他曾与薛波为词典事 3 次南下。第一次是 20 世纪 90 年代中期,他与薛波前往上海、杭州等地,邀请 10 多位法学前辈出任审订;第二次是在 20 世纪 90 年代后期,他专门参加审订者之一、他的东吴法学院本科和硕士双重同窗俞伟奕的追悼会;第三次已是 2003 年,他携刚出版的词典告慰诸位先贤。

词典开篇列出了长长的致谢名单,词典中出现潘老名字的地方只有"缘起"和"总审订"。按照薛波的话说,"当年参加东京审判的 5 个中国人中,有 3 个参与了我们的工作"。这些早年毕业于东吴大学法学院的老人,以他们对学术事业、对国家利益的忠诚和渊博的学识令后来人感佩。

由此,也理解了潘老在"缘起"的特别致谢:"谨向饱经风霜,傲骨依然,不废所学,报效邦国令人怆然有感,肃然起敬的东吴大学法学院(1915~1952 年)的及其他 20 世纪前半叶播布平等、正义的各位尊宿和贤良表示深深的谢意!"

中国当代罗马法权威黄风在谈到周枏(词典审订者之一)时曾感叹说,"为什么我们这一代的学问超不过他们?因为我们没有他们的品行。我们中可以出学者,但出不了大家"。身为比较法学家的潘老不仅将比较法视为方法,而且以比较法作为生活方式(威廉·特文宁语,"严肃的比较法研究更像是一种生活方式,而不是一种方法"),他是一位单纯的学人。唯其单纯,在这喧嚣的年代显得弥足珍贵,唯其单纯,才值得后人不仅学习其为学之道,更学习其为人之道。

(本文原载于《观察与思考》2015 年 6 月 16 日,第 2 版)

王名扬:名扬天下三四部

“中国的行政法学者或者学过行政法的人,应该没有不知道王名扬教授的,应该没有未读过王名扬教授的行政法著作的,应该没有在其书架上不摆放王名扬教授的‘外国行政法三部曲’——《英国行政法》《法国行政法》《美国行政法》中至少其中一部的……”北京大学法学院教授姜明安曾经如此形容当代著名行政法学家、中国政法大学教授王名扬先生及其著作。

王名扬被称为中国刑法学界的“普罗米修斯”,他所著的《美国行政法》《英国行政法》《法国行政法》被视为中国行政法学的奠基之作。1987 年,已 71 岁高龄的王名扬教授出版了他的第一部行政法学专著《英国行政法》,这部 25 万字的著作填补了国内外国行政法研究著作的空白。

2016 年,王名扬先生的法学著述,在其故旧门生的努力下第一次全部结集出版。《王名扬全集》共 5 卷 6 册,分别为《英国行政法、比较行政法》《法国行政法》《美国行政法(上、下册)》《论文、词条汇编》《译著、教材汇编》,总计近 300 万字。

他留下了比名利更具力量的作品

应松年教授曾这样评价:“王老的著作的一个特点是中国化。他曾说过,在他编写‘行政法三部曲’时,都曾和这些国家的学者商谈过,征求过意见,应该怎样安排这些国家的行政法体例,以什么样的方式来阐述、介绍,最后他确定按中国人的法律思维方式和思想习惯来编排和写作，就是现在大家所看到的这种体例。所以，他的著作不是简单的翻译和单纯的述说，而是在综合研究、融会贯通的基础上，以中国化的思维、语言进行阐释，使我们易读、易懂、易接受。这才是真正的理论大家。”

现在，高家伟教授对王名扬的评价里充满了赞誉。虽然王名扬没有承担过学校和社会的行政职务，没有在国家行政法方面建言建策，甚至在法学成为显学、法学家成为社会名人的时代，依旧少有人知道王名扬的名字，但是他留下的作品却比这些名利更具力量。

王名扬还熟谙中国古代法，这给整理相关论文的刘东刚博士出了很大的难题。刘东刚在编后记中写道，“王老用法文写就的论文大量引用了中国古代法典的条文和案例，其中以《大清律例》和《刑案汇览》为主”。为了搞清楚来源，刘东刚先将法语的相关条文和判例翻译成现代汉语，根据注释标明的线索，再查找古代法相应的条文和判例。“而王老论文中引用的古代法律文献的版本已经成为图书馆的特藏版本或者只提供文献传递的图书版本，查阅起来非常困难。有时候查阅资料整整一天，只能找到一个条文或一个案例，电子版和纸质版的文献交替查找，即使是对眼睛，着实也是一个不小的挑战。”刘东刚说。

高家伟说，民国时期出生的那一批学者都有非常好的国学基础，再加上法国10年的留学经历，他的文章用深入浅出形容更贴切，语言简洁通俗、逻辑清晰明了，正是这样的写作风格使王名扬的著述可以在20世纪八九十年代发挥填补空白的“启蒙”“燃灯”作用，使理论界和实务界尤其是一大批对法学知识如饥似渴的青年人对现代行政法有了全面深刻的直观认识，为当代的行政法教学研究和制度建设奠定了坚实的理论基础。

而开始这一切的时候，王名扬已经66岁。1982年，王名扬才回到法学本行，成为中国政法大学的一位教师。

一波三折求学路

1958 年王名扬回国时，在给北京政法学院（中国政法大学前身）填报自我简介“工作的可能范围”一栏时，王名扬自述：“资产阶级行政法、法学理论、国际法，可以一面准备一面工作；资产阶级民法、刑法及宪法，略加准备即可工作；资产阶级商法，准备后即可工作。”

这便是他对自己在法国巴黎大学法学院 10 年以及在武汉大学、国立中央大学（重庆）共 20 年学术能力的总结。

1916 年，在社会动荡不安的民国初期，王名扬出生在湖南衡阳的一个贫困家庭，父亲在族人的资助下上学读书，成为乡村教员，教了一辈子的数学，他同样也是在族人的资助下才有了读书的机会。

王名扬早年在接受采访的时候曾经说过，因为上学的机会来之不易，他一边放牛，一边刻苦学习，以全县第一名的成绩考入了湖南第五师范。师范毕业做了一年小学教员之后，王名扬考入武汉大学攻读法学。1940 年大学毕业，他考入在重庆的国立中央大学，师从当时的行政法学权威、留美博士张汇文攻读行政学和行政法学研究生。3 年后，他获得行政法学硕士学位，并在武汉大学法律系任行政法学讲师。而此时才是他行政法学之路的开端。

1946 年，王名扬考取了最后一批国民政府的公派留学生，准备到法国巴黎大学法学院继续研读行政法。法国拥有“行政法母国”的显赫地位，法制史学界一般以法国国家参事院的成立作为行政法产生的标志。由于当时法国正处在战后恢复期，直到 1948 年王名扬才去法国。

原定 3 年的学习期结束后，由于当时法国尚未承认新中国，法国政府便允许他们延长留学期限。1953 年，王名扬获得巴黎大学博士学位后，又在法国东方语言学校学习了3年的俄语和日语。

王名扬的回国之路如同求学之路一样，也是一波三折。1958年，在周恩来的关怀下，王名扬最终从中国驻瑞士大使馆取得护照，回到阔别已久的祖国，被分配到了北京政法学院教学。

然而回国后，迎接他的并不是一展宏图的舞台。当时，他被认为是资产阶级学者，不能讲课，必须先进行思想改造。此外，“教改”后的课程表上基本上没有法学课程，教法律的教师要么靠边站、要么改行。后来，王名扬被调到了北京外贸学院（现对外经济贸易大学）教法语。1969年，和其他老学者一道，王名扬被下放到河南固始县和息县的“五七干校”，开始了10年的劳动改造生涯。他从此脱离法学领域。

1983年，几近古稀之年，王名扬才得以重返中国政法大学，教授行政法与外国行政法。至此，最好的年华已被浪费了20年。王老感叹，想起来，真是南柯一梦，人生真易老。

然而，却少有人听到过他的抱怨——无论是对这段经历，还是对跟随其一生的贫困。

年近古稀培养“黄埔三期”

改革开放后，我国开始恢复国家法制建设，作为国家法科重点大学的中国政法大学责无旁贷地承担起恢复共和国法制建设的任务，中国政法大学还成立了行政法硕士导师组。王名扬并无意接受中国政法大学的邀请重回法大，但当他听说是去培养新中国新一代行政法硕士研究生，这无疑触动了他的行政法情结，激起了他专业报国的夙愿，欣然同意回到法大。

在政府法制建设领域，王名扬、潘汉典、方彦、应松年、朱维究等老一代行政法学家，自20世纪80年代起在中国政法大学开启了新中国行政法学科建设的奠基工作，培养改革开放后的首批行政法教师、首批政府法制机构的领导以及首批行政法学硕士研究生，俗称“黄埔三期”。

《英国行政法》正是王名扬给“黄埔三期”授课的讲稿。对此背景，朱维究教授回忆说：“在中国行政法初创时期，为了给政府机构培养合格的法制官员，王名扬先生带领应松年老师和我，老中青三代一起，合作培训第一批政府机构的法制官员，含各部委法制局局长，各省、自治区的法制局局长。每次给研究生上课，到学校开会及参加各种活动，他都得从经贸大学坐公交车远道赶来法大，却从不迟到。”

“1983 年，中国政法大学开始招收行政法学专业的研究生时，尚无任何这方面的教材。当时的条件相当艰苦，我把书稿直接写在没有格线的白纸之上，修修改改，看上去密密麻麻。我一个 70 老翁别无他求，所求者，要紧的乃在于翻烂参考书、吃透大量的第一手材料，用最可靠的资料著出最新的作品。”王名扬曾回忆道。也正是在这个时候，“父亲拟定了‘五部曲’的写作计划，亦即《英国行政法》《法国行政法》《美国行政法》《比较行政法》和《中国行政法》”，王娅娣说。

自此，王名扬的心思全部集中于此。为了保持充沛的精力，他的日常生活简朴而有规律。除非极端天气，每天早晨起来跑步半小时，随后洗冷水澡，一顿简单的自制早餐后再加一杯粗茶，他随即开始写作。午餐后午休半小时后，王名扬又开始写作。

坚持运用一手资料的王名扬，几乎每个周末都去国家图书馆浏览最新的法律原文资料。为了充分掌握外文资料，带上几个面包他便能在图书馆里待上整整一天。朱维究教授表示，“王老的刻苦精神，到目前为止，也就在极个别的青年学生身上看到过，就连那些同辈的人里面也几乎没有像他那么刻苦的”。

于是，这才有了他 71 岁出版《英国行政法》，73 岁出版《法国行政法》,79 岁出版《美国行政法》的业绩——为此他还在 75 岁时专程赴美国做访问学者、孤身一人在美生活了近 2 年……

为了写《比较行政法》,在电脑还未在中国兴起的时候,80 多岁高龄的王名扬开始自学电脑,学习五笔输入法。他的书桌上一直摆放着一本《电脑爱好者》。直到因为身体原因不得不休息静养,此时《比较行政法》只写到了第四章。

王娅娣道出了其中的原因,《比较行政法》之所以没能写完,直接原因是,“父亲在早晨跑步锻炼时摔伤了小脑,自此之后他的平衡性与记忆力都明显下降。他出于写作质量的考虑,与其写不好,干脆不写了”。

高家伟教授说,王名扬的倔只对自己,大抵就是这样的体现;对学生他总是和颜悦色,回答学生的问题也总是充满耐心,但是对学问、对自己不曾松懈半分。

王名扬出了名的还有他的清贫。不足 50 平方米的居室中一床、一书桌、一椅子、一书柜,还加一方形饭桌、两个破旧的待客沙发,挤得满满的,要在其中走动,就得小心避让。椅子坐垫破了,用一张破皮披上,桌子已是摇摇晃晃,不堪使用。友人们为了他可以躺着看书,买的可以摇起来的护理床也被他要求退了货,仅同意换了一台可以知晓天下事的电脑。

中国政法大学法学院教授王成栋说:“王老的外国行政法‘三部曲’是自己完成的,没有课题作为依托,也没有资金支持,学校的各种奖项也跟他无缘。”

王名扬的不出世、不交际让很多人不解,但是,2008 年在王名扬先生的告别仪式上,一副挽联准确地概括了这位学术大师的一生,也让更多的人了解了他的一生:

求学法国问道中业九二载,纸笔人生君不见跋山涉水,甘苦自怡未酬壮志身先逝；身居陋室名扬天下三四部，辉煌巨著有道是黄卷青灯，桃李如云常使后学泪满襟。

（节选自《法治周末》，作者：武杰）

第三部分

从小月河到军都山

一、北京政法学院的复建(1978~1982年)

(一)北京政法学院的创立与停办

新中国建立初期,国家百废待兴,中央人民政府教育部为了适应国家建设的需要,于1950年5月召开第一次全国高等教育会议,总结我国高等教育的现状,针对存在的问题,将全国高等教育的基本方针与任务确立为:高等教育要与国家经济、国防、政治、文化建设相配合。时任教育部部长马叙伦在会上明确提出:“我们要在统一的方针下,按照必要和可能,初步调整全国公私立高等学校或其某些院系,以便更好地配合国家建设的需要。”在这一方针的指导下,自1952年起,我国开始了大规模的高等学校调整。1952年5月,教育部起草《全国高等院系调整计划(草案)》,明确院系调整的基本方针是,以培养工业建设和师资为重点,发展专门学院和专科学校,整顿和加强综合性大学。同年,颁布《全国高等学校1952年院系调整设置方案》,对华北、东北、西北、华东、中南和西南6个大区的高等学校作了详细规划。文件规定在华北地区新设高等政法学校一所——北京政法学院。

1952年8月23日,由11人组成的北京政法学院筹备委员会成立,他们是来自中央政法委、华北行政委员会、最高人民法院华北分院、北京大学、清华大学、燕京大学等单位的代表于振鹏、刘昂、朱婴、严景耀、陈传刚、夏吉生、程筱鹤、费青、钱端升、戴铮、韩幽桐,钱端升担任筹备委员会主任委员，韩幽桐任副主任委员。筹备小组从8月至11月先后召集了4次重要会议，就学院的行政机构设置与职责、教师资构成及干部配备、校舍、预算等项工作进行讨论、安排和部署。

1952年9月16日，中央人民政府教育部向中央人民政府政务院文化教育委员会呈报成立“北京政法学院”，同年9月27日政务院文化教育委员会批复同意。根据上级指示，北京政法学院由原北京大学政治系、法律系，原清华大学政治系、原燕京大学政治系、原辅仁大学社会系民政组的部分师生，和部分北京大学行政人员合并组成，并从华北行政委员会、华北人民革命大学调来一批干部担任学院各级领导。院址定于原北京大学旧址松公府10号（今北京沙滩）。

经过3个多月的精心准备，开学条件基本具备。当时，北京政法学院与北京大学、财经学院以及工农速成中学四校共用沙滩校区。北京政法学院对接收的教员宿舍、学生宿舍进行了修缮粉刷，安装了灰楼锅炉等生活设施，分配了教室和桌椅，在“教学设备不全，物资匮乏，尤其是师资短缺”的艰苦条件下，首批学员于1952年11月13日正式上课。1952年11月24日北京政法学院在沙滩举行成立典礼，政务院、教育部、华北行政委员会、北京大学、中国人民大学负责人等到会致贺。北京政法学院宣告正式成立，毛泽东主席为这个新型的政法高等学校亲笔题写了校名。

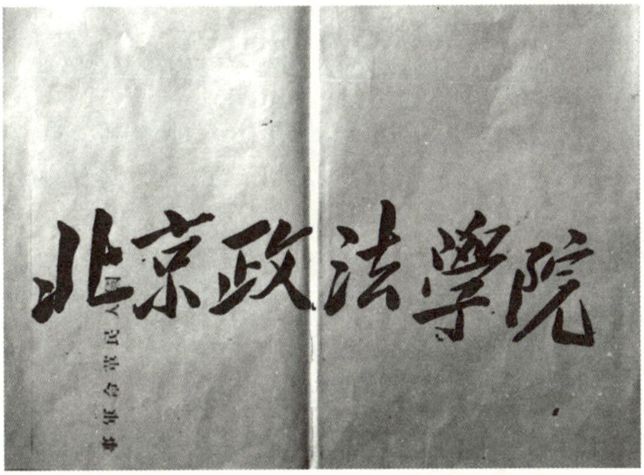

1952 年毛泽东主席为北京政法学院亲笔题写的校名(原件存于中国政法大学档案馆)

建院初期,学院的师生员工,以培养新中国建设急需的政法干部、提高在职政法干部的业务水平为中心任务,艰苦奋斗、奋发图强。一方面,根据高教部的指示,开辟建设明光村新校区。1954 年 1 月,北京西郊明光寺新校舍全部竣工。2 月,北京政法学院全体师生结束了在沙滩 1 年零 3 个月的学习生活,搬迁至新校区北京新街口豁口外土城。另一方面,完善组织机构,先后设置了办公室、教务处、教研室、行政处、图书馆等部门,努力保证教学工作的顺利完成。1954 年全国政法教育会议召开,确定今后政法教育的方针是,“适应政法工作发展的需要,有计划按比例地培养忠于社会主义建设事业、热爱祖国、体格健全、具有坚定的工人阶级立场和社会主义的政法观点,掌握先进政法科学、熟悉专门政法业务的工作干部和法学家”。学院积极贯彻国家过渡时期的政法教育方针,开展学制改革,完成了从专修科到 4 年制本科生的过渡,教学工作逐步走上正轨,为学院的后期发展也奠定了坚实的基础。在稳步推进教学工作的同时,学院也开始了对科学研究管理体制的探索。1955 年,为了贯彻党和国家关于提高教学质量的方针,进一步加强对教学和科学研究工作的领导,学院学习苏联相关大学的经验、结合本校实际，决定成立全院性的学术委员会，建立科研管理机构，一时领风气之先，各校纷纷效仿。

在此后20年中，学院经历了“反右”、整风、迁校、疏散等动荡，在政治运动的急风暴雨中，师生们积极探索政法教育的发展道路。1966年为将北京政法学院办成半工半读学校，高教部决定北京政法学院迁往山西省新绛县建校，学院派人到山西省选定校址，并将部分图书、家具等运往新绛县南社公社。后因“文化大革命”爆发，迁校工作停止。1969年3月至8月，中苏边境接连爆发了几起冲突事件，大军压境的苏联于下半年又私下向美国等国试探对中国核设施发动突然袭击。在此背景下，我国开展了紧张的战备和疏散工作。同年8月，中央发出疏散令，在京高校有的疏散到外地，有的暂时先疏散至郊区。北京政法学院被临时疏散到延庆县东部大柏老、香营两个人民公社。

在“文化大革命”时期，学院同国家一样遭受重创，学院领导遭到批斗，部分师生受到审查。1970年，在一片砸烂公检法的口号声中，北京市革委会认为，“今后政法干部主要应是在阶级斗争的实践中选拔培养，不需要设一所大学”，请示中央拟撤销包括北京政法学院在内的3所大学。同年，中央领导同意撤销北京政法学院，全校教师被下放到安徽濉溪县五铺农场举办“五七干校”。1971年2月，北京市革委会宣布，撤销北京政法学院。学校的设施设备被划拨给北京各单位，教学楼交由北京政法学院附中管理，其他校舍交与北京卫戍区，城内外家属宿舍交北京市房管局，教学用具多数被划拨给其他单位，一部分调拨给部队，一部分调拨给清华大学、北京大学、北京工业大学、朝鲜小学、芳草地小学等单位。1972年4月，“五七干校”结束，干部和教师就地分配。同时，成立北京政法学院留守处，回京处理学院撤销后的校舍、图书的处理以及病退干部的安置等问题。

复办过程中最棘手的当属商调教职工。1972 年,北京政法学院安徽“五七干校”结束后,400 余名教职员工就地分配,除部分老师被分配到北京地区外,更多地在安徽省各地就职,也有部分员工回了原籍。据统计,被分配到安徽、河北等 17 个省的有 142 人。随后,最高人民法院先后多次与国务院政工组、中央组织部、教育部、北京市委组织部、北京市教育局等单位商洽,办理干部调动手续。截至 1979 年招生之前,陆续调回原政法学院的教职工 180 余人。

经过 3 个多月的努力,准备工作基本就绪。但由于新生的住房依然未全部落实,原定于 9 月的入学时间不得已推后 50 多天。10 月 22 日,北京政法学院终于迎来了复办后的第一批新生 438 人,其中本科生 403 人、研究生 35 人。

在随后的几年里,学院在争取校舍、改善办学条件方面做了异常艰辛的努力,但由于各方面因素的制约,收效甚微。其他单位虽已返还部分校舍,但学校依然狭小局促,且被分割得支离破碎,后来不得不到郊县谋求更广阔的发展空间。

(三)马扎精神

1979 年 10 月 24 日,北京政法学院举行复办后的第一次开学典礼。由于学校礼堂依然被北京市歌舞团占用,学院只能借用相邻的冶金建筑研究院礼堂。而又因座位有限,同学们不得不带着学校临时备用的绿色小马扎开会。开学典礼由时任院长曹海波主持,全国人大常委会副委员长彭真同志特来函祝贺北京政法学院的复办。时任最高人民法院院长江华、时任司法部副部长李运昌先后讲话。最高人民检察院及民政部的有关领导出席会议。此次开学典礼标志着北京政法学院又一次获得新生。曹海波院长在讲话中指出,“我国将来的法官、检察官、律师都将从你们这里走出,你们将成为国家的栋梁”,各级领导的殷切期望使台下的同学们热血沸腾。

1979 年 10 月复办后 79 级新生的开学典礼

开学伊始，学校除了收回的部分校舍，其他地方依然被北京市曲艺团、北京市戏曲学校等文艺团体占用，原应安静的校园里俨然一个大杂院。人们看到的情景是，这边学院的老师们在声情并茂地讲课，那边演员们在咿咿呀呀地吊嗓子；这边是同学们要安静地上晚自习，那边是舞刀弄枪、锣鼓喧天。复办初期的北京政法学院同学们就是在这样一个狭小、拥挤、杂乱的环境中开启了自己的大学生涯。据 79 级同学回忆，当时学院的办学条件异常简陋，教学设施落后，桌椅配备不全，学校只得给学生们配备小马扎以解燃眉之急，同学们坐着马扎听课，成为当时校园一景；因礼堂被占用，无法开学生大会，同学们就在楼道里听广播；教学楼墙面斑驳，有的窗户甚至没有玻璃，只能借三合板替代；没有正式的课本，大家用的都是老师们自编、自印的教材；食堂面积不足，学生们只能在户外就餐，遇有刮风下雨，只得回宿舍吃饭……

虽然办学环境艰苦异常，但经历了“文化大革命”的同学们格外珍惜来之不易的读书时光，他们栉风沐雨、筚路蓝缕，一刻也不曾懈怠，以强烈的历史责任感和社会担当意识，终于成长为肩负国家法制建设重任的一代法学精英。

二、中国政法大学的成立与发展(1983~2000年)

(一)“中国法律大学”的设想

从1979年始,我国的法制建设进入了恢复和迅速发展的时期,立法工作也取得了重大发展,《宪法修正案》《刑法》《刑事诉讼法》等一大批法律相继颁布,培养高层次法律人才、推动法制建设进程,成为当务之急。在这一特定的历史条件下,中国政法大学应运而生。

为了适应新形势的发展,中央政法小组在中政发第3号文件中提出要“着手办一所全国性的政法大学”,扩大、充实、整顿和提高政法队伍,培养高水平的法学师资和科研人员。1979年司法部成立时,也曾提出建立中国政法大学的问题。1980年8月彭真同志在全国司法行政工作座谈会上再次强调,要建立中国政法大学。同年,司法部、最高人民法院、最高人民检察院、公安部、民政部5个部门联合向中央政法委员会提交报告,拟在北京新建1所中国法律大学,并将其定位于我国法律教育的最高学府和我国法律教学研究和法学图书情报的中心,学校除设本科外,还将设研究生院和进修学院。本科也不同于一般的政法院系,它的重点是培养法学教学、研究人员、法律顾问和律师,而不是审判、检察的司法工作干部,在课程设置上要求知识面较广泛,基础较雄厚,学制为5年。该大学拟由中央政法委员会领导,委托司法部管理,中央政法委书记彭真同志任名誉校长,曾任中央政法干校校长毛铎同志组织领导筹备工作。

筹建1所大学,千头万绪,牵扯面广、任务繁杂,经过1年多的努力,收效甚微。1981年胡耀邦同志指示,“政法干部队伍必须加强,明年以前必须取得决定性的进展”,司法部为了落实中央精神,另辟蹊径,计划充分利用现有院校的基础,将各方面资源加以整合,以加快工作进度。同年11月,终于将“中国法律大学”的设想化为一份详细的工作报告提交给中央政法委及国务院，报告建议将公安学院的恢复、中央政法干校的迁建与中国法律大学的筹建等问题统筹考虑、协调解决，即以北京政法学院为基础迅速筹建中国政法大学。同年12月，时任政法委员会秘书长刘复之，时任全国人大常委会副委员长、中共中央书记处书记彭冲，时任国务院副总理杨静仁先后签署意见，批准了司法部的报告。从1979年动议到1981年年底达成共识，这所中国法律大学蓝图的绘制历时两年。

（二）中国政法大学的筹备

1982年1月，中共中央在《关于加强政法工作的指示》中再次强调，要恢复与扩大建设政法院校、政法干校、公安学院、警察学校、司法学校和各种训练班，大力加强干部的培训，要抓紧筹办中国政法大学，把它建成我国政法教育的中心。同年2月，中央政法委员会和国务院批准筹建中国政法大学。同年3月，司法部和教育部联合发出了《关于筹建中国政法大学的通知》。同年9月，国家计委批准了中国政法大学计划任务书，筹建工作正式启动。

1982年9月，司法部副部长陈卓带领工作组，到北京政法学院调研，考察学院的领导班子、了解学校的现状，为筹建中国政法大学做准备，并向中央提交了考察报告。中央认为，北京政法学院筹建大学的条件基本成熟。随后，经中央组织部批准，成立了中国政法大学筹建小组，成员由时任司法部部长刘复之、时任副部长邹瑜、时任北京市副市长张百发、时任司法部副部长陈卓、时任北京市副市长叶子龙、时任北京政法学院党委副书记云光等6名同志组成，刘复之同志为组长，张百发同志兼任基建工程总指挥。从1982年10月到12月，筹备领导小组先后多次组织会议，召集最高人民法院、最高人民检察院、公安部、民政部、司法部、中共中央组织部、中共北京市委、北京市规划局等相关单位，讨论学校的建设规划和基建方面的落实情况，并成立了50多人的办事机构，负责基础建设、本科学制与招生、专业设置、师资配备等一系列日常工作。至1983年年初，筹备工作基本完成。

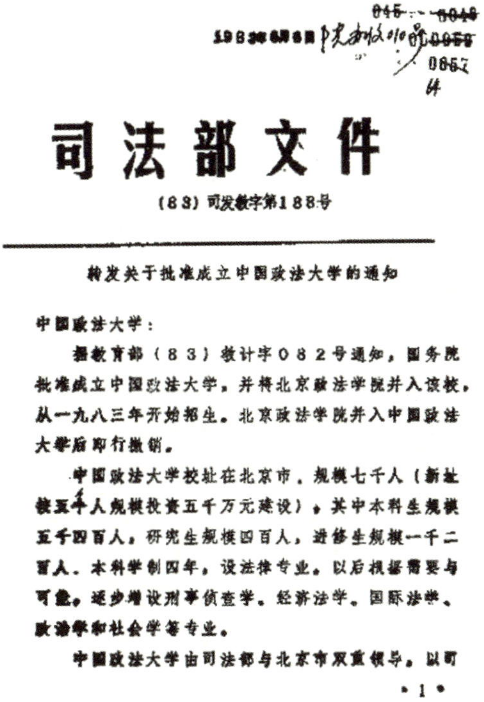

司法部文件

(83)司发教字第188号

转发关于批准成立中国政法大学的通知

中国政法大学：

据教育部（83）教计字082号通知，国务院批准成立中国政法大学，并将北京政法学院并入该校，从一九八三年开始招生。北京政法学院并入中国政法大学后即行撤销。

中国政法大学校址在北京市，规模七千人（新址按五千人规模投资五千万元建设），其中本科生规模五千四百人，研究生规模四百人，进修生规模一千二百人。本科学制四年，设法律专业。以后根据需要与可能，逐步增设刑事侦查学、经济法学、国际法学、政治学和社会学等专业。

中国政法大学由司法部与北京市双重领导，以司

·1·

1983年司法部转发关于批准成立中国政法大学的通知

1983年2月，中国共产党中央组织部任命中国政法大学领导班子，刘复之同志兼任中国政法大学校长，陈卓同志任中国政法大学党委书记。同年4月，国务院批准中国政法大学成立，由司法部与北京市双重领导，以司法部为主。北京政法学院被并入中国政法大学后，该学院即行撤销。

（三）中国政法大学成立暨一校三院管理体制

1983年5月7日，中国政法大学隆重举行成立大会，时任中共中央书记处书记陈丕显、胡启立出席了大会，并向全体师生员工表示热烈祝贺。陈丕显同志在讲话中要求，中国政法大学从一开始就要十分注意学生的政治思想、法制观念和道德品质的教育，要培养学生忠

1983 年 5 月 7 日，中国政法大学成立大会在公安部礼堂隆重举行，1000 多名师生员工参加了大会。1983 年中国政法大学挂牌仪式

1983 年 5 月 7 日，中国政法大学成立大会在公安部礼堂隆重举行，1000 多名师生员工参加了大会。1983 年中国政法大学挂牌仪式

1983 年 5 月 7 日，中国政法大学成立大会在公安部礼堂隆重举行，1000 多名师生员工参加了大会。学院路教学楼挂牌

于法律、执法如山、刚正不阿的职业道德和革命情操，成为有理想、有道德、有文化、守纪律的新型法律工作者。他希望中国政法大学不仅要办成我国法学教育的中心，成为法学知识财富集中的最高学府，而且要成为精神文明荟萃的场所。胡启立指示，政法战线是一条非常重要的战线，全国各省、市、自治区都要十分重视政法干部的培训和教育，以适应新形势的需要。

时任司法部部长兼中国政法大学校长刘复之主持成立大会并介绍了学校筹建情况。刘复之表示，政法大学是全国政法教育的中心，是培养又红又专的法律人才的国家重点大学，任重而道远，我们将努力克服困难，把我国第一所综合性的法律大学办好。中国政法大学的成立，标志着我们全国法学教育事业有了新的开端。中央政法委员会、中央宣传部、公安部、最高人民检察院、最高人民法院、司法部、民政部、教育部、北京市等有关部门的负责人也都出席了大会。

新建的中国政法大学实行一校三院管理体制，但在司法部 1982 年 2 月起草的中国政法大学筹备方案中，最初的设想是一校四院制：本科一院，5 年制，面向全国招生与统一分配；本科二院是北京政法学院的任务（或称中国政法大学分校），4 年制，为华北 5 省、市培养政法干部；法律科学研究院，招研究生，培养硕士（学制 3 年）和博士（学制 4 年）研究生；进修学院，包括师资进修和省、地两级政法领导干部的进修，学制 1 年到 2 年。在此后将近 1 年的时间里，司法部广泛地征求意见，采纳了中宣部干部局和北京市委的建议，最终形成《关于中国政法大学领导体制和机构设置的报告》，向教育部和国务院提交。该报告提出，学校实行校院两级管理：校部设精干的领导机构；下设法学院即本科生院、研究生院和进修学院 3 个学院，各学院在行政上可保持相对独立。

1983 年 5 月 16 日教育部颁发通知，明确了经国务院批准，成立中国政法大学，并将北京政法学院并入该校，从 1983 年起开始招生。中国政法大学校址在北京市，规模 7000 人（新址按 5000 人规模投资 5000 万元建设），其中本科生规模 5400 人，研究生规模 400 人，进修生规模 1200 人。本科学制 4 年，设法律专业，以后根据需要与可能，逐步增设刑事侦查学、经济法学、国际法学、政治学和社会学等专业。5 月 27 日司法部在转发教育部通知的文件中，明确了中国政法大学是我国历史上规模最大的法学教育最高学府，实行一校三院管理体制：以北京政法学院为基础建立的本科生院、以中央政法干校为基础建立的进修学院以及研究生院。

（四）新校区建设及两地办学

中国政法大学的校址选择一直伴随着整个筹建过程。1981 年 10 月 9 日，中共司法部党组在《关于迅速筹建中国政法大学恢复公安学院和迁建中央政法干部学校的请示报告》中，建议中国政法大学

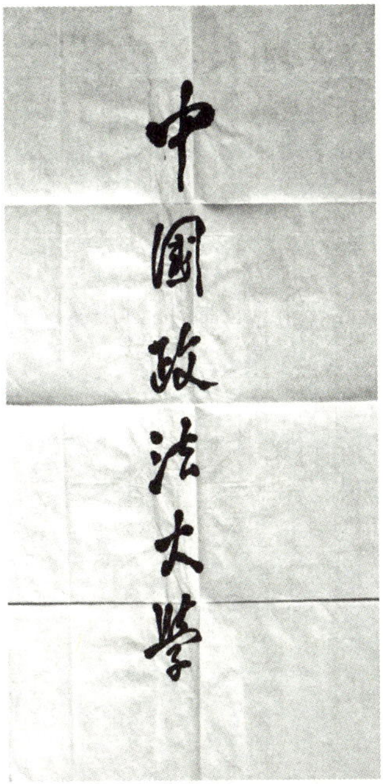

邓小平为中国政法大学的题词

的校址选在北京市安定门外大屯公社所属四环路附近(大田地),或清华大学以北邮电学院分院及其附近农田,以便与兄弟学院相互兼课、使用资料,也便于取得领导机关的领导和安排本科生的实习和研究生学位论文的写作。但由于各种原因,司法部始终认为该校址不够理想。1982 年经与北京市商定,在大兴卫星城兴建中国政法大学新校,具体位置在卫星城西北部卢城路(现为清源路)以北一块农田的北半部,家属宿舍生活区建在大兴卫星城黄村统一规划的生活区内。经过 1 年多的努力,至 1983 年 7 月,政法大学筹建领导小组在大兴征用土地 547.7 亩,并完成了地界的测量定位和打桩工作,校园总体规划设计初步方案也已完成。但到了 1983 年 10 月,当地的噪声污染、地下水污染及所征用地区劳动力安排等诸多困难,又一次摆在学校领导的面前。为了给师生们创造一个良好的教学读书环境,中国政法大学与司法部、北京市共同商定,将校址改在昌平卫星城。

1984 年 4 月北京市人民政府批准同意政法大学校址由大兴黄村变更为昌平城关。同年 10 月北京市政府同意大学征用昌平县东关乡土地 557 亩,其中,含代征道路用地 88.65 亩,新农村建设占用菜地 30 亩。

1986 年 6 月 7 日,在中国政法大学昌平新校工地上隆重举行了新校区奠基典礼。乔石、雷洁琼等在主席台上

1986 年 6 月 7 日,在中国政法大学昌平新校工地上隆重举行了新校区奠基典礼。乔石、刘复之为奠基揭幕

1986 年 6 月 7 日，在中国政法大学昌平新校工地上隆重举行了新校区奠基典礼

昌平新校区于 1986 年 6 月 7 日举行奠基仪式，各项工程先后开工建设。第一期工程 42,000 平方米，于 1987 年 8 月底交工并交付使用。9 月新校投入使用，迎来了新招的 1438 名新生。经过 5 年多的建设，1991 年基建工程基本完成，办学条件日臻完善，教学生活设施基本齐全，本科生的 4 个年级和全部干部专修生全部在新校就读，合计在校生已达 2000 多人，在昌平居住的职工也增加到 500 余户。全校工作重心的转移，势在必行。

早在 1987 年，学校党委就作出了《关于积极筹备两地办学、办好昌平新校的决定》，在思想上、组织上、物质上为一校两址、两地办学的新格局进行积极的筹备与规划。1988 年，学校党委再次决定，在新学年开始之前将全校领导重心和办学主体转移到昌平新校，并对学校重点转移的必要性、转移的步骤以及转移后学院路的工作予以详细部署。1991 年 3 月初，学校成立了重点转移领导小组，对转移的有关问题进行研究，着手进行有关准备。暑假期间，各部门实施转移。1988 年 9 月 19 日，中国政法大学向社会发出通告，通告称，昌平新校建设已基本竣工，学校的本科生和干部大专生均在新校学习，校本部也已于8月底由海淀区学院路转移到昌平区，研究生院、各研究所、函授部、出版社、学报等单位仍在学院路原址办公。至此，中国政法大学一校两址、两地办学的格局正式形成。

1987年昌平新校首届新生开学典礼

（五）两校一中心的合并

早在1993年，中共中央印发《中国教育改革和发展纲要》，提出高等教育体制改革的目标是，“解决政府与高等学校、中央与地方、国家教委与中央各业务部门之间的关系，逐步建立政府宏观管理、学校面向社会自主办学的体制”。此后几年，我国在高校管理体制改革的进程中，奉行“共建、调整、合作、合并”八字方针，调整学校布局结构，优化教育资源配置。1997年国家开始对司法部部属院校管理体制进行调整。

1997年1月26日，经司法部党组研究决定，中国政法大学、中央政法管理干部学院、中国高级律师公证员培训中心合并，对内称中国政法大学，对外保留中央政法管理干部学院、中国高级律师公证员培训中心的牌子。院校合并以后，组成新的中国政法大学党委和纪委，中国政法大学领导班子由以下人员组成：杨永林同志任中国政法大学党委书记、常委,校长;解战原同志任中国政法大学党委副书记、常委;王启富同志任中国政法大学党委常委、常务副校长;马抗美同志任中国政法大学党委副书记、常委,纪委书记,副校长;赵相林同志任中国政法大学党委常委、副校长;魏传军同志任中国政法大学党委常委、副校长;郑禄同志任中国政法大学党委常委、副校长;怀效锋同志任中国政法大学党委常委、副校长,兼任研究生院院长;陆炬同志任中国政法大学党委常委、副校长。1997 年 4 月 21 日,学校确定了中央政法管理干部学院与中国政法大学合并后处级机构和处级干部的任职。合并后的管理干部学院设副院长 2 名,为正处级。原中央政法管理干部学院的 22 个处级机构,其中 8 个机构仍保留在政法大学管理干部学院,12 个机构原则上对口合并到政法大学的有关处级机构,2 个机构相对独立。原管理干部学院的其他 12 个处级机构与大学的相应机构合并,所属工作人员原则上对口合并到大学有关机构。1997 年 9 月 4 日,中国政法大学公布两高培训中心与大学合并方案。两校合并后,仍保留"两高中心"的机构,其规格与研究生院、管理干部学院相同,对外仍称中国高级律师、高级公证员培训中心,对内称中国政法大学高级律师、高级公证员培训中心。根据"两高中心"的工作任务,撤销政治处和总务处,设置办公室、教务处两个处级职能部门。合并后,两高中心撤销机构政治处、总务处的人员及原办公室、教务处的在岗人员,根据对口合并及工作需要的原则进行安置。

三校合并发展建设,是部属政法院校教育体制改革的重大举措。

三、战略转型与发展(2000 ~ 2018 年)

(一)整建制归属教育部

在 1992 年邓小平南方谈话和党的十四大召开后,我国进一步加大了改革开放的力度,高等教育管理体制改革也进入了探索和实验阶段。20世纪90年代中后期，我国加快了高校管理体制改革的进程，逐步淡化和改革学校单一的隶属关系，加强省级政府的统筹，形成条块有机结合的管理体制。

1998年《中华人民共和国高等教育法》颁布实施，明确高等院校的法人地位，强调要扩大高校办学自主权。国务院为了深化教育管理体制改革、提高教育质量和办学效益、推动国务院部门进一步转变职能、促进教育更好地为经济和社会发展服务，1999年颁发了《关于调整国务院部门（单位）所属学校管理体制和布局结构的决定》。根据文件精神，按照“共建、调整、合作、合并”的方针，在对有关部门和单位所属普通高等学校管理体制调整的同时，调整学校布局结构，优化教育资源配置。少数普通高等学校划归教育部管理或由教育部负责调整，其他普通高等学校实行“中央与地方共建，以地方管理为主”的体制，由地方统筹管理。因而，除教育部及外交部、国防科工委、国家民委、公安部、安全部、海关总署、民航总局、体育总局、侨办、中科院、地震局等部门和单位外，其他部门和单位不再直接管理学校。2000年国务院办公厅转发教育部等部门《关于调整国务院部门（单位）所属学校管理体制和布局结构实施意见》，明确将包括中国政法大学在内的22所独立建制普通高等学校划转教育部管理。其中，学校的国有资产、人员编制、劳动工资以及教育事业费、科学事业费、房改经费等均从2000年起划转教育部管理。在时隔40年后，中国政法大学又重新回归教育部领导，由此进入了一个新的历史发展时期。

（二）机构改革

自学校被划归教育部以后，学校领导班子作了重大调整。2001年9月24日，中共教育部党组作出决定，对中国政法大学领导班子进行重大调整。

新的领导班子上任后，面对全球经济一体化的发展趋势以及中国加入 WTO 对中国法制建设和法学高等教育的冲击，面对来自部属其他院校改革发展的压力，确立了 21 世纪学校的定位和办学目标。为了深化改革、加快发展，新领导班子给学校定位：立志把学校建设成为多科性、研究型、开放性和特色性的国内一流、国际知名的政法院校。为了实现这一目标，学校开展了校部机关机构、干部人事制度、教学改革、院系调整等 10 项改革。

2001 年 12 月，学校颁布《中共中国政法大学委员会关于实施中国政法大学校部机关改革方案和干部人事制度改革方案的决定》，拉开了改革的序幕。该文件指出，本次改革的宗旨是，遵循高等教育发展的客观规律，以理顺管理与教学、科研的关系为着眼点，以转变职能、转变机制、转变作风，提高效率、提高水平、提高质量为目的，破除上下对应的“官本位”思想，在充分发扬民主的基础上，通过撤销、剥离、保留、合并和新建等方式，调整优化机构，整合体系，建立一套科学精简、权责明晰、运行顺畅、强化服务、优质高效的机构和职能体系，为学校政体改革的推进奠定良好的组织基础。

本次通过对处级、科级机构调整，校部机关精简为 29 个，人员精简为 213 人，在编人员一律实行聘任制。分流出的人员，建立校内合理的流动机制，在推进改革的同时做好分流人员妥善安排等问题，消除大家的后顾之忧。

学校一方面对校部机关进行改革，另一方面酝酿院系专业调整。调整的指导思想：一要有利于人才培养，使毕业的学生能够适应市场的需要；二要有利于增强学校的学科竞争力。调整的目的是，改革过去办学体制中学校权力过于集中，院系办学单位责任大、权力小的责权不对等的格局。调整方案提出，学校设立 13 个院系，各院系与学校在教学、科研、学科建设、研究生培养方面形成校院两级管理体制。学院为二级实体机构，全面负责院内各项管理工作。通过调整，极大地调动了学院办学的积极性，为全面提升学校综合办学实力、实现学校跨越式发展注入了活力。

（三）曲折的“211”之旅

“211 工程”是国家为了迎接 21 世纪世界新技术革命的挑战、适应现代化建设事业的需要、加快改革和积极发展我国高等教育而采取的一项重大战略决策。它的起源最早可追溯到 1983 年，时任天津大学名誉校长的李曙森等 4 人联名上书中央，建议国家拿出 50 亿重点资助 50 所高校，把它们办成重点大学中的“重点”。1991 年原国家教委根据第七届全国人大四次会议精神，向国务院正式提交《关于建设好一批重点大学和重点学科的报告》，明确提出要在 2000 年重点建设 100 所左右的高校。1993 年 2 月 13 日，中共中央、国务院颁发《中国教育改革和发展纲要》及其实施意见，文件指出，要集中中央和地方等各方面的力量，经过 10 年或更长时间的努力，分期分批地重点建设 100 所高等学校和一批重点学科、专业，使其在教育质量、科学研究、管理水平及办学效益等方面有较大提高，在教育改革方面有明显进展，到 21 世纪初接近或达到国际一流大学的水平。同年 7 月，国家教委制定《关于重点建设一批高等学校和重点学科点的若干意见》，决定设置“211 工程”重点建设项目，标志这一工程正式启动。

“211 工程”重点建设项目程序分为预审、预备立项、评审和批准四个步骤：先由各高校进行项目可行性论证，再向主管部门申请预审，预审通过后由主管部门向国家教委申请预备立项，国家教委审核同意即可预备立项；然后，由主管部门向国家教委正式推荐申报；国家教委分批组织专家评审；评审通过后，国家教委会同有关主管部门批准立项，下达任务建设项目书。

中国政法大学申请列入“211 工程”院校历经 10 年之久，可谓一波三折。早在该项目启动之初，学校就向当时的主管部门司法部提交了报告，从办学条件、师资队伍、科研成果、办学层次、学校管理等方面，详细阐述了学校的办学水平和已取得的丰硕成果，申请司法部将中国政法大学列入“211 工程”项目。1995 年 12 月，学校到北京地区已通过主管部门预审的兄弟院校进行实地调研，学习取经，并再次提交申请重申我校的建校目标定位、重点学科建设、师资队伍、对外学术交流等方面的优势，恳请司法部将我校确定为重点扶持院校。从 1993 年至 1996 年，学校先后 5 次提交书面报告，一直未得到司法部的明确答复。

2002 年 5 月 5 日，中国政法大学建校 50 周年庆典暨法治与法学教育国际研讨会开幕式在北京人民大会堂隆重举行

5 次申报均未果。有资料显示，当时司法部部属院校中，共有五所申报“211 工程”项目，条件较成熟、优势较明显的是中国政法大学与西南政法大学，两所大学实力相当，究竟申报哪一所，司法部犹疑不定，虽反复权衡，终难决断，最后索性以“两校优势互补、互相不可替代”为由将两所院校一并上报。但国家教委更是无法取舍，驳回了申请，强调“一个部委只能申报一所院校进行‘211 工程’预审……到底进哪一所，应由主管部门行政拍板……”司法部党组在 1996 年 10

月决定“鉴于国家教委的意见和我部的实际情况，要争取实现一所院校进入‘211 工程’，一所院校滚动进入的目标”，但究竟呈报哪所，依然态度暧昧。此时，全国通过主管部门预审的院校已达 98 所，在国务院部委中尚未确定本部门的预审院校，也仅剩司法部和建设部。1997 年，司法部在对 5 所部属高校综合评估的基础上，最终确定中国政法大学为部属院校中唯一重点建设院校，并申请开展预审工作。翌年，司法部向教育部提交重点建设中国政法大学“211 工程”投资规划和资金来源说明，并拟定了《中国政法大学“211 工程”建设投资方案》。但令人惋惜的是，教育部“211 工程”首批项目的申报程序已然终止。

中国政法大学，这所 60 年就被列入全国重点院校，成立初期就被中央定位于“既是我国法律教育的最高学府，又是我国法律教学研究和法学图书情报的中心”的高层次法律大学，与首批“211 工程”就这样擦肩而过。

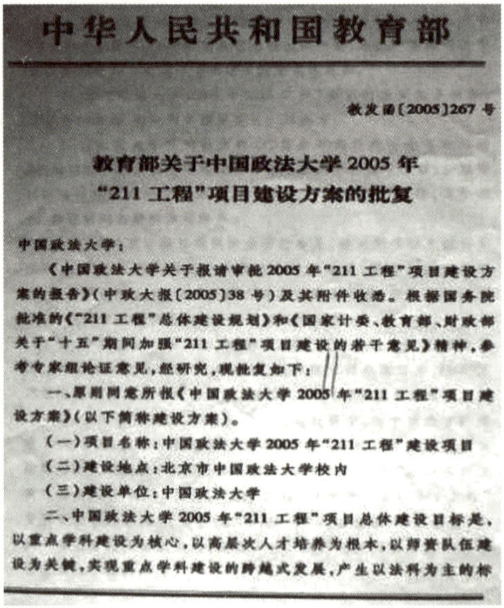

中华人民共和国教育部

教发函〔2005〕267 号

教育部关于中国政法大学 2005 年
“211 工程”项目建设方案的批复

中国政法大学：

《中国政法大学关于报请审批 2005 年“211 工程”项目建设方案的报告》(中政大报〔2005〕38 号)及其附件收悉。根据国务院批准的《“211 工程”总体建设规划》和《国家计委、教育部、财政部关于“十五”期间加强“211 工程”项目建设的若干意见》精神，参考专家组论证意见，经研究，现批复如下：

一、原则同意所报《中国政法大学 2005 年“211 工程”项目建设方案》(以下简称建设方案)。

(一)项目名称：中国政法大学 2005 年“211 工程”建设项目

(二)建设地点：北京市中国政法大学校内

(三)建设单位：中国政法大学

二、中国政法大学 2005 年“211 工程”项目总体建设目标是，以重点学科建设为核心，以高层次人才培养为根本，以师资队伍建设为关键，实现重点学科建设的跨越式发展，产生以法科为主的标

2005 年教育部关于中国政法大学成为“211 工程”项目学校的批复

2012 年 5 月 16 日，中国政法大学建校 60 周年庆祝大会在昌平区礼堂隆重召开

2012 年 5 月 16 日，在中国政法大学建校 60 周年之际，法大终身教授与国内外法学家和校友合影。从左至右分别为：应松年教授、张晋藩教授、江平教授、罗马二大校长 Renato Lauro 教授、王福平教授、陈光中教授、甘绩华教授、李德顺教授、冯世勇教授

2009 年 10 月 1 日，中华人民共和国成立 60 周年之际，由法大师生 1396 名师生组成的“依法治国”方阵参加群众游行

2017 年 5 月 16 日，中国政法大学迎来 65 周年校庆，图为 65 周年校庆特展

凡我在处，即是法大

一、四年四度军都春，一生一世法大人

中国政法大学地处北京市，是一所以法学为特色和优势，兼有文学、历史学、哲学、经济学、管理学、教育学、理学的多学科性大学，是我国“211 工程”重点建设大学、“‘985 工程’优势学科创新平台”、“2011 计划”项目重点建设高校、“高等学校学科创新引智计划”（“111 计划”）创新引智基地建设高校，直属于国家教育部。学校设有昌平校区和海淀校区。

学校在 65 年的办学历程中，为国家培养了各类优秀人才 20 余万。学校是国家法学教育和法治人才培养的主力军，参与了自建校以来国家几乎所有的立法活动，引领着国家法学教育的创新、法学理论的革新和法律思想的更新，代表着国家对外进行法学学术和法治文化交流。同时，学校是政治、经济、社会、文化等领域人才培养的生力军，培养了一大批富有创造力的卓越人才，推动了国家政治民主、经济发展、文化繁荣、社会和谐及生态文明等方面建设。

（一）经国纬政、法泽天下：争办世界一流法科强校

作为以法学为优势学科的教育部直属重点大学，学校在推进国家治理体系和治理能力现代化中承担着特殊重大的教育使命。学校以服务国家重大急需为己任，恪守“为人民服务，为中国共产党治国理政服务，为巩固和发展中国特色社会主义制度服务，为改革开放和社会主义现代化建设服务”的办学方向，秉承“厚德、明法、格物、致

公”的治校校训，坚持“学术立校、人才强校、质量兴校、特色办校、依法治校”的办学理念，践行“经国纬政、法泽天下”的办学使命，瞄准建设高等教育强国的国家战略目标，瞄准21世纪高等教育改革发展的主流趋势，瞄准全面深化改革和经济社会发展对我校人才培养、科学研究的新高需要，致力于将内涵发展、综合改革、协同创新贯穿于办学观念、办学模式、办学机制，渗透于改革谋略、改革部署、改革流程，呈现于发展规划、发展过程、发展成果，在守望传统并神往创新中确立了对接国家需要且符合学校校情、特色鲜明的办学定位与目标，为学校改革创新发展提供了既高位前瞻又踏实行进的方向。

1. 办学定位：国际一流法学及相关学科的世界法科强校

学校遵循高等教育发展规律，认真审视65年来的办学实践，客观分析学校在国家和行业发展中的地位、作用和所肩负的历史使命，以内涵发展为根本遵循，以特色办学为基本方向，以协同创新为依托战略，以综合改革为推进途径，优标准落实学校世界知名法科强校的办学定位，多维度分阶段实现学校世界一流法科强校的办学目标。

学校总体定位：拥有国际一流法学及相关学科，开放式、国际化、多科性、创新型的世界知名法科强校。坚持以质量提升为核心的内涵式发展道路，面向国内外教育科研机构、实务部门、企事业单位全方位开门办学，不断提高师资学缘结构、课程跨国结构、学生知识结构、合作项目结构、效益辐射结构的国际化程度，形成以法学为优势相关学科相支撑的多学科体系，逐步实现办学思想、主体、平台、流程、技术、成果的时代创新，努力使学校在成为中国法学教育中心、法学研究中心、法学图书资料信息中心、国家立法与决策咨询服务中心及中国法学与国际交流中心的基础上，快速、协调、持续提升在国内外的核心竞争力，以强劲的人才和智力支持得力推动国家法治昌明、政治民主、经济发展、文化繁荣、社会和谐及生态文明，有力地促进国家在全球和区域开展法学教育、法理交流、法治合作。

学校办学目标：培聚一流教师专家队伍，培养一流学科专业人才，培育一流学术科研成果，培植一流社会服务效益，培就一流现代办学体系。到2020年，实现法学学科进入世界一流学科行列，政治学学科进入全国前五，其他学科整体实力和核心竞争力明显提升。到2030年，法学学科进入世界一流学科前列，政治学等学科进入世界一流学科行列。到21世纪中叶，学校迈入世界一流大学行列。

2. 应国需、促法兴：科学规划服务国家全面依法治国战略

“应国需”，是指在办学的目标功能上以满足国家需要为己任；“促法兴”，是指在办学的使命上以推动法治兴盛和法大发展为宗旨。这一办学定位的确定依据具有重大的能动意义，体现在学校的学科发展、队伍建设、人才培养、科学研究、社会服务的资源导入、质量创造和功能输出，都是以满足国家需要、推动法治兴盛为出发点和落脚点。“应国需、促法兴”，浓缩并展示了中国政法大学的使命感、责任心和意志力，昭示着学校始终站在国家需要的高度，在法律科学最核心的部位迎接重大挑战，参与国家法治建设最重要的任务，参与国家法学教育最根本的改革，参与国家法学研究最顶尖的攻关。

党的十八大以来，以习近平同志为核心的党中央提出协调推进“四个全面”战略布局。党的十八届四中全会确立全面推进依法治国的战略，提出了“建设高素质法治专门队伍”“创新法治人才培养机制”的要求，为以法科见长的我校带来了全新的机遇，为建设具有法大特色的现代大学制度提供了强大动力。

学校认真贯彻教育部关于高等教育“巩固、深化、提高、发展”的八字方针，紧紧抓住进入21世纪后我国高等教育跨越式发展的各种机遇，从高等教育普遍规律与法科教育特殊规律的结合面上深刻挖掘时代使命的内涵，以顶层设计统领全面建设，抓科学规划、促科学

发展，用具体制度真正落实学校办学定位。继 2002 年颁行《中国政法大学战略发展规划十条》，2007 年制订了《中国政法大学“十一五”规划和 2022 年远景规划纲要》，明确了近期和中期发展的方向和路径，确定了第一个“三步走”的发展方针。第一步（2002～2009 年）：完成“四大任务”、实现“四大转变”，奠定高水平研究型大学的基础。第二步（2010～2016 年）：初步建成高水平研究型大学。第三步：（2017～2022 年）：实现学校的总体目标，实现学校“多科性、研究型、开放性、特色鲜明的世界知名法科强校”的办学目标。

2012 年学校制订了《中国政法大学“十二五”事业发展规划》，再次明确了发展战略。该规划对学校“十一五”发展规划确定的办学目标进行了调整，要求认真贯彻“三步走”的发展方针，在“十二五”期间，迈好第二步，努力在人才培养、科学研究、社会服务、文化传承创新、国际交流合作等方面实现重大突破，全面提升在国内外高等教育领域的地位和影响，为建设开放式、国际化、多科性、创新型的世界知名法科强校奠定更加坚实的基础。

2016 年学校紧抓国家“统筹推进世界一流大学和一流学科建设”的重大机遇，编制了《中国政法大学“十三五”事业发展规划》，调整了学校“十一五”发展规划三步走的战略，明确提出了以一流学科带动一流大学建设的第二个“三步走”战略。第一步：到“十三五”末，法学学科进入世界一流学科行列，政治学学科进入全国前五，其他学科整体实力和核心竞争力明显提升。第二步：到 2030 年，法学学科进入世界一流学科前列，政治学等学科进入世界一流行列。第三步：到 21 世纪中叶，学校建设成为开放式、国际化、多科性、创新型的世界一流法科强校，学校迈入世界一流大学行列。

（二）培养目标：以一流教育培养一流人才

学校坚守“只有培养出一流人才的高校，才能够成为世界一流大学”,坚持把立德树人作为中心环节,把思想政治工作贯穿教育教学全过程,不断提高学生思想水平、政治觉悟、道德品质、文化素养,帮助学生扣好人生的第一颗扣子,引导学生成为德才兼备、全面发展的人才,实现全员育人、全过程育人、全方位育人。

1. 层次分明:打造“五位一体”学生培养规格

学校人才培养的总目标:坚持德育为先、能力为重,培养具有厚基础、宽口径、高素质、强能力的复合型、应用型、创新型、国际型的高级专门人才。

学校的人才培养以健全人格为统领,努力培养学生的批判性思维、创新潜质、法治精神、人文情怀、科学理性和社会责任。通过培养品德、传授知识、提升能力、启迪智慧、健全身心,实现品德优良、学识丰富、能力卓越、智慧不凡、身心健康的“五位一体”学生培养规格。

专业培养目标:在学校整体人才培养目标的基础上,进一步凝练专业的人才培养目标,凸显专业培养特色、优化专业课程体系、强化实践教学。在优化专业课程体系中,学校既重视基本理论、基础知识与基本技能的培养,又能科学处理好理论教学与实践教学的关系,强化实践教学,重视对学生创新能力、实践能力的培养。

2. 守传统、明定位:传承创新人才培养目标

契合办学定位。学校充分考虑国家战略发展需求以及自身的学科优势,对专业进行合理布局,以法学学科为龙头,积极打造政治学、管理学、社会学、经济学、哲学、文学、史学、理学、马克思主义理论等多学科共同发展的格局,培养复合型、应用型、创新型、国际型的高级专门人才,积极呼应国家“四个全面”战略布局,稳步推进实现我校世界一流法科强校的办学目标。

彰显办学传统。建校 60 多年来,学校的发展始终与国家的法治兴衰同命运,始终处于法学教育第一梯队,承接来自国家的对人才培

养、科学研究、社会服务、文化传承创新、国际交流合作的任务。特殊的命运强化了学校“经国纬政、法泽天下”的办学使命，塑造了法大人“凡我在处，便是法大”的精神气质，孕育了促进法治昌明、政治进步、经济发展、文化繁荣、社会和谐和生态文明的办学传统。通过长期办学实践的积淀和多次全校性教育教学观念大讨论的凝练，逐步形成了教育思想层面的办学传统和法大精神，设定了复合型、应用型、创新型、国际型高级专门人才培养目标。这一培养目标符合学校作为中国法学教育中心、法学研究中心、法学图书资料信息中心、国家立法与决策咨询服务中心、中国法学学术与法治文化国际交流中心的社会地位。

立足学生发展。学校人才培养目标的设定注重学生自身素质的培养，努力满足社会发展的需要，同时更关注学生的个性发展，满足学生的个体发展需要。在人才培养方案制定和教学实施过程中，学校秉持“厚德、明法、格物、致公”的校训，实施“道器一体、专能两翼”的教学理念，落实“固本”“德性”“博专”“责任”教育并重的人才培养理念，践行以结果为导向的质量保障体系，充分考虑当代大学生的人格特性、心理需求和学习特点。凡有利于学生成长者，学校皆努力实现，力求以知识点燃学生心智的火焰，以大爱拨亮学生人格的光芒，为学生充分形成自身志趣、发展自身特长与发挥自身潜能创造条件，致力于学生的全面发展教育理念的实现。

应对学生培养。学校建立人才培养质量标准和评估体系，根据学校人才培养质量评估报告和专业人才质量评估报告，完善人才培养目标和学生培养情况的动态联动机制。学校定期对学生培养质量进行评估，根据人才培养质量的评估结果，调整学校人才培养目标和专业培养目标，及时反馈人才培养过程中存在的问题，定期修正学校人才培养目标和专业培养目标，切实有力地保障学校人才培养质量的高水平。

(三)育人为重:牢固确立人才培养的中心地位

学校坚持人才培养工作在各项工作中的中心地位,贯彻落实教育部有关加强教学中心地位、提高本科教学质量的文件精神,采取“领导重视、制度保障、投入优先、服务先行、科研奠基、教授主讲、舆论宣传”等一系列措施,确保人才培养的中心地位,在学校中形成了围绕人才培养高效运行的工作体系。

1. 建典立制,在法治轨道中规范本科教学运行

学校制定《中国政法大学本科教学质量保障典》《中国政法大学本科教学管理典》《中国政法大学博士研究生培养规定》《中国政法大学硕士博士学位论文抽检办法》,确保教学管理的规范化、科学化,对培养方案的制订和调整、教学计划的执行、教师教学行为、课堂教学管理、教学质量监控、教学成果奖励、教学事故处理等作了明确规定,形成了既高度重视科学严格管理,又充分调动师生教与学积极性的制度体系和法治链条,使教学工作始终处于良性运转状态,基本形成了不断提高学校教学质量水平的长效机制。

2. 持科研反哺教学,推进一流科研成果转化为教学优势

学校通过完善学术评价体系,建立了“人才培养、科学研究、社会服务”三维并重的教师评价机制,提高了教学工作量和教学成果在教师职称晋升、岗位等级评定中的权重;通过机构改革,推行全校教学和科研单位的“教学科研功能一体化”,实现了教学机构和科研机构原有功能的相互融合;最终构建了政策引导、制度保障、评价促进相结合的教学与科研互动发展的管理体制和运行机制。在新的管理体制和运行机制中,教育部重点实验室证据科学实验室对本科生开放,科研人员走进本科课堂,科研过程融入教学环节,科研问题转化为学生学术活动主题,科研以多种形式支撑教学,极大地提升了教学的科

研含量，提高了教学的学术质量。

3. “课比天大”在学校工作中成为压倒一切的价值定位

“课”既指具体课堂教学，又指整体人才培养。“课比天大”是要引领全校教师、学生、管理人员在“科学建课、认真备课、专心讲课、积极听课、公正评课、规范管课”等人才培养的全环节树立人才培养工作在学校工作中压倒一切的价值定位，学校所有工作都应围绕“课”、服务“课”、支撑“课”、保障“课”。

“课比天大”是教师的职业理念、职业操守和职业准则，意味着教师要兢兢业业、言传身教、上好每堂课，恪守教书育人的天职；“课比天大”也意味着学生应当刻苦学习、主动认真听课，积极参与课堂讨论；“课比天大”还是教学管理的基本价值导向，学校通过结构性考核，将本科教学工作量单列出来，作为教师年度考核合格的必要条件，用制度和政策鼓励和保证知名学科带头人、教学骨干成为本科教学的主体师资。

二、始终坚持与共和国法治建设同呼吸共命运，不断开创中国特色世界一流法科强校建设新局面

中国政法大学持续发挥党委的领导核心作用，不断提高政治站位，始终坚持与共和国法治建设同呼吸共命运，深度融入国家发展战略、融入经济社会转型升级、融入高等教育深化改革、融入“双一流”建设，勇于创新、敢于担当、善于谋划、甘于奉献，不断开创中国特色世界一流法科强校建设新局面。聚焦“为谁教、教什么、教给谁、怎样教”的根本问题，加强顶层设计和战略谋划，努力以建设世界一流学科为目标，打造优秀学科队伍，引领先进学科方向；以优化人才培养模式为核心，创新教育教学方法，全面提升人才培养质量；以深化科研体制改革为关键，增强科研动力，提高科研水平；以完善学校管理

体制为依托,全面落实依法治校,优化校内治理结构。瞄准世界一流学科,全面深化综合改革,全力激发内在动力,大力提升师生员工的创造力,切实开创世界一流法科强校建设新篇章。

(一)坚持党管办学方向,努力办好中国特色社会主义大学

坚持社会主义办学方向,是扎根中国大地办大学的基本要求。我们要坚持立德树人,坚持思想引领,引导师生自觉践行社会主义核心价值观,把正确的政治方向、价值导向贯穿到办学治校全过程。

坚持党的领导。完善党委领导下的校长负责制,继续推进一体化从严治党,认真落实党建工作责任制,严格执行和维护政治纪律和政治规矩;坚持党管人才原则,完善党管人才工作的体制机制,确立党委对人才引育的实质审核制度;严格执行干部管理制度,合理运用提醒、函询和诫勉等方式,实现从严管理干部常态化。

牢牢把握意识形态工作领导权话语权。强化和落实校院两级领导班子的领导责任,积极探索新形势下推进意识形态工作的新思路、新途径和新方法;加大检查监督力度,探索建立出版质量监督检查体系,推动网络意识形态责任制落到实处;统筹推进意识形态工作队伍建设,按照高标准选配专业意识形态工作人员,不断提高网络媒介环境下的思想舆论引导能力和媒体合作能力。

全面增强思想政治工作实效。制订政治理论学习培训规划,完善平台机制建设,不断增强师生对中国特色社会主义的内心拥护和真诚信仰;创建青年教师协会,健全师德"一票否决"实施细则,完善师德建设长效机制;因势利导,加强学生社会实践课程和基地建设,构建实践育人新机制;建立线上线下互动一体的运行和激励机制,切实建好网络思政和舆论矩阵。

建强思想政治理论课阵地。深入实施思想政治理论课建设体系创新计划,大力推进"思政课程"向"课程思政"转化,打造思想政治

理论工作的“全员模式”；设立“思政大讲堂”，邀请学校、学院领导和权威专家讲授思想政治理论课；设立思想政治理论课名师工作室，打造思想政治理论课“金牌”教师团队，设立法大思政课兼职教师队伍“百人计划”，内外协同，加强思政理论课建设。

建立健全“法大精神”为核心的校园文化体系。设立专项基金，加强校园文化传播平台建设，鼓励各院部建设具有自身特色的文化载体，指导师生社团开展文化活动，设立重大文化建设项目，打造“第二课堂成绩单”；建设校园文化景观、美化新建筑公共空间，推动中国法律博物馆和校史馆建设，启动校歌评选，发挥校史、校训、校风、校歌等的育人功能。

（二）坚持党管改革发展，全面提升办学水平

以“双一流”建设为契机、以争创世界一流为目标、以体制机制创新为抓手，务必争取并固守法学学科国内第一、世界一流的领军地位，积极探索多学科交叉融合与协同创新的新模式，为政治学等学科进入国内一流前列奠定坚实基础。

1. 牢牢坚持“以我为主、兼收并蓄、突出特色”的基本原则，全力打造中国特色社会主义法学学科体系

“求发展、稳特色”，创新学科培育机制。大力发展马克思主义学科，着力建设法学一级学科特色专业监狱学和知识产权专业；力争一半以上法学二级学科进入全国第一，争取并固守法学国内第一、世界一流的建设目标，确保政治学、社会学等学科排名进入国内前列，具备世界一流学科实力。

“扶新兴、育交叉”，优化学科结构。实施“新兴学科培育计划”，探索党内法规学科建设，大力扶持 5 ~ 10 个新兴学科，培育 10 ~ 15 个交叉学科，争取新增多个博士学位一级授权点，新增 3 ~ 5 个专业硕士学位授权点，使学校专业硕士学位授权点基本覆盖人文社会科

学的主要门类。

2. 精心培育“德法兼修、明法笃行”的高级人才，立体打造人才培养的特色模式

坚持立德树人、德法兼修，增强思想政治教育实效性。切实贯彻落实习近平总书记全国思想政治工作会议和考察我校“5·3”的讲话精神，通过打造校内“金牌”教师团队、建设一套“金牌”课程体系等措施，把思想政治工作贯穿教育教学全过程，推动中国特色社会主义理论体系进教材、进课堂、进头脑。

创新人才培养“法大模式”，引领全国法治人才培养。改革本科生“四跨”人才培养模式和项目研究生培养机制，完善课程体系、教材体系和人才培养信息化；完善法学实验班培养方案，明确学位授予评估统一责任主体，推动法律硕士学院实体化；改革教学方法，推广法大特色的“同步实践教学”模式。

强化实践教学，深化推进协同育人机制。积极探索文科实验室的建设体系，建设一批实验室模拟课程；深化诊所教育改革，建立诊所教育评估体系；建立与实务部门的协同育人机制，共建实务技能课程 50 门以上；突出“海外实习实践”的重要性，每年派往国际组织的实习人数不少于 20 人。

健全就业创业服务体系，提高学生的创新创业能力。建全创新创业通识教育体系，落实毕业生“就业促进和创业引领计划”；加强与省级地方组织人事部门联系，建立健全毕业生选调就业协调机制，健全招生、培养、就业创业联动机制，建立人才培养社会评价机制，有效提高毕业生雇主评价声誉。

完善质量保障体系，切实保障人才培养质量。完善人才培养质量保障体系，加强质量评估中心建设，建立学校以结果为导向的 PDCA 循环质量保障体系；多渠道、多方式反馈人才培养质量信息，

推动教学质量持续不断地提高;完善本科教学状态数据库,每年向社会公布人才培养质量年度报告。

3. 始终坚定"做中国学术的创造者、世界学术的贡献者"的学术理想,努力构建兼具中国特色和国际视野的学术话语体系

深化科研体制改革,激发科研活力。创新科研组织模式,改革科研项目分类认定制度,完善科研经费管理制度;优化科研激励和约束机制,完善代表作评价和同行评价制度,将科研考核结果与教师聘任、职称晋升、导师遴选直接挂钩;力争专任教师人均核心期刊、科研项目、奖项和经费实现5年翻番。

搭建高端科研平台,提升科研服务水平。聚焦重大国家战略,创设高端科研新平台;加强中国特色社会主义法治研究院和协同创新中心建设;牢固《政法论坛》《比较法研究》《行政法研究》的法学核心期刊地位,确保《学报》《证据科学》进入CSSCI来源期刊序列,推动出版社经营市场化,实现码洋翻番。

加强科研梯队建设,营造科研创新生态。设立专项资金,确定目标责任制,重点培育10个二级学科团队,确保学科科研水平跃升;每两年遴选10个全新青年教师学术创新团队,推行优胜劣汰遴选制度;鼓励老中青"传帮带",培育新生科研力量和未来学术带头人。

4. 时刻坚守"学为人师,行为世范"的道德品格,培养造就符合"四有"好老师标准的师资队伍

绩效引领,深化人事制度改革。调整学校二次分配结构,在确保全校教职工待遇大幅提升的基础上,构建以岗位绩效工资为主体,年薪制、协议工资、项目工资等并存的薪酬体系;逐步实现不同用工方式的同工同酬,增强二级学院(部)分配自主权,有效激发全校教职工的创造力。

特区引领,创新"双一流师资队伍"新驱动。实施人才特区制度,

落实校内人才自由流动机制，推进与实务部门人才的双挂互聘；实施“军都山学者”计划，加大校内高层次人才培育力度；强化学科带头人学科团队建设主体责任，加大三类以上人才引进力度；实施师资国际化工程，重点扩大聘任规模和层次。

机制创新，全面优化教师成长环境。全面贯彻“党管人才”原则，明确各院部党政负责人在队伍建设方面的工作职责，推行奖惩制度；协同构建优秀教师“发现、培养、使用和评价激励”机制，建立健全分类考核，实现“能上能下、能进能出”，构建校、院党委和基层支部联系专家三级联动机制。

5. 认真按照“立足中国、借鉴国外，挖掘历史、把握当代，关怀人类、面向未来”的工作思路，不断提升国际化办学水平

以质量和效益为引领，全面升级国际交流与合作。重点加强与世界高等教育强国，特别是世界顶尖大学的合作。实施国际交流“十百千”工程，引进海外知名教授 10 人，选派教师出国境进修 100 人，选派“本硕博”学生公派出国 1500 人。实现本科生出国交流率达 20%，吸引留学生和港澳台学生翻番。

升级 5 大高端平台，助推国际化办学新格局。支持中欧法学院优质资源全校共享，拓展协同创新中心海外拓展；建成 1 所中外合作办学机构，新增 2 ~ 3 个中外合作办学项目；提升中国法治文化的世界影响力，将现有孔子学院打造成“全球优秀孔子学院”，力争今后 5 年新建 1 ~ 2 所孔子学院。

6. 充分利用学科齐全、人才密集的资源优势，竭尽所能为建设社会主义法治国家提供理论支撑和社会服务

全面服务国家治理现代化，服务全面推进依法治国战略。提升高端智库和新型科研机构建设质量，力争入选国家高端智库建设试点单位；健全激励机制，支持我校师生参与国际国内立法和政策咨

询，承担国家政治经济体制改革和法治建设课题研究，参加司法改革、普法宣传和法律服务活动。

“争一建三”建设培训基地，全面提升社会服务能力。争取入围全国干部教育培训基地，完成全国教师法治教育培训中心、全国青少年法治教育培训中心和全国法学教师师资培训基地的建设工作，开展多样化的开放教育与培训，全面打造社会服务的“法大品牌”。

整合学校社会培训资源，优化法大品牌效应。加快推动中央政法管理干部学院在我校的恢复重建，积极推动律师学院等专项教育机构建设，争取更多高端培训项目；统合全校开放办学资源，调整学校开放办学队伍结构，引入市场化现代管理机制，实现社会办学的专业化运行、开放办学收益倍增。

7. 聚焦聚力推动民生领域的改进完善，努力建设美丽法大

强力抓硬件建设，全面提升学校办学条件。在抢抓机遇、深挖京内外校地合作办学资源的基础上，务实就地拓展，积极推进昌平校区北区置换工程，完成昌平校区学生公寓和大型体育场馆的建设，按期完成学院路校区旧楼拆迁、食堂重建。全面升级网络信息平台的软硬件环境，进一步深化后勤社会化改革。

重点解决民生问题，有效增强教职工向心力。探索与昌平区政府合作共建教师公寓模式，多方争取安置房、公租房，多渠道解决青年教工住房困难；实质性推进附属学校建设，多方争取优质教学资源，缓解教职工子女入学难问题；在两校区开设教师餐厅，科学使用教职工用餐补助，增设公共休息、会谈空间。

开展“平安校园”建设，整体提升师生安全系数。建立校园安全教育信息化平台，以解决师生员工最关心、最直接、最现实的利益问题为重点，继续完善校园“110综合服务体系”，加强校园安全教育，建立健全校园安全应急管理体系，开创学校安稳工作新局面，营造和

谐校园。

8. 深化管理体制改革,不断提高管理科学化水平

全面深化内部治理结构改革。持续推动法大章程完善,落实二级管理体制改革,推动简政放权,把涉及人才培养的人、财、物等相关资源下放到二级学院;优化学术委员会与学位委员会结构,积极探索教授治学的有效途径;推进质量评估中心建设,健全监督检查和问责制度,每年发布学校管理质量年度报告。

全面深化财务制度改革,持续提升财务管理的科学性。加强预算管理,完善校内预算审核及决策机制,保障学校办学经费持续投入,强化预算绩效评价,防范财务风险;加大开源力度,建立多途径筹融资机制,引导和鼓励学校各部门争取各类专项资金;努力节流,不断压缩消费性支出;优化财务报销流程。

加强管理和服务队伍建设,不断提高管理能力和水平。制定和实施《后备干部队伍建设规划》,统筹 3 类队伍建设;修订职员制聘任办法,完善管理人员的晋升通道,调动管理人员的工作积极性和创造性;综合运用现代信息技术,整合各类信息资源,建立统一信息资源库,有效提高行政办公效率。

三、德艺双馨:打造专业化四有好老师队伍

学校始终坚持"人才强校",持续不断地进行制度创新,创造有利于教学名师和拔尖人才不断涌现的环境,营造教学骨干和青年才俊持续成长的氛围,建设一支"有理想信念、有道德情操、有扎实学识、有仁爱之心",国内同比优势明显并具有团队协作精神和科研创新能力的高素质专业化师资队伍,有效支撑了学校人才培养目标的达成。学校以建设"师德高尚、业务精湛、结构合理、充满活力"的师资队伍为目标,采取有力措施,增加人员数量、优化队伍结构、提高教师

素质。

（一）多措并举，高标准建设教师队伍

为适应学校办学规模扩大和人才培养需要，学校把扩大教师队伍规模和提升教师队伍素质作为一项重要工作，实施注重高学历、高素质，重视海外背景的人员招聘政策。在人才引进中，除了全职引进外，还采取了弹性用人机制和团队引进机制；并积极聘用“兼职教授”，特别是国内外一流高校教授、实务部门权威专家，充实我校师资力量。兼职教授丰富了我校的课程体系，提高了本科教学的国际化水平。学校形成了一支符合学校人才培养需要的专兼职结合的教师队伍。截至2016年9月，学校专任教师879人，外聘教师165人。学校在校本科生总人数为9386人，折合生师比为19.52∶1。

学校采取人才引进、海外提升、科研启动、中青年教师培养、聘任制、分类考核评价机制改革等措施大力贯彻“人才强校”的办学理念，以法学为优势依托，精细化发展其他专业，使学校师资队伍整体状况和结构得到了较大改善。截至2016年9月，法学专业专任教师439人，占49.94%；法学以外专业专任教师440人（含公共课108人），占50.06%。在年龄结构方面，学校通过海内外应届毕业生、博士后招聘和引进中青年学术骨干等方式，使师资队伍年龄结构趋于合理，呈现纺锤形分布，45岁以下（含本数）中青年教师占比50.4%，45岁以上教师占比49.6%。在岗位结构方面，近年来，通过大力开展聘任制改革，实施破格晋升高级岗位不限指标的政策，一批优秀的中青年教师迅速成长、脱颖而出。目前，学校共有教授309人，副教授392人，博士生导师165人，硕士生导师479人，具有高级岗位职称的教师占专任教师总数的79.75%。在学历结构方面，学校不断优化师资队伍的学历结构，原则上要求新进教师必须拥有博士学位，特别是具有海外著名大学学习经历。学校鼓励尚无博士学位的教师在职攻读博士学位。从2010年年底到2016年9月，学校专任教师博士比例由57.66%提高到71.79%，教师的学历学位层次迈上了新台阶。在学缘结构方面，学校大力吸引外部优秀人才，严格限制本校毕业生留校任教。外校学缘593人，占专任教师总数的67.46%。海外学缘119人，占专任教师总数的13.54%。2011年年初至2016年9月，学校教师参加中青年骨干教师海外提升项目89人。截至2016年9月，学校拥有1年以上海外经历的教师共327人，占专任教师总数的37.20%，国际化程度逐步提高。

引高育尖，立体化打造高水平师资队伍。为了进一步加大教师队伍建设力度，学校制订了较为科学的教师队伍发展规划，重点采取人才引进、海外提升、科研启动经费、中青年教师培养、聘任制、分类考核评价机制改革等措施大力实施“人才强校”战略，立体化打造高水平师资队伍，积极构建符合教师发展规律的人才发展机制。在师资队伍建设方面，引进与培养并重，适度扩大队伍规模，努力优化队伍结构；在师资质量建设方面，重点加强高层次领军人才和青年拔尖人才队伍建设，着力提高国际化水平；在体制机制创新方面，积极构建有利于人才脱颖而出的机制和教师职业发展的环境。“十二五”期间，学校引进各类人才31人次，“千人计划”项目引进1人，2位教授入选“万人计划”哲学社会科学领军人才计划，1位教授入选“万人计划”青年拔尖人才计划。目前，学校基本造就了一支以享受国务院特殊津贴专家、“千人计划”入选者、“万人计划”入选者、“长江学者特聘教授、讲座教授、青年学者”、全国十大杰出青年法学家为领军力量，实力较强、特色鲜明、专兼职结合的高水平师资队伍。

（二）培德精艺，建立提升一流教学文化的制度体系

为了确保教师“做学生锤炼品格的引路人，做学生学习知识的引路人，做学生创新思维的引路人，做学生奉献祖国的引路人”，学校将

教师的“传道”放在育人的首位，将教师的“授业、解惑”作为育人的抓手，以政策积极引导教师辛勤耕耘，以制度切实保障人才培养质量。

1. 师德为先，实行师德一票否决制

学校确立了“党委领导、党政共抓、部门协作、院部落实、全员参与”的工作机制，颁布并实施了《中共中国政法大学委员会关于进一步加强师德建设的意见》《中国政法大学教师职业道德规范》等文件，在岗位聘任、考核、评优、人才遴选等工作中，实行师德一票否决制。

此外，学校还在教师引进、教师聘任、教师考核、教师奖励等具体制度构建方面，进一步强化师德要求，形成立体化的师德制度体系，从整体上保证教育教学的良好效果。近 3 年，我校 4 人获评“北京市师德先进个人”荣誉称号。

2. 教研互哺，提升教师人才培养能力

通过采取系列措施，学校牢牢抓住全面提高人才培养能力这个核心点，教师的专业水平得到了明显提升，现已培养造就了一支热爱教学科研、善于教学科研的“好老师”队伍。

教师教学能力不断增强。为了切实提高人才培养质量，学校多举措、多维度促进教师教学能力的提升，从新教师引入、教师教学过程保障和质量评价、教师教学能力评价导向等方面推动了教师教学能力的持续增强。在新教师引入方面，实行基层教学单位、教学院部、教务主管部门、学校人事部门多重审核的准入制度，严禁在职教职工近亲属留校工作，原则上本校毕业生不得留校任教。确保新进教师符合高水平教学的标准。在教师教学过程中，除全力保障教师正常有序地完成教学任务外，每学期进行一轮本科课堂教学质量评价工作，充分发挥学生、同行专家、教学督导专家的作用。以 2015～

2016 学年秋季学期为例，学生参与课堂教学质量评价的覆盖率达 95.74%，被学生评定为优秀等级的课程占 97.62%。数据反映，各评教主体对教师的整体教学水平的认可度和满意度较高。在教师教学能力评价的导向上，学校坚持岗位聘任工作中的教学基础地位。教师晋升高级岗位，本科课堂教学工作量、课堂外教学工作量、本科课堂教学评价都必须为合格以上。在“教学贡献突出教授四级岗位”申报条件中，规定近 5 年课堂教学评价须均为 90 分以上。所有专任教师的聘任必须经过学校教务主管部门审核，实行一票否决制，以保证师资队伍质量。

截至 2016 年 9 月，学校有国家级教学名师 1 人、省部级教学名师 17 人；国家级教学团队 2 个、省部级教学团队 8 个。在各类教学比赛中，学校教师表现优异。在 2015 年第九届北京高校青年教师教学基本功比赛中，学校 2 位教师分别获得文史 A 组一等奖、二等奖以及最佳演示奖、最佳教案奖和最受学生欢迎奖。

教师科研能力稳步提升。“十二五”期间，学校共获得各类科研项目 1728 项，年均立项 345 项。其中，纵向科研项目 409 项，纵向科研项目经费 6340.66 万元；横向科研项目 1319 项，横向科研项目经费 18,136.21 万元。学校共获得国家社科基金重大项目、教育部人文社科重大课题攻关项目 7 项。科研经费拨入总额达 45,139.75 万元，2014 年、2015 年的年科研经费拨入总额均突破亿元。学校以提升科研成果质量和数量为重点，促进科研成果转化，科研成果水平持续提升。“十二五”期间，学校教师共出版著作 960 部，发表论文 6152 篇，获得省部级以上科研成果奖 50 项。其中，7 项优秀成果获得教育部第七届高等学校科学研究优秀成果奖（人文社会科学）。学校教师在《中国社会科学》共发表论文 15 篇，其中，2015 年发文 6 篇，在全国各高校和科研机构发文量中位居第四。

3. 贵师重傅，构建教学荣誉体系

学校通过设立优秀教学奖（包含教学特别奖、教学优秀奖和优秀教学集体奖）、优秀教师奖等多种奖项，构建一整套教学引导的荣誉体系。根据《优秀教学奖评选办法》和《优秀教师评选办法》，学校于2012～2015年先后表彰教学特别奖34人，教学优秀奖155人，优秀教学集体22个；有25名教师获得优秀教师表彰。根据《教学成果奖励办法》，学校分别于2011年和2014年表彰教学成果奖20项和14项。学校每年组织一次青年教师基本功大赛，鼓励青年教师提升教学技能。学校设立“励道教学杰出贡献奖”，每年评选1名，奖励金额30万元，以表彰本科教学效果显著、关心关爱学生成长、教学工作贡献突出的教师，激发本科教学一线教师工作热情。学校连续多年举办“最受本科生欢迎的十位老师”评选活动，由本科生直接票选产生获奖者，打造师生相互沟通、传递感情的平台。政策引导的教学荣誉体系既着眼于精神激励效果，又关注物质获得感受，多维度地凸显了人才培养工作的中心地位。

4. 强基固本，突出基层教学组织作用

基层教学组织是学校最基本、最重要的教学组织单位，在本科教学中责任重大，通过集体业务学习、集体备课，保证了学校优秀教学传统和教学经验的传承，提高了教师综合素质和教学科研水平，树立了良好师德师风，充分调动和发挥了全体成员的积极性，保证了教学质量的不断优化和提升。学校十分重视基层教学组织的建设，为优化教学组织机制、促进教学科研工作，2015年学校制定了《中国政法大学基层教学组织规程》。学校现有基层教学组织64个，其中22个获评优秀基层教学组织。

（三）激励潜心教学，鼓励教学研究

为了保证教师具备“扎实的知识功底、过硬的教学能力、勤勉的教学态度、科学的教学方法”的基本素质，学校从完善机制、搭建平台入手，激励教师全身心投入教学。

1. 坚持结构性考核与评价，确保教师投入一线教学

学校在工作机制和政策的设置中，确保本科教学工作的中心地位，实行结构性的考核机制，明确教师的本科教学任务和标准，确保优质师资投入本科教学一线。

在专业技术岗位聘任方面，学校于 2016 年修订了《中国政法大学教师岗位考核办法》《中国政法大学专业技术岗位设置与聘任办法》等规章制度，进一步强化本科课堂教学工作量和课堂外教学工作量作为教师是否达到岗位聘任条件的重要依据，且考察的工作量数据为近 5 年的全部教学数据。

在教师年度工作考核方面，学校实行结构性考核，在明确教师教学工作量标准的基础上，对本科生课时还设定了单独的考核标准。此外，学校还明确要求教师必须参加一定的课堂外教学工作，如指导学业论文、学科竞赛、创新项目、社会实践、专业实习等。教师教学工作定额按教学科研型、科研型（A 类和 B 类）及教学型三种类型分别进行规定。2015 ~ 2016 学年，学校开设 3008 门次本科课程，69% 的课程由教授、副教授为本科生讲授，74% 的本科生专业课程由教授、副教授讲授，64% 的公共必修课由教授、副教授讲授。

2. 单独投放教授岗位，激励教师潜心教学

在岗位聘任、教师考核等工作中，学校积极完善考核评价机制，实行教学与科研并重。2013 年《完善教师分类考核评价机制，优化青年教师成长发展的制度环境》获批教育部教师工作司教师队伍建设示范项目。为鼓励教学贡献突出的教师，2011 年岗位聘任类型增设了“教学贡献突出教授四级岗位”，以教学和师德作为聘任的主要标准。其中规定，对满足如下条件的老师，可以直接申请应聘，不再

额外要求论文等科研成果;具有高尚的职业道德,特别关爱学生,认真履行教书育人职责;长期潜心教学,积极开展教学改革和创新,重视教学研究;教学效果显著,深受学生欢迎;近3年本科课堂教学质量评价平均得分不低于90分;教学工作成就突出,任现职期间曾获评学校“我最喜爱的十位老师”或“最受本科生欢迎的十位老师”,或者在教学、师德方面受到校级或校级以上表彰或奖励。该岗位的设立旨在鼓励教师履行教书育人的职责,把更多精力投入本科教学工作中。此外,为了表彰本科教学效果显著的教师,设立了“优秀教学奖”“励道教学杰出贡献奖”;在考核办法中增加教师教学培训要求;在青年教师培养方案中,规定了新入校教师听课制度以及“以老带新”的帮扶机制;并通过学生课堂评价、督导员听课、教学成果认定等方式不断提高对本科教学工作的质量要求。

学校为保障各类本科教学工作,每年公共课教学科研岗位投放数量占教授四级岗位总数的10%,占副教授七级岗位总数的20%。学校对作出教学突出贡献的教师单独设四级教授岗位,对实践教学教师单独设副教授七级岗位。

3. 鼓励教学研究,推动教学改革和教学创新

通过搭建平台和立章建制,学校大力推动教研教改,激励教师始终站在知识发展的最前沿,并不断改进教学方式,使科研与教学有机结合、彼此促进。

加强制度和经费保障,鼓励教师从事教育教学研究。学校在政策导向上,注重鼓励教师参与教研:一是在工作量考核和岗位聘任中,将教研项目等同于科研项目;二是加强经费投入,支持优秀教改成果进课堂,对优秀教改成果予以奖励,形成教改研究与教学成果奖的相互支撑。注重从校级教改项目和教学成果开始培育,扩大我校教改研究影响,学校每年省部级以上教育教学研究与改革项目有5

项，校级教改项目50余项。学校组织出版《中国法学教育研究》(每年4辑)、《中国政法大学法学文选》(每年2辑)发表教育教学研究成果。2013～2016年，学校教职工发表教育教学改革论文共计181篇，编辑出版期刊4种，发表专著85种(含教材73种)。

创建跨学科教研室，丰富特色课程体系。学校鼓励不同学科背景教师协同合作，开发建设了一批学科交叉的复合型课程，包括创新创业类课程和通识教育类课程2大类共数10门跨学科课程。2015年学校设立第一批4个跨学科教研室，分别为"创新创业教研室""法学学术精英人才培养跨学科教研室""学生职业发展教育教研室""历史与社会跨学科教研室"，加强了多学科间的跨域整合，调动了教学资源的融合使用与协同创新，完善了学校的课程体系，激发了教师的创新热情与积极性。

4. 鼓励科研项目转化为课程，科研成果转化为研究型教材

学校制定相关政策，推动科研与教学相结合，促进前沿科研成果转化为教学内容，增强教学的时效性和实效性。教师将科研过程引入教学环节，实现学生科研能力和社会知识的双提高；将科研项目转化为本科课程，以丰富本科课程体系；将科研成果转化为教材，以研究型教材构建学校精品教材体系。例如，李永军教授长期致力于民法基础理论及合同法研究，以多年研究积累为基础撰写的《民法总论》《合同法》2部教材，在学生中引起了强烈反响。《民法总论》3年即更新至第2版，《合同法》5年即更新至第3版，两部著作均成为国内相关领域最受肯定和最受欢迎的研究性教材之一。

(四)关心教师成长，助力教师提升，促进教师发展

学校坚持"人才强校"，从战略高度加强教师队伍建设，关心教师成长，助力教师提升，促进教师发展，找准提升教师教育教学水平的突破口和着力点。2015年学校制订了师资队伍建设发展规划，形成

了系统的师资队伍培养体系。

1. 入职培训促进角色转换，制度护航青年教师成长

学校组织新入职教师参加多种形式的培训，主要包括新教工岗前培训、北京市高等学校教师岗前培训（春季和秋季两期）等，让新入职教师尽快了解学校、胜任教学。

2012 年 4 月为了加强青年教师培养，提高新入校青年教师科研创新能力，学校制订了《中国政法大学新入校青年教师科研启动资助计划》。截至 2016 年 9 月底，学校共资助青年教师 117 人。通过新入校青年教师科研启动资助计划的实施，初步解决了新入校教师科研启动资金困难的问题。学校积极创新青年教师培养模式，2016 年发布实施了《中国政法大学青年教师培养实施方案》，为青年教师成长提供了坚实的制度保障。

2. “两个计划”助力中青年教师提升

学校着眼于未来，通过优秀中青年教师培养支持计划、中青年骨干教师海外提升专项资助计划等体系化的中青年教师培养机制，确保高水平师资队伍的延续。

2013 年 6 月学校出台了《中国政法大学优秀中青年教师培养支持计划》。截至 2016 年 9 月底，共计 10 人入选 A 层次，20 人入选 B 层次。该支持计划围绕学校办学目标，坚持“出成果和出人才”相统一，积极创造条件，激励教师潜心学术，争取多出标志性、高水平的学术成果。该计划遴选周期为每 2 年一次，支持资助周期为 3 年，重点培养资助学科拔尖人才和具有发展潜力的青年教师，推动入选者成为“国家高层次人才特殊支持计划”“长江学者奖励计划”“新世纪优秀人才支持计划”等国家高层次人才支持计划的后备人选。

自 2008 年至今，学校实施了《中国政法大学中青年骨干教师海外提升专项资助计划》。截至 2016 年 9 月底，共资助 155 名中青年

教师参加中青年骨干教师海外提升项目。为了深入挖掘该项目的效益，促进参与项目教师的国际教育信息共享和交流，学校从2014年开始启动"海外提升人员归国讲堂讲座计划"，积极为后续派出教师提供优质访学资源，让广大教师和学生分享该项目教师的海外经历、合作状况及学术前沿问题及观点，从而构建学校与海外接收学校、指导或合作教师长期联系机制，进一步提升学校国际化水平。截至2016年9月底，共计举办讲座31场。

3. 拓宽教师学习渠道，搭建教师发展平台

为了促进全体教师发展，在提升师资队伍的理论水平和教学水平方面，学校通过教师培训、进修、交流等多种措施，确保建设一支"学为人师、行为世范"的高水平教学队伍。组织教师参加教育部网络培训、师德培训以及教育部、北京市或行业协会组织的其他业务培训。截至2016年9月底，学校近1学年教师培训交流总计152人次。同时，为了提升教师学习效率、拓宽教师自主学习渠道、积极构建系统能动的终身学习培养体系，2016年学校加强了教师培养信息化应用系统建设，与全国高校教师网络培训中心合作开通"中国政法大学教师在线学习中心"，为打造智慧法大、数字法大创造了条件。基于学校多元化的教师培养项目体系，在2014年3月教育部人事司公布的2013年度教育系统干部人事人才工作创新案例中，学校报送的教师队伍建设案例《中国政法大学积极推动人才工作机制创新，搭建青年教师成长发展平台》顺利入选。

四、教学为重，本科为先，扎实提升人才培养质量

学校全面深化教育综合改革，坚持"教学为重，本科为先"，优化资源配置，不断加大本科人才培养的经费投入，积极创新人才培养机制，切实落实人才培养中心地位。学校通过营造高标准的学习环境、

制订高规格的培养方案、积累高质量的课程资源、汇集高协同的办学资源,为本科人才培养质量的提升奠定了坚实的资源保障基础。

(一)逐年加大教学经费投入,提高经费使用效率

在教育资源配置上,学校优先保障本科教学需要,不断增加本科教育教学的各项投入,并通过完善相关规章制度,确保了经费的使用效率。

在加大教学投入的同时,学校高度重视教学经费的使用管理和绩效考核。为确保资金的用途和使用绩效,学校不断加强财务部门的监督管理力度:一方面,根据国家相关管理规定,结合学校实际情况,不断完善财务制度,学校先后出台了《中国政法大学预算管理办法》《中国政法大学各类经费使用范围及办法》《中国政法大学专项资金管理暂行办法》以及《中国政法大学财务公开实施细则》等,实现了教学经费使用的规范化管理;另一方面,学校要求各部门必须严格按照学校下达的部门预算、用款计划以及项目执行进度支付资金。同时,财务处积极发挥财务监督职能,在监控、核查、处理、整改等环节与审计、纪检部门共同健全执行动态监控的互动机制,提高动态监控的科学性和有效性。

(二)释放教学设施潜能,提升教学舒适度

学校为教学配置了较完善的教学基本设施,通过上午课时安排4节变5节,创设3学期制等措施,优化管理、纵横拓展,实现教学资源滚动式利用,不断提高教学设施的开放率和有效使用率;同时,积极利用现代技术成果,通过创建智慧教学楼、智慧教室等举措,对现有教学设施进行持续不断的更新、升级,为教学活动的有序开展提供了有力保障,大大提升了教学舒适度。

1. 充分利用既有办学条件,满足本科人才培养需求

在办学空间紧张的客观条件下,学校不断改善办学的基础条件,

持续不断地更新教学辅助设施。自2015年以来,学校先后对各教学楼和全部教室进行维修改造,实质性地改善了学习环境。以昌平校区为例,目前,昌平校区共有教学楼8栋、图书馆2座、体育馆1座及室外体育运动场地3处。校内设有本科实验室14个、除二级教学院部建设的实践教学基地外,学校直接建设的校外实践教学基地283个。教学基本设施、教学辅助设施的软硬件建设均基本满足本科教学需求。

在教学空间方面,学校共有8栋教学楼,142间教室。通过对传统教室的改造,已逐步实现教室类型的多样化,满足了不同教学模式的需求。在教学辅助设施上,以"方便教师、舒适教学"为导向,在各教室均配备了人性化的教学设备。如可调节高度的教师座椅、自动校对钟表、衣帽架、无线话筒、满足课程教学需求的教学软件等。自2015年起,学校陆续改造了一批以学生为中心,支持自主学习、协作学习、情景教学为特色的新型智慧教室。

在实验环境方面,学校于2014年成立了中国政法大学实验教学中心,下设法学实验教学中心(含侦查学实验中心、证据科学研究院以及4个模拟法庭/模拟仲裁庭、法律诊所教育中心等)、新闻学实验教学中心、商务管理实验室、财会管理实验室、金融投资与监控实验室、心理学实验室、社会学多媒体实验室、社会工作实验室和翻译专业口笔译实验室等。近年来,学校陆续建成网络犯罪侦查实验室、实况庭审直播教室、审判/检察/公益法律援助/鉴定案例卷宗副本阅览室、法学实验教学系统实验室和民意研究实验室等。学校现有2个国家级实验教学示范中心,14个教学实验室及辅助实验场所,实验室教学覆盖法学、社会学、侦查学等16个专业,实验设备880余套,总值5000余万元。

在图书资源方面,学校昌平本科校区图书馆总建筑面积

13,375.20平方米,有15个阅览室,座位1219个。学院路校区图书馆正在建设新馆,预计2017年竣工,面积约30,000平方米。截至2015年12月31日,全校纸质文献总量达230.6万册,电子图书280万册,数据库82个。图书馆采用开放式借、阅、藏一体的管理模式,且两校区馆藏图书可通借通还。图书馆网络资源提供全年每天24小时不间断服务。同时,图书馆内配有210多台电脑,分布在馆内各个阅览室,以方便学生随时随地免费查阅图书馆的电子资源。

在实践教学场所方面,学校本科实验、实习、实训场所共10,404平方米;校外实习实训基地283个,每个实训基地平均每次可接纳学生10余名,充分满足了学生的实习、实践需求。其中,学校与试点单位签订共建协议,建成了10个高质量、高层次的“国家教育体制改革试点项目——‘高级法律职业人才培养体制改革’联合培养基地”。此外,还有4个基地先后被北京市教委批准为“北京市级校外人才培养基地”。2015~2016学年校外实习实践基地共接收我校学生15,465人次。

在体育运动场馆方面,学校建有体育馆1座,运动场地3个。体育场馆面积26,122.29平方米,学生活动中心141,795.1平方米。建有羽毛球场、乒乓球场、标准田径场、室外篮球场、轮滑场、排球场、网球场、藤球场等多元化、特色化的学生体育活动场所。

2. 合理调配,教学设施使用率高

在现有办学条件下,学校通过提高各项教学设施的使用率,积极满足学生的实际需要。其中,学校教室在教学周全部开放,每日开放16小时;寒暑假依据在校学生需求进行开放,每日开放时间不变。图书馆、阅览室每日开放13小时;运动场所全年开放,体育馆每日开放13小时。2015年图书馆入馆人数近112万人次,全年外借图书352,839册,数据库访问量不低于221万次。

实验室在学校的实践教学中发挥重要作用，有效满足了实验课教学的需求。目前，学校开设45门独立设置的实验课程和15门具有实验教学环节的课程。其中，2015～2016学年共开设实验课62门次，选课学生人数达2019人次。同时，为了支持、鼓励大学生开展创新创业项目，学校各类实验室为相关项目小组提供了实验环境与设备的专项支持。

3. 提升信息化水平，打造智能化校园

学校实现了网络全覆盖，并拥有了足以支撑学校教学活动的稳定网络环境。校园网络采用以太网技术，应用“星型”规划设计方案，网络互联采用园区与接入级交换设备组成多级交换路由网络。其中：园区级交换设备130余台，接入级交换设备400余台，有线网络信息点近14,000个，实现了对教学区、办公区、宿舍区的全覆盖。无线网络AP信息接入点近2300个，实现了对教学区、办公区、宿舍区、昌平家属区以及通勤校车的全覆盖。校园网地址分配基于IPv4与IPv6的双栈设计，可以为入网用户自动分配IPv4及IPv6地址。校园网共有5条出网链路，分别为：教育网链路（带宽：1000Mbps）、中国联通链路（带宽：3700Mbps）、教育网IPv6链路（带宽：1000Mbps）、高校互联IPv6链路（带宽：1000Mbps）。无线网对师生免费开放，截至2016年9月，校园网无线网注册用户23,000人，每天同时在线人数近10,000人，接入终端达11,000余台。

（三）以特色化为导向，优化专业设置和完善培养方案

为确保人才培养与社会需求之间的适应度，学校以特色化为导向，不断优化专业设置。同时，根据社会需求，每2年对培养方案修订一次，确保培养方案能够与时俱进、持续更新。

1. 专业设置：坚持以法学为依托，多科性同步协调发展

在专业建设思路上，学校始终坚持以法学为依托，根据重点学科

布局和学科发展规划，遵循“特而强”的专业建设方针，继续做大、做强法学专业；同时，遵照与法学“最具密切关联度”原则，理性增设法学相关专业，逐步构建以法学专业为优势，以政治学、管理学、社会学、经济学、哲学等相关专业为特色的专业格局，逐步形成结构优化、互动密切、特色鲜明的专业体系和本科人才培养体系。截至2016年9月底，学校共有本科专业19个，授予学位的学科门类，包括法学、哲学、文学、经济学、管理学、理学。

2. 专业建设：坚持“优势+特色”

学校始终保持理性的态度和稳健的节奏，制定了《中国政法大学本科专业建设规划》和《中国政法大学本科专业建设管理办法》，明确了新专业建设的基本思路。

作为学校的优势专业，学校特别重视法学专业的建设和特色化改造。学校法学专业由法学院、民商经济法学院、国际法学院、刑事司法学院4个学院负责招生培养。在人才培养上，注重个性化培养、因材施教，实行“一个专业、多个培养方案”。例如，法学专业，学校先后设立了法学人才培养模式改革实验班（6年制）、涉外法学人才培养实验班、法学西班牙语特色人才培养实验班（2015年）、法学学术精英人才培养实验班（2016年）等特色实验班，实行独立的培养方案。

学校积极回应社会需求，稳步增设新型特色专业。对于法学以外的相关专业，根据“建设世界知名法科强校”的办学定位，积极发展法学交叉专业。例如，在侦查学专业中设立网络犯罪侦查方向，在翻译专业中设立法律翻译方向，在英语专业中设立法律英语方向等。2016年根据社会经济发展需要，学校和最高人民法院合作共建，新设了信息管理与信息系统专业（法治信息管理方向）；同时，结合社会发展需求，新设了金融工程专业、汉语言专业、网络与新媒体专业3个新专业。新专业的建设将拓展学校人才培养的维度，完善人才培养的体系，彰显人才培养的特色。

3. 培养方案：坚持以社会适应度为导向不断优化

培养方案作为人才培养的纲领和依据，是人才培养目标能否实现的关键。学校以专业人才培养目标为导向，贯穿“厚德、明法、格物、致公”的教育理念，不断挖掘法大人才培养的精神内涵、完善培养方案。

培养方案的修订遵循3条原则：一是需求导向，根据经济社会发展的需求、国家相关政策的变化并结合就业情况和用人单位的反馈修订培养方案；二是结果导向，根据人才培养目标达成度的有效支撑修订培养方案；三是定期修订，培养方案原则上2年调整一次。

（四）构建立体式课程体系，培育高质量课程资源

以契合专业特色化建设的培养方案为依托，努力打造结构严谨、相互渗透的立体式课程体系，培育高质量的课程资源和教学辅助资源，确保学校本科人才培养的特色与质量。

1. 构建多层次、立体式的课程体系

以培养复合型、应用型、创新型、国际型的高素质专业人才为目标，践行“道器一体、专能两翼”的教学理念，根据学校课程建设规划，形成了“以高质量的专业必修课程为基础，以有灵魂的通识课程体系和独具专业特色的案例、研讨、实务课程体系为两翼，以适应时代需求的国际课程、创新创业课程、网络课程、微课、跨国在线同步课程等特色课程为补充”的立体式、相互渗透的课程体系。

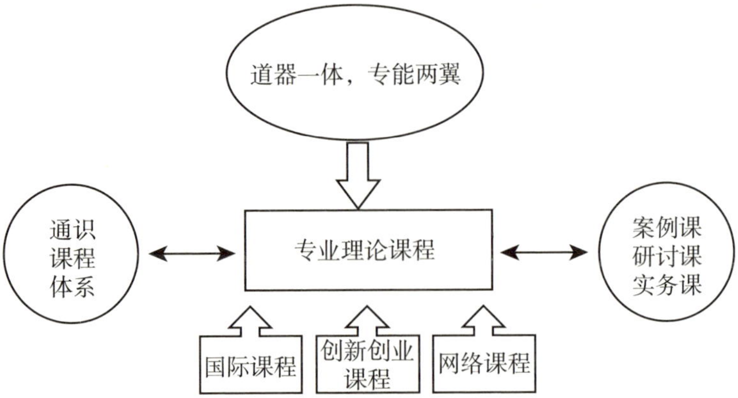

立体式课程体系

为保障课程建设能够切实适应本科人才培养目标的要求，学校确立了“淡化专业界限、加强素质融通”的课程建设理念。在教学内容上，回应“复合型”的人才培养要求，强调通识课与专业课互通有无、相辅相成；回应“应用型”的人才培养要求，在教学方法上将传统讲授课与案例课、研讨课相结合，积极拓展课内课外实践教学环节；回应“创新型”的人才培养要求，开设创新创业类课程组，将之作为基本学分要求学生修读；回应“国际型”的人才培养要求，学校邀请国外知名教授学者来校开设外文讲授的国际课程，并鼓励学生在国外高校进行课程修读。学校从组织指导、制度规范、研究支撑、资金投入四个方面保障课程建设的良性运行。

2. 课程资源丰富，精品课程多元

学校 2013 ~2014 学年开课 2776 门，2014 ~2015 学年开课 2884 门，2015 ~2016 学年开课 3074 门，开课门数逐年递增。依托综合教务管理系统，通过学生自由选课制度，拓展了课程资源的辐射范围。

根据培养方案的要求，本科生的课程结构由专业必修课、专业选修课、通识必修课、通识选修课、创新创业课、国际课程 6 大类课程组成。在 6 大类课程中，根据专业特色不同，还形成了一系列特色化课程，如案例课、研讨课、实务课、双语课、通识主干课、网络课、诊所课、跨学科课程等，全部学分修读课程共3682门。

学校以丰富的课程资源和合理的课程结构为基础，着力打造了一系列具有示范作用的高品质课程。截至2016年9月，学校共建成国家级精品视频公开课2门，国家级精品资源共享课4门，国家级精品课程7门，北京市精品课程11门，校级精品课程67门。

3. 创建“一实一虚”两个第三学期，丰富学生课程选择

“一实”是以国际化为目标的国际小学期；“一虚”是以网络课程为主的虚拟第三学期。自2013年起，在暑假阶段实施“走出去”，把优秀的学生送往海外进行交流交换培养；实施“请进来”，将优秀的海外名师请到校园开设国际课程，让学生在校内就能领略到国际高水平学者的风采。截至2016年9月，学校先后开设150余门专业不同的国际课程，5000余名师生参与了国际课程的学习。

学校充分利用信息技术，实施“循环开课、网络修读、统一考核”的虚拟“第三学期”学业修读模式，提供包括学分修读课程资源与网络辅学课程资源，实现了学生的自主学业修读活动贯穿于大学的全过程。目前，学分课程资源有15门，修读学生已经超过13,000人次，网上辅学课程资源为72门。自2014年起，制作数字化的“法大微课”62门，引进校外优质课程18门，有效地帮助了学生专业课程学习。

4. 规范教材建设和选用，培育优质多样的教材资源

学校建立并严格执行科学的教材建设和选用制度，制定《中国政法大学本科教材选用办法》，明确主讲人推荐、学院审核、学校本科教学指导委员会复核的“三级把关”教材选用程序，确保优质教材进课堂。多年来，学校选用教材整体水平高，使用效果好。

截至2014年，学校入选“十一五”国家规划教材（含补充选题）

53种，入选“十二五”国家级规划教材11种，入选国家新闻出版署“十二五”国家重点图书出版规划项目19种。目前，学校各专业课程选用国家级规划教材、精品教材，省部级规划教材、精品教材及“马克思主义理论研究和建设工程”教材的比例逐年提升；选用本校自编优秀教材及同行公认高水平教材的比例高达90%。

学校的教材建设紧跟课程改革各项举措，2015年学校制订《通识主干课系列教材建设工作方案》，并启动了第一批12门通识主干课程系列教材的编写工作，套系名称为“高等院校通识教育系列丛书”。在“马克思主义理论研究和建设工程”重点教材编写工作中，学校共有33名教师获聘为课题组首席专家和主要成员，其中12人担任首席专家，涉及法学、政治学、经济学等学科的20本教材。

集中抓好品牌专业法学教材的编写工作，建成了多品种、多批次，使用广泛、声誉良好的优质法学教材，如“中国政法大学精品系列教材”“法学案例研习教科书”“高等教育法学应用教材”“新纪元高等政法院校系列教材”等。

学校高度重视课程教学大纲、教案、教学计划编写工作，每年投入固定经费用于课程教学大纲调整编写工作，基本实现课程有大纲、大纲全上网，方便师生教与学。根据大纲编写教案和教学计划，确保课堂教学规范化。

（五）多维合作拓展教育资源，协同育人提高培养质量

学校通过校际合作、校地合作、校企合作等途径，形成产学研密切联系的协同创新机制，统筹兼顾学校自身建设发展与服务法治建设和社会进步。

1. 实施多样式的协同育人模式

学校充分利用学科、地缘等特点，促进合作办学、合作育人工作。通过国内名校交流合作培养机制、国际名校交流合作培养机制、高规

格协同创新育人模式、辐射性的高水平交叉培养模式，既汇集优质教学资源、提升教学品质，又共享学校的优势资源、体现学校的社会服务责任意识。

通过国际名校交流合作培养机制，学校与纽约大学、康奈尔大学等40余所海外高校建立本科生交流交换机制。截至2016年7月，学校共有1000余名本科生参加国际名校交流交换项目。通过国内名校交流合作培养机制，与浙江大学、厦门大学、山东大学、武汉大学等8所国内著名高校建立本科生交换、联合培养机制，创新人才培养模式。截至2016年7月，学校已派出交流生1751名，接收来访交流生1857名，互换交流培养学生共计3608名。建立高规格协同创新育人模式，“信息管理与信息系统”（法治信息管理方向）专业是由中国政法大学和最高人民法院合作共建的特色专业，“侦查学”（网络犯罪侦查方向）专业是由中国政法大学和信息安全共性技术国家工程研究中心合作建设的特色专业，“信息管理与信息系统”（法治信息管理方向）专业计划于2017年开始招生，每届30人，“侦查学”（网络犯罪侦查方向）专业自2012年开始招生，至今已经招收了5届，共120学生。建设辐射性的高水平交叉培养模式，2015年学校分别与首都经济贸易大学、北京第二外国语学院、北方工业大学签订“双培计划协议”，共同实施双培项目。至今，共有120名学生进入我校学习，双培项目实施顺利，学生培养效果良好，2016年学校贯彻落实“实培计划”，进行实验教学开放共享。建设高水平科教协同育人模式，“成思危金融菁英班”是由中国政法大学与中国科学院大学联合举办科教协同育人工作项目，也是全国唯一一所文科院校与中国科学院联合举办的协同育人项目，“成思危金融菁英班”自2011年开始招生，至今已招收了6届，共279名学生。

2. 立足专业、挖掘特色，拓展共建教学资源覆盖面

为满足专业发展和人才培养需求，学校通过实习实践基地、虚拟教研室、同步实践教学等多个平台，加强与相关高校和部门的深度合作。

建设高质量实习实践基地。目前，学校共有 283 个校外实习、实训基地，涵盖学术协会、司法机关、社会团体、企事业单位等各种单位类型，覆盖法检系统、新闻出版系统、律所、税务部门、金融业等多种行业。学校建立实习基地动态调整机制，依据实习效果、实习质量进行考核评价，淘汰效果较差的实习基地。

建设优质同步实践教学资源。学校法学同步实践教学以高校、法律实务部门等的深度“协同融合”为基础，以司法实践前沿的动态“即时同步”为平台，以实现优质教育资源的即时共享为手段，实现人才培养的“学训一体”。同步实践教学资源包括庭审同步观摩教室、案例卷宗阅览室、庭审录像资料、互聘教授和专家委员人力资源等内容。截至 2016 年 11 月，学校已与全国 27 家法院签订协议，直播庭审近 300 场；与全国 41 家法院、检察院、律所签订卷宗共享协议，学校卷宗阅览室共有卷宗 6 万余套。

3. 积极争取资源，推进学校全面发展

学校为积极争取社会资源支持改革发展，于 2007 年 10 月成立了北京中国政法大学教育基金会。截至 2016 年年底，共计接受社会捐赠 21,480 余万元，有力地支持了学校人才培养、师资队伍建设、科研创新、学生奖助、基础设施完善等工作的长足发展。

2015 年以来，学校先后成立了国家治理研究院以及资本金融研究院、仲裁研究院、互联网金融法律研究院、绿色发展战略研究院、制度学研究院等新型研究机构。这些新型研究机构发展稳健，科研成果显著，逐步成为国内相关领域高端人才的培养基地与高端智库型

研究机构。

五、育德育心、五化改革、同步实践、协同第二课堂，实现培养过程的六个结合

在培养过程中，学校坚持综合改革、协同创新统领人才培养过程中各环节与要素：坚持将立德树人作为培养过程的中心环节不动摇；系统推进教学改革；科学规范保障课堂教学质量；更新理念首创“同步实践教学模式”；全员、全程、全方位育人构建特色第二课堂，实现了培养过程中的“德才兼修、教研互动、通专并举、虚实结合、内外协同、教学相长”的六结合，切实保障了人才培养目标的有效实现。

（一）育德育心，提升思想政治教学质量

学校坚持把立德树人作为中心环节，把思想政治工作贯穿教育教学全过程，把理想信念教育摆在首要位置，深入开展社会主义核心价值观教育，大力推动中国特色社会主义理论进教材、进课堂、进头脑，使学生真正领会中国特色社会主义理论的科学内涵和精神实质，形成对中国特色社会主义的内心拥护和真诚信仰。

1. 专设“思想政治理论课教学指导委员会”

学校于2002年成立了“马克思主义理论课与大学生思想品德课教学指导委员会”，2006年更名为“思想政治理论课教学指导委员会”，由学校党委书记担任委员会主任，由学校分管副书记、副校长、马克思主义学院领导、相关（部）处长、思想政治理论课程建设负责人及部分教师代表担任委员。该委员会在思政课建设中发挥指导、研究、咨询、评价和服务功能，通过系统规划、整体推进，落实思政课在学校立德树人工作中的引领性作用。

2. 首创“思想政治理论课质量标准”

学校于2014年制定了《中国政法大学思想政治理论课程质量标

准》。该标准详细规定了思想政治理论课的培养目标、培养规格、课程安排、教学规范、师资队伍、教学条件、质量监控、管理责任、特色发展等内容,成为学校思政课建设的重要依据和评价标准。

3. 建设"思想政治理论课金牌教师团队"

学校初步培育了一支特色鲜明、结构优化的思政课师资队伍,在课堂上涌现了一批深受学生喜爱的优秀教师。有5位思政课教师在学校组织的教学基本功大赛中荣获前三名;有2位思政课教师连续三届获得"中国政法大学最受本科生欢迎的十位教师"称号。此外,学校先后有1位教师获评教育部"高校思想政治理论课教师2015年度影响力提名人物",1位教师获评"第十二届北京市高等学校教学名师奖",2位教师被分别评为首批北京高校思想政治理论课特级教授、特级教师,1位教师荣获北京市高等学校思想政治理论课教学基本功大赛一等奖。

4. 培育"思想政治理论课优质教学成果"

学校积极培育思政课教学中的优秀成果,先后有2门课程获评教育部"马克思理论研究和建设重点教材相应课程'精彩一课'",1位教师获首届北京高校思想政治理论课微课教学比赛二等奖。此外,中国近现代史研究所获得2015年度校级优秀教学集体、2016年度校级教学成果一等奖等。

5. 完善"思想政治理论课第二课堂体系"

学校注重学生理论社团建设,形成了与第一课堂相互促进的思想政治理论课第二课堂教学体系。每个理论社团至少有一名思想政治理论课教师担任指导老师,其中,求是社、政策理论研究室、国际时政协会、农村与法治研究会等学生社团日益成为学生自我学习、自我教育的有效载体,有效拓展了思想政治理论教育的覆盖面和影响力。开创"CUPL正能量"人物访谈系列活动,荣获2014年"第三届首都大学生思想政治教育工作实效奖”特等奖。

学校深入开展内容丰富的党团活动、班会，鼓励学生针对理论前沿、社会热点、时政形势，开展形式多样的学习、分享和交流活动，以理论指导实践，用思考改变行动。开展“我秀我的大学梦”、新生入学宣誓、毕业回顾视频“四年”、毕业生廉洁教育讲座、“大使部长报告会”、“两会代表进校园”等活动，引导学生树立正确世界观、人生观和价值观。全面加强思想政治教育的分类指导，针对少数民族学生、家庭经济困难学生等不同群体的思想状况特点，开展具有针对性和实效性的思想政治教育工作。

6. 开创“思想政治教育微模式”

学校立足“微文化”背景下学生的思想行为特点，契合学生健康成长成才的需要，充分利用微博、微信等新媒体的便捷性、平等性、灵活性、交互性等特点，以学生喜闻乐见的形式，创新思想政治教育形式，构建了多措并举形成“微引领”、网络创新奠基“微学习”、身心结合铸就“微健康”、立足三化引领“微服务”、信息平台推广“微公益”、网络专栏开展“微建设”以及建立机制形成“微矩阵”的“七微”“微学工”模式，有效开展网络思想政治教育。此外，在思政课教学中引入信息技术，借助学校各大教学信息化平台，推进教学方法改革，开展微课堂教学和翻转课堂教学，已建设完成网络思政课 19 门，形成了一个相对完善的网络思想政治课程体系。

（二）综合协同，重点推进“五化”教学改革

学校教学改革在理念指引层面，坚持“道器一体，专能两翼”的教学理念：推进理论教学与实践教学同步实施，促进学生学识与能力融合的一体发展；推进专业教育与通识教育相互支撑，培育学生精深与广博兼具的知识结构；在具体措施层面，重点开展了专业特色化、课程精品化、培养国际化、教学信息化以及教改立项双轨化等一系列卓

有成效的改革实践，保障了“品德优良、学识丰富、能力卓越、智慧不凡、身心健康”五位一体人才培养规格与复合型应用性创新型国际型人才培养目标的实现。

1. 专业特色化之一：引领法学专业培养模式改革创新

作为以法学为优势与特色的多科性大学，学校始终引领全国法学人才培养模式改革创新工作。在法学专业特色化改革工作中，以法律职业人才培养为目标，落实法学教育职业化培养，实施6年两阶段贯通式培养模式改革，建设“应用型复合型”“涉外型”和“西部基层型”卓越法律人才教育培养基地。2008年，学校开始招收“六年制法学人才培养模式改革实验班”，2010年获批“国家教育体制改革试点项目”。2012年学校设立“涉外法学人才培养模式改革实验班”，致力于培养懂法律、懂外语的国际化、应用型、复合型人才。落实学生主体地位、扩大学生自主选择空间，学校实施“一个专业、多重模式”的人才培养模式改革：学校打破传统学院的建制，成立了两个虚拟建制的实验班：一个是以培养精通拉美国家法律制度和文化的法学西班牙语特色人才培养实验班；另一个是以培养法学学术、科研专门人才为导向的法学学术精英人才培养实验班。两个实验班坚持“三化一制”的培养特色，即“小班化”“个性化”“国际化”和“导师制”。

2. 专业特色化之二：推进多科性特色发展

作为一所多学科型大学，学校在尊重专业发展规律基础上，通过专业共建的协同创新、培养模式改革，实现专业特色化建设：与最高人民法院合作，建立法治信息管理专业，培养懂法律、懂技术的高精尖法治信息管理人才；与信息安全共性技术国家工程研究中心合作，将侦查学专业改造为“侦查学（网络犯罪侦查）”专业，培养国家急需的网络犯罪侦查人才；将英语、翻译专业与法学专业进行有机结合，建立了英语(法律英语方向)、翻译(法律翻译方向)两个特色专业;将经济学、工商管理专业和法学专业结合,形成特色的"法商结合"培养体系;与《光明日报》报社共建光明新闻传播学院,设立"网络与新媒体"专业,合作培养新媒体人才;依托法学专业优势,通过双专业双学位培养模式、辅修专业培养模式和第二学士学位培养模式等众多各具特色、各有侧重的人才培养模式,实现法学以外专业学生复合型培养。

3. 课程精品化之一:建设专业课程研讨案例课程体系

学校注重课程建设与课程体系改革,以优质化的教学课程与课程体系支撑人才培养工作。学校建成国家级精品视频公开课 2 门,国家级精品资源共享课 4 门,国家级精品课程 7 门,北京市精品课程 11 门,校级精品课程 67 门。学校在专业课程体系改革中,更新教育教学观念,优化教学内容,改革教学方法,落实学生主体地位;在教学过程中积极采用参与式、讨论式、交互式教学方法,避免单纯的理论灌输与说教。学校在各个专业培养方案的专业选修课组中,除基本选修课之外,专门设置了案例课组、研讨课组、实务技能课组。以法学实验班为例,在其培养方案中,每门法学专业必修课都搭配了一门对应的案例课和研讨课。这些课程均采用小班教学模式,大幅度地增加了师生间、学生间的交流互动和讨论研究。

4. 课程精品化之二:打造"有灵魂"的通识课程体系

作为通识教育的"灵魂"和统合各类通识课程的逻辑主线,学校着力设立了《中华文明通论》和《西方文明通论》两门跨学科、综合性课程作为全校学生的通识必修课。这两门通识核心课程广邀北京市名校名师开课,每年投入 100 万元以上,截至 2016 年年底,已开设 160 余门次,100 多位名师授课或讲座,惠及 2006 级以来的 21,000 余名本科学生。此外,在通识课程体系中,学校设置人文素质类、社会科学类、自然科学类与法学类 4 个通识选修课程板块，并在 4 个模块中重点建设了 20 余门通识主干课程作为限选课程；作为通识主干课程的进一步拓展与生发，学校还开设 4 大类 300 余门一般通识选修课，要求学生均衡选修。学校为每门通识主干课提供 2 万元建设经费，每学期提供 7400 元运行经费。

"有灵魂"的通识课程体系

5. 课程精品化之三：实施"第一学期"工程优化公共课程教学内容

为保障学生顺利适应大学学习生活，学校开展"第一学期工程"，积极推进公共课改革，卓有成效。"第一学期工程"在全国率先取消了本科新生在大一第一学期的置入课程，让学生一入学即可依照自身兴趣自主选课。在思想政治理论课教学过程中，采取循环修读的教学模式，学生可在任一学期修读，同时，推进课堂内实践教学，提高思想政治教育的吸引力、说服力、针对性和实效性。在英语课教学过程中，学校全面实施以学术英语、学科英语和通用英语为内容的课程体系改革，辅以网络自主学习、考试制度改革等内容，激发了学生自主学习的积极性。在体育课教学过程中，学校针对各类体育课程，采取菜单式管理，让学生自由选择，鼓励学生在体育课上学会一技之长，将体育学习作为一项社交技艺来掌握。在计算机课程教学中，学校采取三层次差异化教学，打破城乡学生之间的基础差异性，优秀的学生可以申请免修自考，从而直接获得相应学分，并选修高级别的模块化计算机课程。此外，学校制定了《中国政法大学校长推荐阅读书目》，首批确定40种书目，建设了25门导读课程，并开展课堂外学习圈与读书会活动。

6. 培养国际化之一：构建高规格多层次国际化培养模式

第一，开设国际课程。为提高本科教学的国际化水平，学校邀请世界知名高校、科研机构、政府机关的专家、学者来学校开设国际课程，创新国际化人才培养模式，营造校园内国际化培养氛围。

第二，开展国际联合培养。学校开展本科生联合培养“3+1+1”等合作项目，主要包括英国诺丁汉特伦特大学“3+1+1”项目（法学院、商学院）、美国凯斯西储大学“3+1”项目等，学校本科生批量化、常态化的国际联合培养局面已全面打开。

第三，加强国（境）外交流选派工作。过去3年内，学校共完成140多个本科生交流学习项目，选派400多名本科生作为交流交换生，分赴加拿大蒙特利尔大学、德国法兰克福大学等66所合作院校，进行为期1学期至1学年不等的交流学习、专业实习或攻读学位。

第四，开设小语种语言兴趣班。为创造跨文化、多文化、泛文化的交流机会，提升学生的国际交往能力，同时，促进中外学生的互动、沟通与融合，学校利用国际留学生为在校师生免费开设了西班牙语、葡萄牙语、泰语、越南语等多个小语种语言兴趣班。

7. 培养国际化之二：创新国际化公益教育改革模式

学校积极探索公益教育与国际化教育相结合的模式创新。自2013年以来，学校与“致诚公益”法律服务机构在暑期共同开展“本科生国际联合实习项目”。通过该项目,学校选择一定数量的优秀本科生,与来自美国哈佛大学、耶鲁大学、哥伦比亚大学、纽约大学、康奈尔大学和英国剑桥大学等10余所高校的外国大学生一起,采取“一对一”的方式“结对子”,共同围绕特定法律问题,进行为期1个月的暑期国际联合实习活动。我校已举办4届“大学生公益法国际学术研讨会”,推动了法科学生的国际联合公益法律援助实践。在国际化培养氛围中,学校培养法科学生的社会责任感以及对社会弱势群体、底层民众疾苦的关注。

8. 教学信息化:创建“4+1智慧学习环境”

学校通过教学信息化的改革推动教师教学方法的转变,改变传统课堂以教师为中心的教学模式,注重学生的学习参与,追求实现课堂教学的“3D”(Dialogue,Discussion,Debate)境界。

学校在教学信息化改革过程中,充分尊重学生的主体性地位,全面启动“4+1智慧学习环境”建设,以先进、恰当的技术性手段,助力混合式教学模式改革,助力课堂教学中“3D”教学方法改革,助力课堂教学效果与质量的提升。

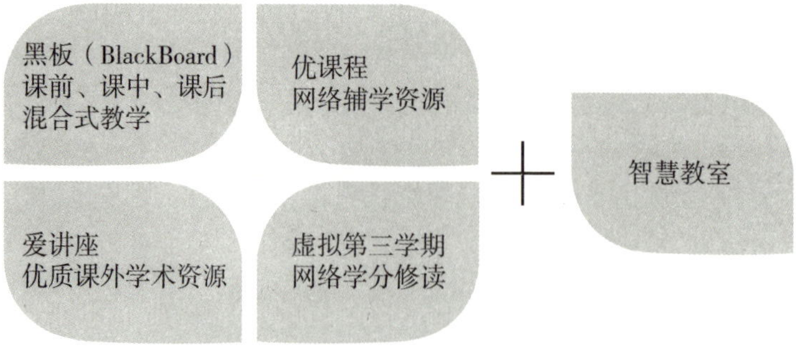

“4+1智慧学习环境”

“4+1智慧学习环境”是指覆盖课内与课外、线上与线下、教学与辅学的现代化、信息化学习环境。

所谓“4”，是4个基于网络服务的学习平台，包括连接学习社群、支持师生互动的毕博网络教学平台；支持翻转教学的“爱课程”教学资源云平台；整合、汇聚优质课外学术讲座资源的“爱讲座”流媒体平台；支持自主学习与网络学分修读的“虚拟第三学期”平台。所谓“1”，是指全面支持讨论式、互动式教学的智慧教室。

目前，毕博网络教学平台开课教师人数已达100余人，开设课程计165门，注册学生超过5000人。“爱课程”教学资源云平台共有各类型课程资源241门；“爱讲座”流媒体平台汇集优质讲座资源1100小时；智慧教室已建成17间，并建立了专门的智慧教学楼。

9. 教改立项双轨化：竞争与委托相结合

学校重视和鼓励广大教师积极参与教育教学改革立项活动。教学改革立项涉及专业建设与课程建设、人才培养模式创新、教学方法改革与教材建设、教学工作管理、教学团队与高水平教师队伍建设等诸多方面。学校每年固定时间组织开展教学改革项目遴选工作，教师可以根据自身研究兴趣和教学工作需要，自主提出教学改革申请并进行竞争，每年遴选教学改革项目20余个。同时，学校也根据工作急需，委托专门学院或教师，对特定教育教学问题进行立项研究，每年平均委托立项50余个。学校对教学改革立项提供经费支持，每年教学改革立项经费达到100万元以上。学校现有国家级教育改革立项2项，北京市级教育改革立项15项。近3年，全校教师共发表教育教学改革论文181篇。

（三）课堂教学：重视大纲、契合目标、规范考核

学校对教学的各环节均提出了细致严格的要求，从教学大纲的编写、教材的选用，到教学内容的设计、教师教学方法和学生学习方式的不断改进，再到课程考核方式的多样化与规范化发展，逐渐实现了对课堂教学的全流程管理。

1. 教学大纲：一课一纲，定期修订并全部上网

学校制定了《教学大纲编写规范》，投入500余万元，对学校必修课、选修课、案例研习课、研讨课、实践实验课等课程的教学大纲进行了全面梳理和修订。其中，2015～2016学年教学大纲的修订涉及19个专业的千余门课程。大纲已全部上传至校园网，供全校师生在线查阅。

2. 课程安排：层层递进，优化教学内容体系

学校在课程体系改革中，更新教学观念，优化教学内容，改革教学方法，落实学生主体地位：在课程建设上，开设跨学科课程、创新创业课程、国际课程、实验课程、网络课程等特色化课程；在课堂教学中，加大案例课、研讨课、实务技能课程比例，发挥诊所教学、模拟法庭等课程的特点，培养学生应用理论知识的能力。学校构建从理论教学、实务教学、仿真教学到全真教学的课程体系，推广案例教学、研讨教学等教学方法，实现教学小班化，充分激发学生学习主动性，有效提升教学效果。目前，每学期的案例课、研讨课、实务技能课课程平均超过100门次。

在课程建设中，充分发挥教师的科研能力和优势，建设了一批支撑专业必修课程的研讨课程，将教师的学术前沿成果及时转化为本科教学内容。此外，学校鼓励科研岗位的教师投身本科教学。2015～2016学年，科研机构的教师共为本科生开设课程53门。

3. 教学方法："三个维度"反促教学方法改革

为进一步提升教师进行教学方法改革的主动性与积极性，学校在课程体系、信息化平台与教室空间布局三个维度着力，促进教师自觉开展教学方法改革。

以课程改革促进教学方法改革。学校致力于探索教学方法改革，并注重利用教学方法改革促进学生学习方式的改进与更新，提升

教学效率与质量。通过案例课、研讨课、实务课等专业课程推进小班教学，鼓励学生研讨与自主探究；通过模拟法庭、诊所课程等授课模式使学生将理论知识运用到模拟现实中，培养学生实务技能。

以信息化平台建设推动教学方法改革。通过网络课教学、毕博教学应用管理平台，探索混合教学模式，培育学生的学习自主性与自觉性。2016 年春季学期以来，学校积极探索“网络课 + 实体课堂研讨”的混合式教学，先后开设《行政法与行政诉讼庭审案例点评》《民事诉讼庭审案例点评》《刑事诉讼庭审案例点评》3 门案例点评课程。通过毕博教学应用管理平台提升课堂教学中课程资料共享、分组讨论、平时测验等环节的质量。截至 2016 年 9 月底，共有 100 余名教师、5000 多名学生使用该平台，反映了师生对此项改革的高度接受，表明了教学与学习方式改革的有效性。

以教室物理结构的改变促进教学方法的改革。学校大力推进智慧教室建设，利用智慧教室探索新型课堂结构，使师生共同参与课堂教学，并充分利用信息化手段提升课堂效果。

4. 课程考核：“四种结合”注重过程性考核

为进一步推动本科教学改革，学校从 2012 年起逐步推行考试制度改革，并探索实施相关的配套制度改革。改革的重点：更加重视对基础知识、基本理论和基础技能掌握程度的考核，进一步降低期末考试权重，强化对学生学习过程的检测与控制，加强教学过程的形成性评价，以充分发挥教师和学生的主体性。目前，学校已实现了考核方法的“四种结合”，即“闭卷与开卷相结合、笔试与口试相结合、理论考试与实践技能考核相结合、课堂作业与课外活动相结合”，形成了课程考核形式灵活化、考核方式多样化、考核手段信息化、成绩权重分散化的课程考核模式。

（四）首创“同步实践教学模式”，引领法学教育模式创新

学校以“同步实践教学模式”为核心，构建了完善的实践教学体系；以开放、共享为目标，大力推进实验室建设和改造，并设置独立的实验课程；创新工作机制，推进实习实训、社会实践和毕业论文工作高效开展。

学校校外人才培养基地2011年10月获批“国家级法学实践教学基地”；2012年7月获批教育部“卓越法律人才教育培养基地”；2012年7月获批“‘十二·五’国家级实验教学示范中心”；2015年1月获批“2014年国家级法学虚拟仿真实验教学中心”。2014年以“同步实践教学模式”为主导思想和核心内容的教学成果——《创建“即时共享　协同融合　学训一体”同步实践教学模式，培养卓越法律人才》荣获国家级教学成果奖一等奖。2018年以《“四型人才”导向的“四跨”卓越法治人才培养模式》，获得第八届高等教育国家级高等教育教学成果一等奖，以《“学训一体”法律职业伦理教学模式的开创实践与创新推广》，获得第八届高等教育国家级高等教育教学成果二等奖。

1. 创设“同步实践教学模式”体系

“同步实践教学模式”的核心理念是从根本上改变“实践教学”在法学人才培养中的定位：它在人才培养中与“理论学习”的关系从传统的“先后关系”跃升为“同步进行”关系，从一种学生“检验”理论知识的手段提升为人才培养的核心抓手，从人才培养的末端环节提升为贯穿人才培养的全过程。“同步实践教学模式”的基本思路是改变学生“走出去”实习的传统实践教学的单一模式，将法律实务部门拥有的优质司法资源大规模地反向“请进来”引入高校，让原始案例卷宗、同步直播的庭审实况和庭审实况录像等优质司法资源进入高校、进入课堂，融“实践教学”和“理论教学”为一体，将“实践教学”贯

穿于整个法学人才培养的全过程,同步完成“知识学习”和“职业技能”、法律“职业意识”和“职业素养”、“国际视野”和“国情意识”的培养。“同步实践教学模式”的基本内容为以高校、法律实务部门等的深度“协同融合”为基础,以司法实践前沿的动态“即时同步”为平台,实现法学人才培养中优质教育资源的即时共享、法学人才培养职责的共同承担,实现法学人才培养过程中的全程“学训一体”。落实培养卓越法律人才的基本目标其内涵包括:庭审同步直播及录像观摩、案卷阅览及网上查阅、法律诊所、模拟法庭、学科竞赛和校外人才培养基地6部分。

庭审同步直播及录像观摩。实施庭审同步直播教学,彻底打破了校园与法律实务部门之间的时空屏障,有效汇集、整合了我国法律实践过程中的优质教育资源,也充分展现和利用了地方庭审的独特经验,从而实现了实践教学与国情教育的二位一体。另外,基于庭审同步直播和司法资源归集的需要,学校创建了庭审录像资料库,学生可以通过校园网随时观摩学习。通过直播教学和自主观摩,学生不必出校门而尽知“天下事”,并配以专业的分析与讲解,这大大提高了实践学习的效率和质量。

案卷阅览及网上查阅。学校于2012年、2013年、2016年先后建立了检察、审判、公益法律援助、鉴定4个原始案例卷宗副本阅览室。目前,卷宗副本阅览室已拥有原始案例卷宗的副本逾60,000套,年阅览量约10,000人次。学校于2013年1月建成司法案例卷宗电子阅览室。目前,已上传电子化司法案例卷宗1万余套。不同形式阅览室的设立大大丰富和优化了学校的实践教学资源,为学生提供了真实可靠的一手资料,有利于法学理论教学的高效进行,也在无形中为学生积累了宝贵的实践经验。

法律诊所。学校诊所教学分为6个法律诊所:行政法律诊所、环境法律诊所、劳动法律诊所、知识产权法律诊所、少年越轨法律诊所和刑法与刑事科学法律诊所。

模拟法庭。学校拥有3个信息化模拟法庭和1个国际模拟仲裁庭。学校开设了9门模拟法庭课程,承办了7届北京市大学生模拟法庭竞赛和全国大学生模拟法庭竞赛。

校外人才培养基地建设。学校大力加强校外实习基地建设,本着"多层次、广布点、高标准、重长远"的遴选原则,重点发展了一批专业性强、有一定影响力、能体现不同地域特点的基层单位作为基地建设合作对象,建立了稳定的校外实践教学基地283个。其中,学校与全国27家法院、12家检察院以及多家公益律所签订协议,建立了"法学教育实践基地"。学校有4个基地(北京市海淀区人民法院、北京市德恒律师事务所、北京市西城区人民检察院和北京青少年法律援助与研究中心)被评为"北京高等学校市级校外人才培养基地"。

学科竞赛。学校鼓励学生积极参加模拟法庭大赛、辩论赛、数学建模大赛及"挑战杯"大学生课外学术科技作品竞赛等比赛,成绩卓著。学校根据师资最接近原则,对学科竞赛科学规划、分类管理,涉外法学类学科竞赛由国际法学院组织,国内模拟法庭竞赛由刑事司法学院统筹,科技数学类学科竞赛由商学院和科技教学部协调。部分学院结合教学安排,将学科竞赛与课堂教学内容相结合,每年定期组织成体系的系列比赛,与课堂教学相得益彰,如外国语学院根据外语教学的听、说、读、写、译教学安排,定期组织学术英语口头报告大赛、英语写作大赛、翻译大赛和配音大赛等。

2. 开放共享,提升实验室使用效率

以教育部重点实验室为试点,建设共享实验项目。以开放与共享为目标,推动学校优质的科学研究与社会服务资源转化为本科实践教学资源。学校在教育部重点实验室的基础上，将优质的实验实践教学资源向本科生教学开放共享。目前，向本科生开放实验项目包括：手功能法医学评定、体验测谎——法庭科学中的心理测试、签名印章实验项目、指纹揭秘、揭秘毒品、看得见的声音、法医 DNA 检验——个体识别与亲子鉴定等近 20 项。

独立设置实验课程。为了促进实验教学的开展，2016 年培养方案将实验课程学分归入创新创业学分。自 2016 年夏季学期开始，学校设置了 15 门具有实验教学环节的课程，进一步完善了实验教学体系。

3. 高质量开展实习实践、毕业论文工作

建立专业实习双导师制。学校制定了专业实习教学大纲，明确了专业实习的教学目的与基本要求、专业实习的主要内容以及学时分配、专业实习不同阶段与环节以及专业实习的课程考核方式等方面的内容。就学生专业实习，学校建立了专业实习双导师制，保证了良好的专业实习效果。

开展社会实践活动。学校开展“双百项目”“大学生支教团”以及“大学生创新创业训练计划项目”等形式多样的社会实践活动。学校年均评审资助各类项目 100 个以上，资助经费约 200 万元，有 2000 余名学生参与。

开展毕业论文工作。学校对毕业论文实行全过程质量监控，通过论文指导的流程管理，促进了论文质量的稳步提升。学校创新学生毕业论文形式，2016 年我校参加北京市教委“高水平人才交叉培养计划——毕业设计（创业类）项目”，第一批立项 12 项，第二批立项 23 项。

（五）构建法大特色的第二课堂：“全员、全方位、全过程”育人

学校始终契合国家政治和社会发展的需要，积极将思想政治工

作贯穿于教育教学的全过程，育人理念从“教书育人、管理育人、服务育人”发展为“全员、全方位、全过程”育人，逐步形成了“全员参与、全职司责、全域渗透、全程贯通”的育人工作格局和“教学、科研、管理、服务、环境”的育人工作机制。

1.“六个结合”的全员育人第二课堂体系

学校第二课堂育人及校园文化建设工作以“六个结合”为指导原则。此即教书与育人相结合、教育与自我教育相结合、政治理论教育与社会实践相结合、解决思想问题与解决实际问题相结合、教育与管理相结合、继承优良传统与改进创新相结合。学校充分发挥包括专业课教师、学生工作辅导员、校部机关各部门和教辅各单位的工作人员、后勤服务部门工作人员以及校外社会人士在内的5类主体队伍在第二课堂教育活动中的积极作用。

专任教师育人，将第一课堂与第二课堂紧密结合。在第一课堂教学中，专任教师应当将教学与育人有机结合，把育人融入大学生专业学习的各环节；在第二课堂教育中，专任教师指导学生自觉学习专业知识、开展专业实践、加强道德修养。根据《中国政法大学本科生班主任管理办法》，2016年学校聘任216名专业课教师担任本科班主任，每个行政班级配备1名；同时，以课外教学工作量考核的形式，对专业课教师参与指导学生第二课堂活动提出了具体要求。

管理服务育人，实现学生管理与服务部门的内部联动。在直接管理方面，辅导员是开展第二课堂育人活动及德育工作的主体。为发挥多职能部门协同育人功能，学校在整合教务处、学生处就业创业指导中心等部门创业教育职能的基础上，成立创业学院作为学生创新创业教育综合平台，具体负责落实学校创新创业教育的实施方案。在间接指导方面，在学生社团中，由学校相关部门进行专业指导的有22个，占社团总数的28%。

社会合作育人，探索社会与高校育人事业的深度融合。关注、支持高等教育事业发展的社会人士是开展第二课堂育人活动的生力军。在以律师事务所为主要类型的企业和广大校友的支持下，在校内捐资设立“江平民商法奖学金”等学生学术活动发展基金，开展国际华语辩论公开赛、“博闻”论坛、“论衡”辩论文化节、模拟法庭、“学术十星”论文写作大赛等具有学科文化特色的大型品牌学生活动。

2. 特色校园文化育人

学校以社会主义核心价值观为统领，深刻把握中华优秀传统文化和革命文化、社会主义先进文化的精髓，从学科特色中找准契合点，提炼具有“法学特色的传统文化”和秉承“传统精髓的法治文化”，以促进两种文化与法大精神同频共振。学校以实施科学文化素质教育为基础，以建设优良的校风、教风、学风为核心，以树立正确的世界观、人生观、价值观为导向，努力建设内容丰富多彩、格调健康向上，既充满生机活力又有深厚底蕴和鲜明特色的校园文化。

通政情法意，“八个法大”锻精神文化。学校以领航法大、缘聚法大、感动法大、榜样法大、健康法大、欢乐法大、RONG聚法大、依依法大等品牌活动为契机，通过培育学生积极向上的学风，构筑“健、雅、怡、彩”为特征的校园文化。同时，学校通过举办英模报告会、“两会代表委员进校园”形势政策报告会、“根植祖国大地、播撒法治阳光”基层校友寻访等思想政治教育系列品牌活动，加强对大学生的理想信念教育、爱国主义教育、公民道德教育和素质教育。基层校友寻访被评为教育部“礼敬中华优秀传统文化”特色展示项目。

论“思辨”文化，法科特色孕公民精神。打造以“培养思辨意识”为宗旨的辩论文化体系，建设以法治文化为核心的特色文化品牌。学校每年开展以“论衡”辩论文化节、模拟法庭为代表的“思辨”类文化活动，打造国际赛、校际赛、院际赛、班级赛多层次辩论赛事体系，举办各级各类辩论、模拟法庭等赛事活动150余场。学校推行以“学生代表大会制度”为代表的学生校园民主实践活动，提升大学生的政治素养并增强公民意识。2016年学校学生代表大会制度改革成为团中央贯彻落实中央群团工作改革会议精神的试点项目，学代会由原来每2年召开1次改为每1年召开1次，学生会主席由学生代表直接选举产生。

立公益责任，创业教育创新精神。作为第二课堂的延伸，我校逐步完善了以暑期团队实践为龙头，以社会实践基地建设和学生返乡实践为两翼，以普法宣传、法律援助、模拟法庭为核心的社会实践格局，开展以弘扬法治文化为核心的校园公益实践活动和大学生社会实践活动，并提炼出了具有法大特色的志愿服务体系，同时，不断创新活动形式，提升活动质量，使社会实践逐步实现基地化、项目化、社会化。学校于2013年、2014年度连续获得“全国大学生志愿服务西部计划优秀等次项目”，2013年被评为年度“首都高校学生社会实践先进单位”。学校积极打造满足不同学生需求、具有法大特色的“四位一体”创新创业教育体系：面向全体学生的创新创业素质教育体系；面向有创业意向学生的系统强化教育体系；面向有明确创业目标学生的创业实训体系；面向采取创业行动学生的政策与平台支持体系。围绕“四位一体”的创新创业教育体系，积极开展创业大赛、创业训练营、创业沙龙等活动。

达人文情怀，社团活动塑健康人格。学校作为“国家大学生文化素质教育基地”，对全校的大学生文化素质教育活动和资源进行规划、整合与提升，指导和帮助学生社团开展丰富多彩、健康向上的学术、科技、体育、艺术等各类活动，更好地发挥社团在校园文化建设中的积极作用。学校创办了“传统文化节”、“中华文明月”、“人文知识竞赛”、外语文化节，开展了高雅艺术进校园、校园广播歌手大赛等活动，构筑"健、雅、怡、彩"为特征的校园文化，有效地传播、丰富和提升了以法治精神为底蕴的校园文化，也对在校学生塑造健康人格提供了广阔的平台。自 2005 年以来，学校每年邀请"感动中国年度人物"为学校师生作主题报告；学校开创"CUPL 正能量"人物访谈、"点赞青春"等思想政治教育系列品牌活动。其中，"CUPL 正能量"人物访谈系列活动现已推出 130 期，总阅读浏览量逾 26.8 万次，每期平均 2100 次；学校每年开展"榜样法大"奖学金颁奖典礼、"自强之星"暨"感动法大"人物评选活动；学校每年举办新年音乐会和高雅艺术进校园活动，深受师生好评。

3. 创建境内外交流学习机制

在国内交流学习方面，学校与 8 所国内"985 高校"签署交流协议，定期互派交流生。从 2005 年至 2016 年春，参与交流培养的学生共计 3608 名。其中，派出交流生 1751 名，来访交流生 1857 名。

在境外交流学习方面，学校努力打造以高端国际合作为特色的国际交流模式，推进本科生国际交流的常态化和规模化。第一，学校探索和实施中外联合培养本科生的全新模式。学校与英国诺丁汉特伦特大学等学校签署合作协议，实行"3 +1 +1"培养模式：两校相互承认学分，学生在完成我校前 3 学年的学习后，第 4 年赴外方学校修读，毕业时同时获得两校学士学位；再经过 1 年的硕士课程学习，可取得外方学校硕士学位。第二，学校鼓励本科生进行国际交流交换学习，依托国家留学基金委的"优秀本科生国际交流项目"，获批项目数量和获资助学生数逐年增长，已位列全国文科院校第一方阵。第三，自 2013 年至今，学校先后与英国牛津大学、剑桥大学、美国哥伦比亚大学、加州大学伯克利分校、意大利博洛尼亚大学等 40 余所国外知名高校、研究机构开展形式多样的寒暑假国际交流项目。第四，学校逐步强调学生参与国际化的实训实践活动。自 2013 年以来，学校先后与德国弗里得里希艾伯特基金会、国际城市管理协会、世界银行下属机构国际金融公司等签署合作协议，每年选派40余名本科生赴海外实习。自2013年以来，学校和“致诚公益”法律服务机构签署合作协议，共同实施暑期本科生的国际联合实习项目。

六、坚持学术立校、以一流学术引领中国特色世界一流法治人才培养

（一）以科研平台建设为抓手，积极推动科研发展

中国政法大学打造多类型的科研平台，为科研发展提供有力支持。学校积极推进新型智库建设，设立国家治理研究院，作为学校科研发展与智库建设的总平台；拥有诉讼法学研究院、法律史学研究院、证据科学研究院、法治政府研究院、人权研究院5个重点研究基地；设有比较法学研究院、法与经济学研究院、法律古籍整理研究所、法学教育研究与评估中心、全球化与全球问题研究所、公司法与投资保护研究所6个在编科研机构；设有资本金融研究院、仲裁研究院、互联网金融法律研究院、绿色发展战略研究院、制度学研究院、国家监察研究院、网络法学研究院、法治经济研究院、国家法律援助研究院、国际法治研究院10个新型研究机构；牵头组建的司法文明协同创新中心是首批经教育部、财政部认定的14个国家“2011计划”协同创新中心之一，牵头组建的“马克思主义与全面依法治国协同创新中心”获批北京高校中国特色社会主义理论研究协同创新中心，参与组建的“国家领土主权与海洋权益协同创新中心”成为第二批获得认定的24个国家“2011计划”协同创新中心之一。

1. 重点研究基地成为科研发展的领军者

法律史学研究院是教育部所属的国家级人文社会科学重点研究基地，其前身是1985年成立的中国政法大学中国法律史研究所，创

始人为中国政法大学终身教授张晋藩先生。1988 年法制史学科被国家教委评定为首批国家级重点学科,2000 年该学科再次被教育部评定为国家级重点学科。2002 年 10 月在原中国法律史研究所的基础上,成立法律史学研究中心。2004 年 12 月该中心正式入选教育部人文社会科学重点研究基地,2006 年更名为法律史学研究院。

诉讼法研究院,是专门从事诉讼法学研究的新型综合性研究机构,成立于 1999 年 10 月,是诉讼法学专业唯一入选全国普通高等学校人文社会科学百所重点研究基地的研究实体。

法治政府研究院成立于 2005 年,是依托中国政法大学建立的北京市哲学社会科学重点研究基地之一,同时是教育部青少年法制教育研究基地,是学校直属、与院(部)平行的实体性研究机构。

证据科学研究院 2006 年 5 月 20 日正式成立。2005 年 12 月教育部批准“证据科学教育部重点实验室(中国政法大学)”(Key Laboratory of Evidence Science, CUPL, Ministry of Education, China)立项建设。2007 年学校在国务院学位办备案设立证据法学二级学科博士学位点和硕士学位点,下设证据法学和法庭科学两个方向。2009 年北京市教委正式批准证据科学北京市交叉重点学科立项建设。2009 年教育部批准“证据科学研究与应用创新团队”入选教育部长江学者和创新团队发展计划。2010 年中央政法委批准“法大法庭科学技术鉴定研究所”入选全国 10 家国家级司法鉴定机构。

人权研究院成立于 2011 年 12 月 15 日,是教育部和中央对外宣传办公室在中国政法大学合作共建的国家人权教育与培训基地,也是我国首批建立的 3 个国家人权教育与培训基地之一。其前身是 2002 年 6 月成立的人权与人道主义法研究所。该研究院设有我国唯一的人权法学二级学科以及人权法学硕士和博士专业,拥有人权原理、国际人权法、人权国内保障、刑事司法与人权、宪政与人权和国家人权机构等研究方向，与国内外许多人权研究机构和相关国际组织建立了比较稳定和良好的交流与合作关系。

2. 在编科研机构是科研发展的主力军

法律古籍整理研究所成立于 1984 年 11 月，是在全国率先成立，也是目前教育部所属高校中唯一专门从事古代法律文献整理研究的学术机构。经过 30 多年的建设与发展，法律古籍整理研究所已在本校乃至全国高校中形成了自己的研究特色，成为一支具有影响力的学术力量。2009 年经教育部全国高等院校古籍整理研究工作委员会全面考察，批准研究所成为其直接联系单位，与诸多“985 高校”的古籍所位处同一平台，在实体建设、学术传承和人才培养等各方面进入了一个新的历史阶段。

法与经济学研究院的前身为法和经济学研究中心，成立于 2005 年 3 月，2016 年 7 月更名为法与经济学研究院。经教育部备案批准，中国政法大学法与经济学二级学科是我国首家设立的法学二级学科，首家授予法学硕士学位和博士学位的学科点。2008 年 1 月法与经济学学科被评为北京市交叉学科重点学科。

法学教育研究与评估中心成立于 2002 年。2012 年学校成立高等教育研究所，2017 年设立质量评估中心，与法学教育研究与评估中心合署办公。法学教育研究与评估中心负责编辑《中国法学教育状况》《中国法学教育研究》《中国政法大学教育文选》等出版物，并对法学教育问题展开跨学科、多视角、多领域研究；兼顾高等教育研究，运用高等教育研究的一般性规律对法学教育进行重点研究；同时，进行法学教育的评估体系建设研究，建立国际、国内法学教育信息库，为法学教育研究和评估提供资料服务和研究咨询，为推动法学教育的学科化、法学教育事业进步和国家法制建设提供服务。

全球化与全球问题研究所成立于 2007 年 4 月 26 日，前身为

2003年成立的非在编研究机构——全球化与全球问题研究中心,其发展的历史源头要追溯到20世纪90年代初蔡拓教授在南开大学创立的全球问题研究所。长期以来,研究所以研究全球化与全球问题对当代人类社会生活带来的新挑战、新问题,以及从理论与实践相结合的角度探究全球治理与国家治理的互动进程为宗旨,推进全球学学科在中国的发展。全球化与全球问题研究所是中国全球学学科的创建者,是中国政法大学"全球治理与国际法治协同创新中心"的重要依托单位,是中国全球问题与全球治理研究人才的重要培养基地。

比较法学研究院是在整合原比较法研究所、中德法学院和中美法学院3个教学科研院所的基础上,于2009年10月15日成立的目前中国高校和科研机构中唯一以比较法学为中心的专门的教学科研机构,是中国目前人数最多、实力最强的比较法学教学科研机构。北京市法学会比较法学研究会、中国法学会比较法学研究会和亚洲比较法学研究会的秘书处,以及最高人民法院与中国政法大学合作成立的"外国法查明研究中心"、中国法学会与中国政法大学合作成立的"中国—欧洲法律研究中心"与"中国—欧洲法律培训基地"均设在中国政法大学比较法学研究院。

3. 协同创新中心引领科研体制机制改革方向

为贯彻落实教育部、财政部"2011计划"文件精神,学校按照"国家急需、世界一流"的目标要求,以优势学科为基础,整合校内学科资源,主动联合其他高校、国家机关和国际学术机构,积极主动推进协同创新中心培育工作。为加强学校顶层设计,先后制订了《中国政法大学实施"2011计划"工作方案》《中国政法大学关于贯彻实施"高等学校创新能力提升计划"(2011计划)的意见》,明确了协同创新方向,确定了协同创新中心的体制机制以及学校全力加强协同创新机制体制建设的各项支持政策。

2012 年学校牵头的司法文明协同创新中心成立，该中心在 2013 年成功入选“2011 计划”，成为“2011 计划”首批获得认定的 14 个协同创新中心之一，也是首批获得认定的 2 个文化传承方向协同创新中心之一。该中心按照目标要求，积极开展人才培养、科学研究、学科建设、社会服务等协同创新，充分整合国内外科研资源，已在美、英、韩、荷、澳、意、瑞士等 8 个国家成立司法文明协同创新研究中心，举办了数十场国际研讨会；在服务国家司法改革和法治建设方面，多篇研究报告被党和国家领导人批示，2 位研究人员参加了中央政治局集体学习担任讲解，“司法文明”被写进中央有关文件；开展了司法文明理论研究，全面启动《司法文明百科全书》的编撰和“司法文明指数”调研工作，发布了《中国司法文明指数报告 2014》和《中国司法文明指数报告 2015》；2016 年该中心主持的法庭科学博物馆正式开馆。学校以证据科学教育部重点实验室和“2011 计划”司法文明协同创新中心为依托，“证据科学创新引智基地”成功入选教育部“高等学校学科创新引智计划”，成为全国文科高校中入选该计划的 2 所高校之一。

2014 年继 2013 年司法文明协同创新中心成功入选首批“2011 计划”后，学校作为核心协同单位之一的“国家领土主权与海洋权益协同创新中心”入选第二批获得认定的协同创新中心之一。2016 年学校牵头的“马克思主义与全面依法治国协同创新中心”获批北京高校中国特色社会主义理论研究协同创新中心之一。

（二）以科研项目为研究指引，努力开展前沿研究

据统计，学校自 2001 年以来共获得各级各类科研项目 4098 项：其中，省部级以上科研项目 1024 项；横向科研项目 3074 项，到账经费 3.54 亿元。在纵向科研项目中，国家社会科学基金重大项目 18 项，教育部哲学社会科学重大课题攻关项目 15 项，国家社会科学基

金年度项目221项，教育部人文社会科学研究项目一般项目227项。

2017年学校共获得科研项目381项；其中，纵向97项，较2016年的58项同比增长67.2%，较"七五"时期的年均11项增长860%。2017年共争取项目经费7185.08万元，其中：纵向项目立项批准经费2160万元，较2016年的972万元，增长122%；横向项目到账经费5045.08万元，较2016年的3786.36万元，增长33.2%。2017年，纵向、横向项目经费均为历年最高，项目总经费首次突破7000万元，较之去年的总经费4758.36万元，同比增长为51%。在各类项目的成绩方面，在2017年11月公布的国家社科基金重大项目中，我校获得5项，是学校历史上的最好成绩。该批次国家社科基金重大项目法学选题共立项25项，学校立项数占全国总数的20%，位列全国第一。在2017年国家社科基金年度项目中，我校立项26项，较2016年的11项增长136%，取得我校历史上的最好成绩。其中，法学项目立项14项，排名全国第一。在2017年教育部一般项目申报中，我校获得13项，较2016年的5项增长了160%，取得了国社科项目与教育部项目分离不交叉以来的最好成绩。其中，规划、青年、自筹项目立项12项，为5年以来最多。在2017年司法部项目申报中，我校获得11项，较2016年的5项增长120%，立项数排名全国第一。在2017年北京市社会科学基金项目的申请中，我校共有14个项目获得立项，排名北京市第四，法学立项数排名北京市第一。

2018年在国家社科基金关于"研究阐释党的十九大精神"重大专项中，我校获得6项立项。这是在2017年我校获得5项国家社科基金重大项目并创我校单次重大项目立项数新纪录后，时隔不到4个月再次刷新了这一纪录，创下我校单次重大项目立项数的又一新高。全国共立项103项，我校立项数占全国总数5.8%。在全国排名中，我校以立6项的成绩位列全国第二。在以往重要项目的全国排名中，我校在法学单学科的排名上常常名列前茅，但在全部人文社会科学的全学科排名中，往往不占优势。此次是我校首次在一个国家级重要项目的全学科排名中，超越众多拥有多个优势学科的综合性大学，名列全国第二。

（三）以中国法学研究为己任，践行时代赋予的历史使命

在法律思想与法治理念方面，改革开放以来，学校在重大法学理论问题的探讨上，始终扮演着理论策源地和推动力的角色。更为重要的是，习近平总书记视察中国政法大学时确定的“创新发展中国特色社会主义法治体系研究”这一国家重大项目，成为中国政法大学的“一号工程”，学校集全校之力稳步推进。

全体法大人恪守“实事求是，求真务实”的科学精神，始终走在法学乃至整个人文科学研究的最前沿。2005～2017年，中国政法大学教师在各大学术期刊上共发表论文14,643篇，年均1126篇；出版学术著作2518部，年均194部，其中，学术专著1354部，年均104部；翻译学术作品369部，年均28部；翻译学术论文535篇，年均41篇。学校自1995至今，共获得省部级科研成果奖励225项，其中，教育部高等学校科学研究优秀成果奖（人文社会科学）29项（一等奖2项、二等奖12项、三等奖15项），北京市哲学社会科学优秀成果奖84项（特等奖2项、一等奖10项、二等奖57项），司法部法学教材与法学优秀科研成果奖60项（一等奖4项、二等奖21项、三等奖24项、其他奖11项），钱端升法学研究成果奖26项（一等奖1项、二等奖14项、三等奖6项、优秀奖5项），吴玉章人文社会科学优秀成果奖3项，霍英东教育基金会高等院校青年教师奖21项，安子介国际贸易研究奖2项。

自建校以来，中国政法大学积极参与国家的立法建设，与立法机关建立了紧密的合作关系。从1954年第一部《宪法》的起草，到《香

港特别行政区基本法》的颁布，再到《反分裂国家法》《物权法》的论证、研讨，直至最终通过，国家每一部重要法律的诞生和实施，几乎都留下中国政法大学的身影。中国政法大学首任校长钱端升先生任1954年《宪法》起草顾问委员会主席，并率领学校宪法学、行政法学、刑法学的多位学者参与了新中国第一部宪法的起草工作；江平教授担任中国民法典起草立法专家小组组长；陈光中教授担任刑事诉讼法修改专家小组组长；巫昌祯教授担任婚姻法修改专家小组组长。学校在中华人民共和国重要法律起草和修改过程中发挥了十分重要的作用。仅从1978年学校复办至今，学校的专家学者参加国家主要立法的论证和起草工作1000余人次。进入21世纪，中国政法大学受最高人民法院、全国人民代表大会法律工作委员会、全国人民代表大会常务委员会办公厅、国务院法制办公室等机构的委托，完成了多项法律草案的修改意见稿。

“钱端升法学研究成果奖”（以下简称“钱端升奖”），是由中国政法大学倡议，以我国当代著名政治学家、法学家和教育学家、中国政法大学首任校长钱端升先生名义设立的全国性法学研究奖项，旨在纪念钱端升先生对我国法学研究的重大贡献，促进法学研究繁荣发展，推动国家法治建设。根据全国普通高校社科统计年报有关奖励认定办法的规定，教育部将“钱端升奖”认定为“部级奖”，国家统计局据此也将“钱端升奖”列入“部级成果奖”的统计范围。“钱端升奖”自2006年首次评奖以来，在国内外产生了广泛的学术影响和社会影响，已成为与“吴玉章奖”“霍英东奖”“安子介奖”等并列的人文社会科学研究“部级奖”。“钱端升奖”迄今为止共举办了6届评奖活动，共评出法学优秀成果234项，其中，一等奖11项、二等奖45项、三等奖103项、提名奖67项。2018年已开展第七届评奖组织工作。

中国政法大学以法学、政治学等优势学科为依托，积极打造学术交流平台，共主办5种重要学术期刊，分别为《政法论坛》《比较法研究》《行政法学研究》《中国政法大学学报》《证据科学》。

七、全员、全方位、全过程教学育人，促进学生全面发展和健康成长

学校秉承“以生为本、全员育人”的学生工作理念，建立了“全员、全方位、全过程”的学生指导与服务体系，不断深化“招生—培养—就业—反馈”的联动机制，形成了教学育人、科研育人、管理育人、服务育人、环境育人的“五育人”工作机制，促进学生全面发展和健康成长。

（一）招生公平科学，生源质量优异

招生工作是人才培养的起点，生源质量决定了人才培养的质量。作为世界知名法科强校，学校深受社会和考生的认可，本科生源质量优异。

1. 实施“阳光招生”，确保招生公平性与科学性

学校在本科招生中坚持实施“阳光招生”，全面执行教育部和学校的政策规定，严格程序、落实责任，注重信息公开，社会形象好。学校紧紧围绕“提高生源质量”的核心使命，强化招生工作的科学性，将招生工作置于学校人才培养工作的全局中进行审视与思考，促进招生工作与学校的人才培养工作的积极对接，更直接、充分地服务于学校人才培养质量的持续提升。

自主招生工作与学校人才培养模式改革实现充分对接，在资格审查、考核等环节进一步突出学校不同培养模式对生源“学科特长、创新潜质”的特殊化、差异化需求；在命题、考核工作中，进一步突出学科特色，充分发挥学科专家和实务专家在人才选拔工作中的作用。

2. 本科生源质量优异，高考录取分数高

学校在全国范围内属于热门院校，在绝大部分省、自治区、直辖市的文科或理科最低录取分数线，基本上都高出当地重点线 50 分以上。2012 年以来，学校文理科最低录取分数线高出当地重点线 100 分以上的省份数量逐年攀升，2016 年达到 29 个。学校人才培养质量的社会认可度逐年升高。

2016 年学校共录取本科生 2143 人。在 21 个招生专业类别中，法学专业占招生总数的 60% 以上，尤其是法学人才培养模式改革实验班和涉外法律人才培养模式实验班，得到了考生的高度认可。工商管理、英语、新闻、国际商务、公共管理类等特色鲜明的专业，也保持了较高的生源质量。

（二）以学生为主体：提供让学生满意的指导与服务

构建“全员、全方位、全过程”学生指导与服务工作体系，充分发挥育人合力，精准资助困难学生，构建心理健康教育“1234”工作模式，培养学生健全人格，拓展学生素质，促进学生就业创业。

1. 协同创新，构建“全员、全方位、全过程”的学生指导与服务工作体系

学生指导与服务贯穿于人才培养的全过程。学校按照“思想政治教育筑牢学生理想信念，学业辅导培养学生学习能力，心理健康教育塑造学生健全人格，学生资助保障学生公平享受教育机会，就业指导服务提高学生就业能力”的思路，各部门协同配合，整合资源，形成了“全员参与、全职司责、全域渗透、全程贯通”的工作格局，建立了“全员、全方位、全过程”的学生指导与服务体系。

2. 全员育人，形成育人合力

学校建立以专任教师、班主任、辅导员、学生工作干部、校外兼职导师和学生骨干为主体的育人队伍，专兼结合、优势互补，形成全员

育人的工作合力。

高素质的辅导员队伍。学校重视辅导员队伍建设，制定了《中国政法大学辅导员管理办法》，明确工作权责体系，设立辅导员发展基金，按月发放辅导员补贴，出台配套政策，解决辅导员工作队伍在身份、职称等方面的职业发展问题。学校共有辅导员95人，其中一线专职辅导员51人，师生比例为1∶184。辅导员职称评定单设专门序列，单列指标。目前，共有高级职称36人，占比37.89%，其中教授7人，副教授29人。学校定期举办辅导员沙龙和辅导员职业能力大赛，积极选派辅导员参加教育部、北京市的辅导员培训和辅导员职业能力大赛以及学生工作骨干出国访学研修项目。学校高度注重辅导员队伍的科研能力，成立学生素质教育与职业发展教学研究中心，设立"德育工作创新奖"和学生工作创新研究项目，每年定期举办学生工作理论研讨会，公开出版学生工作理论研讨论文集。

实施本科班主任制度。学校全面实施本科生班主任制度，聘任专任教师担任本科班主任，每班配备一名班主任，覆盖所有本科生班级，并制定了《中国政法大学本科生班主任管理办法》。在《教学工作考核办法》《专业技术岗位聘任条件》等文件中规定专任教师兼任班主任或从事大学生指导与服务工作的，可以折抵课时量并纳入聘任条件，引导和激励专任教师参与全员育人工作。

发挥专任教师作用。邀请专任教师参加、指导各类学生活动。定期举办"大学生成长沙龙""名师论坛""全人发展行动计划""读书会"等活动，邀请包括学校领导、终身教授在内的知名教师参与，与同学们零距离接触。

聘请校外兼职导师。学校聘任了50余名校友担任职业发展导师和职业教练，40位知名企业家担任学生创业导师，充分利用他们的人生阅历和职场经验为学生提供职业规划帮助和创业指导服务。

发挥学生骨干示范作用。学校通过举办党支部书记培训班、“卓越领导力”学生骨干训练营以及“先锋团校”等活动，加强学生骨干队伍建设，充分发挥学生骨干示范作用。

3. 精准资助，帮助家庭经济困难学生

学校秉承“精准资助、精细管理、精致服务、精心育人”的资助工作理念，建立了以国家助学贷款为主要资助渠道，以国家奖学金、国家励志奖学金、国家助学金、勤工助学、困难补助、社会资助、“绿色通道”为辅助渠道的资助体系，确保“应助尽助”，实现“不让一名学生因家庭经济困难而失学”的助学目标。

学校设有申泳亮奖学金、北京天驰君泰律师事务所助学金、黄乾亨奖助学金等20余项奖助学金。2016年每名家庭经济困难学生平均获得的资助金额为5500元。

学校积极为受助学生的成长成才搭建平台，将物质帮扶与精神鼓励有机结合，实现“资助育人”。学校已连续10年举办“自强之星”暨“感动法大”人物评选表彰活动；成立勤工助学服务中心、新长城中国政法大学自强社，开展励志教育、感恩教育、诚信教育等活动。

4. 塑造人格，形成心理健康教育“1234”工作模式

学校践行健全人格的理念，构建了较完善的大学生心理健康教育工作机制，形成了心理健康教育的“1234”工作模式，促进了学校心理健康教育工作的顺利开展。

“1234”工作模式的主要内容。坚持一个工作目标：塑造大学生健康人格。依靠两支队伍：专兼职心理健康教育教师，班级学生心理健康委员。搭建三个平台：心理健康教育教学平台，心理咨询平台，心理健康媒体宣传平台。实行四级预防：学生宿舍—班级—学院—学校。

5. 拓展素质，促进学生全面发展

学校立足专业人才培养，重视全人格教育，打造全方位的素质拓

展教育平台，以精品项目带动学生、引导学生、影响学生，让学生从活动中发现自我、提升自我、塑造自我。

实施“全人发展行动计划”。学校秉承“全人发展”理念，按照“温馨小课堂，德育大天地”的思路，根据学生的兴趣，组织校内外的师资，开设了美食欣赏与制作、天文观测术、京剧欣赏、理财入门等“全人发展行动计划”课程。自2005年启动实施以来，已经举办11期，参与人数达8000余人，对促进学生素质的全面发展发挥积极作用。

举办大学生成长沙龙。大学生成长沙龙采用开放对话的形式，每月邀请1位知名教师从自身的经历出发，解答同学们遇到的各类问题。近10年来，共有包括学校领导、终身教授在内100余位老师做客沙龙。成长沙龙为师生之间提供了一个充分交流的平台，体现了教师对学生的关心关爱。

提升服务，助力毕业生就业创业。学校通过网络宣传、编发《法大就业导报》、赠阅《中国大学生就业》杂志等形式，宣传国家促进大学生就业创业政策，引导学生多元就业。学校开展职业规划大赛、创业大赛、职业教练计划、职场体验日、求职训练营和创业训练营等品牌活动，满足学生职业发展需求。在北京地区高校中，学校率先成立“学生就业创业指导服务中心”，并在此基础上于2016年成立“创业学院”，协调落实学校创业教育整体规划和重大决定。学校构建“教育、训练、实践、扶持”的四级创业指导体系，“创业基础、创业实践、创业实务”三级进阶课程体系，“专兼结合、校院两级”的创业导师队伍体系。此外，学校还设立大学生创业基金、大学生创业园等，满足学生创业团队建设、导师指导、工商注册以及集中办公等方面的需求。

学生对指导服务满意度较高。本科生对学生指导服务的满意度处于较高水平，对学校学生指导服务效果的总体满意度达95.2%，学校指导服务工作符合学生的预期，选择“完全符合”与“符合”的占有效样本的98.5%。从指导服务的不同维度来看，学生对指导服务的满意度也达较高水平。对于工作效率、管理水平、服务态度、专业技能、教育理念等方面，学生的满意度均超过80%。

（三）培育优良学风，提升学习效果

学校高度重视优良学风建设，以培养学生的学习能力为基础，以培养学生的独立思考能力和追求真理的品质为目标，以完善人格为最高境界，形成了独具法科强校特色的“情怀法理、乐学求新、至诚尚善、崇实笃行”的优良学风。

1. 构建全程学风建设体系，扎实推进学风建设

学校始终把优良学风建设作为系统工程来抓，构筑了从学生入学到毕业的全程学风建设体系，从思想引领、学业适应、学业规划、学业发展等多方面、多渠道开展学风建设。

建章立制，规范引领学风。学校建立良好的学风建设制度。通过制定《中国政法大学学风建设方案》《中国政法大学学生管理预先警示制度实施办法》等制度，规定了学风建设的内容和方式。通过召开动员大会、主题班会、签订诚信考试承诺书、设立诚信考场等，加强诚信教育和考风考纪教育，引导学生把道德、纪律规范内化于心、外化于行。

以“保研政策”为“指挥棒”，引导学生参与学科竞赛。我校“保研政策”规定，在研究生推免中，综合测评包括学习成绩、科研和实践成果两部分，其中学习成绩占85%，科研和实践成果占15%。科研和实践成果包括学生发表的学术论文、参加学科竞赛取得的成绩，以及在文化、体育或社会工作方面的成果。

学校依托专任教师、辅导员和朋辈骨干三支队伍，形成一体化学业辅导新格局。学校于2015年成立了学业辅导中心，负责学生学业

辅导工作的总体设计、统筹协调、条件保障、考核评估等工作，中心依托专任教师（班主任、导师）、辅导员、朋辈骨干三支队伍，开展学业辅导工作，形成校院一体化学业辅导新格局。

开展学业规划，激发学习动力。学校立体化延伸入学教育。在新生入学前，网络启动“我秀我的大学梦”主题活动，集中展示学生的学业梦、法治梦和成才梦，引导学生树立远大理想。在新生入学教育时，学校邀请知名教授讲授“名师第一课”，阐述大学学习的意义，帮助新生明确专业学习的目标，增加专业认同感。新生入学教育素质拓展讲堂上演情景剧，以寓教于乐的方式对学生进行学业和职业规划教育。学校连续15年开设《职业发展与就业指导系列课程》，连续8年举办职业生涯规划大赛，通过生涯人物访谈、撰写职业规划书等，帮助学生树立职业理想，明确大学学习目标，科学做好大学生涯规划。

举办“榜样法大”，引领乐学尚贤。学校通过创新日常评奖评优工作，开展“榜样法大”品牌系列活动，秉承“榜样传播正能量，示范引领新学风”的宗旨，以“乐学善思，见贤思齐”的理念举办盛大的奖学金颁奖典礼，赋予榜样教育以隆重的仪式感，开展“榜样法大”学生事迹专题宣传活动，增强榜样教育的实效，通过榜样示范引领学生乐学尚贤。

依托朋辈辅导，引导学生自主学习。学校推出了“友思学习圈”“添翼工程”“雁阵计划”等品牌活动，通过专项资金支持、项目制管理，充分尊重学生主体性，对学业困难的学生进行帮扶，发挥朋辈辅导的作用，引导学生自主学习，提高学生的学习能力、学习水平和综合素质，实现精准学业辅导。

搭建学术科研平台，激发学术研究潜力。学校创办本科生学术刊物《学术法大》，为本科生搭建了发表科研成果的平台，出版46期，共收到稿件4300余篇，刊发文章650余篇。学校设立面向本科生的“学术十星”论文大赛，培育、评选优秀学术人才，激励法大学生的科研创新精神，营造浓厚的学术氛围，每年评选出10篇优秀论文，授予获奖选手“学术十星”称号，自2002年起已成功举办了14届，平均每届参赛论文120余篇，涵盖学校本科生所有专业。“江平民商法奖学金”将学习成绩与科研能力相结合，将评奖评优与学术导向相结合，已成功举办了16届，参与学生达3800余人。

2. 学生学习效果明显，综合素质协调发展

政治责任感和使命担当意识不断增强。学生在重大的国际国内事件面前，能够明辨是非，与党中央保持一致。学生在政治上积极追求进步，学校基层党团建设快速发展，党员和入党积极分子占全校学生的47%以上，毕业生党员比例达30%。参军入伍、献身国防的学生逐年增多，79名学生先后应征入伍，其中，4人荣立“三等功”。

热心公益、乐于奉献，学生用实际行动践行社会主义核心价值观。自愿去西部和基层就业的人数不断增加，义务献血报名踊跃，关注关怀社会弱势群体、志愿为社会提供法律服务在学生中蔚然成风，已有8位同学成功捐献造血干细胞。

学生学业成绩优异，人才培养效果显著。学校2016年本科生国内深造率达48.89%，在教育部直属高校本科生深造率排行榜中位列前三名。学校本科生的求学热情、科研精神、学术能力与学风在全国高校范围内呈现逐年走高态势，体现了学校本科生优良的学习风气和浓厚的治学氛围。学校本科生在认真完成课堂学习基础上，积极参加国家司法考试，大学英语四、六级以及GRE、托福等英语水平考试。近3年，学校在校生参加国家司法考试通过率在50%以上，居全国高校前列。

学生积极参加模拟法庭大赛、辩论赛、数学建模大赛以及“挑战

杯”大学生课外学术科技作品竞赛等比赛，成绩卓著。在各类国际模拟法庭比赛中屡获冠军。

学生积极参加体育活动，体质明显增强。我校学生体质健康测试达标率连续4年超过85%；乒乓球高水平运动队自2013年成立以来，共参加了4次全国大学学生乒乓球锦标赛，获得11项冠军，实现了女团三连冠、女单蝉联冠军；羽毛球高水平运动队于2016年首次参加全国大学学生羽毛球锦标赛甲A组比赛即获得女子团体冠军；女足代表队参加2015年、2016年全国大学生女子室内5人制足球锦标赛（校园组）取得连续2届冠军的成绩；女篮代表队获2016年中国大学生篮球联赛北京赛区亚军；男排代表队获2015年首都高校排球联赛（校园组）冠军；男足代表队获2012年首都高校足球联赛冠军，获2012年、2013年、2015年全国大学生五人制足球联赛（北京赛区）冠军。

学生对自我学习和成长满意度高。学生对学校开展的思想政治教育表示满意和非常满意的达93.3%；对心理健康咨询服务比较满意及以上达84.4%；对就业创业指导服务的满意度为83.3%；对辅导员的整体满意度很高，超过90%。学生对学校教学管理的工作满意度为95.7%，对教学培养的各方面的评价较高，尤其是对教师的专业水平、教学能力、教学内容、教学方式以及教学态度等方面的满意度均在90%以上。

（四）就业质量高，毕业生职业发展良好

学校高度重视毕业生就业工作，健全“领导主抓、学校统筹、全员参与、制度先行”的就业工作机制，实行校院二级就业工作“一把手”工程。近4年，学校毕业生全员就业率均在95%以上，持续保持较高水平，高于同类院校毕业生就业率，就业质量稳步提高，社会评价认可度高。

1. 就业率持续保持较高水平，就业结构分布合理

学校2013～2016年本科毕业生就业率均在95%以上。以2016届为例，本科毕业生1935人中落实1846人，就业落实率为95.40%。其中，升学946人，占毕业生总数的48.89%；出国（境）留学187人，占毕业生总数的9.66%。

毕业生就业结构、地域分布等更趋合理。近年来，毕业生到律师事务所、高新技术企业、金融机构、文化创意企业就业的人数及比例有所增加，就业去向分布更趋广泛。以2016届为例，毕业生分布到全国29个省（市、自治区）党政机关就业。其中，到东部地区就业占75.65%，到中部地区就业的有6.56%，到西部地区就业的占17.79%。从就业单位性质看，本科毕业生在就业去向上（除升学和出国），有28.86%的到机关工作，有11.36%到律师事务所工作，有7.10%到国有企业工作。

从继续深造情况来看，本科生读研、出国（境）比例继续增加，毕业生对继续深造的道路选择呈上升趋势。在国内读研的697人中，有95.12%选择继续攻读“985”“211”高校研究生。在出国（境）留学的187人中，近3成同学赴2016～2017年《泰晤士报》排名前50的世界一流大学攻读研究生。根据著名法律评级机构钱伯斯发布的《2016亚太法律指南》中国地区中资律所的排名情况，我校2016届毕业生中有138名同学到金杜律师事务所、中伦律师事务所、大成律师事务所、君合律师事务所、盈科律师事务所等各领域内的第一等律所工作。

2. 毕业生职业发展状况良好，用人单位满意度较高

学校对毕业生及用人单位历年的问卷调查和跟踪走访表明，用人单位对我校毕业生的综合素质、职业素养、专业能力给予了较高评价。用人单位对我校毕业生职业能力满意程度较高，认为我校毕业

生人际沟通、专业水平、团队协作、表达能力、职业适应、解决问题等职业能力强；对我校毕业生职业素养的满意程度较高，认为我校毕业生勤奋努力、积极主动、踏实肯干、遵规守信、责任感强；对我校毕业生专业能力的满意程度高，认为我校毕业生基础理论功底扎实、专业知识体系结构合理、专业应用能力、实践能力强。《2016年中国政法大学毕业生用人单位满意度调研》结果显示，用人单位总体满意度较高，满意、比较满意所占比率在88.1%到97.62%，且无用人单位选择比较不满意或不满意。在2017年北京法院系统评选出21名审判业务专家中，有11人为我校毕业生。

八、立足中国，放眼世界，跨越式推进国际交流

（一）日渐扩大的国际交流——法学教育交流活动日益频繁（1978～2000年）

与北京政法学院时期的外事活动不同，学校新时期的外事交流更注重学术和法学教育管理经验的交流，形式也由单纯接待国外代表团发展为“走出去”“请进来”等多种形式。自中国政法大学成立以后，因其在国内法学教育和研究领域的地位，在国际上也产生了较大的影响。学校通过积极的外事交流活动，学习国外先进的管理经验和理论知识，扩大学校在国外法学界的影响。

随着学校各项事业的发展，学校在国际上影响日益扩大，尤其是在学术和图书资料方面在世界法学界产生了一定的影响。学校与世界各国法学教育界、法学研究界的交流也日益广泛，对外交流进入了新的阶段，对外办学开始起步。

1. 对外互访与学术交流

自20世纪七八十年代开始，至20世纪末，我校注重外事交流。这一期时期，学校与欧美、日本等国家及我国港澳台地区的互访与学

术交流日益广泛。

1983 年 4 月 13 日至 5 月 8 日，以时任校党委书记陈卓为团长、本科生院副院长江平为副团长的中国司法教育考察团访问比利时王国和德意志联邦共和国。此行着重考察了比利时的法学教育，访问了欧洲共同体总部法律部，并参观了比利时的各级法院和监狱。应德意志联邦共和国司法部的邀请，考察团还着重考察了西德的司法制度，并访问了波恩大学法律系，受到联邦德国司法部部长、总检察长及各级法院院长的接见。

1984 年 8 月 17 日，中国政法大学法制系统科学研究会与美国运筹学代表团在北京科学会堂举行专题讨论会，美国运筹学代表团团长阿尔弗雷德·布姆斯坦等作了关于刑事审判系统模型的报告，与会学者进行了热烈的讨论。

1990 年 10 月 29 日到 30 日，美国美中教育交流基金会主席周瑟·肯尼迪来校访问，并就美中教育基金会选派留学生赴中国政法大学学习等问题与时任副校长张晋藩进行了磋商，并达成了协议。时任常务副校长陈光中代表学校在协议书上签字。

1994 年 11 月 14 日至 17 日，由中国政法大学法制研究所和《刑事诉讼制度改革研究》课题组共同主办的“1994 年北京刑事诉讼法学国际研讨会”在北京举行。来自美国、德国、日本、意大利等国家，及我国的学者代表共 100 多人参加了研讨会。本次研讨会是我国首次举办的关于刑事司法制度的国际会议，对我国刑事诉讼制度的改革和完善起到了良好的推动作用。

1996 年 2 月 9 日时任校长杨永林与日本中央大学正式签署了校际学术交流协议。3 月 11 日，时任副校长马抗美教授率团对美国杜肯大学进行讲学和友好访问，同行讲学的还有王传丽教授和夏吟兰教授。

1999 年 5 月 25 日至 27 日，由司法部和国家外国专家局主办、中国政法大学承办的“21 世纪法学教育暨国际法学院校长研讨会”在北京召开。来自美国、加拿大、澳大利亚、韩国、日本、法国等 13 个国家的 36 所法学院校和法律机构的 44 位院校长和法学教育专家，及国内 16 所高校的 50 余位院校长和法学教育专家，围绕各国法律制度与法学教育比较研究、21 世纪的法学教育等议题进行了广泛的研讨。时任副校长赵相林在会上作了题为《中国高等法学教育的现状与发展》的学术报告。本次研讨会堪称法学家的盛会，有力推动了我国与世界各国法学界的交流与合作，加强了中国人民与世界各国人民的了解和友谊。

2. 涉外办学项目

为了进一步加强学校对涉外办学的领导和管理，协调校内各部门、各单位在涉外办学方面的工作，1995 年 12 月经党委常委会研究决定，学校成立了中国政法大学涉外办学领导小组，由时任常务副校长王启富任组长，时任副校长赵相林、怀效锋任副组长，同时成立涉外培训中心。涉外培训中心是涉外办学领导小组领导下的涉外办学主管机构。

1995 年 10 月 4 日，学校成立中国国际高级法律人才培训中心。该中心是由司法部和国家外国专家局共同创建、由中国政法大学负责承办，专门培训能胜任国际性法律事务的法官、检察官、律师、公证员和其他高级法律人才的机构。海内外法学理论界对培训中心的成立十分关注，香港中文大学、澳门政府法律翻译办公室、台湾东吴大学、美国杜肯大学、悉尼科技大学、罗马第二大学、日本名古屋大学、韩国汉阳大学等近 30 家法学研究机构的学者参加了中心成立大会。美国杜肯大学成为中心的第一家国外合作单位。

1995 年 7 月，中国政法大学与香港经济日报社联合在香港举行

《中国法律专业进修课程》培训班,历时 3 个月。本次培训班是中国政法大学首次在境外举办的法律培训班,旨在帮助香港经贸、法律界人士了解内地法律,共招收学员 31 人,分别来自香港政府立法局和 19 个律师事务所。

1999 年 9 月 7 日,我国第一个中外联合培训法律硕士项目——中国政法大学/美国天普大学法律硕士班第一期开学。它是经司法部和国务院学位办批准的第一个,也是当时唯一一个在我国境内授予外国法律学位的项目。该项目旨在为法律工作者提供进一步深造的机会,培养懂得外国法律、熟悉国际法律业务、掌握外语的高层次法律人才。该班共招收学员 36 人,完成规定学业者将被授予天普大学法学硕士学位。该项目标志着我校对外办学迈出了新步伐。

3. 留学生与港澳台学生的管理

1994 年国家教育委员会批准中国政法大学招收外国留学生。1994 年学校招收第一批留学生及我国港澳台地区学生 12 人。1995 年招收留学生及港澳台学生共 38 人,其中,本科生 7 人,硕士以上学位及高级进修生 12 人,进修生 19 人。1996 年学校招收留学生和我国港澳台地区学生共 31 人,其中,本科生 12 名,硕士以上学位生及高级进修生 19 人。

为了加强对外国留学生、我国港澳台地区学生的管理,1995 年年初学校成立了留学生管理处及港澳台学生管理处。1999 年 10 月 14 日为充分发挥学校的办学优势,进一步加强对外交流与合作,积极开拓国际教育市场,更好地开展对外培训,强化对留学生及我国港澳台地区学生的管理,经校党委常委会研究决定,学校在原留学生管理处、港澳台学生管理处和中国高级法律人才培训中心(北京)办公室的基础上成立中国政法大学国际教育学院,统一负责全校留学生、我国港澳台地区学生及我校涉外合作办学的管理工作。同时,任命陈桂明教授任国际教育学院首任院长。

（二）交流合作格局成熟——多种形式的法学教育交流活动（2000～2008年）

在高等教育国际化发展的大背景下、在学校开放性办学理念的指引下，国际合作与交流处作为学校对外交流的窗口，紧紧围绕把我校建设成为多科性、研究型、开放性、特色鲜明的世界知名法科强校的目标，立足特色、把握机遇，大力推进以对外传播中华法律文化为主的国际学术交流，积极开拓国际合作与交流工作的新局面。

21世纪初，我校形成了涵盖世界五大洲、两大法系的国际合作与交流网络，基本形成了全方位、多渠道、多形式开展交流工作的局面，从单一的法学交流提升为多学科的交流，从与一般院校的交流提升为与名校的交流，从普通教授、学者的来访接待提升为大使级和世界知名人士的来访接待。

2001年以后，学校国际合作与交流工作以院、所为基础，以教师学生为主体，以项目为纽带，由国际合作与交流处统一归口管理，积极开拓，取得了丰硕的国际交流成果。到2007年，学校已经与世界22个国家和地区的78所大学建立了交流与合作关系，建立和发展了有利于我校学科建设的、涵盖世界不同法系和不同法律文化背景的国际合作与交流网络。通过一系列高层次国际交流项目的实施，我校培养国际型法律人才的格局、规模已初步形成。

1. 学生对外交流日趋活跃

学校通过多种渠道、利用多种资源，积极开拓多层次、多形式的国际交流与合作项目，不断推进和完善学校实施以“四跨”为特征的育人模式，每年为广大学生提供包括攻读学位、短期交流等在内的10余个国际交流项目，为学生提供了良好的国际交流平台。

自2002年以来，我校通过各种交流与合作项目派出学生400余人次。供我校学生赴国外(或地区)交流和学习的项目主要有英国牛津大学暑期项目、英国牛津大学学位项目、加拿大蒙特利尔大学暑期交流项目、澳大利亚维多利亚大学短期学生交换项目(互认学分)、日本福冈大学短期学生交换项目、韩国灵山大学短期学生交换项目(互认学分)、香港大学短期学生交换项目(互认学分)、香港城市大学学生交流项目等。所有这些项目为我校学生提供了很好的学习机会和发展空间,有利于进一步提高学生的国际国内优势竞争力。

这些项目每年都得到广大学生的积极参与和高度评价,这些项目的成功实施也成为我校学生人才培养中不可忽视的重要组成部分。

2. 教师派出计划日益增加

自 2002 年以来,学校公派教师出境学习、进修达 100 余人次,每年约有 300 多人次的教职人员出国参加国际会议、考察访问、讲学、培训等交流活动,出访地区和国家涉及我国港澳台地区及世界五大洲,访问的国外高校包括哈佛大学、牛津大学、悉尼大学、日本早稻田大学等国际名校,加强了我校与国外各大名校之间的交流与联系。

为加强师资队伍建设,学校设立专项资金,逐步实施教师海外提升计划,从政策到资金全方位地鼓励并支持青年教师到世界各知名大学进修和学习。教师公派出国境的项目众多,国家公派项目、单位公派项目和自费公派途径的不断开拓,为切实提高我校科研师资水平提供良好途径和机会,为我校更多教职人员走出国门、开阔眼界,吸收国际领先研究成果和教学经验创造了条件。

3. 国际会议

2004 年至 2006 年的 3 年间,我校自主举办或与国外知名院校和机构合作举办高层次、高标准的国际学术会议 40 近场,主要包括中美法学教育研讨会、中美法学院院(校)长会议、法治与法学教育国际论坛、国际法律语言大会、WTO（World Trade Organization，世界贸易组织）与可持续发展研讨会、罗马法与中国民法法典化国际研讨会、法律文化论坛等。

这些国际会议的成功举办，为国内外学者和教授的学术交流提供了良好平台，为我国的法制建设相关立法工作提供直接的、富有价值的参考与借鉴，对国内法学教育及法学研究的深入开展起到一定的推动作用，极大地促进了我国法学领域的发展与交流。

4. 外国专家聘请

自2001年以来，我校共聘请长短期外国专家170余人次，这些外国专家不仅包括来自美国、英国等英语国家具有相当职称且具有多年教学经验的语言专家，还包括来自德国、俄罗斯、加拿大、日本的项目专家；外国专家讲授的课程不仅有语言，还涵盖民商法、经济法、宪法、行政法、法理、刑事司法、国际法的主要领域，同时兼顾政治与公共管理学院和人文学院的学科需要。这些专家在授课研究之余，为本校教师和学生举办了各种形式的讲座和研讨会，提高了我校的教学科研水平，开阔了我校学生的眼界，为我校的教职人员和学生带来了国际先进的科研成果和前沿理论。中国政法大学还利用自身优势和优秀学者队伍，为全国外国专家的聘用制作了标准示范合同，为外国专业人来华和我国港澳台地区专业人员来大陆工作制定了管理条例，为全国外国或地区专家和专业人员的管理提供法律咨询和服务。

除了聘请外籍专家承担本科生固定教学任务外，我校积极引进国外或地区智力，邀请国外专家来校讲学，共邀请到来自美国、德国、澳大利亚、新西兰、意大利、瑞典、冰岛、挪威、韩国等10多个国家以及我国港澳台地区的专家60余人次，包括美国联邦最高法院原大法官欧康纳女士、法国最著名的比较法专家比埃尔·莱亨教授等。

5. 工作机制创新

学校成立中国政法大学留学服务中心，积极为广大本科生提供留学服务。在学校55周年校庆之际，中国政法大学留学服务中心在昌平校区正式挂牌成立。作为依托中国政法大学国际合作与交流处建立的非营利性的行政机关实体，中国政法大学留学服务中心成立的宗旨是，通过完善外事服务窗口，更好地为学生提供留学咨询与服务，更好地完成自费和奖学金攻读学位留学项目的派出工作。该中心的成立，充分体现了学校对学生尤其是广大本科生出国留学工作的高度重视，充分体现了学校外事部门以学生为本，一切以满足学生的成长成才利益需要为宗旨的外事服务精神，是外事服务机制的一次创新。

学校成立中国政法大学国际交流委员会，加强外事监督与指导。为推动我校外事工作的快速发展，提高外事工作及其决策的科学性，加强相关工作的监督和指导，我校于2006年4月成立了中国政法大学国际交流委员会，时任副校长朱勇担任第一届委员会主任，委员会委员均为学校有丰富外事交流经验和较深资历的学者、教授。该委员会陆续下设多个国别委员会，就与相关国家高等院校的交流与合作提供指导性意见、建设性方案和相关咨询，并具有研究、审议学校外事工作的发展规划等职责。该委员会的成立对学校外事工作的发展起到了积极的推动作用。

学校主导成立中美法律教育联合委员会，深入推进中美法学教育合作与交流。为加强中美两国之间的法律教育交流活动，使两国法学院建立起稳定的合作关系，2006年12月中国政法大学承办的中美法学教育研讨会在人民大会堂召开，会上宣布成立中美法律教育联合委员会（China-United States Joint Commission on Legal Education）。该委员会由中国教育部法学学科教学指导委员会、美国法学院协会(the Association of American Law Schools)发起,旨在使中美法学院之间建立全面的相互联系,使中美法律教育者能够以此为平台,进行观点与经验的交流,提倡、计划与协调中美两国之间的法律教育交流活动等。通过这一新的高层交流机制的建立,我校充分展示了在中美法律教育交流领域的代表性地位,为今后进一步开展相关合作与交流奠定了良好的基础。

(三)国际化战略实施——法学教育国际交流的跨越式发展(2008~2018年)

1. 国际化战略的起点

中欧法学院落户法大。2008年9月17日教育部正式批准设立中国政法大学中欧法学院。学院名称的英文译文为"China—EU School of Law in China University of Political Science and Law"。中欧法学院是第一所获得中华人民共和国教育部批准的"中外合作办学"的法学院。在中欧法学院成立之前,时任国务院总理温家宝就对之寄予厚望,期待"中欧法学院能培养出大批学贯中西的法律人才"。2008年10月23日中欧法学院成立庆典在中国政法大学昌平校区举行,时任国务院副总理李克强和时任欧盟委员会主席巴罗佐莅临庆典并致辞。在该典礼上,李克强与巴罗佐共同为中欧法学院揭牌,至此,中国政法大学中欧法学院正式成立。中欧法学院是我国改革开放30年来在法学教育领域最大的中外合作办学项目,是我国与欧洲著名大学法学院合作培养高端国际法学人才的学术机构,它的成立开启了中欧法学教育的新纪元,具有广阔的发展前景。

国际化战略的提出。2009年5月22日我校2009年外事工作会议在昌平校区举行。本次会议以"开拓创新,科学规范,探索高校国际化战略"为主题,旨在具体落实学习实践科学发展观活动中学校党委提出的全面推进学校事业发展的要求,开拓创新,推进学校的国际化水平，并根据外事工作的要求和我校外事工作的特点，强化外事工作的规范化管理和归口管理。校长黄进在会上作了题为《实施“国际化战略”，把法大建成世界知名法科强校》的总结讲话。黄进从工作理念、工作机制、工作方针、工作思路和重点等4个方面全面阐释了如何理解国际化以及如何在我校实施“国际化战略”等重要问题。黄进指出，国际化有两大战略目标：一是培养师生的国际意识、国际视野、国际交往能力、国际竞争力；二是提升学校的国际影响力和国际竞争力。为了实施国际化战略，实现战略目标，黄进提出“大外事”“外事项目管理”及“外事归口管理”三位一体的工作机制，提出“加强策划、拓宽渠道、扩大规模、提高层次、突出重点、增强效益”的工作方针，并提出以下几点工作思路与重点：一是把学生的国际合作培养作为重中之重；二是继续扩大留学生的招生规模；三是增聘高层次外国专家；四是推进科研的国际合作；五是全面参与国家汉语国际推广工作；六是改善条件，强化管理，做好服务。本次会议的成功召开，统一了思想认识，确立了我校的“国际化发展战略”，为此后至今学校的外事工作明确了思路、指明了方向、奠定了必要的理论基础，为学校各项事业的全面发展注入新的活力。

2. 国际化战略的大力实施与跨越式发展

2008年至2018年，学校在上级有关部门的大力支持下，主动服务国家大局，大力实施国际化战略，努力搭建优质平台，精选优质合作伙伴，创新国际化人才培养机制，不断提高国际化办学水平和人才培养质量，提升学校国际影响力。

拓展国际合作平台，合作伙伴层次实质性提升。学校通过接待和派出高级别代表团互访交流、充分利用各种资源等方式，密切与世界一流大学和学术机构的实质性合作，并促使一批批新的合作项目顺利洽谈。学校还积极参与中欧人文交流机制、中德人文交流机制、中英人文交流机制、中美人文交流机制、中国—中东欧高校联合会、中加 CLIC 联盟、全球法学院联盟、欧盟伊拉斯谟 + 项目等政府间、国家层面的中外人文交流活动，提升学校国际影响力，为集聚优质教育资源奠定良好基础。学校国际合作渠道不断得以拓展，合作伙伴层次也不断得以实质性提升。自 2008 年以来，学校在更高层面、更大范围打造合作交流平台，推进国际协同创新，探索国际深度合作：既保证了一些传统项目的延续，又开拓了一批新的合作领域。2011 年我校成功申请加入欧亚太平洋大学联盟，为进一步加强我校与国际教育界的联系、提升我校国际影响力开拓了新的路径；2013 年学校成功加入全球法学院联盟，成为该联盟第 26 所成员校。依托该联盟，学校将有机会与成员单位间开展各层次多种类的交流项目，实现教学及科研的多边密切合作；2014 年学校成为“中国—中东欧国家高校联盟”国内首批 14 所院校之一，并应邀参加由教育部主办、中国教育国际交流协会和天津市教委承办的“第二届中国—中东欧国家教育政策对话”。2017 年学校入选北京市“一带一路”国家人才培养基地项目。目前，学校与“一带一路”65 个国家中 17 个国家的 33 所高校及国际组织开展孔子学院、中外合作办学、学生联合培养、教师交换、学术论坛、短期项目等多种形式合作；同年年底，学校成立了“中德高校合作中心”即德国大学中国项目办公室。目前，学校已与德方 2 个大学联盟（包括 33 所大学）、3 所大学达成一致，中心办公室合作伙伴将覆盖 36 所德国高校，助力中德高级别人文交流对话机制。2017 年学校选派代表团两次访问美国圣路易斯华盛顿大学，专门就与该校开展中外合作办学项目事宜进行深入洽谈，并已正式签署《法学中外合作办学项目合作意向书》。此外，我校也在持续推进与美国佐治亚大学、印第安纳大学布鲁明顿合作开展法学中外合作办学项目。我校已经汉办总部批准从 2018 年开始参与承办“美国法学博士来华交流项目”，为正式签约成为“孔子新汉学计划”项目试点合作院校奠定良好的基础。同时，学校组织校团出访，大力支持海外孔院各项工作与活动；学校成功举办孔院来华暑期汉语文化体验营，并顺利召开各孔院理事会，举办系列交流活动，为孔子学院今后进一步拓展各方面工作奠定了良好的基础，也将进一步推动中外双方的全方位深度合作。截至 2018 年 8 月 31 日，学校已经与 50 个国家和地区的 247 所大学及机构建立合作交流关系，其中，高校 171 所，机构和学术联盟 12 个；根据 QS2018 世界大学排名，世界百强高校共 35 所（20.46%）、世界 101 ~200 强 36 所（21.05%）、世界 201 ~500 强 34 所（19.88%）。

充分利用各种资源，学生国际交流频繁。学校积极争取上级主管部门资源——2009 年 4 月 10 日教育部国际司正式批准恢复我校参加 2010 ~2011 年“中美富布赖特项目”赴美研究学者和博士生子项目遴选资格。此外，经教育部批准，国家留学基金管理委员会决定从 2010 年起，将我校纳入国家建设高水平大学公派研究生项目实施院校。黄进校长代表中国政法大学与国家留学基金委员会签署《合作开展“国家建设高水平大学公派研究生项目”协议书》。借助这一项目，我校努力做好高层次人才的国际化培养工作，与 24 个国家的 39 所大学搭建了 41 个海外攻读博士、高水平联合培养项目。我校世界银行国际金融公司实习项目、美国密歇根州法院实习项目、前南斯拉夫国际刑事法庭实习项目也获得国家留学基金委优秀本科生项目资助。学校积极利用海外资源——2009 年成功申获欧盟“伊拉斯谟”项目；近年来，学校与欧洲高校合作伙伴联合申请欧盟“伊拉斯谟 +”项目，资助力度大幅度增长。2017 年学校与意大利博洛尼亚大学等 7 所知名高校合作项目获欧盟资助，分别派出或即将派出 13 名学生、15 名教师到海外长期交流和短期讲学，所有派出人员均获得欧方全额资助。2017 年以学校“双一流”经费资助方案为依据，资助 15 个国际合作项目；资助 41 名本硕博学生前往 8 个国家和地区的 9 所高水平大学进行攻读学位、长期交换、短期游学、参加会议、人文交流等活动；资助 23 名教师赴境外海外开展出席会议、开拓平台、执行项目等活动。这使更多的师生能够“走出去”进行专业学习交流，拓宽理论视野，切实提高学校在国际上的竞争力和话语权。学校还注重巩固并加强与世界银行、国际城市管理协会、德国联邦议会、前南斯拉夫国际刑事法庭等国际组织的合作，2017 年首次向亚非法律协商组织、香港律政司等单位派出实习学生。目前，学校国际交流合作项目数大幅增加，各类赴国境外长短期师生数稳步提升。学校各类赴境外长短期学生交流项目已增至 287 个，项目涉及 43 个国家（地区）的 183 所高校和机构，其中，高校 171 个，机构和学术联盟 12 个；根据 QS2018 年世界大学排名，在这 171 所高校中，世界 500 强共计 105 所，占现有学生合作项目院校的 61.40%。学校 2017 年派出学生近 1000 人。

3. 大力推进外专工作，引智项目取得新进展

学校自 2008 年以来，一方面，积极争取国家外专局等上级主管部门的大力支持，扩展外国专家聘请的渠道，提高外国专家的聘请层次，增加外国专家的聘请人数；另一方面，根据外交部、教育部和北京市政府的管理规定，进一步规范并加强了对外国专家的相关管理工作。

近年来，学校获国家外国专家局拨付引智经费每年增加，分别为 2013 年 558 万元人民币、2014 年 621 万元人民币、2015 年 666 万元人民币、2016 年 693 万元人民币，2017 年 720 万元人民币。

2011 年学校积极推动完善外籍教师管理机制，首次在全校范围内开展外籍教师评优表彰活动，并在教师节为两名外籍教师颁奖。

其中，中欧法学院原欧方院长荣获“中国政法大学校长特别奖”，林嘉旭教授荣获学校“2011 年度优秀教师”。

2012 年学校聘请到国家“千人计划”项目专家 1 人，执行海外名师项目 4 个，学校特色项目 2 个，为学校的国际化办学起到了很好的推进作用。之后，学校聘请长短期外国专家人数逐年上升，从 2014 年聘请长短期外国专家 90 余人（其中，长期外国专家 15 人）到 2017 年聘请长短期外国专家 180 人（其中，长期外国专家 19 人），聘请的外国专家人数翻番，他们为学校的学科建设、科研发展做出了重要贡献。

2016 年教育部和国家外专局公布了“2017 新建高等学校学科创新引智计划”（“111 计划”）评审结果，共有 50 所高校的学科创新引智基地获得立项，我校“证据科学创新引智基地”作为 2014 年度建设项目予以立项，并连续 2 年顺利通过国家评审，是历年来首个获批的法学类引智基地。

2018 年年初，我校“法治与全球治理学科创新引智基地”入选“高等学校学科创新引智计划”新建基地立项名单，是我校继“证据科学创新引智基地”后，获批立项及经费支持的第二个学科创新引智基地。

4. 推动中华文化海外传播，孔子学院工作获历史性突破

2012 年，学校在孔子学院筹建工作方面取得重大实质性进展。同年 4 月 17 日，我校孔子学院英国合作伙伴班戈大学与国家汉办/孔子学院总部举行签约仪式，时任中共中央政治局常委李长春等出席了签约活动。同年 9 月 11 日，孔子学院正式在英国班戈大学揭牌。这是我校在国家汉办支持下在海外建立的第一所孔子学院，也是世界上第一所凸显法律文化特色的孔子学院。

2013 年 11 月 22 日，学校共建第二所孔子学院——与布加勒斯

特大学共同创办的孔子学院在罗马尼亚首都布加勒斯特举行揭牌仪式，时任罗马尼亚总理蓬塔和时任中国驻罗大使霍玉珍为布加勒斯特孔子学院揭牌，校长黄进率团赴罗出席接牌仪式及系列庆典。

2015 年 4 月，学校共建第三所孔子学院——巴巴多斯西印度大学凯夫希尔分校孔子学院揭牌成立。为健全管理机构，学校成立孔子学院办公室，挂靠国际合作与交流处。

2017 年 5 月，党委书记胡明率团访问巴巴多斯凯夫希尔分校孔子学院，参加孔子学院理事会、孔子学院大楼落成典礼，以及由我校孔院承办的"第一届加勒比地区孔子学院联席会议"，并促成两校共建研究中心、合作出版、举办模拟法庭友谊赛等多项合作。同年，学校孔子学院中 2 所同时荣获"2017 全球先进孔子学院"称号。这是国家对我校共建孔子学院的高度肯定和授予的最高荣誉。

2018 年学校在国家汉办的大力支持下，又顺利成为挪威卑尔根大学孔子学院中方合作院校，即将正式签署执行协议，将共建一所法律特色孔子学院。

学校以海外孔院为平台，师生互访、合作研究、共同举办模拟法庭等多项合作深入开展，如 2018 年邀请罗马尼亚布加勒斯特大学校长暨布大孔院理事长来校为暑期国际小学期讲学，从 2017 年开始学校与巴巴多斯西印度大学每年轮流主办中国—加勒比模拟法庭友谊赛，两校还即将共建"中国—加勒比一带一路研究中心"，拟于 2019 年 1 月在巴巴多斯合作举办首次一带一路国际研讨会。

5. 与我国港澳台地区交流活跃，法律交流合作开启新篇章

学校连年派出校团赴我国港澳台地区访问交流，取得了良好的交流成效，尤其是 2012 年学校在我国香港特别行政区成功筹办迎春招待酒会，一大批香港法、商学界知名人士及校友应邀参加招待酒会，极大地提升了学校在我国港澳特别行政区的知名度和影响力，为

法大进一步拓展与港澳特别行政区的合作交流奠定了良好的基础。

2013年1月20日至2月3日，我校首批11名学生（含本科生、硕士研究生及博士生）赴香港特别行政区法院进行了为期2周的实习，该实习项目开启了内地法律生赴港实习之先河。该项目的实施也进一步提高了我校在香港特别行政区的影响力。同年10月29日，我国香港特别行政区终审法院陈兆恺大法官特聘教授聘任仪式暨中国政法大学香港法研究中心成立仪式在我校学院路校区举行，陈兆恺大法官作为我校特聘教授，加入法大学术队伍，将于2014年秋季开始为我校学生上课，成为学校的宝贵学术资源。

2014年至2017年4年间，我校通过各种项目赴我国港澳台地区学习交流的师生共659人次，接待来访700多人次，其中，2017年接待来访504人次。学校连续多年承办教育部对港重点交流项目——香港法律学生暑期内地实习班等多个港澳台学生赴内地交流项目。同时，学校也积极为法大学生赴港澳台学习交流创造途径，目前已与我国台湾地区"清华大学"、东海大学、东吴大学、高雄大学、中正大学以及香港大学、香港中文大学等院校开展了27个学生交流项目，内容涉及长期交换、自费研修、暑期项目等，已派出赴台交流及赴港澳参加长短期项目的学生人数逐年增加。

学校积极为法大学生赴港澳台学习交流创造途径，借助教育部"万人计划"等上级主管部门的资源，通过"内地与港澳法学教育联盟""香港法研究中心"等高端平台，以人才培养为基础、团组互访为推力、师生交流为抓手、项目合作为依托的方式，积极构建与香港法学教育的长效合作机制。

2017年我校与香港中文大学、澳门大学共同发起成立了内地与港澳法学教育联盟，通过了《内地与港澳法学教育联盟章程》，产生了首批16所理事高校，开启三地法治人才培养新篇章。同时，香港终审法院非常任大法官、法大特聘教授陈兆恺获得“感动法大人物特别奖”，学校与其完成续聘工作。陈兆恺是香港终审法院 18 名非常任法官中唯一一名华人，也是香港双语审判改革第一人。通过聘任陈兆恺，不仅推动了两地的学术交流、法治建设，而且搭建起对香港法律界高层交往的一座重要桥梁。

6. 外事政策宣传和服务管理工作再上新台阶

学校高度重视外事宣传，注重与学校官网、官微、校报、校电视台等多种媒体平台合作，积极投稿，并主动联合策划进行外事新闻宣传。为了提升学校国际化水平，学校于 2011 年年底专门在国际合作与交流处成立英文网站建设办公室，开始筹建学校英文网站。2012 年 5 月学校 60 周年校庆前网站正式上线。之后，学校又开设国际处微信平台建设，及时更新中英文外事活动信息、交流项目等公告通知。

学校在每个新学年开学之际，均会举办全校性“学生赴国/境外交流项目宣讲会”；自 2014 年起，学校连年举办“法大海外硕士奖学金项目专场宣讲会”，为学生进行项目宣讲并现场咨询答疑。2017 年学校搭建“留学沙龙”平台，举办第一期法大留学沙龙——海外学位项目专场辅导会；邀请海外合作伙伴来校举办各种类型的项目见面会；面向全校学生开展留学咨询、辅导及培训工作，并邀请教育部留学服务中心领导及专业安保教练对各类项目拟派遣赴外交流人员开展行前培训。

2017 年我校首次在校园网开通国际会议网上审批流程，使学校各部门在申请举办国际暨港澳台会议时无须在昌平学院路两地签字盖章，提供了高效及时便利的管理与服务，也保证了各国际及港澳台会议顺利召开，为我校国际学术交流搭建了合作保障平台。

学校进一步规范管理、优化服务，做好学校因公出访工作。每年师生出访批数与人数均都持续增加，主要是学校教师出国（境）参加学术活动人次增加，交流的层次和水平也有所提高。以2017年为例，全校185个团组的434人次办理了因公出国、赴我国港澳台地区出访手续。学校加强政策宣传，强调出访任务必要性和出访成果的切实转化；规范工作程序，加强因公证照管理；不断强化服务意识，提高服务水平。学校所有团组均按期归国，完成了预定出访任务。

“四型人才”导向的“四跨”卓越法治人才培养模式

一、创新“四跨”培养模式，培育“四型”卓越人才

作为一所以世界知名法科强校为发展定位的特色性大学，学校恪守“为人民服务，为中国共产党治国理政服务，为巩固和发展中国特色社会主义制度服务，为改革开放和社会主义现代化建设服务”的办学方向，致力于将内涵建设、特色发展、综合改革、协同创新贯穿于办学观念、办学模式、办学机制，渗透于改革谋略、改革部署、改革流程，呈现于发展规划、发展过程、发展成果。学校坚持结果导向的人才培养理念，将人才培养的质量保障理念通过创新人才培养模式贯穿到人才培养的全过程，探索并形成了具有中国政法大学人才培养特色的“四跨”人才培养模式；从早期的“跨专业、跨学位、跨学校、跨国家”模式，逐步发展到日益成熟的“跨学科专业、跨理论实践、跨学院学校、跨国家地区”的“四跨”人才培养模式，致力于培养复合型、应用型、创新型、国际型的高级专门人才。

二、深度“四跨”，整合人才培养资源

高校本科人才培养工作是多种教学要素相互作用的过程。打破各种体制机制障碍，实现全部教学要素围绕本科人才培养中心工作进行重组与整合，最大限度地服务于学校人才培养的总目标，是学校人才培养质量持续提升的重要途径。所谓“四跨”培养模式，是指

"跨学科专业、跨理论实践、跨学院学校、跨国家地区"。"四跨"培养模式的核心主线与特色,即"围绕本科人才培养核心任务的资源整合与要素重组,给予学生更多的自由选择权,服务学生的个性发展"。学校以"四跨"模式为统合,打破学科/专业樊篱、弥合理论实践间隙、汇聚校内校外资源、实现国内国外协同,更直接的服务于学校"复合型、应用型、创新型、国际型"的"四型"人才培养目标:

1."跨学科专业"以交叉复合为导向,通过双专业双学位制、主辅修制、跨学科教研室制度、通识教育体系予以实现;

2."跨理论实践"以实践创新为导向,坚持理论与实践相结合,基于问题开展教学,通过同步实践教学、创新创业教育、学科竞赛、诊所式教学等予以实现;

3."跨学院学校"以协作共建为导向,通过跨学院选课修课、国内名校交流、跨校课程、北京市"双培"计划和北京市高校法学专业群建设等予以实现;

4."跨国家地区"以提升国际竞争力为导向,通过国际名校交流合作培养、国际课程、海外实习实践和国际学术会议予以实现。

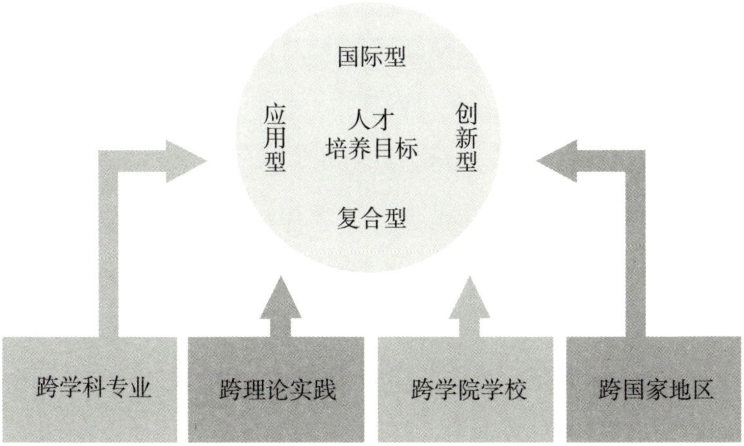

"四跨"人才培养模式服务人才培养目标

(一)跨学科专业:主辅融通,交叉复合

复合型人才的培养,是当今世界大学人才培养的重要趋势,也是我校人才培养重要目标之一。学校立足法科一流强校的教学资源,通过跨学科专业的人才培养模式,打造复合型高级专门人才。在模式与制度设定方面,跨学科专业人才培养模式主要包括双专业双学位模式、主辅修模式、第二学士学位模式、跨学科教研室制度、通识教育体系等。

1. 专业复合,独创"双专业双学位"制度

我校通过跨学科专业制度,为学生的专业选择提供充分的自主空间,尤其是弥补了部分学生因第一志愿未能进入法学专业而不能获取法学专业学历学位的遗憾。复合型人才培养的基础是课程与专业资源共享,只有课程与专业资源实现了共享,学生才有机会选择其他学科/专业的课程。学校通过双专业双学位制、主辅修制,实现课程与专业资源的共享,增加学生的自由选择权,激发学生主动学习的热情。学校于 2003 年 8 月制定了《中国政法大学双专业双学位人才培养模式实施办法》,经过 2007 年 4 月和 2014 年 11 月 2 次修订,目前已经初步成熟,形成双专业双学位培养模式的基本制度依据。根据该制度规定,我校除外语特色专业外,其他各专业均可供学生修读双专业双学位。双专业双学位人才培养模式的基准学制为 5 年,修业年限为 4 ~ 7 年。双专业双学位培养模式的质量标准是使第二专业、第二学位达到与第一专业、第一学位相同的培养规格。学生可以自主选择是否修读第二专业以及选择何种专业作为第二专业,但每名学生只能修读一个第二专业。修读双专业双学位的学生,完成两个专业培养方案额定学分的,可以申请毕业,由学校颁发记载两个专业学习经历的一张毕业证书;符合学士学位授予条件的,授予相应的学士学位。

2. 主辅结合，丰富学生知识体系

辅修制度是学校实现复合型人才培养目标的另一项制度保障。为了充分发挥学生学习的主体性，提高学生学习的积极性，拓展学生的视野和知识面，实现课程与专业资源的共享，2009 年 5 月学校制定了《中国政法大学本科生辅修专业管理办法》。根据该办法，辅修专业是指学生修读主修专业的同时修读其他专业。通过开放式的主辅修制度，学校在 4 年基准学制基础上允许本科生同时修读除英语和德语专业之外的第二专业。辅修专业的培养方案中课堂教学学分应当不低于本专业本科培养方案规定专业课学分的 60%，不超过本专业本科培养方案规定专业课学分的 80%，其中，专业必修课学分一般应当占课堂教学学分的 70%。学生辅修专业符合学校规定条件者，可以申请获得辅修专业相应的学士学位。

3. 转专业制度，尊重学生自主权

学校制定转专业制度，以满足学生专业学习选择权。为了尊重学生个性发展，激发和调动学生学习的主动性与创造性，学校于 2013 年 4 月制定了《中国政法大学本科生转专业实施办法》。根据该办法，学校充分尊重学生的专业兴趣，并在同等条件下择优选拔，允许本年级本专业人数 10% 的学生转入除法学和德语专业以外的其他专业。同时，为了严肃专业培养规划，每个学生只能申请转入一个专业。批准转专业的学生适用入学当年转入专业的本科培养方案。2013 级转专业的人数为 16 人，2014 级转专业的人数为 22 人，2015 级转专业的人数为 15 人。

（二）跨理论实践：虚实相济，实践创新

学校一贯重视学生实践能力的培养，通过跨理论实践人才培养模式，塑造应用型、创新型人才。实践是创新的基础，创新是高端的实践。学校将指向应用型人才培养目标的同步实践教学体系和指向创新型人才培养的创新创业教育体系结合起来，以达到在实践中创新、在创新中实践的培养目标。在模式与制度设定方面，学校跨理论实践模式的主要内容包括：同步实践教学、创新创业教育、学科竞赛、诊所式教学等。

1. 实践教学模式：递进、同步、直通

学校通过不断努力，搭建了协同创新、多元合作、特色鲜明、优势互补的"同步实践教学"模式。第一，建设了"理论教学—模拟教学—仿真教学—全真教学"的递进式课堂实践教学平台。课堂实践平台包括优势互补的5大课程模块和集成练训一体化法学实验教学中心。5大课程板块包括实务技能课程（10门）、双师授课课程（19门）、模拟法庭课程（9门）、角色体验课程（7门）和法律诊所课程（6门）。集成练训一体化法学实验教学中心以证据科学（教育部）重点实验室、侦查学实验中心、6大法律诊所和4大模拟法庭为主体。学校先后投入2000余万元购置先进硬件设备，并保证每年投入200万元教学运行经费，搭建集教学、实验、创新、竞赛为一体的集成练训综合平台。第二，学校创设和全面实施"同步实践教学"模式，让学生学习理论和培养动手能力在校园内同步完成。学校通过开展实况转播庭审、创建案例卷宗副本阅览室、建设实况庭审录像资料库等措施，彻底克服了学校与实务部门的距离障碍，有效整合汇集了全国各地优质的教育资源，充分展示和利用差异化的地方庭审特色和经验，实现实践教学和国情教育的二位一体，开创了我国法学人才培养中真实案例教学的先河。第三，搭建"校内—校外"直通的实践教学平台，通过建设"网络犯罪侦查专业共建中心"，实施"分站式"实习模式，建设国家级的联合培养和实习实训基地等措施，将实践教学水平提高到新的高度。这些措施促进了学校和科研院所、司法机关的协同创新，提高了校内专业教师对学生专业实习的参与度，加强了对专业实习的全过程控制，提升了专业实习的效果与质量，使学生能够模拟法官、检察官去还原、重走每一个案件的实际流程。

2. 双师共建，实践教学成效显著

为保障实践教学的品质，学校建立了“双师型”的师资队伍建设平台。在实践教学师资建设方面，学校采取了专兼并举的措施予以建设。通过与实务部门联合、组织中青年教师到实务部门挂职等措施，学校建立了一支主要包括实践教学任务归属法学实验教学中心的 61 人教师团队。通过“双千计划”和聘任一线专业型领导或中层领导任兼职教师等措施，学校引进了一大批高层次一线专业型实践教师，大大提升了我校实践教学的师资队伍水平。

经过多年的深入建设，学校同步实践教学模式获得了广泛的社会认同。2011 年 10 月我校校外人才培养基地获批“国家级法学实践教学基地”；2012 年 7 月获批教育部“卓越法律人才教育培养基地”；2012 年 7 月获批“‘十二·五’国家级实验教学示范中心”；2015 年 1 月获批“2014 年国家级法学虚拟仿真实验教学中心”。2014 年以“同步实践教学模式”为主导思想和核心内容的教学成果——《创建“即时共享　协同融合　学训一体”同步实践教学模式，培养卓越法律人才》荣获国家级教学成果奖一等奖。

3. 双创引领，糅合两大课堂优势

学校大力发展创新创业教育，建立了满足不同学生需求、特色鲜明的创新创业教育体系，主要包括第一课堂创新创业课程建设以及与社会实践相结合的第二课堂创新创业训练。在创新创业课程建设上，学校首先修订了培养方案，增加了创新创业学分的要求，开设创新创业类课程组修读。创新创业课程和专业必修课、专业选修课、通识必修课、通识选修课、国际课程 6 大课程板块，形成了完备的跨理论实践人才培养的课程体系。为了更好地建设创新创业课程组，学校于 2015 年设立了"创新创业教研室"与"学生职业发展教育教研室",通过加强多学科间的跨域整合,建设了 10 门跨学科领域、特色鲜明的创新创业主干课和选修课。在第二课堂建设方面,学校将大学生创新创业训练计划项目与社会实践活动相结合,开展了北京市级、校级的创新训练项目,鼓励学生进行科研创新与实训练习。过去 3 年,学校年均评审资助 100 个以上的项目,有 3000 余名学生参与。学校每年举办一届创新论坛作为以学术交流为内容的本科生学术创新、学术实践的展示平台,着力培养本科生的"创新意识、创新精神、创新能力"。5 年以来,创新论坛收到的学术论文数量不断攀升,质量逐年提高。论坛 5 年共收到参赛论文 300 余篇,其中,79 篇论文、88 名学生进入复赛和决赛。在制度建设方面,学校在整合教务处、学生处就业创业指导中心等部门资源的基础上,成立创业学院,作为学生创新创业教育综合平台,具体负责学校创新创业教育实施方案的落实。

4. 以赛促学,学赛互彰

学科竞赛是学校落实跨理论实践人才培养模式的重要形式。通过学科竞赛,我校本科人才培养具体贯彻落实实践创新的教育理念,使学生可以学以致用,将课堂所学到的理论知识灵活运用到虚拟的实战场所。对于学科竞赛的开展,学校采取了若干措施予以鼓励。在指导教师的培养鼓励方面,学校明确要求教师必须承担一定的课堂外教学工作,其中,学科竞赛是重要的项目之一。在资金支持方面,学校通过建立国际、国内学科竞赛资助机制,鼓励和支持学生积极参与学科竞赛。目前,我校学生每年参加国际学科竞赛约 20 项、参加国内学科竞赛约 50 项。我校学生斩获国际模拟法庭比赛(贸仲杯)冠军,国际模拟法庭比赛(ICC 审判竞赛)第一名,国际航空法模拟法庭比赛冠军,第十一届、第十二届 CASC 杯曼弗雷德·拉克斯国际空间法模拟法庭竞赛全国冠军等荣誉，大大扩展了学校在国际国内同行中的影响力。在活动组织方面，学校积极开展具有政法类学科特色的校园学生文化活动，3 年来共举办各级各类辩论、模拟法庭等赛事活动 150 余场。学校打造出了以“论衡”辩论文化节、模拟法庭为代表的“思辩”类文化活动，打造出了国际赛、校际赛、院际赛、班级赛等多层次的辩论赛事体系。这些竞赛是学校跨理论实践的培养模式的重要支撑。

5. 诊所教学，培养学生公益精神

诊所式教学是学校跨理论实践培养模式的重要特色。学校通过各种措施保障诊所式教学的顺利开展，积极推进落实学校应用型、创新型的人才培养目标。首先，我校诊所式教学品类齐全。截至目前，学校共开设行政法律诊所、环境法律诊所、劳动法律诊所、知识产权法律诊所、少年越轨法律诊所和刑法与刑事科学法律诊所等 6 个诊所类课程。其次，我校诊所式教学师资力量雄厚。学校拥有全国最大的诊所教学师资团队，教学团队经验丰富、梯队建设科学合理。这种在校园中进行的实践教学，不仅有利于引导学生进行实践探索，也在潜移默化中培养了学生的国情意识与责任意识。最后，学校为诊所式教学建立了完备的硬件保障条件，学校专辟场地建设法律诊所教育中心，为法律诊所课程以及公益教育的有效开展提供了硬件保障。自 2012 年以来，学生在法律诊所学习中，充分接触了司法实践，先后提供法律援助 6000 余件，接听热线电话、回复信件、接待寻求法律援助的社会底层百姓来访、代理简单法律事务 16,000 余人次，受理案件 2800 余件。

（三）跨学院学校：内外合力，协作共建

开放式发展是学校建设的重要目标之一，其主要指向的是国内的内外合力、协作共建。学校通过“跨学院学校”人才培养模式架起了合作院校之间交流的桥梁，实现了高校间优质教学资源的共享。此举不仅使我校学生充分享受到国内知名大学的优质教学资源，丰富了学生的校园文化经历，增强了学生的开放意识和竞争意识，而且也促进了高校间的协同发展。在模式与制度设定方面，跨学院学校人才培养模式主要包括：国内名校交流、跨校课程、北京市“双培计划”、法学专业群建设等。

1. 名校协同，与国内名校交换本科生联合培养

在国内名校交流合作培养方面，学校于2006年4月制定了《中国政法大学本科生国内名校交换交流培养学分认定办法》，具体落实国内名校交流工作。经过10年建设，学校先后与浙江大学、厦门大学、山东大学、武汉大学等国内著名高校建立本科生交换、联合培养机制，创新人才培养模式。截至2016年春季学期，学校已派出交流生1751名，接收来访交流生1857名，互换交流培养学生共计3608名。

2. 科教协同，创设“成思危现代金融菁英班”

在高规格协同创新育人模式方面，学校开创科教协同模式，创设了“成思危现代金融菁英班”。该班是中国政法大学与中国科学院大学联合举办的科教协同育人项目，也是全国唯一由文科院校与中国科学院联合举办的协同育人项目。成思危现代金融菁英班自2011年开始招生，截至目前已招收了6届，共279名学生。

3. 多方协力，丰富课程体系

学校借力各项合作平台，实现教学资源互补，跨校课程建设初显成效：借助学校虚拟第三学期课程平台，引进校外优质课程18门；借助国际小学期，与境内外知名学者共建国际课程130余门；借助成思危现代金融菁英班建设，与中国科学院大学共建课程26门；借助地理优势，与邻近学校中国石油大学共建课程10余门；借助“双培计

划”,与合作市属学校初步形成了虚拟教研室建设规划。

4. 优势互补,落实双培人才培养计划

落实双培计划,创造协同共建培养模式。学校按照北京市教委的统一部署,先后制定了《中国政法大学“双培计划”学生管理办法》等各5项理制度,对“双培计划”的运行予以规范。经过不断建设,我校辐射性交叉培养工作取得巨大成绩。自2015年起,学校分别与首都经济贸易大学、北京第二外国语学院、北方工业大学签订“双培计划协议”,共同实施双培项目。我校“双培计划”学生采用“3+1”培养模式,即学生前3学年在我校学习生活,第四学年回到学籍所在高校。截至目前,共有120名学生进入我校法学专业学习,培养效果良好。其中,北京第二外国语学院学生61人,首都经济贸易大学学生31人,北方工业大学学生28人,培养专业为法学专业知识产权方向。

(四)跨国家地区:出入并举,走向国际

国际化是世界一流大学的重要标志,国际型人才也是我校人才培养工作的重要目标之一。学校根据国情和校情积极推进国际化建设,不断强化我校人才培养工作的国际化,提升跨国家地区人才培养模式的培养水平。在模式与制度设定方面,跨国家地区人才培养模式主要包括:国际名校交流合作培养、国际课程建设、海外实习实践、参加国际学术会议等。

1. 广邀国际名师,开设国际小学期

2013~2016年,国际小学期先后创办了35期校内暑期学校、130余门国际课程、50余次暑期国际游学项目、7个暑期国际实习实践项目,共有5000余名师生参与国际课程的研究和学习。经过几年实践,我校自2016~2017学年开始,正式实施3学期制度,每1学年由秋季学期、春季学期和夏季学期三部分组成。学校通过改进培养方案,增加国际学分,将国际小学期予以制度化,从顶层设计层面推进了我校国际型人才的培养工作。

2. 批量化、常态化国际名校交流合作培养

学校先后制定了《中国政法大学本科生到境外大学交流学习学分认定办法》《中国政法大学本科生国际交流交换培养工作管理办法（试行）》和《中国政法大学本科生国际交流交换培养资助办法》，从制度层面推进我校国际型人才的培养工作。目前，我校正在形成本科生批量化、常态化的长期交流学习项目。过去 3 年，学校完成了 140 余个本科生交流学习项目的选派工作，400 余名本科生作为交流交换生，分赴加拿大蒙特利尔大学、德国法兰克福大学等 66 所合作院校进行为期 1 学期至 1 学年不等的交流学习、专业实习或攻读学位等。与其他高等学校的本科生国际交流相比，我校的优本项目还呈现一个特色鲜明的导向，即交流地区从英美国家扩展到西班牙语等小语种国家，实现了交流国家的多样化，为培养精通小语种的国际化高素质法律人才奠定了坚实的基础。

3. 以“两个转向”拓展合作，强化海外实习实践

本科生国际交流项目学习活动由单纯的访学活动转向课程学习、实习实践相互交叉，派出目标由“境外高校”向“国际组织”拓展，实现了派出目标的多样化。学校每年选派学生到联合国总部、世界贸易组织、联合国教科文组织以及国际刑事法院等国际组织实习。此外，学校还与世界银行下属机构国际金融公司签署了人才培养实习项目合作备忘录，在 2016 年至 2019 年的 3 年期间，每年挑选优秀学生前往位于美国华盛顿特区的世界银行国际金融公司总部的首席经济学家办公室进行实习。学校与美国国际城市管理协会签订协议，依托国际城市管理协会在美国城镇的会员优势，每年遴选 30 名优秀本科生赴美指定城镇实习 3～6 个月。本科生国际交流项目派出目标以及学习活动的转变，紧密结合国家国际化人才培养的战略

目标,致力于培养具有国际视野、国际教育背景、国际组织实习工作经历、跨文化沟通能力突出的国际型专业人才。

4. 资金保障专门化,成立国际交流基金

为保障本科生在自身条件符合要求的情况下,不因费用的问题而丧失国际化交流的机会,我校专门在国际化培养过程中建立了国际化人才培养资助体系。资助体系以社会捐赠为主要来源,以本科生国际交流基金的形式,资助本科生参与国际交流与培养以及参加国际学科竞赛和国际学术会议。学校通过制定《中国政法大学本科生国际交流交换培养资助办法》和《中国政法大学本科参加国际学术会议资助办法》,从制度层面推进我校国际型人才的培养工作。截至2016年12月,本科国际交流基金已达500余万元,累计资助240余人次。

在“四跨”人才培养模式下,每一类培养措施都主要对应一种培养目标和能力,同时兼顾其他目标和能力的培养。“四跨”人才培养模式的有效运行,形成了我校本科人才培养的独特亮点,建构了系统的人才培养流程,有效落实了我校本科人才培养的质量标准,切实贯彻了我校本科人才培养的质量保障理念。下一步,我们将围绕“复合型、应用型、创新型、国际型”的人才培养目标,不断予以完善,进一步创造更具中国政法大学特色的一流人才培养模式。

2017 年 5 月 4 日，中国政法大学民商经济法学院 1502 班团支部学习习近平总书记考察中国政法大学时重要讲话精神

2017 年 5 月 8 日，首都高校青年学习习近平总书记重要讲话精神座谈会

2018 年 4 月 28 日，中国政法大学昌平校区，教育部党组与中国政法大学理论中心组联学活动

2018 年 11 月 25 日，由中国政法大学、光明日报社、北京市习近平新时代中国特色社会主义思想研究中心、钱端升法学研究成果奖基金理事会主办的“法治中国论坛：改革开放四十周年与中国法治建设暨第七届钱端升法学研究成果奖颁奖大会”上，中国政法大学校长黄进致辞

2018 年 11 月 25 日，第七届“钱端升法学研究成果奖”颁奖仪式现场，中国政法大学校长黄进为获奖者颁奖

第四部分

法大大事记(1978～2018年)

1978年

1.7月6日由最高人民法院、最高人民检察院、公安部、教育部联合向国务院提交了《关于恢复北京、西北政法学院的请示报告》。

2.8月5日国务院批准了北京政法学院复办的报告。

3.8月根据上级部门指示,以北京政法学院留守处领导小组为基础,成立了北京政法学院筹备领导小组。领导小组由刘镜西、戴铮、李进宝、郭纶、赵先、沈兰村、曲文阁等人组成。

4.9月6日学校从教育部、北京大学、北京语言学院等处调回陈光中、张杰、吕子明等教职工36人。

5.9月19日学校从外交部、中央党校等中央机关和国务院所属部委调回钱端升、卢一鹏、任群等教职工54人。

6.9月19日学校从北京市教育局、北京师范学院等北京市属机关、学校和部分双管大专院校调回江平、徐敬之、孙丙珠等教职工131人。

1979年

1.1979年6月21日最高人民法院党组根据中共中央组织部的批准,正式任命曹海波为北京政法学院党委书记兼院长。学院的各职能部门也相继恢复,建立了院办公室、人事处、教务处、总务处、科研处、研究生工作部、图书馆等行政办事机构、教学科研管理机构和教学辅助机构。

2. 1979 年 8 月学院参加当年的全国统一招生。当年共招收本科生 403 人、研究生 35 人。

3. 1979 年 10 月 24 日学院在冶金建筑研究院礼堂举行第一次开学典礼，全院师生员工 800 人参加了典礼。时任最高人民法院院长江华，时任副院长王维刚、何兰阶，时任司法部副部长李运昌，时任最高人民检察院检察长王甫、时任副检察长陈养山及民政部有关领导出席了典礼。彭真向学院全体师生致函祝贺。

4. 1979 ~ 1981 年，学院认真进行了拨乱反正、正本清源的工作。学校本着实事求是、有错必纠的原则，及时、积极、主动地落实党的各项政策，在 1979 年年底前基本上平反了“文化大革命”、反右派、反右倾中的冤假错案。

1980 年

1. 1 月学院改由司法部领导。

2. 6 月 17 日司法部同意出版《北京政法学院学报》，限国内发行。

3. 9 月 80 级新生入学，由于校舍紧张，75 名北京学生实行走读，部分学生住在临时腾出来的教学楼底层图书馆里。

1981 年

1. 学校修改教学计划，将培养目标确定为“培养坚持四项基本原则，掌握比较系统、全面的法律知识，能从事政法实际工作、政法教育和法学研究的德、智、体全面发展的专门人才，争取达到学士学位”。

2. 7 月经上级批准，北京政法学院临时党委成立，任命曹海波为院长兼党委书记，郑文卿任第一副院长兼副书记，戴铮任副书记，任时、姜达生任副院长。

3. 为适应政法干部在职培训的需要，学院设立了函授部，并从

1982 年开始招生。

1982 年

1. 1 月中央政法工作会议召开,在关于加强政法工作的指示中明确指出,“要抓紧筹办中国政法大学,把它办成我国政法教育的中心”。2 月国务院批准了中国政法大学的筹备工作计划。

2. 9 月由时任司法部副部长陈卓带领一个工作组,到北京政法学院调研。中央下发〔1982〕5 号文件,正式定名为“中国政法大学”。中央认为成立中国政法大学的条件基本成熟,同意筹备建立中国政法大学。

3. 10 月经中共中央组织部批准,由刘复之、邹瑜、张百发、陈卓、叶子龙、云光组成中国政法大学筹建领导小组,由刘复之任组长,邹瑜、张百发任副组长,张百发兼基建工程总指挥。

4. 10 月 28 日中国政法大学筹建领导小组组长刘复之主持召开筹建领导小组第一次会议,副组长张百发、成员陈卓、叶子龙、云光等人出席了会议。最高人民法院、最高人民检察院、公安部、民政部、司法部、中共中央组织部、中共北京市委大学部、北京市规划局等单位的相关负责人参加了会议。会议根据中央有关文件的规定,对学校的建设规划进行了讨论,尤其是讨论了中国政法大学的基本建设问题。

5. 12 月 27 日中国政法大学筹建领导小组在人民大会堂举行第二次会议,会议由刘复之主持,小组成员张百发、陈卓、叶子龙、云光,时任司法部副部长朱剑明及教育部、司法部、北京市建委、北京市规划局、大兴县(今大兴区)的相关负责人参加了会议。会议通报了前一阶段中国政法大学的筹建工作,并讨论了建校方案,特别是体制建设的初步设想、基建前期准备工作的进行情况以及筹办研究生班和建立师资队伍的计划。

1983 年

1.2 月中央任命时任司法部部长刘复之兼任中国政法大学校长，时任司法部党组成员陈卓任中国政法大学党委书记，云光任党委副书记、第一副校长，余叔通任副校长、党委委员。

2.4 月国务院批准了司法部《关于同意中国政法大学成立的正式报告》。根据建校方案，中国政法大学的总规模为 7000 人（学生），学校实行一校三院制。

3.5 月 7 日中国政法大学成立大会在公安部礼堂隆重举行，1000 多名师生员工参加了大会。时任中共中央书记处书记、中央政法委书记陈丕显，时任中央书记处书记胡启立等领导，及时任中央政法委员会、中共中央宣传部、最高人民检察院、最高人民法院、公安部、教育部、司法部、民政部、北京市等有关部门负责人蒋南翔、郑天翔、杨易辰、郁文、张承先、凌云、邹瑜、朱剑明、赵鹏飞、张百发、廖叔俊和法学界知名人士张友渔、钱端升、陈守一、雷洁琼、王铁崖等出席了大会。

4.6 月 7 日由《政法院讯》《北京政法学院校刊》发展而来的中国政法大学校刊正式发行。

5.7 月 20 日北京政法学院复办后招收的第一批学生、中国政法大学的第一批本科毕业生举行毕业典礼。时任司法部部长邹瑜，时任副部长朱剑明、郑希文，时任最高人民法院副院长王怀安，时任最高人民检察院副检察长江文等领导同志及公安部、民政部、中央公安学院、中国人民大学等部门和兄弟院校的负责人参加了毕业典礼。

6.8 月司法部批准成立了中国政法大学学位评定委员会。委员会由云光任主席，委员有：余叔通、曾炳钧、程筱鹤、欧阳本先、张杰、江平、杜汝楫、朱奇武、汪瑄、张子培、曹子丹等 13 人。

7.10 月司法部通知成立中国政法大学临时党委，由陈卓任书记，侯良、云光任副书记,郝双禄、欧阳本先任党委委员,并分别成立了本科生院、研究生院和进修学院三院党委。

1984 年

1.1 月经学校党委批准,中国政法大学校务委员会、学术委员会、体育运动委员会、图书馆委员会、学报编辑委员会相继成立并开始工作。

2.4 月 7 日中国政法大学学生会举行社团成立大会,校领导陈卓、云光等到会祝贺。会上宣布成立的社团有法学社、法制系统科学研究会、文学社、书画社、新闻记者团、讲演团、集邮协会、舞蹈队、声乐队、管弦乐队、桥牌协会、武术协会、体操协会、棋艺社等学生团体。

3.4 月学校党委认为,随着校部各职能部门的建立和健全,同时保留校部和本科生院两套职能部门,形成了机构重叠、工作效率不高的弊端,向司法部党组请示撤销本科生院建制,其职能部门与校部相应部门合并。10 月,司法部批准了学校撤销本科生院的请示。

4.6 月中国政法大学开始面向社会招收第一届博士生。当年,学校录取了中国法律制度史博士研究生 3 人,指导老师为中国法制史专家、时任研究生院院长张晋藩教授。

5.7 月原在木樨地的中国政法大学进修学院(中央政法管理干部学院)因未能与中国人民公安学院(今中国人民公安大学)就校舍分割问题达成协议,先期迁至昌平。

6.10 月学校初步决定设立一部三系,一部是基础部,三系分别为法律系、经济法系和政治学系。法律系设刑事法律专业、民事法律专业;经济法系设经济法专业、国际经济法专业;政治学系设政治学专业。

7.11 月 30 日中国政法大学第一次学生代表大会隆重举行。时任全国学联秘书长李克强及学校领导出席了大会开幕式。大会主题为:“团结起来,奋发学习,肩负起振兴中华的历史重任,努力做合格的政法人才”。

8. 12 月由时任司法部部长邹瑜兼任中国政法大学校长。刘复之不再担任中国政法大学校长。

9. 年底,为了进一步开创研究生教学工作的新局面,学校两次召开了研究生培养工作会议。当年学校研究生硕士研究生招生专业增加到 19 个,共招收硕士研究生 52 名、出国预备生 5 人、研究生班学员 35 人。

10. 年底,经文化部和司法部批准,《中国政法大学学报》从 1985 年起改名为《政法论坛》,由季刊改为双月刊,逢双月末出版。全国人大常委会委员长彭真为《政法论坛》题写刊名。

1985 年

1. 年初,进修学院更名为中央政法管理干部学院,由中国政法大学代管。不久,中央政法管理干部学院开始独立办学。

2. 1 月进修学院第一期法律干部专修科(省干班)毕业。本期省干班是在彭真建议下在 1983 年初举办的,学员是来自全国各省(市、区)的政法领导干部。

3. 10 月昌平新校区第一期 5000 平方米工程破土动工。

4. 年底,昌平新校区 15 万平方米的校园总体规划得到了上级主管部门的审查批准,并被列入国家“七五计划”重点工程项目。

1986 年

1. 4 月昌平新校区建设正式开工。

2. 4 月反映学校研究生学术水平的刊物《研究生法学》正式创刊。这是全国第一家由政法专业研究生自己主办的专业刊物。

3. 5 月 13 日在中国政法大学成立 3 周年之际,邓小平欣然提笔,为中国政法大学题写了校名。

4.6月7日在中国政法大学昌平新校工地上隆重举行了中国政法大学新校区奠基典礼。时任中共中央政治局委员、书记处书记、中央政法委员会书记、国务院副总理乔石，时任全国政协副主席雷洁琼，时任中央政法委员会副书记、公安部部长刘复之，时任司法部部长兼中国政法大学校长邹瑜，时任最高人民检察院副检察长冯锦汶，时任最高人民法院副院长林准，时任中国法学会副会长朱剑明，时任北京市委常委、教育工作部长汪家璆，时任北京市副市长封明为等领导及兄弟院校、北京市、昌平县各界代表和学校部分师生共500多人参加了奠基仪式。

5.10月全国哲学社会科学"七五"规划会上，分别以江平、徐杰和应松年为课题负责人的《我国法人制度研究》《中国涉外经济合同的法律问题》《中国行政法制建设的理论与实践》等3个课题被列入"七五"重点研究课题。

1987年

1.4月昌平新校区已基本完成约45,000平方米的主体工程。4月17日校党委召集全校中层以上干部和正副教授召开会议，布置两地办学工作。

2.7月第一期工程完工，昌平校区初步具备了教学配套能力。9月当年录取的800名本科生和700名大专生到昌平校区报到。中国政法大学昌平校区迎来了第一批学生。

3.9月22日学校在昌平新校区举行具有历史意义的新校首次开学典礼。时任全国人大常委会副委员长陈丕显、彭冲，时任中央政法委员会副书记刘复之，时任司法部部长兼中国政法大学校长邹瑜，时任全国人大法制委员会副主任、著名法学家张友渔，时任北京市副市长封明为等有关方面领导出席了开学典礼，并参观了新校校园。

1988 年

1.3 月经国家教委法学专家组评审及有关机构审批，中国政法大学法制史学科中国法制史专业被确定为“高等学校重点学科点”，即国家级重点学科点。当年，中国政法大学法制史学科被国家教委评定为首批全国唯一的法律史学国家级重点学科。

2.4 月时任校长邹瑜、时任党委书记陈卓因工作关系分别辞去原职务。7 月根据司法部党组的决定，中国政法大学领导班子作重大调整，新领导班子共有 8 名成员，分别是时任党委书记杨永林，时任校长江平，时任常务副校长陈光中，时任副校长张晋藩、张廷斌、陶髦，时任党委副书记何长顺、时任党委副书记兼副校长解战原。

3. 为了提高教学质量，培养适应经济发展和法制建设需要的专门人才，11 月 22 日教务处组织召开了本科生教学计划研讨会，时任校党委书记杨永林、时任副校长陈光中、陶髦及各系主管教学改革的领导和教师代表参加了研讨会。学校提出了修订教学计划的原则意见。

1989 年

1.3 月中国政法大学国际经济法系宣告成立。3 月 18 日该系成立大会在昌平校区隆重举行。汪瑄教授、朱奇武教授及江平、张廷斌、陶髦、何长顺、解战原等校领导出席了成立大会。

2.11 月新校已竣工并交付使用的工程面积已达 76,000 多平方米，超过总工程面积的一半。12 月，昌平校区电教实验楼竣工。

3.1989 年中国政法大学的办学重点正式转移到昌平校区。

1990 年

1.1 月 21 日北京政法学院第一任院长、中国共产党优秀党员、著名政治学家、法学家、教育家钱端升教授逝世，终年 90 岁。2 月 15 日钱端升先生遗体告别仪式在八宝山革命公墓礼堂举行。党和国家领导人吴学谦、雷洁琼、王汉斌及任建新、刘复之等参加了遗体告别仪式。

2. 1990 年,学院路校区 2 个年级的本科生毕业后,全部本科生均转移到了昌平校区。

1991 年

1. 1991 年年初,根据昌平校区基建工程基本完成、办学条件日臻完善、4 个年级的 2200 多名本科生均集中在昌平校区等情况,学校决定,在当年暑假后,将学校工作的重点转移到昌平校区。8 月底,学校办学主体和工作重点转移到昌平校区。

2. 11 月经国务院学位委员会批准,中国政法大学民法学专业被定为博士学位授权学科点,江平教授为指导教师。

1992 年

1. 4 月学校党委决定,在原函授部的基础上成立成人教育部。

2. 5 月中国政法大学迎来了她的第 40 个生日。来自四面八方的校友和全校师生一起,以各种方式向母校献上真诚的祝福。彭真、王汉斌、陈丕显、雷洁琼等党和国家领导人及任建新、刘复之、尉健行等领导为中国政法大学题词。5 月 5 日上午,中国政法大学建校 40 周年庆祝大会在昌平校区礼堂隆重举行。这是继 1986 年昌平校区奠基典礼后的又一次重大庆典。

3. 7 月根据司法部党组文件通知,中国政法大学领导班子进行重大调整。原常务副校长陈光中被任命为校长,原副校长陶髦被任命为常务副校长,原法律系主任王启富被任命为党委委员、常委、副校长。

4. 11 月 19 日应时任台湾东吴大学校长章孝慈的邀请,时任校长陈光中率大陆法学代表团 11 人,赴台北参加海峡两岸法学学术研讨会。此次访台是内地法学家首次赴台访问的“破冰之旅”，在我国台湾地区引起强烈关注。

1993 年

1.1 月司法部组织了中央、北京市、昌平县和各兄弟院校的有关人员和专家，对投资 1.2 亿元的国家重点建设项目——中国政法大学昌平校区工程进行预验收并通过。4 月 1 日昌平校区工程正式通过国家验收。昌平校区规划中的基本建设至此全部完成。

2.2 月 24 日至 27 日中国共产党中国政法大学第五次代表大会隆重召开，110 名党代表代表全校 1135 名党员参加大会。时任司法部副部长张秀夫、时任北京市教工委副书记尹栋年在大会开幕式上讲话。会议听取和审议了党委书记杨永林作的工作报告，讨论了时任校长陈光中作的关于学校教育体制改革方案的报告，以无记名投票的方式选举产生了新一届党委会、纪委会。

3.2 月学校关于增设本科英语专业的申请得到司法部的批准。

4.3 月 27 日经校长办公会研究决定，从 5 月 1 日起，政治系更名为政治与管理学系。政治与管理学系设立两个专业三个方向，其中，政治学专业设中国政治方向，行政管理专业设企业行政管理、公关与文秘两个方向。

5.5 月 20 日中国政法大学研究生院成立 10 周年庆祝大会隆重举行。雷洁琼、刘复之等发来贺信。时任全国人大常委会法律委员会副主任顾昂然、时任司法部部长肖扬、时任中国法学会会长邹瑜、时任最高人民法院副院长祝铭山，学校老领导陈卓、云光及校领导参加了大会。

6.8 月 23 日至 25 日，由中国政法大学主办的“1993 年海峡两岸法学学术研讨会”在北京举行，来自海峡两岸的近 200 名知名法学家参加了研讨会，其中台湾代表 60 人。研讨会开幕式在人民大会堂举行，时任全国人大常委会副委员长王汉斌、雷洁琼，时任司法部部长肖扬，时任中国政法大学校长陈光中，台湾法学家代表团团长、时任东吴大学校长章孝慈等出席了开幕式。

7. 10 月陈光中教授受全国人大常委会法律工作委员会委托，支持起草刑事诉讼法修改建议稿。参加起草研究小组的有严端等多位我校教授和老师。该建议稿中的大量条款被吸收采纳，对 1996 年通过的《刑事诉讼法(修正案)》起到了重要作用。

1994 年

1. 3 月 30 日上午，时任司法部政治部副主任在全校处级以上干部大会上宣布了调整决定：任命杨永林为中国政法大学党委书记兼校长。调整后的中国政法大学领导班子由杨永林、解战原、王启富、何长顺、马抗美、陶髦、赵相林、郭恒友、倪才忠、康德琯等 10 人组成。

2. 6 月 30 日谢觉哉铜像揭幕仪式在中国政法大学昌平校区隆重举行。揭幕仪式由时任司法部部长肖扬主持。时任中央政治局委员、书记处书记、中央政法委员会书记、最高人民法院院长任建新，时任全国政协副主席郑天翔为铜像揭幕。这是中国政法大学校园内第一座纪念性的雕像。

3. 1994 年国家教委批准中国政法大学招收外国留学生。当年，学校招收第一批留学生及港澳台学生 12 人。

1995 年

1. 年初，经司法部批准，学校设立了企业管理专业，当年首批招生 40 人。

2. 5 月 18 日时任中共中央政治局委员、国务院副总理李岚清来到我校昌平校区视察工作。

3. 8 月 29 日司法部党组作出决定，由马抗美兼任中国政法大学纪委书记,任命怀效锋为中国政法大学副校长兼研究生院院长、党委常委,任命陆炬为中国政法大学副校长、党委常委。同时,何长顺、陶髦、郭恒友、倪才忠、康德棺等人达到退休年龄,退出领导岗位。

4.10月4日中国国际高级法律人才培训中心成立大会在昌平校区隆重举行。时任中共中央书记处书记、中央政法委书记、最高人民法院院长任建新发来贺信,时任全国人大常委会副委员长雷洁琼到会祝贺。时任司法部部长肖扬、时任副部长刘飏、时任最高人民法院副院长唐德华、国家外国专家局局长马俊如、时任北京市副市长胡昭广,时任我校党委书记兼校长杨永林及解战原、王启富、马抗美、赵相林、怀效锋、陆炬等校领导,以及国内外法学界人士出席大会。

5.12月校党委决定,撤销原中国政法大学成人教育部,成立中国政法大学成人教育学院,作为中国政法大学成人教育管理的职能部门,对外代表中国政法大学举办各类成人教育。

1996年

1.4月3日教务处推出聘任教学巡视员的新方案,我校开始试行教学巡试员制度。

2.4月5日我校第一期思想政治教育专业硕士研究生课程班在昌平校区举行了开课典礼。

3.5月2日校党委通过后勤管理机构改革方案:撤销校总务一处、总务二处、后勤办公室,成立总务处,下设9个职能科室;成立中国政法大学饮食服务中心,下设若干食堂、餐厅及餐饮经营服务部;成立校园国有资产管理办公室,下设4个职能科室。

4.5月17日由法律系96届毕业生发起的"文明离校"活动拉开序幕,时任校党委副书记兼副校长马抗美在动员大会上讲话。

5.12月4日我校《教师聘任制办法》(试行)经校长办公会讨论通过并开始执行。

1997 年

1.1 月 15 日至 16 日，学校召开了中国政法大学首次德育工作会议。时任北京市委教育工委副书记夏强、司法部教育司领导及时任校领导杨永林、解战原、马抗美、赵相林、怀效锋、陆炬等，以及有关部门负责人一起参加会议。

2.1 月 26 日司法部党组作出重要决定：中国政法大学、中央政法管理干部学院、中国高级律师高级公证员培训中心合并，对内称中国政法大学，对外保留中央政法管理干部学院、中国高级律师高级公证员培训中心的牌子。

3.1 月 28 日至 29 日，以“中国政法大学‘九·五’期间至 2010 年研究生教育与发展”为主要议题的研究生工作会议在学院路校区举行。时任司法部部长肖扬、时任司法部教育司副司长霍宪丹到会并发表重要讲话。时任校党委常委杨永林、解战原、王启富、马抗美、赵相林、怀效锋、陆炬等参加会议。

4.12 月 6 日中共中国政法大学委员会党校正式成立。

1998 年

1.3 月 17 日国际法专业博士生导师、时任研究生院副院长周忠海教授指导的首位台湾省籍国际法专业博士研究生张耿铭顺利通过论文答辩。

2.9 月 7 日我国第一个中外联合培训法律硕士项目——中国政法大学/美国天普大学法律硕士班第一期开学。它是经司法部和国务院学位办批准的第一个，也是唯一在我国境内授予外国法律学位的项目。

1999 年

1.5 月 25 日至 27 日，由司法部和国家外国专家局主办、中国政法大学承办的“21 世纪法学教育暨国际法学院校长研讨会”在北京友谊宾馆隆重召开。来自美国、加拿大、澳大利亚、韩国、日本、法国等13 个国家和地区的 36 所法学院校和法律机构的 44 位院校长和法学教育专家，以及国内 16 所高校的 50 余位院校长和法学教育专家，围绕各国法律制度与法学教育比较研究、21 世纪的法学教育等议题进行了广泛的研讨。

2.7 月 8 日由校党委宣传部负责建设的中国政法大学网站 http://www.cupl.edu.cn，正式在中国教育与科研计算网上开通。11 月 9 日我校举行校园网开通仪式。时任校领导解战原、王启富、马抗美、赵相林、陆炬以及各院系、各职能部门负责人出席了仪式。

3.9 月 7 日我国第一个中外联合培训法律硕士项目——中国政法大学/美国天普大学法律硕士班第一期开学。它是经司法部和国务院学位办批准的第一个，也是唯一在我国境内授予外国法律学位的项目。

4.9 月为加强学科研究和学科建设，根据司法部的要求，经学校研究决定向教育部申请建立法律史学、诉讼法学、民商法学 3 个全国人文社会科学基地，同时，成立 3 个相应的研究中心：中国政法大学法律史研究中心、中国政法大学诉讼法学研究中心、中国政法大学民商法学研究中心。

5.10 月 1 日在中华人民共和国成立 50 周年之际，中国政法大学共有 710 名师生代表参加了庆祝活动。其中，560 名师生参加了群众游行，150 名师生参加了国庆联欢晚会。

6.11 月 11 日经校党委常委会研究决定，撤销原政治与管理学系，成立中国政法大学政治与管理学院，下设政治学、行政管理学和工商管理学 3 个专业。11 月 28 日，中国政法大学政治与管理学院成立大会在昌平校区举行。

2000 年

1. 1 月 29 日国务院转发了教育部、国家计委、财政部等部门《关于调整国务院部门(单位)所属学校管理和布局结构的实施意见》。根据文件规定,中国政法大学被列入独立建制划转教育部管理的 22 所普通高校之列,学校国有资产、人员编制、劳动工资及教育事业费、科学事业费、房改经费等均从 2000 年起划转教育部。2 月 26 日,中国政法大学正式与教育部管理接轨。中国政法大学的发展进入了一个新的历史时期。

2. 2 月 25 日我校隆重举行纪念活动,纪念我国杰出的政治学家、法学家、教育家、北京政法学院首任院长钱端升先生 100 周年诞辰。

3. 9 月,经人文社会科学研究咨询委员会评审通过并经教育部批准,中国政法大学诉讼法学研究中心被列为全国人文社会科学重点研究基地。这是我校第一个全国人文社会科学重点研究基地。

2001 年

1. 6 月经上级批准,学校作出决定:中国政法大学管理干部学院更名为中国政法大学社会工程学院。

2. 9 月 24 日中国共产党教育部党组及教育部作出决定,对中国政法大学领导班子进行重大调整:任命石亚军同志为中共中国政法大学委员会委员、常委、书记,任命徐显明为党委委员、常委、中国政法大学校长。9 月 29 日教育部任命中国政法大学新一届领导班子宣布大会在昌平校区隆重举行。

3. 10 月 12 日作为加强学科建设、鼓励科学研究的重大举措之一,学校决定授予江平、陈光中、张晋藩 3 位教授为中国政法大学"终身教授"。

4. 12 月 3 日校党委作出《中共中国政法大学委员会关于实施中国政法大学校部机关机构改革方案和干部人事制度改革方案的决

定》。12 月 4 日我校在学院路校区礼堂隆重举行校部机关机构暨干部人事制度改革动员大会。

5. 由我校发起并承办的全国普通政法院校学生培养工作协作组 2001 年年会,于 12 月 17 日至 19 日在北京召开。

2002 年

1. 2 月 9 日中共中央政治局常委、国务院副总理李岚清专程来到我校学院路校区,亲切看望了我校部分老教授和学科带头人,并与他们座谈。国务院有关部门负责人高强、吕福源、赵实、廖晓淇陪同看望并参加了座谈活动。

2. 3 月 14 日根据《教育部关于印发〈关于做好普通高等学校本科学科专业结构调整工作的若干原则意见〉的通知》(教高〔2001〕5 号)精神,教育部正式发文决定,赋予中国政法大学自主设置本科专业的审批权。当年,学校哲学、经济学、法制新闻、国际政治、公共管理等专业正式设立并开始招生。

3. 5 月 4 日至 7 日,庆祝中国政法大学成立 50 周年系列庆祝活动正式拉开帷幕。5 月 5 日,中国政法大学建校 50 周年庆典暨法治与法学教育国际研讨会开幕式在北京人民大会堂隆重举行。时任国家主席江泽民、时任全国人大常委会委员长李鹏分别题词表示祝贺。

4. 5 月 5 日钱端升先生铜像揭幕仪式在昌平校区举行,时任全国政协副主席罗豪才、时任中央政法委副秘书长张耕、钱端升夫人陈公蕙女士及其长子钱大都先生、铜像捐赠人唐自熙先生,以及我校领导石亚军、徐显明、解战原、马抗美、冯世勇、张柳华、李书灵等出席了揭幕仪式。

5. 6 月 20 日中国政法大学院系调整方案正式确定并公布实施。根据这一方案,全校共设立 10 个学院。6 月 21 日院(部)行政领导竞聘上岗工作随后展开。

6.10 月 15 日全面实施党建与思想政治工作十大工程动员大会在昌平校区召开。

2003 年

1.2 月 27 日教育部批准我校为全国 22 所高等院校自主选拔录取改革试点院校之一。4 月 19 日至 20 日,我校首次自主选拔录取招生考核工作在昌平校区举行。

2.8 月在全国第九次博士、硕士学位授予点评审工作中,我校取得了重大突破,新增一级学科博士点 1 个、硕士点 7 个。

3.10 月我校学科建设又获重大突破——国家人事部博士后管理办公室于 10 月底批准了我校建立博士后流动站(法学)。12 月 27 日,中国政法大学博士后流动站在学院路校区正式挂牌成立。

4.2003 年学校新设立汉语言文学专业和国际商务专业 2 个专业,将社会工作专业改造为社会学专业。

2004 年

1.9 月 20 日教育部专家组对我校法律史学研究中心进行了实地考察,通过了中国政法大学法律史学研究中心入选教育部人文社会科学重点研究基地的决议。

2.11 月 19 ~ 20 日,中共中国政法大学第六次代表大会在昌平校区隆重召开。本次党代会是自 1993 年 2 月以来,时隔 11 年我校召开的又一次党代会。

3.2004 年根据本科专业自主设置权,我校又新增思想政治教育专业和德语专业 2 个新专业。

2005 年

1.4 月 1 日由教育部高等学校法学学科教育指导委员会与美国法学院协会共同举办、中国政法大学承办的“2005 年中美法学院院

(校)长会议”开幕式在北京国宾酒店隆重举行。

2. 9月8日我校正式被国家批准进入“211工程”重点建设。经过1个多月的专家论证,教育部于10月16日发函批复,通过了对我校“211工程”建设方案及资金使用预算的审核,我校“211工程”建设全面启动。

3. 12月26日北京市教委经过严格的评审,确定我校为北京市依法治校示范校,并将我校作为北京市高校代表推荐于教育部成为“全国依法治校示范校”。

4. 2005年在全国第十次学位授权申报工作中,我校有2个二级学科博士点通过国务院学位委员会审核批准。至此,我校博士点总数达到17个,硕士点总数达到37个,研究生教育已涵盖人文社科所有领域,我校“多科性”办学格局已基本形成。

2006年

1. 1月证据科学教育部重点实验室顺利通过教育部组织的专家评审,获正式批准立项。5月20日国内第一家证据科学研究院在我校正式成立,该院是我国文科院校第一批立项建设的2个教育部重点实验室之一,也是全国法学院校中唯一的教育部重点实验室。

2. 1月我校一批新的博士、硕士学位授权学科、专业经审核获得通过。其中,博士学位授权学科、专业3个,硕士学位授权一级学科2个。

3. 6月25日国内唯一的国际儒学院在我校正式成立。这标志着以法学为特色的我校不断在非法学学科建设方面取得的新突破。

4. 2006年年底,我校2006年申报教育部科研项目获得全面丰收,共计获得各类科研项目18项。其中,教育部哲学社会科学研究重大课题攻关项目3项,教育部人文社会科学重点研究基地重大项目2项,教育部人文社会科学研究一般项目12项,教育部哲学社会科学研究后期资助项目 1 项。

5. 为促进教育公平,构建和谐社会,2006 年学校对招生制度实行重大改革,本科分省招生计划首次按人口比例划分。

6. 2006 年在原有 3 位终身教授的基础上,学校决定,聘任李德顺先生为我校终身教授。

2007 年

1. 1 月 19 日首届中国法治论坛暨首届"钱端升法学研究成果奖"颁奖大会在人民大会堂隆重召开。12 月,钱端升法学研究成果奖被列入全国普通高等学校人文、社会科学研究统计范围。

2. 8 月教育部公布国家重点学科名单,我校法学一级学科被确定为"国家重点学科"。

3. 10 月 26 日我校产生了建校历史上第一部章程。作为北京市"依法治校"示范高校,我校多年来在依法治校方面做出了许多具有示范性的工作,收到良好的效果。

4. 10 月 29 日至 11 月 2 日,教育部本科教学工作水平评估专家组对我校本科教学工作进行了全面的检查评估。

5. 11 月 26 日在欧盟委员会举行的中欧法学院项目招标中,"汉堡大学—中国政法大学团队"在竞标中胜出。

2008 年

1. 4 月国家教育部下发《教育部关于公布北京大学、清华大学等 198 所普通高等学校本科教学工作水平评估结论的通知》(教高函〔2008〕8 号),正式通知我校本科教学工作水平评估结论为优秀。

2. 5 月 4 日应我校同学的热情邀请,时任中共中央政治局常委、国务院总理温家宝来到了我校学院路校区,亲切看望青年学生,与法大学子共度"五四"青年节,代表党中央、国务院向广大青年朋友表示亲切的慰问,致以节日的祝贺。

3.5月经过很长时间的准备和努力,我校首次招收“法学实验班”,率先开展法学教育模式改革试点工作。9月,我校首批法学实验班的同学来到我校民商经济法学院注册报到。

4.9月17日教育部正式批准设立中国政法大学中欧法学院。10月23日中国政法大学中欧法学院成立庆典在我校昌平校区隆重举行。中共中央政治局常委、国务院副总理李克强和欧盟委员会主席巴罗佐莅临庆典并致辞。

2009年

1.2月19日时任教育部党组成员、副部长李卫红同志代表教育部党组宣布,黄进同志任中国政法大学校长;徐显明同志不再担任中国政法大学校长职务。

2.5月,学校决定,聘任著名行政法学者应松年先生为我校第五位终身教授。

3.5月22日我校2009年外事工作会议在昌平校区举行。校长黄进在会上作了题为《实施“国际化战略”,把法大建成世界知名法科强校》的总结讲话。

4.10月中华人民共和国成立60周年之际,我校师生构成了群众游行第23方阵依法治国方阵的主体。我校1396名同学经过艰苦训练和周密准备,圆满地完成了这次重大任务,为学校赢得了荣誉,为祖国增添了光彩。

5.10月17日中国政法大学恢复招生30周年纪念大会隆重举行。来自法学界的专家学者,教育部、司法部与公检法等部门领导同志,以及我校79级、85级部分校友共同出席纪念大会。

6.10月12日黄进校长代表学校与国家留学基金委员会签署《合作开展“国家建设高水平大学公派研究生项目”协议书》,标志着我校成为国家建设高水平大学公派研究生项目实施院校。

7. 12 月 5 日中国政法大学比较法学研究院成立大会暨“比较法：中国与世界”研讨会在北京隆重召开。会议决定聘请我校终身教授江平先生为比较法学研究院名誉院长一职，并聘任我校潘汉典教授、台湾大学王泽鉴教授、澳门特别行政区检察院检察长何超明为学院顾问。

8. 2009 年，我校研究生招生数量首次超过本科生，标志着我校人才培养结构上的重大变化。

9. 2009 年度，我工商管理（Master of Business Administration，MBA）硕士学位点申报成功。至此，我校已拥有公共管理（Master of Public Administration，MPA）、MBA 和法律硕士（Juris Master，JM）三大专业学位教育平台，从而进一步完善了学科结构布局，促进了学科之间的融合。

2010 年

1. 5 月 21 日第八次校党委常委会审议并原则通过《中国政法大学“十二五”基本建设规划（草案）》，根据常委会决议精神进行修改并与教育部发展规划司沟通后定稿。6 月《中国政法大学“十二五”基本建设规划》编制完成，并上报教育部。

2. 11 月 18 日至 20 日，我校第七次党代会在昌平校区胜利召开，大会选举产生了中共中国政法大学第七届委员会及中共中国政法大学第七届纪律检查委员会。

3. 12 月 12 日中国政法大学董事会成立大会在国家会议中心隆重举行。

4. 2010 年根据教育部《关于批准有关高等学校开展专业学位研究生教育综合改革试点工作的通知》（教研〔2010〕2 号），我校获批成为全国首批“专业学位研究生教育综合改革试点”院校，法律硕士专业学位获准开展专业学位研究生教育综合改革试点工作。

5. 2010 年证据科学研究院团队为核心的法大法庭科学技术鉴定研究所被评为国家级司法鉴定机构。

2011 年

1. 5 月 16 日我校在昌平校区逸夫楼学术报告厅举行 60 周年校庆启动仪式，正式推出了以“龙腾凤鸣”为主题的 60 周年校庆标志，开通了 60 周年校庆专题网站。

2. 6 月 8 日根据教育部、财政部、国家发改委的正式通知，我校所申请的“985 优势学科创新平台”项目获准立项。

3. 7 月 17 日国际证据科学协会（International association of evidence science）第一届理事会第一次全体会议在北京举行。

4. 8 月 30 日我校正式签署了加入欧亚太平洋大学联盟的协议。欧亚太平洋大学联盟于 2000 年成立，截至目前，已有 14 个国家和地区的 142 所高校及研究机构加入联盟。

5. 8 月经北京市教育委员会评选，我校李永军教授、商磊教授获评第七届北京市级教学名师。

6. 9 月 8 日王卫国教授获评第六届国家级教学名师并出席表彰大会。

7. 10 月 13 日我校获得“国家人权教育与培训基地”资格，由教育部和中央对外宣传办公室共同主办的授牌仪式在京举行。

8. 11 月 4 日时任俄罗斯联邦总统梅德韦杰夫亲自授予我校黄道秀教授“友谊勋章”，以表彰她为促进中俄两国法学交流做出的突出贡献。

9. 11 月校长黄进教授荣获加拿大蒙特利尔大学法学名誉博士学位。

2012 年

1.4 月 10 日教育部青少年法制教育基地暨中国政法大学青少年法制教育研究中心成立仪式在校举行。

2.5 月 16 日学校建校 60 周年庆典、“法律变革与法学教育创新”和“全球化与高等教育国际化”校庆论坛、校庆 60 周年文艺晚会在昌平校区举行。

3.5 月 16 日学校与中科院研究生院签署《中国政法大学与中国科学院研究生院协同创新暨联合举办“成思危现代金融菁英班”战略合作协议》。

4.6 月 8 日首次在学校昌平校区举办校园就业实习(实践)双选会。

5.7 月 11 日中国政法大学、吉林大学、武汉大学共建司法文明协同创新中心签约揭牌仪式在京举行。

6.7 月学校成为“十二五”期间国家重点建设的 100 个国家级实验教学示范中心中唯一的法学类实验教学示范中心建设单位。

7.8 月 31 日学校马克思主义理论博士后科研流动站正式获批设立。

8.9 月 6 日教授张晋藩被中国法学会授予“全国杰出资深法学家”称号。

9.1 月、9 月,研究生院与最高人民检察院、最高人民法院分别签署招录培养“应用型法学博士”合作协议。

10.9 月社会学院设立国内第一个犯罪心理学硕士点。“全球学”学科作为政治学一级学科下自设交叉学科博士点,正式获得国务院学位办博士学位授权。

11.10 月 9 日成立中国政法大学高等教育研究所。

12.11 月 27 日第一届中国 WTO 模拟法庭竞赛在昌平校区举行。

2013 年

1.5 月司法文明协同创新中心入选教育部“2011 计划”。

2. 10 月 14 日“证据科学创新引智基地”获批“高等学校学科创新引智计划”立项。

3. 10 月 30 日学校成立法治政府协同创新中心。

4. 11 月 29 ~ 30 日，黄进当选中国法学会副会长。

5. 11 月社会学院马皑教授当选中国心理学会法律心理学专业委员会主任。

6. 12 月司法文明协同创新中心设立海外合作研究中心。

2014 年

1. 1 月我校刑事司法研究院于志刚教授入选 2013 年度、2014 年度“长江学者奖励计划”。

2. 2 月 21 日王万华教授获评第七届全国十大杰出青年法学家。

3. 2 月 24 日中欧法学院联合管理委员会批准了根据学院相关规定提名的新任欧方联席院长人选。欧方联席院长为 Armin Hatje 教授，欧方执行院长为 Clemens Richter 博士。

4. 3 月 12 日副教授栗峥获第十四届霍英东青年教师奖一等奖。

5. 4 月 29 日光明日报社与中国政法大学共建新闻传播学院签约仪式在学院路校区举行。

6. 5 月 23 日经党委常委会批准，撤销中国政法大学高级政法管理干部进修中心独立建制，原有名称保留，职能及人员编制并入继续教育学院；撤销海外留学教育中心，在原项目研发中心基础上，成立发展战略研究中心。

7. 9 月 9 日我校首次获得国家级教学成果奖一等奖。

2015 年

1. 3 月 2 日《中国司法文明指数报告 2014》发布。这是我国首个全国性的司法文明指数报告。

2. 5月4日团中央书记处第一书记秦宜智参加学校主题团日活动。

3. 6月26日《中国政法大学章程》经教育部高等学校章程核准委员会评议,2015年第22次部务会议审议通过,正式予以核准发布。

4. 7月8日学校被授予"最高人民法院'一带一路'司法研究基地",校长黄进教授被聘为最高人民法院"一带一路"司法研究中心副主任和研究中心学术委员会主任。

5. 7月13日学校承办的全国政法大学"立格联盟"第六届高峰论坛在京召开。

6. 8月19日栗峥教授入选2014年"万人计划"青年拔尖人才。

7. 11月学校加入"一带一路"高校战略联盟。

8. 年内学校新增翻译(法律翻译方向)本科专业,新增1个硕士研究生招生专业和1个博士研究生招生专业。

9. 年内,首次开设西班牙语法学人才培养实验班并进行校内选拔。

10. 年内,于志刚教授入选2013年度、2014年度长江学者特聘教授、冯晓青教授入选2014年国家百千万人才工程、栗峥教授入选2014年"万人计划"青年拔尖人才。

2016年

1. 1月8日时任中共中央政治局委员、中央政法委书记孟建柱主持召开12位法学专家学者的座谈会,张中秋教授在会上作"司法改革离不开文化建设"的发言。

2. 3月30日"2015级法学学术精英人才培养实验班"正式开班。

3. 5月6日学校获批"北京高校中国特色社会主义理论研究协同创新中心"。

4. 12月9日习近平总书记主持中央政治局集体学习,法律史学研究院院长朱勇教授应邀讲解。

5. 年内，马怀德、于志刚教授入选第二批国家“万人计划”哲学社会科学领军人才，栗峥教授入选2016年度“长江学者”青年项目，汪海燕、易军教授分别荣获第二届“首都十大杰出青年法学家”称号和提名奖。

2017 年

1. 3月1日汪海燕教授当选“第八届全国十大杰出青年法学家”。

2. 3月新增信息管理与信息系统专业（法治信息管理方向）、金融工程专业、网络与新媒体专业、汉语言专业4个专业，本科专业扩增到24个。

3. 4月23日至27日，教育部专家组对我校本科教学工作进行审核评估。

4. 5月3日中共中央总书记、国家主席、中央军委主席习近平来到中国政法大学考察。习近平代表党中央，向全国各族青年致以节日的问候，向全国广大教育工作者、青年工作者、法治工作者致以诚挚的问候。他强调，全面推进依法治国是一项长期而重大的历史任务，要坚持中国特色社会主义法治道路，坚持以马克思主义法学思想和中国特色社会主义法治理论为指导，立德树人，德法兼修，培养大批高素质法治人才。

5. 5月15日学校举行钱端升纪念馆开馆仪式。

6. 5月16日65周年校庆纪念大会在昌平校区学术报告厅隆重举行。大会以“学习贯彻总书记视察我校重要讲话精神，积极行动起来全力推进学校‘双一流’建设”为主题。

7. 6月1～2日，内地与港澳法学教育联盟成立大会在京召开。“内地与港澳法学教育联盟”由中国政法大学、香港中文大学、澳门大学共同发起。

8.7 月 10 日教育部党组任命胡明同志为中国政法大学党委书记,因年龄原因,石亚军同志不再担任中国政法大学党委书记职务。

9.7 月 18 日全国政法大学“立格联盟”第八届高峰论坛在山东举行,发布由中国政法大学负责具体组织起草的《立格联盟院校法学专业教学质量标准》。

10.9 月 6 日学校成立中国政法大学法治信息管理学院。

11.9 月 12 日联合国环境署和中国政法大学联合成立的“联合国环境署—中国政法大学环境法研究基地”于环境国际公约履约大楼举行了揭牌仪式。

12.9 月 20 日学校进入“一流学科建设高校”名单,法学入选“双一流”建设学科名单。12 月 28 日,教育部学位与研究生教育发展中心公布了第四轮学科评估结果。我校法学进入 A + 档。

13.9 月 28 日北京市委常委、教工委书记林克庆一行到校走访调研。

14.11 月 10 ~ 11 日学校召开中共中国政法大学第八次党员代表大会。

15.12 月马怀德教授当选 CCTV2017 年度法治人物。

16.12 月 12 日我校两所海外孔子学院荣获“2017 全球先进孔子学院”称号。

17.12 月北京市与我校共建“教育法治研究基地”。

2018 年

1.1 月“法治与全球治理学科创新引智基地”入选 2018 年“高等学校学科创新引智计划”(简称“111 计划”)。

2.3 月赵旭东教授入选第三批国家“万人计划”教学名师名单。

3.3 月 22 日学校举行国家重大委托项目“创新发展中国特色社会主义法治理论体系研究”开题报告会。

4.3月国务院学位委员会发布《关于下达2017年审核增列的博士、硕士学位授权点名单的通知》(学位〔2018〕9号),我校理论经济学获批成为博士学位授权一级学科,金融、国际商务、新闻与传播获批成为硕士专业学位授权点。

5.4月28日教育部党组书记、部长陈宝生一行视察法大,就学校贯彻落实习近平总书记考察法大重要讲话精神及学校“双一流”建设工作作出了明确指示。教育部党组与中国政法大学党委理论学习中心组开展联合学习。

6.5月3日在“五四”青年节来临之际,中共中央总书记、国家主席、中央军委主席习近平委托工作人员,向中国政法大学民商经济法学院1502班团员青年致以节日的问候,对同学们立志“不忘初心,用一生来践行跟党走的理想追求”予以充分肯定,勉励他们坚定信仰、砥砺品德,珍惜时光、勤奋学习,努力成长为有理想、有本领、有担当的社会主义建设者和接班人,为法治中国建设、为实现中华民族伟大复兴中国梦贡献智慧和力量。

7.5月3日纪念习近平总书记考察中国政法大学1周年座谈会在昌平校区举行。

8.5月19日,校长黄进当选中国国际法学会会长。

9.7月4日,成立“中共中国政法大学委员会教师工作部”。

10.8月27日,聘任十三届全国政协常委、社会和法制委员会主任,中华人民共和国一级大法官,最高人民法院原常务副院长沈德咏同志为特聘讲座教授仪式在学院路校区举行。

11.9月4日,北京市委举行法律顾问聘任仪式。我校副校长李树忠教授受聘为北京市委法律顾问,副校长马怀德教授为北京市委法律专家库成员。

改革开放四十年纪念
1978–2018

华政篇

在圣约翰校址中重生

华政初建　岁月如歌

忆往昔,桃李不言,自有风雨话沧桑。1952 年,在昔日梵皇渡路的圣约翰大学旧址处,一批满怀理想和热情的法学教育先驱者,开始了打造新中国政法高等教育事业的征程,华东政法学院始建。1958 年,由于法律虚无主义的影响,并入上海社会科学院而停办。1963 年再次筹建,次年招生,由于"文革"的破坏,1972 年停办。1979 年,党的十一届三中全会的春风,使华东政法学院再获新生。复校伊始,华政人始终铭记"笃行致知,明德崇法"的校训,继承"逆境中崛起,忧患中奋进,辉煌中卓越"的华政精神,在中国法制现代化进程中,留下了浓墨重彩的一笔。

沧海桑田,情怀依旧。我们选取整理了一批见证了那段峥嵘岁月的老领导的回忆录,以他们的声音,他们的故事,来记录那段不能忘却的昨日。

两落三起坎坷经历

1952 年,静谧幽深的圣约翰大学校园旧址上,悠扬的韬奋钟声迎来了华东政法学院的首届新生。这是应司法界在全国范围内系统地逐步建立和健全人民司法制度,肃清旧法观念在法学教育工作中的影响,改革大学法学课程使之适应培养无产阶级政法干部的迫切需要,也是教育界实行全国高等学校院系系统调整,由中央统一调配师资、校舍和设备的要求。华东地区的复旦、东吴、圣约翰、厦门、南京等九所大学的政治系、法律系、社会学系合并成为华东政法学院(自

2007 年更名为华东政法大学，以下简称华政），开设了大学部、专修科、夜校和干训部，此外，受司法部委托代管法医研究所（司法鉴定研究所），出版《华东政法学院学报》，第二年改为《法学》杂志，公开发行。院长由中共中央华东局秘书长魏文伯兼任，日常工作由副院长郑文卿主持。魏文伯不兼任院长后，由郑文卿任院长，赵野民、宋子成任副院长，赵野民兼教务长。后来，曹漫之、徐盼秋先后来校任教，并先后担任研究部主任。1956 年，郑文卿调至最高人民法院工作，院长由曾任陕甘宁边区高等法院院长的雷经天同志担任。

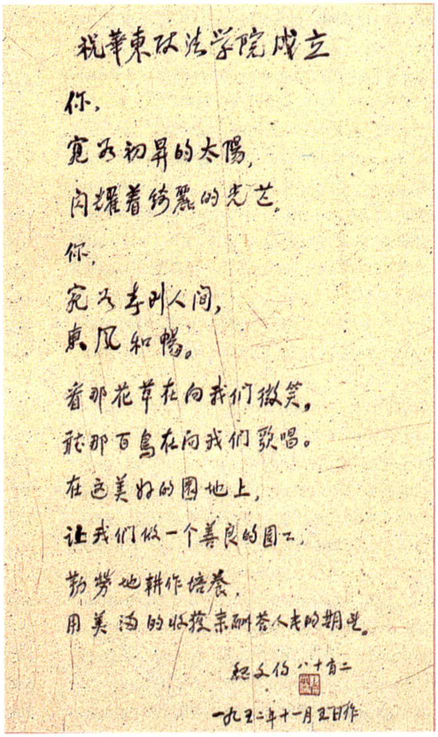
祝華東政法学院成立

你，
宛如初昇的太陽，
閃耀着绮麗的光芒。
你，
宛如春到人间，
東风和暢。
看那花草在向我们微笑，
聽那百鳥在向我们歌唱。
在这美好的園地上，
让我们做一个善良的園丁，
勤勞地耕作培養，
用美满的收穫来酬答人民的期望。

魏文伯 八十有二
一九五二年十一月五日作

首任校长魏文伯《祝华东政法学院成立》

中华人民共和国成立初期法学教育缺乏经验，也缺乏人才。筹建华东政法学院的首批干部是华东司法部下属的华东司法干部训练班以张格为首的十几位办学干部。后来又在华东司法部其他部门选调了一批业务干部。当时的办学方针是贯彻教学改革和司法改革的精神,学习苏联经验,理论联系实际,以适应政法工作的发展和充实政法干部队伍的需要。

华东政法学院老校门(1954 年拍摄)

1954 年华东政法学院开始招收本科学生,增加轮训在职干部任务,建立"干训部""函授部",工农干部知识化,培养教师快速成长,聘请了苏联专家,到 1958 年,4 年本科教学计划(苏联模式)课程全部开设,师资基本配齐,并且承担了司法部下达的任务,为华东地区的政法院校输送师资。

十分遗憾的是,1958 年华东政法学院遭到了第一次被撤销的厄运,与上海财经学院、上海经济研究所、历史研究所、复旦大学法律系等院校合并成立了上海社会科学院,停止招生工作,成立政治法律研究所等,华政一部分教师并入政治法律研究所。华政好不容易培养起来的颇具实力的师资队伍惨遭解散。

5 年之后,中共上海市委政法小组和教育卫生工作部根据《中共中央批转中央政法小组、教育部党组关于加强高等政法教育和调整政法院系问题的请示报告》，于 1963 年 8 月向市委提出《关于筹办华东政法学院的意见》。同年 9 月市委批复同意，国务院下达了《关于恢复华东政法学院的决定》，提出以上海社会科学院政治法律研究所为基础筹办，由该所党组书记袁成瑞同志为筹委办公室主任。行政上由最高人民法院和教育部双重领导，以最高人民法院为主。同年 10 月，在上海社会科学院法学研究所的基础上，恢复华东政法学院。1964 年正式复校，由魏明同志任党委书记，兼院长，袁成瑞为副书记，田光为副院长。复校首年招生 149 人，次年招生 208 人，除行政机构外，设哲学、中共党史、政治经济学、国家法学、公安业务、刑法业务和体育、外语、语文等教研室，办学方针为培养无产阶级专政工作干部。

"文化大革命"期间，政法战线是重灾区，华政也是难逃厄运。1972 年经最高人民法院和中共上海市委决定，华政第二次被撤销，师资队伍再次解散，几十个教学骨干被合并到复旦大学法律系，校舍被七八个单位占用，图书资料也不知去向。

历史终于翻过了沉重的一页。粉碎"四人帮"以后，政法机关干部青黄不接，需要补充青年干部，第十一次全国人民司法会议呼吁恢复政法院系，培养司法人才。唐世涛等原华东政法学院 3 名教师联名写信给上海市高级人民法院，建议恢复华东政法学院，并请转呈最高人民法院（当时司法部还未成立）。上海市最高人民法院宋秀文看后，认为意见正确，应予支持，并派人做了调查研究，认为也确实具备恢复的条件，便将唐世涛等 3 教师的意见和上海市高级人民法院支持复办的报告，一并送到了最高人民法院。最高人民法院院长江华看到报告后，认为报告所提意见正确并作了指示，要求司法行政厅将恢复华东政法学院列入议事日程。而后，最高人民法院派人到上海市高级人民法院，与上海市委及有关部门多次协商，取得了一致意见。党的十一届三中全会期间,时任最高人民法院院长江华同中共上海市委主要领导彭冲同志再次协商恢复华东政法学院的问题,决定立即恢复华东政法学院。从此,华东政法学院经过两落三起,又获得了新生。

白手起家复办华政

1979 年 2 月,最高人民法院、最高人民检察院、公安部、教育部联合署名向国务院报告,2 月 21 日,方毅同志在国务院文件传批单上批示:“拟同意。请总理、副总理批示。”在文件单上画圈表示同意的有邓小平同志,还有华国锋、李先念、徐向前、纪登奎、余秋里、陈锡联、耿飚、王震、谷牧、康世恩、陈慕华、王任重等领导同志。1979 年 3 月 19 日,最高人民法院、最高人民检察院、公安部、教育部联合发出《关于恢复华东政法学院的通知》,并附国务院批示的文件下达上海市委。该通知称:“经国务院批准恢复华东政法学院,该院设置法律专业,面向华东地区负责培养华东地区各省市的政法干部,学制四年,在校学生规模逐步发展到 2000 人,仍用原校舍,今年开始招生。华东政法学院实行最高人民法院和上海市双重领导,以最高人民法院为主,领导分工按照国务院〔78〕27 号文件有关规定办理,并请上海市高级人民法院、市人民检察院、市公安局积极协助办好这所政法学院。”筹备小组依这一批示精神,积极开展恢复工作。

筹备工作在一无所有中展开,筹备小组成员有徐盼秋、曹漫之、李润玉、吕书云四人,由徐盼秋负责。后来,刘少傥也加入进来,进行了大量的工作。开始,筹备小组在市高级人民法院办公,4 月才迁至万航渡路 1575 号原华东政法学院校内,向当时的复旦大学分校借用两间房子办公,并公开以华东政法学院复校筹备组名义进行工作。时任最高人民法院副院长郑绍文到上海视察华东政法学院恢复工作,

怀施堂(今韬奋楼)

思颜堂(今40号楼)

西门堂(今东风楼)

行政楼(今四号楼)

校园桥

体育室外景

罗氏图书馆(今红楼图书馆)

体育室室内游泳池（今体育室内体操房）

理科实验室（今司法部司法鉴定科学研究院）

科学馆（今格致楼）

交谊室（今交谊楼）

并对校舍、家具、专业设置、教材等问题提出了具体意见。他对教师队伍明确指示,原华东政法学院的教师,1972 年在校的,原则上都要归队,个别不适宜做教师的除外。在复旦大学法律系的原华东政法学院的 48 名教职员已经决定回到华东政法学院。复旦大学召开了隆重的欢送会,徐盼秋、刘少傥和曹漫之都应邀参加了会议,复旦大学校长苏步青致了欢送词,刘少傥代表华东政法学院致了欢迎词。从此,华东政法学院经过两落三起,又获得了新生。

6 月 12 日,中共上海市委以 37 号通知下达了任命名单:刘少傥任华东政法学院党委书记,徐盼秋任党委副书记兼院长,曹漫之、潘念之、李润玉、吕书云任党委委员兼副院长。6 月 15 日,中共华东政法学院党委会成立,并讨论决定了党委成员的工作分工问题,成立了临时支部并任命王曙光为支部书记。这样,就结束了筹备组的工作,由任命后的院党委领导筹备工作,各负其责地开展工作。

摆在新的华东政法学院领导班子面前的任务是,“当年筹备,当年招生”。复校后第一学期的招生任务是 300 人。这意味着必须做好 8 月招收新生 300 人的入学准备工作,迎接 9 月第一届新生入学上课。当时,师资队伍、校舍回归是完成“当年招生”任务的两大关键。以刘少傥同志和徐盼秋同志为首的领导核心,为了保证学院复办后第一期学员的顺利入学,同心同德,克服了重重困难,整个暑假都没有休息,从复旦大学、上海社会科学院及其他单位乃至全国各地迅速集中必要的师资、办学人员。在市委关怀下,陆续收回部分校舍,终于在 1979 年秋招收了复校后第一届新生,使学院如期开学,胜利完成“当年招生”的任务。

9 月 17 日,1979 级学生举行了隆重的开学典礼,时任最高人民法院副院长郑绍文特地赶来参加了开学典礼并讲话,时任上海市委副书记严佑民、时任市教卫办副主任兼高教局长舒文、上海市社会科

1979 年 12 月 29 日，南斯拉夫科索沃科学与艺术院秘书长普利什丁耶大学习惯法教授普波夫奇来访

1979 年，复校以后第一届学生开学典礼

1979 年复校时校门

1979 年新生入学，院领导看望新生

1980 年，华东政法学院历届老领导合影。右起：刘少傥、李润玉、徐盼秋、曹漫之、宋子成、吕书云、魏文伯（坐着）、魏文伯夫人、郑文卿、赵振德、徐盼秋夫人

学院院长时任黄逸峰均到会并先后讲话。此处，应邀参加的还有时任市委副书记夏征农和兄弟院校的领导同志共 36 人。全校师生 500 余人也都参加了大会。会议开得热烈隆重，标志着新的华东政法学院胜利诞生。一所大学的复办，在一无所有的基础上，白手起家，仅用了短短几个月的时间，这不能不说是一个奇迹。

帐篷办公解决校舍难题

房子问题始终是恢复办校最棘手的问题。根据国务院批示，校舍问题必须在原有校舍基础上来解决。1972 年前的华东政法学院，校舍面积是 39,425.58 平方米。学院被撤销后，被上海市卫生学校、复旦大学分校、社会科学院、上海图书馆、普陀卫校、市果品公司、市蔬菜公司等单位分别占用。到 1978 年 6 月 16 日，学院办公用房只有 11 间 259.26 平方米，仅占原校舍面积的 0.6%。经过多方面交涉协商，借房单位只有复旦大学和普陀卫校表示可以让房，其他单位均无让房打算。

面对这些情况，筹备组的同志都很着急，没有房子学生招进来怎么办？没有教室怎么上课？到那时学生闹事，怎么办？这一系列令人挠头的问题摆在我们面前。有的同志对当年招生的任务缺乏信心，有些动摇，要求报告推迟招生，并找校党委在报告上签字。考虑到校舍房子困难的确是个实际问题，但推迟招生一推又是一年，而且学生是办学的基础，没有学生，教师也调不进来，让房单位更会推脱不让，那样问题会更多，事情更难办。校党委坚持不签字并说服大家，一定要克服重重困难，做到当年复办当年招生；要求大家多想办法加强这方面工作，并成立了专门管房小组，请求市委帮助动员有关单位早让房子保证按期开学。通过两个星期的艰苦努力，普陀卫校表示愿意搬家，但必须付给搬家费50万元和建筑新校舍的钢材、木材。这样，法医大楼让出来了，解决了学生的课堂和教师的休息室问题。

1978年7月17日，市委秘书长张苏平出面主持会议，召集有关让房单位开会，达成协议：于7月底以前，各单位都要做出让房打算，报告市调房领导小组，积极做校舍的腾让工作。可是，直到9月开学前夕，仍有70%房子没有让出来，但学校仍然坚持按计划开学。到8月30日已有308名学员来校报到，教职工也发展到234人，实现了当年复校当年招生的要求。

学校虽然开学了，但房子困难并没有解决。几百名学生进校后，没有学生食堂，吃饭成了大问题。再三思索，最后还是找市卫校协商，卫校有个可供千人吃饭的食堂，而卫校只有几百名学生吃饭，近半的大餐厅里堆放着桌凳杂物。华政就与其协商，把杂物搬出来，让两校学生合用一个食堂，各分一半使用，他们也表示同意，总算解决了食堂问题。

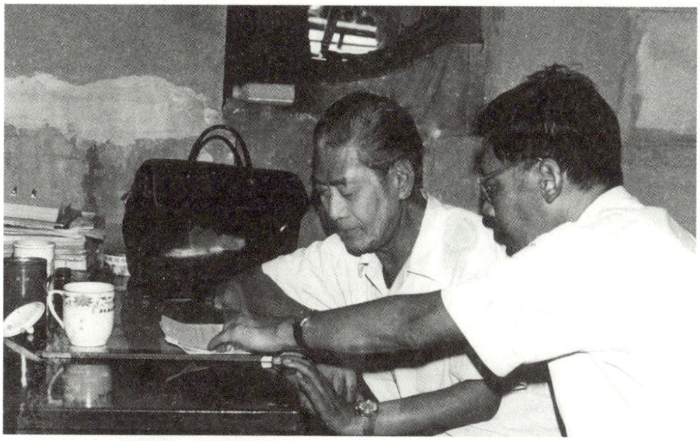

鉴于每年都要招生，教职工也要不断地调进，几个借房大户市卫校、社科院、图书馆、果品公司，蔬菜公司却仍无让房迹象，还必须自己建造一些房子才行。于是，其决定在河东建造几幢学生宿舍楼和一个学生食堂，以解决 1980 年新招收 400 名学生入学问题。到 1982 年，教职工已达 570 多人，建造了 7 幢教师宿舍楼和一幢图书馆楼。

八十年代学生夜晚户外学习(1)

八十年代学生夜晚户外学习(2)

20世纪80年代改造校门

至此，基本上解决了学生和教师的学习和生活用房，但是，教学楼尚无着落。为了解决教师备课用房问题，校党委动员党政工团行政干部让出办公楼房。时任副院长李润玉利用他在“文化大革命”中在徐州大屯煤矿蹲点关系，租借5顶帐篷，在4号楼前的草地上搭了5座大帐篷作为党政工团人员的办公用房。包括院领导在内的行政人员在帐篷里办公，而把条件优越、宽敞明亮、充满阳光的四号楼让给教师上课备课用。帐篷低矮潮湿，冬冷夏热：严寒冬季，难以抵御刺骨的寒冷；夏天闷热，酷暑高温时时袭人。就在这样的环境中，学校党委举行院务会议，商讨学校大事，布置检查工作，汇报交流情况，接待来信来访人员，包括司法部领导。傍晚时，帐篷里的灯光依然亮着，校领导在帐篷里与教研室主任商量工作，听取教学工作汇报，了解教师教学和学生的学习情况，这当时在上海被传为佳话。

为此，《解放日报》在9月10日的头版刊登了题为《帐篷办公目击记》的文章，以赞扬这种艰苦奋斗、勤俭办校的精神，影响很大。学校基建处带着这份《解放日报》赴京向司法部陈述复校的困难，要求司法部尽早拨款建设教师和学生宿舍。直到1985年，上海市卫校、

大草坪上的“办公室”——帐篷

蔬菜公司、果品公司才相继搬走，新建的7幢教师宿舍和图书大楼也建起来了，才算真正解决了校舍用房问题。

广招人才壮大教师队伍

学校能不能办好，教师队伍是关键。华东政法学院在1956年未停办前，教职工曾达到511人，其中，教授、副教授29人，讲师57人，助教102人。1979年复校后，原华东政法学院去复旦大学的48位教职员全部返校，又从其他大学调来39人，但他们还不能全部做教学工作。按国务院批示，第一届招生300人，编8个班，开6门课，教师需求量很大。而且，许多教师离开教学工作多年，业务有些生疏，而教材和教学资料缺乏，都需要教师们现编现教，耗力很大。解决教师问题确实是刻不容缓的事了。

校党委经过再三研究，决定多种渠道广招人才，壮大教师队伍。凡是过去华东政法学院当过教师的，无论什么时间离开的，只要仍然具备教师条件且本人愿意就尽量收回学校，历史问题学校负责帮助审查、解决。这在当时是个大胆的举措。这样，就从青海、新疆、黑龙江等地区调回了合格教师100多人，量才录用，解决了很大问题。从1981年开始对“文革”中的冤假错案和“反右倾”中的案件进行调查。到1983年年底，在135名被调查对象中，除1人尚在复查外，全部得到了改正。其中，有130名被调查对象在短短几年中晋升了职称，占全部被晋升职称教师的96%。基本都成了教学的骨干力量。

自1957年后，离开法学教育岗位22年，当年的青年教师，回来时已是50岁左右了，重新上讲台，谈何容易，特别是经过“文化大革命”的破坏，许多人把过去辛苦积累的专业资料，都作废品处理掉了。因此，复校后第一学年，只好采取一门课由几个教师轮流上，以争取足够的备课时间。这给学生的学习增加了困难，不仅课程内容不生动丰富，而且学生要不断适应不同教师的授课方法，但这种做法是不得已的权宜之计。从第二学年开始，对教师的要求提高了，已不是要求有教师上课，而且要求上课的教师不被学生轰下台。也就是说，对个别上课教师学生意见多，反映不好的，要从讲台上撤下来。这在当时震动很大，使具体做教学管理工作的人，也感到为难。但学校党委决心大、要求严，绝不手软，亲自审查每学期上课教师名单，这样也迫使教师们认真备课，不断提高教学质量。师资队伍建设也随着教学质量不断提高而得到加强。

为了解决师资力量不足问题，校党委再次商请上海市组织人事部门从上海的政法部门和企事业单位选调适用教学人才，充实学校的教师队伍，并经过人事部门批准，公开向社会招聘。在报纸上发布招聘启事，招聘法学、法医学、逻辑学、心理学、社会学、政法学人才以及英、法、德、日、西班牙、阿拉伯等外语人才。自1980年8月27日《文汇报》刊登学院招聘启事后，到9月底止，报考者531人，录取41名，其中有法律专业的22名，外语人才19名。这种引入竞争机制、向社会公开招聘、择优录用的方式，在当时还是极少的，率先向改革开放迈进了一大步。经过4年努力,到1983年复校后第一届学生毕业时,华政已经造就一支质量较好的整齐的师资队伍。

不仅如此,学校还从本校毕业生中选留部分学生培养其做教师。1983年,毕业生296人,留校48人,夜校大专生177人,留校39人,共计87人,当时有人说留得太多了,但考虑当时教师的缺额之大,仅依靠从外单位调能调来多少?自己培养的毕业生的情况更了解,从中选择优秀的学生多留一些,对充实教师队伍更方便。后来的实践证明,这个方针还是正确的,现在学校的许多领导骨干和教授、讲师都是那批留校的学生。

另外,受司法部委托,学校办了三期法律专业师资培训班,二期法医专业培训班,每期半年到一年。在培训过程中选调了部分青年教师参加培训班学习,还选派部分青年教师旁听。这样,也提高了教师的素质,对学校师资队伍的充实和提高起到一定作用。

大胆创新进行教学改革

复办华东政法学院犹如在一张白纸上做文章,不改革就不能前进。当时,由于华东政法学院刚由复旦大学、南京大学等9所大学的政治系、法律系等合并而成,因此,客观物质条件和师资队伍都不甚理想。学校提出,教授要教、讲师要讲,以教出榜样、讲出规格,保证教学质量。

徐盼秋

徐盼秋担任当时教务长的工作,主管学校教务,实行以教学为中心,尽力保证教学需要的方针。校领导带头在帐篷里办公,而教研室和教务处则安排在东风楼内。学院的第一个基建项目是建造新图书馆，把宝贵的有限的经费投入到教学服务上。

法学是一级学科，新中国成立后各政法学院只设一个法学专业，这和当时的人才培养的需要是相辅相成的。

历史上政法学院的行政机构设置基本上是三处一室一馆，即人事处、教务处、总务处、办公室、图书馆。教师基本上按二级学科组成教研室。华政重建以后，设有法理、宪法、法制史、刑法、民法、刑诉、民诉、经济法、国际法、刑侦、法医，以及哲学、政治经济学、共运史、党史、逻辑、外语、语文、体育等19个教研室，由主管教学副院长领导和教务处管理。当年的教务处工作庞杂，不仅要管理19个教研室行政事务，还要负责教师的教学工作考核和师资培训，因而师资科设在教务处内。教务处除了本身的教学研究、教务和教材管理外，同时兼管研究生、成人教育、科研和招生、实习等工作。工作范围如此庞杂，干部又不多，工作难免顾此失彼。为了提高管理水平，从体制上讲，改革调整也迫在眉睫。

随着党和国家的工作中心转向经济建设以后，人们对法律功能的认识也发生了变化，社会各个方面需要既具有法学基础知识，同时又有经济等某方面知识的复合型人才，华政只设一个法学专业的办学模式非改不可，否则就不能适应经济建设和社会发展的要求。因此，设系问题摆到了议事日程。

设系对一些老牌大学不是难事，它们学科多，师资、图书馆可以相互借用。但对于华政这样历来“单打一”办学的学校难度就很大，必须创造条件，要有准备过程。

1983年，为了给设系做准备。教务处拟定了分设专业的方案。拟分设：法学基础理论（包括宪法、法制史）、刑法、民法、经济法、国际法、刑侦。各专业要新开一系列课程，强化学生某个方面专业知识，以提高从事某个方面工作的适应能力。为此，各教研室努力创造条件,开设了一批新的课程。以宪法教研室为例,除原有的“中华人民共和国宪法”课以外,1982 年以后,又新开了“外国宪法”“政治学”“行政法”“财政法”“社会学”课程,10 个教师开 6 门课,实在不易。学生在 3 年级时选学专业,并按专业编班学习。

1985 年华政结束了单一学科的历史,分设了法律系、经济法系、国际法系和刑事侦查系,并分系招生。由于师资和图书条件的关系,法律系仍是招生大头。分系开创了华政多学科办学的先河,为华政的创新发展奠定了基础。

为适应多学科、多层次和多形式办学模式,在教学行政管理上也作了重大调整,除设立 4 个系的行政机构外,政治理论课程合并成立理论部,语文、外语、体育加上逻辑学合并成立了基础部、研究生科升格为研究生处、单设了科研处,函授、自考、夜大、专修科合并成立成人教育处,为了加强教学研究工作,专设了高校研究室。至此,原教务处所经管的工作,分设了 11 个处级单位管理,使各项工作得到了加强。

从零做起编印讲义教材

复校伊始,什么都要从零做起,教材要自己编,资料要自己找。上课时学生必须手中有讲义,这是曹漫之对教学工作提出的要求。现在的教材由新华书店送上门,可在当年,要在上课前把讲义发到学生手中则是件难事。那时,教师能写好讲稿去上课已经不容易了,要他们早早地写好讲义,在讲义基础上写讲稿,困难确实很大。

为了保证教学质量,学院不得不采取集体备课的办法,即任课教师编出每门课程的教材后,要由本教研室的教师集体通过,或试讲一遍才上课堂授课,以取长补短,集思广益。教师们拼命地写,放弃节假日加上“开夜车”;有的也只能写一点印一点,做不到在放假前一次性把全部讲义稿交给教务处；有的人是带病备课。为了重建华政，大家无私奉献，从不计较报酬。

此外，要把讲义印出来是件难事。复校时虽有建印刷厂的预算，但经费未落实，到 1981 年后才有钱购买机器建厂，最初是靠教材科 10 个打字员打印。打印讲义主要集中在暑假和寒假。炎炎夏日，10 部打字机集中在东风楼一间东北角屋内，怕吹掉稿纸不能开电风扇，闷热难熬，姑娘们汗水加泪水从早打到晚，真是苦不堪言。为了赶在开学前能把讲义发到学生手中，实行超额奖励的办法，每人每天定额打八张蜡纸，多打一张奖三角钱。但当时的经费确实很困难，就这区区三角钱，还是领导下了很大决心才给的。

蜡纸打出来以后，印刷、配页、装订也是非常累人的。在小房间内不停地用手摇一台滚筒油印机，一天下来手臂累得抬不起来，加上油墨熏人，十分难受。配页也是累，一本讲义少则几十页，多则一两百页，排列在两张大会议桌上，人一页一页地围着会议桌转圈地拿，也是不能开吊扇，否则会吹乱、吹跑的。这样的工作教务处动员全体的人去干，时任总支书记章定同志快六十岁、高血压严重，也争着和大家一起干，半天下来累得汗流浃背、头昏脑涨。

汗水不是白流的，一本本讲义，经过一次次修改，质量不断提高，不仅改变了过去沿袭下来的学生“上课记笔记，下课对笔记，考试背笔记”的弊端，而且为华政多层次多形式办学及为兄弟院校提供教材打下了基础。

1981年，学校建立了印刷厂，主要课程教材逐步改为铅印。因为那一年华政开办了函授和自学考试，大专课程的教材需求量大增，尤其是自学考试，每次考试课程需要供应教材数千册甚至万册，所以必须铅印内部发行。同时，1980年以后上海的复旦法律系，上海大学文学院法律系及江浙等高校法律系，因市场上还没有公开发行的法律教材，所以有几年他们所需的教材大都是由华政供应的。经过几年的艰苦努力，华政的教材已基本上能满足不断发展的办学需要。

联系实际狠抓科研水平

可以说，华政在相当长的一段时间内，在科研方面始终走在全国前列，这和当时学校对科研的重视和关心是分不开的。

徐盼秋强调，教学质量要提高，和科研能力的提升分不开，要大力支持教师们的科研创新工作。他也长期致力于法学教育和对宪法学的研究，早在解放区就经常向干部讲授法学理论知识。青年教师徐建把当时在国内属于空白的青少年犯罪作为一个课题进行研究，没有教材，没有经验，在调查研究中经费非常困难。校党委大力支持，以最快的速度完成了5000份问卷的印刷，并在有限的经费中特批了专款，支持学生先后5次在寒暑假进行调查研究，后又拨出经费使其出版为论文集。

曹漫之也十分重视科研工作。他一贯认为没有先进的法学理论，就不可能有科学的法制建设的实践。由此，他十分重视应用法学和基础理论法学的研究。例如，《法学》编辑部《关于开展法学基础理论研究》的倡议书在《人民日报》发表后，他表示非常赞同这个倡议。1982 年由中国社会科学院法学研究所和华政联合在上海召开“全国首届法理研讨会”。这次理论讨论会就是在曹漫之的领导和主持下召开的。这次会议就建设具有中国特色的法律体系和法学体系，在理论与实践的结合上进行了有益的探讨，得到了与会专家、学者的一致好评。他们认为这次会议是中华人民共和国成立以来法学界召开理论讨论较好的一次，它为法学界日后深入开展这一课题的讨论起到良好的推动作用。会议取得的成果不仅出版专著公开发行，而且还得到国家立法机关和中央领导同志的重视，被载入当年的《中国法制年鉴》的史册中。

党的十一届三中全会后，徐盼秋和曹漫之一起创办《民主与法制》月刊，办得生动活泼、理论联系实际，深受广大读者喜爱。而后，从 1958 年开始停刊 20 余年的《法学》复刊，获得新生。曹漫之经常说：“一定要把《法学》办出特色来，办成全国政法机关和法律院校广大法学爱好者的良师益友。刊物要有开拓精神，要敢于并善于抓住法制建设中带有普遍意义的典型问题进行法理的探讨。要牢记张友渔同志的话，即‘刊登的文章要使学问深的人感到不浅，学问浅一点的人感到不深奥，要用通俗的语言讲出深刻的道理来’。”在办刊方针上，他主张坚持以马克思列宁主义、毛泽东思想为指导，把好刊物的政治关，反思《法学》50 年代的沉痛教训。50 年代的《法学》为宣传马克思列宁主义法学理论和开展学术理论活动做出了贡献。后来，由于《法学》刊登过一些颇有见地的文章被斥为“离经叛道”和宣扬“封资修”的法学观点而被迫停刊。对复刊后的《法学》，学校党委不仅在方针、政策上给予指导，而且对刊物的栏目设置和开展哪些课题研究以及对编辑部的建设、人员的培养等方面都给予悉心的帮助。每期拟发表的重要文章都要作口头或书面的报告，并不时反馈读者对《法学》的态度和编辑部有关情况。

光明日報
GUANGMING RIBAO

我国去年新探明煤炭储量七百九十八亿吨

上海橡胶制品研究所助理工程师韩琨利用业余时间应聘服务，救活一家工厂，做出重大贡献，理应受到表扬；领取一定劳动报酬不是经济犯罪

华东政法学院院长徐盼秋撰文指出

要划清是非功罪的界限

韩琨的辩护律师都学诚撰文说

法律应保护有贡献的知识分子

望都县实行供销社和生产者联营

既扶持了生产，又解决了农民卖农副产品难的问题

打破用工制度上的"铁饭碗"

我国城镇已招收十二万名合同工

农技人员同农民签订技术指导合同

归侨卢奋燕用亲身经历宣传爱国主义

大踏步地向党靠拢向马列主义靠拢

1979～2000年阶段—社会服务　韩琨案材料

学校一贯倡导刊物要理论联系实际，反对空谈理论，十分注重社会效应。1984年《法学》杂志就知识分子"韩琨案件"展开讨论。"韩琨案件"是在改革开放初期，如何看待知识分子利用业余时间从事有益于社会的劳动取得一定报酬的问题。当时，学校邀请司法界、新闻界和工商行政管理部门的人士参加座谈会。会上，就韩琨是有罪还是有功的问题展开了讨论。会议开到深夜，最后，学校赞同《法学》可以发表文章展开讨论，让社会进行评议。文章发表后，在社会上果然引起强烈反响，特别是在司法机关内部引起震动。有人认为韩琨是有罪的；有人认为其不仅无罪而且是有功的；有人担心《法学》要犯错误。《法学》及时发表文章，有助于帮助人们认清在新形势下关于罪

与非罪的界限，取得了较好的社会效应，受到了人们的称赞。据了解，当时类似韩琨这样的人在全国不下5000人，他们的业余劳动对发展我国的生产力起到了不可缺少的作用。但由于没有先例，处理起来又缺乏政策和法律依据，成为社会和司法机关十分关注的“热点”。《法学》杂志率先展开讨论，很快得到国家立法机关和中央领导同志的重视，不久，中央领导就对“韩琨案件”作了不构成犯罪的批示。《法学》为及时处理韩琨和类似案件起了很好的推动作用，保护了知识分子的合法权益。为此，国家最高司法机关的领导称赞上海《法学》杂志做了一件很有意义的事。

为了使教师理论联系实际，除组织模拟法庭外，学校还征得司法局同意，在学院大门外开设了一个律师所，选派教师做兼职律师。接受群众的法律咨询、承办案件，从而使教师取得办案的直接经验，以充实教学内容。后来，该律师所正式对外挂牌，成为上海市第四律师事务所。

积极探索多形式办学模式

为了多出人才、早出人才，学校创办了自费走读夜大学。学校选招了优秀落榜生170多名，租借了一个中学的教室，办起法律专业夜大学，学制3年，自费走读，包分配，毕业后考试合格发给大专文凭。这些夜大的学员，晚间上课，白天自学，学习非常勤奋，成绩不亚于正规大学生。这部分学生到1983年共毕业177人，学校留下39人，推荐到司法局46人、市法院40人、市检察院40人、市公安局12人，全部分配完毕，无一人待业，学员高兴，单位欢迎。可以说，这有效地弥补了当时法律人才青黄不接的矛盾。

为培养更多的法律人才，学校还创办了法律专业函授班。于1981年学校协同华东六省一市司法部门开办了函授班，各省市司法厅负责生活管理和组织自学，华东政法学院负责教材和派教师面授讲课，培养45岁以下的在职政法工作人员。到1983年共举办了两届，培养了909名学员。1981年开设12门课程，1982年又增设了哲学、政治经济学。教学任务由学院本科教师兼任，各省市司法厅都设有函授站。1981年级函授班还评选了优秀函授生25名，颇受各方面欢迎。院函授部编印了刊物《函授通讯》，以指导自学，提供辅导教材、资料。

1981年9月19日，华东政法学院函授部山东班开学典礼

办函授很费力，工作量很大。先去各省市和司法厅建立函授站以及函授站长人选，确定学校与厅局之间分工，再拟定函授工作条例，制定函授教学方案，在教务处下设函授部。因为函授是成人教育，当年没有统一考试，所以招生、命题、考试、阅卷、录取等一系列工作都由学校承担。每年还有两次面授，安排教师去各省市面授十分困难。每门课的老师有限，7个函授点同时面授根本做不到，课程安排与面授教师安排很伤脑筋，有时不得不剥夺教师寒暑假休息的权利，而教师们只能得到微薄的出差伙食补贴。但是，教学质量很高，

管理严格规范，受到了各省市政法部门和学院的好评。当年，时任中共中央政治局常委胡启立到安徽考察时听了华政函授工作情况后，赞扬“办学应该这样认真办”。

1981 年，教育部决定在北京、上海、辽宁试办自学考试。上海先选了 7 所高校试办，华东政法学院作为试办学校率先创办法律专业自学考试。1982 年与上海市高教办公室协商，在上海市试办法律专业自学考试，按照规定的专业课程，每门课考试及格，承认学历，发给毕业证书，择优录用。试行结果很受欢迎。到 1984 年 10 月 12 日至 16 日，报名应考者近万人，超过前两届的 3 倍。年龄从 18 岁到 35 岁，有工人、农民、机关干部、部队指战员，也有个体户。此经验以后推广到上海市的其他专业，后来，上海市成立了自学考试指导委员会负责这方面工作。到 1983 年国务院〔83〕73 号文通知，成立全国高等教育自学考试指导委员会。

自学考试教学力量力度投入不大，只需安排教师参加辅导讲座，但组织工作和阅卷工作量极大。因为参加自学考试的人数量极大，有几年每次考试达 40,000 人次左右，组织工作方面需要动员很多教工协助做报名、登记、发证、收费等工作，考试最多时曾借用了 17 所中学作考场。阅卷量大，有时一门课有 10,000 多份考卷，教师力量不够，把研究生也调动起来阅卷，除保证正常上课外，全力以赴，连续作战。十几天下来，年纪大的教师已是头晕眼花，有的教师开玩笑说，回家的路都找不到了，但是，他们为社会培养了大量的法律人才。

在老一代院领导艰苦创业精神激励下，学校的学科建设和教学质量提高很快，当时已成了华东地区法学教育的重要基地中心。

春风化雨加强德育教育

政法学院主要是培养公、检、法、司专业人才的，对学员的政治素质要求很高，过去被曾定为机密专业教育，以后才改为按一般高校招生标准招收新生，但德育仍然应该是第一位的。复校初期，校党委即明确指出，“左”倾错误思想要批判，但政治思想工作不能削弱，马列主义教育不能放松，党委领导下的院长负责制不能改变。刘少傥和徐盼秋都主动找孙中山研究会的学生成员做思想工作，进行正面引导。学生会竞选也通过共青团的活动加强领导，在团员青年中开展“五讲四美三热爱”的教育和“学雷锋树新风创三好”的活动，评选先进支部、优秀团员。

校党委深刻地认识到在政法学院加强德育的重要性。刘少傥首先带头，以党委书记名义给全体学生上德育教育的第一课，讲了怎样做一个政法学生，提出对政法大学生政治素质的要求，对他们进行了一次人生观教育。接着他又自告奋勇承担中国近代史课的教学，从鸦片战争讲到抗日战争，进行了一次深刻的爱国主义教育。学校成立德育教研室，把德育教育列为学生的必修课。学校要求政工干部理直气壮地讲党的领导，做学生的政治思想工作，并要求教师上课把思想工作渗透到知识教育中去，寓思想教育于教学活动之中，寓思想熏陶于知识课之内，对培养社会主义法制所需要的合格人才起到了重要作用。

注：

相关素材取自以下著作：

1. 刘少傥：《八十回首》，江苏人民出版社 1996 年版。

2. 童西荣、谭永介主编：《岁月留痕》，上海三联书店 2002 年版。

3. 张智强、徐建主编：《百年漫之》，上海人民出版社 2013 年版。

4.《盼秋归实》编写组：《盼秋归实》。

芳草地　红砖墙　华政园里竞芳菲

“芳草地、红砖墙，百年学子拼搏场；坎坷复坎坷，潮落又潮涨，生生不息如长江……”一曲《明珠之光》，折射出华东政法大学历经的挫折与辉煌，表达了华政人的追求与担当，也使海内外华政学子倍感斗志昂扬。改革开放40年来，华政人在苏州河畔这宁静而美丽的华政园中默默耕耘，历经苦难而矢志不渝、追求卓越。

本文通过对学校发展历程，尤其是改革开放40年来法学教育工作的梳理，展现出学校在教育观念与路径、教学方法、教师队伍建设、人才培养、对外合作与交流、产学研合作、法学教育与实践教学的互动以及对中国法学教育改革方向的探求等多方面所进行的探索与实践。这在一定程度上也反映出中国法学教育从弱到强的发展状况，从侧面展现了我国改革开放40年所取得的历史性成就。

“芳草地、红砖墙，百年学子拼搏场；坎坷复坎坷，潮落又潮涨，生生不息如长江……”悠扬的青春旋律，紧凑的言语辞章，唱出了华政人66载沧桑起伏间矢志不渝的精神气质，表达出“两落三起”里华政人坚忍不拔的昂扬气魄。作为新中国创办的第一批高等政法院校之一，华东政法学院在全国高等院校院系调整之时，崛起于圣约翰大学的旧址之上。曾经的圣约翰大学坐落于苏州河畔，诞生于1905年，是中国第一所现代高等学府和近代著名的综合性大学。1952年6月，经华东军政委员会批准，华东政法学院融复旦大学、南京大学、安徽大学、震旦大学、上海学院、东吴大学法学院6校的法律系于一体，集复旦大学、南京大学、沪江大学、圣约翰大学4校的政治系及沪江大学的社会系而合并组建。1953年9月,厦门大学法律系又并入华东政法学院。一时间,华政园里法律英才荟萃,蔚为大观,在芳草地与红砖墙的映衬间,一颗“法学教育的东方明珠”从此孕育。

一、弦歌不辍,以百年学场积蓄法学教育的明珠殿堂

翻开华政的历史卷轴,从初创时的梵皇渡路到如今的万航渡路1575号,从黑白的记忆到彩色的画风,展开尘封记忆、穿梭历史长河,华政60余载前行之路在我们眼前徐徐展开。

(一)忆往昔峥嵘岁月:与时代同求索、共发展

如果把华政过往的历史看作一幅画卷,细细展开,这画卷又各有其阶段性的特征,因而,我们也可以把66年的历程大致分成四个阶段。

1. 创设与初建时期(1952~1958年,1963~1972年)

伴随新中国法制建设的进程和历史的沧桑变迁,学校经历了“两落三起”的办学历程。1958年,受法律虚无主义的影响,学校并入上海社会科学院;1963年再次筹建,并于1964年招生;由于“文革”的影响而于1966年停止招生,1972年被撤销;在初创的岁月里,学校就立足于政法工作的发展需求,积极贯彻教学改革和司法改革的精神,学习苏联经验,理论联系实际,以适应政法工作的发展和充实政法干部队伍的需要。1952年,时任司法部长史良率团访问苏联,我校徐盼秋老师就随团访问并和苏联进行交流互动。也是从那时起,华政的科学研究就在新中国司法改革的深厚土壤里蓬勃发展。《法学》(原《华东政法学报》)创刊,徐盼秋在发刊词中就强调,“法学教育要百家争鸣”。

2. 复校与进步时期(1979~2000年)

物华天宝而人杰地灵,党的十一届三中全会给我国民主和法制建设带来了春天,也为法学教育带来了希望。学校的发展也迈入了

全新的第二阶段。1979年3月，经国务院批准，最高人民法院、最高人民检察院、公安部和教育部联合发出《关于恢复华东政法学院的通知》，开启了华政人蓬勃奋斗的新篇章。复校筹建伊始，面临校舍教室紧缺、师资匮乏、教材流失等诸多困难，教职工们在大草坪上搭建临时帐篷作为办公室，以果品公司仓库充当大礼堂，开始了新的创业，铸就了自强不息、艰苦奋斗的“帐篷精神”，为后辈留下了宝贵的财富，翻开了学校事业的新历程。在全校师生齐心协力复校的点滴积累中，学校各级基层党组织和广大共产党员发挥了政治核心、先锋模范作用。这一时期，以曹漫之为代表的一代华政人提出了“以教学为中心”“以教师为第一”“以学生为根本”的教育理念，指出“提高学生的全面素质，培养成为国家的栋梁之才”是学校的“最根本任务”，学校的德、智、体教育，要“防止分家”，要全面地抓。早在那一时期，华政人的教育思想与理念，就与新形势下“全员育人、全过程育人、全方位育人”的理念不谋而合。

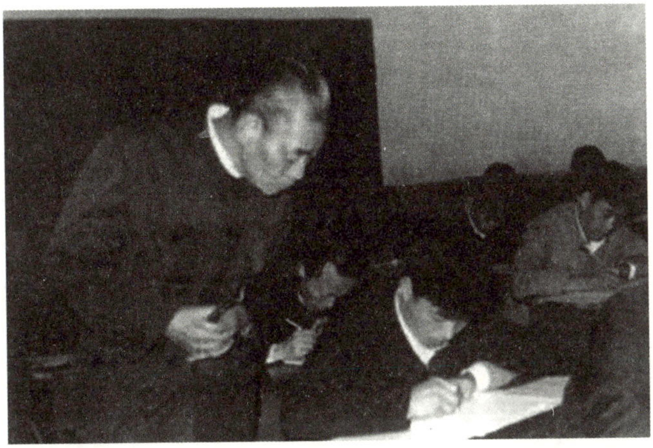

华政复校和发展时期，以曹漫之为代表的一代华政人提出了“以教学为中心”“以教师为第一”“以学生为根本”的教育理念，指出“提高学生的全面素质，培养成为国家的栋梁之才”是学校的“最根本任务”，学校的德、智、体教育，“要防止分家”，要全面地抓

正是在这种教育理念的指引下，华政人励精图治，取得了丰硕的成果：学校专业门类不断扩大，1985 年在单一法学专业的基础上新增经济法、国际经济法、犯罪学 3 个本科专业；学校还成为全国首批硕士学位授予单位，全国首批八所法律硕士专业学位试点单位之一。

在继续教育方面，1981 年学校恢复成人教育，1986 年夜大学正式成立并招生，为社会培养了大量具有法律专业素养的高素质人才。这些成绩的取得，与当时大批教师的卓越奉献密不可分。学校加强师资建设，既保证大批老教师积极归队，为华政恢复办学、尽快开学、发扬优良传统发挥了重要作用，也注重对年轻教师的选拔和培养。1994 年 12 月，时任国际法系主任曹建明教授在中南海怀仁堂为中央领导讲授“国际商贸法律制度及关贸总协定”。自此，中央政治局每年都要举办一至两次法制讲座，并逐渐形成了制度。可以说，曹建明两次中南海讲课拉开了党和国家领导人带头学习法律知识、努力依法行政的序幕。

这一时期，华政不断顺应法学教育要求，确立并巩固了法学学科优势，一批学术刊物先后恢复或创办，特色研究所、室相继成立。

1986 年 10 月 15 日，学校成立青少年犯罪研究所，曹漫之教授受聘担任名誉所长。我校是《上海市青少年保护条例》的发起和起草单位之一，新成立的研究所也为最早研究青少年犯罪问题提供了条件，为国家青少年保护法的制定提供了参考。

同时成立的还有法律古籍整理研究所。早期，古籍所最有代表性的成果便是 130 万字的《唐律疏议译注》和近百万字的《唐大诏令集》；《唐律疏议》是一部宋、元、明、清各代制定和解释封建法律的蓝本，是我国保存至今最系统的封建社会法律著作。其成果出版后，法学界予以高度评价，该书在 1990 年全国优秀图书评选中更荣获出版奖。现在，古籍所每年都会出版《出土文献与法律史研究》。

伴随改革开放的春风扑面而来的，不仅仅是学校在教学、科研等方面的突飞猛进，而且从那时起，华政人就致力于发挥法学资源优势，积极鼓励师生主动参与实践、回馈社会，也成就了许多开创性的工作。1984 年 9 月，上海第一家隶属于政法院校的律师事务所——上海市第四律师事务所正式挂牌成立。以华东政法学院教授、讲师和青年教师中的兼职律师为主体，上海市第四律师事务所坚持为教学科研服务的宗旨成为政法师生理论联系实际的教学、科研基地和为社会提供优质法律服务的重要窗口。1987 年 9 月，《光明日报》头条报道我校教师曹建明提出出租土地给外商在一定期限内开发使用的建议被上海市采纳。曹建明成为最早明确提出这个重大理论和实践问题的学者。1982 年 7 月，《法学》率先就“韩琨案”展开讨论，围绕上海韩琨受聘于乡镇企业，利用工余时间从事有益于社会的劳动取得了一些报酬，这是否构成犯罪的问题提出见解。而后，《光明日报》就此事采访了时任院长徐盼秋。“韩琨案”发生在改革开放起步阶段，《法学》通过对这类案件的深度探讨，引导广大司法工作者在改革开放的伟大实践中拓展新视野，以新的观点来审视改革开放中出现的各种社会关系和经济关系。2016 年 11 月，中共中央办公厅、国务院办公厅印发《关于实行以增加知识价值为导向分配政策的若干意见》，指出允许科研人员和教师依法依规适度兼职兼薪。可见，学校在时代洪流中的前瞻眼光和独到见地。

在改革开放的大背景下，华政人很早就意识到法学教育也要“走出去”和“请进来”，只有与国际接轨才能开辟新天地。学校师生参与多种多样的学术活动，对外交流之路越走越宽，交流层次不断提高。1998 年 6 月 30 日，华东政法学院朱榄叶教授还应美国驻上海领事馆和市府外办的邀请，出席克林顿夫妇与上海法律、教育、文艺和宗教等各界人士进行的题为“构筑二十一世纪的中国”的圆桌座谈会。

3. 发展与跨越时期(2000～2014 年)

迈入 21 世纪,学校迎来了跨越式发展。2003 年,华政松江校区破土动工,学校办学条件、办学规模、办学层次、办学水平有了新的提升。2007 年,学校正式更名为“华东政法大学”。

不论是在哪一个时期,华政人对党的建设、人才培养、科学研究等多方面的工作从来都没有松懈过。2013 年 5 月 29 日,我校召开学校更名大学后的第一次党代会,成立了新一届校党委委员会和纪律检查委员会。以党建为统领,狠抓人才培养,这一时期学校在发展中逐步形成本科教育与研究生教育、人才培养与科学研究、教育教学与社会服务相结合的应用研究型大学格局。在 2002 年、2008 年两次教育部本科教学工作水平评估中均为“优秀”,展现了卓越的人才培养实力。2012 年,学校还成为教育部首批卓越法律人才教育培养基地、上海卓越法律人才培养基地。同样是在这一时期,学校在教育部学位与研究生教育发展中心 2012 年学科评估中,法学一级学科位列全国五强。

把坚定留给自己,为社会奉献责任,在学校继往开来的每个时期,都始终高度重视与社会各界的交流与合作,紧紧把握时代主题,与国家社会发展同呼吸、共命运。2013 年 10 月,华东政法大学中国自由贸易区法律研究院揭牌,成为上海第一家专门研究自贸区法律保障与促进的研究院。自 2004 年起我校已连续 10 余年圆满做好国家司法考试考务、阅卷、命题等工作,参与这样一项重要工作既是学校履行服务社会职责的体现,也是学校教学质量和综合实力的体现。

同样也是在这一阶段,学校精神文明和校园文化建设取得历史性突破。2001 年,学校首次被授予“上海市文明单位”称号。学校还建立了“听证制度”,成为保障师生权益的有效途径。这一制度荣获 2003 年度上海市高校文明创建优秀项目,并受到《人民日报》等媒体的相继报道。

4. 创新与追求时期(2014 年至今)

继往开来、乘势而上、顺势而为,在改革开放不断深化的过程中,华政人在全面依法治国战略的指引下,积极开展综合改革,华政的发展进入了历史"快车道"。2014 年,党的十八届四中全会提出全面推进依法治国,建设中国特色社会主义法治体系,建设社会主义法治国家,学校迎来了新的发展机遇。

华政人始终坚持深入贯彻党的十八大以来党中央关于高校工作的决策部署,牢牢把握正确发展方向,扎实办好中国特色社会主义大学。学校党委积极推进"两学一做"学习教育,高度落实全国高校思想政治工作会议精神,切实加强和改善党的领导。

学校科研活动日趋活跃,学术声誉持续提升。2015 年 10 月 14 日,第二届金砖国家法律论坛在华东政法大学开幕。作为金砖国家法律论坛发起单位、本届论坛承办方,学校以论坛为依托,主动对接国家重大发展战略,大力推进协同创新,致力于金砖国家法律研究、人才培养与培训、构建争端解决机制以及提供跨境贸易法律服务等工作。

2016 年 10 月 26 日,上海市法学会司法研究会在我校成立。在本轮司法改革中,上海成了"排头兵",因而,司法改革的"上海版本"在全国影响很大。为支持和服务上海司法改革,推动司法改革理论与实践问题的应用型研究,上海市法学会依托我校诉讼法学、司法学等学科支撑,共同筹备组建司法研究会。

在服务社会的进程中,学校深化推进协同合作,提供高水准、多面向的社会服务。创办于 1954 年的上海市番禺中学于 2009 年 12 月更名为华东政法大学附属中学,现已成为上海市长宁区实验性示范性学校,荣获"全国特色学校""上海市文明单位""上海市依法治校标兵示范校”等称号。华东政法大学大学生社会法律援助中心成立于1997年11月，是一个以硕、博研究生及高年级法学专业本科生为主体，并聘请校内外知名学者、教授、律师、法官、检察官及校离退休老教师、关心下一代工作委员会老师为常年顾问，面向社会弱势群体提供无偿法律服务的志愿者组织。法律援助中心始终谨奉“以我所学，服务社会，为公平和正义而奋斗”的宗旨，积极为社会的弱势群体和广大群众解疑释惑，排忧解难。

学校始终高度重视精神文明与校园文化建设，积极推进依法治校与民主管理。学校作为“依法治校示范校”，坚持民主管理、校务公开，充分发挥教代会、学代会、研代会和群团组织作用，维护师生合法权益，构建和谐校园。学校已连续18年，蝉联9届上海市文明单位。

学校坚持以立德树人为根本目标，全面服务学生成长与成才。2017年，学校实行书院制教育改革，揭牌成立文伯书院，建立以实体化新生书院为基础的全过程教育体系。文伯书院的成立，标志着我校书院制教育改革计划的正式实施和以人才培养为中心的高等教育综合改革的全面启动。文伯书院是在中国传统书院与国外博雅教育精神基础上设置的书院，通过包括书院制、通识课程体系等在内的教育改革，在实践中探索通识教育、养成教育、专业基础教育与专业提升教育的一体化培养模式。书院坚持“开门办学、开放办学、创新办学”的基本思路，以人才培养改革实践为主要内容，以实体化书院、通识课程体系、导师制和书院社区四大要素为特色，着力解决学生的全面发展与专业培养之间的平衡问题，为学生提供更多自主成长的空间，形成良好的大学氛围。

在第一季的“中国诗词大会”上，我校殷怡航同学勇夺全国总冠军。作为法律学院2013级学生，殷怡航唯书有华，秀于百卉，气质若兰，娴柔似水——这不仅是殷怡航的写照，更是万千华政人追求的目标。学校一直非常注重学生的通识教育和人文素养培育，从百外书社、事是学社等社团百花齐放，到如今学校设立文伯书院，着眼于博雅教育、通识教育、全人教育，“立德”方能“树人”。

2017年3月，华东政法大学代表队荣获第十五届杰赛普（Jessup）国际法模拟法庭中国赛区总冠军。“杰赛普（Jessup）国际法模拟法庭辩论赛”是国际上规模最大、历史最悠久的模拟法庭比赛，被誉为法学界的“奥林匹克竞赛”。这个成绩不仅是我校取得的最好成绩，也是上海市各高校参加该项赛事以来的最好成绩，展现了我校法学实验实践教学先进的教学方法、良好的教学效果与优秀的实验实践师资队伍。

立足于华政自身优质的教育资源，除了本科和研究生教育，学校还形成了多层次、多形式、多功能的学历教育与非学历教育共同协调发展的继续教育办学体系。近年来，全国已有20多个省市自治区公、检、法、司及各级政府部门约40，000余人参加了共计300多个不同内容的培训班。

2016年8月，学校与哈佛商学院成功联办第二期“律所领导力与发展战略——中国课程”。与世界顶级名校哈佛大学联手成功举办课程，也进一步扩大了学校的社会影响力。坚持从“以学生为本”出发，不断完善的学生的成才保障体系。良好的人才培养模式、先进的教育理念、开阔的教育发展视野，一届又一届的毕业生获得了学校的认可，更重要的是，赢得用人单位的青睐和社会各界的赞誉与关注。近年来，毕业生初次就业率稳定在85%以上，年底就业率保持在95%以上，被教育部评为“2014年度全国毕业生就业典型经验高校”。

建校以来，一届届从华政园里走出的莘莘学子，奔赴祖国山川、大江南北，奋战在世界各地，学校培养了一大批高层次法律及管理人才,广大校友为国家经济建设和社会发展作出了积极的贡献。同时,校友关心、回报母校的传统源远流长,广大校友已成为促进学校全面、持续、科学发展的重要力量。学校十分重视校友工作,把校友作为大学人才培养的重要考量和学校教育教学水平的最重要的指标。

打开门来办教育、放眼未来谋发展,在开门、开放的办学理念中,华政人也正以更积极的姿态,构建起国际化的合作网络。还是在这一时期,2015 年 5 月,我校举办“世界知识产权组织中国暑期学校”,这是世界知识产权组织暑期学校首次落户中国。

（二）看今朝共舞风流:与法治同进步、共呼吸

回首过往,尤其是改革开放 40 年的发展,华政人遵循“笃行致知,明德崇法”的校训,发扬“逆境中崛起,忧患中奋进,辉煌中卓越”的精神,已经把学校建设成为一所以法学学科为主,兼有经济学、管理学、文学、工学等学科的办学特色鲜明的多科性大学,成为名副其实的“法学教育的东方明珠”。

回首改革开放 40 年来时路,我们壮志激昂;俯瞰风华正茂的华政园,我们感慨万千。我们交出了无愧于时代的答卷、我们怀着继往开来的豪情,40 年来的发展成果我们如数家珍。学校现有长宁、松江两个校区,占地面积 75 万余平方米;有各类在校生 18,000 余人,教职工 1200 余人;设有 22 个学院(部),170 余个科研机构;拥有法学、公共管理一级学科博士学位授予权、硕士学位授予权,应用经济学、政治学、社会学、马克思主义理论、外国语言文学、新闻传播学一级学科硕士学位授予权,建有 35 个二级学科硕士点、7 个专业硕士学位点、24 个本科专业以及法学博士后流动站;有 1 个国家级重点学科(法律史)、5 个省(部)级重点学科、上海市高峰高原学科各 1 个(法学、公共管理,原为上海市一流学科)。学校积极推进智库培育和建设,提升知识创新和社会服务能力,是最高人民法院自贸区司法研究

基地、上海市教育立法咨询与服务研究基地，中国（上海）自贸区法治创新研究基地、法律文明演进研究是上海市哲学社会科学创新研究基地，华东检察研究院是与最高人民检察院检察理论研究所共建的司法智库研究机构，外国法与比较法研究院、政府体制改革与监管模式创新法治保障研究中心、经济法律战略研究院是上海市普通高校人文社会科学重点研究基地，社会治理研究院是上海市高校知识服务平台。在教育部学位与研究生教育发展中心 2012 年学科评估中，法学一级学科位列全国五强；在 2016 年学科评估中，法学学科被评为 A 级。近五年来，国家社科基金法学类项目、司法部项目立项数多次获得全国第一，国家级重大课题立项数在全国政法高校中居领先地位。

学校现有专任教师 1000 余人，其中，高级专业技术职务教师近 400 人，4 人入选国家“百千万人才工程”，2 人入选国家“万人计划”哲学社会科学领军人才，1 人入选全国“万人计划”教学名师，2 人入选文化名家暨“四个一批”人才，2 人入选“青年长江学者”，13 人享受国务院政府特殊津贴，2 人入选“全国十大杰出中青年法学家”，2 人获评“国家级教学名师”，4 人获评“全国优秀教师”，1 人获评“全国先进工作者”，1 人获得“全国五一劳动奖章”，1 人获评“全国杰出专业技术人才”，1 人获评“全国留学回国先进个人”，1 人任“马工程”首席专家，6 人入选“教育部新世纪优秀人才支持计划”，11 人入选“上海市领军人才”，4 人获评“上海市高等学校教学名师”，8 人获评“上海市优秀中青年法学家”，4 人入选“上海青年东方学者”，18 人获评“曙光学者”，3 人获得“上海市人才发展资金”资助，25 人入选“上海市浦江人才计划”，9 人获评“宝钢教育基金优秀教师奖”。

学校有 2 个国家级教学团队（法律史、经济法学），4 门国家精品课程（外国法制史、中国法制史、经济法学、司法鉴定概论），4 门教育部第一批“国家级精品资源共享课”（经济法学、司法鉴定概论、外国法制史、中国法制史），2 个教育部高等学校特色专业建设点（法学、侦查学），4 个上海高等学校市级教学团队，37 门上海高校市级精品课程，5 个上海市本科教育高地建设项目，1 个教育部“本科教学工程”地方高校第一批本科专业综合改革试点专业（侦查学），2 个“十二五”本科教学工程市级“专业综合改革试点”项目。法学综合实验教学中心为国家级实验教学示范中心，“开放型国际法律人才培养模式创新实验区”为教育部人才培养模式创新实验区建设项目。在 2002 年、2008 年两次教育部本科教学工作水平评估中均为优秀。学校自 1981 年起创办研究生教育，1995 年获批招收法律硕士专业学位研究生，是全国首批试点单位之一。研究生教育基本形成了以法学为核心，经济学、管理学共同发展，学术型学位和专业学位协调共进的“一体两翼”格局。

学校是教育部首批卓越法律人才教育培养基地，上海市卓越法律人才培养基地、卓越新闻传播人才教育培养基地，2016 年入选上海市“市属高校本科教学教师激励计划”试点单位。学校成立文伯书院，启动书院制改革实践，探索通识教育、养成教育、专业基础教育与专业提升教育一体化的培养模式。学生在中国诗词大会、全国大学生英语竞赛、“挑战杯”全国大学生课外学术科技作品竞赛、全国大学生棒垒球联赛等各类学术竞赛、艺术展演、体育比赛等活动中成绩斐然。学校是全国毕业生就业典型经验高校、上海市高校毕业生“三支一扶”计划先进集体，是教育部、上海市高校辅导员培训基地，上海高校心理健康教育与咨询示范中心。

学校国际交流与合作日益深入，先后与近 150 所国（境）外高校、科研机构建立了长期合作关系，有 3 个中外合作办学项目；2013 年，我校获得接收中国政府奖学金来华留学生的资格，2014 年，成为全国接收“中国政府卓越奖学金”7 所高校之一。

学校出版有《法学》《华东政法大学学报》等法学类核心期刊。图书馆藏书 251 万册，中外文报刊近 1300 种，各类数据库 97 个，电子图书 163 万种，是华东地区最大的法律文献中心，中外文法学数据库在全国法律院校中处于领先地位。学校是教育部依法治校示范校、国家级语言文字规范化示范校、上海市文明单位、上海市花园单位，其中松江校区是全国物业管理示范园区。

站在新的起点，学校将抢抓国家教育综合改革的战略机遇期，确立事业发展的“四梁八柱”整体布局，坚持“开门办学、开放办学、创新办学”发展理念，深化“教学立校、学术兴校、人才强校”发展模式，构建“法科一流、多科融合”发展格局，实施“两基地”（高端法律及法学相关学科人才培养基地、法学及相关学科的科学研究基地）、两中心（中外法律文献中心、中国法治战略研究中心）、一平台（“互联网 +”法律大数据平台）发展路径，完善改革举措，推进协同创新，坚持依法治校，强化内涵发展，逐步建成一所国际知名、国内领先，法科一流、多科融合，特色鲜明、创新发展，推动法治文明进步的高水平应用研究型大学和令人向往的高雅学府。

二、薪火相传，以改革之笔书写高等政法院校的责任与担当

党的十八大以来，党对全面推进依法治国，建设一支高素质的法治人才队伍高度重视，提出了一系列的新理论和新举措。特别是 2018 年 5 月 3 日，习近平总书记在视察中国政法大学时发表了重要讲话，围绕建设好法学学科、举办好法学教育、培养好法治人才，落实好全面依法治国战略部署提出要求，充分体现了党中央对落实全面依法治国战略的坚定决心，对全国青年的热切厚望和对政法院校的殷切期待。对高等政法院校来说，如何以立德树人为本，以德法兼修

为要，承担起政法院校作为法治人才培养第一阵地的使命，充分发挥好课堂教学主渠道的作用，以培养推进我国法治建设进程的高素质法治人才，考验着高等政法院校的担当、作为和智慧。

（一）培养高素质法治人才必须坚持以立德树人为导向

立德树人是中国特色社会主义教育事业的核心所在，是培养社会主义合格建设者和可靠接班人的本质要求。青年是最富活力、最具创造性的群体，也是社会历练相对欠缺、思想困惑较多的时期。帮助大学生扣好价值观形成链条的“第一粒扣子”，需要把立德树人摆在人才培养工作的重要位置。在我国传统文化中，历来重视道德的作用，强调“格物致知、诚意正心、修身齐家、治国平天下”的修身路径。坚持立德树人，就必须加强中国特色社会主义理论教育，用马克思主义中国化最新成果武装师生头脑，帮助师生增强道路自信、理论自信、制度自信、文化自信；就必须加强思想道德教育，努力使学生具有高尚的道德情操、深厚的文化底蕴、良好的审美情趣。

（二）法学教育必须坚持社会主义价值立场

随着中国特色社会主义事业不断发展，法治建设将承载更多使命、发挥更重要的作用。全面推进依法治国，带来的将是一场深刻的社会变革和历史变迁。建设法治国家、法治政府、法治社会，实现科学立法、严格执法、公正司法、全民守法，都离不开一支高素质的法治工作队伍。故而，法学教育必须深入研究和解决“为谁教、教什么、教给谁和怎样教”的问题，完善中国特色社会主义法治人才培养体系。

高素质法治人才必然是德法兼修的“四有”人才。德法兼修法治人才应该是培养真心认同、自觉践行社会主义核心价值观的“四有新人”。第一，有过硬的思想政治素质。把思想政治建设放在首位，忠于党、忠于国家、忠于人民、忠于法律，将社会主义核心价值观内化于心、外化于行，这是衡量法治人才素质高低的基本前提。第二，有良好的职业道德和个人良知。职业道德是法治人才的灵魂，其核心是公平与正义，最关键的是廉洁。如果法律人缺乏职业道德，即使他具有精深的法理功底与娴熟的司法技能，也不能算是社会主义法治人才。法律人的人格和良知，是法律正义的保障。法律人只有凭借良知，拥有一颗恒久不变的善心，才能抵御金钱诱惑、权力诱惑，才能做到刚正不阿、秉公执法，成为社会主义法治坚定的守护者和实践者。第三，有坚定的法律信仰和丰富的法学知识以及相关的人文社会科学及自然科学知识储备。当今社会，知识更新换代加快，新事物层出不穷，法律职业也高度细分，高素质的法治人才不仅需要广博的通识知识，更加需要从事一线法律行业所需要的专业知识，还需要法律和其他学科交叉的复合型学科知识背景和结构。第四，有较强的法律实践操作能力。法律的生命力在于实施，法治人才必须具备对社会生活的敏锐观察力、逻辑思维能力、口头表达能力和文字写作能力。除此之外，在大数据时代，法律理性与技术理性的高度融合，使传统司法优势与现代技术优势的碰撞与交融日益凸显，加之法律本身天然的滞后性、原则性，这就要求法律人还必须具有较强的将理论运用到实践中的能力，即将“纸面的法变成生活的法”的能力。

（三）构建具有中国特色的社会主义法学学科体系

当前，高等政法院校面临加快创建中国特色、世界一流法学院校和法学学科的重任，需要加强法学学科体系、学术体系、话语体系、课程体系、教材体系等方面的建设，一些社会急需的新知识、新理论、新技能，在高校里也应有相应课程。要坚持中国问题、世界眼光，对世界上的法治文明成果，既要吸收借鉴，也要加以甄别，有选择地吸收和转化，切忌照搬照抄。同时，要处理好古今关系，要传承中华法系的精华，也要去其糟粕，挖掘历史、把握当代。

（四）发挥法学对我国法治建设进程的理论支撑功能

开展法学基础理论研究，加快建设中国特色社会主义法治话语体系，是社会主义法治文化建设的重大战略任务，是全面建设社会主义法治国家的现实需求。充分发挥法学研究对推进法治建设的基础性作用，通过加强法学理论研究，进一步完善中国特色社会主义法律体系，深入开展社会治理和创新法律问题研究，结合我国法治实践，力争形成在理论上有创新、对实践有指导的研究成果，是时代赋予法学院校和广大法学工作者的光荣使命。

（五）寻求法学学科与马克思主义理论的同频共振

哲学社会科学学科中绝大部分具有鲜明的意识形态属性，法学亦是如此。法学学科中蕴含着丰富的道德思想和人类普遍遵循的道德规范，能够帮助学生明辨是非善恶，形成公平正义、诚信守法、维护国家和公民的正确价值观，能够激发大学生追求高尚的道德情操和精神境界，以潜移默化的形式全方位地提高大学生的思想道德素养，这与马克思主义理论的价值观不谋而合。法学课程不应该是"独角戏"，而是应该深入发掘课程中的思想政治理论教育资源，融入课程思政教育理念，实现与马克思主义理论的同频共振。

（六）高等政法院校应成为弘扬社会主义核心价值观的主渠道

社会主义法治是培育和践行社会主义核心价值观的制度基础。法律的功能在于定分止争、化解矛盾，规范行为、惩罚犯罪、保障人权，维护社会的公平和正义。党的十八大报告立足国家、社会和个人三个维度，凝练出"富强、民主、文明、和谐，自由、平等、公正、法治，爱国、敬业、诚信、友善"社会主义核心价值观，回答了国家层面的价值目标、社会层面的价值取向和公民个人层面的价值准则。树立社会主义核心价值观，离不开社会主义法治精神的支撑作用，高等政法院校要形成一种全员全过程全方位育人的人才培养模式，依托师生互动文化，引导教师深植全员全方位全过程育人的教学理念，通过读书会、网络课堂、坐班答疑、自习辅导、课题参与等多种贴近学生生活的教学渠道，从思想上更好地引领青年学子的成长成才。

三、德法兼修，以立德树人作为教学方法研究、教师队伍建设、人才培养模式建设的核心

立德树人是教育工作的根本之所在。立德树人的核心问题还在于有一支道德情操高尚、业务水平精湛而又富有敬业精神的教师队伍，还在于有一套因材施教、诲人不倦、循循善诱的教育教学方法，从而构建起全方位人才培养的模式。

（一）立德树人、德法兼修，把握社会主义办学方向，是做好教学工作的战略支撑点

习近平总书记在全国高校思想政治工作会议上的重要讲话，深刻回答了“办什么样的大学、怎样办好大学”和“培养什么样的人、怎样培养人、为谁培养人”两方面的重大理论和实践问题，为做好新形势下高校人才培养工作、教育教学工作，指明了方向，提供了遵循。尤其是作为政法院校，在新一轮深化司法体制改革、高等教育综合改革的新浪潮中，法治人才培养要始终高举中国特色社会主义伟大旗帜，牢固把握社会主义办学方向，坚持把立德树人作为中心，培育和弘扬社会主义核心价值观。

1.站稳立场，坚定正确政治方向。不同的时代赋予人们对教育发展终极目标和理想状态的不同理解，体现了一个社会绝大多数人共同维护的教育价值观。党的十九大提出的习近平新时代中国特色社会主义思想，以及关于教育工作的重要论述，赋予中国高等教育理想以丰富的时代内容和思想内涵，为新时期高等学校的发展指明了方向。

站在“两个一百年”的奋斗目标历史交汇期，我国高等教育发展方向要同我国发展的现实目标和未来方向紧密联系在一起：全面贯彻党的教育方针，坚持深化党的全面领导，坚持社会主义办学方向，坚持中国特色，扎根中国办大学，牢牢抓住人才培养的“根”和“魂”。

尽管当前国际国内形势深刻变化，不同思想文化交流交融交锋，社会思潮多元多样多变，但舆论生态越是复杂多元，我们在政治方向上就越要清醒坚定。“千磨万击还坚劲，任尔东西南北风”，唯有这样，才能在思想迷雾和政治风浪面前站稳立场、坚定方向，不犯晕、不迷途、不转向，才能真正成为一个“政治立场坚定的教学工作者”，培养的法治人才才能具备较高的思想政治素质，立场坚定、忠诚可靠，也只有这样，才能确保依法治国走对路，确保法治建设的社会主义特色、中国特色。

2. 提高站位，确立正确育人导向。人才培养是高校使命之核心。高校不仅要传授知识、技能，更要提高站位，把价值引领置于统领人才培养全局的核心地位，深化落实立德树人根本任务和德法兼修根本要求，教育引导青年师生坚定理想信念、树立崇高志向，真正把“软指标”变为“硬约束”。2017 年，是全面深入贯彻落实全国和上海高校思想政治工作会议精神和相关文件要求的关键之年。以习近平同志为核心的党中央高度重视培养中国特色社会主义事业建设者和接班人，将立德树人作为教育发展的根本任务，把“落实立德树人根本任务”写进了党的十九大报告。在 2016 年武汉高等学校工作座谈会上，教育部部长陈宝生同志也谈到高等教育的“四个回归”：高等教育要回归常识、回归本分、回归初心、回归梦想。

学校党委高度重视、牢固树立人才培养中心地位不忘根本、回归初心，围绕“培养什么样的人、如何培养人、为谁培养人”的核心问题，坚持把思想政治工作贯穿教育教学全过程，把“实现全程育人、全方位、全员育人”作为工作准心，将落实立德树人根本任务作为我们一切工作的立足点，始终坚持社会主义办学方向，坚持党的领导，坚持改革创新，坚持立德树人，牢牢把握办好中国特色社会主义大学、办好高等教育、做好高校思想政治工作的根本方向、根本任务、根本动力和根本保证。

3. 强化担当，把握正确工作取向。要牢牢抓住全面提高人才素质这个核心点。把思想政治工作贯穿教育教学全过程，不仅要提高学生的文化水平，而且要培养学生的思想道德素养，围绕“聚人才、育人才、出人才”谋划、开展工作，为培养又红又专、德才兼备、全面发展的中国特色社会主义合格建设者和可靠接班人服务。

要坚持把社会主义核心价值观贯穿于高校办学育人全过程。始终以社会主义核心价值观引领人、感染人，以社会主义法治新理念新文化新风尚塑造人、教育人，推动教学科研与思想政治建设工作相融相通，系统传播中国特色社会主义理论，着力培养忠于党、忠于国家、忠于人民、忠于法律的合格法治人才，不断坚定广大师生对中国特色社会主义的道路自信、理论自信、制度自信、文化自信。

要找准教育教学各个环节的“发力点”和“得分项”。做好高校教育教学工作，要因事而化、因时而进、因势而新，坚持遵循高等教育规律、教书育人规律和学生成长成才规律，积极回应学生的现实关切和思想困惑，让社会主义核心价值观真正影响学生的行为选择，塑造信念坚定的未来政法工作者。

（二）精准发力、突出重点，切实提升教师育德意识和育德能力，是做好教学工作的基本立足点

教育大计，教师为本。高校教师是高等教育事业开展与发展的主体力量，是培养高素质人才队伍的关键，理应以德施教、以德立身，做中国特色社会主义共同理想和中华民族伟大复兴中国梦的积极传

播者。

1. 把好教师的思想政治关。“师者，所以传道授业解惑也”，“传道”是第一位的责任，因此，做好高校教育教学工作，既要研究好学生这个“需求侧”，更要加强教师工作这个“供给侧”。学校在意识形态责任方面要继续抓实抓细，把好教师的思想政治关；教师要“率先垂范、以身作则，引导和帮助学生把握好人生方向，特别是引导和帮助青少年学生扣好人生的第一粒扣子”。具体而言，要注重把好“三个关口”。

要严把“入口关”，除了对新入职教师进行引导，让他们清醒认识自身的角色和肩负的使命外，还要严把引进人才的政治关，把政治标准作为教师聘用的基本标准，避免“吃体制饭，砸体制锅”的现象，从源头上确保教师队伍整体水平。

要严把“考核关”，加强师德师风建设，完善师德规范、教师行为准则、学术行为规范，探索实行“师德一票否决制”；进一步发挥党委教师工作部的作用，把强化教师思想政治工作作为着力重点，重点做好教师思想政治工作和师德建设，加强教师党建工作，促进教师队伍发展。

要严把“底线关”，强化阵地意识，完善课程督查，防范教学事故，牢牢把握意识形态工作主动权、主导权，避免出现教师触碰政治底线、法律底线和道德底线的现象。

2. 加强“课程思政”改革创新。“课程思政”是一种教育理念、理论方法，也是“立德树人”的题中要义，更是高校教师的天然使命。因此，要加快推进“课程思政”改革创新，进一步明确目标和效果导向，使广大教师切实提高思政工作能力和水平，促进高校履行好立德树人根本任务。

一要做好大思政课程衔接。将价值培育、价值引领融入人才培养整体方案、课程体系设计、科学研究、创新创业教育、大学生社会实践和人际交往等方方面面。进一步协同全校哲学社会科学力量，使各类课程与思想政治理论课同向同行，形成协同效应；进一步依托马克思主义理论学科专业优势，与专业课程教育、社会实践等环节相衔接和呼应，把立德树人、规范管理的严格要求与春风化雨、润物无声的灵活方式结合起来，充分营造“全员育人、全程育人、全方位育人”的生动局面。

二要提高教师基本素养。思政课要引导大学生树立正确的世界观、人生观、价值观，让学生能够分辨“是什么，不是什么”；能够用科学理论分析和解答经济社会发展中的现实问题，让学生知其然、更知其所以然。这对思政课教师提出了很高要求。教师只有具备深厚的理论素养和学术积淀，才能把理论问题讲准、讲全、讲透。

三要创新教学方法。可以采用问题链式教学法、案例教学法、体验式学习等，在课堂上模拟现实情境、设置现实问题，引导学生树立正确的价值观；建立健全教师教学发展机构，解决思政课教师在备课、讲课中面临的问题，为教师提供系统的教学方法指导。

（三）遵循规律、改革创新，提升教学研究能力，是做好教学工作的根本切入点

课堂教学是教学工作的有机组成部分，是其重要抓手。应该说，包括教务处、研教院等相关职能部门和各学院围绕提升学生人文素养和综合素质、人才培养模式改革、课程体系建设与优化、课程教学过程的实施与监测等方面作了很多积极探索。因此，我们下一步的工作既要继承和发扬传统工作优势，也要适应时代和实践发展新变化，推进理念思路、内容形式、方法手段创新，增强工作时代感和实效性，从以下“一、二、三、四”四个方面作些探索和实践。

“一”即确定“一个先行”。这也就是规划、制度先行，充分发挥

规划的引领作用和制度的保障作用。在规划方面，我们已经制定的《深化综合改革方案》《“十三五”发展规划》以及《人才培养规划》等，明确了在教育教学方面、人才培养方面所面临的机遇、挑战与不足，同时，也规划了未来建设的路线图、任务书、时间表；在制度方面，通过系统梳理，学校也出台了一系列的规章制度。

在落实规划、执行制度、建立机制的过程中，学校通过对教学工作开展过程中所涉及的全方面、全层次、全要素间的统筹规划，构建体系，集中资源，避免“头痛医头、脚痛医脚”，从源头上化解积弊，于重点处取得突破，有计划、有步骤地实现教育教学的既定目标。发展规划处、教务处、研究生教育院、学生处等部门协同合作，当好引领教学改革发展的“舵手”和“总设计师”。

在工作中，学校还注重总结经验，梳理亮点，特别是把一些教师反响不错的、学生热烈欢迎的做法、活动，不断坚持。同时在制度层面，甚至是规划层面固化下来，为形成可复制、可推广的教学改革经验提供支撑，尽可能地扩大学校发展的平台空间和在新一轮教育教学改革中的贡献力和影响力。

“二”即兼顾“两个课堂”。“守好一段渠，种好责任田。”

一方面，充分发挥课堂教学主渠道作用。不断深化教学内容、丰富教学手段、创新教学方法、改进教学效果，以问题为导向开展专题式教学，倡导集体备课和名师引领，实施教学攻关行动，组织评选优秀教案，开展公开课观摩。使课堂教学的内容和形式不断得到加强、创新，增强教学的吸引力、说服力、感染力。

另一方面，注重深化第二课堂的主载体作用。“第二课堂”是“第一课堂”的增效器，紧紧围绕“高素质、复合式、应用型”人才的培养目标，依托校团委、学生处等特有的组织优势、品牌优势、文化优势，以推进素质拓展为目的，以建设高品位的校园文化建设为抓手，以培养创新实践能力为重点，有力增强教学工作的吸引力、凝聚力、创造力和影响力，为学生的成长成才和学校的科学发展作出积极贡献。

“三”即形成“三股力量”。提高教学业务能力。教学方法和教学手段的改革是教育改革的重要内容，教师要灵活使用适当的教学方法，形成自己教学风格，提高业务水平与能力。

提升学术研究能力。教师不仅要善于教，而且要善于研究教；不仅要培养学生，而且要通过科研培养自己，教研相长。教师始终站在教育教学改革前沿，以创新发展思维来谋划教学工作，更新教学理念、转变教学观念。

同时，促进“教”与“研”的转化能力。在教学中研究，在研究中教学，努力形成教学与科研“互融、互补、互动”的良性关系，不断提高课程智慧、教学智慧、管理智慧。

“四”即落实“四项任务”。

一是加快教材体系建设。教材建设是育人育才的重要依托。既要深入研究“教什么”的问题，也要深入研究“教给谁”“怎样教”的问题。要创新教材编写、推广、使用体制机制，集中骨干力量，统筹优势资源，推出更多高水平教材。

二是增加课堂教学权重。依托教师教学激励计划，各级各类教学比赛，“教学名师”“优秀主讲教师”评选活动等，以赛促教、以赛促研、以赛促建，引导教师敬畏讲台、珍惜讲台、热爱讲台，将更多时间和精力投入到课堂教学上。

三是强化社会和实践育人作用。通过与实务部门、文化单位、居民社区合作，建设第二课堂，增强课程的生动性、实践性；充分利用互联网、大数据和新媒体，开展形式多样的教育，打造学生喜爱的网络教育平台。系统构建课内课外联动、线上线下结合、显性隐性互补的格局，实现教育教学主体“广”、内容“深”、方法“活”、载体“实”。

四是加强、创新和保障好教师队伍及专门力量建设。“仰之弥高，钻之弥坚，瞻之在前，忽焉其后”，为师者之大境界也。华政历来重视教师队伍建设，从国家级、市级教学名师到国家级、市级教学团队等，此外，还包括教学秘书队伍、教辅管理队伍、教学督查队伍等，这些力量都要充分协同好、利用好，充分实现“1+1>2”的效应，打造一支作风硬、素质高、能力强的教学团队和教学管理团队。

(四)以评促建、重在建设，是做好教学工作的关键动力点

从2002年到2008年，再到2018年，每一次教育部本科教学审核评估都是对学校教育教学工作的一次推动。也同样是在2002年和2008年，学校连续两次被评为教育部本科教学工作水平评估优秀学校，2018年的评估刚刚过去，在历次的评估过程中，我们不得不说，以评促建、重在建设已经成为我们教育教学工作的一个重要理念。教育部本科教学工作水平审核评估既是学校对教育教学改革、建设和发展成就的一次系统总结，也是学校整体办学实力、水平、影响力的全面审视和展现，是学校深化教学改革、推进教学建设、强化教学管理的又一次重要机遇，是全校上下必须高度重视、勠力同心、全力以赴的大事。评估的过程，也是华政不断作为、奋勇向前的过程。

1. 以审核评估为契机，明晰新使命。坚持审核评估围绕“人才培养”核心任务，落实立德树人根本出发点，回归教育初心、回归教育本源，将践行社会主义核心价值观贯穿人才培养的全方位全过程，坚持以审核评估作为加快学校转型发展、促进内涵建设的助推器。一方面，通过自查自评、专家诊断、第三方评价摸清家底，把学校的现状、优势以及关键的缺项、短板搞清楚，继而明确下一步的发展思路、努力方向和攻坚重点；另一方面，以此为契机，进一步深化教育教学改革和内部管理体制改革，提升人才培养质量，直面国家对高教强国的

需求导向，落实上海作为国家教育综合改革试验区的战略定位和城市发展目标，努力实现在人才培养、知识服务、文化传承创新等方面的供给侧结构改革，为学校的发展开拓更广阔的空间。

2. 领会思想内涵，明确新要求。具体来说，就是要坚持依法治国，以德为先，以党的十九大精神为引领，落实立德树人根本任务；突出学校内涵建设，突出学校特色发展；着力于科学定位学校办学目标，强化人才培养中心地位，推进质量保障体系建设；围绕人才培养目标与培养效果的达成度、办学定位和人才培养目标与国家和区域经济社会发展需求的适应度、教师和教学资源条件的保障度、教学和质量保障体系运行的有效度、学生和社会用人单位的满意度；秉持“以评促建、以评促改、以评促管、评建结合、重在建设”的20字方针，以“平常心、正常态、学习心、开放态”来迎接审核评估工作。

要坚持实事求是，共同排查问题。在教学管理中要主动查找问题、研究问题、解决问题，采取行之有效的措施狠抓教学质量，推动教学管理与教学科研、教学改革相结合。也要坚持发展眼光，制定长效机制。审核评估会有明确的结束时间点，但是，以评估为契机展开的自我认识、自我管理、自我提升的自主建设的过程是长期性、发展性的。在迎评促建的过程中，要制定长效机制、及时总结经验，以制度建设确保学校的发展始终在一个动态、良性的轨道上。

3. 树立主体意识，肩负新担当。审核评估工作虽然审的是本科教学工作，但评的是学校办学水平，检验的也是全校整体工作，需要全校上下凝聚共识、心系一处。树立主体责任意识。审核评估既是对学校近期教学改革、教学建设、人才培养等整体状况的一次有针对性的检验，也是对学校的办学定位、办学思路、办学条件、师资队伍、科研、管理、服务、校风校貌、校园文化、学生素质等方方面面情况的全面考察；既是对人才培养全环节的整体检验和集中评估，也是学校办学情况的全面总结与审视。通过强化责任意识、担当意识，更要把评估工作统合到常态化工作中去，不仅要把本部门工作同人才培养中心工作统筹起来考虑，主动制定本部门对接审核评估的各项明确而具体的工作方案，而且，要在深入领会，吃透评估精神和指标内涵，做好材料准备和访谈准备的基础上，积极参与学校建设、改革、发展，形成合力。华政的发展已进入“十三五”发展的关键期，华政人正以更加旺盛的斗志、更加振奋的精神、更加务实的态度牢牢把握立德树人的根本，积极投入到学校新一轮的建设发展中。

四、教研并举，以“教学立校、学术兴校、人才强校”的发展模式推动学术、科研工作不断迈上新台阶

习近平总书记在哲学社会科学工作座谈会上指出：“哲学社会科学事业是党和人民的重要事业，哲学社会科学战线是党和人民的重要战线。”高校科研工作在一定程度上承载着繁荣哲学社会科学事业的重要任务和光荣使命，是高校关心好、培养好、使用好校内哲学社会科学工作者的重要途径，也是促进广大教师成为先进思想的倡导者、学术研究的开拓者、社会风尚的引领者、党执政的坚定支持者的坚实基础。无论是在改革开放的初期，还是学校“十三五”建设的历史进程中，学校都牢牢把握学术兴校的基础地位。“十三五”期间更是提出了深化“教学立校、学术兴校、人才强校”发展模式，构建“法科一流、多科融合”发展格局。“学术兴校”作为学校发展模式中重要的一环，充分体现科研工作的重要战略位置，科研工作的发展不仅促进学校“十三五”目标的实现，更能为加快构建中国特色哲学社会科学贡献华政力量。回顾过往、展望未来，华政人不断致力于推动科研学术进步，走出了一条属于自己的特色之路。

(一)把握国家、社会对科研工作的新形势、新要求,树立学校科研推动与管理的新思路、新目标

习近平总书记在哲学社会科学座谈会上指出,“我国哲学社会科学领域还存在一些亟待解决的问题。比如,哲学社会科学发展战略还不十分明确,学科体系、学术体系、话语体系建设水平总体不高,学术原创能力还不强;哲学社会科学训练培养教育体系不健全,学术评价体系不够科学,管理体制和运行机制还不完善;人才队伍总体素质亟待提高,学风方面问题还比较突出”“坚持和发展中国特色社会主义,统筹推进‘五位一体’总体布局和协调推进‘四个全面’战略布局,实现‘两个一百年’奋斗目标、实现中华民族伟大复兴的中国梦,我国哲学社会科学可以也应该大有作为”。对此,华政人始终保有高度的重视与认知。

就法学学科体系建设而言,习近平总书记在考察中国政法大学时指出,“法学学科体系建设要有底气、有自信。要以我为主、兼收并蓄、突出特色,深入研究和解决好为谁教、教什么、教给谁、怎样教的问题,努力以中国智慧、中国实践为世界法治文明建设作出贡献。对世界上的优秀法治文明成果,要积极吸收借鉴,也要加以甄别,有选择地吸收和转化,不能囫囵吞枣、照搬照抄”。学校党委要求广大法学科研工作者要坚持以马克思主义为指导,在法学教育的目标、任务、内容、方式和途径等方面以讲话精神为指引,为加强高素质法学人才培养提供坚实的学科建设支撑。

党的十九大的胜利召开标志着中国特色社会主义进入了新时代,开启了新征程。我国社会主要矛盾已经转化为人民日益增长的美好生活需要和不平衡不充分的发展之间的矛盾。人民对美好生活的需要和向往,给予了我们广大科研工作者更为宽广的研究空间。同时,国家全面依法治国方略的提出,给予了广大法学教师为法治国

家、法治政府、法治社会建言献策更为广阔的天地。华东政法大学十三五规划“两基地、两中心、一平台”的提出，进一步推动“学术兴校”的发展模式，给予了学校广大教师潜心研究，深入探索理论与实践问题的大好机遇。继往开来的华政科研工作者将以更加积极的态度，更加饱满的热情，更加充沛的动力来适应我国社会矛盾的转变，服务于学校科研工作的提能升级。

回顾过去，我们满怀欣喜。华东政法大学的科研工作在全体教师的共同努力下，取得了一定的成果。学校科研项目立项态势稳定，五年来，华东政法大学各类科研项目立项数目稳中有进，各类课题立项数量多次在全国名列前茅。结项工作推动较快，一大批课题在规定时期内顺利结项，一些成果还获得了较高的评价。我校科研成果评奖在上海保持领先态势。目前，学校重大项目已经基本覆盖了法学学科各个领域，法学以外学科也在重大项目申报工作上取得了突破性成绩，总体形势很好。高原高峰学科建设也涌现出了一大批人才和一大批高质量成果。可以说，学校科研综合影响力和知名度显著提高，学校整体科研实力在同类高校中居于领先地位。

（二）牢牢把握科研工作中马克思主义的指导地位

习近平总书记在哲学社会科学座谈会上提出，要坚持和发展中国特色社会主义必须高度重视哲学社会科学，必须坚持马克思主义在我国哲学社会科学领域的指导地位，加快构建中国特色哲学社会科学，加强和改善党对哲学社会科学工作的领导。

新形势下，我国哲学社会科学地位更加重要、任务更加繁重。华政作为一所有一定知名度的政法类高校，面对社会思想观念和价值取向多元、主流和非主流同时并存、社会思潮纷纭激荡的新形势，应当在哲学社会科学工作建设中有所作为。学校党委着眼长远、进一步把牢政治方向，引导全体教师巩固马克思主义在科研工作意识形态领域中的指导地位，积极培育全体教师践行社会主义核心价值观，巩固全党全国各族人民团结奋斗的共同思想基础。为此，学校在“十三五”科研规划中提出“四工程一研究”，即中国特色社会主义法治话语体系建构工程、“司法改革”等重大方略的法律研究工程、学术研究国际化与国际影响力提升工程、“互联网+法律”大数据平台建设工程、中国特色社会主义法治体系研究。通过这“四工程一研究”，力求全体华政科研工作者牢牢把握马克思主义在科研工作意识形态领域的指导地位，实现“十三五”时期学校科研工作的总体目标：着力提高科学研究质量，积极回应社会重大问题，为社会提供优质服务，重点推进协同交叉学科、个性化学科建设，提升学术、社会、决策和国际影响力，搭建有国际影响国内顶尖的重点法学研究基地和法治战略实施平台。学校以科研为支撑，全面助力我校实现建设“一流政法大学”“一流法学学科”“一流法学专业”的目标。

（三）统一思想，提高认识，稳中求进推动我校科研工作迈向新台阶

学科建设对学校发展具有战略性和全局性作用，在学校各项工作中处于龙头地位，科学研究是高校的基本任务之一，是学校建设发展水平的集中体现和社会评价的重要标志之一。做好学校建设和科研工作，其意义尤其在“双一流”国家战略实施的大背景下显得十分重大，具体表现为：一是学校深化综合改革的必然要求；二是推进内涵式发展、提高办学水平的内在需要；三是促进教师成长发展的具体平台。

面对新形势、新要求，华东政法大学始终坚持以稳中求进为基调，继科研项目立项居高之过往，开科研项目质量拔升之将来；继科研项目成果丰硕之过往，开科研项目推介广泛之将来；继重视科研，完善激励政策之往，开全校联动、热情投入科研之来；继一大批新老

教师孜孜不倦、认真科研的主旋律之往，开更多科研工作者参与科研、从事科研的新常态之来。力求以这“四继四开”，推动我校科研工作迈向新台阶，完善我校科研工作的学科体系、学术体系、话语体系、培育体系和学术评价体系；健全管理体制和运行机制，切实提升学术原创能力。以此不断在解决影响我校科研工作发展的突出问题上取得明显进展，在不断探索的过程中，不断夯实科研基础地位、落实科研工作激励机制，推动科研工作的良好进步。

一是激励政策到位。学校在科研管理体制方面积极推动实施重要变革，改革科研奖励机制，创新科研激励机制，主动对标一流大学，推动学校科研工作获得更大的发展和提高。以科研管理规范化体系为主线，保留以往特色经验和好的做法，探索、发展多层次、多类别的科研支持和保障机制；进一步完善相关体制、机制，加大对顶尖学术成果的培育和奖励力度，设立学术奖教金制度、让科研优秀的与教学优秀的一样受到重奖，使大家有获得感。2017 年学校党委常委会决定设立科研杰出贡献奖，对 2013 年至 2017 年度科研成绩突出的教师给予奖励，同时，着力提升学术成果的影响力和竞争力，醇厚学术成果积淀，苦练内功，厚积薄发，多出学术精品。以顶尖成果为品牌，不断提高学校科学研究在社会上的影响力和表现力。未来，学校将在过去的基础上调整改革，创新激励机制，为全校科研工作者更有动力在科研道路上前行提供有力的制度支撑。

二是管理制度到位。完善科研管理体制，促进和规范各种科研活动。华东政法大学从制度入手，做实、做好管理体制，强化科研工作的规范化实施，做好科研活动保障。发挥《科研纲要》的“总开关，总阀门”作用，学校将进一步完善课题全程化管理机制。进一步提高结项质量，继续健全、完善发表境外学术成果评价、支持和保障机制。以获各方面公认的评价学术成果的指标为基本依据，重点参考成果的国际影响力、同行评价结论、产生的社会成效等多方面因素。注重评价参考的“底线思维”。通过建设更加科学合理的评价、支持和保障体系，推动学校教师在境外发表高水平成果，为华东政法大学传播中国法治之声、服务“一带一路”国家战略的目标助力。不断健全、完善适应人文社科研究的学术交流机制，使学术交流真正成为发展学术研究的平台和支撑。进一步做好规划，充分利用现有资源，合理配置学术交流的资金和保障条件，使全校各学院、学科能够得到比较充分和细致的学术交流领域的支撑，从而提高自身研究能力和研究影响；进一步规范学术专著出版工作，加强学术成果出版的监督工作，推动科研论著出版的规范、有序、科学、高效。

三是宣传推介到位。转化推介是项目研究成果推广的重要途径，也是学校、项目参与者提升相关学术领域知名度、美誉度、影响力的重要方式。促进项目研究成果转化，加强相关成果宣传，是学校科研工作的重要任务之一。学校科研工作始终注重聚焦科研成果的应用成效，不断加大科研成果的推广力度、提高科研成果影响力。

20 世纪中叶，以威斯康星大学为代表的美国大学，从大学和大学制度环境的新特点出发，以增强大学对社会的直接服务能力为主题，创造了一种面向市场和社会需求的社会服务型大学制度，即遵循大学自身发展逻辑，处理好大学发展的学术性、自主性与社会需求功利性之间的紧张关系，形成大学与社会之间的良性互动机制，建立大学可持续发展与预期社会需要相适应的理念和制度体系。大学至此从自我封闭到积极融入社会经济、文化发展与需求之中，以真正体现大学学术思想与成果的社会价值，这已成为共识。为此，国家教育部和上海市教卫工作党委出台了《加强上海高校新型智库建设的指导意见》，发挥高校在战略研究、政策建言、人才培养、舆论引导、公共外交等方面的重要智库作用，更好地发挥高校社会服务功能。

习近平总书记在2016年5月17日的哲学社会科学工作座谈会上指出，我国广大哲学社会科学工作者要坚持人民是历史创造者的观点，树立为人民做学问的理想，尊重人民主体地位，聚焦人民实践创造，自觉把个人学术追求同国家和民族发展紧紧联系在一起，努力多出经得起实践、人民、历史检验的研究成果。华东政法大学积极倡导广大科研工作者坚持以总书记重要讲话为指引，聆听时代的声音，回应时代的呼唤，认真研究我国发展和我们党执政面临的重大理论和实践问题，积极提出华政人解决问题的正确思路和有效办法。

首先，通过改进、完善成果规划和智库建设机制，转变理念、创新机制，以效果为目标，注重科研成果质量，扩大学术竞争力和决策影响力。其次，发挥法学、政治学等学科优势，学校积极参与国家、地方立法、社会治理、经济发展等方面的战略部署和中心工作，整合资源，主动推出理论研究成果和调研报告、智库专报。再次，在立足当前基础、全面对接校外资源、加强协同合作方面，学校主动对接全国人大法工委、最高人民法院、最高人民检察院、司法部、国务院法制办、上海市人大、上海市政法系统以及长三角地区的立法机关、司法实务部门、政府法制部门，针对法治战略实施中的重点问题开展智库研究与理论探讨。最后，在借助互联网等新媒体宣传推广科研成果方面，互联网平台是当前最关键的时代背景，在这一背景下，做好、做实相关工作对学校的学科建设和事业发展至关重要。未来，学校还将加大开发力度，研制华政特色的互联网产品，打造服务社会的新领域和新方向；主动接触社会，调研社会各界需求，通过多种形式向不同层次、不同类别的社会主体提供服务和支持；通过研发产品，提高学术成果的转化力度，通过推出产品，提高学术成果的推广力度，同时，也为学校科研机构及学校发展提供支持和保障，形成科学的协同互动机制，推动学校科学研究实践化、经济化、可持续发展。

科研工作是学校发展极端重要的工作，也是高校的重要基本职能。党的十九大已明确提出加快建设中国特色社会主义法治体系、建设社会主义法治国家、发展中国特色社会主义法治理论的重要任务。在华政未来的发展中，华政广大科研工作者也必将高举党的十九大精神伟大旗帜，积极投身到中国特色社会主义法治建设的伟大实践中，贡献“华政智慧”。华政人必将不畏艰辛、不辱使命，继六五芳华硕果累累之过往，开崭新时期朝气蓬勃之未来，共同努力，为实现华政“十三五”目标和科研育人作出新的更大的贡献！

五、立足上海看中国、立足中国看世界，以全球视野、扎根中国推动对外合作与交流

上海“十三五”城市发展战略对法学教育提出了更高要求，上海法学教育应立足上海看中国，立足中国看世界，无论在顶层设计、人才培养还是科学研究发展方面，都要紧跟国际前沿，以更积极、更开放、更国际化的态度办学，提高自身在国内外的知名度和影响力。这不仅是出于上海法学教育服务地方社会经济发展的使命和义务，也是不断提升法学教育质量，实现内涵式发展的重要路径。

华东政法大学作为华东地区乃至全国法学教育的重镇，在上海“十三五”城市发展战略进行结构与体系调整战略目标中应主动争当优化法学学科结构和布局的试验区，积极发挥自身重要作用。国际化是全球教育发展的大趋势，为准确对接国家和社会需求，巩固、提升我校法治与社会治理人才优质培养基地地位，进一步推动我校的国际化程度，在明确定位的基础上，华政上下一致达成两点共识。

首先，国际化是学校特色兴校的重要抓手，是教学、科研、社会服务的基本内涵。华政培养的人才必须具备全球化背景下为国家和上海发展与建设服务的能力，华政的科研也应当逐步在某些领域在国

际上产生影响力，华政应当成为宣传、推广我国法治建设成就的重要基地。

其次，学校不同学科、不同专业的国际化发展目标、路径是不同的。法学、政治学作为我校优势学科，应当选择与境外优质大学、特色大学合作；其他学科、专业应当逐步打开对外合作交流的渠道，寻找与本校水平相当及以上的境外大学进行合作交流。

在这样的共识下，华东政法大学上下齐心，多方联动，共同搭建平台，推动法学教育的国际化。

（一）探索新型中外合作人才培养模式，深化人才培养国际化

“十二五”期间，华东政法大学与境外高校建立了广泛的合作关系，正式签约的境外院校、律所、机构共计135家，分布于35个不同国家与地区。合作区域从以往的东亚、西欧、北美向南亚、中亚、中东欧、南美洲、非洲扩展，与许多国家的一流高校在法学领域建立了正式合作关系。合作方式包括硕士双学位项目、交换生项目、博士交流访学项目、教师交流互访项目、海外实习和培训项目等。

在这基础上，华东政法大学规范现有中外合作办学项目管理制度，理顺管理模式，充分了解国家中外合作办学政策新发展，围绕国家在中外合作办学领域中的重点，积极探索新的中外合作办学模式。在培养专业上，力争从法学专业扩大到非法学专业；在培养层次上，努力实现本科、硕士、博士多层次合作培养；在培养模式上，努力实现课程模块、教学模式的多样性。以孔子学院建设和现有中外合作办学为抓手，在条件适当的情况下，进一步设立海外校园，推进学校境外办学工作。

以培养国家急需高端专业人才为根本，华政人还进一步加大学生赴境外学习、实习选派力度。不断开拓新的接收院校，寻找境外优质院校，努力扩大学生赴国际组织实习的规模。充分理解国家对留

学人员“选、派、管、回、用”的工作机制，加强学生境外学习、实习期间的管理，注重境外学习返回后效益评估。学校全日制学生每年赴境外学习、实习的人数基本在450人左右，其中长期赴境外学习（一学期及以上）和实习（2个月以上）的在学生海外学习总量中占绝大多数，保持在年均350人左右，即占比近80%。自2011年起，获上海市教委专项资助，长期赴境外学习、实习的优秀学生可以获得资助。2014年起，部分项目获批为国家留学基金委“优秀本科生国际交流项目”。值得一提的是，自2013年起，世界知识产权组织的不同部门开始接受我校实习学生。

在来华留学生培养上，优化留学生源类型，从源头抓起，努力提高留学生质量。通过加大国际课程建设，国际师资建设，以留学生教育为抓手，促进自身高等教育水平的不断完善与提高。全面加强与完善汉语言基础教育和中华法治思想文化教育，努力开创留学生教育品牌课程，加强完善留学生校友工作，初步形成留学生教育品牌效益。学校的留学生规模由2010年的510名发展到2015年的838名。2013年，我校获得中国政府奖学金来华留学生资格，截至2015年我校接受中国政府奖学金留学生55人。2013年，我校增补为上海市外国留学生常务理事单位。2014年，学校成为全国接收“中国政府卓越奖学金”6所高校之一。

（二）完善现代人事制度，推动师资国际化

首先，逐年提高新进专业教师中具有境外优质大学博士学位人员的比例，从师资引进这一源头环节提升师资国际化程度。完善教师交流访学制度，鼓励中青年教师赴境外进修培训和参与国际学术活动。完善教师境外访学的管理制度，建立访学成果评估考核制度和激励机制。

其次，进一步优化现有外籍教师结构，扩大外籍教师规模，力争实现各学院均配备外籍教师。外籍教师的教学工作不再局限于语言教学，聘请外籍教师开设专业课程。部分优势学科引进具有国际影响力的外国专家学者来访问讲学，保持“东方学者”“海外名师”等项目人数持续增长。学校对应教委引智项目，设立“重点引智”等项目，形成校级、市级不同层次的、可流动的境外高端学者引进体系。

（三）立足强化课程建设，不断促进课程国际化

以留学生全英文课程建设为抓手，在增加授课课程的同时提升课程质量。在师资培育方面，建立师资海外培训与国际化课程建设之间的链条，同时强调对全英文课程建设师资的评估与导向性政策。加强从课堂国际化，教材国际化到教学方法国际化的全方位课程国际化建设。

在有条件的学院、适当的专业中大力推进本科层面的全英文授课课程体系建设。条件成熟时，可探索国际课程小学期，集中邀请合作院校教师利用学术假期或寒暑假来校进行 4 ~ 8 周相对强化的课堂教学。

（四）打造高端研究中心和论坛基地，助推科研国际化

一是鼓励国际发表。通过研究和完善现有科研考核方案，鼓励和引导教师在国际顶级学术期刊发表学术论文。支持教师参加国际学术会议和开展国际科研合作参加国际学术组织活动。引导和鼓励教师在国外有影响力的学术期刊担任编辑等职务，参与国际学术组织的重要职位的竞聘。

二是建设中外合作研究中心。加强中美老龄问题研究中心和中英商法研究中心建设，以中外合作研究中心为平台，提高科研国际合作水平和层次，推动国际合作发表。“十二五”期间，我校建立了老年社会法研究中心、中英商法研究中心、海外国际金融法律比较研究中心、德国私法研究所国际化平台、港澳台刑事诉讼法学研究中心、国

际航运法律人才海外实习、实践平台和社会工作香港基地等。以上的科研合作中心、基地建设大大促进了我校在国际科研与合作领域的范围和知名度。在此基础上,争取与国外知名院校共建两到三个有国际影响力的高端中外合作研究中心,创新合作体制和机制。

三是不断打造高端学术论坛。以华东政法大学为主导,打造具有国际影响力的机制性的高端学术论坛,形成学术交流的国际品牌,增强我校学术成果的影响力。继续加强金砖国家法律研究院建设,整合国内外学术资源,对接国家战略需求,针对区域经济合作等重大问题展开前瞻性和战略性的研究,产出一批高质量、国际社会认可度高的研究成果,把金砖国家法律研究院建设成为金砖国家法律研究的核心智库和国际交流平台。

(五)优化国际化工作平台,实现管理国际化

国际化工作的推进需要秉持与时俱进的精神,让时代、市场的先进理念与技术为我所用,以更符合国际标准的工作平台协助高校高效走向国际化。"十三五"期间将着力打造以下三类国际化工作平台:信息类工作平台,如英文校园网、国际交流相关微信公众号等,力争实现介绍性信息更新及时、中英文新闻同时外发、校园英文服务信息明确可用;统计类工作平台,主要服务留学生报名、外籍教师注册、学生及教师出国出境报批等,力争实现高效、准确收集统计信息并备案;窗口类工作平台,如国际交流处英文网站、留学华政网站等,力争实现以国际化理念积极宣传我校及中华法政文化,展示我校师生风采和对外交流成果,推动我校"走出去"。

完善留学生学历教育培养方案、培养计划等管理体制。在留学生教育中既注重教学质量,又充分考虑到留学生教育的特殊性,在专业教育的同时,注重对中华思想的传播。加强针对留学生汉语言项目、全英文教学项目、汉语教学等专门项目的管理与教学。理顺各部

门之间在留学生管理体制上的权责。

加强留学生校园文化建设，积极组织各类活动，加强中外学生交流与活动。在提升中国学生跨文化理解力与包容度的同时，进一步推进留学生对中国文化的接收。试行留学生辅导员管理机制，以全面推进留学生校园文化融入。

以留学生教育为抓手，搭建学校海外宣传与推广平台。通过扩大学生海外交换项目，积极参与各种国际教育交流活动，全面提升学校海外教育知名度与影响力。此外，学校的图书馆、后勤、对外宣传、学生文化活动等各个环节的管理工作也充分考虑国际化人才培养和国际科研合作的需求以及外籍教师和留学生学习、生活特殊性，借鉴境外高校先进的管理理念和管理方法，从整体上提升校园管理的国际化水平。

本着这样开放办学的精神，主动适应经济全球化背景下社会对人才的新要求，积极对接国家“一带一路”倡议、“金砖共同体”等重大发展战略以及上海“十三五”规划中提出的将上海基本建成“四个中心”和社会主义现代化国际大都市、形成具有全球影响力的科技创新中心以及海外留学生来华目的地城市之目标，借助“内、外”合力，将我校打造成一所在境外学生中享有较高知名度和认可度的中国政法类院校。“内”是指校内支持，通过出台学校方针政策、建设完整、优质的英文课程、全面提升教职员工的国际化理念，使留学生在我校攻读法律、政治相关专业时能获得具有中华法政文化特色的国际化体验；“外”是指外事和外宣力量，通过优化国际化工作平台帮助我校更积极主动地进行对外宣传，提升我校国际声誉和国际影响力，形成国际交流的良性循环。

此外，境外办学是我校积极参与国家法律外交和传播中华法政文化的有效途径。在积极整合境外办学已有经验、提升我校国际知名度和影响力的基础上，力争在国家重点战略区域寻找具有一定国际知名度和影响力的合作伙伴建立孔子学院或设立海外校园，使境外办学成为我校跻身世界知名政法类院校的又一有力抓手，将法政文化与中华文化相结合，向更多世界友人介绍华政，介绍上海，介绍中国。

六、教考相长，以互动式教学深化法律资格考试与法学教育的双向融通

随着国家司法考试制度的变革深化，司法考试制度调整为国家统一法律职业资格考试制度。华东政法大学从2004年开始就承担起国家司法考试命题、阅卷等方面的工作。学校始终秉承“对考生负责、对法律负责，对国家负责”的态度，对司法部国家司法考试司和国家司法考试中心的新政策新要求，积极探索创新驱动路径，推动组织形式转型升级，并创造性地将新时代“立德树人”根本任务贯彻落实融入我校的司法考试相关工作中。

（一）落实新时代“立德树人”根本任务，朝着法律职业资格考试基地目标，实现法学教育与司法考试制度的互动

司法考试和法律职业资格考试，作为前后接续的从事特定法律职业资格的考试，受到学校的高度重视。在多年的考试工作中，华政师生以“考”促教、以“考”促学，着力于培育“德法兼修”的社会主义法治人才，也从中摸索出实现法学教育与法律职业资格考试良性互动的有效机制。

从教学的角度来看，一是法律职业资格考试制度的推行有力提升了相关教师的教研能力。在命卷、评卷的过程中，教师接触到了大量贴近现实、立意深刻的教学案例，切实提升了自身的理论研究能力，拓展了法学研究的思维方法，激发青年教师教学思考、提升教学科研能力。二是法律职业资格考试进一步丰富了“实践育人”的形

式，经过评卷专家的严格考察筛选，部分优秀博士研究生直接承接阅卷任务，激发了其法学研究的兴趣，促进其法学知识的融会贯通；同时，研究生承担阅卷和志愿者服务工作，也使研究生真正参与到国家法律工作实践，接受国家级重大任务的工作流程和保密纪律培训，利于学生责任担当意识的培养，精准契合我校"德法兼修"人才培养目标。三是有利于推动知行合一，考试服务反哺人才队伍建设。司法考试服务提供了学校考察培育孵化选拔优秀干部的侧面渠道。司法考试工作的政治性、权威性、严肃性决定了其对工作人员选拔的高要求。

在校党委高度重视、各院部统筹协同的良好氛围中，学校的司法考试工作"多点开花"，赢得了业界声望和社会认可，同时对学校的教学科研起到了积极的作用。毕业生学生的司考及格率连续9年在上海市名列前茅；教师参与题库建设命题优秀率居5大高校之首，并且，有优秀老师出任最后命题人；学校成为全国第一个成功实现考务社会化服务的案例。

（二）厘清分歧与对立，助推法律人才培养

法律职业资格考试是由国家统一组织的从事特定法律职业的资格考试，而法律人才的培养则是为社会造就高素质的法律专门人才，它不仅培养特定的法律职业者，如法官、检察官、律师等法律家，还培养专业立法者、法律教育者、法律研究者等法学家，两者之间存在诸多差异。

第一，存在的性质和目的不同。法律人才的培养是国家高等教育的特殊使命。高素质的法律人才必须是具有高尚品德和完整人格、具有坚实马克思主义法学理论基础，系统掌握法律知识和综合知识并具有创新意识与创新能力的，身体健康的复合型的法学应用人才。相关司法考试的目的则在于建立和统一国家司法考试制度，提高和保障法官、检察官和律师队伍素质，为特定的法律职业选拔高级的专门人才，其是法律职业的准入资格考试。

第二，采用的原则和方式不同。法律人才的培养必须体现与遵循教师主导、学生主体和因材施教的原则。法律人才的培养不是一蹴而就，而是有步骤、渐进式的培养，基于学生的理论基础和认知能力，由浅入深展开的。而相关司法考试在考试时间和考试内容上有所制约。

第三，专业内容和稳定程度不同。法律人才的培养，从课程设计来看，具有很强的规律性和相对的稳定性。而相关司法考试则因其政策性较强而显可变性较大。

第四，实施主体和参与主体不同。法律人才培养的实施和参与主体有教学行政部门、学校和教师。司法考试的实施和参与主体主要是司法机关及其司法行政部门。

（三）法律资格考试深刻影响对法律人才的培养

我国法律教育与法律职业的脱节分离，致使法律教育尚未形成相对成熟稳定的运作模式。相关司法考试制度的确立，不仅为法律职业共同体的塑造创造了有利条件，也为法律人才的培养机制和改革重塑作出了某种昭示。为此，法律人才培养应当以此为契机，确立相对稳定和科学的培养模式，建立合理的人才层次结构，完善教学内容和实践环节，以进一步适应法律职业的需求。

第一，定位人才培养目标。对于法律教育的培养目标，学术界有三种观点：精英教育说、职业教育说和通识教育说。在这三种观点相持不下时，司法考试或者说法律职业资格考试为法律人才的培养目标提供了答案：我国的法律教育应当培养崇尚法治、具有现代法治意识的应用型法律从业者。他们应当具备这样三个方面的职业素质：一是扎实的法学理论基础和丰富的社会知识，实现法律人才培养从塑造“法律工匠”到造就具有“法的精神”的高素质法律职业者的转变;二是现代意识和高尚的道德素养,培养学生崇尚法律、忠诚法律,引导学生养成公正刚直、真诚宽容的职业道德品质,帮助学生树立依法治国和司法独立的法治理念;三是娴熟的法律技术和全面的综合能力,“听说思写辩”是法律从业者所应具备的职业技术素质,口笔表达能力,社交能力,适应能力,吃苦耐劳精神等历来都是法科学生应有的技术和能力。明确了法律人才的培养目标,国家的法律教育方可定位,并将围绕着培养目标实现法治国家的最终理想。

第二,转变人才培养理念。在世界各国的法律教育中,普遍都有职业教育这一环节,或者就直接把法律人才的培养定位为职业教育。当前,我国法律人才的培养还没有形成职业化,更多的是注重法学理论的阐述和条文的注释。然而,法学从其根本上说应当是一门实践性学科,解决现实问题并形成普遍的规则是其第一要义。由于我国的法科学生主要是从高中毕业生中招收的,知识结构尚不完善,且并非所有的法科学生都能够或愿意从事法律职业,过早地进行职业教育,容易导致思维定式和视野狭隘;而对于法律职业者来说,不但要掌握熟练的法律技术,更要有敏捷的思维和开阔的视野。因而,在观念上应当明确,法律人才的培养是由通识教育和职业教育两个阶段组成,即通识教育和职业教育分别由法律院校和司法实践部门承担——打算从事法律职业的法科学生,必须在通过司法考试接受相应的职业培训并经再次考核后方有资格从事法律职业。国外实践证明,法律人才分阶段地培养,既有利于法律从业者形成共同的法律思维和行为方式,也有利于进一步提高法律从业者在具体情境中运用法律技术的能力。

第三,更新教学内容、教学方法和教学手段。课程的教学内容实际上是指某一课程所传授的知识、技能和价值观念。近年来,社会的法治环境得到加强，中西方法律文化相对融合，经济全球一体化趋势日益明显，从中体现出来的法治思想、法律科学，都应当纳入教学课程。现代社会中，教师不可能成为学生的百科全书，而应该是学生的向导，引导学生有重点、有目标地思考和阅读。权威式、说教式的灌输应当让位于师生对话式的互动。合格的法律人才，不是被动地接受具体的法律规范，而是运用知识，对法律进行批判性的理解和对法治未来走向进行探索。因此，培养法律人才应当着重对学生的判断能力、思辨能力和独立思考能力等方面加强培训，激励学生思考问题，从而独立地解决问题。“教师不应当是拿出现成真理的人。”在传授法律知识的同时，实务训练不可忽视，应当适时地让学生参与对典型判例的分析探讨，促使学生掌握处理社会矛盾的方法，增强司法实务操作能力。科学技术的发展赋予了法律人才培养崭新而有利的手段，课堂、学校已不再是知识的唯一来源，网络、宽带、声像的发展，使知识可以通过课堂和学术以外的多种场合获得。科学技术手段的采用，可以帮助教师从机械的教学手段中解脱出来，也可以帮助学生扩大知识领域，缩小教育与实践的空间。

第四，优化人才培养资源。法律教育的快速发展，一方面反映了市场经济的客观要求，另一方面也体现了片面追求经济利益的非理性因素。过快的发展速度以及有限的资源使法律教育在总体上一直停留在粗放的经营水平上。法律职业资格考试出台，提高了法律职业的进入标准，也向乱铺摊子、品种繁多的法律教育提出了挑战。

法律职业资格考试与法律人才培养相互影响，相互促进。法律人才的培养基础是先导，法学本科是司法考试的人才库，没有法学本科，相关职业资格考试就缺乏充足的优秀应试者。法律教育的发展必然促进法律职业资格考试的繁荣，并推进法律职业资格考试制度的不断完善。同样，相关考试也为法律人才的培养提供了新的发展契机，法律职业资格考试有助于法律人才培养目标的确立，有助于法律人才培养结构模式的选择。追求两者的良性互动，要实现两者的对立统一，为培养和造就我国高素质法律职业群体实现双赢。

七、落实“立德树人”根本任务，推动法学教育在与法学实践的联动中不断发展

习近平总书记在中国政法大学的讲话中指出，政法院校在育人过程中要“处理好知识教学和实践教学的关系……将实际工作部门的优质实践教学资源引进高校，加强法学教育、法学研究工作者和法治实际工作者之间的交流”。在当前这个宝贵的战略发展期，华政抢抓国家实施“双一流”建设的发展机遇，坚持“开门办学、开放办学、创新办学”的发展理念，深入实施“两基地、两中心、一平台”发展战略，不断探索政产学研联合培养的育人路径。

截至目前，最高人民法院在学校设立了知识产权司法保护理论研究基地、国际司法协助研究基地、自贸区司法研究基地。最高人民检察院检察理论研究所、华东地区六省一市检察机关和学校共建成立了华东检察研究院，经过一年多的建设，研究院作为高校智库入选首批中国智库索引（CTTI）来源智库。此外，2017 年 6 月，“互联网+法律”大数据平台正式上线，作为首个由政法高校建立的互联网法律服务平台，它通过“法问”“法库”“法例”三朵“云”整合线上法律服务资源，强化了高校社会服务功能，创新了共享发展生态，成为促进协同，推动学校与社会各界构建“共建共享”新型合作关系的重要实践。

这些长期合作协议的签订，是华东政法大学对习总书记关于“扎根中国大地办世界一流大学”指示精神的进一步贯彻落实，是在推动全面依法治国战略、服务国家司法体制改革和建设方面的互利共赢

的积极探索和重要举措。在合作的过程中,华东政法大学力争志在长远、做在常态、务求实效。

第一,志在长远。它包含两个方面的意义。一是立意要高。用顾维钧先生的话说,“是民众,是整个国家把我们推到一个历史的坐标位”。学校的学术研究、人才培养、社会服务等工作都必须体现政法院校在社会主义法治事业建设进程中的时代使命和责任担当。二是要坚持长期性、长效性、持续性的合作理念。习近平总书记讲道,“一张好的蓝图要一干到底”。合作协议的签订,就是画好了双方共建发展的蓝图和施工图,华政定会坚持不懈,有始有终。

第二,做在常态。春申君黄歇讲,“始之易,终之难”。华政相关院、部以协议中重大事项咨询决策、业务交流与研讨协作、复合型人才培养机制建设等基本内容为抓手,不断探索和深化常态合作机制,常来常往,常做常新,真正做到“流水不腐,户枢不蠹”。

第三,务求实效。对于华政来说,办大学既要“顶天”,敢于面向世界发展前沿;又要“立地”,善于、勤于面向本土发展需求,致力于服务国家和地方战略实施。对于具体的合作单位来说,既是社会主义司法实践的前沿阵地,也是法治中国建设的重要载体;既是法律人才的需求方、使用方,也是法律人才的培养基地。因此,作为事业共同体,命运共同体,战略合作协议绝不能是中看不中用的“花架子”“空架子”。华政致力于利用法学理论丰富、学科体系健全、师资力量雄厚的优势,将合作内容做细做实,服务地方建设,服务法院改革与发展。

八、培养依法治国法律人才,践行全面依法治国推动中国法学教育改革进步

2017 年 10 月 18 日,习近平总书记在党的十九大报告中指出,深

化依法治国实践。全面依法治国不仅是“四个全面”重大战略的重要组成部分，而且是协调推进“四个全面”重大战略的基础和法治保障。全面依法治国离不开法学人才的培养，离不开法治精神的深化，如何在新的历史机遇期进一步完善法律人才培养体系建设，进一步推动和加强法学教育改革呢？

第一，高起点的“加法”，即“法学 + 人文社科”。法学人才的培养应当立足于专业化的法学教育与复合型的人文社科知识和情怀为基础。从高起点开局、高站位推进、高水平发展为法学人才的培养提供了坚实支撑。

第二，特色化的“减法”。特色是行业高校的生存之本，“协同”不等于“趋同”，在以往规模化的发展模式下，“趋同”和“去行业化”成为主流；法学教育只有在提升内涵质量的发展过程中坚持特色发展路径，做精、做深、做强特色学科，以特色谋发展、以特色创优势、以特色创一流，才能培养出适合各方面需求，着眼于社会发展行业特点的法学教育新思路与人才。

第三，国际化的“乘法”。法学教育的发展离不开开放、包容的发展路径，扎根中国大地、立足本土、放眼世界，才能在法学人才培养中孕育出具有国际化视野、符合依法治国需求的法律实务和研究人才、实现法学建设的全面提升。

法学教育是国家法治发展的基础。当前，法治中国建设不断推进，司法体制改革、法律职业资格制度改革持续深入。高校作为法学教育的主体，作为法治人才的培养方和供给方，自当顺应时代趋势、回应国家需求，携手建设一流的法学学科，造就更多的一流法治人才。关于法学教育改革、法治人才培养机制创新，应当从以下三个方面着力加强。

一是加强厚基础、宽口径的通识教育。法律职业需要面对社会的方方面面、各个角落，并在其中论断是非、张扬正义。因此，法律人不能只是“法律工匠”，而需要以宽厚的社会知识和人文情怀作为支撑，才能有足够的思想穿透力去完成法治使命。培养复合型法治人才，不仅是指人才培养的方式方法创新，更重要的是法治人才培养思维和理念创新。这就要求我们改革课程体系、整合跨学科资源，依托法学与其他学科的交叉融合，为法科生提供人文、社科乃至自然科学的通识教育，帮助他们拓宽知识面、滋养人文精神，培育懂政治、持正义、能应变、善创造的基本素养，为成为能够面对未知挑战、具备思考和处理能力的跨界法治人才打下坚实基础。

二是加强与社会需求对接的职业教育。通识教育和职业教育实际上是法学教育实践的两条路径，是法学教育目的论的两个方向。2017 年年底《关于完善国家统一法律职业资格制度的意见》出台，又一次引发了对两条路线的讨论。究其实质，两者之间不是非此即彼的关系。我们要适应法治人才需求结构的变化，通过完善法律实务部门深度融入法治人才培养全过程的体制机制设计，打造开放包容、多元参与的法学教育框架体系。比如，与实务部门对接，建立职业实训平台、开发职业实践课程，针对学生未来可能从事的职业类型进行分类培养，增强教学和实践的关联性、匹配度，做到概念和案例结合、问题和主义结合、理论和实践结合，培养与专业化、职业化、正规化要求相符的法治人才。

三是注重培育具有全球化视野的法治人才。经济全球化、世界格局的变化为法学教育提供了更大的发展空间。随着开放力度的持续加大，我们国家在国际舞台上扮演的角色越来越重要，涉外法律服务必然进一步常态化，在很多情况下国家利益需要通过法律途径来维护，中国法律人也将进一步参与国际法律规则的制定。在此背景下，法学院校不应仅瞄准国内一流标准，专业发展要和国际标准对标，学科建设要敢于对比国际同行，培养的法治人才当有国际竞争力和影响力。我们要继续推进国际化办学，通过与国外一流高校合作办学、与国际法律组织共建共赢、举办或参加高水平的学术会议和行业峰会，推动师资国际化、课程国际化、学生国际化，并最终形成现代的、开放的、国际化的法学教育。

忆往昔　华政情缘

党的十一届三中全会为我国民主和法制建设带来了春天，为法学教育带来了希望。1979 年 3 月，经国务院批准，最高人民法院、最高人民检察院、公安部和教育部联合发出《关于恢复华东政法学院的通知》。华东政法学院恢复筹建，学校再次获得新生。

沐浴着改革开放的春风，复校后的华政快速恢复、重建，为我国法学教育的复兴、法治建设的发展作出贡献。学校的发展离不开一代代"忧患中奋进"的华政人，离不开在"帐篷精神"的支持下走出一片天地、创出一番事业的华政人。忆往昔峥嵘岁月，值此改革开放 40 周年之际，我们特意邀请 4 位我校著名教授，回忆复校初期的那些历史、那些岁月，那些人、那些事……

曹建明*

岁月可以远逝，但岁月却为我们镌刻下了无法抹去的深深的印痕。

岁月，是一种生命的历程。悠悠五十载，华政经历了许多人和事，华政经历了天翻地覆。作为华政第三次复校后的首届本科生，我有幸与华政同行了 20 年，在历史久远的韬奋楼、东风楼、四十号

* 1955 年 9 月生，江苏南通人，1972 年 12 月参加工作，1973 年 12 月加入中国共产党，华东政法学院国际法系国际法专业毕业，法学硕士，教授。现任中共十九届中央委员，十三届全国人大常委会副委员长。

楼……踏着层层叠叠的前辈们厚实的足印，我由一个经历浅显的莘莘学子成长为一名传道授业的大学教师。7 年的求学生涯，永远难忘郑兆璜、王召棠、徐铁民、武汉、陈鹏生、苏惠渔、徐建、陈业精、俞子清、龙觉怀、胡文治、黄重圭、范关坤、黄勤学、雷裕宁、胡韵琴等一大批恩师们无私的教诲和舔犊的心血，一次又一次翻阅着手中的书稿，如同翻阅着生命的历程，前辈的回忆与期望、恩师的治学与求索，一页页一幕幕如同昨日，清晰而又亲切。感谢改革开放，使我有幸与华政相约，经历了人生最富色彩的一页。感谢华政，使我有幸与恩师结缘，受之于渔，汲取着一生受用的最宝贵的精神食粮。

岁月，是一种精髓的积淀。华政的年轮不长，但却曲折而坎坷。华政是一部历史教科书，见证着中国法治的进步和发展。华政的"三起两落"，伴随着共和国法制发展的历程而兴衰存亡。"三起两落"的风风雨雨，记录了魏文伯、郑文卿、雷经天、徐盼秋、曹漫之等老院长创业的艰辛；菁菁华政园的角角落落，留下了刘少傥、陈天池、庄咏文、史焕章、陆庆仁等老领导淡墨清香的治校痕迹；雷经天、曹漫之等老一辈院领导悲歌瑰丽的人生影响了整整几代华政人。一次又一次注视着这些熟悉的名字，一次又一次默念着这些真实的文字，犹如捧读华政的历史，与华政进行着心灵的对话，与书中的人和物一起经历着华政 50 年的沧桑和辉煌。岁月会抚平历经的沧桑，岁月也会彰显积淀精髓。但我们永远不会忘记，历史的丰碑将在心中永矗。

岁月，是一种精神的象征。从叱咤风云的人生到花开淡墨的留香，从风风雨雨的创业到漫漫求索的艰辛，绯红的砖墙嵌入了华政特有的韵味，摄取了华政独特的影像；从薪火的代代传承到任重道远的谆谆嘱托，从朝气蓬勃的激情岁月到夕阳多彩的桑榆晚晴。这，就是华政人。悠扬的韬奋钟声催促着华政人奋进的脚步，诠释着华政人难以释怀的荣校情结。华政从蹒跚起步到辉煌发展，从幼稚嫩苗到成熟练达。大草坪上搭帐篷为办公室,果品仓库作大礼堂,一排排临时教室,一份份油印教材,华政人是在强烈的精神支持下走出一片天地创出一番事业的。这是一种逆境中崛起、忧患中奋进、辉煌中卓越的精神。这是一种历经几代华政人积累传承弘扬的精神。岁月为我们镌刻下经历、积淀下精髓,也为我们保存下独特的华政精神。我们要永远弘扬这种精神,我们永远为自己是华政人而骄傲。

——节选自曹建明《岁月留痕(序)》

苏惠渔*

"忠诚教育事业,献身法制建设。"这便是苏惠渔教授的座右铭。

"人们说我是专家、学者、领导,我却始终不渝地认为,我首先是教师,我把我的一腔深情给了我的学生——这些可爱的孩子们,因为我国的法制建设太需要人才了……"法苑育苗,百年树人。"一往情深育英才"已成为苏教授扎根于胸的一种历史责任,因为他珍惜、珍爱那光荣、神圣又沉甸甸的"教师"称号。回首往事,感慨万分,苏教授心中的万般甘苦感绝非旁人可轻易体会。

1979 年华政复校,在先前那段风云突变的日子里始终不肯放弃"教籍"的苏教授就像"士兵"重返"战场"一般,毅然放弃去日本深造的机会,从复旦大学回到他几番魂牵梦萦的华政,踏上讲坛,重执教鞭,参加了刑法教研室的组建和领导工作。

---

* 1934 年 10 月生,刑法学教授,北京大学法律系毕业,长期从事刑法学教学和研究工作。曾任上海市法学会副会长、中国刑法学研究会副会长及顾问、上海市警察学会副会长、上海市刑事侦查学会副会长等职。1993 年获国务院政府特殊津贴。论著丰富,曾获评上海市高校优秀教师、当代中国法学名家,并被列入"影响中国法治建设进程的百位法学家"。曾参加林彪、江青两案审理的辩护工作,卓有成效地完成了刑事辩护人工作。

他热爱教育事业，重视课堂教学。他的讲学以逻辑严密、抑扬顿挫、语句流畅、深入浅出、诙谐生动为独特风格。他在重视刑法理论问题研究的同时，强调该学科具有很强的实践性，指出法学理论是为司法实践服务的，教学、科研都应植根于司法实践的土壤中，因此，不能坐而论道。他一方面及时关注理论界的学术动态，另一方面，注意与司法实际部门保持紧密的联系和良好的合作关系。在研究生课程设置方面，他安排大量实践性内容，更一改传统“一言堂”的讲授方式，采用平等切磋的“自述—讨论—总结”型教学方法。他的这一教学思想同时也带进了刑法学本科教学，在他与同事的努力下，华政刑法学理论教研室于 1982 年越出传统刑法学理论体系的构架，创造性地开设了案例评述课，深受学生欢迎，也得到了司法部和当时国家教育部的肯定。倡导实践的苏教授身体力行，他擅长于运用刑法理论解析疑难案例，得出的结论一般都有极强的说服力，所以，司法部门的同志把他称为“为疑难复杂要案‘会诊’的老专家”。在他的影响下，华政的刑法专业以务实见长，注重应用，善于观察现实条件下各种犯罪行为和发展、变化规律，重视理论的实用性和可行性，逐渐形成了以实践为目的的教学、科研和实践三结合的治学风格。

作为学科带头人，作为一名刑法学专家，苏教授认为，高水平的学术成果是深厚的理论功底、丰富的实践经验和敏锐的政治洞察力的高度结合。因此，刑法学者既要进行宏观课题的深入研究，也应进行微观探索，及时洞悉实际部门在具体应用刑事法律过程中所遇到的各种新情况，从中抽象出系统的根本性问题，进而有的放矢地组织多层次、多角度的专题讨论。1980 年，我国第一部新刑法实施后不久，苏教授有感于我国刑法学界对犯罪构成理论研究的不足，与另一位教授合写了长达 15,000 字的长篇专论《略论我国刑法中的犯罪构成》。该文首次全面系统地分析论证了我国刑法规范所体现的犯罪构成理论，引起了刑法学界的广泛关注，并获得了上海市高校哲学社会科学研究（1976～1982 年）优秀成果论文奖。

苏教授一贯秉着“学术必须与实践相结合”的学术研究思想，运用科学的方法展开学术研究，他在理论上有独到见解，且擅长剖析、论证疑难案件，对案件的定罪量刑起到了指导作用。

“文化大革命”结束后，国家法治极度缺失，法治人才凋敝不堪，社会事业百废待兴。1980 年，全国人大设立特别法庭、特别检察庭，对林彪、江青反革命集团主犯的犯罪活动进行侦察、起诉、审判。“两案”指导委员会决定公开审判中应有辩护律师，我院教师苏惠渔受委托，担任李作鹏的辩护律师。林彪、“四人帮”一伙人倒行逆施、罪行累累，深为全国人民所痛恨，苏教授克服了感情上的障碍，根据事实和法律提出了有利于被告人的辩护意见，获得了特别法庭的采纳。

此次历史性的审判，成为我国法制建设的里程碑，宣告了我国律师制度的恢复，宣传了社会主义律师制度，树立了刑事被告人有权获得辩护的范例，成为我国拨乱反正以来依法办案的典范。

1986 年，他作为我国第一位赴西德讲授中国法律制度的教授，成为两国关系史上“零”的突破者。他利用此次机会宣传我国法制建设新成就，所作讲座、报告引起了鲁尔大学学生的浓厚兴趣，被当地媒界誉为“很了解中国的过去，也很了解中国现在的学者”。他的访问增进了两国法学界的相互了解，扩大了中国法学界的影响，为中国法学界走向世界作出了贡献。

——节选自杨轶菡对苏教授的采写文章《情系讲坛 身献法苑——记苏惠渔教授》

原刊于《风华岁月》

徐　建*

党的十一届三中全会重新确立实践是检验真理标准的路线，拨乱反正，由中央主要领导批阅、支持恢复华东政法学院。在改革开放、建立社会主义市场经济、高等学校改革创新的新形势下，华政抓住机遇，师生拼搏，深化改革，创特色，建立起自己的品牌地位。

第二次复校后的华政走过了一条艰辛的创业道路，进行了一系列开拓性的重要变革，有几件事是应载入史册的。

一是打破单一政法学科，不设系科的格局。党的十一届三中全会提出加强民主与法制的治国战略方针，我国出现了法学的春天。徐盼秋、曹漫之、李润玉等院领导有发展战略远见，认为国家从以阶级斗争为纲转到以经济建设为中心，社会变革与经济建设的急剧发展，原来政法学院的老模式无法适应现实的需要。居安思危，从80年代初复校招收的第一届学生刚升到二年级不久，学校领导就根据国家发展的需要，结合国内外的经验与自身的特点，开始着手组织研究并试行分专业、建系科。这意味着学校从体制、管理都有很大的变化，当时意见颇分歧，上面也不十分支持。院领导一面充分听取各种意见，反复论证，同时果断改革，稳妥而有步骤地推进，从分四个专业班(其中一个是青少年犯罪研究专业班)到建立四个系，为今后建立以政法为重点的综合性大学准备了条件。这种与时俱进、开拓创新的精神，为我院近20年的扩大发展奠定了重要基础。

---

* 1934年3月生，犯罪学教授，华东政法学院毕业，长期从事刑事法学、犯罪学教学和研究工作。曾任我校青少年犯罪研究所所长、《青少年犯罪问题》杂志主编，并担任中国青少年犯罪研究学会第二会长，现为全国检察机关未成年人检察顾问、上海市预防青少年犯罪研究会会长。1996年获国务院政府特殊津贴。曾获中国青少年研究突出贡献奖等奖项，与长宁区人民法院合作创建我国第一个少年法庭，组织并参与起草制定我国第一部保护青少年的地方性法规。

二是放眼世界，放眼未来，提高办学层次，提高教学与科研水平。尽管复校后任务艰巨，学校依靠教职员工的能力与积极性，建立与扩大硕士点，率先开办暑期留学生班，支持科研走上国际学术讲台等，其中许多开拓是要有眼光与勇气的。我在开拓青少年犯罪新学科上没有学校领导的支持、鼓励也是不可能有成就的。老院长曹漫之多次教导我，我国的犯罪与青少年犯罪研究应该有高水平的研究成果，国际学术讲台要有我们的声音。只要我们取得一点小小的成绩，老院长就会鼓励我们。

三是建立我院学科特色，培养年轻有为的专家、教授。一个大学没有自己的学科特色是闯不出名牌的，而这又离不开权威的、有学术建树的学者、专家。复校后的历届领导都充分认识到，一定要抓住改革开放形势，以上海这个国际大都市为依托，建立新的学科，形成学科特色。我院的国际法系、经济法系、青少年犯罪研究所、港澳台研究所等都是这十几年来改革和开拓战略的积极成果，并培养了一批有关学科的带头人、有权威的专家，以及一支年轻的教授队伍。

我从上海市科委调回学校后，一面开讲《刑事侦查学》，同时鉴于我国青少年犯罪大幅度上升、严重危害社会的态势，我极其关注日趋严重的犯罪与青少年犯罪问题，作了一些初步的研究。我的一些想法首先得到曹漫之副院长（时任）的赞扬与肯定，继而又得到徐盼秋院长（时任）、李润玉副院长（时任）等领导的热情关怀和支持，在全校范围内组织几百名学生和几十名教师，在全市甚至外省市，连续几年开展青少年犯罪问题的社会调查。曹漫之同志明确要求调查研究3000个青少年犯罪的案例，要敢为全国先，研究规律，为国家排忧解难分担责任，拿出控制、解决严重发展的青少年犯罪问题的办法。在曹漫之同志的指导、支持下，我院的青少年犯罪研究十分火热并不断出成果,在全国颇具影响。……青少年犯罪研究所作为我院一个直属研究所,没有经济力量,但是自建立以来,筹划、组织或参与组织华东地区、全国以及国际学术会议20余次,为我院的荣誉和影响做出了贡献。

1983年,上海市犯罪学学会成立大会,前排左三为曹漫之

华政的两次创业(第一次是指建校时期)都是与整个改革分不开的,改革才能创业,改革才能发展,改革才能进步。45年的风风雨雨告诉我们,任何事业的前进没有障碍与挫折是不可能的,退缩、回避是没有前途的,要有"一蓑烟雨任平生"的精神,前进、奋斗,再前进、再奋斗。建校时,在水塔南边横越苏州河的是一条木桥,虽简陋破旧,但毕竟把华政东西校园连成一个整体。"文化大革命"期间危桥拆除,新桥无人过问,一度用一只小船摆渡,正像华政的命运一样已连不成一个整体。复校后建造了现在的水泥大桥,校园桥的变迁正好映衬了华政的兴衰。只可惜新桥架到河东成了断头桥,这似乎暗示着华政今后还要走一段艰难的路。但我仍坚信,新一代华政人一

定会完满地架通这座通向华政辉煌的大桥。

——内容摘选自徐建《华政的两次创业与改革》，原刊于《华政情结》；

徐建《几代人灌浇的常青树——难忘华政创业发展中的几件事》，原刊于《岁月留痕》

何勤华*

1978 年，党的十一届三中全会拨乱反正，经邓小平同志批示同意，最高人民法院、最高人民检察院、公安部、教育部联合发出《关于恢复华东政法学院的通知》，华政终于迎来了真正的春天。

1981 年年底，我非常幸运地考上了华政历史上的第一届研究生。当时的 14 名同学源自不同的地区，不同的学校和不同的专业，而法律专业的就我一个人。

由于"文化大革命"长时间的知识荒芜，大家都拼了命地学习。虽然新的图书馆尚未建成，仅将东风楼前的平房充作图书室，但同学们的学习热情极为高涨。抄书、作卡片、作笔记，是我们上课之外的基本作业。

（那时的）课程讲授也很有特色，除了几门公共课和专业基础课外，专业课一般都采取教学相长的授课方式，即教师先出一个专题，让学生分头准备，在大量阅读相关资料的基础上，每次由一名主讲的

* 1955 年 3 月生，教授，博士生导师，北京大学法律系毕业，主要研究领域为法律史学。曾任华东政法大学校长，兼任中国法学会常务理事、全国外国法制史研究会会长、中华司法研究会副会长。1992 年起享受国务院政府特殊津贴。曾入选国家百千万人才工程、获得中国十大杰出中青年法学家、全国优秀留学回国人员、国家级教学名师等荣誉称号，以及全国法学教材与科研成果奖二等奖、国家级教学成果二等奖等奖项。

学生撰写一个详细的发言提纲。上课时该同学主讲，其他学生补充，最后由教师归纳总结。下堂课再由另一名同学主讲，直至整门课结束。这种方式有利于发挥学生的积极性和创造性，还能引起学生间的争论和思想火花的碰撞。我记得那时大家往往会为一个问题而争论得面红耳赤，课堂上争了还不过瘾，下课回到宿舍后仍继续争论。这种授课方式后来就成为华政研究生专业课的传统。

要完成研究生学业，学好外语是关键。我们当时都十分重视外语学习，除了上课时间外，晚上、早晨也都用于外语的读、听、背。就是平时外出在公共汽车上、在食堂排队买饭时，也都要把外语单词本拿出来背上几个。由于大家的勤奋、刻苦，毕业时，同学们的外语水平都有长足的进步，有的同学还学好了第二外语。

当时，尽管校内学习十分繁忙，同学们也没有忘记政法研究生的社会责任。1982 年《宪法》的颁布，是当时全国人民政治生活中的一件大事，我们研究生在院团委的组织下，在导师的支持下，赶写宣传宪法知识的小册子。我记得 2 名宪法专业的同学骆伟建（现为国务院港澳台办澳门司副司长、中葡联络小组中方首席副代表）、胡明德，为此熬红了双眼。1984 年，为配合经济体制改革，研究生会还和上海市政府有关部门合作举办了"经济与法制"的专题讲座，曹建明、王仲兰、陈治东等都上台宣传国际经济法律知识。我记得尽管自己学的是法制史，但也上台讲了一次"经济合同法"。华政研究生的一系列活动，受到了社会的欢迎和好评。

在 3 年研究生学习中，我们除了每天晚上看半小时的电视新闻外，几乎将所有的业余时间都用在了学习上。学习任务虽然繁重，生活条件也比较艰苦，但同学们都能互相关心、互相帮助，心情十分愉快。

岁月匆匆，往事如烟。"少壮能几时，鬓发各已苍。"华政研究生教育从每届招收十几个人发展至目前的一百多人，从原先的几间陋室发展到目前的一幢设施现代化的研究生公寓大楼。华政毕业的研究生现遍布大江南北、世界各大洲（除非洲外）。虽然未来一定会更加光辉灿烂，但初创期的艰苦生活也同样值得珍惜、令人留恋、难以忘怀！因为那是我们生命中一段最美好的时光！华政在回顾自己的历史时将不会忘记我们的身影，更不会忘记为培养我们而付出巨大心血的第一代研究生导师的名字：徐盼秋、曹漫之、苏惠渔、朱华荣、王召棠、徐铁民、陈鹏生、孔令望、席祖德、郑兆璜、胡文治……

——内容摘选自何勤华《生命中最美好的时光》，原刊于《华政情结》；何勤华《五十年回眸 序二》，原刊于《五十年回眸》。

雄关漫道从头越

1979 年,随着社会主义民主法治建设的恢复与重建,华政沐浴着改革开放的春风,迎来了第二次复校。回顾学校改革开放 40 年来的历史进程,我们大致可以把他分成两个 20 年的历史:从二次复校之初到世纪之交的 20 年,这是学校奠定发展基石的 20 年,华政人以艰苦卓绝的奋斗精神为学校的崛起和腾飞打下了坚实的基础;从世纪之交到党的十八大召开的近 20 年时间,则是学校锐意改革、拼搏进取,进入"持续、快速、跨越式"的发展阶段的 20 年。

一、回首 40 年跨越式发展:春华秋实,砥砺前行

2003 年,学校抓住新一轮发展机遇,二次创业。松江新校区的建成、使用,有效解决了长期以来制约学校发展的办学空间问题。2007 年,学校正式更名为大学,办学规模、条件、层次和水平都得到大幅提升。自此,学校进入了崭新的发展时期,逐步将工作重心从外延拓展转向内涵建设,同时,也明确了本科教育与研究生教育并举、人才培养与科学研究并重、教育教学与社会服务结合的应用研究型大学建设目标。

党的十八大尤其是党的十八届四中全会之后,全面依法治国进入新时期,华政的事业发展也站在了新的起点上。学校进一步凝练了办学目标和发展路径,确立了"建设具有鲜明法学特色的高水平应用研究型大学和令人向往的高雅学府"的发展目标,主动对接国家和区域重大战略需求,坚持走特色发展、内涵发展之路,开创学校改革

发展的新局面。

回首改革开放以来华东政法大学所走过的路程，一代代华政人在曲折中奋起，在创造中前进，在改革中从一个成就走向另一个成就，为新中国法治建设和经济社会发展作出了自己的贡献。在办学的过程中，学校始终坚持特色发展、深化内涵建设，经过多年的建设和发展，实现了"三大转变"：一是在规模上，实现了从"千人大学"到"万人大学"的转变；二是在结构上，实现了从单科性的"学院"到多科性"大学"的转变；三是在发展方式上，实现了从外延式发展方式向内涵式发展方式的转变，逐步构建起现代大学的治理体系。尤其是近年来，学校在以往奠定的良好发展基础上，取得了诸多可喜成绩。

学科布局不断完善。法学学科被列为上海市高峰学科，位列全国五强，在2017年的第四轮学科评估中获得"A级"；公共管理获批一级学科博士学位授予权；经济学、社会学、文学等非法学学科的支撑作用和互补优势越发明显，为学校下一步的跨越式发展提供了更为广阔的空间。

科研实力和学术影响力显著增强。国家社科基金项目、上海市哲社项目立项数目连续多年名列全国前茅，在2016年中国法学核心科研评价来源期刊的统计中，学校法学类核心期刊的论文发表数位列全国法学院校前列。

师资队伍不断优化、发展。学校师资队伍建设成效良好，教师队伍学历、学缘、年龄结构不断优化，优秀教师不断涌现。我们既有荣膺"影响中国法治进程的百位法学家"的陈鹏生、王召棠、苏惠渔、何勤华、顾功耘和"全国十大中青年法学家"的曹建明、何勤华、李秀清、罗培新；也有"全国先进工作者"刘宪权、"全国优秀教师"王立民、吴弘，被学生誉为"大先生、好老师"的傅鼎生；还有入选国家"万人计划"的马长山以及"长江青年学者"屈文生、王迁等为代表的优秀教师群体，更重要的在于，有相当多的在教学、科研岗位上默默工作、无私奉献的教师、职工。

人才培养质量不断提升。成立文伯书院，启动书院制改革实践，探索通识教育、养成教育、专业基础教育与专业提升教育一体化的培养模式；开展本科教学教师激励计划，加强本科教学工作的核心地位，加大本科教学的重视程度和投入力度；建设卓越法律人才教育培养体系，积极探索拔尖创新人才培养机制。人才培养质量不断提高，优秀的专业人才不断涌现；在文化、艺术、体育乃至科技领域的竞赛中，华政的学生也取得了良好成绩。多年来，华政的毕业生在国家机关、企事业单位、社会服务机构等各行各业，认真工作，成绩斐然，获得了社会各界的广泛认可。

二、聚焦今日华政内涵式发展：四梁八柱，改革创新

回首建校66年来的艰辛历程，华政人始终坚实扎根于华夏文明与海派文化的沃土，融科学精神与人文精神于一体，形成了独具特色的优良传统，积淀了一笔弥足珍贵的文化财富，沉淀为华政特有的精神品质和发展内涵，内化为每一个华政人的坚定信念与追求。回顾改革开放40年的办学历程，让华政克服重重困难、始终保持生机与活力的动力源泉，正是在于对华政精神和校训的遵循，正是在于对法治精神的信仰，正是在于对法治建设的倾注。

历史留给我们宝贵的财富，时代赋予我们新的光荣使命，坚持守正创新、改革发展使华东政法大学焕发出新的光芒。近年来，在教育部、司法部、上海市委、市政府等上级部门的领导和关心下，学校党委围绕改革发展这一主题，注重抓好事业发展顶层设计，进一步明确学校的发展目标、战略布局、发展理念、发展路径，实施了一系列促进改革发展的有力举措，使学校党委管党治党、办学治校的能力不断增

强,办学质量和水平大幅提升。

第一,把握国家、上海发展战略,明确学校事业发展目标。

把握国家和上海发展战略、找准全校师生和广大校友的共同发展期待,是学校开展工作的出发点和有效前提。全面依法治国、司法体制改革、"双一流"建设,以及上海市"五个中心"建设等国家和地方重大战略的深入推进,为学校更好融入法治国家和地方区域建设提供了重要的历史机遇,也对学校的事业发展提出了新的更高要求。只有认真研究和准确领会好当前国家、地方区域以及上海市和各上级组织、部门对学校发展的要求和期待,准确判断并切实把握好当前高等教育改革和高层次人才培养所面临的形势和任务,顺势而为、乘势而动、借势而上,才能实现学校的特色发展。

在改革发展的实践中,华东政法大学始终把全校师生和全体党员干部作为学校事业发展的力量之源、智慧之源、创新之源,注重发挥其在推动学校改革发展中的主体性、关键性作用,问需于师生,问计于师生,充分激发广大师生员工共谋事业发展的积极性、主动性、创造性。把社会各界、师生员工和广大校友对学校的期待转化为实实在在、切实可行的发展举措,使之成为引领学校不断迈步向前并最终实现既定建设目标的根本动力。建设"高水平特色大学"和"令人向往的高雅学府" 的发展目标,既是华东政法大学在改革发展实践中不断总结的成果,也凝聚着社会各界和广大师生、校友的共同期待。

第二,明确学校发展定位、加强顶层设计、推进综合改革。

在学校发展建设的历程中,我们始终坚持并加强党对高校工作的全面领导,牢牢把握高校党委管党治党、办学治校主体责任,注重强化战略思维,突出抓好顶层设计,切实实施综合改革,进一步总结凝练形成并深入实施学校综合改革"四梁八柱"战略布局,有效推进了学校各项工作的开展。

一个屋顶，即明确提出把学校建设成为一所“国际知名、国内领先，法科一流、多科融合，特色鲜明、创新发展，推动法治文明进步的高水平应用研究型大学和令人向往的高雅学府”的办学定位。这既是我们的建设目标，也是我们的共同愿景。

所谓“四梁”，即学校的四大发展战略，包括：“开门办学、开放办学、创新办学”的发展理念；“教学立校、学术兴校、人才强校”的发展模式；“法科一流、多科融合”的发展格局；“两基地、两中心、一平台”的发展路径。所谓“八柱”，即学校综合改革的八个重要领域，包括决策体制优化、规章制度体系建设、管理工作机制改革、人力资源调配机制改革、预算调控机制改革、工资激励机制改革、安全稳定保卫工作机制改革和后勤保障机制改革等八个方面。

1.“开门办学、开放办学、创新办学”的发展理念。“开门办学”，就是打开校门主动对接，适应国家和地方重大战略需求，因人因地因事，利用各类社会资源为学校发展服务，主动融入国家、地区经济社会发展，吸纳社会力量和资源支持学校办学，促进学校办学水平和人才培养质量的提升。

“开放办学”，即推动国际合作，充分利用上海的地缘优势，推进国际交流与合作，深化办学内涵，提升国际影响力和竞争力。目前，华东政法大学已经与美国乔治城大学、英国利兹大学、伦敦国王学院、新加坡国立大学、澳大利亚悉尼大学等38个国家和地区的百余所高校建立了合作关系。积极参与国家法律外交活动，先后举办了金砖国家法律论坛、中欧国际论坛、中非立体化法制体系论坛等高端学术论坛，促成世界知识产权组织中国暑期学校首次落户上海。设立重点引智项目，引进康奈尔大学、杜克大学、多伦多大学等世界知名学府的20余位学者来校开设课程。学校目前是全国承接“中国政府来华留学卓越奖学金项目”的七家高校之一。

“创新办学”，即进一步推进内涵建设，围绕学校重大发展战略，以全面开展学科建设为抓手，以学科和机构调整为契机，以人才强校工程与创新团队建设为重点，以书院、卓越计划等专项为着力点，以学术竞争力提升为手段，以协同创新与国际合作为中心，推动学校各项事业上新台阶。

2. 在“教学立校、学术兴校、人才强校”的发展模式上，学校将人才培养作为中心工作，在工作中确立教学的根本地位、学术研究的基础地位和人才队伍建设的关键地位，围绕“立德树人、德法兼修”的要求，培养和输送高层次、复合型法治人才。

学校高度重视本科、研究生教育教学工作。2015 年，学校被确定为激励计划培育高校。激励计划施行以来，教师本科教学积极性保持在较高水平，教师岗位职责和行为规范更明确，教师专业能力及教学技能得到进一步提升，学生培养质量有了明显提升。教育部简报 2016 年第 50 期，从制度化安排、开放式辅导、动态性评估等三方面对学校本科教学教师激励计划有关情况作了专题报道。学校的本科教学工作和本科生培养质量也在 2018 年 5 月的教育部本科教学审核评估中得到了专家组的充分肯定。

学校 2012 年入选首批国家级应用型复合型法律职业人才教育培养基地、涉外法律人才教育培养基地和西部基层法律人才教育培养基地，是上海市唯一一所入选国家三大卓越法律人才培养基地的“全满贯”高校。2017 年，学校在全国政法院校中率先进行了以“通识修养 + 专业素质 + 特色素养”为目标的书院制改革，进一步创新人才培养模式，完善通识教育体系。

学校高度重视科研和社会服务工作，近 3 年，学校在国家社科基金立项方面始终名列前茅；据“法学创新网”，法学学科科研成果

2016 年位列全国第一；教师关注社会问题，2017 年先后有 4 份专报得到党和国家最高领导人批示。

3. 在“法科一流、多科融合”的发展格局上，坚持法学学科的传统优势和办学特色，充分发挥法学学科对其他学科的引领作用，力争实现“法学”“公共管理”“马克思主义”三个一级学科博士点三轮驱动，切实推进学校“多科融合”战略的实施。学校还与上海市委宣传部签署共建马克思主义学院协议，成立了党内法规研究中心、努力为“复合型、应用型、创新型”的高层次人才培养提供有力的学科支撑。

4. 在“两基地、两中心、一平台”的发展路径上，学校全力打造重要高端法律及法学相关学科人才培养基地、重要的法学及相关学科的科学研究基地、中外法律文献中心、中国法治战略研究中心和“互联网 + 法律”大数据平台。其中，“中国法治战略研究中心”将打造成一流学科的“加速器”、一流人才的“培养池”，具有影响力、创造力、竞争力和服务力的高层次实体中心，具有鲜明的华政特色、能为上海乃至国家推进法治工作提供有价值的咨询报告的新型智库；“中外法律文献中心”依托学校中外法律文献提供查询、借阅、咨询和培训等服务；“互联网 + 法律”大数据平台则充分依托学校在法学教育、法学研究、法学服务、法律文化传承创新等方面的深厚基础和突出优势，立足上海创建一流法律大数据中心的有利地位和地缘优势，建设实现“华政特色、上海水平”的包容开放、融合创新的新型平台和“一站式、一体化”互联网法律服务体系。

第三，坚持问题导向，全面统筹协调，确保学校事业稳步发展。

法学教育事业的发展离不开各个高校的稳步发展。在“立德树人、德法兼修”的人才培养过程中，华东政法大学坚持问题导向，着眼全面统筹、着眼协调发展，推动了各项事业的平稳进步。

1. 加强班子建设、提升办学治校的能力和水平。学校党政领导班子是学校事业发展的核心力量，班子成员更是推动学校各项事业发展的“关键少数”，在工作中起着极为重要的引领、示范作用。校领导班子高度团结，校党委实行政治、思想和组织领导，重在把方向、管大局、做决策、保落实，坚持深化落实党委领导下的校长负责制，注重发挥班子整体合力，不断增强校领导班子办学治校的能力和水平。

2. 坚持“以人为本”，解决师生实际需求。学校高度重视关心广大师生员工的切身需求，着力践行以师生员工为中心的发展思路，把实现好、维护好、发展好师生员工的根本利益作为学校一切工作的出发点和落脚点，通过解决师生反映的“老大难”问题，真正做到发展为了师生、发展依靠师生、发展成果由师生共享，赢得了广大师生员工的一致“点赞”，在全校上下营造了爱校荣校的良好氛围。

3. 坚持改革创新，不断提升思政工作水平。学校深入贯彻落实思政工作会议精神，进一步提升学校思政工作的科学性、有效性和针对性。建立并完善“1门法治中国课程+1门思政课示范课程+2门综合素养课程+8门专业课程”的课程思政建设体系，组织编写了《人文中国三十讲》，有力推动了“思政课程”向“课程思政”的转变。加速推进“上海高校示范马克思主义学院”建设，不断强化马克思主义在学校思想政治工作中的指导地位。组建校党委书记、校长、二级学院党委书记、院长亲自参加的主讲团队，着重建设“法治中国”品牌课程。“法治中国”思政课程和讨论式教学曾被人民日报、光明日报等多家媒体报道。

4. 坚持从严管理，着力打造优良学风。优良的学风是学习效果的重要保证，学校高度重视优良学风的营造，制定了《关于进一步加强学风建设的若干意见》《全日制本科生考场规则》等规章制度，从课堂教学、实验实习、考风考纪等多方位保障学风建设。学校重视学生学术道德和学术诚信的培养，加强毕业论文规范，对毕业论文实行

100%反抄袭检测,15%的毕业论文参加校外送审,建立新形势下的质量监控机制;设立预答辩制度,从严规范论文答辩,确保学生学到"真本事",把好人才培养"出口关"。

三、着眼法治人才培养教育:立德树人,德法兼修

习近平总书记指出:"全面推进依法治国是一项长期而重大的历史任务,要坚持中国特色社会主义法治道路,坚持以马克思主义法学思想和中国特色社会主义法治理论为指导,立德树人,德法兼修,培养大批高素质法治人才。"①

改革开放40年来,法学教育和法治人才培养成效已经显现,多类型、多层次的法学教育体系得以形成,种类齐全、内涵丰富的法学学科体系业已建立,法治人才培养规模和质量不断提高。党的十八大以来,以习近平总书记为核心的党中央高度重视全面依法治国和法治人才培养,在科学、准确研判新形势、新任务的基础上,对如何造就一支高素质的法治人才队伍提出了一系列重要思想和重大部署。

政法院校作为法治人才输出的主要供给侧,如何把这一要求落到实处呢?以立德树人为本,以德法兼修为要,切实做好法治人才培养的"供给侧改革",已经成为衡量政法院校担当、作为和智慧的根本遵循。

(一)政法院校要以"立德树人"为本,进一步明确高素质法治人才培养定位

一是始终坚持立德树人的根本导向。我国的传统文化历来重视发挥德育的作用,强调"格物致知、诚意正心、修身齐家、治国平天下"

① 《2017年5月3日,习近平总书记在中国政法大学考察并作重要讲话》,载新华网:http://news.xinhuanet.com/politics/2017-05/03/c_1120913310.htm,最后访问日期:2018年9月28日。

的修身路径。帮助大学生扣好价值观形成链条的“第一粒扣子”，需要把立德树人摆在人才培养工作的重要位置。“立德树人是中国特色社会主义教育事业的核心所在，是培养社会主义建设者和接班人的本质要求。坚持立德树人，就必须加强中国特色社会主义教育，用马克思主义中国化的最新成果武装师生头脑，帮助师生增强道路自信、理论自信、制度自信和文化自信；就必须加强思想道德教育，努力使学生具有高尚的道德情操、深厚的文化底蕴、良好的审美情趣。”

二是始终坚持中国特色社会主义的价值立场。随着中国特色社会主义事业不断发展，法治建设将承载更多使命，发挥更重要的作用。建设法治国家、法治政府、法治社会，实现科学立法、严格执法、公正司法、全民守法，都离不开建设一支高素质的法治工作队伍。这就需要我们坚持法学教育的社会主义价值观，坚持中国特色社会主义法治人才培养体系。党的十八大报告立足国家、社会和个人三个层面用了24个字对社会主义核心价值观作了凝练概括，即国家层面倡导富强、民主、文明、和谐，社会层面倡导自由、平等、公正、法治，个人层面倡导爱国、敬业、诚信、友善。而树立社会主义核心价值观，离不开社会主义法治精神的支撑作用。

三是始终聚焦德法兼修的培养模式。德法兼修的法治人才应该是培养真心认同、自觉践行社会主义核心价值观的“四有新人”。首先，要有过硬的思想政治素质，要把思想政治建设放在首位，忠于党、忠于国家、忠于人民，将社会主义核心价值观内化于心、外化于行，这是衡量法治人才素质高低的基本前提。其次，要具有良好的职业道德和法律信仰。在我国社会转型期和复杂国际环境下，拥有坚定的法律信仰和良好的职业道德，保持高度的政治敏感度和正确的意识形态；同时，坚持职业操守，成为社会主义法治事业坚定的维护者和践行者。再次，要有丰富的法学知识以及相关的人文社会科学及自然科学知识储备。当今社会,法律职业高度细分,高素质的法治人才不仅需要广博的通识教育知识,更加需要从事一线法律行业所需要的专业知识,还需要法律和其他学科交叉的复合型学科知识背景和结构。最后,要有较强的实践操作能力。法治人才必须具备将理论运用到实践的能力,包括对社会生活的敏锐观察力、逻辑思维能力、口头表达能力和文字写作能力等。

(二)政法院校要以“德法兼修”为要,加快构建和完善法学学科体系

一是着力构建中国特色社会主义法学学科体系。习近平总书记强调:“办好中国的世界一流大学,必须有中国特色。没有特色,跟在他人后面亦步亦趋,依样画葫芦,是不可能办成功的。”加快创建中国特色、世界一流法学院校,需要加强法学学科体系、学术体系、话语体系、课程体系、教材体系等方面建设,“号”好社会人才需求之“脉”,做到高校学生培养方案、课程设计“无缝衔接”社会现实需要。要处理好中西关系,立足中国、借鉴国外,对世界上的法治文明成果,要兼收并蓄,也要加以甄别,有选择地吸收和转化,不能囫囵吞枣、照搬照抄。同时,要处理好古今关系,要传承中华法系的精华,也要去其糟粕,挖掘历史、把握当代。

二是要注重强化理论研究对法治实践的支撑功能。开展法学基础理论研究,加快建设中国特色社会主义法治话语体系,是社会主义法治文化建设的重大战略任务,是全面建设社会主义法治国家的现实需求。充分发挥法学研究对推进法治建设的基础性作用,通过加强法学理论研究,进一步完善中国特色社会主义法律体系,深入开展社会治理和创新法律问题研究,结合我国法治实践,力争形成在理论上有创新、对实践有指导的研究成果是时代赋予法学院校和广大法学工作者的光荣使命。

三是积极探寻法学学科建设与马克思主义理论发展的同频共振。哲学社会科学学科中绝大部分具有鲜明的意识形态属性，法学亦是如此。法学学科中蕴含着丰富的道德思想和人类普遍遵循的道德规范，能够帮助学生明辨是非、善恶、美丑的能力，形成公平正义、诚信守法的正确价值观；能够激发大学生追求高尚的道德情操和精神境界，全方位地提高大学生的思想道德素养，这与马克思主义理论的价值观不谋而合。法学课程不应该是"独角戏"，而是应该深入发掘课程中的思想政治理论教育资源，融入课程思政教育理念，实现与马克思主义理论的同频共振。

正如习近平总书记所指出的那样："中国特色社会主义法治道路的一个鲜明特点，就是坚持依法治国和以德治国相结合，强调法治和德治两手抓、两手都要硬。"①构建一套立德树人、德法兼修的法治人才培养模式，形成以德润才、德才兼备的人才培养导向，同样需要坚持思想道德教育和专业水平提升两手抓、两手硬。

党的十九大对新时代坚持和发展中国特色社会主义法治道路的基本方略进行了深刻阐述，对新的历史时期全面推进依法治国、建设社会主义法治国家作出了全面部署。政法院校担负着法治人才培养、科学研究、社会服务和文化传承创新的社会责任和历史使命。学校将切实履行管党治党、办学治校主体责任，有力传承创新先进法治文化，加快推进高等教育内涵式发展，不断深化教育体制机制改革，创新高素质法治人才培养模式，补齐法治人才培养和法学教育中的短板，以更大的智慧和更强的力量贡献法治建设。

① 《2016年12月9日，习近平在中共中央政治局第三十七次集体学习时作重要讲话》，载新华网：http://news.xinhuanet.com/legal/2016-12/10/c_1120093133.htm，最后访问日期：2018年10月8日。

（**撰稿人**：叶青，1963 年 10 月生，江苏无锡人，中共党员，法学博士，教授，博士生导师。现任华东政法大学党委副书记、校长；兼任上海市第十五届人大常委会委员、中国刑事诉讼法学研究会副会长、上海市法学会副会长、上海市社会科学界联合会副主席）

筑人才培养之基　固内生发展之本

“大学对青年成长成才发挥着重要作用。高校只有抓住培养社会主义建设者和接班人这个根本才能办好，才能办出中国特色世界一流大学。”为了培养政治坚定、勇于担当、人格健全，践行社会主义法治，具有深厚人文素养、多元知识结构、扎实专业功底、宽广国际视野、开拓创新精神、崇高职业道德的专业精英和社会中坚。40 年来，学校锐意进取、开拓创新，狠抓教学管理建设和教学质量长效机制建设，在管理、改革、实践中努力完善、创新和发展，教育教学工作呈现新内涵，学校人才培养迈上新台阶。

复校以来，华政白手起家，不断摸索，一步步踏入正轨，逐步形成了一套以本科教育为主，兼具研究生和夜大学、函授教育，以及自学考试、干部师资培训等多层次、多形式的办学模式。

学校在巩固和发展法学学科的同时，增设了经济学、管理学、文学、工学等学科，建立了学士、硕士、博士完整的人才培养体系，走上了多学科的发展之路，发展势头良好。

1985 年，学校在单一法学专业的基础上新增经济法、国际经济法、犯罪学三个本科专业。1991 年，学校在华东六省一市列入第一批招生，并逐步扩展到全国。1996 年，国际经济法（国际法）被确立为司法部重点学科，是学校首个省部级重点学科。1998 年，法制史学科被确立为第二批部级重点学科。

学校于 1981 年、1998 年先后成为硕士、博士学位授予单位，是全

1985 年 1 月，首届硕士学位研究生毕业生合影

国首批硕士学位授予单位，法制史和国际法成为首批招生专业。1995 年，学校成为全国首批八所法律硕士专业学位试点单位之一，获批招收法律硕士专业学位研究生。2001 年研究生教育院正式挂牌成立，形成专业的学位研究生教育格局，研究生规模迅速扩大。

学校于 1981 年恢复成人教育。1986 年，学校夜大学正式成立，开始招生，为社会培养了大量具有法律专业素养的高素质人才。

1979 年复校以后，大批老教师发扬优良传统积极归队为华政恢复办学、尽快开学发挥了重要作用，但也面临教师队伍结构老龄化严重，师资队伍青黄不接的局面。结合华政自身特点，通过师资队伍建设，注重对年轻教师的选拔和培养，发挥“了解人、关心人、凝聚人”的“凝聚力工程”作用，学校培养了一批优秀教师。

2002 年、2008 年两次教育部本科教学工作水平评估均为优秀。2006 年，学校成为法学一级学科博士、硕士学位授权单位。研究生教育基本形成了以法学为核心，经济学、管理学共同发展，学术型学位和专业学位协调共进的“一体两翼”格局。

2012 年,学校成为教育部首批卓越法律人才教育培养基地、上海市卓越法律人才培养基地,2014 年,又成为上海市卓越新闻传播人才教育培养基地。

学校在发展中逐步形成了本科教育与研究生教育、人才培养与科学研究、教育教学与社会服务相结合的应用研究型大学格局,为社会输送了更多优秀人才。

专业设置

立德树人是教育的核心。为培养具有良好思想道德品质、较高专业理论素养和较强实际工作能力的学生,几十年来,学校发挥深厚法学教育底蕴与学科优势,着力探索建立一套以中国特色社会主义法治理论为指导,以立德树人、德法兼修高素质人才培养体系为目标的专业建设体系,持续推进内涵式发展,为创建中国特色、世界一流政法学校和法学学科提供支撑。

1952 年建校时,学校开设了法律本科专业。

1979 年学校恢复招生,复校后的首届(79 级)毕业生共 473 人,其中本科 296 人,专科(夜校部的自费走读生)177 人。

1983 年 3 月 14 日,国务院学位委员会和教育部批准学校为授予学士学位的高等学校。

1985 年 4 月,司法部印发《关于增设专业的批复》,同意学校增设经济法、国际经济法、犯罪学 3 个专业,学校本科专业增至 4 个。

1993 年,国家教委颁布《关于印发〈普通高等学校本科专业目录〉等文件的通知》(教高〔1993〕13 号),取消犯罪学专业。学校本科专业减为法学、经济法、国际经济法 3 个。

1994 年,司法部教育司同意学校将犯罪学专业调整为侦查专业,学校本科专业又恢复为4个。

1995年，学校增设贸易经济、国际法和英语3个专业。

1998年，学校增设货币银行学、行政管理学2个专业。同年，根据教育部的《关于印发〈普通高等学校本科专业目录（1998年颁布）〉》《普通高等学校本科专业设置规定（1998年颁布）》等文件精神，法学、经济法、国际法、国际经济法归为法学一个专业，下设民商法方向、刑事法律方向、经济法方向、国际经济法方向，授予法学学士学位。贸易经济专业调整为经济学专业，授予经济学学士学位。货币银行学专业调整为金融学专业，授予经济学学士学位。行政管理专业归属管理学科、公共管理学专业，授予法学学士学位。侦查学专业调整为法学学科、公安学类专业的侦查学专业，授予法学学士学位。

截至2001年，学校有法学、经济学、金融学、侦查学、行政管理、英语6个专业。

2002年12月，上海市教委同意学校增设治安学（报教育部批准）、社会学、国际经济与贸易、劳动与社会保障4个专业。2003年，教育部同意学校增设这4个专业，并于2003年9月开始招生。

2004年3月，学校增设知识产权、政治学与行政学、边防管理、新闻学、会计学、公共事业管理6个专业，2004年9月起列入招生计划。

2005年3月，上海市教委同意学校增设社会工作、汉语言文学、日语、计算机科学与技术、工商管理、文化产业管理等6个专业，并于2005年9月开始招生。

2010年，上海市教委同意将学校计算机科学与技术专业学位授予门类由理学学士学位调整为工学学士学位。

2011年3月，教育部批准学校增设翻译专业，并自2011年9月起开始招生。同时，还将学校的行政管理专业的学位授予门类由法学学士学位调整为管理学学士学位。

2013 年 4 月，上海市教委批准学校增设德语专业，并报教育部备案，该专业于 2013 年 9 月起列入招生计划。

2015 年，学校共有本科专业 24 个，形成以法学学科为主，兼有经济学、管理学、文学、工学等学科的专业体系。

课 程 建 设

为提高教育教学水平，学校以本科教学质量为核心立足点，以培养高素质创新人才为任务，以素质教育为主题，突出启发式与探究式教学，将法学理论、实务教学等方面有机衔接，不断探索课程建设，着力实现学生全面发展、专业培养、素质教育之间的平衡，优化课程体系结构、创新人才培养模式，全面提高本科教育质量。

1979 年恢复招生后，学校仅开设法律专业相关课程。

1980 年，学校首次在本科生中开设选修课，让学生在修完必修课的基础上，扩大专业知识面。受单一学科特色的限制，法科专业师资所开设的选修课也多为法学类课程。

1982 年，学校 34 个班级共开了 64 门课，有 168 位教师主讲和辅导。教授、副教授均走上讲台为本科生授课。

1982 年，根据司法部政法院校会议的精神，院领导决定在三年级开设专门化课组，每个专门课组开设 3 ~ 4 门课程，每周约 8 学时，将专业基础课程列为必修课，专门课组列为选修课，使学生在学好法律专业必修课的基础上，加深专业知识，进一步拓展知识面，培养自学能力。

1986 年 10 月，为促进教学改革，保证教学质量，教务处制定《关于开展课程教学质量评估的试行办法》（讨论稿）。

1995 年，学校颁布《关于外语课程学习和考核的若干规定》。

1998 年，学校政治理论课由原来的“新四门”原则变更为哲学（54 课时）、政经原理（36 课时）、当代世界经济与国际关系（36 课时）、毛泽东思想（54 课时）、邓小平理论（70 课时）、思想品德（50 课时）六门课。同时，根据教育部“两课”建设改革的要求，学校起草了《华东政法学院关于加强马克思主义理论课和思想品德课建设的意见》（讨论稿），并印发给教学工作会议讨论。

2000 年，学校颁布《全日制本科课程评估办法》（2000 年 4 月）。

2002 年，学校颁布《关于加强课程建设的意见》（华政办〔2002〕209 号）。

截至 2002 年年底，学校共开设 361 门课程（含 6 门双语课程），其中，必修课 144 门、任意性选修课 179 门、限制性选修课 36 门。2003 年，学校颁布《课程建设工作指南》（2003 年 6 月 18 日华政办〔2003〕159 号通知颁发）、《鼓励教师开设新课的实施意见》（2003 年 6 月 25 日华政办〔2003〕169 号通知颁发）、《精品课程建设工作实施意见》（2003 年 10 月 16 日华政办〔2003〕234 号通知颁发）。

2003 ~ 2004 年，学校建立起精品、重点、特色、培养课程等四大层次的课程建设体系，制定了精品课程重点支持措施和建设重点方案，开展了以“系列课程教学改革项目”和“百门课程资源上网计划”为标志的教育创新。2003 年，《外国法制史》入选国家首批 151 门国家级精品课程，成为全国当年仅有的 3 门法学学科国家级精品课程中的一门，在全国网上专家评审中被评为全国最高分。

2007 年，学校颁布《本科课程档案管理办法》（华政办〔2007〕265 号文颁发）。

2011 年，学校制定《华东政法大学“十二五”期间全英语课程建设规划》，以建设“华东政法大学国际化课程体系”项目为核心，探索全英语教学师资队伍培养与人才培养的有效方式。

2011 年,学校与上海交通大学、复旦大学、同济大学、华东师范大学、华东理工大学、上海外国语大学、上海理工大学、上海师范大学、上海中医药大学共同向上海市教育委员会发起设立“上海市高校课程资源跨校共享系统”项目的申请。该项目的主要服务对象是高校教师和学生,前期可实现跨校课程、讲座的直播以及各高校精品视频课程开放共享。

2011 年,学校根据我校实施大学英语分级教学工作的方案要求,与英域成语言培训(上海)有限公司就聘请其外籍教师承担大学英语 A 级和 B 级起点班听说课程的授课工作进行合作。

截至 2015 年年底,学校共有国家级精品课程 4 门、国家级精品资源共享课 4 门、市级精品课程 31 门、市级重点课程 73 门、上海市教委创新思维与技能课程 1 门、上海市课程中心项目 1 门、上海市级体育和健康教育精品课程 2 门。

实践教学

为巩固和加深学生对理论知识的理解、将理论联系实际,学校不断强化实践教学各环节建设,构建实践教学体系,创建实践教学课程,培养实践教学队伍,共建实践教学基地,为学生搭建不同层面的实践平台,确保实践教学和教学质量的双向提升,提高学生素养和全方位能力。

复校后,学校的实践教学工作管理由教务处负责。为了加强社会实践环节,1990 年,教务处设立社会实践科,统一管理全校本科生的社会实践工作。

2008 年本科教学工作水平评估自评报告对学校实践教学体系进行了总结。根据人才培养目标,为实现学生德智体美全面发展,学校科学制定各专业的培养方案,加大实践课程学分,充实实践教学内容,创新实践教学形式,构建了3个实践教学模块,设置了5大实践教学平台。实践教学内容更丰富,体系更完善。

学校利用课堂实践教学平台,邀请法官、检察官、执业律师为本科生上"审判实务""检察实务""律师实务"等司法实践实务课程。同时,在模拟法庭举办"法院庭审进校园"活动,学生旁听累计3000余人次。新闻学专业学生创办了教学实践性刊物《新闻人》,作为学生日常实习与成果交流平台。学生利用社会实践教学平台,接触社会、了解社会,培养社会实践能力、专业实践能力。学校重视实践基地建设,截至2015年,学校建有校外实习基地159家,每年召开实习基地工作年会,为本科生提供了良好的实践环境。科研实践教学平台包括设立大学生科学研究计划、创办研究型社团、指导学生自编学术刊物《青年法学》、举办学术论文竞赛、撰写学年论文和毕业论文、培养学生科学研究的素养等,旨在促进学生进行科研活动,培养科研素养。学校搭建实验教学平台,在原有17个专业实验室的基础上,整合实验室资源,组建法学综合实验教学中心,开拓实验教学的新领域,并积极申报上海市实验教学示范中心建设单位。同时,完善实验室管理体制,面向全体学生开放,为本科生的学习和科研训练提供了资源保障。实践教学信息平台旨在促进学生利用学校网上课堂和校园网的资源库,保障各专业学生可以全天候自主学习。

在本科生培养方案中,各类实践教学的学时、学分占专业总学时、学分的比例文科类不低于为15%,理科类不低于25%。

1983年教务处暑假安排了80级120名同学去徐汇、南市、卢湾、静安、长宁、虹口、普陀、杨浦、崇明等法院、检察院、法律顾问处参加司法见习。1987年,学校作了一些改革,从单一的法律专业实习变为四个专业的实习,在实习管理体制上从教务处、年级办的联合管理变为以系的管理为主;在实习场所分布上,由集中在一个地区变为既有集中又有分散。

1992 年针对 89 级学生毕业实习时间为 3 个月，共 13 周，仍实行回省实习，就近安排、相对集中的原则。教务处对实习生进行岗前培训，一是业务培训，邀请市检、法、司有关领导给学生上课。二是学生进岗前的思想教育，并制定了《学生社会实践和社会调查的管理办法》，修订了《学生毕业实习管理办法》《使用实习经费的规定》等制度。

2012 年，为照顾到大多数大四学生要复习准备参加国家司法考试、公务员考试、研究生入学考试等现实需求，学校将毕业实习时间段从原来的 7 月至 9 月调整为当年的 7 月至次年的 3 月，满足了学生实习的个性化需求。与此同时，学校出台配套保障措施，建立健全相应的质量保障机制，切实提高实习质量。

在实习基地建设方面，学校于 1999 年制定《校外教育实践基地管理办法》(华政办〔1999〕154 号)，与业务单位签订教育实践基地合作协议，明确双方权利义务，以增强毕业实习、社会调查的计划性、目的性、指导性，保证毕业实习、社会调查的质量。1998 年，有固定关系的实践基地 48 个。2001 年学校兼有 70 个校外教育实践基地，并积极开拓法学教育实践环节的具体渠道：(1)案例库的建设和案例的科学利用；(2)模拟法庭、模拟仲裁庭的设置和模拟庭审；(3)演讲课程的设置和演讲活动的组织；(4)撰写科研论文及开展学术论文竞赛；(5)聘请实务部门的专家开专业课。2002 年评估报告中教学实践基地总数 68 个。

为推动和深化人才培养模式改革，抓好教学内容、课程体系和实践环节的综合改革，支持和鼓励大学生开展研究性学习、创新性实验，完善专业理论和专业知识的应用能力，将科学研究能力的培养融入专业教学体系，学校从 2007 年设立创新人才培养基地，正式启动了大学生科学研究计划，每年组织开展创新活动，为大学生参与科研、深化理论学习、增强理论联系实际的能力搭建良好的平台。

2008年10月，人文学院成立上海高校第一家由在校学生“自主经营、自负盈亏”的模拟文化传媒集团——新视传媒集团，该集团融教学与实践于一体，充分整合人文学院三个专业的优势，进一步拓展了学生的发展空间，成为人文学院崭新的教学实习和社会实践基地。集团涵盖平面媒体、广播电视、网络新媒体、文学创作四项业务，参与学生达250人。自2011年起集团每年都举办沪上高校校园媒体峰会，成为上海市校园媒体运作标准的推动者和制定者。

截至2015年，学校共有校级实习基地124个，院级实习基地146个，共270个。

教学质量管理

为使教学效果达到课程计划、教学大纲和教科书所规定的要求，学校对教学过程和质量进行指导控制，分析教学质量，从中发现问题，找出改进教学质量方法，以此确保教学效果。

1984年10月提出的教学改革打算指出，组织教研室和班级进行期中教学质量分析，以了解情况，交流经验发现问题，研究改进，不断提高教学质量。

1987年，选30名87届毕业生进行跟踪调查。

在“八五计划”要点中，提出完善教学质量评估制度，制定一套教学质量评估的具体办法，包括评估的目的要求，具体内容、方法程序、奖惩措施等。

1990年工作要点指出，开展教学质量评估，做好两年一度的教学奖评定工作。

1993年成立考试中心后，1994年对试卷进行全面复查。

1995 年建立了院党政干部、系部负责人督考制度《学校督考制办法》(试行),开始题库建设的试点工作,为教考分离创造条件。

1998 年建立教师教学信息反馈制度,发放任课教师信息反馈卡,将学生听课、出席、迟到、早退、教室及相关设备使用及教学管理中的问题等填在表格中,及时反馈给教学管理部门。

1998 年《教学管理要点》中指出,教学质量管理包括全过程质量管理、教学质量检查、教学工作评估和教学信息的采集、统计和管理。全过程质量管理包括招生、计划实施、教学过程、教学辅助过程的质量管理和考试管理。教学质量检查包括经常性的检查如抽查作业、平时测验、期中考试、检查性听课等;定期教学检查包括开学前、期中教学检查和期末教学检查等。教学工作评估包括:院系总体教学工作评价;专业课程和各项教学基本建设评价;教师教学质量和学生学习质量评价等。

自 2000 年以来,学校成立以老教师为主的督导组,对教学质量进行检查,坚持试卷选用制度和试卷质量分析制度。

2007 年,学校全面加强教学质量建设,通过建立和健全科学、规范、完善和系统的本科教学质量管理体系,实现对本科教学全方位、全过程的质量监控。2007 年 5 月学校批准教务处设立“教学质量管理办公室”,设科级岗位 1 名,一般工作人员 1 名。该办公室主要负责学生评教、领导听课、中期教学检查、大学生创新基地建设、质量工程项目、专业评估及其他教学改革建设工作。

2008 年《本科教学工作水平评估自评报告》对学校教学质量监控进行了总结:学校以保障人才培养目标的实现与各教学环节的教学质量的提高为目标,校院二级领导和教务处、人事处、学生处领导、教学督导组及学生共同参与,通过听课、教学巡查、学生评教、教学信息员反馈等方式,建设校园门户网、《教学简报》等反馈渠道,建立了完善的教学质量监控体系，形成了“全面管理、全程监控、全员参与”的质量监控格局，实施“多时、多点、多层、多角度”的全方位监控。学校教学质量监控体系信息采集、处理、反馈流程完整，日常教学质量监控与周期性教学质量评价并重，“督教与评教、检查与评估、反馈与整改、研究与建设”四个环节循环、有序运行，推动了教学管理工作上水平、上台阶，为人才培养目标的实现提供了保证。

2010年起，学校以落实“科学发展观”整改工作为契机，将学生评教工作进行了系统的改革。在评教指标方面，根据学校的课程类别，学生评教的问卷分为五类，即理论类、外语类、体育类、理工类和双语类，使问卷评估指标与课程的契合度增高，更能反映教师的实际授课情况。在数据处理方面，去除极端数值，同时，将评教结果按照不同类型的课程、教师职称进行对比分析；将文字评教全程开放，师生可以随时交流。

2012年学校开始开展毕业论文反抄袭检测工作，对本科生毕业论文（设计）质量监控模式进行改革，引入“大学生论文抄袭检测系统”，开展学位论文反抄袭检测。学校规定毕业论文（设计）正稿提交时间截止后、答辩工作开始三周前，将通过“本科生毕业论文（设计）管理系统”统一从每个学院随机抽取20%的毕业论文（设计）参加学术不端行为检测。通过反抄袭检测或其他途径，凡发现存在作假行为的，将依据《学位论文作假行为处理办法》（中华人民共和国教育部令第34号）、学校有关学位论文不端行为检测实施及处理办法作出严肃处理。

教学改革

改革发展是时代进步的主旋律和总基调，开放发展是建设一流大学的必由之路。学校始终紧扣法学特色和学科发展的内在逻辑，深化结构改革,全面对接国家发展战略、区域发展需求、国际法治建设需求,加强拓宽社会合作联系,积极引入办学资源,增强办学活力。

学校以对接行业需求作为改革重点,主动适应国家及上海经济社会发展战略需求,探索分层分类人才培养机制,探索拔尖创新人才培养模式;将通识教育改革作为重要突破,注重"通""专"融合,注重由"知识第一"向"能力第一"转变,增厚学生人文底蕴,提升学生发展后劲。

同时,学校深化以人才培养为中心的教育教学改革。制定深化综合改革方案,在管理体制改革、机构设置改革、人才队伍建设、人才培养、学科建设等方面协同推进,全面覆盖招生培养、教学能力、师资队伍、管理保障等人才培养各方面、各环节。

在教学模式方法方面,学校于 1958 年 7 月改革了考试办法:一是对本科毕业生采用写学习小结代替原先的笔试和口试;二是把《国家与法的理论》《刑法》和《刑事诉讼法》3 门课作为考试的主要课程,由毕业考试委员会根据课程内容,围绕无产阶级专政、党的领导和群众路线三个中心拟订 15 个参考题,考生可以任意选择一题,也可根据这三个中心自由命题。成绩以优良、及格、不及格三级计分,由党团负责人、教师、辅导员、班干部相结合进行评定。

1983 年教学简报介绍了刑法教研室"案例评释",教材内容全是案例汇编,把理论和实际结合在一起,有分析、有讨论又有理论的概括。

1983 年考试课程为 4 门,采取百分制。考察课程采取五级记分制。

1984 年学分制教学方案规定课程考核分为考试与考查两种。考试采用笔试或口试,开卷或闭卷,以及其他方式进行。考查主要采用平时作业检查,课堂讨论、测验、质疑等方式进行。考试成绩按百分制评定；考查成绩按优、良、中、及格、不及格五级记分制评定。学年论文、毕业论文的成绩由指导教师评定；专业实习采用个人小结、班组讨论、实习带教老师审定的方式进行考核。

1984 年制定了《本院教学改革初步打算和班主任工作条例（试行）》，进一步改革教学，培养学生的创新能力。（1）大力发挥教师改革教学的主动性和积极性，各教研室选一个班级或一两门课程进行改革试点。（2）修订教学计划，调整课程设置，增加与经济法、国际经济法、自然科学技术有关的课程，加强汉语和外语教学。压缩课时，精简内容有重复，课时安排过多，把学生捆得过死的课程，试行学年学分制，给予学生一定自主权。（3）教学方法改革，改革现行注入式、满堂灌、抱着走的教学方法，推广启发式、案例式教学。

1993 年，在校内管理体制改革办法出台的基础上，制定了教学改革和发展方案，相继实施了学分制管理、自主招生等一系列改革措施。从 1993 年专科开始，积极试行学分制管理的改革。（1）加强对教师教学的规范化管理，学校推出了《教师教学工作规范》和《教师的教学区行为规范》。（2）加强教学过程的监控和管理，加强教学检查制度。（3）为本科生配备导师。1994 年，学校颁行《全日制本科学生导师制试行办法》，为每个教学班配备 2 名由讲师以上的骨干教师担任的导师，负责学生选课、学习、科研指导。（4）考试管理，设立考试中心，每次考试前召开动员大会，坚持试卷质量教研室、系、教务处三级审卷把关，坚持试卷分析和试卷复查。

为适应 21 世纪教学改革的重要内容，1998 年学校进行了中华人民共和国成立以来高校专业设置的重大调整，拓宽专业口径，改革教学内容和课程体系，构建适应新世纪需要的人才培养模式。

2002 年，学校进行深入调研和教育思想大讨论后，结合教学研究型办学定位和深化本科学分制改革，开展本科培养方案修订工作。

修订的指导思想是，确立符合时代特征、地域特点、学校特色，体现德、智、体、美全面发展的，应用型、复合式、开放性高素质创新人才培养目标。

2012 年，根据《教育部办公厅中央政法委员会办公室关于公布首批卓越法律人才教育培养基地名单的通知》（教高厅函〔2012〕47 号）《上海市教育委员会关于公布“上海卓越法律人才培养基地”名单的通知》（沪教委高〔2012〕74 号），学校获批为教育部首批卓越法律人才培养基地（应用型、复合型法律职业人才教育培养基地，涉外法律人才培养基地，西部基层法律人才教育培养基地）、上海市卓越法律人才培养基地和涉外卓越法律人才培养基地。

自 2012 年以来，学校根据科学管理、分类培养、多元化发展的思路，从选拔方式到培养模式全方位推进系统改革，形成了具有华政特色的卓越法律人才培养体系。

学校制定了三类基地建设方案，由学院分别负责基地的培育工作，将本硕贯通卓越法律人才实验班（以下简称本硕贯通实验班）、卓越律师人才实验班（以下简称律师班）纳入应用型、复合型法律职业人才培养基地；将合作涉外卓越法律人才实验班（以下简称合作班）、国际金融法律涉外卓越法律人才实验班（以下简称涉外班）纳入涉外法律人才教育培养基地；西部基层法律人才教育培养基地以西部政法干警班为载体，为中西部和其他经济欠发达地区基层法院、检察院培养高素质人才。

在经费投入上，已投入七期建设资金，直接投入达 455 万元，用于支持卓越法律人才培养配套平台建设的资金达 1500 余万元。在政策保障上，专门组织校内外专家论证、制定人才培养标准和培养方案，制定实验班管理办法、工作实施办法等，为实验班配备优秀师资，建立校内外相结合的人才培养质量保障体系。各实验班所在学院更是倾其全力，调动社会资源，聘请公检法、律师、金融界的实务专家，与学校专任教师、思想政治辅导员、教辅人员四位一体，投入实验班的教学、管理当中。

律师班从法学专业全日制本科生中有明确律师职业目标的学生中进行选拔，政法干警班采取委托培养方式，其余实验班则从新生中招生。其中，本硕贯通实验班设置为“校内零志愿”，即学生投档华政后，实验班志愿不影响其校内后续志愿的录取，保证了实验班的生源。2013 年，本硕贯通实验班的第一志愿报考率高达 1067.5%。

本硕贯通实验班采用“讲授—讨论—提问—讨论”互动式教学、小班授课、集体选课、集体备课、课后讨论等形式，以及淘汰与分流机制等，初步凝练出了教学特色；律师班注重对学生实务技能的培养，设置律师实务课程及相关的实务训练课程；合作班开展“模拟仲裁庭”课程化建设，采用亲验式教学方式，运用角色扮演、实景模拟、观摩与反馈等方法开展课堂教授；涉外班凝练国际化特色，采用诊所式教学法，教师自行设计案例或围绕实际案例进行法律事实解剖，分析解决、处理的方法和途径；政法干警班突出教学团队专业化建设和政法实务方面的教学、实训内容，如业务技能系列培训等，真正做到“有讲授、有复习、有实训”。

将法学与经济学、管理学等其他社会科学交叉、融合，如涉外班在法学主干课程外，还开设了金融财会模块、数理统计模块、金融法律实务模块等专题选修课程；律师班设置“律师执业方向”课程模块，开设 22 门实务课程，并实现了配套课程标准化建设；政法干警班设置“司法文书”课程，并在不同业务方向中设置凸显业务特色的实务类课程。加强国际化课程体系建设：引进国外原版教材，开设国际贸易争端方面的选修课程，注重比较课程研究，使学生与世界前沿理论保持紧密联系；开设第二外语，增加全英文课时、双语专业课程，如本硕贯通实验班开设10门双语或全英语专业课程，合作班专业课程中全英语课程占到50%以上。

优先支持实验班学生提早进入科研和创新训练项目平台，如举办辩论赛、模拟商务谈判、模拟仲裁庭、模拟法律尽职调查等。同时，在上海各级法院、检察院及国浩、中伦等十余家沪上知名律师事务所和知名企业建立教学实践基地，与新加坡、澳大利亚、美国、德国等知名律师事务所达成合作协议，选派优秀学生进行海外实习，提升学生探寻法律事实的能力和操作能力。拓展实践教学平台建设。选拔优秀学生赴纽约、中国香港特别行政区等国家和地区参加模拟法庭、模拟联合国比赛等，寓教于赛，进一步提升学生国际化和专业化的执业技能。

2004年《关于大学英语教改试点工作进展情况的报告》（华政院教〔2004〕204号），从强调读写以及以教师为主的教师教学模式转移到强调听说的语音室教学，又在此基础上进行网络系统自主学习的模式改革试点。

2005年，为了适应本科教育新形势变化，开展缩短学期教学时数，学校将每学期的学期周数由19周缩短为17周，有利于加强实践教育，有利于教师集中时间从事科研实践活动，有利于促进学生改进原有的学习方式。实行滚动式排课，调整原每日排课的时间表，实行新的每天上课时间表，从8：00开始至晚上8：40，课间休息10分钟，连续不间断排课。

2007年，为了充分发挥现代教育技术在教学中的应用，学校制定《多媒体教学管理办法》（华政办〔2007〕265号）。为了提高教学质量与教学效率，促进教学方法和手段的改革，提升教学现代化水平，充分发挥多媒体在课堂教学中的积极作用。学校还制定了《网上辅助教学管理办法》（华政办〔2007〕265号），建立了以“百门课程资源上网计划”为标志的教学网络资源库，稳步推进网上教育平台以实现教师、学生共享精品课程等优质教学资源。该年度共有50多位教师开设了100多门网络课程，王立民教授负责“课程中心”获得2007年度上海市教委课程中心项目立项。学校还开展了华政首届“多媒体课件大赛”。

自2012年起，学校对非语言类专业学生全面实行英语分级教学。新生入学伊始即需参加难度相当于国家大学英语四级的英语分级测试。学校依据分级考试成绩并参考高考成绩，将学生编入A、B、C、D四种级别分别进行授课，实施差别化课程设置和师资配置。对于A级班的学生，允许其提前参加大学英语四六级考试，并在第一学年完成公共英语课程后，进行专业英语或者第二外语的学习；学校从英孚EF等专业英语培训机构聘请外教，充实学校外语教学师资队伍。同时，学校允许学生根据自己的学习情况主动申请升降级。

自2013年起，学校陆续建设若干个远程同步录播教室，进一步通过信息化手段丰富授课方式，成功实现了远程同步授课。以2012～2013学年第二学期开设的《涉老法律制度》课程为例，该课程通过此远程同步录播系统，使美国约翰·马歇尔法学院的Kozak教授和学校法律学院孙颖老师为学生同时上课变成现实。

基本建设与设施

为营造和谐、健康、清朗的校园环境文化，学校以全校师生员工的共同利益和共同期待为本，发扬钉钉子精神，扭住不放，久久为功，对现有的长宁松江两校区进行改造修缮，进一步加强学校的人文软实力与核心竞争力。校园基础设置建设进一步完善，环境育人工作取得了新发展。

1995年，学校教室总面积为8306平方米，2002年扩大为13,981

平方米,其中,教室总数 81 个,图书馆 1 个,座位 6412 个。1996 年实行学分制之后学校根据选课学生报名数相对集中、学校小教室多大教室少的情况请求司法部支持紧急改建东风楼一个小礼堂为两个大教室,缓解了教室使用的燃眉之急。

为了规范实验教学管理,提高实验教学质量,培养学生实践能力和创新精神,根据《教育部关于进一步深化本科教学改革全面提高教学质量的若干意见》(教高〔2007〕2 号)及《教育部关于开展高等学校实验教学示范中心建设和评审工作的通知》(教高〔2005〕8 号)的精神,特制定《实验教学管理办法》(华政办〔2007〕265 号文颁发),对实验教学任务管理、实验教学过程管理、实验考核与成绩评定、实验教学质量监控作出了规定,为提高学生实验实践技能训练、加强学校对实验室的管理、提高实验室使用效率发挥了积极作用。

《实验教学管理办法》(华政办〔2007〕265 号文颁发)规定,各院系应当组织教师根据高校教学改革及发展趋势和本专业人才培养目标的要求,制定实验教学计划和教学大纲,实验室应根据学校教学计划承担试验教学任务,并规定了对教师的要求、学生的要求等。

学校自成立以来,一贯重视实验室建设,学校实验室建设大致经历了以下阶段。

20 世纪 50 年代中期至 80 年代重视刑事司法类实验室建设,于 1956 年成立"犯罪对策实验室"的刑侦实验室,于 1958 年更名为"司法鉴定实验室"。1979 年复校后,实验教学得到进一步发展,于 20 世纪 90 年代获得"上海市电化教学先进学校"荣誉称号。1987 年经中华人民共和国司法部批准,学校在原法医鉴定室的基础上成立了"华东政法学院司法鉴定中心"。1999 年,该鉴定中心经司法部核准公告为面向社会服务的司法鉴定机构,鉴定业务范围涵盖法医病理鉴定、计算机司法鉴定、声像资料司法鉴定、法医临床鉴定、法医物证鉴定、法医精神病鉴定、司法会计鉴定、文书司法鉴定、痕迹司法鉴定和道路交通事故检验鉴定评估等司法鉴定项目。

20 世纪 80 年代初期至 90 年代学校在继续强化刑事司法实验教学的基础上,开始着眼为学生提供以案件模拟为主要手段的法律实践平台,注重培养学生的综合法律实务能力。

1980 年,学校建立第一间模拟法庭,供学生用于刑事诉讼、民事诉讼以及行政诉讼的模拟训练。1994 年,学校建立模拟仲裁庭,供学生用于商事案件仲裁以及劳动案件仲裁的模拟训练。松江校区新建模拟仲裁庭完全按照上海市仲裁委员会仲裁庭的规模和格局建造,是目前上海各高校设施最完备的模拟仲裁庭。

2000 年,学校大胆实施现代法学教学理念,成为全国最先设置"法律诊所学""劳动法律诊所学"等诊所法律实验课程的高校之一,并率先成立了诊所法律教育中心。

随着学校的发展,又逐步建立起了英语专业语音室、法律咨询室等满足教学需求的实验室。

华东政法学院校门

1989 年 5 月，华东政法学院干部专修科 87 级全体师生毕业纪念

1983 年 4 月 27 日，首次法学理论讨论会全体代表合影

1981 年 7 月 10 日，美国哥伦比亚大学法学教授艾德华来我院访问

1981 年 10 月 2 日，美国 Mayre Rasmussen 律师来访并赠书

1981 年 10 月 31 日，美国加州律师团来访

1982 年,举办“暑期汉语法律讲习班”

1983 届全体党员合影

女子足球队合影

长宁校区俯瞰

长宁校区一角

韬奋楼

校史大事记

1979 年 3 月 19 日，最高人民法院、最高人民检察院、公安部和教育部《关于恢复华东政法学院的通知》(〔1979〕法司第 69 号)主送上海市革委会，该通知称：经国务院批准恢复华东政法学院。

1979 年 7 月，院刊《法学》自 7 月副刊，改名为《民主与法制》。9 月，叶剑英副主席为《民主与法制》题词“认真加强社会主义民主与法制”。

1979 年 9 月，举行复校开学典礼。

1980 年 2 月，举办复校以来第一次科学讨论会，3 月召开学术委员会第一次会议，复校以来第一次党课和第一次党委会议。

1980 年 8 月，学院党委在草坪上搭建五座帐篷，作为办公用房，保证新学期如期开学。

1980 年 11 月，最高人民法院特别法庭公开审理林彪、江青反革命集团。华东政法学院教师苏惠渔受委托，担任被告李作鹏的辩护律师。朱华荣参加律师小组工作。

1981 年 3 月，学院恢复函授教育，建立《法律顾问》编辑委员会。

1981 年 4 月，华东政法学院青少年犯罪研究室成立。

1981 年 10 月，恢复出版《法学》杂志，先出版双月刊，后为月刊。《法学》复刊，魏文伯等撰文祝贺。曹漫之任主编。

1981 年 12 月 11 日，根据国务院学位委员会《关于下达首批博士和硕士学位授予单位的通知》(〔1981〕学位字 018 号)，华东政法学院(以下简称学院)成为硕士学位授予单位，学科为法制史、国际法。

1982 年 2 月，学院举行首届硕士学位研究生开学典礼，首届研究生有 14 人。

1982 年 4 月，华东政法学院《院刊》正式复刊。

1983 年 3 月，国务院学位委员会和教育部批准华东政法学院为授予学士学位的高等学校。

1983 年 4 月，由华东政法学院与中国社科院法学院联合发起，由《法学》出版社筹备，召开全国首届法学理论讨论会。

1984 年 2 月 11 日，根据《司法部转发第二批博士和硕士学位授予单位名单的通知》(司发教字第 47 号)，学院获宪法学硕士学位授予权。

1984 年 3 月，华东政法学院《法学》编辑部提出《关于开展我国法制建设协调发展问题讨论的初步意见》，中共中央出书籍陈丕显作出书面批示。

1984 年 6 月，学院举行华东政法学院法律咨询部、上海市第一法律顾问处第二接待室成立大会。

1984 年 7 月，学院首次独立办班，举办 1984 年外国人暑期汉语法律讲习班，为期 4 周，美国学员 24 人。

1984 年 8 月，学院举行首届(81 级)函授生毕业典礼，417 人成绩合格，领取函授法律专业专科毕业证书。

1984 年 10 月，学院设立上海市第四律师事务所，原上海市第一法律顾问处第二接待室撤销。

1985 年 1 月，学院教师施觉怀受外交部聘请，随我国国家法专家倪征(日奥)(yu)教授赴联合国国际法院工作。

1985 年 3 月，学院复院以来首次聘请外教，美籍文教专家克里斯托费·乔治·埃克斯里夫妇。

1985 年 4 月 27 日，司法部《关于增设专业的批复》(〔1985〕司发教字第196号)，同意华东政法学院增设经济法、国际经济法、犯罪学3个专业，学制均为4年，从1985年开始招生。

1985年8月，学院法律专业自学考试首届毕业典礼举行，96名考生获毕业证书。

1986年9月29日，《司法部转发国家教委关于第三批博士和硕士学位授予单位名单的通知》(司教字〔1986〕第85号)，批准学院刑法、民法专业获得硕士学位授予权。

1986年9月，学院夜大学成立。

1987年6月，司法部同意学院犯罪学系承担部分司法鉴定任务，并启用华东政法学院犯罪学系司法鉴定专用章。

1987年12月，学院首次举行授予硕士研究生导师聘书仪式。

1988年2月，学院武汉教授应邀参加联合国亚洲及远东预防犯罪和罪犯待遇研究所在日本东京召开的第78届国家专家研讨会。

1988年4月，学院法律专业改为法学专业。

1988年9月，学院首批招收外国留学生，共10名。

1989年1月，学院增设法律专业本科自学考试，并为主考学校。

1989年6月，学院增设本科函授教育。

1990年12月11日，国务院学位委员会《关于下达第四批博士和硕士学位授予学科、专业名单的通知》，学院经济法学被批准为硕士学位授予点。

1994年2月，学院成为上海市实行自主招生改革8所试点院校之一。

1994年12月9日，曹建明教授在中南海怀仁堂为江泽民等中央领导同志讲授"国际商贸法律制度及关系总协定"。

1995年，学院增设贸易经济、英语、国际法3个本科专业，走上多学科发展之路。

1995年9月8日,国务院学位委员会批准全国8所院校为法律硕士专业学位试点单位,以培养高层次法律专业人才和管理人才。学院是上海唯一试点院校,于1996年起试点招收法律硕士专业学位研究生。

1996年3月,司法部批准学院国际经济法学为部级重点学科。

1996年5月4日,经上海市教委批准,学院开始在经济法、法学、国际经济法和刑法专业接受外国留学生攻读学士、硕士学位。至此,学院成为上海市第20所可以向留学生办法学位的大学。

1996年6月6日,按上海市学位委员会通知,学院获得诉讼法学、国际私法硕士学位授予权。

1996年11月6~9日,司法部部属高等政法院校教学水平评估专家组、工作组一行结束对学院的实地评估,对学院自评报告结论为A级,表示原则同意。

1997年11月7日,司法部〔1997〕司教字101号通知称:同意学院增设本科4年制的行政管理学专业和货币银行学(金融法方向)专业。

1998年6月22日,国务院学位委员会《关于下达按新专业目录对应调整的博士、硕士学位授权学科、专业名单的通知》(学位〔1998〕45号),学院硕士学位授权学科有:法律史,宪法学与行政法学,刑法学,民商法学(含劳动法、社会保障法学),诉讼法学,经济法学,国际法学(含国际公法、国际私法、国际经济法)。

1998年6月23日,国务院学位委员会《关于批准新增博士、硕士学位授予单位的通知》(学位〔1998〕46号)批准学院为新增博士学位授予单位,国际法学为博士学位授予权学科专,实现了学院博士点零以及上海地区法学博士点零的突破。

1998年6月30日,国务院学位委员会《关于对部分省级学位委员会审批增列硕士点评估的通报》(学位〔1998〕49号)称,学院法学理论经审核同意增列硕士点。

1998年7月6日,《教育部〈关于印发普通高等学校本科专业目录〉(1998年颁布)等文件的通知》(教高〔1998〕8号)称:学院本科专业调整为法学(原法学、经济法、国际法、国际经济法)、经济学(原贸易经济)、金融学(原货币银行学)、侦查学(原侦察)、行政管理(原行政管理学)和英语。

1998年11月12日,经司法部批准,学院法制史学科为第二批司法部部级重点学科。

2000年2月12日,根据《国务院办公厅转发教育部等部门关于调整国务院部门(单位)所属学校管理体制和布局结构实施意见的通知》(国办发〔2000〕11号),学院成为中央与地方共建,以地方管理为主的普通高等学校。

2000年12月28日,国务院学位委员会《关于下达第八批博士和硕士学位授权学科、专业名单的通知》(学位〔2000〕57号),学院法律史学为博士学科授权学科、专业。

2001年1月8日,上海市学位委员会《关于公布第八批硕士学位授权审核结果的通知》(沪学位〔2001〕2号),批准学院为环境与资源保护法学博士学位授权点。

2001年4月11日,学院首次获得1999~2000年度上海市文明单位。

2001年8月24日,法学学科成为上海市重点学科。

2002年12月,学院被列入上海松江大学园区二期工程计划,新校区占地824亩。

2003年2月11日,教育部下发《关于公布2002年度经教育部备案或批准设置的高等学校本科专业名单的通知》(教高函〔2003〕2

号),批准学院新设立国际经济与贸易、社会学、治安学、劳动与社会保障4个本科专业。

2003年9月28日,上海市学位委员会《关于公布第九批学位授权审核结果的通知》(沪学位〔2003〕10号),批准学院为刑法学、经济法学博士学位授权点。

2003年10月18日,松江新校区正式启用。

2003年10月23日,根据人事部《关于新设434个博士后科研流动站的通知》(国人部发〔2003〕38号)精神,学院正式设置法学博士后流动站。这是上海乃至华东地区首个法学博士后流动站。

2003年11月5日,教育部公布了2002年高等学校本科教学工作评估结论,学院被评为优秀。

2004年2月,"外国法制史"成为学院首门国家级精品课程。

2004年3月1日,教育部下发《关于公布2003年度经教育部备案或批准设置的高等学校本科专业名单的通知》(教高函〔2004〕3号),批准学院新设立政治学与行政学、公共事业管理、会计学、新闻学、边防管理、知识产权(试办)6个本科专业。

2004年5月,学院开始招收国防生。

2005年1月10日,校党委专题研究市科教党委关于学院作为保持共产党员先进性教育活动试点单位的意见,成立领导机构,开始了先进性教育活动各项试点工作。至2005年6月20日,活动圆满完成。

2005年3月4日,教育部下发《关于公布2004年度经教育部备案或批准设置的高等学校本科专业名单的通知》(教高函〔2005〕7号),批准学院新设社会工作、文化产业管理(试办)、汉语言文学、工商管理、计算机科学与技术、日语6个本科专业。

2005年6月30日,上海市教育委员会《关于下达上海市重点学科(第二期)启动建设经费的通知》(沪教委科〔2005〕45 号)确定学院法律史、经济法为上海市重点学科。

2005 年 8 月 1 ~ 5 日,完成学院主体从长宁校区到松江校区的搬迁工作。

2005 年 10 月 11 日,学院承担的司法考试评卷工作正式启动。

2005 年 11 月,“外国法制史”课程建设获国家级教学成果奖。

2005 年 12 月 26 日,教育部授予学院“依法治校示范学校”称号。

2006 年 2 月 18 日,根据沪学位委〔2006〕2 号文通知,学院成为法学一级学科博士、硕士学位授权单位,民商法、宪法与行政法学获博士学位授予权,产业经济学、政治学理论、马克思主义中国化研究、思想政治教育、行政管理、社会保障获硕士学位授予权。

2006 年 3 月 26 日,学院被评为 2004 ~ 2007 年上海市语言文字规范化示范校(沪教委语〔2007〕3 号)。

2007 年 1 月,司法鉴定、知识产权学科获得博士、硕士学位授予权。

2007 年 3 月 16 日,教育部下发《关于同意华东政法学院更名为华东政法大学的函》(教发函〔2006〕102 号),同意我校更名为华东政法大学(以下简称学校)。

2007 年 6 月,法律史本科成为国家重点学科,是上海首个法学国家重点学科。

2007 年 12 月,法律史本科教学团队成为学校首个国家级教学团队。

2008 年 2 月,学校“开放型国际法律人才培养模式创新实验区”成为教育部人才培养模式创新实验区建设项目。

2008 年 10 月,法学专业成为学校首个教育部高等学校特色专业建设点。

2009 年 2 月 13 日，根据教育部网站公布的教育部、财政部《关于批准 2008 年度国家级实验教学示范中心建设单位的通知》(教高函〔2009〕5 号) 文件，学校法学综合实验教学中心获教育部 2008 年度国家级实验教学示范中心建设单位。

2009 年 3 月 12 日，教育部《关于公布北京师范大学等 87 所普通高等学校本科教学工作水平评估结论的通知》(教高函〔2009〕3 号) 指出，学校在 2008 年本科教学工作水平评估中获得"优秀"的结论。

2009 年 10 月，学校长宁校区原"校园桥"获得上海海事部门的许可，正式更名为"华政桥"。据悉，该桥成为上海市苏州河上唯一一座以学校简称命名的桥梁。

2009 年 11 月 7 日，华东政法大学恢复招生 30 周年纪念大会在松江校区隆重举行。

2009 年 11 月 23 日，根据教育部、财政部《关于批准 2009 年度国家精品课程建设项目的通知》(教高函〔2009〕21 号)，由学校顾功耘教授主持的"经济法学"课程获得"2009 年度国家精品课程"称号。

2010 年 2 月 22 日，上海市番禺中学更名为华东政法大学附中。华东政法大学附属中学隆重举行开学典礼。

2010 年 8 月 28 日，从财政部、教育部高教司《关于立项建设 2010 年国家级教学团队的通知》(教高函〔2010〕12 号) 获悉，学校副校长顾功耘教授带领的"经济法学本科教学团队"入选"教育部 2010 年国家级教学团队"，标志着学校经济法学本科教学水平跃上了一个新台阶。

同日，根据教育部、财政部印发的《关于批准 2010 年度国家精品课程建设项目的通知》(教高函〔2010〕14 号)，由学校党委书记杜志淳教授主持的"司法鉴定概论"课程获得 2010 年度国家精品课程称号。

2010年9月6日，根据教育部、财政部印发的《关于批准第六批高等学校特色专业建设点的通知》（教高函〔2010〕15号），学校侦查学专业获得第六批高等学校特色专业建设点项目。

2010年12月9日，上海市第八届邓小平理论研究和宣传优秀成果暨第十届哲学社会科学优秀成果颁奖典礼在上海影城举行。学校首次获得非法学学科的科研成果一等奖。本次获奖数量与质量均创造了我校历史最好成绩。

2010年12月23日，“华东政法大学大学生社会法律援助中心全国志愿助残示范基地”揭牌仪式在学校大学生活动中心一楼隆重举行。

2011年1月25日，学校李秀清被授予第六届“全国十大杰出青年法学家”称号。

2011年9月，学校李洁的“大学生人生态度现状与转化研究”获全国教育科学“十二五”规划2011年度国家青年课题立项。这是学校首次获全国教育科学规划国家级课题。

2011年11月，接全国哲学社会科学规划办公室通知，由时任校长何勤华作为首席专家申报的2011年国家社科基金重大项目“法律文明史”已获准立项，资助经费总额为80万元。这是学校首个国家社科基金重大项目。

2012年3月11日，学校与上海公安高等专科学校联合招录培养全日制法学专业（刑事侦查方向）第二学士学位人民警察学员合作协议签约仪式在上海市公安高等专科学校举行。

2012年3月13日，学校举行与美国约翰·马歇尔法学院合作成立中美老龄问题研究中心揭牌仪式。该中心是国内第一家专门研究老龄问题的高校研究机构。

2012年5月，学校王迁入选教育部2011年度新世纪优秀人才支持计划。

2012 年 5 月，学校"事是学社"团支部获评"全国五四红旗团支部"称号。

2012 年 8 月，学校成为接受中国政府奖学金来华留学生院校、教育部首批卓越法律人才培养基地（应用型、复合型法律职业人才教育培养基地，涉外法律人才培养基地、西部基层法律人才教育培养基地）。

2012 年 9 月 26 日，中国法学会授予学校陈鹏生"全国杰出资深法学家"称号，上海市仅学校陈鹏生教授获此殊荣。

2012 年 10 月，学校入选"卓越法律人才培养基地"和"涉外卓越法律人才培养基地"。

2012 年 12 月 1 日，华东政法大学迎来建校 60 周年华诞。

2013 年 1 月，教育部学位与研究生教育发展中心近日公布了第三轮学科评估（2009 ~ 2011 年）结果。本轮评估涉及 95 个一级学科，全国共有 391 个单位的 4235 个一级学科参评。学校法学一级学科排名第 5，与第二轮学科评估相比排名上升一位，获得了更为积极的评价，巩固了学校法学学科在全国法学学科发展中的地位，为接下来的学科建设工作奠定了良好基础。新发展的应用经济学、政治学、马克思主义理论一级学科首次参评，名次分别为 58、17、56，在参评单位中处中上游，获得良好开端。

2013 年 4 月 17 日，教育部公布 2012 年度普通高等学校本科专业设置备案或审批结果。学校申报的德语本科专业获教育部备案，将从 2013 年开始招生。

2013 年 10 月 12 日，学校举行中国自由贸易区法律研究院揭牌仪式暨自贸区法律论坛。

2013 年 11 月 23 日，学校召开共青团华东政法大学第一次代表大会。

2014 年 6 月 29 日，学校吴一鸣获首届"上海高校青年教师教学竞赛"大赛一等奖，陈德强获优胜奖。

2014 年 7 月 2 日，学校刘宪权入选"万人计划"第一批科技创新领军人才。这是学校在国家高层次人才特殊支持计划上取得的重大突破。

2014 年 9 月 22 日，第五届全国杰出专业技术人才表彰大会在北京举行。学校刘宪权获"全国杰出专业技术人才"称号。他是本次上海市教育系统唯一（全市共两位）、全国法学界仅有、上海市历届获奖者中首位且唯一当选的文科教授。

2014 年 9 月，学校王迁荣获"全国优秀教师"荣誉称号。

2015 年 5 月 4 日，首届世界知识产权组织中国暑期学校（WSSCN）在学校开班。

2015 年 5 月 19 日，中国法学创新网发布了各法学院校 2014 年中国法学核心科研评价来源期刊（China Legal Science Citation Index，CLSCI）论文发表总数排名情况。学校法学各学科 2014 年共计发表 CLSCI 论文 108 篇，论文总数位居全国第一，实现了学校在 CLSCI 论文发表方面的历史性突破。

2015 年 6 月 29 日，学校举行民建华东政法大学委员会成立大会。

2015 年 10 月 14 ~ 15 日，第二届金砖国家法律论坛在学校开幕。

2015 年 10 月 17 日，上海圣约翰大学第十一届世界校友联谊会在学校召开。

2015 年 11 月 15 ~ 20 日，由哈佛大学商学院和华东政法大学联合举办的首期"律所领导力与发展战略——中国课程"在哈佛中国中心开课。此次由哈佛大学商学院和华东政法大学联合推出"律所领导力与发展战略——中国课程”专为大中华区律所的领导者们所面临的环境和需求量身打造，也是哈佛大学商学院首次将法律服务行业的管理与战略课题带到中国开班授课。

2016年3月，学校马长山教授入选文化名家暨“四个一批”人才，全国共评选出362人，学校马长山教授入选2014年文化名家暨“四个一批”人才。这是学校教师首次入选该人才计划。

2016年4月，学校法律学院学生殷怡航在中央电视台播出的《中国诗词大会》第一季总决赛中，登上全国总冠军的宝座。

2016年4月，学校屈文生入选2015年度“长江学者奖励计划”青年学者名单。这是学校历史上首位学者入选“长江学者奖励计划”。

2016年9月7日，2016年度上海市“白玉兰纪念奖”颁奖仪式举行。学校刑事司法学院名誉院长李昌钰博士（美国籍）获此殊荣。

2016年9月，2015年度上海市级建设工程优质奖评选结果揭晓，学校法学研究与教学实验实训大楼工程获“白玉兰”奖，这是学校首次有工程获得该奖项。

2016年10月17日，学校体育文化博物馆（筹）正式开馆。

2016年10月27日，学校举行松江校区学生综合事务楼建设工程奠基仪式。

2016年10月，学校公共管理一级学科成功获批一级学科博士学位授予权。该学科以行政管理、社会保障、公共政策为基础，以社会公共安全为特色，形成了较为完整的学科体系，系上海市“高原I类学科”建设项目、上海市一流学科建设项目。

2016年10月，中宣部下发《关于转发“万人计划”第二批哲学社会科学领军人才入选名单的通知》（中宣干字〔2016〕177号），学校马长山教授入选第二批国家“万人计划”哲学社会科学领军人才，这是学校教师首次入选该人才计划。

2016 年 12 月 10 日，中国法治战略研究中心成立大会暨首届法治战略论坛在学校松江校区举行。

2016 年 12 月 17 日，学校中外法律文献中心揭牌仪式暨专家研讨会在长宁校区举行。

2017 年 6 月 16 日，学校举行文伯书院揭牌仪式暨法律人才培养改革专题研讨会。

2017 年 6 月 22 日，学校在长宁校区举行“互联网 + 法律”大数据服务论坛暨“互联网 + 法律”大数据平台揭牌仪式，“互联网 + 法律”大数据平台正式上线。

2017 年 9 月，学校赵庆寺教授获“全国高校思政教师 2016 年度影响力提名人物”，这是学校思政课教师首次获此奖项。

2017 年 11 月 3 日，李昌钰法庭科学博物馆开馆。

2017 年 11 月 15 日，学校举行校史馆开馆暨捐赠仪式。

2018 年 4 月，学校社会学、外国语言文学、新闻传播学 3 个一级学科硕士学位授权点，以及会计硕士、新闻与传播硕士 2 个专业学位授权点获得国务院学位委员会批准。

2018 年 6 月 8 ~9 日，学校召开中国共产党华东政法大学第二次代表大会。大会主题为：以马克思主义为根本指导思想，紧密团结在以习近平同志为核心的党中央周围，高举中国特色社会主义伟大旗帜，深入学习贯彻习近平新时代中国特色社会主义思想和党的十九大精神，坚持“立德树人”根本任务和“德法兼修”根本要求，凝心聚力，改革创新，着力推进一流政法大学和一流法学学科建设，努力开创建设高水平应用研究型大学和令人向往高雅学府的新局面。

中南篇

中原法苑独领风骚

第一章　老校长吴汉东的回忆与寄语

中南财经政法大学法学院办学历史起源于1952年9月成立的中原大学政法学院。1948年,为建设和巩固不断壮大的中原解放区,培养各方面专业人才和干部,以邓小平为第一书记的中共中央中原局决定在中原地区创办一所大学,并定名为中原大学。1953年,以中原大学政法学院为基础,合并中山大学、广西大学、湖南大学的政法系科,成立中南政法学院。从此,中南政法学院逐步发展,成为传统"五院四系"中的一员。

中南政法学院因历史原因曾停止招生。1977年恢复高考,北京大学、吉林大学和中南财经政法大学前身之一的湖北财经学院是全国仅有的3所率先招收"文革"后首批法律系学生的高校。77级这个班后来被戏称为"中国法学第一班"。这个班虽然只有50来人,但时至今日,群星闪耀,产生2名副部级领导干部,10余位厅局级领导干部,10多名法学教授。教育部社会科学委员会9名法学委员有4名出自这个班。

吴汉东的经历与班上的其他同学不同,吴汉东上大学时已二十七八岁,属"大龄青年"。因为十年"文革",大学停办,吴汉东当过农民、当过工人、当过共青团的书记,然后考大学进入了校园。

他说,那个时候上大学,"是为中华崛起而读书",从我自己的追求来看是"我要读书",因为当时我做了地区邮电局的团委书记、党委委员和政治处的主任,当时已到了一定的地位。我义无反顾,因为我喜欢读书,我要改变自己的命运。上大学前,我读到初中二年级就辍学了，然后17岁下乡作知青，虽然叫作“知识青年”但却没有知识，我的高考数学考试做到因式分解就完了，因为我只学到这里。我的语文、政治和历史、地理这几门考得好，才使我有了上大学的机会。

我们班上人数不算很多，来源多种多样，工人、农民、干部都有涵盖，最小的18岁，最大的32岁。吴汉东属于老大哥，排行老三。绝大多数同学在进大学之前都担任过一定职务。大家走到一起来，就没有职务的高低、身份的区别，都是同学。开学典礼上，当时的校领导说，不管你们是谁，进校后就是大学生，都得遵守学校规章制度。这批大学生虽然年纪“大”，但学起来很拼命，非常刻苦，上大学的梦想原本以为没有机会实现，突然却变成活生生的现实，能不感到幸福吗？所以，同学们都很感谢邓小平同志作出恢复高考的决策，实实在在地改变了我们的人生命运，也改变了国家的前途。那个时候我们成天想的都是如何振兴中华，为中华崛起而读书，并不是空话或口号，而是实实在在的想法，我们还以此召开过主题班会，大家讨论得很热烈，今天回想起来都令人心潮澎湃。

入校时，为了弥补先天的不足，黄进拿着一本《新概念英语》背英语单词。晚上，寝室熄灯了，他就在路灯下继续背。在大学毕业的时候，黄进的英语成绩名列前茅，考上了武汉大学国际法研究生，还出国做访问学者。我们同学都是这样，勤奋是这个班的班风，全班每一个同学都有这个特点。这样一些细节或许可以证明，以中南学子的勤奋和踏实，一旦获得更加开阔的视野和良好的机会，“中国法学第一班”的成长也就没有什么值得惊讶的。

虽然大家都很刻苦，但学习并不死板，也很热心各种文体活动，31岁的吴汉东还跟那些20岁上下的同学一起参加全校跨栏比赛，获得全校第四名的成绩，还和班上同学一起参加全校接力赛跑，取得第二名。

余劲松和邵沙平是当时我们校园罕见的一对情侣,他们是那个年代同学眼中的神仙伴侣,但“勤奋”是他们恋爱的底色。毕业时,他们成绩突出,双双考入武汉大学进行深造。

我们班但凡在法学领域卓有建树的同学,都有在其他学校深造师从名家的经历:王利明大学毕业后考入中国人民大学法学院,师从民法宗师佟柔;黄进、余劲松则进入武汉大学,分别成为韩德培和姚梅镇两位国际法大师的弟子;方世荣去了北京大学做了罗豪才的博士研究生;吴汉东在中国人民大学师从赵中孚教授攻读博士学位。

1948 年 7 月 10 日,刘伯承(右一)陈毅(左二)等筹建中原大学

由于历史的原因,我们作为大学生,每个人都感觉自己应当成为国民表率、社会栋梁,应当担当起对国家、对民族的重任。无论是在课堂上,还是在宿舍里,同学们都在关心国家大事、讨论国家大事。“纸上得来终觉浅,绝知此事要躬行”,我们热衷于从学校走入社会,

从无字句处读书。

作为当时第一批被接收的法科学子，我们对于法律、对待中国的前景有着时代背景所赋予的一种情怀，如何尽己之力振兴中华是我们所有人都在思考的问题。众所周知，1978年全国开始了真理问题大讨论，我们中南的学子也积极参与了这场讨论，与百废待兴的国家一起度过寂寂无声的年代，迎来激情燃烧的岁月。新中国的第一位民法学博士王利明曾说过，77级后来涌现出一大批杰出人士，其中不乏政界、学界、商界的领军人物，有人称为“77级现象”。我想这是和那个特殊的年代、特殊的风气、特殊的一代紧密联系在一起的。

中国的高等教育已进入大众化阶段，应该说对于我们这样一个人力资源大国是很重要的。法学教育在“量”的扩张这方面做得很好，21世纪初全国有260多所法律院校，现在已有650多所，在校法科学生76万人，其中本科生40万人，在高等教育发展过程中法学教育应该是发展最快的领域。首先，法学教育规模的扩张势在必行，因为要满足人民群众对高等教育的需求。但是，法学教育的兴办必须特别注重质量、注重规格，实行必要的准入制度，不能过于盲目、过于功利。有些专业是比较热门而且难以入门的专业，如计算机专业，有些专业是非常热门也比较容易入门的专业，如法学。有些学校就“十几个人、七八条枪”，就敢办一个法学专业，现在已经入门的已有650多所了。我觉得法学教育不能自乱江湖、盲目扩张，现在到了一个注重质量的重要发展关口了。也正是有了“法学第一班”这样的一个历史背景、这样一代人的精神，现在中南财经政法大学的每一位法科学子，都因为自己能够就读中南财经政法大学而感到自豪，因为他们也成为了这所法学高等教育学府的一分子。2017年，对于我们中南财经政法大学是不平凡的一个节点，教育部公布了外界期待已久的“双一流”建设高校名单和“双一流”建设学科，A 级“双一流”法学院校，这个榜单一共 5 所高校，而中南财经政法大学就是其中一员，这样卓越的成就也离不开这样一个“法学第一班”所传承下来的法学教育精神，也离不开其为中南财经政法大学的今后科研和教学所奠定的基础。

中原大学武昌校址

吴汉东从多年的教学、科研经历中，总结了四句话。他说，第一句话是“方向比想象更重要”。年轻人既有很多脚踏实地的理想，也会有些不切实际的幻想。即使是理想，也要建立在现实的基础之上，在这种情况下，审时度势来确定自己一生哪怕是一个阶段的奋斗目标，是非常重要的。读书是为了什么，就算是养家糊口也是一种方向，怎样来养家糊口啊，将来想做什么呢，有人说我想做教授，有人说我想做法官、律师，这就是方向。这里的“方向”，也就是“要有目标”。它既不是一种浪漫的幻想，也不是一种不切实际的空想，而是一个在现实基础之上的一种理想。第二句话是“见识比知识更重要”。知识是一种简单的接受，或者说是一种静态的储备，作为一种信息储存在我们的脑海之中。政治的、历史的、法学的很多知识，这些知识元素我觉得并不难掌握，多读多背都可以做到，但形成一种见识是很难的。见识是能动的，通过你的知识储备，去分析、观察、解决问题。这个见识是一种能力、见地。英国著名的哲学家培根在英国工业革命的前夕讲的“知识就是力量”，这句话还不太准确，应该是“先进的知识才是力量”，才能成为改造社会、推动时代前进的力量。另一句话是当代国际社会形成的共识叫“知识就是财富”，这个说法也不够准确，只有赋予具有私人产权的知识也就是知识产权，才能成为个人和企业支配的财富。前引的两句话是经典名言，是一种知识，后面通过自己的观察和分析，经过进行一种修正，就是自己的一种独到的见识。知识老师可以灌输给你，可以从书本上获得，但是要形成自己的见识那就要思考，进行历史和逻辑的分析，形成你对事物的某种看法；而且这种看法还要具有科学性，所以，见识不是说我的看法就是见识，只有你的看法为大家所公认，为历史所证明才能成为见识。在这个问题上，一个人学知识并不难，而形成一个独到的正确的见识，需要过程、需要历练。第三句话是“成才比成绩更重要”。成绩好固然重要，也是成才判断的一个标准，但绝不是唯一的标准，成绩好不等于就能成才。4 年的学习一定要成绩好，但仅仅成绩好是不够的，通过这 4 年的学习要学会关心集体、帮助同学，培养自己实际的工作能力，要训练自己的一些法律技能。古代关于人的培养有一个很重要的观点，即培养人的目标不是培养器物，培养的人应是大写的人、全面的人，具有完整人格的人。第四句话是“情商比智商更重要”。智商固然很重要，但情商够不够呢？情商非常重要。在学校里，同学、师生之间关系是非常纯洁的，彼此之间的缺点、不足都是可以通融的。但一旦踏入社会，缺乏情商、不善于处理人际关系，它往往会给人一生的发展带来消极的影响。一些大学毕业生在工作岗位上没有产生很令人满意的业绩，不是才气不够，而是缺少情趣、缺乏情商。四句话应联系起来看，做一个大写的人，全面的人，有完整人格的人，与具备一定的情商应该是一致的。

第二章　恢复重建与发展历程

第一节　法学教育的观念与路径

一、学校法学教育发展历程

时光荏苒，岁月变迁，中南财经政法大学（以下简称中南大）法学教育转眼已历几十年风雨。

回眸中南大法学教育半个多世纪的光辉历史，其间不乏耀眼成就，亦不乏艰难曲折，甚至断绝危机，但在1948年筹备中原大学时期便已铸就的办学精神指引下，历代师生筚路蓝缕、胼手胝足，虽经沉浮而不坠其志，于艰难困苦中始终不忘延续法学教育。尔后，幸逢政风渐开，自此我校方家云集，人才辈出。进入21世纪后，中南大陆续夺取了教育部人文社会科学重点研究基地、民商法学国家级重点学科、法学湖北省一级重点学科等一系列殊荣；进入新时代后，中南大更是以"法学学科群"入选"世界一流大学和一流学科建设高校及建设学科名单"，这充分体现出国家对中南大几十年法学教育的认可和肯定。

法学教育事业如同一棵大树，枝叶繁茂，必有深厚根基；又如一条大河，波澜壮阔，必有丰沛源流。本章以六小节梳理中南大法学教育发展历程，旨在阐明中南大法学教育之根基、渊源，以便读者更好地了解中南大法学教育事业的发展状况。

（一）中原大学时期——艰难创业（1948.8～1953.1）

陈毅（中共中原局第二书记 中原军区、中原野战军第一副司令 中原大学筹备委员会主任）

1948年8月，由于革命形势的迅猛发展，为满足解放战争最后胜利和解放区建设的迫切需要，中原军区亟需建立起一所能够迅速培养各类干部的革命大学。经中共中央中原局批准，由时任华东野战军政委的陈毅担任筹备委员会主任委员并亲自组织筹备工作。在筹备委员会全体成员的不懈努力下，中原大学宣告诞生。

中原大学作为一所在特殊历史时期创办的革命大学，同著名的延安抗大、华北革大一样，具有强烈的时代色彩。她继承了党办教育的优秀传统，同时，她也在即将展开大规模经济建设的革命新形势下积累了新的办学经验。

1949年中原大学由开封迁至武汉后迅速开始了向正规化、专业化转型的重大改革，经过将近一年的酝酿，中原大学成立了中原大学财经学院、政治学院。中原大学财经学院和政治学院成为此后中南财经学院、中南政法学院、湖北大学、中南财经大学和中南财经政法大学的前身。这两个学院的建设发展，使中原大学成为新中国成立初期在办学传统、专业设置上都具有鲜明特色的综合性大学。中原大学的建设发展，不仅为迅速发展的革命和建设需要输送了大量急需的优秀干部，更重要的是，她开创了人民教育史上的崭新篇章。她所开创的学科建设道路，她所培养的办学、治学精神，以及她所创造的一整套教育体制、经验成为开拓新中国高等教育特别是财经政法教育极为宝贵的文化资源，为后继者打下了深厚的根基，注入了常青不衰的生命活力，更成为我校学术精神和学术灵魂的重要源头与组成部分。

中原大学向正规化大学的转变过程中所形成的财经、政治、教育和文艺学院并立的学科建设格局，是我校法学教育的起点。由于中原大学在特定历史时期的使命使然，中原大学这一时期的工作主要围绕一个中心和两个基本方面展开。

1. 以革命教育为中心的办学特点

1949 年 3 月，中原大学主持工作的副校长潘梓年在校刊《改造》创刊号上发表了题为《中原大学是这样一所大学》的文章，论述了学校的宗旨："中原大学，是适应目前要求来办的一所大学。目前中原人民最大、最高、最迫切的需要，是把革命进行到底和迅速建设新民主主义的新中原……中原大学的教育，就要把一般的知识分子，改造成为革命的知识分子，以满足这个迫切的需要。"

潘校长的文章，准确地指出了我校为革命和人民事业服务的崇高宗旨和以革命教育为中心的办学特点。以为人民服务为宗旨、以革命教育为中心的办学特点，不仅指导着初生的中原大学政治学院的各项工作，而且成为其后我校各时期法学教育的精神底色。在中国特色社会主义新时代，这种由来已久的精神更成为我校法学教育工作服务中国特色社会主义法治伟大实践的精神渊源。

2. 以马列主义、毛泽东思想为指导的学科体系建设

由于革命形势的需要，毋庸讳言，中原大学早期以迅速培养适应革命和建设需要的大批人才为中心任务，其所遵循的基本教育原则就是政治思想改造，而实行政治思想改造的基本武器就是马列主义、

毛泽东思想。

1949年4月,中原大学教务处制定的“中原大学各分部教育计划”规定,“把入学的知识青年,以马列主义、毛泽东思想的基本理论知识进行教育”。这份以3个月为1期的教学计划设置的课程分为科学社会轮、中国现代史、新民主主义论、中共介绍、辩证唯物论5个单元;使用的教材包括《列宁论国家》《新民主主义论》《论联合政府》《中国革命与中国共产党》《辩证唯物主义与历史唯物主义》和《农村调查序言》等。

1949年6月,中原大学南迁武汉师生在行军途中

中原大学的早期教学实践以使用马列主义、毛泽东思想改造知识分子为特点,这与其后的专业教育、正规教育有所不同,但在这些早期实践中,中原大学积累了极为丰富的经验,摸索出了一套“理论联系实际”的科学工作方法和教育规律,为其后中南大的法学教育发展提供了可贵的借鉴。

1950年1月,继文艺学院、财经学院之后,中原大学政治学院宣告成立,相应的课程计划也有所调整,在上述政治理论课的基础上,专业课程大幅增加。这不仅显示出中原大学正在由革命大学向专业化、正规化大学转变,还表明中南大波澜壮阔的法学教育事业开始萌芽。

中原大学的学科体系呈现出以马列主义和毛泽东思想为指导思

想，形成课程核心内容与理论基础，以政法、财经、教育和文艺为基本学科框架的学科结构体系。这一套完整的革命教育体系和与其相伴相生的革命传统精神，如同生生不已、绵延相续的亲缘血脉融入进了我校后续的法学教育中。

3. 内外兼顾的师资队伍建设实践

中原大学的迅速创办及成功，最主要的因素是依靠一支用马列主义、毛泽东思想武装起来、忠诚党的教育事业的教师干部队伍，这支队伍实质上是新中国第一代高等财经政法学术队伍的重要部分。这支为我校其后法学教育奠定坚实基础的师资队伍，其成长壮大主要是通过三种途径：抽调、吸收和自我培养。

中原大学创办之初，学校仅有嵇文甫、王毅斋等4位教授，中原大学发挥其党办大学优势，经中共中央批准，从华北大学抽调了孟夫唐、刘介愚、李光灿、林山等一批骨干教员充实师资。在革命新形势下，中原大地上知识分子怀着对中国革命的热切期望，感沐中国共产党人的精神风貌，志愿接受马克思主义的洗礼并加入革命教育队伍。

与此同时，中原大学也十分重视自我培养师资力量：其一，以各院研究室为主，从中原大学毕业生中挑选优秀学员进入研究室进行为期一年的学习，以补充师资和科研人才；其二，选派优秀骨干赴中国人民大学各研究室进修，以提高师资质量；其三，广泛聘请外校专家前来授课研究，为我校教育活动和师资成长注入新的活力。

值得专书一笔的是，在1950年中原大学第6次院长会议上，学校就教师职称问题作出明确规定："经考试后按教授、副教授、讲师、助教四级评定。"这一师资管理制度的建立，充分体现出学校对知识分子政策的重视，为我校之后的法学教育发展的师资队伍建设打下了坚实的制度基础。

（二）中南政法学院时期——初具规模（1953.1～1958.9）

1953 年，随着我国经济建设的第一个五年计划的展开，为适应新形势对各类高级专门人才的要求，改造旧的高等教育对新社会不适应的部分，中原大学在全国范围内进行了院系调整。在院系调整中，中原大学副校长孟夫唐宣布撤销中原大学，以中原大学政治学院为基础，将中山大学、广西大学、湖南大学的政法系并入，成立中南政法学院。学校的法学教育从此翻开了新的篇章。

1. 工作中心转变——从革命教育到专业教育

新生的中南政法学院为适应国家大规模开展经济建设的新形势，在继承中原大学为人民服务的办学宗旨基础上，在教学方面实现了从以革命教育为中心向以专业教育为中心的转变。在以专业为中心的工作方针指引下，中南政法学院团结全院师生员工，发扬优良传统，在专业学科建设、师资队伍建设和教学管理制度建设方面，较中原大学时期亦有了长足进展，这对以后我校法学教育的发展同样具有开创性和奠基性的意义。

2. 学科建设凸显专业化

中原大学政法学院时期，在以专业为中心的工作方针指引下，改变了中原大学政治学院时期以短期政治培训班为主的教育模式，转而实行专业业务培训为主的模式。在学院成立初期，一方面，继续开办干训班、政治研究班，保留干部培训业务；另一方面，首次成立了政法系，向法学教育专业化、正规化迈出了坚实的一步。

1954 年 4 月，全国政法教育会议召开，会议指出了各政法学院在近几年应担负起长期培养专门人才和短期培训在职干部的双重任务；会议进一步要求各政法院校贯彻理论实践相结合，学习苏联先进经验并与中国实际情况相结合，积极推进教学改革，提高教学质量。会议还指出了政法院系开展法学教育面临的两大困难，即师资和教材缺乏。

根据全国政法教育会议精神,中南政法学院参照中国人民大学法律系教育计划,拟定了法律系本科教育计划,专修科、干训班教育计划;其后,学院对教学大纲作了修改,适当精简了政治理论课的课时。为进一步落实会议精神,学院将原计划的民法、刑法课程改为有关处理民事、刑事案件的法令学习,还增加了学习苏联人民法院审理刑事案件和民事案件的程序等内容。为解决教学、科研中理论联系实际不够的问题,各教研室特别是各种法律课教研室都广泛地对外联系工作。据资料统计,仅 1957 年学院与司法实务部门联系达 288 次,与其他大专院校联系 96 次,与工会、劳动部门联系 144 次,与湖北省公安厅交换的资料就多达 50 多种。此外,学院还派人前往华东政法学院、北京政法学院交流教学改革情况以完善学院教学管理。

在此基础上,学院狠抓教学改革、教学管理和提高教学质量工作:组织教员深入农村、工厂实地调研以充实教学内容;进一步改进教学检查制度,控制和减少会议,加强学生管理机构的建设,改进借阅制度,制定《关于工作、学习、会议及社团活动等时间的暂行规定》,以充分保障教师的业务时间和学生的自学时间;组织学生到司法实务部门实习等。在全院师生的不懈努力下,学院教育质量稳步提升。

3. 科学研究凸显专业化

中南政法学院有计划地开展科研工作始于 1956 年,但在更早之前,学院在学术活动方面就开始了有益的探索。

(1)学术刊物

1954 年 10 月,中南政法学院创办了《院讯》以展示学院风貌。《院讯》创办初期以行政工作的推动为主,其新闻性、政治性较强,但仍有较大篇幅刊载师生学习的心得体会,此乃我校学术刊物之发端。1957 年 2 月,学院创办出版了正规的专门学术性理论刊物——学报。

《中南政法学院学报〈发刊词〉》写道，“在党的百家争鸣方针鼓舞下，为适应科研工作发展的需要，决定创办学报，刊载学院的科研成果，提高师生从事科研的信心和兴趣，加强学院与有关科研机构、兄弟院校、政法业务机关的联系，交流经验，借以不断提高科研水平”。学院的科研主要为提高教育质量服务，所以，其时《学报》的内容也以结合政法教学需要的各种专题研究和对当前政法实际问题的调查研究为主。

由于反右斗争的开始，加之政法学科的特殊性，学报在事实上未能坚持发表学术专题研究成果，批判资产阶级理论和反右斗争的文章占据了主要篇幅。直到 1958 年 4 月，学报无力维持，被迫停刊，我校在法学学术刊物方面的探索实践受到挫折。

（2）科研活动管理体制创新及其成果

自 1955 年 12 月起，学院陆续成立了学术委员会、编译室，以及主管科研的科学研究科。

1955 年 12 月 20 日，在学院学术委员会暨第一次会议上，时任学院院长李光斗阐述了其性质与任务：学术委员会是高等学校的一种集体组织，它由学校行政领导、教研室主任及一部分有经验的教师组成，以便发挥集体智慧来讨论和审查学校的各项重大问题。它是教学和科研工作的中心，是教学和科研工作的组织者和推动者。其具体工作涉及审查教学科研计划及其实施状况，审查师资培养及执行计划，讨论教学方法中的重要问题，讨论教科书、科学论文及重大科学问题，审查学校预、决算及重大财务问题，评定和授予学衔等。学术委员会成立后，学院即撤销了院务会议。

1956 年成立科学研究科后，科研工作得以有计划地展开，当年完成研究题目 26 个，参与人数占教师总数的 1/3；学生也成立了 19 个科研小组，37.5% 的学生参加了科研活动。1957 年年底，以上述科研活动为基础，采取党委、教师、学生三结合的方式，学院邀请司法实务部门参与讨论，共编写教学大纲22套，讲义10本。

学院科研成果在1957年前以自编教材为主，专题论文为辅，此后，学院科研管理机构提倡专题研究，撰写学术论文，每年进行一次科研评奖，给予优秀者精神和物质奖励。1958年7月，学院举行了第一次科研成果研讨会，与会者除全院师生外，还有武汉大学、中央第五中级党校、中南政法干校、中南财经学院等兄弟院校和湖北省、武汉市及各区三级法院、检察院、公安局和法律顾问处等20余个单位的来宾。此次探讨会上，大会主会场讨论了3篇论文，另外9个分会场共讨论36篇论文，会议取得圆满成功，足见我校其时法学学术活动之长足进展。

4. 师资队伍建设凸显专业化

为了继续加强师资队伍建设，学院采取了以下多种措施。

其一，引进与抽调。除建院时以中原大学政治学院师资为基础，从中山大学、广西大学、湖南大学的政法系接收的教师外，又从中国人民大学、中央政法干校、武汉大学、广西师范学院调入多名政法专业教师。与此同时，学院还从本校抽调一些有教学能力的行政干部充实师资队伍。其二，学院将条件较好的年轻教师和研究生送往中国人民大学、中央政法干校进修、读研，或者选送青年教师前往苏联留学深造。其三，召开经验交流会，及时总结交流教学经验，提高业务水平。其四，在学术委员会领导下，做好教师职称晋升工作。

据统计，1953年调入中南政法学院的教师中正、副教授共18人。这部分教师在新中国成立以前就获得了高级职称，均具有较为深厚的专业、学术造诣，其中，相当一部分接受过较系统的欧美教育，并在研究著述上有所成就，有的更是某些研究领域的名家、权威。比如，从中山大学调入中南政法学院的曾昭琼教授，早年留学于日本东北帝国大学,曾任中山大学法律系主任,新中国成立前已广有著述。

彼时的中南政法学院,不仅相关专业的教授、副教授人数最多,更有意义的是,形成了国内院校少有的互补型师资结构:熟悉西方知识的老教师、刚刚留校任教的青年教师和送往中国人民大学等进修返校任教的老师各占1/3。这样的师资结构使老教师、青年教师和返校任教教师彼此之间互相学习,取长补短,共同提高,为我校发展高质量的法学教育打下了坚实的人力资源基础。

(三)湖北大学、湖北财经专科学校时期——劫难与收缩(1958.9~1970.11、1971.12~1977.12)

1958年全国范围内发动了"大跃进"和人民公社化运动,"左"倾错误思潮严重泛滥。在国家管理体制进行权力下放改革的高潮中,教育部和司法部将中南财经学院和中南政法学院移交湖北省管理。湖北省为适应本省国民经济"大跃进"的需要,决定把中南财经学院、中南政法学院、中南政法干校、武汉大学法律系合并成立湖北大学。1958年9月,湖北大学在原中南财经学院和中南政法学院的校址正式成立。

湖北大学自1958年9月30日成立至1970年11月宣告撤销,历时十二载。在这一特殊历史时期,学校同全国其他高校一样,是在严重的"左"倾错误思想指导下办学,在接连不断的政治运动中组织教学,这对新生的湖北大学的学科建设与学术发展产生了深刻的影响。

1.学科建设误入歧途

1958年10月1日,湖北大学校报《湖北大学》创刊号刊载了题为"为办好共产主义的湖北大学而努力"的社论。其中写道,要开展党的教育方针与资产阶级教育方针之间的斗争,坚决拔掉"劳心与劳力分离""教育由专家领导"的资产阶级白旗;掀起以钢为纲,大办工厂的更大生产劳动高潮;必须采取党委领导下师生结合制定教育计划和编写教学大纲的方法。这突出地表明了政治中心工作、群众运动和生产劳动在新生的湖北大学中的地位和意义。

在这样的办学思想指导下,在湖北大学成立初期,学校一方面将主要精力投入轰轰烈烈的大炼钢铁等政治运动、生产运动中;另一方面,坚持开展"教育革命",始终将教学改革放在中心位置。时任副校长李光斗在学年工作报告中指出,"今后要大闹教学改革,苦战三年,根本改变学校面貌"。

教学改革要求:大搞教学内容创新,各门课程要在党的领导下采取教师、学生和业务部门三结合的办法编写教学大纲和讲义;创造性地实行群众路线教学方法,以整风的方法进行教学改革;开展群众性的科研活动,人人动手,遍地开花。"破"字当头,批判开路,大搞群众运动是推进教学改革的基本形式。显而易见,这样的教学改革只注重政治性,不重科学性;只讲解放思想,不讲教学规律;突出群众路线,忽视专家作用。这是一种典型的群众运动式的"大跃进"。

在这场群众运动式的学科建设活动中,由于湖北省培养政法干部的需要,在大幅的系、科、专业调整中,原中南政法学院法律系的法律专业幸免于难,得以保留。另外一个令人欣慰之处是湖北大学政治系的创建:从原中南政法学院法律专业 55 级和 56 级学员中挑选 185 名学生转学政治专业;并将马列主义理论、中国革命史、哲学和政治经济学教研室并入政治系,从而实现了教学资源的聚拢与优化配置,强化了突出的优势基础学科。

2. 科研工作"大跃进"

湖北大学在成立之初,就把生产劳动、教学和科学研究三结合作为中心工作。学校成立当月就举行了第一次科研工作会议,时任党委书记朱劭天在会上号召"在学校掀起一个群众性的科学研究高潮",要求全民投入科学研究,从数量中求取质量;他还提出"人人动手，遍地开花”，要求在本学期内每人至少完成一篇论文，开展一个“五千篇论文，五十本书”的写作运动。

1958年10月24日，校报刊发了题为《掀起群众性的科学研究高潮》的文章，文章指出，科研工作可以并且应该以群众运动的方式进行；要使用人海战术，集体苦干，数量之中一定能出质量；科研成绩的大小，起决定作用的是人的精神状态。不久，各种开展“大兵团作战”，实现科研“高产、放卫星”的成绩就见诸报端。1959年3月科学研究科对上一学期科研工作进行了总结：经过全校师生3个月的努力，双倍完成了朱劭天书记“五千篇论文，五十本书”的任务，取得了“万篇论文百本书”的骄人成绩。

1959年10月，学校召开第一次科学讨论会

每逢“五一”“七一”、国庆等重要节日，党代会、校代会等都要求各系、各专业以新的科研成果“献礼”，都要求掀起科研工作的新高潮。法律系56级某同学在10天内就完成了《我国过渡时期的阶级斗争》《论战争与和平》等4本书的大纲。

这一时期的科研和教学活动“政治化”“运动性”十分突出。由于不切实际的学术批判，使教材过分强调政治性，而知识性和专业性被大大削弱；加之“兵团化运动式”作战和限时完成的要求，科研成果十分粗糙，学术质量堪忧。直到1961年，中央颁布“高教六十条”之后，这种教改和科研的做法才得到比较有效的纠正。

3. 师资建设的曲折往复

在“教学、科研与生产劳动相结合”的工作方针和坚决拔掉“劳心与劳力分离”“教育由专家领导”的资产阶级白旗口号的影响下，学校在大搞生产劳动的同时在教师队伍中开展了“批判资产阶级思想和资产阶级学术观点”的群众运动。

一方面，全校范围内展开了对“轻视劳动”“脱离政治”倾向的批判，而后号召并组织全校师生参加劳动和下乡下厂，结合劳动进行社会调查。2000余师生先后下乡、下厂，跋山涉水，全校性课堂教学因此停课，原定教学计划受到极大冲击。另一方面，大搞“拔白旗插红旗”运动，错误地批判了30多位老年教师，极大地挫伤了教师的积极性，直接影响到学科改革和教育活动。

“高教六十条”颁布后，学校调整了知识分子政策，对之前错划的“右派”大部分摘除了帽子，对“拔白旗”运动中错误批判的教师进行了平反道歉，有力地调动了教师们搞好教育教学工作的积极性。

其后，学校更注重发挥知识分子作用，在校务委员会中大量吸纳高级知识分子，并强调务必保证教师5/6的业务时间，减少对他们教学、科研的干扰。另外，学校还给部分资深老教授配备了助手，安排他们开办专题学术讲座，这对恢复学校学术气氛具有重要意义。

学校在加强对教师业务培养的基础上进行了有针对性的安排。针对多数青年助教专业基础知识不够深厚、外语水平不高、知识面狭窄的情况采取了严格基本训练的做法，要求他们系统钻研本学科的基础理论、基本知识和技能；对中青年讲师则要求他们在提高教学能力的同时培养科研能力,对本学科领域内的某些专题进行研究,建立自己的专长。经过2年多的培养,共有70名1958年以后毕业的新助教走上讲台,独立完成教学任务,讲师们则提交出47篇科研论文,完成了阶段性的科研任务。

另外,学校根据教学实践对教师队伍进行了调整。学校依据实际教学情况,挑选了一批教师在相近专业进行学习,使他们掌握新学科以担当新的教学任务;对不适合教学工作的教师进行了及时调整,共有174位教师转入行政岗位或调出学校。

最后,学校还重视选拔优秀教师进行重点培养。由于历史原因我校各类教师之间的水平相差不明显,尤其需要培养"关键少数"以带动整个教师队伍的提升。为此,学校选拔了45位骨干教师分期分批进行培养,减免其教学与行政任务,保证其在半脱产的时间里专门读书或从事科研。

4. 贯彻"高教六十条",恢复教学科研秩序

1961年10月教育部正式颁行了"高教六十条",它是全国高等学校贯彻中央"调整、巩固、充实、提高"方针的具体政策规定,它对当时全国轰轰烈烈的教育大革命进行了全面总结,对高校如何贯彻教育方针提出了要求,规定了任务、方法和制度。这对当时已经为"左"的错误造成的消极影响有所纠正,对恢复教学秩序,提高教学质量具有积极意义。

在省委和省教育厅的统一部署下,学校组织学习"高教六十条",反思并总结了贯彻"教育、科研与生产劳动相结合"工作方针以来的经验教训,较为牢固地树立了学校工作以教学为主的思想,并依据"高教六十条"的精神,再度修订了各专业的教学计划,在适当降低政治课的比重的同时增加了专业课的教学时间。经过这次修订的教学计划,比较稳定地执行了数年,其间基本未作改动,直到1964年因湖

北大学成为全省“四清运动”试点而被迫终止。在该运动中，时任副校长李光斗含冤逝世，贯彻“高教六十条”以来学校发展的良好势头中断。

5. 一波渐平，一波又起

1966年首先从文化教育领域发起的“文化大革命”，使学校首当其冲，成为内乱中的“重灾区”。林彪、“四人帮”推行的反动文化专制主义，把文科、社会科学诬为“封资修的大染缸”“十七年黑线专政”“要彻底砸烂”，学校经历了前所未有的浩劫。

在该运动中，心急如焚的师生们曾数次自发组织“复课活动”，组织“教育革命小分队”，下厂下乡搞社会调查，设计“教学改革方案”，付出了满腔热血，但终归无力回天。1968年秋，工宣队和军宣队进驻学校，撤销了原有的系、教研室和行政编制，实行班、排、连、营的军事化编制。随后，全校师生被迁往湖北荆门漳河水库进行“斗批改”；1970年10月，湖北大学由漳河驻地迁回武汉原址，进入“整编”阶段，其结果是湖北大学被宣布撤销。

湖北大学校门

6. 千难万险，保留火种

在“文化大革命”的冲击下，经济战线的各个部门以及许多企业的管理极其混乱，干部严重缺乏，到了无法维持的地步。1971 年 8 月，全国教育工作会议决定：湖北大学撤销政法部分保留财经部分；1971 年 12 月，湖北省革委会决定，湖北大学改名为湖北财经专科学校。

在宣布改办湖北财经专科学校时，原来 700 多人的教职工队伍只剩下 100 多人，其中教师只有 60 余人，这部分人留下来不是为了办学，而是留守善后，等待“斗批走”“斗批散”。运动尚在继续，内乱远未终止。要办学校，缺教师、缺干部、缺教材、缺校舍、缺乏思想准备和安定的环境，总之，缺乏办好一所大学的基本物质和人力条件。为了重建学校，根据当时的情况，学校领导以主要精力抓了以下三项工作。

第一，恢复师资队伍。学校千方百计聚拢已经四处流散的教师，并为其适应工作、开展教学创造了一定的条件；与此同时，大力组织教师下乡下厂，开展业务调查、社会调查，编写教材与资料。

第二，恢复专业系科设置。1972 年 12 月，学校临时党委报上级批准，撤销了财专初期因袭的“文化大革命”体制，以与业务部门对口为原则，确定了系科设置；改变了原来的“工农商连”“计财法连”“政经连”等军事建制，设立了工业经济系、商业经济系、农业经济系、计划财金系、政治法律系等。

第三，恢复了有关专业的招生。根据中共湖北省委的意见，湖北财经本科学校努力保存了政治、法律专业的教师力量，为我校法学教育延续保留了珍贵的火种。由于当时的办学条件，本科教学困难极大，而实务部门又迫切需要政法干部，1976 年，湖北财经专科学校开办了法律专业进修班。

在当时那种否定知识与管理、鄙薄财经政法专业教育的错误潮流中，尚处于“半壁江山”，几乎是劫后余生的湖北财经专科学校，在风雨飘摇中顽强地生存下来,保住了开展法学教育所必需的师资力量,为以后我校法学教育的恢复和发展保存了根基。

(四)湖北财经学院时期——恢复和拓展(1978.1~1985.9)

1978年1月,湖北财经专科学校更名为湖北财经学院。1978年12月召开的党的十一届三中全会,恢复和确立了解放思想、实事求是的正确思想路线,提出了建设四个现代化的宏伟战略目标,作出了对内改革、对外开放的战略决策。从此,经济建设成为党和国家工作的中心。随着全党全国工作中心的转移,我校财经政法教育事业的改革和发展迎来大好机遇,学校各学科迅速恢复与拓展。

1. 建立协同发展的学科体系

初步建立起涵盖经、法、文、理、哲、管等协同发展的学科体系。传统学科优势得以恢复和提升,新兴学科成为学科建设亮点,边缘交叉学科开始起步。

1978年湖北财经学院成立时,学校根据学科传统优势和经济改革发展需要,对本科专业设置进行了调整、合并和拓展,开设了包括财政、金融和法律在内的14个专业;与此同时,学校先后有财政、中国经济史和法律等14个学科专业相继获得硕士学位授予权,并陆续开始正式招生。由此,学校恢复四年本科制教育和研究生教育,成为"文化大革命"后最早恢复本科、研究生招生的高校之一。

2. 全面建成了适应改革开放新形势和教育改革新局面的课程及教材体系

在这一时期,学校除按规定使用全国统编教材外,90%的教材由教师自编。如法律专业蒋碧昆、刘庆华、曾文载和廖晃龙等自编的《中国宪法讲义》《苏联宪法讲义》《资产阶级国家法》《行政法讲义》等。

中南财经政法大学组合大会

3. 基本形成了一支能胜任教学、结构较合理的师资队伍，学术骨干培养及学术梯队建设工程开始启动

学院刚成立时，师资队伍呈现的总体特点是以中青年教师为主体，基本能胜任教研任务。他们多数是从原中原大学、中南财经学院、中南政法学院、湖北大学和湖北财经专科学校历届毕业生中选留而来，其中，相当一部分还经过3年研究生的训练，在工作中起到了骨干作用。教师的专业亦比较齐全，财政、会计和法律等专业师资力量雄厚。

然而，师资队伍的现状仍旧不能适应改革开放的新形势，急需补充和提高。为此，学校专门制定了师资队伍建设计划。首先，从外单位调入骨干教师，如民商法学科的罗玉珍，国际法学科的孙光才、王献枢；其次，选拔优秀本科、硕士毕业生留校任教，如吴汉东、覃有土、李汉昌、郑祝君等；三是通过培养学科带头人和学术梯队等途径提高教师的教学科研水平。

在院党委的领导下，学校抓住学科建设这个学校发展的“牛鼻子”，以教学改革为动力，以师资队伍建设为根本，以出高质量的科研成果为关键，基本实现了学科恢复和拓展的目标。正是在上述成就的基础上，中南政法学院复院后的法学教育才能迅速实现复兴与繁荣。

（五）中南政法学院复院时期——复兴与繁荣(1984.12～2000.5)

党的十一届三中全会后，中央指示恢复过去撤销的政法院系，司法部在陆续恢复西南政法学院、华东政法学院、北京政法学院和西北政法学院后，应中南地区民主与法制建设的需求，以及中央与地方政法界、原中南政法学院一批老干部、老教授、老学者的共同呼声，积极着手恢复重建中南政法学院。在关心中南政法学院恢复的各界人士的共同努力下，1984年12月8日，中南政法学院在武汉的南湖之滨宣告恢复。

恢复之初，学院的基本组织框架是在湖北财经学院法律系的基础上扩建而成，其主要任务是为中南地区政法战线培养一批高级专门人才与法学师资。学院当时面临着资源严重不足与任务相对艰巨的重大矛盾。在这个前提下，学院依次制定了三个五年计划，逐步实现了中南政法学院法学教育的恢复、发展和繁荣。

1.“七五”期间的法学学科学术建设

（1）学院认真贯彻司法部“一起步就改革”的精神，基本建设、队伍建设和图书资料建设齐头并进，及时兴建了行政办公大楼、图书馆、中心试验室、模拟法庭大楼、师生宿舍、学生食堂等必要设施，为学院恢复后的正常招生、学科建设和学术活动的顺利开展创造了必要的物质条件。

（2）系科设置

学院成立了法律系和经济法系，下设法学专业、经济法专业，并增设了行政法和国际经济法专业。通过3年的教学实践，法学理论、刑法、法制史和宪法专业取得硕士学位授予权，学院招生规模取得了长足的进步，顺利实现了预期目标。随后，学院又先后成立了基础课部和成人教育处，为成人教育开辟了新的空间。

（3）师资建设

针对复院之初教师数量严重不足、学科知识老化、师资结构不合理，难以满足学科建设发展和日常教学需要的问题，学院先是按照专业设置对师资队伍进行了整合调整，随后在引进外部优秀人才和吸收优秀应届毕业生的基础上，着重培养各学科的教学骨干和学科带头人。经过短短几年的引进、吸收和培养，学院逐步建成了一支老中青相结合的，能适应教学科研需要的专业教师队伍。其间，先后涌现出一批优秀教师，如1986年全国司法系统先进工作者章新生，1988年司法部优秀教师张明楷、陈小君，1989年全国优秀教师张仲伯等。这支队伍为学校的学科学术建设发展奠定了坚实的基础。

（4）以老带新，启动学科建设

首先是教材建设，学院通过组织院内一批法学界前辈，采取以老带新的方式，克服了资料匮乏和经费不足的困难，相继编写出了独创、新编教材、专著50余部，不仅填补了学科空白，而且其中一些成果还处于国内领先地位，基本满足了本科生、研究生的教学需要。

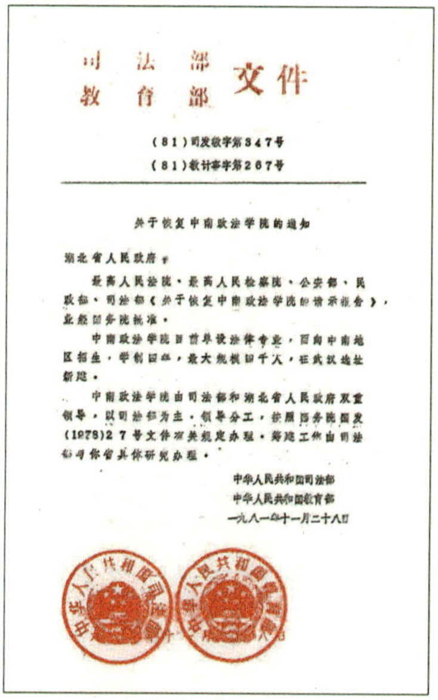
司法部
教育部 文件

（81）司发教字第347号
（81）教计事字第267号

关于恢复中南政法学院的通知

湖北省人民政府：

最高人民法院、最高人民检察院、公安部、民政部、司法部《关于恢复中南政法学院的请示报告》，业经国务院批准。

中南政法学院目前单设法律专业，面向中南地区招生，学制四年，最大规模四千人，在武汉选址新建。

中南政法学院由司法部和湖北省人民政府双重领导，以司法部为主。领导分工，按照国务院国发（1978）27号文件有关规定办理。筹建工作由司法部与你省具体研究办理。

中华人民共和国司法部
中华人民共和国教育部
一九八一年十一月二十八日

其次，发挥学科带头人作用，培养青年教学科研骨干。在校内一批法学界老前辈的影响和指导下，各学科的课程设置、教学内容、学科结构、科研成果等都取得了显著的成绩，使学科建设很快走上了正轨。在老前辈的影响下，各学科相继发表了一批高质量、有创新的论文和专著，奠定了各学科在全国的学术地位。另外，老前辈们还十分注重对青年学术骨干的培养，多方面指导和帮助他们提升教学科研水平，在老前辈们的精心培养下，青年教师迅速成长。1986 年，青年教师吴汉东、闵锋在全国高校中率先开设了知识产权法课程，为本学科的建立做出了突出的贡献。

最后，狠抓主干课程建设。在老前辈们的指点下，学院对每个专业的主干课程进行了精心的设置，力求突出特色并有所创新。另外，学院还分批派出主干课程教师外出进修学习，借鉴其他院校的经验，努力推动主干课程的建设发展。

(5)全面推动教学改革

根据所开设的专业特点，学院特别强调在课堂教学中坚持理论与实际相结合、积极推行启发研讨式教学法，注意培养学生分析问题和解决问题的能力。章若龙教授的“四段教学法”即启发研讨式教学的典范：先由老师作启发报告，再由学生自学课程内容，然后分组讨论，老师则深入各组督导，最后老师作点评总结。

为使教学密切联系实际，学院秉承中原大学和中南政法学院时期的优良传统，采取“请进来与走出去相结合”的办法。所谓“请进来”，即邀请司法实务部门中有突出贡献的工作者来学院讲座或作报告；所谓“走出去”，一是在课程学习结束后组织学生参观司法实务部门，二是组织开展面向社会的法律咨询和假期司法实践活动。由于坚持理论与实践相结合的教学，我校毕业生专业功底扎实，动手能力突出，进入角色迅速，受到了用人单位的普遍欢迎。

(6)大力推动科研进展,服务社会和学科建设

学院坚持为经济建设和民主法制建设服务的宗旨,积极组织学术骨干和广大教师开展科研活动,承担各级各类民主与法制建设方面的科研课题任务;不仅如此,学院还组织科研力量为地方权力机关和行政、司法部门提供法律咨询服务,举办各种法律研讨班和学术研讨会。通过这些服务社会的科研活动,学院迅速收获了一批有价值的科研成果,并运用这些新的科研成果不断地充实和完善教学内容,为学科建设提供了新思路,促进了学科建设的进一步发展。

学院复院之初,尽管科研经费相当有限,但为了学科学术的发展,学院克服了重重困难,多方筹集经费相继建立起了学术著作出版资助基金、优秀科研成果奖励基金,鼓励师生广泛开展科研活动。通过这一有效措施,师生们的科研积极性迅速被调动起来,在较短的时间内相继出版和发表了一批高质量的教材、著作和论文。

值得一提的是,学院恢复之初便向司法部呈送了《关于恢复出版〈中南政法学院学报〉的报告》,经司法部报文化部批准,学院得以出版《中南政法学院学报》季刊并公开发行。从此,学院有了自己的学术刊物,这对学科学术建设,繁荣学术研究起到了极大的推动作用。

另外,学院还十分重视培养学生对学术问题的探讨精神,对其兴办的各类学术社团、沙龙给予充分的肯定,对各类学术研讨会和模拟法庭活动给予支持鼓励,并为其提供必要的物质保障。院领导和教师也都积极地参与指导了这些活动。

2.“八五”期间的法学学科学术建设

为了主动适应经济建设和法制建设的需要,学院拟定了《中南政法学院“八五计划”(草案)》,其指导思想是:坚持以教学为中心,以科研为基础,重点建设一支具有一定数量和较高水平的学术梯队及各学科的教学梯队;坚持立足中南,面向全国,把重点放在东南沿海

的战略，努力把学院建设成为在中南地区有相当影响，在全国有一定特色的政法院校。在这一指导思想的要求下，在法学学科学术建设方面，学院取得了许多成就。

（1）调整学科结构，加强新学科建设

根据社会主义市场经济发展状况和民主与法制建设的需要，学院将本科生培养目标调整为“培养懂法律、懂经济、懂外语的应用型复合型高级政法人才”。为适应新的培养目标，学院及时优化学科专业结构，在法学类专业的基础上，新增公安、经济、外语类专业；在法律系增设律师与公证实务专门化，在经济法系增设财政金融专门化；其后，学院成立了国际经济法系，将原经济法系的国际经济法专门化改为国际经济法专业，并在经济法系增设保险学专业。至此，学院迈出了从单一学科向多学科发展的关键一步。

另外，学院在“七五”计划期间已获得法学理论、刑法、法制史、宪法和诉讼法 5 个专业硕士学位授予权的基础上，再接再厉，又获得了民法专业硕士学位授予权。与此同时，学院成立了专门的知识产权教研室和全国政法院校第一家“知识产权教学研究中心”和“财政金融法教学研究中心”。经多年的发展与积极申报，经济法学专业被定为湖北省首批省级重点学科。

（2）深入推进教学改革，切实提高教学质量

在教学内容方面，学院首先调整了课程结构，在适当压缩理论课学时提高应用性课程学时的同时将一些应用性学科的选修课改

为必修课,如原来只在经济法专业必修的微机课,要求各系各专业都作为必修课程开设。另外,学院十分重视主干课建设,要求以专业主干课的规范化建设为龙头,带动专业必修课、选修课的规范化建设。

在教学方法方面,强调理论与实际相结合,注重培养学生分析问题和解决问题的能力,各学科都十分注重引导学生将书本知识紧密联系司法实践和社会实际,促进学生对理论知识的运用。

在教学管理制度建设方面,学院成立了考试领导小组,对考试舞弊者进行严肃处理,凡受记过以上处分者,毕业时不授予学位;学院还成立了研究生处,以加强对研究生的管理;在国际经济法专业开始试行学分制,在全校施行"专升本,本降专"制、教学质量检查、评估和奖励制度。这一系列措施促进了良好学风和校风的形成,为学院的学科学术建设发展创造了良好的学术氛围。

(3)重视教材建设,反映学科前沿成果

一方面,学院组织师资,发挥集体优势,编写法学系列教材一套16册、经济法系列教材19册,形成了观点鲜明,概念准确,对司法实践亦具有指导意义的有中南政法学院学术特色的优秀教材;另一方面,学院派学术骨干积极参与司法部统编教材的编写工作,其中蒋碧昆、王献枢、张仲伯和覃有土分别担任《宪法学》《国际法》《国际私法》《民法学》的主编。

(4)克难奋进,培养学科专业队伍

随着商品经济大潮席卷神州大地,学院与其他高校一样,出现了"孔雀东南飞"现象。针对这种现状,学院积极采取了一系列措施稳定和培养学科专业队伍。首先,学院一方面提高物质条件,以优惠政策引进优秀人才;另一方面,学校选拔新生力量,作为梯队储备。一是从学校愿意留校从教的优秀本科生或硕士生中选拔一部分进行培训，二是从学习成绩拔尖且愿意从教的三年级本科生和毕业生中招收定向研究生，毕业后留校任教。其次，学院还鼓励适合从教的党政干部改任教师，并积极返聘符合条件的离、退休老教师继续教学。

稳定了师资队伍后，学院着手培养、提高师资素质。学院将发挥和调动中青年教师，特别是青年教师的主动性、积极性作为师资建设的战略重点。在青年教师上岗教学前，学院安排职业道德和教学方法的岗前培训，未经培训的新教师不得上岗教学。学院还试行导师制度，按照专业、方向对口的原则，选聘学术造诣深厚、教学效果良好的具有高级职称的教师培养青年教师。

青年教师的培训提高，采取校内进修为主、校外进修为辅的方式；在职进修为主，脱产进修为辅的原则和方法，由教师本人根据有关规定自行决定进修方向和单位，充分发挥其主观能动性，着力提升其专业素养。另外，学院还鼓励青年教师报考硕士和博士以拓宽视野，以提高其专业水平。

在师资队伍管理方面，学院实行了职务聘任制并先后制定了《关于〈高等学校教师职务试行条例〉的实施细则》《教师服务年限暂行规定》《师资培训方法》等一系列规章制度，对教师的职业道德、教学纪律、业务要求、职务评聘等方面的权利义务作出明确规定，使教师管理有章可循，为制度化、科学化管理奠定了基础。在此基础上，学院按照目标管理的要求对教师教学质量进行评估，对教师的政治思想、业务水平、科研能力等方面进行全面考核，使教师的实绩与职务挂钩，考核结果记入教师档案，按实绩评定职级职务，对优秀人才破格任用。

由于学院师资建设措施得力，不仅稳定了人心，减少了教师的流失，也激发了广大教师教书育人、著书立说的积极性，涌现出一大批优秀教师。

(5)积极推进科研活动,实现科研教学协调发展

在“七五”计划科研建设的基础上,学院增设了知识产权法教学研究中心、财政金融法研究中心和比较法研究所,这些科研机构坚持专职与兼职相结合的原则,配备了以著名学者为中坚的专职研究人员及编译人员和资料人员。另外,科研处编印了资料性刊物《法学咨讯》,开办了由研究生为主要编辑队伍的不定期学术刊物《青年法学》,法学所也办有《海外法学》等刊物。一时之间,学院的科研活动竞相争艳,十分活跃。

“八五”计划期间,学院依旧十分重视支持和鼓励学生科研活动,在大学生中组建了法学社,每年开展大学生论文评比;学院还组建了大学生法律服务中心,该中心集法学研究、法制宣传、法律信息服务为一体,为广大师生和社会各界提供参与诉讼、代拟文书、法律咨询等服务。

值得一提的是,张明楷《市场经济条件下的经济犯罪与对策》的课题获 1993 年“国家教委资助优秀年轻教师基金”,实现了学院教师在此基金上零的突破。

(6)面向世界,广泛开展对外交流

在此期间,学院选派教授、学者参加国家教委和司法部组织的出国访问、讲学、考察达 31 次,先后访问和考察了美国、日本、澳大利亚、原苏联等国家和我国的台湾、香港等地区。学院还选派了 30 余名学科骨干出国进修学习,这些教师回国后,成为学院学科建设、学术发展的重要推动力量。此外,学院聘请国内外知名学者前来讲学或担任客座教授。自复院以来,学院共聘请外籍教师 11 人次;与此同时,还邀请了 11 名外国专家学者来院访问讲学。

复院以来,学院先后与美国福德姆大学、德国萨尔大学和丹麦哥

本哈根大学建立了校际联系，与不同国家和地区的大学、相关法学院校建立了校际联系，实现了对外交流制度化；招收港澳学生，扩大了学院在港澳地区的影响力。

3."九五"期间的法学学科学术建设

随着市场经济体制的建立和依法治国战略的实施，我国法学教育事业迎来了更多的发展机遇和广阔的发展前景。经过恢复重建后10多年的艰苦努力，中南政法学院迎来了最辉煌的发展时期。由于学科专业设置合理，教学质量优良，人才培养适应社会需要，学院在社会上名声鹊起。

(1)以教学为中心，继续深化改革

学院在国际经济法系试行学分制两年后，从1996级新生开始，全面实行完全学分制教学管理制度。这一制度的推行，一是在保证必修课的基础上，实现了学生根据自己的兴趣、爱好和天分自主选择选修课程、课堂和时间来促进学生个性发展和能力提高的目的；二是在教学上实现了竞争机制，淘汰了一些课程和任课教师，课堂效果明显提升；三是打破了教师的学科界限，使教师跨学科授课成为可能，为教师开设新课创造了良好的外部条件。

为了与学分制相适应，学院进一步完善了选课制。在全面修订各专业培养方案和教学计划的基础上，重构了课程体系，按学科类别确定了主要基础课、专业核心课和专业课3种课程类别以及必修课、限定选修课、任意选修课3种修读方式。在打通培养、加厚基础的前提下，突出了专业特色，扩大了选修课的比重，并且在选修课程中大量加入了有关素质教育和创新教育的课程。

为了实现培养复合型高素质人才的培养目标，学院在过去高年级实行主辅修制和双学位制的基础上，鼓励学有余力的优秀学生从二年级开始辅修其他专业课程，跨学科辅修课程经考核达到该学科学士学位授予条件者，授予其辅修学科的学士学位。主辅修制和双学位制的实行推广，受到了同学们的普遍欢迎，学院的学风得到了显著提高。

此外，学校还推行了弹性学制，允许学生在规定的3～6年内灵活安排、自主完成学业，进一步落实了择优提前毕业、延长就读时间和分阶段学习等弹性学制方式。

（2）继续加强学科专业建设

在以往学科专业建设的基础上，学院对学科专业结构进行了进一步调整和优化，根据教育部颁布的新专业目录，学院对学科专业进行了整合，把原法律、经济法、国际经济法3个专业合并为一个专业即法学专业。截至1999年年底，全院共有10个本科专业，形成了以法学学科为主，兼办经济学、文学、公安学和管理学的多学科体系，实现了学科专业互补、资源共享的宗旨。

在"以本为本"、重视本科专业建设的同时，学院也十分重视研究生教育，1995年3月，学院将研究生处改为研究生部。为了完善研究生学科专业体系，适应社会对高层次人才的需要，学院增设了国际经济法、行政法和经济法3个专业的硕士学位授予点，并于1997年开始招生。

1997年，学院拓展了研究生招生领域，宪法与行政法专业获得了在我国港澳台地区招收研究生的资格，经济法硕士点开设了环境资源法研究方向。特别值得一提的是，学院还增加了研究生教育的全新专业——法律硕士，即获得了法律硕士专业学位的授予权，并于1998年、2000年分别开始招收在职法律硕士和全日制法律硕士研究生。更为可喜的是，学院民商法学专业于2000年5月获得了民商法学博士学位授予权。

(3)多出、快出科研成果

“九五”期间,学院科研工作迅猛发展,科研成果丰硕,为学院扩大影响、提升地位做出了重要贡献。学院十分重视加强科研工作,明确了科研工作在学校建设中的窗口地位,形成了科研工作与学科发展息息相关的共识。

1996 年,作为中国法学核心期刊之一的中南政法学院学报《法商研究》第二次被确定为法学类核心期刊,并正式被邀请入编《中国学术期刊(光盘版)》,这标志着学院学报在走向权威性、国际化的道路上又迈出了重要的一步。1999 年 9 月,在首届全国高等学校社科学报评优中,中南政法学院学报《法商研究》被评为首届全国百强社科学报。

这个时期,学院承担了国家社科基金重点项目 1 项,国家社科基金项目 5 项,司法部重点项目 6 项,司法部非重点项目 9 项,国家科委项目 1 项,远远多于司法部所属的其他 4 所政法院校。教育部批准立项的全国重点教材中,学院中青年教师担任主编的有 3 本,司法部组织编写的 14 本法学专业核心课程中,学院教师担任主编、副主编的多达 9 人。

特别值得一提的是,1999 年 9 月,吴汉东院长的博士论文《论合理使用——著作权限制与反限制的研究》,获“全国首届优秀博士论文奖”,是入选全国首届优秀博士论文奖 100 篇博士学位论文中唯一一篇法学论文。

在学院教师们科研热情的感染下,学院学生积极投身学术科研活动。1997 年第二届武汉高校法学论文大赛中,学院有两位同学荣获一等奖,10 位同学荣获二等奖,45 位同学荣获三等奖。2000 年,中南政法学院辩论队在湖北省首届“创新与新世纪”大学生辩论赛中荣获冠军。

证书

吴汉东：

您的《[illegible]》被评为1999年全国优秀博士学位论文。

教育部　　国务院学位委员会

编号：99[illegible]　　一九九九年六月

(4)大力培养跨世纪学术带头人

由于学院历来高度重视师资建设战略，因而学院教师队伍建设取得了显著成就，在职称结构、年龄结构和学历结构上逐步趋向合理，已经形成一支实力突出、影响广泛的以中青年教师为主，有强大发展后劲的教师队伍。

学院在继续培养和提拔青年教师、大力引进高级人才的基础上，进一步在选拔培养学术骨干和学科带头人方面发力，为学院创建一流学科提供人力支持。在学院确立的“高层次创造性人才培养‘四个五’工程”的推动下，教师总人数较学院恢复之初增长86.6%，其中产生了一大批具有相当实力、广泛影响和发展后劲的中青年教师。

1996年3月，经国务院批准，张明楷教授享受国务院政府津贴；经湖北省批准，吕忠梅副教授享受湖北省政府津贴；吴汉东教授、方世荣教授被评为湖北省有突出贡献的中青年专家。1996年4月，徐国栋教授、张明楷教授荣获全国十大“杰出青年法学家”提名奖。1997年5月，在全国司法行政系统“十岗千优”评选活动中，张明楷、徐国栋、郑孟霞、刘斌4位教师荣获“全国优秀教师”荣誉称号。1998年10月，童之伟、吕忠梅、陈小君等10人被批准为湖北省中青年学术带头人；麻昌华、李寿庭等7人被批准为湖北省中青年学术骨干。

广大师生敬业爱岗，憋足一股劲，一门心思扑在教学和科研上，力求多出名人，多出名著，形成了一种“政院精神”和“政院模式”。正是这种精神和模式锤炼了一代儒雅风骨，为我校法学学科发展和法学教育繁荣昌盛留下了一笔宝贵的精神财富。

（六）中南财经政法大学时期——飞速发展（2000年5月至今）

在世纪之交、中国高等教育管理体制和高校管理体制深刻变革的宏大背景下，2000年5月26日，同根同源于中原大学的中南财经大学和中南政法学院又重新携手，共同站在了新世纪的门槛前。就是在那个东风激荡、锐意改革的初夏，中南财经政法大学在黄鹤楼下、在南湖之畔宣告成立。

回眸而望，一十八载春秋。新生的中南财经政法大学在法学教育事业方面，于前辈们披肝沥胆、呕心沥血所创造的基业上，秉承着中原大学时期就已铸就的务实精神，兢兢业业，不忘初心。在此校庆70周年光辉时刻，中南财经政法大学法学之法学教育事业向世人交出了一份喜人答卷！

在学科建设方面学院已取得一系列历史性重大突破：现拥有法学一级学科博士点，在民商法学、法制史和宪法与行政法学等8个二级学科均有博士学位授予权；同时，也拥有法学一级学科硕士点，拥有法学理论、法律史学、宪法学与行政法学、诉讼法学、民商法学、经济法学、环境与资源保护法学、国际法学8个硕士点和法律硕士专业学位授予权，25个研究方向。拥有国家级重点学科——民商法重点学科；在已拥有宪法与行政法学、法律史、经济法学等多个部省级重点学科的基础上，2008年法学学科获得湖北省一级重点学科殊荣。民商法学、宪法与行政法学分别获得湖北省优势学科和特色学科称号；此外，法学学科在全国“211工程”院校三期重点项目的申报上以全优的成绩获得广泛认同,并于 2017 年 9 月,法学学科成功入选“双一流”建设高校及建设学科名单。

教学与科研机构完善:学院设有理论法学系、宪法与行政法学系、诉讼法学系、民商法学系、经济法学系、国际法学系,国际经济法学系及一个实践教学中心,设有国家重点人文社会科学研究基地——知识产权研究中心、法学研究中心、湖北地方立法研究中心及司法考试研究与培训中心。此外,成立了法律史研究所、宪政理论研究所、罗马法系研究中心、民商法典研究所、知识产权法研究所、经济法研究所、欧洲法与比较法研究所、军事法研究所、环境资源法研究所、人权研究所、现代行政法研究中心、侵权行为法研究所、互联网发展与治理研究院、资本市场法治研究中心等 29 个科研机构。取得了博士、硕士、学士及第二学士学位授予权和接受同等学历人员申请硕士学位的学位授予权。

近年来,学院涌现出了一大批在国内法学界有相当学术影响的优秀中青年学者,其中,“长江学者”3 人,“国家高层次人才特殊支持计划”2 人,国家百千万人才 4 人次,国务院政府津贴 11 人,全国优秀教育工作者 2 人,全国十大杰出青年法学家提名奖 4 人,教育部“新世纪优秀人才支持计划”9 人,教育部“青年教师奖励(资助)计划”2 人,“楚天学者”5 人,湖北省政府专项津贴 3 人,湖北有突出贡献中青年专家 6 人,“湖北省新世纪高层次人才工程”7 人,“湖北省青年英才开发计划”2 人,“文澜学者”12 人,二级教授 12 人等。

在教师队伍建设和人才培养方面也取得长足进步:学院现拥有知识产权国家级教学团队,国家级法学实验教学中心,5 门国家级精品课程,分别是知识产权法学、民商法学、宪法学、中国法制史和国际私法学;拥有国家级精品视频公开课——知识创新、知识经济与知识产权、校级精品视频公开课——劳动者权益及其保护;拥有知识产权法、民法学、宪法学和国际私法学4门国家级精品资源共享课，拥有行政法与行政诉讼法学、外国法制史2门省级精品资源共享课；拥有中国法制史1门校级精品资源共享课；“社会管理法治建设”团队入选教育部“创新团队发展计划”。学院形成了科研与教学、理论与实践、专业教育与素质教育相结合的办学特色。2000年以来，学院获得科研成果奖357项，培养硕士研究生千余人，授予学士学位17,000余人。

在国内外的学术交流与合作渠道畅通：学院在国外分别与美、德、意等10多个国家的法律院校和研究机构建立了交流与合作关系；在国内，与港、澳、台及内地各法律院校和研究机构保持着密切的联系，进行了广泛的学术交流与合作，多次主办、承办和协办全国性的学术会议。我院分别与美国肯特法学院、美国杜兰大学、英国利兹大学、德国萨尔大学签订了协议。

十八年磨砺，十八年辉煌。正是在所有中南大人和关心中南大的人的不懈努力下，成就了学校法学教育这18年的辉煌。今天，我们可以自豪地说，这18年是学校法学教育史上发展最快、变化最大的 18 年，是取得标志性成果最多的 18 年，是为实现我校法学教育发展目标奠基的18 年。这 18 年的光辉历程将永载中南财经政法大学发展的史册。

二、大学精神与办学特色

（一）中南大精神

同每一所历史名校一样，中南大有着独特而深厚的文化积淀，通过物质和非物质的形式代代相传，逐渐形成了独具一格的气质和个性，其核心和灵魂则表现为传承和凝聚其中的大学精神。在中南大 70 年办学史的长河中，学人不断更迭、学科不断更新、校园环境不断变化，唯有中南大之精神纵贯始终，推动着学校的发展壮大，使学校获得了社会的广泛认同。

一般来讲，大学精神是一届一届的师生传承、创造的结果，是一个历史的筛选、积淀过程，中南大精神亦不例外。

2017 年 9 月在新教职工入职典礼上，时任学校书记栾永玉回顾了老前辈们筚路蓝缕的创校历程。他指出，中南财经政法大学“求真为民、务实拓新”的精神气质正是由我校之源头——中原大学所孕育。中原大学的精神首先是务实，众多潜心治学的中南学者，本着“板凳要坐十年冷，文章不写半句空”的研究态度，将务实精神贯穿学术生涯，并通过言传身教影响着广大学子。中原精神重在务实，更重在拓新，勇于创新的精神鼓励着一批又一批学者走上开拓之路。

老校长吴汉东教授的学术之路，从某种意义上来看，便是“务实拓新”的中原精神最具代表性的体现。1977 年恢复高考后，吴汉东以 27 岁“高龄”考入了学校前身湖北财经学院法律系学习。由于“十年动荡”，吴汉东为其无缘书斋的青春年华深感惋惜，重新进入校园后便立下“为中华崛起而读书”的远大志向。完成大学学业后，吴汉东仍不满足，又进入我校法学理论专业，师从章若龙教授攻读硕士学位。在读研期间，出于对民法学的喜爱，吴汉东在民法学家李静堂先生和罗玉珍先生的指导下，钻研民法基础理论。在老师们宽广的学术胸襟中，吴汉东选择了知识产权领域作为自己的钻研方向。

时逢中央发布《关于科学技术管理体制改革的决定》（1985 年），明确承认技术在商品价值中的作用，肯定了技术作为知识形态商品的属性。这使吴汉东意识到知识、技术创新的重大社会价值，并痛感当时中国知识产权研究基础的薄弱，于是更坚定了以此作为自己学术努力方向的信念。

据资料统计，吴汉东的硕士论文是新中国第一篇研究知识产权的学位论文，[①]在那篇学位论文中，其提出知识产权客体的“非物质性本质特征”、主体的“有条件国民待遇原则”、权源的“法律事实构成理论”等观点，得到了担任评委的著名民法学家戴镕隆先生、经济法学家凌相权先生的一致好评。其后，吴汉东作为教育部委派访问学者前往美国雪城大学（Syracuse University）进修，回国后便以访问研究之课题完成了题为《著作权合理使用制度研究》的博士论文，由著名法学家谢怀栻先生、王立英先生、郭寿康先生、沈仁干先生等组成的答辩委员会对该论文给予了高度评价。1999 年经著名法学家曾宪义先生和高铭暄先生推荐，该文获得首届“全国百篇优秀博士论文奖”，是当年唯一一篇受奖的法学论文。

可以说，正是由于中原大学“务实拓新”精神的感召，还有秉承这一精神的学界前辈们所营造的学术自由的宽松环境，使吴汉东的学术选择不仅成为填补我国相关领域空白的创新成果，更成为“务实拓新”精神新的象征，激励着其后一代代中南学子。

---

① 参见杜学亮主编：《著作权研究文献目录汇编》，中国政法大学出版社 1995 年版。

2010 年 9 月,时任校长的吴汉东教授在学年工作会议上指出,要崇尚大学精神,建设先进的大学文化。大学之大,首先在于精神之伟大;欲弘扬伟大精神,必发展优秀文化。大学文化是一所高校的精髓和灵魂,是构成高校办学实力和竞争力的重要组成部分。优秀的校园文化赋予师生独立的人格、独立的精神,激励师生不断反思、不断超越。一代代中南大学子在中南大精神指引下、在中南大文化熏陶下,于学问则力求"务实拓新",于为人则牢记"求真为民"。进入 21 世纪后,中南大学子在领域以他们自己的方式努力诠释着中南文化,践行着中南精神。

创始于 2012 年的稻草人法律咨询团队,一开始只是由法学院 10 级本科生汪君和会计学院 10 级本科生张怡琳的网络免费法律咨询公益尝试,经过 2 年多的发展,稻草人法律咨询积累了丰富的运营经验,在一次维权咨询中为群众挽回近 7 万元损失;刑事司法学院 05 级本科生韦肖和 08 级本科生张宏伟于 2016 年 9 月报名参加了联合国维和行动,经过近半年的专业集训,通过了从广西公安边防总队、公安部边防管理局到公安部,再到联合国的层层筛选,辗转 13,000 多公里,飞往了大西洋之畔的利比里亚,开始为期 1 年的维和行动,只为给异国的一方水土带来和平的曙光和美好的未来;2015 年 9 月 9 日,湖北省十堰市中级人民法院办公楼内,一名败诉男子举刀刺向法官刘坦,毕业于我校法学院的郑飞法官、胡韧法官上前勇敢阻拦,胡韧校友为保护同事以身挡刀,被刺伤送往医院;经教育部批准,由我校法学院本科生运营的法律援助网,自 2004 年成立以来,以法律援助网为主,以微博、微信等新媒体平台为辅,定期整理群众法律咨询问题,经团队讨论后形成专题咨询报告答复提问群众,不遗余力地为校园内外社会各界困难群体提供法律援助……

（二）办学特色

2008 年 10 月 18 日，《光明日报》第一版、第三版刊载了题为《特色造就品质》的文章。文章回顾了 2007 年以来，以法学院学生为主干的中南财经政法大学辩论队的辉煌赛绩：蝉联湖北省高校法学辩论赛冠军；摘取 CCTV2007 国际大学群英辩论会桂冠；在全国大学生版权保护辩论赛、全国大学网络辩论赛等多项赛事中荣登榜首。文章进一步指出，一支辩论队，如同一所大学的“缩影”，它折射出的是学校学科建设的独特“品质”。

时任校长吴汉东教授认为，这是学校学科建设的特色化发展道路在人才培养领域的一次集中展现；经过 60 年的积淀和发展，学校在经济、法律、管理等学科门类上积累了丰富的资源，形成了独有的优势。正是经济学、法学、哲学、金融学等数 10 门学科力量的支撑，才成就了这样的“全能”冠军。这充分体现出学校致力于培养“应用型、复合型”法律人才的办学特色。

2011 年 12 月 23 日，教育部、中央政法委印发了《关于实施卓越法律人才教育培养计划的若干意见》，提出卓越法律人才应实行分类培养，并将卓越法律人才分为“应用型、复合型卓越法律人才”“国际化卓越法律人才”和“中西部卓越法律人才”三类。这种从现阶段社会对法律人才的现实需求出发，以法律人才职业特点和职业背景为标准，从不同侧面凸显卓越法律人才特色的分类培养思路，与学校法学教育培养模式不谋而合。

学校长期致力于培养“应用型、复合型”高级法律人才，早在 20 世纪 90 年代就提出了“懂法律、懂经济、懂管理、懂外语的应用型法律人才”的培养目标并付诸实施。中南财经政法大学成立后，学校形成了以经、法、管三大学科为主干，多学科交叉融合的学科特色和学科优势。学校坚持将学科特色和学科优势转化为对法律人才培养的特色和优势，为此提出了“应用型、融通性、开放式”的培养目标。

中南政法学院教研室集体备课

所谓“应用型”，主要体现在根据法律职业的需要，对学生“实践、运用、操作”能力和技能进行培养，使学生在毕业后能够迅速适应法律职业工作；所谓“融通性”，主要体现在“融会、贯通、创新”能力的培养，即通过不同学科间、教学与科研间、理论与实践间、学校与社会间的融通，促进学生形成融会贯通、触类旁通的发散型知识结构，使学生具备解决疑难、复杂法律问题的知识结构和思维能力；所谓“开放式”，主要体现在对学生“适应、创造、发展”等能力的培养上，即通过国际合作办学、校内外合作办学、学校与实务部门合作办学等方式，使学生形成开放性的知识结构和国际化视野，增强学生的创新精神和发展潜力，以适应快速发展的法律职业需要。

经过多年的探索实践，学校法学教育事业积累了大量具有中南特色的培养经验，为培养“应用型、复合型卓越法律人才”创造了条件。其一，学校素来重视对学生的法学知识、法律职业技能和国际化法律视野的全面培养，具备培养“卓越法律人才”的浓厚氛围；其二，学校多学科交叉，经、法、管为主干学科和优势学科的学科特色，为培养“卓越法律人才”提供了良好的学科条件；其三，学校经、法、管相关专业中有7个国家级特色专业，都是应用型专业，为培养“卓越法律人才”提供了有力的专业支撑；其四，学校已经建立了适合培养“卓越法律人才”的课程体系。

学校法律专业课程体系由通识课程、学科基础课程、专业课程和实践实验课程组成。在通识课程中，必修课程开设有经济学通论、管理学通论、高等数学等较有特色的课程，这些课程全面系统地介绍经、管学科的常识性问题，以帮助学生从多学科的视角更全面客观地认识问题，另开设有100多门通识选修课供学生按兴趣选修以提升学生的人文社科素养；在法学学科基础课和专业课中，有6门国家级精品课程；除传统意义上的实践教学外，学校十分重视法学实验课程建设，为此专门建设了国家级法学实验示范中心，编写出版了6本法学实验教材，开设了1门独立的必修实验课程和3门选修实验课程，并研发出一套具有自主知识产权的法学实验教学系统，以国家级法学实验示范中心为平台，建立了立法实验室、执法实验室、诉讼法实验室、非诉讼实验室、法律实效实验室、证据学实验室和知识产权实验室。

在中南特色的法学教育培养下，中南财经政法大学的学子们借助学科专业知识，积极投入社会实践当中：先后有2000多名学生依托“法律援助与保护中心”、暑期社会实践小分队等平台，服务弱势群体和社会建设；法学院200名学生组成“维权进社区”法律援助小组，深入武汉市200个社区，开展免费诉讼服务、“关爱打工妹”等活动。

“只有办出特色，才能永葆活力和核心竞争力！”成为中南师生的共识。如今，以“特色化”为依托，中南财经政法大学正在朝着“国际知名、国内一流的人文社会科学大学”目标不断迈进。

三、法律人才培养

“法律是人类最伟大的发明。别的发明让人类学会驾驭自然，而法律的发明，则令人类学会如何驾驭自己。”法律本身是社会的产物，它与人类一起成长，并由人类组成的国家机关或社会公共权力机构来执行。在法律发达的文明社会中，法律的创制、裁判的制作以及争端的解决，无不仰赖秉持公平、正义精神，怀揣“技艺理性”的法律专门人员。因此，法律职业人员的培养，成为文明社会不可或缺的部分。

（一）法律人才培养现状

中华人民共和国成立以来，尤其是改革开放以来，我国法学教育事业发展迅速，成果显著。但是，以培养法律职业人才，特别是以诉讼为中心的几类职业人才为主要着眼点的法学教育依然存在“八个严重滞后”和“三个尴尬局面”，与建设法治国家需要的多领域、多层次法律人才需求不匹配，与我国经济、社会不充分、不均衡发展的现实不相适应，与发达国家的发展水平也存在较大差距。

反思以质量为生命线的法学教育体制机制尤为急迫。当前，我国法学教育面临着 8 个方面的严重滞后：其一，法学教育提供的专门人才同治国理政、治党治军、内政外交的精英人才 2015～2020 年发展规划总规模要求相比严重滞后；其二，法学教育提供的通用人才与基层社会治理法治化急需人才总需求相比严重滞后；其三，法学教育提供的专门人才同善于运用法治思维、法治方式的战略企业家、职业经理人人才总需求相比严重滞后；其四，法学教育提供的专门人才同具有创新能力的高素质专业技术人才、知识融通与保护服务相结合的综合人才的急迫需求相比严重滞后；其五，法学教育提供的实用型、“工蜂型”、高技能型人才同公职律师、公司律师、社会律师的庞大法律服务人才总需求相比严重滞后；其六，法学教育提供的专门人才与大数据时代涉外法律人才总需求相比严重滞后；其七，法学教育提供的专门人才与立法、执法、司法、法学研究和法学教育综合型、创新型、能力型人才需求相比严重滞后；其八，以学科导向形成的导师专业教学科研能力同复合型、创新型、能力型、外向型卓越人才培养的高要求相比严重滞后。

另外,我国法学教育在评价体系方面,沿用传统的"学分+论文"的考核模式,使教学模式与引导学生关注纷繁复杂的法律实务、法治生活、国家法治体系构建等现实问题存在脱节现象;管理体制方面,行政许可审批事项繁杂,教师职称、职务、工资福利待遇等标准考核机制僵化,教学、科研的潜能难以得到释放,创新发展的活力不足;学科体系方面,学科专业设置:一方面存在简单雷同、过多过滥现象;另一方面,一些"法治中国"建设急迫需要的专业又未能设立。这些问题造成了现阶段我国法学教育的三大尴尬局面:其一,法学人才就业存在"虚假饱和"现象;其二,法学专门人才的"精英光环"与"高分低能"存在落差;其三,法学学术成果未能有效产生社会效益。

因此,推进法学教育改革不断深化迫在眉睫。推进法学教育深化改革不仅是适应全面建成小康社会,造就一大批优秀法治人才的需要,更是发展完善社会主义法治体系、推进国家治理能力现代化、实现中华民族伟大复兴"法治梦"的必然要求,同时也是打造世界一流法学院校、一流法学学科的应有之义。

(二)法律人才培养目标

面对当前我国法学教育存在的"八个严重滞后"和"三个尴尬局面"下法律人才结构性过剩与失衡、涉外法学精英人才匮乏、法学学生实务能力缺乏等不良现状,在卓越法律人才教育培养计划实施的背景下,把握好法学教育的趋势、定位和培养目标至关重要。

习近平总书记在考察中国政法大学发表重要讲话时强调,"建设法治国家、法治政府、法治社会,实现科学立法、严格执法、公正司法、全民守法,都离不开一支高素质的法治工作队伍"。法学教育必须在国家重大发展战略不断实施、经济社会持续发展对法律人才提出的多层次需求基础上，确定多元化的人才培养目标，并根据培养目标创新法律人才培养机制。

法律人才培养目标应围绕“培养什么样的人”这一中心问题展开。中国特色社会主义法治建设具有统一的宏伟目标，但特殊的国情决定了无论是地区之间还是行业之间，法治建设的水平都存在巨大的差异。

仅以职业方向作为考量因素，法律人才至少有 3 个方面的差异化需求：一是传统的从事法官、检察官、律师三类职业的法律人才，这是当前政法院校人才培养的绝对主流；二是与法律直接相关的非司法人才，主要包括供职立法机关、司法行政机关、公安机关、政府法制部门、公证处、企业法务部门、与法律相关的社会组织中的人员，当前政法院校一般不考虑专门培养此类人才；三是政府部门、企业、各类组织当中不从事法律事务，但能在相当程度上决定、影响所属法律部门、法律岗位的定位和职能发挥，或是起很大支撑作用的人员，当前政法院校并不把这一类人员看做法律人才的范畴，也没有相应的人才培养成功范式。

即便是同样职业方向的内部，由于具体从业环境的不同，对法律人才的需求也有所区别。由于地区之间、城乡之间经济、社会发展的不充分不均衡，法治建设的环境和对法律人才的需求有很大不同，总体上经济发达地区的法治环境相对较好，对法律人才的需求更迫切，素质要求更高。法律职业资格证书分为 A 类、B 类、C 类，卓越法律人才教育培养计划分为应用型复合型、国际化型、中西部基层法律人才三类，实际上都考虑到了基于地域因素为主的差异导致的对法律人才需求的差异，但在现实的法律人才培养过程中，政法院校并没有针对地域差异进行有针对性的人才培养。

基于国家和社会对法律人才的多层次需求和我国法治建设现状

的复杂性，我校主张法律人才的培养目标应采取多元化定位：一方面，立足于培养"创新型、融通性、开放式"的应用型复合型卓越法律人才和国际化卓越法律人才；另一方面，大力培养能够扎根基层、处理一般性法律事务的一般性人才。同时，注重培养和提高政治、经济、管理等各类人才的法治思维和法治素养。

（三）法律人才培养机制和措施

1. 应用型复合型法律人才培养举措

应用型复合型卓越法律人才培养是我校法学教育的重中之重，是中南大特色法学教育的集中体现，是其他几类法律人才培养措施借鉴仿效的基础。

（1）改革培养方案，注重课程的复合性与实践性

章若龙教授

为贯彻"复合型、应用型卓越法律人才培养"的目标和要求，我校2012年再次调整修订《法学专业全程培养方案》，继续在法学本科教育中除法学方向以外，增设民商法、政府法制和涉外经贸法3个方向。法学课程内容主要包括通识教育课程、学科基础课程、专业课程、实践与实验课程、素质教育课程5个部分。"新培养方案"对专业课程的理论教学和课内实验分配了具体学时，部分课程的课内实验学时约占总学时的30%，法律诊所课由此前的通识选修课调整为专业选修课，实践与实验课程的学时和学分明显提高。根据民商法、政府法制和涉外经贸法3个方向的特点和职业能力开发的要求，新的培养方案对相应的课程体系进行扩展。为

励支持法学专任教师到法律实务部门挂职，参与法律实务工作。自2009年9月启动“青年教师挂职锻炼计划”以来，学校已选派11名教师到东莞中院、汉江中院等实务部门挂职锻炼。2014年3月我校又落实了“双千计划”，选派2名年轻教授去地方检察院任副检察长。第二，我校注意加强与国内高校、科研机构的交流，鼓励专业教师到其他高水平法学院校、科研机构进行博士后研究。第三，我校加强与海外高水平法学院校的联系，自2012年8月以来，先后邀请美国、德国、意大利及我国台湾地区同行来校讲学，并与瑞典、美国、德国及我国台湾地区等多所法学院合办研讨会或签订合作协议。第四，我校还进行了专项投入做好人才引进工作，2013年法学院成功引进了4位全国知名教授，并从海外引进3位留学归国博士。

(6)编写优质教材

我校法学学科确立了系统且完善的课程体系，并打造了系列精品教材，取得了优异的成绩。学校组织教师积极参加国家“十一五”规划教材、法学精品课程系列教材、普通高等教育国家级规划教材和21世纪通才系列教材等各类教材的编写工作，由高等教育出版社、北京大学出版社、法律出版社等知名教材出版单位出版教材近百种。根据实验教学的需要，我校法学院还在北大出版社出版了5本法学实验教材。

(7)加强国际交流合作，拓展学生视野

我校一贯重视对学生的“开放式”培养，通过国际合作办学、国际交流项目、开设第二外语课程和接收培养海外留学生的方式，使学生形成开放性的知识结构及国际化的视野，增强其创新精神和发展潜力。截至2018年5月，我校法学院已经与美、英、德、意、加、澳等国家相关法学院签订合作项目、交流项目共21项，日常为学有余力的学生开设的第二外语课程有意大利语、拉丁语和德语。特别值得一提的是,2017 年 1 月 13 日在意大利总统塞尔吉奥·马塔雷拉的见证下,我校与意大利罗马第一大学合作建立了“中意法学研究中心”,为丝绸之路东西两端两个文明古国的法学教育、科研活动搭建了桥梁,也为我校学子带来了罗马法的视野。

(8)整合多种资源,建立合作培养机制

我校倡导并加入了武汉市南湖片区十校联合办学活动。在此过程中,法学学科抓住机遇,大力宣传我校法学专业,并认真地准备双学位培养计划,遴选优秀教师担任授课老师,保证了双学位教学的质量。

联合办学,实现了培养对象的多样化:一方面,使本专业学生可以辅修其他专业,在保证法学专业学习的前提下拓展综合素质;另一方面,为更多的学生提供了接受优秀法学教育的机会,使法学知识成为他们综合素质中非常重要的一个方面。

2. 国际化法律人才培养措施

我校在涉外法律人才培养上,除了吸收借鉴某些应用型复合型法律人才培养的举措,还特别针对涉外法律人才培养的实际,采取了如下一些“补强”措施。

(1)构建“国内—海外合作培养模式”(也可称为“四个一培养模式”)

主要内容包括以下几个方面:建立适合培养涉外法律人才需要的招生机制或生源选拔机制,重视对语言能力的要求;实行分阶段的培养,分为四个阶段。第一年学生在国内进行通识教育,目的是使涉外法律人才具备社会精英或英才的品质和素养。第二年学生在国内进行知识结构中第三层、第四层、第五层次学习,即进行法学共同的基础理论和方法论的学科、社会科学领域相关部门和人文社会科学贯通基础理论和方法论的学科的学习。第三年学生在国外进行知识结构中第一层、第二层次学习，目的是使学生具备涉外法律人才所需要的坚实的专业理论素养和初步的职业技能，熟练掌握运用外语的能力。第四年在国内进行完整的国际法学科的学习，并且进行适当的涉外实践学习；实行导师为主，课堂教学为辅的培养方式进行教学；采取学校与涉外职业部门联合培养，涉外职业部门的专家承担课堂教学、担任导师组成员、指导实践和实习方式，参与联合培养；聘请外国专家学者进行课堂教学，增强涉外法律的知识与外国语言能力；通过国际合作办学培养涉外法律人才的国际视野和处理国际事务的能力。

(2)建立涉外实践教学实习基地

我院与国际统一私法协会、意大利最高司法委员会、意大利卡拉普里奥律所等地建立了海外实习合作基地。例如，在海外实习中，我院在2018年与国家留学基金委联合推荐三名学生公费(本科、硕士研究生和博士研究生)赴意大利罗马国际统一私法协会实习。在国内，我校法学院已经与武汉海事法院等机构联合建立了实践教学实习基地。例如，在武汉海事法院的实习中，确保每年20名左右的学生进行实习，使学生了解海事案件的处理流程，熟悉处理海事案件的技巧，提高解决海事纠纷的能力，掌握国际法尤其是海事方面的国际法制度以及国际惯例。

(3)鼓励、支持学生参与国内外实践活动

建立有效机制，促进学生参与国内外的法律竞赛活动。例如，通过模拟联合国大会、国际空间法模拟法庭竞赛、国际人道法模拟法庭竞赛等活动，促进学生综合素质，尤其是涉外法律实务技能的提高。

3. 西部基层法律人才培养措施

与上述涉外法律人才培养相一致，我校在西部基层法律人才培养过程中也富有针对性地采取了如下一些举措。

(1)加强和完善西部基层政法干警试点班的培养工作

中南财经政法大学2008年开设的西部基层政法干警试点班,最初是培养西部基层法律人才的“试点”。该班学员大多来自中西部地区,他们毕业后通过国家司法考试后到中西部地区法院、检察院工作。该试点班现已为内蒙古、宁夏、青海、陕西、贵州、甘肃、广西等西部地区培养了大批优秀政法人才,他们构成了西部基层法律人才的重要组成部分。2012年“西部基层法律人才教育培养基地”获批后,学校根据基地建设的实际需要,将原有的西部基层政法干警试点班打造成培养西部基层法律人才的“特色班”,将原有试点班学员的培养纳入“西部基层法律人才教育培养基地”的建设框架当中进行培养。

该特色班培养方案按法官业务与检察官业务两个方向分类培养,在课程设置与实践教学方面各有所侧重。我校2008年率先组织研究制定了西部基层政法干警试点班培养方案,成为当时全国第一个西部基层政法干警试点班的培养方案蓝本,目前,根据实际培养需求已作过多次调整。

（2）继续开展西部基层需要的法学专业建设

继续设置和完善与西部基层密切相关的边防管理、治安学专业，将其打造成“西部基层法律人才教育培养基地”的特色专业。这两个专业在边疆辽阔、民族与社会治安问题比较突出的西部地区有很大的需求。我校边防管理专业与治安学专业对新疆、西藏等西部边疆地区予以政策倾斜和支持，每年都吸引了许多来自新疆、西藏等西部地区的学生赴我院求学深造。迄今为止，我校已经培养了逾百名维吾尔族、藏族、回族等少数民族优秀本科毕业生，为当地社会发展、经济建设提供了大批法律高级人才。很多中东部地区的学生，通过这两个专业的教育培养，也有不少主动选择到祖国的西部与基层工作。

（3）积极开展各种服务西部基层理念的“融入式教育”

西部基层法律人才的培养不仅同“应用型复合型人才培养基地”一样强调“职业教育”，重视应用能力的培养，而且特别重视“德育教育”，引导学生树立“志在西部、扎根基层”的思想认识观念。2013年，我校法学学科举办了11场“法行天下　直面职场”职业规划系列讲座，邀请了我校法学专业从事法院、检察院、律师、企业法务等方面的历届毕业生代表，以讲座形式面向法学本科学生交流有关职业选择、职业发展、职业待遇、地域区别等信息，帮助在校学生更好地进行职业规划，引导学生改变就业观念，提倡到西部基层广阔的天地中大展身手。

同时，我校还积极推动符合“西部基层法律人才”教育需要的通识课程建设，开展服务西部基层的“融入式教育”。目前，已开设了一些帮助学生更好地了解基层实际、西部社会民情的《法律与乡村治理》《宗教文化导论》等通识课程，将社会主义法治理念教育融入西部基层法律人才培养的全过程，现已全面进入《法理学》的课堂。

（4）培养熟悉西部法律事务的师资队伍

我校遴选校内外有丰富实务经验的专职教师和兼职教师担任授

课老师，借助“青年教师挂职锻炼计划”打造熟悉西部基层法律实务的师资队伍，并在“双千计划”的推进过程中向西部基层予以倾斜，加强与西部基层法律实务部门的交流与合作。我校自 2011 年成立“中国信访与社会稳定研究中心”以来，先后多次到包括中西部在内的各信访局进行调研，对信访立法起到了积极的推动作用。针对农村基层司法问题，我校多名教授对鄂南等中西部乡村进行调查研究，提出了乡村司法的“双二元结构”观点及一系列解决乡村纠纷问题的实践建议。这些调查研究对我校有针对性地加强西部基层法律人才的培养，打造熟悉西部基层法律实务与西部实情的师资队伍具有重要意义。

（5）加强与西部法律实务部门的联系，创建校外实践基地

我校加强对西部基层的各种调研，并着手启动面向西部基层与西部民族地区的校外实践基地创设。2013 年 8 月，我校与新疆警察学院、新疆国际反恐怖主义与国家安全战略研究院就教学研究方面进行了深入交流。2013 年 10 月新疆警察学院、新疆维吾尔自治区人民政府应急管理办公室回访我校，双方加深了沟通与交流。在建立学校—法律实务部门的联合培养机制的目标指引下，2013 年 6 月，我校还与鄂西恩施自治州签订《“法治恩施”建设战略合作协议》，约定中南财经政法大学法治研究院和恩施州政府充分发挥各自的比较优势，加强“法治恩施”建设相关领域的互动合作，建立全方位的合作。

4. 特殊法治人才的培养措施

对于不直接从事具体的法律职业，却对法治建设影响十分巨大的特殊法治人才，我们应该解放思想，将其纳入“大法学教育”的格局中，在更广泛的专业和领域内培养更多具有法治思维和一定法治素养的特殊法治人才。

(1)以培养对法治的崇高信仰为第一要务

不从事专门的法律职业,但却成为懂法守法的决策者、合规经营的掌舵者、法治建设的积极推动者、深度参与者,本身必须具备对法治的坚定信仰。特殊法治人才在具体的法律知识上可能是有欠缺的,但对法治、对法律的认识,对中国特色社会主义法治建设的理解,对建设法治国家的美好向往应远胜于一般民众。

(2)更加灵活地设置法学专业的学生培养模式

即便是办学水平再高的政法院校培养的学生也不可能全部从事法律职业,我校将在高标准、严要求的前提下,更灵活地设置法学专业的学生培养模式;在确保培养一定数量的高素质法律人才的基础上,给予其他学生灵活的学业自主权,通过双学位教育、选修课设置、联合培养等方式,拓宽学生的专业结构和视野,培养学生多方面的能力,满足毕业生之后多个就业领域的选择和需要。

(3)探索"大类培养、融通教育"培养模式

对于特殊法治人才的培养,促进多学科间的融通教育是非常重要的一个方面。我校在这方面作了两项积极的尝试。一是设立三通

课程。学生在本科阶段无论修读哪个专业，都将《法学通论》《经济学通论》《管理学通论》作为必修课程，也就意味着本科专业是金融、会计抑或哲学、外语的学生，无论将来是政府决策者、银行高管、社会组织负责人还是企业经营者，其在本科学习阶段都接受了基础的法学专业教育。二是建立文澜人才特区，设立文澜学院。对大一、大二学生实行宽口径、重基础的通识教育培养，进入大三后学生可在学院已有专业的基础上自由选择专业方向，这也保证了多个专业方向、未来多个职业方向的人才都接受了必要的法治素养教育。

四、学校法学教育展望

我校法学教育专业融通方面需要更精细化、科学化，当前的专业融通更多的是站在法学的视角看待其他专业，从法学角度进行知识的整合和教育，在实际教学过程中容易导致融通性课程针对性不强，专业融通的人才培养效果不明显。未来，需要在整合资源促进多学科间的科研合作、教学研究基础上，对融通性课程进一步优化设置，更多地从其他专业的角度看待法学专业，有针对性、区别化地进行法治思维、法治素养的培养。

中国特色社会主义法治国家的建设是跨时代的宏大命题，高素质法治人才的培养作为一项基础性工程同样具有相当的复杂性和局限性，我校法学教育在今后的发展过程中：一方面，要继续坚持经过70年法学教育实践反复锤炼的大学精神和办学特色；另一方面，必须不断推进深化法学教育改革，努力适应不断发展着的中国特色社会主义法治实践新形势，以更全面的认识、更开拓的视野完成多层次德才兼备的高素质法治人才的培养，为中华民族伟大复兴的“法治梦”输送源源不断的各类高素质法治人才，实现习总书记强调的“以我为主、兼收并蓄、突出特色，努力以中国智慧、中国实践为世界法治文明建设作出贡献”。

第二节　法学专业本科人才的培养

一、本科人才培养方案、模式的演变

(一)本科人才培养方案的演变

我校法学专业以适应社会主义市场经济和建设社会主义法治国家的需要为宗旨,自合校共建以来,以经济、管理、人文学科方面具有的交叉综合优势为依托,培养复合型法律人才。

2003 年我校法学专业本科人才培养方案设定总学分为 162 学分,其中包括法理学、中国法制史、宪法学、刑法学、民法学、刑事诉讼法学、民事诉讼法学、行政法与行政诉讼法学、经济法学、商法学、知识产权法学、国际法学、国际经济法学和国际私法学共 14 门专业核心课程 103 学分。

2008 年法学专业本科人才培养方案调整为 175 学分。14 门专业核心课程中中国法制史、宪法学学分由 4 学分降为 3 学分,公共必修课增设形势与政策、经济学通论、管理学通论、逻辑学共 8 学分。

2009 年面对国家法制进程的加快和“十一五”计划的逐步实施,法学专业细分为法学、民商法、涉外经贸法、政府法制、刑事司法 5 个专业方向,总学分 175 学分。2010 年《国家中长期教育改革和发展规划纲要(2010～2020 年)》强调人才培养在高校工作中的中心地位,要求着力培养“信念执著、品德优良、知识丰富、本领过硬”的高素质专门人才和拔尖创新人才;2012 年,我校法学专业同时获批“应用型、复合型法律职业人才教育培养基地”“涉外法律人才教育培养基地”和“西部基层法律人才教育培养基地”,学校通过卓越法律人才

培养基地和法学专业综合改革项目，为学院的人才培养提供了有效平台。

2013 年为达到“复合型、应用型卓越法律人才培养”的目标要求，进一步实现“融通性、创新型、开放式”本科人才培养特色目标，学校启动了法学人才培养方案的调整修订工作，对课程体系设置进行调整。修改后的《培养方案》以“通人文、宽口径、厚基础、精专业”为教学指导思想，在分课程、分方向的基础上调整完善现有的法学课程体系，使学校在人才培养的针对性、课程体系的复合性、教学内容的应用性等方面的特色和优势更突出。为了适应实践性强的学科特点，法学人才本科培养方案提高了实践教学学分比例，专门增设了实践与实验课程，在总学分中占 7%。2014 年学校法学专业增设法学(中美班)专业方向，制定相应了培养方案，大力建设“美国司法审查”等 12 门全英文课程。2014 年 11 月，作为国家级法学专业综合改革项目下的子项目，法学院国际法律纠纷人才训练营、法治新闻人才试验班、“思辩学园”正式开班启动，实验班实现“常规训练”和“以赛促学”相结合的培养方式，旨在提升学员学生法律专业素养、开阔视野，培育法律职业精英人才。

2016 年，我校法学专业在现有 6 个专业方向(法学、民商法、涉外经贸法、政府法制、刑事司法、中美班)的基础上，增设了法学卓越法律人才实验班专业方向，学分设置为 161 学分，其余方向总学分为 175 学分。在专业方向设置中，主要结合法治中国总目标，围绕“专业综合改革”和“卓越法律人才培养基地”建设的内容，在现有教学研究与改革、课程建设与人才培养的基础上，通过集中讨论而确定，不同专业方向的人才培养目标与法学专业人才培养目标基本保持一致。卓越法律人才实验班实行小班教学，对 10 门专业课程立项研发了配套的案例研习课程，案例研习课程共计 20 个学分，占总学分的

1/8。应用案例教学法，利于师生掌握互动规律，使传统教学模式的“灌输的教”变成“互动的教”，将“被动的学”变成“主动的学”，从而使学生在获得静止的理论知识外，能够取得动态的启发和实践经验，学生的整体逻辑推理、思辨能力得到了大幅度提升。同时，学校对选修课程进行了模块化设置，以求更有针对性地培养符合社会需求的高层次法律精英人才。

2018 年，为应对高考招生制度改革，根据教育部高等学校教学指导委员会编写的《法学类教学质量国家标准》，法学专业按法学大类修订了培养方案，并将总学分调整为 155 学分。

（二）人才培养模式的演变

我校校长杨灿明在 2015 年全国政法大学“立格联盟”高峰论坛上提出，现有培养机制已不能满足法治人才培养的新要求。在他看来，法学教育第一应该是培养法律人独立的人格，第二要有法律的信念，第三要有人文素养和社会关怀，第四要有法律专业知识。“要满足这些要求，就需要对法治人才培养机制进行变革和创新。”杨灿明校长说。2016 年开始，我校以卓越法律人才实验班为试点，使人才培养模式由“灌输式”逐步向“互动式”转变，将传统教学模式中“灌输的教”变成“互动的教”，将“被动的学”变成“主动的学”。2017 年、2018 年我校分别面向全国开设暑期案例研习班，推广和扩大卓越法律人才实验班案例教学及人才培养经验。

卓越实验班培养模式的设计思路，是注重师生间的紧密联系，以学生为主导的方式进行学习行为的规划和设计。在此思路下，我院为实验班设立了双导师培养模式。每届实验班均有约 30 名同学，为每 1 ~ 3 名同学配备一名专业导师，每届均有 10 ~ 17 名专业导师参与其中。这些导师都全程参与实验班培养方案设计和案例研习课程的研发工作，一起推动团队教学和研究，对学生的学习情况有全面的了解，可以为学生提供更精细化的指导。双导师培养模式的另一个部分是为学生配备实务导师。实务导师则由法律实务部门人士担任，指导学生在大二下学期进入实务团队中锻炼成长。

二、法学教育的教学方法探索

（一）教师课堂教学方法探索

1. 在案例教学方面，创建了大量案例研习课程

著名教育家杜威曾说过：最好的教学就是牢牢记住学校教材和实际经验二者相互联系的必要性，使学生养成一种态度，习惯于寻找这两方面的接触点和相互联系。案例教学通过案例事实提供了教学内容与实际经验之间联系的桥梁，师生互动实现教学相长，并有助于学生作为学习主体真正掌握理论，适合于对应用型理论课程的教学。案例教学以丰富翔实的案例和生动活泼的师生互动活动吸引学生积极参与课堂教学，改变传统课堂中教师灌输式教学、学生被动接受知识的枯燥教学的局面。运用案例教学，掌握师生互动规律，对于学生消化、理解、融会贯通法律知识、提高学生综合素质具有重要意义。

2016 年 4 月 28 日伊始，我院以中德法案例研习为基础，改变传统“填鸭式”的授课方式，以案例请求权基础探寻和取舍为核心，形成学生与老师、学生与学生互动为主的课堂氛围，成立了卓越法律人才实验班，专门创建案例研习课程并组织实施。与 3 大部门法的专业基础课程配套，实验班增设了 10 门有别于传统案例教学的案例研习课程总计 20 个学分，占总学分的 1/8。除法学基础理论以外，还增加了一门《法学入门导引》的课程，分为法学入门、专门的文献检索、批判性的阅读以及写作。这是实验班课程改革的第一个突破。《法学入门导引》由 3 ~4 位老师来教授。无论是课上提问还是课后作业，都是授课老师精心挑选的法学教育、司法实践、社会热点等问题，力

求从学生们感兴趣的话题切入。课上的交流逐步具体化，旨在通过短短的16学时，初步培养起同学们梳理“脉络”的能力，告诉大家什么是结构化、如何结构化地做事。将这样的能力运用到实践中，体现在学生们综合学习能力的显著提升——2017年实验班有4个项目获得学校“博文杯”立项，这对于大一学生来说是颇为难得的。

课程改革带来了考试形式的改变。实验班鼓励授课老师进行课程考试的改革，首届卓越实验班班主任郭倍倍提出了“任何一门课程考试不要少于三次”的具体建议，通过这样的方式阶段性地了解学生的学习情况，以加强老师和学生的交流。

2. 以法律援助中心为依托，积极探索诊所式教学方法

早在2000年，我校就设立了法律援助与保护中心，选拔学生接受社会咨询，并在需要时提供诉讼服务。参与法律援助的学生们在援助弱势群体的过程中得到了锻炼，也形成了“匡扶正义”的社会责任感。诊所式教学方法则是依托法律援助中心，通过经典阅读、社会调研、法律诊所、法律援助、毕业指导（读研或者就业）等方法，训练学生自觉主动地学习能力，逻辑思维、口头、书面表达能力，法律理论、法律思维和法律实务能力。同时，我校还开设了独立实验课程——法律诊所，用启发式方法，促使学生主动学习，颇受学生好评。

依托学校法律援助中心开展诊所式法律教育、社区法律服务及教学实习等教学活动，学校组织“法律人在行动”“法律进社区”等常态化法律援助活动；加强模拟法庭教学，培养学生的司法实务能力和法学综合素质；利用学生会、青年志愿者协会等学生社团组织进行实践教学活动；组织学生旁听法院实案审判，全面安排岗位实习，使学生实际参与公检法和律所办案的全过程。学校立足具有法学院特色的辩论文化，设立“思辩学园”作为探索专业学习和思辨文化相结合的人才培养实验田，定期举办“辩论文化月”等系列活动，加强法律职

业技能培训，学生在国际国内人文社科辩论赛、法学专业辩论赛和模拟法庭赛事中表现突出，成绩优异。

3. 高度重视实验教学，成果丰硕

课堂讲授难以满足学生的实务需求，于是我校打造的虚拟教学平台、探索法学实验教学创新成为在校生法学实践教学的又一“利器”。由学校 71 名法学专家和计算机专家联手，历时 3 年成功研发的国内首款用于法学实验教学的全程仿真实验教学软件系统——法学实验教学系统 Legal Experimental Teaching System（以下简称 LETS 系统），将其大规模运用到法学本科实验教学中。这个法学实践软件将法律实务全过程搬上网络，学生可以分组或者自主进行立法、执法、诉讼和非讼业务等模拟实验，通过“角色扮演”原告、被告、法官、律师等开展模拟学习，培养法律人职业素养和执业能力。LETS 系统一经推出便颇受好评，2014 年荣获国家级教学成果奖二等奖，并被中国政法大学等 30 余所国内高校在法学实验教学中引进运用。时任教育部副部长杜玉波在教育部“卓越法律人才教育培养计划工作推进会”上对这一成果给予了高度评价。

2018 年，我院以国家级法学教学实验中心、环境与资源保护法学省级精品课程、湖北省名师工作室等平台为依托，开展了法学 TEC 课程的优化与改造实践，目前正在持续开发更多的实验项目。法学 TEC 课程以 Teaching（传授）—Experience（体验与实验）—Create（创造）为教学主线，并与基础课程互相依赖并紧密配合，培养学生的实践能力。在实施方式上，其将以当前我校自主创新的 LETS 系统作为工程基础，转换建设专用的 SPOC（Small Private Online Course，小规模限制性在线课程）平台，结合微课以及翻转课堂技术，形成法学教育领域以学习者为中心的具有生成性特质的新课程体系。同时，我校以法学实验教学体系为核心，以法学实验教学软件（LETS 系统）为平台，对接深圳市宝安区法院等，建设精品案件远程同步教研中心，审判业务与教学内容同步实时对接，将法学院的教学与法院的审判实践进行无缝衔接，既提高了学生的实践能力，又协助提高了法院的审判水平。

创新实验教学模式，打造虚拟仿真教学平台，是我校在建立完整体系化的特色法学高等教育模式方面的探索尝试，其最终目标是培养富有创新精神和实践能力的卓越法治人才。

4. 以智慧教学工具为辅助，广泛使用合作式教学法

2018 年，我校深入剖析现阶段课堂教学在知识传递效率和人才培养方面的局限性，提出同伴教学和对分课堂两种合作式教学法，通过使用“雨课堂”“微助教”“云班课”“课堂派”“Blackboard 教学平台”等智慧教学工具，逐步打破教与学“二元”世界的问题。法学课堂应用广泛，通过智慧教学工具，教师可将信息技术有效融合于教学过程中，既能充分发挥教师的主导作用，又能突出体现学生的主体地位，可充分发挥学生主动性、积极性和创造性，将传统“以教师为中心的教学结构”转变为“教师主导与学生主体相结合”的教学模式。

（二）课堂组织探索创新

部分课堂双师同堂，人才培养刚柔并济。法学院对卓越法律人才实验班 19 门专业课程进行了立项研发，同时配备了教师团队共同承担教学任务。如陈虎、郭倍倍共同承担的“从经验到经典的研究性阅读”课程，除两位教师同时到课堂讲授外，还会定期邀请我校其他专业方向教师到课堂做主题分享与指导，引导学生们在经典文献中培养起科学精神和人文情怀。课堂中间会穿插提问环节，两位主讲教师则根据作答情况进行现场答疑解惑。苏力的《法治及其本土资源》、马克斯·韦伯的《新教伦理与资本主义精神》、孔飞力的《叫魂》、卢梭的《社会契约论》、密尔的《论自由》……32 学时的课程，学

生们在教师的推荐和指导下阅读了不少书目，从经验问题入手，再深入经典阅读，这种授课及阅读方式让学生的视野更加开阔，思维更加深邃。

在人才培养中，“刚”是指教师的严格要求，小到平日课程作业批改专业导师都极为重视。不少学生第一次收到批改后的作业，都深感大片红色标注“触目惊心”。卓越法律人才实验班的学生们认为，正是这一次次的“一丈红”，不断体现了教师们认真负责的态度，也正是教师们的严格要求，学生们才会学有所成、步步提升。“柔”则体现在教师们亦师亦友，学生们被要求每隔一段时间提交近期个人规划，专业导师和班主任会针对性地提供辅助与指导。除学业辅导外，专业导师在课下也会给予学生们关心爱护。

三、卓越法律人才培养

法学教育在“互联网 +”及加快全面实施依法治国方略的大背景下，建设任务繁重。如何进行系统的教育教学改革从而培养卓越法治人才 2.0，并且重点培养创新拔尖人才是法学学科建设的紧迫任务。同时，MOOC、SPOC、微课和翻转课堂等新技术与教育模式正催生学院内教育过程发生深刻变革。有鉴于此，卓越法律人才培养应着重以下几点内容。

（一）教学实践双创新，培养德法兼备的卓越法治人才

为学生实习提供专业的指导、在多个地方拓展实习基地，是我校卓越法律人才培养计划的一大特点。近年来，法学院与法律实务部门共建了 45 个“卓越法律人才培养基地”。在“一带一路”沿线建立海外实习基地，能给学生创造更多元化的实习环境，在此指导思想下，泰国大拓律师事务所作为泰国首家华人律所，也成为我校法学专业首个在海外开辟的实习基地。此前，我校已与香港周启邦律师事

务所建立合作关系。学校规定本科学生实习比例是50%，在法学院这个数据达到74%。

实践实验教学补齐专业短板。法治实践部门相对于高校而言，是法治人才培养的“检验者”。法学教育要培养应用型的法律人才，到实务部门实地学习是法学学子职业教育的关键步骤。作为教育部“卓越法律人才培养计划”的参与高校之一，我校很早就开始在法学学子中积极开展覆盖面广、参与度高、实效性强的实践教学。

（二）卓越法律人才实验班人才培养经验的推广

首先，从更广的角度统筹推广案例研习课程。我校于2017年成立了中国司法案例研究中心，中心的目标是把案例研究和案例课堂教学有机地结合在一起。中心的研究人员，大部分都是案例研习课程的任课教师，团队研究与教学工作的推进，在中心与实验班两个平台上齐头并进，青年教师的师资建设的工作也因此事半功倍。为了让更多的学生从中受益，该中心负责人张家勇老师带领9名具有中德学院背景的青年教师团队，首次面向全国开办了“案例分析暑期学校”，通过微信公众号发布的招生信息，在短短几天内阅读量达到了近1.8万人次，国内学界同仁纷纷点赞转发——这是“中南法学的大手笔”。经过层层选拔，此次暑期学校共招收40名校外、10名校内正式学员，为了鼓励大家的学习热情，暑期学校还特地招收了30名校外、5名校内旁听学员。

法律素养是法治工作队伍的核心素质，包括法治思维、专业知识和实务技能3项要素。高校法治人才培养的首要目标是培养运用法治思维分析问题，运用法学专业知识和技能解决问题的合格法治人才，而法学院当下的培养模式多为课堂上概念式的讲解分析、讲求应然分析，缺乏对学生法治思维的培养，缺乏对学生运用法律技能解决问题能力的训练。由此导致学生毕业进入社会以后，面对复杂的社会现实、多变的政策与制度环境,往往缺乏应对现实问题的办法。应该说,在这样的背景下,推广案例研习课程,开办案例分析暑期学校,为更多的同学提供案例研究与学习的资源,会对法治人才的培养起到关键作用。

其次,实验班其他创新课程的及时推广。"法学入门导引""专题:法律文献与检索"等课程在实验班取得了初步成效。教师强调在大一阶段,多思考将课堂理论知识与实践紧密结合,多尝试做实证研究并做结构化设计。学校每年面向本科同学,主要会有"博文杯"和"大学生创新训练项目"这两类学生课题项目的申报。实验班的专业导师团队鼓励同学们积极申报并给予相应指导,在此过程中的选题、资料收集、文献综述及申报书的写作方面等问题,都可以集中在"专题写作"板块中专门学习。在这样的背景下,实验班的同学先后取得了4个项目的立项,这对于大一的同学来说,是颇为难得的。这些项目的成功申报还应归功于文献检索课程所做的贡献。实验班专门开设的法律文献检索课程,由1位专业导师和两位法学院图书馆官员共同讲授。在大数据和人工智能的背景下,从入学初期就开始进行专业检索知识的传授和技能的培养,无疑是在为同学们夯实学习的基础,使学生们将来无论是在理论研究还是司法实践领域,都能从容应对。目前,学院已将"专题:法学文献与检索"课程面向全院开放,学生可根据需要进行选修。

(三)"阅读经典读书会"等人文教育方式的新探索

复合型人才不仅是多学科知识的复合,也是知识与文化素养以及行为品质的复合。近10年来,我校法学院周其明老师主持的"阅读经典"读书会活动,在卓越法律人才培养方面取得了良好的效果。

经典书目选择的标准是,力图让学生在短时间里掌握中外2500年来治理国家和社会的经验及教训,培养明辨是非的学术判断能力,形成扎实的法学理论功底。采取每周一本的方式，读书活动分为“读”“写”“说”三个阶段。使用启发式讨论模式，由指导老师先作启发报告，布置问题让学生课后阅读经典名著，由学生独立完成阅读和写作读书报告；然后集中讨论，指导教师主持讨论并作评点；最后由教师布置下次活动的阅读书目，作下一次阅读经典的启发报告。

“经典阅读”读书活动，在2007～2011年间，主要在本科三年级学生和研究生中进行，效果非常好；2012～2013年，与学校法律援助中心合作，选择2011级一年级学生60余人参加阅读，其中40余名同学顺利进入硕士研究生学习。以后每年度的成员学习成绩均居于全年级前列，较好实现了卓越法律人才培养的目标。

除此之外，卓越法律人才实验班在此方面，尝试过举办“学生提问老师作答”的新型班会，并沿袭这一方式开展年级新生读书问题讲座，也取得了很好的反响。专业导师邀请部分同学参加读书会，带领同学们参加“跨界”的讲座和分享活动。在此过程中，师生、同学之间的关系更密切，文化素养、社会关怀、独立思考和审慎判断等综合素质方面的培养在潜移默化中发挥着作用。此外，近几年学院专门设立的“本科生特色学习小组”，多元化开展的读书学习活动，营造了良好的学习氛围，亦让书香弥漫校园，厚重的人文关怀使大学的教与学焕发生机。

（四）畅通法学教育国际交流渠道，广泛深入合作

加强法学人才与国际的接轨，创新性实现“留学项目负责制”。充分发挥海归教师的资源优势，调动积极性，将留学合作项目落到实处，确保每个项目都有相应的教师负责。截至目前，法学院已有8位海归教师负责10个境外合作项目，为有出国意向的学生明确目标并提供帮助。同时我校以法学“国际班”为依托，与境外高校开展合作办学，现已与香港城市大学、美国华盛顿大学圣路易斯分校等世界百

强名校建立联系，达成初步合作意向；与美国芝加哥肯特法学院以及澳大利亚邦德大学法学院顺利完成第一期联合办学项目；与美国俄亥俄州立大学、加拿大蒙特利尔大学等高校的合作进展顺利。主要合作内容包括：探究式、讨论式、参与式等课堂教学方法；改革考试方式，注重口试与笔试相结合、平时考核与终期考核相结合；充分利用自主研发的“法学实验教学系统”实行自主测试，丰富法学实验实践教学内容和手段；加强和提高教学研究，以教学研究成果引领教育教学改革创新，突出教研项目的重要地位；抓住国家精品资源共享课开放的契机，利用拓展资源，为学生拓宽视野提供平台。

四、研究生教育发展的历史脉络

（一）宝贵知识人才为研究生教育奠定坚实基础

我校的法学研究生教育与国家命运息息相关，经过十年“文化大革命”的“浩劫”，在1978年获得法律学科的硕士学位授予权后我校迎来了全面恢复和拓展期。值得庆幸的是，虽然历经磨难，但我校保存下来了一批科学研究与教学的宝贵知识人才，为法学研究生教育的开展与发展奠定了坚实基础。在恢复和拓展期，为适应改革发展的需要，补充教师队伍，开展教材建设成为当务之急。学校一方面从外单位调回调入骨干教师，如罗玉珍、孙光才、王献枢教授；另一方面选拔优秀毕业生留校任教，如吴汉东、覃有土、方世荣、陈小君、郑祝君、蔡虹等教授。克服人才匮乏局面之后，通过校内培训、外出进修、“老带新”等方式提升教师的教研水平。在研究生教育起始之际，教材紧缺问题严重。除通过编写教学大纲、复印辅导材料及翻译国外教材等方式外，学校组织教师积极开展自编教材工作，如蒋碧昆、刘庆华、曾文载、廖晃龙教授自编的《中国宪法讲义》《苏联宪法讲义》《资产阶级国家法》《行政法讲义》等。

1984年后，在中央“过去撤销的政法院系和政法、公安院校应尽快恢复起来”的政策指引下，在湖北财经学院法律系基础上重建中南政法学院。中南政法学院重建伊始，从湖北财经学院转入研究生30人，伴随学院在南湖之滨从无到有、由小到大的恢复重建，研究生教育也取得了蓬勃发展。学院成立之初，边基建、边队伍建设、边教学。研究生教育通过短短几年的努力，取得了巨大发展。

（二）学位点设置取得新的突破

截至1990年，有法学理论、刑法学、宪法学与行政法学、诉讼法学、民商法学等多个硕士点。

研究生培养质量显著提升。通过几年的人才引进、培养，学院逐步形成了一支在全国范围有影响力的老中青相结合能适应新时期教学科研需要的专业教师队伍，如张若龙、李积桓、游绍尹、张梦梅、杨堪、曾昭琼、罗玉珍、李静堂、蒋碧昆、曾广载、张仲伯、王献枢等老一辈法学名家，如吴汉东、陈小君、方世荣、张明楷等中青年优秀人才。教师队伍的壮大与发展直接带动了教材建设的骄人成果和专业课程建设的突飞猛进，一些成果处于全国领先地位，不仅填补了国内空白，而且在学科建设上也取得了突破性进展。据不完全统计，在学院成立之初，独创或新编教材专著50多部，满足了研究生教学需要。其中比较有代表性的是游绍尹、张梦梅教授参编的《中国法制史》《外国法制史》、曾昭琼教授合著的《犯罪构成说》、民商法教研室编写的《民法教程》《民法通论》、蒋碧昆教授主编的《中华人民共和国宪法简明教程》《宪法学》等。专业课程建设颇具特色，如“知识产权法”“比较法总论”“法解释学”“法学方法论”等课程是其他同类院校同时期所没有的。在研究生教育中注意改进教学方法，注重司法实践。根据开设专业的特点，强调在课堂教学中坚持理论与实践相结合，鼓励教师不拘泥于传统教学模式，大胆尝试教学改革，如章若龙教授和喻特厚教授推广的启发研讨式教学法。学院采取“走出去、请进来”的方法组织学生外出参观、见习，以了解司法部门的工作实际。邀请司法工作者来校讲学。学术平台建设成果显著，如《中南政法学院学报》（现《法商研究》）刊物复号、CSSCI 来源集刊《私法研究》创建。

20 世纪 90 年代，随着国家改革开放的深入，法学教育面临新的挑战和机遇，我校积极加强法学硕士点与重点学科建设，强化学科整体实力。截至 1994 年，学院共有诉讼法、民法、法理、法制史、宪法、刑法 6 个硕士点。此外，我校扩大研究生招生规模，提升办学层次。1996 年，新增国际经济法、行政法、经济法 3 个专业的硕士学位授权点。1997 年，宪法与行政法专业获得了在港澳台地区招收研究生资格，经济法硕士点开设环境资源法研究方向，获得法律硕士专业学位教育试点权。2000 年，民商法获得博士学位授予权。1992 年前后，受商品经济大潮冲击，人才外流现象严重，面对问题，学院采取“稳定、充实、培养、提高、管理、激励”的方针政策充实教师队伍，提高师资素质。通过政策倾向、提高待遇、选拔新生力量、梯队培养的方式调动教师的工作积极性，使教师队伍整体结构趋向合理，保持了师资队伍的后劲。

进入 21 世纪，学校发展进入新的历史时期。2000 年 5 月，中南财经大学与中南政法学院合并组建中南财经政法大学，2003 年，南湖校区图书馆投入使用；2005 年 9 月，学校跨入国家“211 工程”重点建设高校行列；民商法获批重点学科国家级重点学科；在已拥有宪法与行政法学、法律史、经济法学等多个部省级重点学科的基础上，2008 年法学学科获得湖北省一级重点学科殊荣。两校合并后，集聚优势资源，广开渠道增进国际交流。在一系列有利条件的激发下，我校法学研究生教育又上新台阶。招生专业和规模创新高，培养质量与社会影响力日益扩大。

（三）当前培养状况与特色凝练

经过数十年的积淀深厚，我校已成为全国法学教育重镇之一。2017 年我校法学学科入选国家“一流学科建设学科”名单。2018 年我校成功入选“高等学校学科创新引智基地”（111 引智计划）。法学研究生教育始终坚持牢固根本、巩固优势、发掘特色的基本定位，坚持厚基础、重融通、求创新的战略，全面提高人才培养质量。在巩固传统优势、扎根和立足地方的同时，与时俱进、发掘特色、辐射全国。依靠起点高、体量大、积淀深的优势，在办好常规教育的同时，不断开展特色项目建设，既积极回应国内法治需求，又呼应法学教育国际化潮流。研究生培养形成了以下鲜明特色。

1. 理论基础扎实、研究能力出众

强化法学基础理论知识、培养法律思维方法，强调学术训练、培养学术研究能力，提高批判性思维能力、法律实践分析能力、法学问题建构能力、法学学术提升能力。如近几年系统开设的研究生创新课堂，通过邀请国内外著名学者来院开设短期课程，克服了研究生培养阶段学术活动繁多但缺乏系统性和品质较低的问题，改善学生的知识结构，开阔研究生的研究视野。

2. 知识体系融通、时代特色鲜明

立足学校优势，学科门类齐全，重视法学与经济学、管理学等学科的融通，理论界与实务界的协调。顺应时代发展，设置了知识产权法、社会治理法学等国务院学位办备案的独立的二级学科。结合国家所需，重点支持和发展了知识产权法、土地法制、社会治理法治等特色鲜明的研究子方向。借助学科平台高端、学术资源丰富的优势，打造高质量的学术平台，培养高素质的教学科研队伍。学校办有《法商研究》《私法研究》《中西法律传统》《公法评论》《环境资源法论丛》等多种学术刊物；建有“中国知识产权研究网”“中国公法评论网”“中国私法网”“法学理论网”“基层法治研究网”“法律史学术网”“中国农地法律网”“环境法研究网”等20多个学术网站。拥有校内最大的专业图书馆——法学图书馆，各类文献资料数量及品种在专业分馆中居首位，有法学专业中文图书（含港台图书）近6万册，英文图书近2000册，日文、德文等图书3000余册，中外文专业期刊204种，法学专业数据库104种，电子图书近460万册。拥有教育部人文社科基地——知识产权研究中心，教育部创新团队——社会管理法治建设团队，国家级实验教学示范中心——法学实验中心，湖北省人文社科基地，中国法学会法治研究基地等多个优质高端学科平台。我校利用这些高端学术平台开展多样的学术活动，提升研究生对外交流能力。

3. 国际视野宽广、国情意识凸显

充实国际化的教学内容和科研水平，通过交流生、海外研修、联合培养、国际师资引进、国际合作项目等方式，不断拓展和提升国际学术视野和国际学术能力。强调国情意识，眼光向下，学术训练着力于回应中国法治实践的实际需求。近年来，实施多项学生出国（境）交流支持项目——除国家留学基金委资助的“优秀本科生国际交流项目”以及“创新型人才国际合作培养项目”之外，法学院实施法学一流学科建设基金雏鹰扶持计划，每年支出200万元用于支持在校学生到国（境）外实习，参加交换生项目、攻读学位等。拥有数量众多的高端合作办学项目——学院与美国、英国、意大利等国的知名法律院校和研究机构设立了层次丰富、种类多样的合作办学项目。2017年与意大利罗马第一大学全面开展合作交流，中意法学研究中心在意大利总统的全程见证下成立。

在利用传统教学方法、扎实开展研究生培养的同时，导师们也积极探索新的培养模式。近几年，在张家勇教授的带领下，民商法学科在课堂上推行"鉴定式案例教学"，提高法律学子运用法学理论解决实际问题的思维能力，传播法律人才培养的有益经验，立意于操练法律技术，探索法律教育的改革之道，引领法学教育的新潮流。

第三节　产学研协同发展

面对蓬勃发展的新时代，面对社会主义法治建设的迫切需要，政府、社会和人民对我国的高等法学教育都寄予了殷切的希望。习近平总书记在谈话中指出，高校作为法治人才培养的第一阵地，要充分利用学科齐全、人才密集的优势，加强法治及其相关领域基础性问题的研究，对复杂现实进行深入分析、作出科学总结，提炼规律性认识，为完善中国特色社会主义法治体系、建设社会主义法治国家提供理论支撑。对此，我校始终将之作为校法学教研工作的核心要义，牢牢把握培养人才、服务社会的工作要点，结合自身特色将其贯彻到产学研的方方面面，取得了良好的实效。

一、精心施教

思想财富取之于民、用之于民，我校始终牢记肩头担负的社会责任，始终坚持在社会实践中培养人才，为社会发展培养人才。

我校依托校法学院、刑事司法学院、知识产权学院、法律硕士中心和律师与公证学院雄厚的法学教学、科研力量，发挥自身财经政法优势大力引入校内经济、管理、金融以及校外优质师资团队，构建起了一个强大的法学教学师资队伍。在此基础上，学校还聘请了一批具有优良学术功底和丰富实务经验的法官、仲裁员、律师、公证员担任兼职教授，聘请了数位国内外德高望重、学识渊博的知名学者、实务人士担任咨询委员会委员，使我校的法学教学形成理论加实践的全方位培养模式，教学内容、教学方法更加丰富，与现实结合更紧密，教学效果更切合社会需要。

为了更好地培养法学人才、服务社会，我校以上述教学团队为基础、教学模式为依托举办了多种形式的法学培训班，每年针对全国在校大学生群体各法科学院纷纷举办各具特色的夏令营活动，例如，2018 年法学院有文澜优秀大学生直面名师夏令营；刑事司法学院有文澜优秀大学生“法刑天下”夏令营；知识产权学院有文澜优秀大学生夏令营（知识产权分营）等。为呼应社会的普法、学法需求，各法科学院还面向社会公众举办法学培训班，例如，知识产权学院每年举办全国研究生知识产权暑期学校；各学院不定期举办面对全国各地的法学教师、律师、公务员尤其是公检法队伍的培训班。相关院系鼓励支持教师参与各类培训班的法学教学工作，例如，我校受政府委托举办的湖北省“三支一扶”计划岗前培训的法学教学工作；积极参与省委“理论面对面”工作，组织十多位老师兼任讲师团成员，赴各地宣讲200 多次等，为法学理念、政策的推广、普及做了大量深入细致的教育工作。

二、科研创新

我校科学研究工作确立了“顶天立地”（基础研究追求高深、应用研究贴近实际）的发展战略，牢固树立起“立足湖北、面向全国、特色鲜明、主动服务”的思想。为更好地利用高校学科齐全、人才密集的优势，加强法治及其相关领域基础性问题的研究，在学校的支持鼓励下，我校各法科学院纷纷出台了一系列政策鼓励科研创新，例如，法学院近年出台了《法学院关于促进高质量科研论文发表的若干意见》《法学院关于促进重大科研项目、重点人才项目申报的意见》《法学院教师学术评价标准》,结合学校制定的《中南财经政法大学科研成果奖励办法》《中南财经政法大学科研项目管理办法》《中南财经政法大学法学院南湖杰出青年法学学者评选及资助规定》等规章制度,极大地促进了我校的法学研究工作,法学类研究无论是论文、专著、教材的发表、出版,还是科研项目的立项,近些年一直呈现质、量齐升的良好势态。

以法学院科研项目为例,2004 年共立项科研课题 25 个,合计立项金额美元 3.48 万元、人民币 144.5 万元,这 25 个课题皆为纵向课题无横向课题,其中国家级 3 个,委托单位为教育部、司法部以及湖北省和武汉市的相关政府机构。到了 2017 年法学院共立项科研课题 72 个,合计立项金额人民币 843.18 万元,其中纵向课题 29 个,横向课题 43 个,国家级项目 11 个,委托单位涉及多个国家部委、专业学会,以及贵州、河南、湖北、福建、江苏等多个省地市的政府机构、企事业单位和科研机构。从科研内容来看,也顺应了时代发展呈现出百花齐放的趋势,涉及领域更宽、更广:从民事到刑事、从实体法到程序法、从国内法到国际法、从具体的实践问题到抽象的理论问题都有涵盖。课题的选择从以前被动的政府"命题作文"到现在更主动积极地与社会需要相衔接,针对法治及其相关领域基础性问题和复杂现实进行研究,例如,国家社科基金(青年项目)《香港法院外籍法官涉〈基本法〉案件司法行为研究(17CFX057)》(纵向)、教育部人文社科项目《警察权在宪法体制中的功能及其合宪性控制研究(17YJA820015)》(纵向)、湖北省环保厅委托的《湖北省党政领导干部生态环境损害责任追究适用标准》技术咨询合同(横向)、同济大学——国家社科重大项目子课题《现行知识产权制度对中医药传统知识保护的适应性研究》(横向)等都充分地反映了这一上升性变化。

我校以法学院为依托与最高人民法院、最高人民检察院等联合组建的行业研究基地等多个高水平学术平台，承办社会热点问题研讨会，仅2017年下半年至今就举办了多场社会热点难点问题研讨会、党和国家政策的学习推进会。例如，南海地区安全合作国际研讨会、首届中国宪法学青年论坛·国家机构研讨会、深入学习宣传贯彻党的十九大精神暨第五届长江中游城市群法治论坛、中国民法典合同编立法研讨会等，都与社会发展结合紧密，深切呼应了当前理论实践发展中的迫切需要，体现了我校广大法学师生作为法学教育者、研究者的社会担当。

三、服务社会

胡锦涛总书记在十七届中央纪委六次全会上强调：必须坚持全心全意为人民服务，做到权为民所用、情为民所系、利为民所谋。作为新时代法治理论的研究者、法治中国的建设者，我校广大法学教育工作者始终坚持为人民服务，为社会服务。

司法部与湖北省人民政府“共同建设中南政法学院协议书”签字仪式

我校从构建符合国家要求的司法考试软、硬件平台着手，在国家司法部门司法考试中心的领导组织下，多次承担全国司法考试阅卷工作。在现有师资力量和国家级法学实验教学中心、知识产权研究所的基础上建设中南财经政法大学司法鉴定中心、知识产权鉴定中心、法律援助中心，由资深专家带领法学学子参与法律实践，研究解决实务部门和广大人民群众在法律实践中遇到的难点热点问题。

以强大的科研能力和深厚的社会责任感为基础，我校全力缔造政法领域思想库，努力打造"中部崛起"的智力服务品牌，形成了为国家知识产权战略、法制建设、经济建设提供强大智力支持的格局：(1)直接参与法律、法规起草、编纂、完善工作；(2)提供咨询报告，参与法律规范论证工作；(3)参与地方立法评估工作，对法律法规的实施效果予以评价；(4)参与地方法治实施工作，编撰法治规划，起草法治推进方案。近年来，各类报告被中央、省部级领导批示30多次，被各级国家机关采纳100多项。

——学以致用方不负所学，能够为法治社会建设贡献自己的力量，这是对我校科研工作尤其是通过科研服务社会工作的肯定，我们将不忘初心继续砥砺前行。

四、产学研协同发展共谱新篇

不谋万世者，不足谋一时；不谋全局者，不足谋一域。我校始终坚持科学研究与现代化建设相结合，充分发挥高校哲学社会科学的价值导向功能、研究工作的咨政功能以及师资队伍的服务功能。以构建产学研一体化的师资队伍为关键点，在日常的教学科研和服务社会的工作中坚持事物联系的普遍性原理，坚持产学研协同发展的理念，在服务社会的实践中谋求法学理论的发展与创新，通过法学理论的教学科研指导促进社会实践，两者互为基础，互相促进，取得了良好的效果，为社会尤其是政法战线输送了大量的优秀人才。广大法学学子在国内外屡获殊荣，例如，1992 届经济法系校友彭华荣获“全国优秀律师”荣誉称号，2005 届国际法校友系李珊珊荣获首届“云南省最美检察人物”……

能够为社会发展做出贡献、为法治建设添砖加瓦，是我校广大法学教育工作者的莫大荣幸，也是国家和社会对我们的最高评价。未来我们将继续深化改革创新，更紧密地与国家的需要、社会的需要、人民的需要结合在一起，为新时代法治建设做出更大的贡献。

第四节　法学学科的国际化

一、机构设置

国际化程度是衡量学科发展水平的重要标尺，开展国际交流合作是建设世界一流学科的重要途径。我校法学学科长期坚持国际化的教育理念，在国际交流合作中贡献中南智慧，彰显中南气派。

为了贯彻国际化理念、提高国际交流工作组织与设施保障水平；转变国际化理念，结合“输出型”国际化模式发挥法学学科的比较优势；加强对国际交流工作的组织领导，改革创新国际交流合作管理体系和管理工作机制，我们切实从政策、经费、人员配置和运行机制上保证国际交流在法学一流学科建设中应有的地位，保证本院国际交流工作健康和可持续的发展。在人员配置方面，本学科设立了国际交流办公室，配备 2 名外事专职工作人员，进行制度化建设，规范国际交流办事流程；在信息化建设方面，结合国际交流信息管理系统，规范教师及学生出国手续，记录交流情况；在英文网站建设方面，进行专业设计和日常维护管理；在基础建设方面，建有信息化教室、国际会议室、风格鲜明的外宾接待室以及外籍教师办公室等。

二、国际合作与交流发展现状

（一）培养国际型师资队伍

目前，我校法学学科拥有海外经历的教师87人，占专任教师的比例为41%；开设外语专业课程教师12人；聘请外籍教师（长期）5人，教师受聘国外大学兼职9人，同时引进意大利、德国等著名法学家前来授课或担任客座教授，成功打造了国际型人才团队。

长期坚持“引进来”和“走出去”相结合，大力推进国际化师资队伍建设。

1.“引进来”的具体举措

（1）通过申报国家级项目，包括高等学校学科创新引智计划（111计划）——“新时代科技革命与知识产权学科创新引智基地”、“一带一路”教科文卫引智计划、高端外国专家项目等引进本学科领域知名的国外专家学者，带动高层次人才团队建设和学科建设。

（2）每年邀请70余名国外知名学者来校交流讲座，提升国际交流的深度和广度。

（3）加大力度引进优秀海归人才，推动国际化人才与本土人才融通与合作的平台与机制建设。

2.“走出去”的几个步骤

（1）积极鼓励并支持教师参加国际会议及赴海外知名教学科研机构研修。

（2）积极支持学术骨干在国际学术组织和国际学术期刊担任职务。

（3）在教师职称评聘、考核及日常管理中进一步强化国际化导向。

（二）协同提升科研国际化水平

1. 借力“国际期刊论文发表促进委员会”，推动法学研究的国际化

法学院致力于将国际化渗透到人才培养、师资队伍、科学研究等方方面面，让国际化服务于科学研究，同时让科学研究更好地推动国际化水平的提升。为此，2014 年 12 月 31 日，法学院院长徐涤宇教授、外国语学院院长谢群教授、校图书馆馆长高利红教授就三者之间建立战略合作关系问题进行深入讨论。根据讨论结果，法学院依托外国语学院的语言优势和图书馆的检索技术优势，成立“国际期刊论文发表促进委员会”，进一步推动法学院学术研究国际化，提高学院教师在 SCI、SSCI 等国际期刊的论文发表率。在学院的鼓励和支持下，我院教师尤明青于 2015 年先后在《环境国际》《香港法律学刊》发表两篇全英文论文。2017 年，我院教师黄美玲、李俊在《BIDR》等国际权威罗马法杂志上发表意大利文论文。

2. 通过参与和承办国际学术会议，促进法学学术会议走向国际化

近 5 年来，约 50 多名教师成功申请出国留学项目和参加国际会议，学院师资国际化程度显著提高。为了给法学院教师创造学术交流机会，我院签订的国际交流合作协议为合作双方互相邀请对方进行学术讲座或参加对方所承办的国际学术会议作出了规定，部分协议要求双方教师互相进行一定期限的学术访问。具体而言，近 5 年里，我院在包括美英以及港澳台在内的国家和地区组织出访达到 36 次，其中，学术交流 14 次、参加学术会议 9 次、团组出访 13 次。出国深造和学术交流使我院教师的国际视野更开阔，有利于双语教学、国际班和留学生英语教学的师资培养，也进一步使其学术研究走向国际化。同时，我院教师也积极对接域外高校的法学教育和法学交流活动，黄美玲、李俊等教师曾多次赴意大利罗马第一大学、意大利特

伦托大学等高等院校展开中国法的教学活动。此外,我院在 2018 年下半年度已召开两场具有影响力的国际会议,分别为第六届中澳法学院院长论坛,学院力争通过国际会议提升中南法学在国际学术界的影响力和话语权。

3. 积极与境外高校、科研机构开展合作,不断开拓境外研究基地

2017 年 1 月 13 日,在意大利共和国总统塞尔吉奥·马塔雷拉先生、中国驻意大利大使馆人员等中外嘉宾的见证下,中南财经政法大学校长杨灿明教授与罗马第一大学校长欧亨尼奥·高迪奥教授签署了合作建设中南财经政法大学法学研究中心(罗马)协议,并为研究中心揭牌,中意法学研究中心在意大利正式成立。2017 年 3 月 10 日,意大利教育部部长瓦伦尼亚·费得尼女士、罗马第一大学校长欧亨尼奥·高迪奥教授与我校副校长姚莉教授共同出席了由我校与罗马第一大学合建的中国法图书馆的揭牌仪式。依托"中意法学研究中心"的国际影响力,2017 年 5 月 20 日,中意法学研究中心举办了"传统与现代:比较法视野下的中西法典编纂"国际学术研讨会。中意法学研究中心法学图书馆的建立意味着中国和意大利在法学研究

领域的合作迈向更高水平。

（三）建立国际化人才培养平台

顺应经济全球化的趋势，我校在本硕博人才培养方面，实现教育理念、教学体系、教学内容、培养目标、教育与学生管理的本土化与国际化相结合：推动传统课程体系改革，法学学科已建成20余门全英文课程，不断加强国际化课程建设和国际化专业建设；与境外20多所高校建立合作，构建稳定的海外实习、交换、访问等交流渠道；积极探索与世界知名大学联合培养国际化人才模式；进一步扩大留学生的招生范围并提升培养层次，着力宣传和讲解社会主义经济制度、法律制度，使学生感知、领略、确信中国特色的社会主义道路、理论、制度和文化的优越性。

我校主动对接国家"一带一路"倡议，不断提升人才培养的国际化水平。我校成为国家留学基金委批准招收国际法硕博士项目单位已逾10年，创建了"国际法与比较法"硕博士学科点，开设了20余门全英文课程，吸引了来自世界各地的留学生。2017年1月，我校承担教育部与国家知识产权局联合设立的"一带一路"知识产权硕士项目，招生比例占该项目的50%，每年招收"一带一路"沿线国家及对我国友好的发展中国家知识产权主管机构的政府职员或专家来华攻读硕士学位，该项目有望建设成发展中国家知识产权的人才培养高地。

实现教育理念、教学体系、教学内容、培养目标、教育与学生管理的本土化与国际化结合。

在课程建设方面：以全英文专业建设为抓手，推动传统课程体系改革，加强国际化课程建设和国际化专业建设。（1）平台搭建：构建稳定的海外实习、交换、访问等交流平台；积极探索与世界知名大学联合培养国际化人才模式：已建立2个国家留学基金管理委员会

（CSC）优秀本科生国际交流项目、1 个创新型人才培养项目；设立出国留学专项经费支持。（2）本科生培养：主动对接国家“一带一路”倡议，与一带一路沿线国家法学院建立合作关系，建立本科生“2 +2”培养模式。扩大国际班招生规模，规范培养模式。（3）硕士生培养：设立中国法与欧盟法二级学科，在中意两国共同招生，学生在修满两校学分后获两校硕士学位。（4）博士生培养：与境外知名高校如美国华盛顿大学、加拿大蒙特利尔大学以及澳大利亚西悉尼大学建立博士联合培养项目。（5）留学生培养：进一步扩大留学生的招生范围并提升培养层次，利用“一带一路”知识产权项目每年招收 25 名“一带一路”沿线国家及对我国友好的发展中国家知识产权主管机构的政府职员或专家来华攻读硕士学位，培养发展中国家知识产权人才。利用“中国法与欧盟法”项目，每年招收 10 名意大利留学生来华学习。在未来的来华学生规模上，我院有望将留学生规模扩大至 150 人。

（四）广泛拓展国际交流渠道

2015 年以来，法学学科积极实施“走出去，请进来”的国际交流战略，开展多形式、多层次的对外交流活动，为对外交流与合作开辟了较为畅通的渠道。在合作形式上，既有国际联合培养项目，也有教师互访和学术交流合作，同时还有暑期学生交流营；在层次上，既有教师的学者互访制度，也有本硕连读的合作项目，同时还有与部分外国高校已达成博士联合培养的意向。

目前，我校已与美国俄亥俄州立大学、杜兰大学、俄勒冈大学、佛蒙特法学院、罗杰威廉姆斯大学、芝加哥肯特法学院、宾夕法尼亚州立大学、福特汉姆大学、奥城大学、华盛顿大学、托莱多大学、英国利兹大学、澳大利亚邦德大学、德国萨尔大学、加拿大蒙特利尔大学、意大利罗马第一大学、罗马第二大学、特伦托大学、那不勒斯费德里克二世大学、特伦托大学以及港澳台高校均建立了不同层次的合作关系。另外，我校也与意大利国际统一私法协会、泰国大拓律师事务所、意大利律师事务所建立了学生实践基地。

（五）重视基础制度建设

长期以来，学院坚持国际化的教育理念，以“引进来”与“走出去”双向互动相结合为原则，不断发展国际化办学的新思路，充实国际化的教学内容和科研水平，扩展国际交流渠道，在国际交流合作方面取得了突出成绩，这与国际合作与交流相关的基础制度建设密不可分。

1. 师资队伍建设制度

学院组建了具有长效交流机制的师资团队，在法学学科师资队伍中，41%的教师具有留学或出访经历，长期聘请外籍教师5名，9名教师受聘国外大学兼职；学院加大海归人才引进力度，同时引进意大利、德国等著名法学家前来授课或担任客座教授，成功打造国际型人才团队。

2. 国际化人才培养制度

学院以“国际班”和“留学项目负责制”为依托，积极主动对接境外高校，开展合作办学，将留学合作项目落到实处；同时，充分发挥师资优势，加强全英文课程建设，扎实推进人才培养。此外，变传统的管理模式为平台搭建、信息服务建设，聘用外事专用行政人员以确保常规事务良性运行，为全院师生提供各项外事服务。

3. 科研国际化建设制度

本院依托外国语学院的语言优势和图书馆的检索技术优势，成立“国际期刊论文发表促进委员会”，鼓励优秀成果的国际化，不断提高学院教师在SCI、SSCI等国际期刊论文发表率，力争每年在此类期刊发表论文5篇。借助各大国际合作高端平台及机构扩展科学研究的国际视野，同时，合作建设研究基地，如“中意法学海外研究基地”，进一步推动法学院科学研究的国际化。

4. 国际交流平台搭建

学院积极实施“走出去，请进来”的外事战略，开展包括教师学者互访项目、国际联合培养项目、本硕连读合作项目、暑期学生交流营等多形式、多层次的对外交流，为我院对外交流与合作开辟了较为畅通的渠道。

5. 信息服务建设

学院国际化工作正在逐步转换理念，变传统的管理模式为平台搭建、信息服务建设。我们通过“法学院出国留学直通车”QQ 群以及国际交流会议等方式为法科生和各系教师提供国际交流方面的政策和信息，并通过国外法学院国际交流事项负责教师的宣讲会来解答学生所关心的各种问题。学院聘用外事专用行政人员，确保常规事务良性运行；全英文网站内容补充完成，并保持不断更新；制作境外项目宣传手册，以便师生通过更多渠道了解更详尽的出国信息。

第三章　中南大的精神

第一节　筚路蓝缕:法学教育的先行者

中南财经政治大学(以下简称中南大)建校70年来,在法学研究与人才培养等方面取得了不俗的成绩。但我们也要正视现实,清醒认识现有法学教育模式下法治人才供给的水平,与全面推进依法治国战略所需要高素质法治人才之间的差距;需要我们在寻求转变的过程中,理性地评估可资利用的各种资源,在借鉴先进域外经验的同时,尤其注重接续历史传统。概括而言,我们的思考主线即是反思历史,正视现实,接续传统,尊重多元,彰显特色。

一、回首往昔——汲取历史经验

中南大的前身是中原大学,成立于1948年,中南大的法学力量历经中南政法学院、湖北大学、湖北财经专科学校、湖北财经学院、中南政法学院等多个时期,最终于2000年与中南财经大学合并为今日的中南财经政法大学。70年来,中南大培育出大批法律人才和众多法学家,推动了中国法制建设的发展。

与此同时,我们也应从中南法学的发展中看到中国法学教育存在的一些问题,从中汲取一些历史经验。一方面,中国在继受外来西方法学的过程中,对传译为"法学"或"法律学"学科知识脉络的认知与理解,极容易被传统中国文化中的"法家""律学"的既有知识脉络所影响,甚至被功能性地对应用到法家、律学原有的位置;另一方面,长期以来中国虽已建立起西式的法学教育模式，但由于社会缺乏供养西方法学的营养与文化，无论是欧陆式还是英美式的法学教育模式，更多的是徒具形式外观而缺乏实质内容。虽然中南法学在改进法学教育方式上作出了一定的探索，但由于客观形势的原因，效果有限。在1964级本科的教学中，当时的主讲教师章若龙和喻特厚采用了启发式教学法，又称四段教学法，即先由老师作启发报告，再由学生自学课程内容，然后让学生分小组讨论，老师则深入各小组督导，共同讨论，最后由老师作出总结。这种教学法改变了过去对学生学习和阅读原著的指导，教师帮助学生分析问题，引导和鼓励学生大胆发言，这一教学法实现了师生互动、教学相长，对活跃思维、深化理解大有益处，在当时取得了相当的成效。由于“文化大革命”的影响，这一教学法没有进一步完善。近年来，在研究生的教学中，这一教学法的实质精神又受到重视，在课堂上以讨论的形式注重对学生思想的启发，取得了良好的效果。

针对中国对两大法系教育模式的交叉继受问题，前哈佛大学法学院院长庞德特别注意到了一个令他颇感奇怪的现象，即中国的立法者、法学家、法官、律师和法律教师所受到的不同方式的法律训练。他反复强调，“中国实在需要彻底统一的中国法律教育来讲述中国本位的法律，这是时候了”。

所以，虽然两大法系的许多方面在渐趋融合，但法学教育模式因为受历史、人事、制度和文化等因素的影响，并不因渐趋融合而全球趋同化。与此同时，需要指出的是，法学教育模式也并非由两大法系独享，他种法文化也会影响其法学教育模式的型塑与发展，只是在很长一段时间内，受这些法文化影响的地区由于政治和经济等方面的原因，并不存在近代意义上的法学教育。事实上，随着各国政治与经济状态的改善，法学教育终将冲开欧陆与英美两大法系的局限，逐渐在全球范围内产生需求,隐藏于两大法系之外的其他法文化,特别是中华法律文化,终将在构建自己法学教育模式的进程中显现其力量。

二、正视现实——定位问题所在

全面推进依法治国战略需要高素质的法治人才,创新法治人才培养机制势在必行。高校的法学教育及其法治人才培养机制在法治人才培养和全面推进依法治国的过程中,处于基础性、先导性地位。在司法这样一个高度专业化的领域,能否培养出合适的法治人才,法治人才能否担负起全面推进依法治国的历史使命,很大程度上依赖于高校法学教育及其培养基础。但是,我们目前的法学教育至少存在以下问题。

第一,追求数量忽视质量。目前,我国法学教育的现状是规模庞大但质量不高,培养方式粗放而不精致,法学专业师资、教育资源、配套制度等都难跟上。全国已经有600多所高校开办了法学专业教育,门槛太低,在校本科生人数5年前就已经超过35万人,就业情况不容乐观,就业率常年处于低水平。规模庞大意味着法治人才培养只能通过批量化、空泛化的方式进行,对每个个体的关注和针对性的培养不足,牺牲了人才的质量。由此所导致的结果是,一方面,我们面对着数量巨大的法学专业毕业生;另一方面,社会对优秀法治人才的需要往往无法得到满足。

第二,法律素养与现实需要不匹配。法律素养是法治工作队伍的核心素质,包括法治思维、专业知识和实务技能三项要素。高校法治人才培养的首要目标是培养运用法治思维分析问题,运用法学专业知识和技能解决问题的合格法治人才,而法学院当下的培养模式多为课堂上概念式的讲解分析、讲求应然分析,缺乏对学生法治思维的培养,缺乏对学生运用法律技能解决问题能力的训练。由此导致,学生毕业进入社会以后，面对复杂的社会现实、多变的政策与制度环境，往往缺乏应对现实问题的办法。

第三，法治人才的复合型程度不够。复合型人才不仅仅是多学科知识的复合，也是知识与文化素养以及行为品质的复合。法律教育第一应该是培养法律人独立的人格；第二是要有法律的信念；第三是要有一般人文素养和社会关怀；第四才是有法律专业知识。只有具备这些素质，才能够算是一个合格的法治人才。然而，如今的法学教育模式并不能满足这些要求。

中南大的法学教育或多或少也具有上述 3 点问题，为提高法学教育质量，培养更多的优质法学人才，中南大引入了新的、尊重多元的法学教育模式。

三、尊重多元——明确教育定位

只有明确法学教育定位，教育模式才具有实际意义，如不以职业教育为改革目标，则法学教育模式也难从根本上得以转向。而法律教育的宗旨则应该是以培养各层次（如高水平和一般能够满足相关需求即可的层次）、各种类（指学术和实务）法律人才为中心。这其中就涉及“专业教育”与“博雅教育”的关系问题。

“博雅教育”与“专业教育”并非矛盾对立关系。虽然在大学有限的学习时间里，它们可能出现冲突，但是换个角度思考，这是一种正常状态。分析这种状态应当从两个方面入手：一是学校是否向学生提供了足够丰富的课程学习资源，以实现“既专且博”的培养目标；二是学生在根据学习兴趣做选择时，有无必要的指导，否则容易导致“既不博也不专”。

必须坦率地承认，尽管近些年许多高校都在探索博雅教育的路径，但总体上还属于不成熟的阶段。一些带有实验色彩的学院或许在其他专业领域取得了一定的成效，但法学专业教育在这方面的成绩却乏善可陈。原因不外乎两个方面，第一，某些“博雅教育”，只是增加了一些课程，或者调配了一些师资而已，学生的选择项并未得到预期的增长；第二，与此相关的是学生是否有真正的选择能力。多样地选择、匹配多元的需求，以及在此间学会如何选择并培养出选择的能力，这些才是“博雅教育”的实质内容。

法学专业教育要求规范化和制度化，但“博雅教育”方面的课程都达到这一要求，还需要一定的过渡阶段。从培养方案的制定和课程建设的角度来说，有些“博雅教育”的探索尝试可能在一定时期内，还无法满足相对严格的要求。因为多元的知识供给和需求的满足，需要师生的互动沟通，有些常常是以“非正式学习”（informal learning）的方式进行的，如读书会；有些则需要突破传统课堂的评定考核方式，如学时和工作量的计算等。需要强调的是，这些如果仅靠师生的“非制度化交流”，往往是难以持久和见效的。因此，它必须得到来自学校的制度性激励和支持。通常，以相对灵活的项目形式予以激励并进行必要的考核，是目前最有效的方法。只有秉持这种“尊重多元”的态度，结合地方及学校现有的教育资源特点，兼顾师生教与学需求的博雅教育，才可能卓有成效。从这个意义上说，多元当中的主流往往是落地的、本土的。

四、彰显特色——引入新式教育

彰显特色，可以以诊所课程的本土化和特色建设为例。诊所教育的目的可以分为4类：技能培训、法律服务的提供、社会教育、专业责任感的培养。诊所教学移植到中国，因为受到办学投入、学习时长以及案件数量等多方面条件的制约，其收效受到诸多质疑。但是，以中南财经政法大学法律援助与保护中心（以下简称中南法援）为例，这些制约条件，大多可以设法克服。我校师生发起创立的中南法援，秉承“维护社会正义，力求司法公正”的宗旨，十余年来坚持为社会弱势群体提供高质量的无偿法律服务，正是坚守了“诚以修身、信以立业、仁以济世”的信念。

对于融教学、实践和服务三位一体的高校法律援助，中南法援的学生培养模式，与其他院校有所不同。中南法援从大一新生中招募志愿者预备队成员，定期开展读书会等活动；大二下学期时从中遴选出正式的志愿者，条件之一是曾经选修过一门法律诊所课。遴选出的志愿者会在法援中心工作一年，主要负责接待会见当事人，在法院、司法局及社区值班，代理出庭诉讼等工作。可以说，在这种培养模式中，法律诊所是为中南法援服务的，或者说中南法援和法律诊所是一种类似“前店后厂”的关系。

中南法援目前所开设的 6 门诊所课，主要是根据任课教师的专业，按部门法所作的相对粗略的划分。这些诊所课注重学生法律素养的培养和实务技能的提升，主要采用的是“模拟”诊所的教学方式。主要使用案例教学方法，也经常让中南法援的志愿者带着他们经手的案件到课堂上来讨论。同一个案件，可以根据部门法和侧重点，到不同的诊所课堂讨论。不同的诊所课堂，有时也会根据授课内容，通知中南法援志愿者到课堂旁听。而中南法援正式志愿者每周的案例讨论会，都会有指导老师或律师到场指导，主题根据受理的案件来定，这实际上更像是“真正”的诊所教学。简言之，就诊所课而言，相当于是二次诊所课——二年级“模拟”诊所 + 三年级“实战”诊所。

这种培养模式的形成，是中南法援 15 年来不断摸索的结果。对于目前的学生来说，在缺乏一定前期基础的情况下，仅通过一个学期的诊所课程，想要提升实务技能、完成法律援助，可能有些勉为其难。但是，中南法援的志愿者预备队会有 2 年的定期读书学习要求，除了在二年级至少选修一门诊所课程之外，他们还会参加在法院、司法局及社区的值班以及“3·15”“12·4”等例行普法活动。到了三年级遴选为正式志愿者时，他们已经具备了一定的法律素养，掌握了一些实务技能，对中南法援中心的工作能够更快上手，从而保证了法律援助的质量，也能很好地实现诊所教育的四项目的。

和诊所课程类似，对模拟法庭活动及模拟法庭竞赛的态度，也常常是褒贬不一。而过去我们的探索证明，这些舶来的法律教育方法，经过合理的改造，是可以在中国的法学院校找到合理的定位，是能够与现有的培养模式相契合的。

传统的法学教育模式面临着一些不可回避的困境，需要不断探索如何改进法学教育，以培养更为优秀的法律人才。中南大法学不仅是昔日中国法学教育的奠基人之一，更是今日中国新式法学教育的拓荒者。

（本节参考了杨灿明《关于中国法学教育改革的省思》）

第二节　法学理论专业退休老教授访谈[①]

为了更好地整理和厘清法学理论专业在中南财经政法大学的建立、成长脉络，收集和珍藏宝贵的历史材料，2010 年 5 月 11 日，池海平老师、陈柏峰老师及法理专业 09 级研究生王丽惠采访了法理专业的老前辈王亚谨教授、喻特厚教授和李积桓教授（按采访时间先后顺序排列）。3 位前辈见证了中南大法理的建立、成长的进程，亦见证了中南大法理专业的磨难与辉煌。在这段历史拾遗的采访中，我们

① 采访整理人陈柏峰、王丽惠。

收获颇丰，不仅记录了的访谈资料，还接受了王老师赠与的大量具有巨大的史料价值和收藏价值的书籍，这些是我们应予珍藏的宝贵材料。

一、光荣与梦想——访王亚谨老师

王亚谨老师出生于江苏省江阴市，她有着迥异于常人的不平凡经历，这些经历承载着王老师的光荣与梦想，也记录了其波折的人生轨迹。1951 年王亚谨老师以优异的成绩考入北京大学法律系，两年后公派出国，赴莫斯科大学法律系进修；在留苏的 5 年中，王老师收获的不仅仅是专业知识的进步与增长，还掌握了一口流利的俄语。1958 年王老师被分配到位于西安的西北政法大学，从事法学教育和研究工作，1960 年被调入当时的湖北大学。

王老师参与并见证了中南大法理的成长与发展历程。法理学学科奠基于中原大学时期，在章若龙、李积桓、喻特厚、王亚谨、乔克裕等法理学人的带领下，经过数 10 年的建设与发展，该学科在全国同类院校中获得了较突出的地位，已经形成了自己的优势与特色。中南财经政法大学的前身中原大学是在中国人民奋斗求解放即将取得伟大胜利的特殊历史时期，由中国共产党人所创建的一所特殊的革命大学，成立于 1948 年。20 世纪 50 年代，在当时一边倒的政治形势下，中国的高等教育也从原来的学习英美模式转变为苏联模式，即综合性大学转变成专业性大学，变通才教育为专才教育。在 1952 年至 1953 年的院系调整中，根据高等教育部提出的政法院系“适当合并集中”的原则，一批专门的政法学院相继成立，中南政法学院的筹建工作就是在这样的时代背景下被提上了议事日程。1953 年，中原大学被撤销，以原中原大学政法学院为基础，将中山大学、广西大学、湖南大学的法学院并入，成立中南政法学院。法理学也在学校和学科的分分合合中孕育、成长，新成立的中南政法学院在教学业务上，设有政治教研室和法律教研室，在创建初期，法律教研室下设国家与法的理论教学小组，采用的是理论和历史合二为一的教研设置，由章若龙教授任组长。那时法理学作为一门独立学科的地位还未彰显，但已有了萌芽，当时也开设了法理学的课程《国家与法的理论》。1954年秋，在专业化、正规化办学方针的指导下，通过全国统一考试，学校招收了第一批法律专业本科生，法理学也成为法科学生重要的专业课程。1954年5月，学院调整充实了教学行政机构，成立了马列主义关于国家与法的理论教研室，由尤复三任主任，章若龙任秘书。1955～1958年，该课程名称先后变更为“马克思列宁主义关于国家与法权教程”“国家与法的理论”，采用的教材均为编译的苏联教材，即杰尼索夫的《国家与法的理论》，卡列娃的《国家与法权理论》《人民民主专政与人民民主法制》等。

1958年9月27日，湖北省决定将中南财经学院、中南政法学院、中南政法干部学校、武汉大学法律系合并成立省属综合大学——湖北大学，这个时期我校法学院的实力和师资是非常强大的，王亚谨老师就是在这个时期调入我校法学院从事法学理论教学和研究工作的。1958～1964年，学校院系几经撤并分合，但是“国家与法的理论”始终是学校的基础性的理论课程，王亚谨老师成为这门课程的主讲教师之一。20世纪60年代以后，在当时十分强调阶级斗争的政治背景下，法理学也侧重于无产阶级专政的理论。由于当时中苏关系的恶化，以及学科自身发展所需，该学科开始采用了学校自编教材——《国家与法的理论讲义》进行授课。该教材经多次重编，凸显出一个重要特点，即在一定程度上克服了当时同类教材中存在的国家的理论过多而法的理论过少的普遍倾向，使法的理论占据了教材内容的1/3，这种努力在当时的政治环境下，无疑是令人钦佩的。

“文化大革命”对中国的高等教育、对中南财经政法大学的前身湖北大学、湖北财经专科学校，都是一段坎坷、艰难而压抑的岁月。这段时期，全国的整体形势和政治环境，接连不断的政治运动和风波，“左”倾思潮的发展和泛滥，使高等教育事业始终处于一种动荡的状态中，始终没能获得顺利的、长足的发展，政治运动对国家各项事业的破坏愈演愈烈，文化教育事业首当其冲，高等教育尤其是人文社会科学遭受了重大的打击。法理学成为动荡中的重灾区，其教学和研究活动也受到了冲击，遭到了破坏，甚至一度停滞和被取消。1964年，湖北大学被列为全省高等学校“四清运动”的试点单位。同年9月，省委派出由各高校校长、书记等组成的120余人的庞大工作队进驻学校，采取大鸣、大放、大字报、大辩论、大搞群众运动等方式，揭查学校的问题，学校各级党政干部靠边接受审查。由于在揭查问题的过程中，把多种性质的问题简单归结为阶级斗争或者是阶级斗争在党内的反映，致使不少干部遭到错误的处理和打击。学校停止招生，函授教育也停止教学活动。翻来覆去的运动，使学校没有一个能安静的、能摆下一张书桌的角落，没有一个能置身事外、不受冲击的人。所谓的“斗批改”成为学校和教育受到打击的代名词，一批又一批的学校以各种名目被撤销。1969年下半年，包括王亚谨老师在内的全校师生迁往湖北荆门漳河大水库接受“斗批改”，按照军事化办法继续搞“文化大革命”，批判资产阶级学术和代表人物，清理阶级队伍。“教育”离教育越来越远。1970年10月，湖北大学由荆门漳河驻地撤回武汉原址，进入整编阶段，整编的结果是学校撤销，将全校教职工按以下几个去向进行遣散：(1)调往其他学校、其他单位或原籍工作的占40%；(2)到京山农村插队落户和到沙洋“五七”干校劳动，约占30%；(3)少数人暂时在校留守，约占30%。王亚谨老师此时被分配到武汉工学院的汽车连专业做指导员，由于王老师在留苏期间习得流利的外语，她也主动承担了工学院的外语教学工作。

在"文化大革命"的严重冲击下，经济战线的各个部门以及广大企业，管理极其混乱，管理人员奇缺。各部门纷纷要求培养训练干部，1971 年 8 月，在全国教育工作会议上，一些党和国家的领导人顶住压力，在《纪要》附录中作了"湖北大学撤销政法部分、保留财经部分"的说明。1971 年 12 月，湖北大学撤销政法专业，保留财经专业，改为湖北财经专科学校。当时，全国原有的 18 所财经院校，16 所已经被撤销，仅有"一所半"（辽宁财经学院、湖北财经专科学校）得以幸存，湖北财经专科学校就是其中的"半所"。1972 年 1 月，湖北财经专科学校正式成立，由于法学学科被批判和孤立，学校法律系仍处于被撤销状态，自然地法理学教学也就无从谈起。在 1970 ~ 1972 年湖北大学留守处时期的法律组和 1972 ~ 1976 年的湖北财经专科学校时期政治系下设的法律教研组中，法律教研室已不复存在，但仍保留了该学科的部分教师。王亚谨老师被调回湖北财经专科学校，在外语教学小组从事外语教学工作。在数次的动荡、混乱的撤并分合中，王亚谨老师不断地被调迁，她在不安定的环境中艰难地生活着。虽然法律系在文化高压下被废弃了，但是学校仍努力保存了政治、法律专业教师力量，逐步恢复法律专业的招生和教学。

随着 1977 年国家高考制度的恢复，学校更名为湖北财经学院，设立了法律系，招收了"文化大革命"后的第一批学生，学校各项事业在"拨乱反正"中逐步步入正轨，该学科也随之复兴，法律系下设有国家与法的理论和历史教研室（组），法理学课程重返讲堂。在湖北财经学院时期，章若龙、丁焕春先后任教研室主任，法理学学科建设获得长足发展。1979 年，该学科在全国最早招收法学理论硕士研究生；1981 年，经国务院学位委员会批准，该学科首批取得硕士学位授予权，并被学校列为重点学科。"文化大革命"期间教材遭致毁弃，面临着百废待举的局面，有实力的学校或自主编写教材，或与其他院校合作编写教材，并加强交流。1979级法理学课程采用了中南政法学院与西南政法学院的合编教材《国家与法的理论》，王亚谨作为主讲人之一与喻特厚老师、李积桓老师共同担任主讲。自1981级开始，课程名称变更为《法学基础理论》，课程的体系结构和内容也有了重大变化。这标志着该课程开始摆脱强烈的政治学色彩，逐渐回归到法学理论本身，成为真正的法学的基础理论课。尽管用今天的标准来衡量，该课程从体例到内容尚嫌幼稚，且未完全消除苏式教材的影响，但作为当时的改进仍属难能可贵，它为随后的进一步变革奠定了坚实的基础。

法理学专业老师们更加珍惜平静安宁的环境，重新踏上光荣与梦想的征程，王亚谨老师也结束了波折的生活，将精力投入教学科研中来。王亚谨老师积极参与全国或地方性的学术交流活动，王亚谨教授于1988年9月～1989年4月以访问学者身份，赴苏联莫斯科大学、列宁格勒大学进行学术交流。此外，王老师还著书立说，与李积桓共同主编《国家与法的理论》（西南政法学院出版社1979年版）、《法学概论》（山东人民出版社1986年版），参与编著《法学基础理论》（中国政法大学出版社1990年版）、《新编法理学》（华中师范大学出版社1990年版）；其中，与喻特厚老师共同主编的《新编法学词典》，获全国最佳畅销书奖。

王亚谨老师的一生，见证了中南大法理专业的荣辱兴衰，为中南大法理专业的成长、发展与重建新生所做出的贡献画上浓墨重彩的一笔。中南大法理专业承载着王亚谨老师的光荣与梦想，王亚谨老师也为中南法理的光荣与梦想做出了自己的贡献。

二、桃李遍天涯，莫道桑榆晚——访喻特厚老师

喻特厚老师出生于1930年。1955年，已经在湖南岳阳担任副区

长的喻老师毅然放弃了公职，来到中南政法学院求学，喻老师孜孜不倦的工作作风，勤奋扎实的治学态度，以及良好的能力给学院留下了深刻的印象，在学业完成后，喻特厚老师受到学院的挽留，走上了一条教书育人、著书立说之路，并于1958年发表了第一篇法理论文。喻教授曾任全国高等教育自学考试《法学概论》命题组组长，湖北省政协委员，武汉市政协法制委员会委员，中南政法学院成人教育处处长，先后被评为中南政法学院优秀管理工作者、优秀教师。

法理学学科奠基于中原大学时期，在章若龙、李积桓、喻特厚、乔克裕、王亚谨等几代法理学人的带领下，经过50年的建设与发展，该学科在全国同类院校中取得了较突出的地位，已经形成了自己的优势与特色。喻老师为中南大法理专业的成长与发展所做出的贡献功不可没。1955～1958年，法学理论课程名称先后变更为“马克思列宁主义关于国家与法权教程”“国家与法的理论”，采用的教材均为编译的苏联教材，即杰尼索夫的《国家与法的理论》，卡列娃的《国家与法权理论》《人民民主专政与人民民主法制》等。1958年9月27日，湖北省决定将中南财经学院、中南政法学院、中南政法干部学校、武汉大学法律系合并成立省属综合大学，即湖北大学，这个时期我校法学院的实力和师资是非常强大的，喻特厚老师此时也为法学理论研究和教育尽己之力。1958～1964年，学校院系几经撤并分合，但“国家与法的理论”始终是学校的基础性的理论课程。

在1964级本科的教学中，当时的主讲教师章若龙和喻特厚采用了启发式教学法，又称四段教学法。这一教学法改变了教师过去对学生学习和阅读原著的指导，帮助学生分析问题，引导和鼓励学生大胆发言，这一教学法实现了师生互动，教学相长，对于活跃思维、深化理解大有益处，在当时取得了相当的成效。由于“文化大革命”的影响，这一教学法没有进一步完善。近年来，在研究生的教学中，这一教学法的实质精神又受到重视，在课堂上以讨论的形式注重对学生思想的启发，取得了良好的效果。

在“文化大革命”时期，喻特厚老师和其他学校干部教师一起，被下放到沙洋的“五七”干校劳动，负责事务长工作。在这样艰苦、动荡和危险的环境下，喻特厚老师仍继续坚持理论研究工作，和他的64级学生共同编著了《毛泽东论人民民主专政》，并在学校内发行和流传，受到广泛好评。

1971年12月，湖北大学撤销政法专业，保留财经专业，并改为湖北财经专科学校。1972年1月湖北财经专科学校正式成立，此时，下放到京山、沙洋等地插队落户劳动的干部教师基本都调回学校。1972年湖北财专建校时，湖北省歌舞团、湖北日报社等几家单位占用了学校大部分学生宿舍和教学楼，为了恢复学校的教学办公场所，喻特厚等老师不辞劳苦，与几家单位交涉，要回学校场所，为学校的教学工作奠定了物质基础。由于法学学科被批判和孤立，学校法律系仍处于被撤销状态，法理学教学也就无从谈起。在1970～1972年湖北大学留守处时期的法律组和1972～1976年的湖北财经专科学校时期政治系下设的法律教研组中，法律教研室已不复存在，但仍努力保存了政治、法律专业教师力量，并通过举办短训班、进修班等方式逐步恢复法律专业的招生和教学。喻特厚老师这个时候，也被学校安排从事法律的教学工作。

随着1977年国家高考制度的恢复，学校更名为湖北财经学院，设立了法律系，招收了“文化大革命”后第一批学生，学校各项事业在“拨乱反正”中逐步步入正轨，该学科也随之复兴，法律系下设有国家与法的理论和历史教研室(组)，法理学课程重返讲堂。1979年，该学科在全国最早招收法学理论硕士研究生；1981年，经国务院学位委员会批准，该学科首批取得硕士学位授予权，并被学校列为重点学

法律系79级毕业合影

科。“文革”期间教材遭致毁弃，面临着百废待举的局面，有实力的学校或自主编写教材，或与其他院校合作编写教材，并加强交流。1979级采用了中南政法学院与西南政法学院的合编教材《国家与法的理论》，喻特厚老师作为主讲人之一与李积桓老师、王亚谨老师共同担任主讲。1982年，喻老师开始为研究生授课，在教学研究中着力于提高法学理论专业的深度和质量，为法学理论向深层次的理论化、专业化做出了贡献。

10年动荡之后，遭到破坏的学术界百废待兴、百业待举。老师们也迎来了一个稳定发展的时期，将他们压抑已久的追求科研教学的激情得以释放到工作中来，将被时代荒废和耽误的时光弥补回来。喻特厚老师更是不知疲倦地教书育人与著书立说。喻老师编写了大量的教材，包括与李积桓等老师合编的《国家与革命浅说》（湖北人民出版社1979年版）、《法学基础理论》（中国政法大学出版社1990年版）等，负责主编的《法学自学指南》（湖北人民出版社1986年版）、《法学基础理论简明教程》（山东人民出版社1986年版）、《新编经济法学》(中国地质大学出版社 1989 年版)、《公民的权利义务》(中国政法大学出版社 1992 年版)。喻特厚老师还出版了一部专著《基础法学》(武汉大学出版社 1986 年版),他与王亚谨老师合编的《新编法学词典》,获全国最佳畅销书奖。喻特厚老师的研究可谓是硕果累累。

喻特厚老师还积极组织参与法学理论的对外交流活动,在法理研究方面取得了杰出成就,也为我校法理的"走出去"与发展扩大做出了巨大贡献。1988 ~ 1992 年,喻特厚老师担任中南政法学院成人教育处处长。喻老师在任的几年,是成教处发展很快、战果辉煌的几年;成教处由 6 个教学点迅速发展到 20 个点,将只有函授班的成教处发展到包含自学考试、短训班、司法部检察官培训班等多个教学培训点。其中,司法部检察官培训班接纳的学员是来自全国各地的。喻特厚老师负责的成教处在短短几年内,向全国输送了大量的法律人才,为我国社会主义法制的建设做出了功不可没的贡献。喻特厚老师在担任成教处处长期间,仍不忘自己的研究专业,仍为法理的发展和推广尽心尽力,在他的努力下,成教处成立了法理教研室,由其亲自担任主任。鉴于喻老师在法理教学方面的成就,1991 ~ 1996 年,他被全国高等教育自学考试委员会任命为《法学概论》命题组组长,该命题组由来自全国知名高校,如吉林大学、中国人民大学等校的老师组成。喻老师领导命题的试卷,受到各地考委的一致好评,其试卷难易程度适中、试题内容和质量令人满意。

几十年来,喻特厚老师的学生早已桃李满天下,很多已成为国家政法战线上的中流砥柱。从进入中南政法学院的那一刻起,喻老师就将其毕生的精力献给了中南的法学建设,尤其是法理学建设。他兢兢业业、努力一生,对中南法学特别是法理学的成长发展做出了功勋卓著的贡献。

法律系 77 级毕业留影

三、独上高楼，望尽天涯路——访李积桓老师

李积桓老师 1929 年 10 月出生于广西容县，1950 年考入广西大学法律系学习，1953 年随全国院系调整转入中南政法学院学习，从此与中南的法学结下了不解之缘。李积桓老师 1954 年大学本科毕业。先后任教于中南政法学院、湖北大学、湖北财经学院、(重建)中南政法学院。曾任原中南政法学院法理及法史教研室主任，法理学硕士生导师组副组长，中国法学会法理研究会理事，湖北省法理法史研究会副理事长。

李积桓老师是中南法理学科的重要建设者，正是李老师几十年如一日的付出，以及对法理事业和真理的执著追求，才有中南法理的发展与繁荣辉煌。法理学学科奠基于中原大学时期，在章若龙、李积桓、喻特厚、乔克裕、王亚谨等法理学人的带领下，经过 50 年的建设与发展，该学科在全国同类院校中取得了较突出的地位，已经形成了自己的优势与特色。中南财经政法大学的前身中原大学是在中国人民奋斗求解放即将取得伟大胜利的特殊历史时期，由中国共产党人所创建的一所特殊的革命大学，成立于1948年。20世纪50年代，在当时一边倒的政治形势下，中国的高等教育也从原来学习英美模式转变为苏联模式，即综合性大学转变成专业性大学，变通才教育为专才教育。1952年至1953年的院系调整中，根据高等教育部提出的政法院系“适当合并集中”的原则，一批专门的政法学院相继成立，中南政法学院的筹建工作就是在这样的时代背景下被提上议事日程。1953年，中原大学被撤销，以原中原大学政法学院为基础，将中山大学、广西大学、湖南大学的法学院并入，李积桓老师也随广西大学法律系的并入而成为中南政法学院的一分子。当时李老师已在广西大学求学3年，来到中南政法学院后，学习了1年即留校并将毕生事业奉献给了中南政法学院。成立中南政法学院，法理学在学校和学科的分分合合中孕育、成长，新成立的中南政法学院在教学业务上，设有政治教研室和法律教研室，在创建初期，法律教研室下设国家与法的理论和历史教学小组，采用的是理论和历史合二为一的教研设置，由章若龙教授任组长。法理学作为一门独立学科的地位还未彰显，但已有了萌芽，当时也开设了法理学的课程《国家与法的理论》。为了给本科教学积累经验，当时招收了一批专科生，开设法学基础理论课程，1954年秋，在专业化、正规化办学方针的指导下，通过全国统一考试，学校招收了第一批法律专业本科生，法理学也成为法科学生的重要的专业课程，本科生的法理课程与专科生略有不同，本科生主要是学习经典原著。1954年5月，学院调整充实了教学行政机构，成立了马列主义关于国家与法的理论和历史教研室，由尤复三任主任，章若龙任秘书。1955～1958年间，该课程名称先后变更为“马克思列宁主义关于国家与法权教程”，“国家与法的理论”，采用的教材均为编译的苏联教材，即杰尼索夫的《国家与法的理论》，卡列娃的《国家与法权理论》《人民民主专政与人民民主法制》等。

1958 年 9 月 27 日，湖北省决定将中南财经学院、中南政法学院、中南政法干部学校、武汉大学法律系合并成立省属综合大学，即湖北大学，这个时期我校法学院的实力和师资是非常强大的，法学院本科招生规模也超越从前，一班达到 60 人。1958 ~ 1964 年，学校院系几经撤并分合，但是“国家与法的理论”始终是学校的基础性的理论课程，李积桓老师成为这门课程的主讲教师之一。20 世纪 60 年代以后，在当时十分强调阶级斗争的政治背景下，法理学也侧重于无产阶级专政的理论。由于当时中苏关系的恶化，以及学科自身发展所需，该学科开始采用了学校自编教材——《国家与法的理论讲义》进行授课。该教材经多次重编，凸显出一个重要特点，即在一定程度上克服了当时同类教材中存在的国家的理论过多而法的理论过少的普遍倾向，使法的理论占据了教材内容的 1/3，这种努力在当时的政治环境下，无疑是令人钦佩的。

“文化大革命”对中国的高等教育、对于中南财经政法大学的前身湖北大学、湖北财经专科学校，都是一段坎坷、艰难而压抑的岁月。这段时期，全国的整体形势和政治环境，接连不断的政治运动和风波，“左”倾错误思潮的发展和泛滥，使高等教育事业始终处于一种动荡的状态中，始终没能获得顺利的、长足的发展，政治运动对国家各项事业的破坏愈演愈烈，文化教育事业首当其冲，高等教育尤其是人文社会科学遭受了极大的打击。法理学也成为动荡中的重灾区，其教学和研究活动也受到了冲击和破坏，甚至一度停滞和被取消。1964 年，湖北大学被列为全省高等学校“四清运动”的试点单位。9 月，省委派出由各高校校长、书记等组成的 120 余人的庞大工作队进驻学校，采取大鸣、大放、大字报、大辩论、大搞群众运动等方式，揭查学校的问题，学校各级党政干部靠边接受审查。但由于在揭查问题的过程中，把多种性质的问题简单归结为阶级斗争或者是阶级斗争在党内的反映，致使不少干部遭到错误的处理和打击。学校停止招生，函授教育也停止教学活动。翻来覆去的运动，使学校没有一个能安静的摆下一张书桌的角落，没有一个能置身室外、不受冲击的人。林彪、“四人帮”推行反动的文化专制主义，把文科、社会科学诬为“封资修的大染缸”“十七年黑线专政”，要“彻底砸烂”。所谓“斗、批、改”成为学校和师生打击迫害的代名词，一批又一批的学校以各种名目被撤销。1969 年下半年，李积桓老师和学校师生一同迁往湖北荆门漳河大水库“斗、批、改”，按照军事化办法继续搞“文化大革命”，批判资产阶级学术和代表人物，清理阶级队伍。“教育”离教育越来越远。1970 年 10 月，湖北大学由荆门漳河驻地撤回武汉原址，进入整编阶段，整编的结果是学校撤销，将全校教职工按以下几个去向遣散：(1) 调往其他学校、其他单位或原籍工作的占 40%。(2) 到京山农村插队落户和到沙洋“五七”干校劳动，约占 30%。(3) 少数人暂时在校留守，约占 30%。李积桓老师被安排留校，在学校商经系做秘书，主要是看守和保存法律系的财产和文献资料，为以后法律系的恢复重生、焕发新生做出了重要的贡献。此时，留守在校的法律教研室只有不到 10 位老师，正是包括李老师在内的 10 位老师的坚守，使中南法律教研室成为全国三所未被撤销的法律教研室之一，与北京大学、吉林大学法律教研室一起傲然挺立，成为十一届三中全会后法理学科复兴之本。

在“文化大革命”的严重冲击下，经济战线的各个部门以及广大企业，管理极其混乱，管理人员奇缺，到了无法继续下去的地步。各部门纷纷要求培养训练干部，1971 年 8 月，在全国教育工作会议上，一些党和国家的领导人顶住压力，在《纪要》附录中作了“湖北大学撤销政法部分、保留财经部分”的说明。1971 年 12 月，湖北大学撤销政法专业，保留财经专业，改为湖北财经专科学校。当时，全国原有18所财经院校，16所已经被撤销，仅有“一所半”（辽宁财经学院、湖北财经专科学校）得以幸存，湖北财经专科学校就是其中的“半所”。1972年1月，湖北财经专科学校正式成立，由于法学学科被批判和孤立，学校法律系仍处被撤销状态，法理学教学也就无从谈起。在1970～1972年湖北大学留守处时期的法律组和1972～1976年的湖北财经专科学校时期政治系下设的法律教研组中，法律教研室已不复存在，但仍保留了该学科的部分教师。学校仍努力保存了政治、法律专业教师力量，1973年成立了法学教学小组，逐步恢复法律专业的招生和教学。

20世纪70年代的“文化大革命”时期，虽然法学的教育处于一个十分艰难和苦难的时期，但李积桓老师和其他老师还是披荆斩棘，克服万难，坚持法学研究和探索法学教学，其教授的主要课程是国家与革命理论。由于当时没有教材，老师们只能研究和讲授经典原著，并改革和创新了教学方法，培育了一批研读经典、理论功底深厚的学生。李积桓老师当时担任着重要的讲学和研究任务，为法学教育默默地付出，辛勤耕耘。正是老师们的努力和积累，才有了日后中南法学理论的厚积薄发、快速的恢复和迅速的发展壮大。

随着1977年国家高考制度的恢复，学校更名为湖北财经学院，设立了法律系，招收了“文化大革命”后第一批学生，学校各项事业在“拨乱反正”中逐步步入正轨，该学科也随之复兴，法律系下设有国家与法的理论和历史教研室（组），法理学课程重返讲堂。在湖北财经学院时期，章若龙、丁焕春先后任教研室主任，法理学学科建设获得长足发展。1979年，该学科在全国最早招收法学理论硕士研究生，由李积桓老师做其中两名研究生的责任导师。1981年，经国务院学位委员会批准，该学科首批取得硕士学位授予权，并被学校列为重点学科，自 1983 年，李积桓老师开始正式系统地为硕士研究生授课讲学。“文化大革命”期间教材遭致毁弃，面临着百废待举的局面，有实力的学校或自主编写教材，或与其他院校合作编写教材，并加强交流。1979 级学生采用了中南政法学院与西南政法学院的合编教材《国家与法的理论》，李积桓老师作为主讲人之一与其他两位老师喻特厚老师、王亚谨老师共同担任主讲。自 1981 年开始，课程名称变更为《法学基础理论》，课程的体系结构和内容也有了重大变化。这标志着该课程开始摆脱强烈的政治学色彩，逐渐回归到法学理论本身，成为真正的法学的基础理论课。尽管用今天的标准来衡量，该课程从体例到内容，尚嫌幼稚，且未完全消除苏式教材的影响，但当时的改进仍属难能可贵，它为随后的进一步变革奠定了坚实的基础。

朱剑明副部长、田英副省长授予重建中南政法学院校牌

1984 年，中南政法学院恢复，同年年底，李积桓老师被任命为中南政法学院法理教研室主任并于 1985 年正式上任。1987 年按照理论和历史合二为一而设置的教研室发展至鼎盛时期，教师人数

达到33人，其中有章若龙、游绍尹、张梦梅3位教授，李积桓、喻特厚、王亚谨、吴传太4位副教授，还有讲师、助教26人。这个师资阵容在当时全校各学科中是最强大的，学术影响力也位居全国前列。1987年，李积桓老师担任硕士研究生导师组副组长，负责研究生工作。

除了科研教学以外，李积桓老师还积极参加学术交流活动，为中南大法理学"走出去"，对外合作和传播尽己之力。1982年，李老师代表中南大法理专业参加在上海举办的全国法理学年会；还受邀参加庐山、广州的法理学专题交流会议，并同乔克裕一起参与了国家"八五"重点项目"中华法学大辞典"工程。此外，李积桓老师还著书立说，包括专著：《国家与法的理论》（湖北大学出版社1960年版），《国家与法的通史》（湖北大学出版社1962年版）；与喻特厚老师合著《国家与革命浅说》（湖北人民出版社1979年版），与王亚谨老师合编《国家与法的理论》（西南政法学院出版社1979年版）、《法学概论》（山东人民出版社1986年版），《法学理论论文集》（群众出版社1984年版）；《法学基础理论》（李积桓、喻特厚主编，乔克裕、王亚谨副主编，中国政法大学出版社1990年版），《新编法理学》（章若龙、李积桓主编，乔克裕、王亚谨副主编，华中师范大学出版社1990年版）。李积桓老师的科研工作得到了学术界的肯定，他与章若龙主编的《新编法理学》获1989～1990年度中南政法学院优秀科研成果二等奖，他独著的《略论社会主义法律体系的几个问题》，获1984～1988年度中南政法学院优秀科研成果三等奖，《权利本位说质疑》获1991～1992年度中南政法学院优秀科研成果三等奖。

李积桓老师为中南法学理论的建设和发展贡献了自己的青春，他孜孜不倦、勤勤恳恳，并取得了硕果累累的成绩。中南大法学理论取得今日的辉煌与成绩与李积桓老师在20世纪70年代艰难时期的守候和坚持，与李老师默默无闻、无怨无悔地为法理教学和科研的付出是分不开的。

（陈柏峰、王丽惠采访整理）

第三节　严谨治学繁荣民商新纪元
力促改革奏响实践主旋律

罗玉珍教授认为，几十年来，我国的民商法学的研究发生了质的飞跃。我们国家的民商法的飞跃发展与我们国家的改革开放，由计划经济转变为商品经济有直接的关系，向商品经济的转变必然要有民商法来指引国家渐渐转变为法治的国家，这其中很重要的就是构建法治社会。所以，法治社会要促进经济的发展，民商法是首当其冲，要有重要的法规来保证市场经济的发展。这么多年来国家的繁荣，跟我们国家法学界尤其是民商法的发展是密不可分的。

我们学校的前身是中南政法学院，那个时代，除北京政法学院比我们师资力量要强一些以外，我们学校的民法师资力量在五大政法学院中是排在第二位，第三是西南政法学院，第四是上海华东政法学院，第五是西北政法学院。我上大学的时候是读的武汉大学法学院，我分配到中南政法学院以后就是去的民法教研室，当时我们中南政法学院的民法教研室也很不错，有几个教授在解放前毕业于西南联合大学和上海大学，因为学校合并来到了中南政法学院，当时我们学院的老中青各个年龄段都有学术水平强的教授，所以，学院的师资实力是非常强的。

在当时的情况下，还有另一个特点就是刑法教研室是很受重视。当时的宪法、诉讼法这些学科在我们的学校里面还不是很强，在学校要留校的或者是要搞专业研究的首先就是刑法，刑法教研室的实力是最强的。这在20世纪五六十年代、“文化大革命”以前，在全国的几所政法院校包括综合性大学，比如武大、北大、清华这些学校的法学院中，刑法教研室都是这样的，民法教研室相对来说是差一点的。但是，20世纪五六十年代的中南政法学院的民法教研室力量还是很强的，民法教研室的主任是在中国的法学界还是很有名望的老教授，很重视我们法学院的民法教学的质量，所以，我们到了民法教研室之后，他就叫我们每年都要到法院去听一听，看一看，民事纠纷有多少，里面都有什么问题，而且他在开教研室会议的时候还给我们一再强调这方面的事情。当时50年代要进行经济建设，中央提到国家经济发展必须要有法律，有法律就必须有民法，由于实行的是商品经济而是计划经济，还没有民商法的提法，只是提到有民事法律来支撑经济建设的发展，但这一点对我们民法教研室来说，大家还是信心很足，研讨的精神还是很强，经常在一起讨论一些问题，在50年代的法学界还算是可以的。为什么只能说是可以呢？毕竟没法和刑法比，当时法院、检察院要镇压反革命，刑法相对受重视。

在我的记忆中，我来到民法教研室之后，学术气氛很浓，年轻教师在一批享有很高声望的老教授的指导下从事民商法教学。老师们经常去法院旁听一些案件的审理，在讲课的时候结合具体案例分析问题，并不是从书本到书本，从概念到概念，这样学生听起来也很有兴趣，很受他们的欢迎。

改革开放以后，学校的发展跟国家的经济建设（由计划经济转变为商品经济）很有关系，与强调国家要建设成为法治国家、法治社会很有关系。我国现在建设法治国家的情况，从国际评价来看，还不尽如人意。但是，我们国家从中央到地方，是要把我国完完全全建设成为一个法治国家。那么在法治国家、在商品经济社会中，民商法的地位就是重要的。所以,民商法的发展,应该是 20 世纪 70 年代末 80 年代初才发展起来的,原来的民法教研室改为民商法教研室。后来随着形势的发展,我国改革开放的深入,吴汉东校长看到了商法的重要性,率先在全国研究知识产权法。知识产权法和民商法是一致的,是民商法中很重要的一部分。20 世纪 80 年代初期,国家的商品经济逐渐发展起来,法学的繁荣也就是从那个时候开始了。

中国人民大学的佟柔教授是民商法学界的元老,非常敬业,为民商法的发展做了很大贡献。国家的繁荣发展就要靠这一批人,把法治国家真正完完全全建设好,把我们商品经济社会的法律法规规则顺利进行下去,就靠这批人了。

学院要联系社会需要,在法学院新设立新的专业。作为法学院,作为高校的法律专业来说,必须要紧密联系实际,不然我们培养出来的学生会没人要。现在是法治社会,各行各业都需要法律人才,法律人才要在学校学习了有关的专业才行,没有学到以后怎么为社会的其他专业服务呢,所以这一点是我们国家包括教育部、基层学校都应当调查研究、考虑和改革的一个问题。我们要用改革的精神来改变高等院校法学院校专业设置课程改革。

中南政法学院的民商法研究生现在学习的课程包括民法总论、物权法、合同法、知识产权法、侵权法、人格权法、商法总论等,但是商法学的很浅,现在国家现在非常重视私营企业的发展,制定了法律和优惠政策保护私营企业像公司法、保险法等。如在保险行业有很多涉及法律的问题都是空白,学校只有到保险公司调查了解,联系一些企业、行业协会后,看看都涉及哪些法律问题,然后给学生讲有关这方面的现实情况和法律的制定。我觉得在我们现在的法学院应该密切和实际部门联系。例如,公司法方面,你们就可以联系到公司去,去看看公司运营是怎么一回事,这样对你们学习书本知识都是很重要的,就不要再死记死背那些条文。现在有很多企业家协会、企业法研讨会等,这些你们都应该去听一听。在学校不应该关门读书,社会是开放的,改革开放是在进行中的,这些年我们国家的发展是日新月异的。

我们国家原来在国际上的地位很低,是被别人瞧不起的,被称为“东亚病夫”。改革开放以后,中国在国际上的地位那是提高了很多很多,但我们有向上发展的空间,国家发展靠什么?就要靠年轻人的智力,靠人才。你不是人才,那这个国家的发展就会不那么顺利,不那么快。现在我们这一二十年来,确实我们作为中国人非常自豪,但是不管怎么发展,我们法律是首当其冲重要的,对于国家的经济发展,社会的繁荣,起到了重要的作用。所以,现在从中南财经政法大学的法学院,我们这个法学来看,应该说,在全国的法学界里面可以算得上是数一数二的。

罗玉珍教授认为,法学教育要理论联系实际,这是非常重要的一个方面。法学的教育要改革,这个改革不光是到法院去实习,包括如果你将来工作到法院的话,你也要知道这些知识(公司法等),你才能正确判案,你要没有这方面的知识,做个一问三不知的法官,怎么行?我们法学界的发展、改革,现在还是处在理论脱离实际的状态,改革的步伐还不大,需要大力的改革,我们法学界的前途是要大力的改革。

罗玉珍教授认为,法学教育的整体改革,就是要到实践部门去调查,看社会需要什么样的法律,依法治国、法治建设是要根据社会需要提出来的要到社会上去,到企业家协会、公司去了解,它们和商品经济有着密切的关联,现实生活里的很多事情可以用你所学到的书本知识,哪些是现在社会需要的,哪些是有问题的,推动法学今后的改革。

罗玉珍教授认为，作为法律专业今后预备的人才，要德才兼备，把自身的品德修养放在首位，做人要以德为先，把自己法律的知识充实好，注意自己的道德修养，做一个德才兼备的人。

第四节 整合学术资源 打造中南智库 努力为国家与地方经济社会发展做出一流贡献

智库建设是提升高校科研战略水平的重要载体。近年来，为充分发挥与行业联系紧密及经、法、管等主干学科的优势，彰显社会服务特色，我校确立了“契合社会需求，聚焦优势领域，坚持开放协同，产出一流成果”的发展战略，多策并举，多方施力，在智库建设上取得较为显著的效果。

一、整合学术资源，打造高效协同的中南智库

为进一步推进中南智库建设，有效促进学术资源整合，我校于2012年成立中南财经政法大学社会科学研究院，积极打造跨专业、跨学科、跨学院、跨学校的创新团队和协同创新中心。各智库中心既有明确的分工，也有高效的合作。社科院将原来分散在各个学院、学科的研究力量整合在社科院的平台之上，由“各自为政”转变为“联合攻关”，专注研究具有较高影响力和呈现度的大课题，这既对研究质量的提升起到了保障作用，也对发挥我校经、法、管学科门类比较齐全的优势、促进各学科之间的交叉与融合起到了重要的促进作用。

经过近年来的发展，社科院已逐步走上正轨，各类高水平学术平台已有20多个，包括一个教育部重点人文社科研究基地、两个湖北省协同创新中心、三个湖北省委智库、五个湖北省重点人文社科研究

基地，以及与最高人民法院、最高人民检察院、财政部、司法部、民政部、人社部联合组建的行业研究基地等多个学术平台。

二、完善评价体系，强化社会服务的内在动力

为进一步增强科研工作者从事决策咨询研究的内生动力，积极推进科研评价体系创新，我校探索对各类科研成果进行分类评价制度，将各智库中心承担的研究项目、成果与现有的学术评价体系对接，与研究人员的职称与职务晋升挂钩与联动，激励更多的优秀教师参与到智库工作中来。同时，对优秀的社会服务成果进行奖励，根据社会服务成果转化的程度、层次，确定相应的奖励标准。近年来，我校有100多项咨政报告被省级以上政府部门、领导采纳批示。如2015年6月，由产业升级与区域金融湖北省协同创新中心主任朱新蓉教授领衔的课题组研究成果《抢抓国家战略新机遇构建对外开放新格局——湖北加快融入“丝绸之路经济带”建设对策研究》荣获湖北省委决策支持工作优秀成果一等奖。2016年8月，由法治中心主任徐汉明等联合撰写的咨政报告《湖北推进全面依法治省的新特点及其应对》获原湖北省委书记李鸿忠批示。在上述100多项被采纳批示的咨政报告中，被中央领导采纳批示的有10多项。如2015年2月，由我校城乡社区社会管理湖北省协同创新中心赵曼教授等参与调研，吕国营教授主笔撰写的《重塑农村团圆家庭日渐紧迫重要》被中央办公厅采用，以《每日汇报》(第13626期)报中共中央政治局常委、委员，国务委员等中央领导参阅。2015年12月，由中心赵曼教授撰写的《关于将大众创业、万众创新细化为行动计划的建议》被李克强总理和张高丽、刘延东副总理批示。2016年5月，由我校校长杨灿明、中心主任徐汉明等联合撰写的咨政报告《关于我国法学教育改革的建议》，被国务委员刘延东参阅。

同时，在智库的人事管理上，我校也积极主动地加强制度创新，采取聘用专职科研型教师的方式，着力培养一批专门从事决策咨询服务的人才队伍。通过评价体系的改革及管理体制的创新，我校智库中心的研究人员参与社会服务的动力大大增强。

三、优化学术战略，产出一流的决策咨询成果

为彰显社会服务特色，我校依托经、法、管等优势学科，遵循“契合社会需求，聚焦优势领域，坚持开放协同，产出一流成果”的发展战略，将社会服务方向聚焦在财政改革、司法改革、金融创新、知识产权保护、社会治理等领域，做精做深，通过坚持不懈的研究，在与财政部、教育部、司法部、人社部、国家税务总局、国家统计局、国务院研究中心等良性互动的过程中，产出了一流的决策咨询成果。

在知识产权保护领域，我校知识产权中心现已承担国家级、省部级课题以及其他课题180余项，提交咨政报告60多份，参与《著作权法》《商标法》《专利法》等法律法规的修订工作，参与《国家知识产权战略纲要》《国家知识产权事业“十二五”规划》《国家知识产权事业“十三五”规划》《文化部“十三五”时期文化领域知识产权保护研究》《关于进一步加强文化系统知识产权工作的指导意见》《新形势下加快知识产权强国建设研究》等多项战略研究以及一些省市地区、行业的知识产权战略规划的制定工作。

在社会治理领域，我校城乡社区社会管理湖北省协同创新中心开展的三峡生态经济合作区生态治理“宜昌试验”取得了重要的阶段性成效。宜昌推动的“三峡生态经济合作区”进入国家“十三五”规划后，邀请我校协创中心作为牵头智库，构筑学术网络、组建技术团队，探索三峡生态经济合作区落地实施的微观机制。中心技术团队于2016年3月进驻宜昌，现已完成三峡生态经济合作区生态治理

"三步走"战略顶层规划和方案设计。中央电视台新闻联播 8 月 10 日报道宜昌推进绿色发展,专门介绍了生态治理"宜昌试验"。《人民日报》《经济日报》《湖北日报》等权威主流媒体都进行了宣传报道。中宣部也充分肯定了宜昌绿色发展及"宜昌试验"的成绩,并于 9 月 26 日至 27 日在宜昌召开以"坚持绿色发展"为主题的治国理政论坛"新发展理念系列理论研讨会"。

在财政改革领域,我校共承担《会计法》修订、事权和支出责任划分等共建课题 60 余项,并选派了多名青年教师分别赴财政部会计司、国库司等实务部门挂职交流。在与财政部的良性互动过程中,为我国财政体制改革作出了一定的贡献。此外,我校正积极与财政部信息中心共建"中国财政改革大数据研究院",以财政部所关注的财政改革、预算管理、税收改革、中央和地方财政关系以及社会治理等重要问题为研究导向,为财政治理现代化建设提供可靠的研究依据和改革设想。

在金融创新领域,我校产业升级与区域金融湖北省协同创新中心"普惠金融"项目成果突出。2015 年 5 月,中心主任朱新蓉教授赴湖北省黄冈市红安县,对国农业银行湖北省分行创新推出的"E 农管家"三农电商平台进行调研。"E 农管家"系统嵌入电商平台,以普适性为金融创新的准则,真正实现普惠金融的改革发展目标。2015 年 8 月至 2016 年 3 月,中心团队多次赴恩施,与人民银行恩施州中心支行等相关金融机构就精准扶贫问题座谈,通过调研获得的翔实资料帮助恩施市完成《"十三五"金融扶贫规划》的编制工作。

四、坚持顶天立地,服务国家与地方经济社会发展

为更好地服务国家与地方经济社会发展,我校坚持智库研究要

做到“顶天立地”:“顶天”,就是站位要高、视野要宽。坚持服务国家战略,树立全球思维,更多地从全国发展的大格局、全球发展的大趋势中思考谋划经济社会发展。“立地”,就是紧密接触地气,要深入基层、深入实际。坚持理论和实践相结合,防止盲目照搬、照抄理论概念,多到基层一线,把调查研究做得更深、更细、更实,努力提高政策建议的针对性、可操作性。

一方面,智库研究要根据国家和经济社会的重大战略发展需求,加强前瞻性、对策性研究,着力提升决策咨询影响力。2015 年,我校法治中心首席专家徐汉明教授、梅夏英教授等高质量完成了中宣部、国家社科基金办公室委托的网络安全立法重大课题,提供了理论报告和立法专家建议稿,被中宣部、国家社科基金办公室采纳,并推荐国务院和全国人大采纳。首席专家李仁真教授、徐汉明教授领衔研究的社区矫正立法建议稿被国务院法制办吸收采纳。首席专家康均心教授领衔研究的网络反恐立法被安全部、国家网信办采纳。

另一方面,智库研究要接地气,坚持从实际情况出发,深入基层开展调查研究,切实提高政策建议的针对性、可操作性。2016 年,我校城乡社区协创中心受邀成为开展“宜昌试验”的高端智库,中心主任赵曼教授带领的专家团队扎根宜昌,全程跟进,设计“一点一策”试验方案 7 套;讲解、辅导试验 29 场次;策划、筹建试验基地 7 个;编写完成并呈报生态公民手册、生态导读读本两份试验支撑文本;开发完成市级层面制度文件 10 份、县区层面制度文件 20 余份;组建“宜昌试验”智库联盟、高校联盟、社会组织(NGO)联盟,分别由 8 家智库、10 所高校和 30 家社会组织(NGO)组成;帮助远安县完成首轮 17 家社会组织(NGO)招商。

在上述良好成绩的基础上,下一步,我校将进一步推动科研管理体系创新，进一步加强学术资源整合，努力形成具有中南特色、中南气派、中南风格的智库平台与专家团队，努力为国家与地方经济社会发展做出新的、更大的贡献！

第四章　办学特色和未来展望

第一节　探索中南特色的卓越法律人才培养模式

一、中南财经政法大学卓越法律人才培养的经验

中南财经政法大学早在20世纪90年代就提出了法律人才培养的目标是"懂法律、懂经济、懂管理、懂外语的应用型法律人才"的思路,依托本校经、法、管三大学科融合的优势,提出了"应用型、融通性、开放式"的本科人才培养目标,将"应用型、复合型"纳入了法律人才培养目标之中,并付诸实施。

卓越法律人才教育培养计划自2012年出台以来,我校立足优势,以已有的基础和经验为依托,借助经济、法学、管理学这3大主干学科,努力探索和尝试卓越法律人才培养的新模式。2013年11月学校在深入调研、科学论证的基础上,成立了"卓越法律人才教育培养计划"工作领导小组负责我校"卓越法律人才教育培养计划"的组织、实施、协调和监控等工作。

(一)应用型复合型法律职业人才培养举措

1.改革培养方案,注重课程的复合性与实践性

为贯彻"复合型、应用型卓越法律人才培养"的目标和要求,我校于2012年再次调整修订《法学专业全程培养方案》,继续在法学本科教育中除法学方向以外,增设民商法、政府法制和涉外经贸法3个方向。法学课程内容主要包括通识教育课程、学科基础课程、专业课

程、实践与实验课程、素质教育课程5个部分。“新培养方案”对专业课程的理论教学和课内实验分配了具体学时，部分课程的课内实验学时约占总学时的30%，法律诊所课由此前的通识选修课调整为专业选修课，实践与实验课程的学时和学分明显提高。根据民商法、政府法制和涉外经贸法3个方向的特点和职业能力开发的要求，新的培养方案对相应的课程体系进行扩展。为了紧密依托我校“经、法、管”3大学科优势，我校在课程体系设置上引导法学专业学生在必修《经济学通论》和《管理学通论》的基础上，结合自己的兴趣、职业规划选修至少3门经济学和管理学专业课程。

修改后的培养方案具有三大特征：一是重视实训教学和法律技能的培养，在必修课中专门设置课内实验课时，要求教师配合课程教学开展实训训练；二是以就业为导向，以融通性法律应用人才为培养目标来设置不同方向的培养方案；三是遵循现代高等教育的规律，将方向设置模块化和课程设置学分化。

2. 改革教学方法，拓展实践教学途径

我校法学学科通过各种措施推动教学方法的改革。在传统的课堂教授之外积极探索新的教学方法，如讲授式与参与式结合教学法、信息技术与课程整合教学法、案例教学法、双语教学法、诊所式教学法、沙龙式教学法等，借助多媒体教学和学校的BB教学辅助平台，促进教、学以及师生之间的良性互动，并探究法律学科在运用多媒体教学中的特殊规律；鼓励教师特别是青年教师参加讲课竞赛，以此推动各专业教师在教学方法与教学手段方面的更新与完善。

强化法学实践教学途径。主要采取以下5种方式。一是普通课堂途径，实行案例式教学，通过案例解剖分析进行部门法教授；实行诊所式教学，发挥已有的法律诊所的作用，以疑难案例供学生课堂“诊断”。与此相关，考试也变单纯知识记忆考查为知识记忆与综合应用能力相结合的考查。二是模拟法庭教学和旁听法院实案审判并进行书面分析评议，实现课堂内外的互动与促进。三是对实践过程进行实验模拟，让学生在实验室里参与办案过程，培养实际工作能力。四是聘请法律实践第一线有涉外经验的资深实务部门工作者（如法官、律师等）到学校任兼职教师，具体讲授涉外法律实务课程，特别是纠纷解决实务课程。通过正式排定课时的方式落到实处，争取使兼职教师每周授课不少于 2 课时，让这类兼职教师参与学生毕业论文指导，并实际给予相关报酬。五是依托学校法律援助与保护中心开展诊所式法律教育、社区法律服务、教学实习等教学活动，组织"法律人在行动""法律进社区"等大型法律援助活动。

3. 建设法学实验室

目前，我校现有国家级法学实验示范中心，成立法学实验教学中心，下设立法实验室、执法实验室、诉讼实验室、非诉讼实验室、法律实效实验室、证据学实验室、知识产权实验室 7 个实验室，形成全新的实验教学体系。同时，我校已经开发一套拥有自主知识产权的法学实验教学系统，开设了一门独立的必修法学实验课程。

4. 建设实践教学实习基地

在原有教学实习基地基础上，我校法学院又与湖北省高级人民法院、武汉市中级人民法院、武汉市检察院、东莞市中级人民法院等共 14 家政法机关分别签署了校外法学教育实践基地建设协议。按照协议，这些基地均由我校与相关政法机关共同建设，并由双方领导担任基地负责人，双方在学生实习指导、案件调研、理论研讨、互派专家讲座等方面展开深入合作。

5. 建设理论与实践经验相结合的师资队伍

我校采取了多种切实有效的举措建设高水平师资队伍。第一，在"青年教师挂职锻炼计划"基础上，进一步落实"双千计划"，鼓励支持法学专任教师到法律实务部门挂职，参与法律实务工作。自2009年9月启动“青年教师挂职锻炼计划”，学校已选派11名教师到东莞中院、汉江中院等实务部门挂职锻炼。2014年3月我校又落实了“双千计划”，选派两名年轻教授去地方检察院任副检察长。第二，我校注意加强与国内高校、科研机构的交流，鼓励专业教师到其他高水平法学院校、科研机构进行博士后研究。第三，我校加强与海外高水平法学院校的联系，自2012年8月以来，先后邀请美国、德国、意大利、台湾地区同行来校讲学，并与瑞典、美国、德国及我国台湾地区等多所法学院合办研讨会或签订合作协议。第四，我校还进行了专项投入做好人才引进工作，2013年法学院成功引进了四位全国知名教授，并从海外引进三位留学归国博士。

6. 编写优质教材

我校法学学科确立了系统而完善的课程体系，并致力打造系列精品教材，取得了优异的成绩。学校组织教师积极参加国家“十一五”规划教材、法学精品课程系列教材、普通高等教育国家级规划教材和21世纪通才系列教材等各类教材的编写工作，由高等教育出版社、北京大学出版社、法律出版社等知名教材出版单位出版教材近百种。根据实验教学的需要，我校法学院还在北大出版社出版了5本法学实验教材（《法律解释学实验教程——裁判解释原理与实验操作》《劳动法实验教程》《证据调查实验教程》《刑事诉讼法学实验教程》《商事法学实验教程》）。

7. 整合多种资源，建立合作培养机制

我校倡导并加入了武汉市南湖片区十校联合办学。在此过程中，法学学科抓住机遇，大力宣传我校法学专业，并认真地拟定双学位培养计划，遴选优秀教师担任授课老师，保证了双学位教学的质量。

联合办学,实现了培养对象的多样化:一方面,使本专业学生可以辅修其他专业,在保证法学专业学习的前提下拓展综合素质;另一方面,为更多的学生提供了接受优秀法学教育的机会,使法学知识成为他们综合素质中非常重要的一个方面。

(二)涉外法律人才培养措施

我校在涉外法律人才培养上,除吸收、借鉴、共享某些应用型复合型法律人才培养的举措外,还特别针对涉外法律人才培养的实际,采取了如下一些"补强"措施。

1. 构建"国内—海外合作培养模式"(也可称为"四个一培养模式")

该模式的主要内容包括以下几个方面:建立适合培养涉外法律人才需要的招生机制或生源选拔机制,重视对语言能力的要求;实行分阶段的培养,即分为四个阶段,第一年学生在国内进行通识教育,目的使涉外法律人才具备社会精英或英才的品质和素养。第二年学生在国内进行知识结构中第三、四、五层次学习,即进行法学共同的基础理论和方法论的学科、社会科学领域相关部门和人文社会科学贯通基础理论和方法论的学科的学习。第三年学生在国外进行知识结构中第一、二层次学习,目的是使学生具备涉外法律人才所需要的坚实的专业理论素养和初步的职业技能,掌握熟练地运用外语的能力。第四年在国内进行完整的国际法学科的学习,并且进行适当涉外法律人才培养的实践学习;实行导师为主,课堂教学为辅的培养方式进行教学;采取学校与涉外职业部门联合培养,涉外职业部门的专家可以承担课堂教学、担任导师组成员、指导实践和实习方式,参与联合培养;聘请外国专家学者进行课堂教学,增强涉外法律的知识与外国语言能力;通过国际合作办学培养涉外法律人才的国际视野和处理国际事务的能力。

2. 建立涉外实践教学实习基地

目前，我校法学院已经于武汉海事法院联合建立了实践教学实习基地。确保每年20名左右的学生进行实习，了解海事案件的处理流程，熟悉处理海事案件的技巧，提高解决海事纠纷的能力，掌握国际法尤其是海事方面的国际法制度以及国际惯例。

3. 鼓励、支持学生参与国内外实践活动

建立有效机制，促进学生参与国内外的法律竞赛活动。例如，模拟联合国大会、国际空间法模拟法庭竞赛、国际人道法模拟法庭竞赛等活动，促进学生综合素质，尤其是涉外法律实务技能的提高。

（三）西部基层法律人才培养措施

与上述涉外法律人才培养相一致，我校在西部基层法律人才培养过程中也富有针对性地采取了如下一些举措。

1. 继续加强和完善西部基层政法干警试点班的培养工作

中南财经政法大学2008年开设的西部基层政法干警试点班，最初是培养西部基层法律人才的"试点"。该班学员大多来自中西部地区，毕业通过国家司法考试后到中西部地区法院、检察院工作。该试点班现已为内蒙古、宁夏、青海、陕西、贵州、甘肃、广西等西部地区培养了大批优秀政法人才，他们构成了西部基层法律人才的重要组成部分。2012年"西部基层法律人才教育培养基地"获批后，学校根据基地建设的实际需要，将原有的西部基层政法干警试点班打造成培养西部基层法律人才的"特色班"，将原有试点班学员培养纳入"西部基层法律人才教育培养基地"的建设框架当中培养。

该特色班培养方案按法官业务与检察官业务两个方向分类培养，在课程设置与实践教学方面各有所侧重。我校2008年率先组织研究制定了西部基层政法干警试点班培养方案，成为当时全国第一个西部基层政法干警试点班的培养方案蓝本，目前根据实际培养需求已做过多次调整。

2. 继续开展西部基层需要的法学专业建设

继续设置与完善与西部基层密切相关的边防管理、治安学专业，将其打造成“西部基层法律人才教育培养基地”的特色专业。这两个专业在边疆辽阔、民族与社会治安问题比较突出的西部地区有很大的需求。我校边防管理专业与治安学专业对新疆、西藏等西部边疆地区予以政策倾斜和支持，每年都吸引许多来自新疆、西藏等西部地区的学生赴我院求学深造。迄今为止，已经培养了逾百名维吾尔族、藏族、回族等少数民族优秀本科毕业生，为当地社会发展、经济建设提供了大批法律高级人才。而很多中东部地区的学生，通过这两个专业的教育培养，也有不少主动选择到祖国的西部与基层工作。

3. 积极开展各种服务西部基层理念的“融入式教育”

西部基层法律人才的培养不仅跟“应用型复合型人才培养基地”一样强调“职业教育”，重视应用能力培养，而且特别重视“德育教育”，引导学生树立“志在西部、扎根基层”的思想认识观念。2013年，法学学科举办了11场“法行天下　直面职场”职业规划系列讲座，邀请了我校法学专业从事法院、检察院、律师、企业法务等方面的历届毕业生代表，以讲座形式面向法学本科学生交流有关职业选择、职业发展、职业待遇、地域区别等信息，帮助在校学生更好地开展职业规划，引导学生改变就业观念，倡议到西部基层广阔的天地中大展身手。

在校外实践基地当中，我校正在着手考虑在湖北西部的恩施少数民族聚居区和新疆等地区设立实践教育基地，让学生可以直接到西部基层法院去见习、实习，直接了解西部基层司法的要求，为他们能够适应西部基层司法搭建重要的实践平台。

同时我校还积极推动符合“西部基层法律人才”教育需要的通识

课程建设,开展服务西部基层的“融入式教育”,目前已开设了一些帮助学生更好地了解基层实际、西部社会民情的《法律与乡村治理》《宗教文化导论》等通识课程,将社会主义法治理念教育融入西部基层法律人才培养全过程,目前已全面进入《法理学》的课堂。

4. 培养熟悉西部法律事务/实务的师资队伍

遴选校内外有丰富实务经验的专职教师和兼职教师担任授课老师,借助“青年教师挂职锻炼计划”打造熟悉西部基层法律实务的师资队伍,并在“双千计划”的推进过程中向西部基层有所倾斜,加强与西部基层法律实务部门的交流与合作。我校于2011年成立“中国信访与社会稳定研究中心”以来,先后多次到包括中西部在内的各信访局调研,对信访立法起到积极推动作用。在对农村基层司法问题,我校多名教授对鄂南等中西部乡村进行调查研究,提出了乡村司法的“双二元结构”观点及一系列解决乡村纠纷问题的实践建议。这些调查研究对我校如何有针对性地加强西部基层法律人才的培养,打造熟悉西部基层法律实务与西部实情的师资队伍具有重要意义。

5. 加强与西部法律实务部门的联系,创建校外实践基地

加强对西部基层的各种调研,并着手启动面向西部基层与西部民族地区的校外实践基地创设。2013年8月,我校与新疆警察学院、新疆国际反恐怖主义与国家安全战略研究院就教学研究方面进行了深入交流。2013年10月新疆警察学院、新疆维吾尔自治区人民政府应急管理办公室回访我校,加深了沟通与交流。在建立学校—法律实务部门的联合培养机制的目标指引下,2013年6月,我校还与鄂西恩施自治州签订《“法治恩施”建设战略合作协议》,约定中南财经政法大学法治研究院和恩施州政府充分发挥各自的比较优势,加强“法治恩施”建设相关领域的互动合作,建立全方位的合作。

二、中南财经政法大学卓越法律人才教育培养计划实施中存在的问题

在卓越法律人才实施的过程中，我校结合自身情况，实施了契合于本校法律人才培养的一系列举措，但我们也应注意到，卓越法律人才教育培养计划在实施中还存在一些问题，有些问题甚至是各高校面临的共性问题。

第一，卓越法律人才培养的理论研究有待加强。卓越法律人才培养是对传统法学教育的一种革新。因此，如何在理论上深挖、论证卓越法律人才的培养，关乎此项革新的成败。尽管我校对卓越法律人才培养的理论研究也有所开展，并于 2014 年 1 月出版了《卓越法律人才培养探索》一书，从应用型复合型卓越法律人才教育培养、法学教育方式的改革与创新以及法学实践性教学的推广运用这三个方面进行理论探讨，但是，我们的研究还略显分散，缺乏针对性。

第二，卓越法律人才质量规范体系尚未完全统一。自卓越法律人才教育培养计划实施以来，各高校尤其是各培养基地都根据自身的情况制定了卓越人才培养计划，该计划涉及培养模式、课程设计、师资建设等多个环节的改革，目前已按步骤展开。各基地建设的效果如何需要有具体的评价体系加以衡量，因此，卓越法律人才教育培养标准呼之欲出。但是，目前对于培养标准尚停留在各高校拟制的层次，尚未形成全国性的培养标准。我校虽结合自身的实际，制定了越法律人才质量规范体系，如《中南财经政法大学应用型复合型卓越法律人才培养标准（建议稿）》，但还缺乏和兄弟院校的沟通和交流，以致整体意义上的卓越法律人才质量规范体系尚未统一。

第三，高校教师评价体系使得教师对参加实务工作的积极性不足。现行法学教师的选拔、考评体系以及课程任务等体系与实践型

法律人才培养目标不切合。卓越法律人才的培养对教师素质的要求更高,法学教师不仅需要具有法学理论深度还要具有其他学科的知识基础,还要具备一定的实践经验。但目前高校法学教师体系存在以下问题:一是目前法学教师从博士毕业生中选拔,知识体系偏重于理论而缺乏实务经验。二是目前高校对于教师的考察偏重于教师的理论科研成果,而忽视教师从事的实务工作,此种评价体系使得教师更愿意将精力投入理论研究中而缺乏从事实务工作的精力和积极性。三是法学教师教学任务繁重,对象从本科生到博士生,从法学学生到非法学学生,从偏重实务性的法律硕士到偏重理论研究的学术硕士,教师毕竟精力有限,难以满足卓越法律人才教学对教师的要求。

第四,跨学科专业知识融合程度不高。各高校利用自身的特色专业与法学专业相融合的过程中存在问题。虽然学校利用自身的优势为法学学生开设了其他专业的课程,如经理类、管理类、工科类课程。但是,这些课程多以选修课的形式出现,学生重视程度不够。例如,我校现开设的通识课程共63个学分,1072学时,仅占全部学时的35%,但还不能充分实现跨学科的培养目标,跟法律职业领域相关的社会常识,应当包括历史通识、哲学通识、经济学通识、管理学通识、政治学通识、文学通识,以及必要的外语、计算机和体育常识等,有必要进一步增加。

第五,实践教学的效果尚不够明显。在卓越法律人才培养过程中,实践教学至关重要,它不仅有助于学生对于理论知识的理解,而且能够激发学生主动地进行学习。现有实践教学大致包括课堂实训、实验室模拟实验、暑期实习以及学期中在实务部门值班等方式。然而,在实际的实践教学中,我们发现由于司考备考压力、就业压力,以及学位论文的撰写压力,学生常常忽视实践教学,以追求实践学分为目的也大有人在，由此导致实践教学的效果并不明显。因此，如何缓解学生的压力，使其全身心地投入实践教学当中，需要进一步的思考。

三、卓越法律人才教育培养计划的改进思路与对策

根据《教育部、中央政法委员会关于实施卓越法律人才教育培养计划的若干意见》的精神，结合我校长期以来所坚持的“应用、开放、融通”的办学理念，我们认为在未来卓越法律人才教育培养计划的改进上，在宏观方面，应从如下一些方面入手。

第一，创新人才培养模式。加强中国特色社会主义理论体系教育，把社会主义法治理念融入卓越法律人才计划的全过程，把科学道德和学风教育纳入卓越法律人才培养的各个环节。科学统筹安排本、硕、博各个学位阶段，探索新型的法律人才培养学制模式，如借鉴医学培养学制延长法学本科就读时间或实行本硕连读模式。在卓越法律人才培养过程中，注重理论学习与实践能力培养相结合，培养学生的创新能力，探索形成各具特色的培养模式。

第二，建立创新激励机制。根据法科学子的学术兴趣、知识结构、能力水平等，制定个性化的培养计划。发掘学生创新潜能，鼓励学生自主提出具有创新价值的研究课题，在导师和团队的指导下开展研究，由培养单位提供必要的条件支持。

第三，改革质量评价机制。敦促培养单位建立科学合理的质量保证体系建设规范，保障培养单位质量保证的主体作用，通过完善外部监督体系，搭建质量监督信息平台等措施全面客观地加强对各实施院校的监督和指导。

第四，营造良好的政策环境。强化政策保障，适当加大投入力度，鼓励改革试点，着力破除制约卓越法律人才计划的体制机制障碍

和政策“瓶颈”，进一步帮助培养单位建设拔尖创新人才和高层次应用型人才培养示范平台，积极探索提高质量的新机制。

第五，建立国家性的统一培养标准。在目前各高校培养标准的基础上加快制定国家性的统一培养标准。该标准作为卓越法律人才培养的纲领性文件，应当体现科学性、全面性、前瞻性以及可操作性。根据卓越法律人才培养的目标，对应用型、复合型法律人才，涉外型法律人才，西部基层法律人才的培养分别制定不同的培养标准，对作为卓越的法学学生应当具备的能力和素质加以明确。明确作为卓越法律人才所应当具备的道德素质、学科知识的掌握以及不同的实践能力。

第六，各学校需要根据自身的特点和优势将本校法学教育特色化、专业化。各高校应充分利用本校的各种资源，尤其是专业领域优势，培养有特色的法学人才。如财经类院校的法学生重点学习将法学与财经相融合，适用于企业以及金融等法律领域；医学类院校利用自身的医学学科优势，培养法学与医学知识相结合的法学人才，满足医药领域对于法律服务的需求；综合性大学则利用本身多学科发展的优势以及理论研究优势，培养综合型以及涉外型法律人才；理工类大学则利用理工科优势，培养适用于知识产权领域以及懂得相关技术的法律人才。

具体而言，为了更为扎实、有效地实施卓越法律人才计划，在具体措施上，还应当在如下几个方面有所侧重。

第一，加强法学实验室建设。法学不应是低成本办学，卓越法律人才培养对实践能力的要求需要高校加大对法学教育的投入，建立专门的法学实验室。法学实验室包括模拟法庭、法律诊所、案例分析室、证据提取与分析室、法规案例资料查询系统等在内的教学实验室体系。

第二，法学教育的内容应体现前沿性。知识的前沿性要求教学内容的更新应当紧随时代发展，紧跟立法和司法的脚步设计课程内容，避免陈旧性的理论教授。

第三，实践教学中的案例应尽量真实。实践教学过程中采用的案例以及法律诊所、模拟法庭等实践环节所采用的案例应尽量真实，这样有利于学生学到适应真实社会的能力。此外，模拟法庭、法律诊所等实践活动应鼓励法律实务专家的参与，由实务专家进行指导、点评，使实践活动真正与现实接轨。

第四，课程设置上应更加注重学科之间的有效融合。对法学专业学生开设的其他专业的课程不同于相关专业的学生，课程应当与法学融合在一起，两者教授的内容应当有不同的侧重与评价体系，更加注重培养法学专业学生在相关领域利用该专业知识背景进行实际操作的能力。

第五，进一步完善联合培养机制。联合培养包括学校与实务部门的联合培养，也包括国内与国外的联合培养。联合培养机制的建立应当常态化、体系化、规范化，真正起到人才交流学习的作用，避免随机性和表面化。

第六，改革现有教学评价体系。评价体系包括对教师的评价以及对学生的评价。新评价体系应重在评价法学实践教学环节和教学效果，应具有高度的开放性，不仅有教师和学生的参与，还应当将法律实务部门纳入整个教学评价机制中。对教师的评价，将学生对教师的评价纳入教师的评价体系中，改变现有的以教学和科研为主导的评价体系，将教师实践教学能力和实践效果加入评价体系中，将教师参加挂职锻炼、参加学生实践活动指导等方面纳入评价体系中。对学生的评价，不仅要包括教师对学生的评价，还要包括实务部门对学生的评价。

第二节 基于培养高素质法治人才视野下的法学分层分类教育研究

一、法治人才的多层次需求

任何一个专业培养的人才最终的职业方向都不是单一的,但往往都会有若干个所谓的专业对口职业,而毕业生实际就业的专业对口率往往是衡量专业设置必要性与教育教学水平的重要指标。对于法学专业而言,当前主要是以毕业生到法院、检察机关和律师事务所工作的比例,也就是专业对口率来评价法学教育,认为法学毕业生到立法部门、执法机关、企业、社会组织就是专业不对口。实际上,仅以所谓的专业对口来看,当前对于法学毕业生对口专业的框定也是过于狭隘的,基本是限定在狭义的司法机关,而法治人才的需求至少应该在立法、执法、司法这三个层面,还未包括从事法学研究与教学的专门人才。

同时,建设法治国家、法治政府、法治社会一个非常重要的方面就是依法行政,任何理念、价值、规则等的推广,"上行下效"都是非常重要的一个路径。政府严格依法行政在建设法治国家的过程中可以起到不可估量的榜样示范作用,特别是各级领导干部要按照习总书记强调的,"做遵法、学法、守法、用法的模范,以实际行动带动全社会崇德向善、尊法守法"。在严格依法行政的组织框架之内,法治人才无论是否在特定的法律部门,其所能发挥的作用无疑都将更为巨大。同理,企业、各类组织等整体上的法治意识和思维也决定了所属法律部门、岗位贡献的大小。

基于上述现实情况,仅以职业方向作为考量因素,法治人才至少有三个方面的差异化需求：一是传统的合格司法人才。主要是从事法官、检察官、律师三类职业的法律人才，这是当前政法院校人才培养的绝对主流。二是与法律直接相关的非司法人才。主要包括供职立法机关、司法行政机关、公安机关、政府法制部门、公证处、企业法务、与法律相关的社会组织的人员，当前政法院校一般不考虑此类人才的专门培养。三是政府部门、企业、各类组织当中不从事法律事务，但能在相当程度上决定、影响所属法律部门、法律岗位的定位和职能发挥，或是起到很大支撑作用的人员。当前政法院校并不把这一类人员看作法治人才的范畴，也没有相应的人才培养成功范式。

由于第一类、第二类法治人才主体仍然是法学专业的毕业生，其所从事的也是直接与法律相关的职业，我们可以称之为“法治职业人才”。第三类法治人才不排除有法学专业的毕业生改行，但更多的是非法学专业的学生，他们并不从事直接与法律相关的职业，但对法治建设的影响非常大，比如地方政府主要领导干部的法治素养和水平往往决定了该政府依法行政的水平，企业的负责人决定了法务部门的地位和权能发挥，我们可以称这一类人为“特殊法治人才”。

即便是同样职业方向的内部，由于具体从业环境的不同，对法治人才的需求也是有所区别的。例如，由于地区之间、城乡之间经济、社会发展的不平衡，法治建设的环境和对法治人才的需求有很大不同，总体上经济发达地区的法治环境相对较好，对法治人才的需求更为迫切，素质要求更高。司法考试分为A类、B类、C类，卓越法律人才教育培养计划分为应用型复合型、涉外、西部基层法律人才三类，实际上都是考虑到了基于地域因素为主的差异导致的对法治人才的需求有所区别，但在实际的法治人才培养过程中，政法院校并没有针对地域差异进行有针对性的人才培养。此外，基于重大利益的特殊性需求也会对法治人才的素质提出特别的要求，例如，服务于“一带一路”倡议、高铁“走出去”战略和民族企业海外拓展的法治人才，对外语、国际政治等素养的要求就高得多，对所在国法律、经济、民俗都要有相当程度的掌握。

二、法治人才培养的多元化目标

法治人才培养目标围绕“培养什么样的人”这一中心问题展开。中国特色社会主义法治建设具有统一的宏伟目标，但特殊的国情决定了无论是地区之间还是行业之间，法治建设的水平存在巨大的差异。基于法治人才的多层次需求，笔者不主张法治人才培养限定单一的目标，因为单一目标下培养的法治人才不能适应不同地区、不同行业、不同层次的需求。在对传统过于泛化的法治人才培养目标进行批判的同时，许多学者提出了新的目标，如“实行精英教育应该成为中国今后法学教育的一个发展趋势”“精英教育才是法律教育的出路，才是法治人才培养之目标定位”等。精英教育固然是当前及今后法学教育转型发展的一个重要方向，但不能涵盖法治人才培养目标的全部，并且精英教育的定位本身也显得过于宽泛。

“当社会开始认真对待法律专业知识和技能时，法学教育理应进入真正的‘黄金时代’，但实际上却面临着‘饱和危机’和巨大的竞争压力。”尽管西方法学教育大多采取精英教育模式，但我们的国家治理有与其他国家不同的特殊性和复杂性，法学教育同样要正视这种特殊性和复杂性。如果步调一致走精英教育路线，固然可以提高法学教育准入门槛，在很大程度上解决法学教育泛化的问题，但又会产生多个层次法治人才的短缺，并不利于法治建设的共同推进。更何况，高素质人才总是偏向于到经济发达地区择业，但广大经济欠发达地区、农村地区在经济、社会的快速发展过程中，对法治人才的需求也是与日俱增，由于这些地方本身法治建设的水平就要落后一些，更需要高素质的法治人才付出心血和努力，改变现状，共同发展进步。如果政法院校都将法治人才培养目标定位成单一的精英教育，显然也是与现实国情，特别是与法治建设的现状不相符的。

基于我国法治建设现状的复杂性，笔者主张法治人才培养目标应采取多元化定位，立足于培养法治精英人才和一般性人才，这里的一般性人才并不等于庸才，而是能够扎根基层、处理一般性法律事务的人才。同时，法学教育还要注重培养和提高政治、经济、管理等各类人才的法治思维和法治素养。当然，不同的政法院校需要根据自身实际，特别是学科实力和特色确定自己的人才培养定位，既可以是多元，也可以是一元，还可以是一元内部的多元。

三、法治人才培养机制的多维度探索

（一）法治职业人才培养机制的创新

法治职业人才的培养，主要包括职业伦理、专业知识和实务技能3个方面。无论从事何种法律职业，以崇高的法律信仰和良好的道德操守为核心的职业伦理都是必不可少的，因为“法律工作者所处的工作环境，使其到处都可以出卖灵魂，到处都可以随心所欲地堕落”。不同层次、不同方向的法治人才要求不同，专业知识和实务技能方面，也应该有所区别。

针对法治人才培养的多元化目标，结合当前法律职业人才培养的现状，政法院校法律职业人才培养机制应在结合自身办学实力与特色的基础上，在全面加强职业伦理教育的同时确立多层次的人才培养机制。

1. 全面整合加强法律职业伦理教育

习近平总书记强调，法学教育要坚持立德树人，不仅要提高学生的法学知识水平，而且要培养学生的思想道德素养。在法学院开展法律职业伦理教育，无论从法律教育的职业属性，法律职业发展繁荣，还是出于职业伦理教育在培养对象、培养主体、法律职业共同体和法治社会等获得的收益来看，都有其必要性。在法律职业伦理教育处于起步阶段的当下，尽管认识到其重要性，但无论是国家还是行业都没有在行动上切实予以重视并采取有效措施。例如，在国家统一司法考试中，法律职业伦理所占的比重几乎可以忽略不计。政法院校必须通过扎实有效的职业伦理教育提高准法律职业人的自律意识和能力。

对世界上的优秀法治文明成果，要积极吸收借鉴，可以考虑借鉴美国等国家的做法，在全面加强对法律职业伦理的学术研究和教学研究的基础上，建立和完善师资队伍，科学编写教材，构建课程体系，将法律职业伦理教育列为法学核心课程，并将职业伦理教育贯穿到全部法律教育中，真正实现德法兼修。

2. 确立多层次的专业知识和实务技能培养方案

无论是第一类法治职业人才，即传统的合格司法人才，还是第二类法治职业人才，即与法律直接相关的非司法人才，大体上都可以区分为高端、常规和一般3个层次。高端人才数量较少，一般处理行业内最复杂、难度最大、综合素质要求最高的法律事务，是当前法治人才最为紧缺的部分，在个别领域甚至还处于空白状态；常规人才数量最大，一般处理行业内较为复杂、难度较大、综合素质要求较高的法律事务，是当前法治人才培养的主流；一般人才能够服务于经济欠发达地区，能够处理行业内一般性的法律事务，当前法治建设也需要不在少数的一般性人才，而许多政法院校主观上并不愿意培养这一类人才。

(1)高端法治职业人才培养模式的转变

高端法治职业人才的培养往往需要较长的过程，且需要高校、政府、法治实务部门、企业等多方力量共同努力，需要本人具备扎实的法学专业功底、全面的知识结构和相当程度的实务历练。目前，很多行业的高端人才是极度缺乏的，例如，能够熟练应对海外仲裁、能够服务民族企业海外并购的法律人才，包括“一带一路”倡议的实施，沿线各国的一系列投资、建设活动都需要大量的高端法律人才，但显然这方面的人才储备严重不足，各政法院校也没有采取积极有效的措施迅速补齐这个短板。此外，随着全面深化综合改革的逐渐深入和中国经济社会的持续发展，会出现越来越多复杂的法律问题，对法官、检察官、律师也会不断提出新的更高要求。

一般而言，高端人才首先必须是复合型人才。政法院校必须创新机制，整合资源，甚至是整合不同高校之间、高校与社会之间的广泛资源，共同实现高层次、应用型、复合型和国际化人才的培养。首先，根据不同的人才培养方向，政法院校要在专业知识方面着力于法学专业知识与外语、经贸、政治、历史、管理、宗教等学科的交叉融合。其次，高端法律人才往往是领导型、合作型人才，在实务技能方面着力于处理突发性、复杂性问题能力的培养，这些问题往往不是单纯的法律问题，同政治、经济、宗教、民俗等复杂的社会问题交织在一起，需要能够带领团队，不能以单纯的法律视角看待和解决问题。

对于长期以来被忽视的第二类法治职业人才，即与法律直接相关的非司法人才，政法院校应该予以高度重视并努力填补空白，实际上，即便是对于律师行业来说，长久以来以诉讼和法庭为中心的课程设置也没有对其中数量庞大的从事非诉业务的律师培养予以足够的重视和对待。法学教育必须根据各类人才的特点确定科学的培养模式，比如，立法人才的思维就同司法人才的思维有很大不同，立法是分配正义，司法是矫正正义，立法人才应有整体性思维，关注数据，具有统合不同主张的能力；司法人才是个案思维，关注证据，具有辨析真伪的能力。此外，企业法务与一般的律师不同，政府法制部门职员与法官、检察官不同，公安执法人员与司法人员也不同，应该有针对性地开设有关立法、执法、企业法务、非诉业务等法律专业和实务课程，以更开阔的视野引入更广泛的社会资源参与到法学教育之中，培养学生具备扎实系统的专业知识，树立正确的法治理念，养成基本的法律思维，满足熟悉法律运用领域及其流程和法律职业技能的需求。

(2)常规法治职业人才培养模式的修正

对于占据当前法治人才培养绝对主流的常规人才来说，同样面临着前文所讲的填补与法律直接相关的非司法人才培养空白的问题，只是在具体的培养目标、层次和方案方面可以适当地调低。此外，对当前的培养模式还必须予以修正。一是全面加强法律知识的系统性教育。在以培养合格司法人才为主要目标的当下，许多政法院校在课程设置方面是不健全的，或者即便课程健全，但在实际操作中仍然偏重于司法知识的讲授，对其他必要的课程在是否列为必修、课时保证等问题上给予区别对待，严重影响了法律知识的系统性讲授，如法理学、法史学、法律社会学、比较法、国家公法乃至外国法的研究。这类知识尽管对一个像样的中国法学院来说几乎是不可或缺的，但对绝大多数法官的日常司法都并非必备的专业知识，政法院校的法学教育应该夯实基础，注重法学知识的整体性。二是凝练特色，形成人才培养的比较优势。中端人才培养的同质化导致整体过剩和结构性不足并存，使法学毕业生就业率持续走低、为人诟病。各政法院校应立足于自身条件，结合学科特色和学校整体竞争优势，确定差异化的人才培养目标和方案，使培养的人才具有鲜明的特色和亮点，形成竞争优势。当前，一些政法院校开设的法律与金融实验班、法治新闻人才试验班、英美法证书班等都是十分有益的探索。

(3)一般法治职业人才培养模式的确立

对于一般法治职业人才的培养，首先在观念上应该予以正视，他们并不是法治人才培养的残次品，只是未来职业选择的地域、行业有不同，在专业知识方面要求相对低一些。实际上，一般法治职业人才有效发挥作用对法治建设的贡献是非常大的，在经济欠发达同时也是法治水平落后的地区，他们所从事的工作是具有开拓性、基础性的，而在法治建设水平落后地区坚持严格执法、公正司法、依法行政、依法办事，来自传统、观念、世俗人情以及公权力等方面的干扰因素更多，难度也要大得多。因此，不能简单地将一般法治职业人才的培养看作较高培养标准下的后进者，更不能把这部分人才的培养等同于司法考试课程辅导，应该在明确培养目标的基础上确定相应的培养方案，通过定向培养等途径予以实现。

(二)特殊法治人才培养的路径探索

对于特殊的法治人才，尽管他们不直接从事具体的法律职业，却对法治建设的影响十分巨大，但我们目前都尚未将这类人才纳入法治人才培养的视野。此类人才主要来自两个部分。一是法学科班生当中的“不务正业者”。他们在完成学业后并没有选择进入法院、检察院、律师事务所等这些对口的单位，而是进入政府部门、人大、企业以及社会组织。二是并非出身于法学专业，但在职业发展过程中慢慢成长为可以决定、影响或是配合法治环境的改善、法治建设的推进的关键人物。他们或者是各级政府及相关部门的决策者，或者是企业的经营管理人员，或者是人大代表、政协委员，甚至是具有重大影响力的公众人物。政法院校应该具备更开阔的视野，将法治人才的培养不局限于职业人才的藩篱，在更多的领域和行业，培养更多具有法治思维、具备一定法治素养的特殊法治人才。

1. 以培养对法治的崇高信仰为第一要务

不从事专门的法律职业，但却成为懂法守法的决策者、法治建设的推动者和深度参与者、合规经营的掌舵者、法治建设的积极宣传者，本身必须具备对法治的坚定信仰。特殊法治人才在具体的法律知识上可能是有欠缺的，但对法治、对法律的认识，对中国特色社会主义法治建设的理解，对建设法治国家的美好向往应该远胜于一般民众，如此才能有力推动法治建设的进程。政法院校应该以更大的格局，在法治文化建设、课程设置等方面向更多专业的学生辐射，以达到更好的人才培养效果。

2. 更加灵活地设置法学专业的学生培养模式

一个不可否认的事实是，即便是办学水平再高的政法院校培养的学生也不可能百分之百成为法治职业人才，有的甚至绝大多数都从事了与法律不直接相关的工作。不能简单地以从事法律职业的比例作为评判法学教育成败的标准，应该在高标准、严要求的前提下，更灵活地设置法学专业的学生培养模式，在确保培养一定数量的高素质法治职业人才基础上，给予其他学生灵活的学业自主权，通过双学位教育、选修课设置、联合培养等方式，拓宽学生的专业结构和视野，培养学生多方面的能力，满足学生毕业之后多个就业领域的选择和需要。

3. 探索“大类培养、融通教育”培养模式

对于特殊法治人才的培养，促进多学科间的融通教育是非常重要的一个方面。中南财经政法大学在这方面作了两项积极的尝试。一是设立三通课程。学生在本科阶段无论修读哪个专业，都将《法学通论》《经济学通论》《管理学通论》作为必修课程，也就意味着本科专业是金融、会计抑或哲学、外语的学生，无论将来成为政府决策者、银行高管、社会组织负责人还是企业经营者，其在本科学习阶段都接

受了基础的法学专业教育。二是建立文澜人才特区，设立文澜学院。对大一、大二学生实行宽口径、重基础的通识教育培养，进入大三后学生可在学院已有专业的基础上自由选择专业方向，这也保证了多个专业方向、未来多个职业方向的人才都接受了必要的法治素养教育。

在今后的发展过程中，需要在促进专业融通方面更加精细化、科学化。当前的专业融通更多的是站在法学的视角看待其他专业，是从“我需要你了解什么”的角度来进行知识的整合和教育，在实际教学过程中容易导致融通性课程针对性不强，并没有得到应有的重视，学生的积极性也不高，专业融通的人才培养效果并不明显。未来，需要在整合资源促进多学科间的科研合作、教学研究基础上，对融通性课程进一步优化设置，更多地从其他专业的角度看待法学专业，有针对性、区别化地进行法治思维、法治素养的培养。

中国特色社会主义法治国家的建设是跨时代的宏大命题，高素质法治人才的培养作为一项基础性工程同样具有相当的复杂性和局限性，政法院校必须直面问题、迎难而上，以更加全面的认识、更加开拓的视野完成多层次德才兼备的高素质法治人才的培养，实现习总书记强调的“以我为主、兼收并蓄、突出特色，努力以中国智慧、中国实践为世界法治文明建设作出贡献”。

第三节　法学分层分类教育研究及其实践探索

我国当前的法治人才培养主要着眼于法律职业人才，特别是以诉讼为中心的几类职业人才，这与建设法治国家需要的多领域、多层次法治人才需求不相匹配。习近平总书记在考察中国政法大学发表重要讲话时强调，“建设法治国家、法治政府、法治社会，实现科学立法、严格执法、公正司法、全民守法，都离不开一支高素质的法治工作队伍”。法学教育必须在国家重大发展战略不断实施、经济社会持续发展对法治人才提出的多层次需求基础上，确定多元化的人才培养目标，并根据培养目标创新法治人才培养机制。

全面推进依法治国的不断深入和“一带一路”等倡议规划的稳步实施，对各层次、多领域的高素质法治人才提出了新的紧迫性需求。政法院校肩负着培养中国特色社会主义法治人才的重大使命，必须深入学习贯彻习近平总书记系列重要讲话精神，坚持以马克思主义法学思想和中国特色社会主义法治理论为指导，立德树人、德法兼修，为加快建设社会主义法治国家培养大批高素质法治人才。

一、法治人才的多层次需求

任何一个专业培养的人才最终的职业方向都不是单一的，但往往都会有若干个所谓的专业对口职业，而毕业生实际就业的专业对口率往往作为衡量专业设置必要性与教育教学水平的重要指标。对于法学专业来说，当前主要是以毕业生到法院、检察机关和律师事务所工作的比例，也就是专业对口率来评价法学教育，认为法学毕业生到立法部门、执法机关、企业、社会组织就是专业不对口。实际上，仅以所谓的专业对口来看，当前对于法学毕业生对口专业的框定也是过于狭隘的，基本是限定在狭义的司法机关，而法治人才的需求至少应该在立法、执法、司法这三个层面，还未包括从事法学研究与教学的专门人才。

同时，建设法治国家、法治政府、法治社会一个非常重要的方面就是依法行政，任何理念、价值、规则等的推广，“上行下效”都是非常重要的一个路径，政府严格依法行政在建设法治国家的过程中可以起到不可估量的榜样示范作用，特别是各级领导干部要按照习总书记强调的，“做遵法、学法、守法、用法的模范，以实际行动带动全社会崇德向善、尊法守法”。在严格依法行政的组织框架之内，法治人才无论是否在特定的法律部门，其所能发挥的作用无疑都将更为巨大。同理，企业、各类组织等整体上的法治意识和思维也决定了所属法律部门、岗位贡献的大小。

基于上述现实情况，仅以职业方向作为考量因素，法治人才至少有三个方面的差异化需求：一是传统的合格司法人才。主要是从事法官、检察官、律师等三类职业的法律人才，这是当前政法院校人才培养的绝对主流。二是与法律直接相关的非司法人才。主要包括供职立法机关、司法行政机关、公安机关、政府法制部门、公证处、企业法务、与法律相关的社会组织的人员，当前政法院校一般不考虑此类人才的专门培养。三是政府部门、企业、各类组织当中不从事法律事务，但能在相当程度上决定、影响所属法律部门、法律岗位的定位和职能发挥，或是起到很大支撑作用的人员。当前政法院校并不把这一类人员看作法治人才的范畴，也没有相应的人才培养成功范式。

由于第一类、第二类法治人才主体仍然是法学专业的毕业生，所从事的也是直接与法律相关的职业，我们可以称之为“法治职业人才”。第三类法治人才不排除有法学专业的毕业生改行，但更多的是非法学专业的学生，他们并不从事直接与法律相关的职业，但对法治建设的影响非常大，比如地方政府主要领导干部的法治素养和水平往往决定了该政府依法行政的水平，企业的负责人决定了法务部门的地位和权能发挥，我们可以称这一类人为“特殊法治人才”。

即便是同样的职业方向内部，由于具体从业环境的不同，对法治人才的需求也是有所区别的。例如，由于地区之间、城乡之间经济、社会发展的不平衡，法治建设的环境和对法治人才的需求有很大不同，总体上经济发达地区的法治环境相对较好，对法治人才的需求更为迫切,素质要求更高。司法考试分为A类、B类、C类,卓越法律人才教育培养计划分为应用型复合型、涉外、西部基层法律人才三类,实际上都考虑到了基于地域因素为主的差异导致的对法治人才的需求有所区别,但在实际的法治人才培养过程中,政法院校并没有针对地域差异进行有针对性的人才培养。此外,基于重大利益的特殊性需求也会对法治人才的素质提出特别的要求,例如,服务于"一带一路"战略、高铁走出去战略和民族企业海外拓展的法治人才,对外语、国际政治等素养的要求就高得多,对所在国法律、经济、民俗都要有相当程度的掌握。

二、法治人才培养的多元化目标

法治人才培养目标围绕"培养什么样的人"这一中心问题展开。中国特色社会主义法治建设具有统一的宏伟目标,但特殊的国情决定了无论是地区之间还是行业之间,法治建设的水平存在巨大的差异。基于法治人才的多层次需求,我们不主张法治人才培养限定单一的目标,因为单一目标下培养的法治人才不能适应不同地区、不同行业、不同层次的需求。在对传统过于泛化的法治人才培养目标进行批判的同时,许多学者提出了新的目标,如"实行精英教育应该成为中国今后法学教育的一个发展趋势""精英教育才是法律教育的出路,才是法治人才培养之目标定位"等。精英教育固然是当前及今后法学教育转型发展的一个重要方向,但不能涵盖法治人才培养目标的全部,并且精英教育的定位本身也显得过于宽泛。

"当社会开始认真对待法律专业知识和技能时,法学教育理应进入真正的'黄金时代',但实际上却面临着'饱和危机'和巨大的竞争压力"。尽管西方法学教育大多采取精英教育模式,但我们的国家治理有其他国家不可比拟的特殊性和复杂性,法学教育同样要正视这种复杂性。如果步调一致走精英教育路线,固然可以提高法学教育准入门槛,很大程度上解决法学教育泛化的问题,但又会产生多个层次法治人才的短缺,并不利于法治建设的共同推进。更何况,高素质人才总是偏向于到经济发达地区择业,但广大经济欠发达地区、农村地区在经济、社会的快速发展过程中,对法治人才的需求也是与日俱增,更由于这些地方本身法治建设的水平就要落后一些,更需要高素质的法治人才付出心血和努力,改变现状,共同发展进步。如果政法院校都将法治人才培养目标定位成单一的精英教育,显然也是与现实国情、特别是法治建设的现状不相符的。

基于我国法治建设现状的复杂性,笔者主张法治人才培养目标应采取多元化定位,立足于培养法治精英人才和一般性人才,这里的一般性人才并不等于庸才,而是能够扎根基层、处理一般性法律事务的人才。同时,法学教育还要注重培养和提高政治、经济、管理等各类人才的法治思维和法治素养。当然,不同的政法院校需要根据自身实际,特别是学科实力和特色确定自己的人才培养定位,既可以是多元,也可以是一元,还可以是一元内部的多元。

三、法治人才培养机制的多维度探索

(一)法治职业人才培养机制的创新

对于法治职业人才的培养,主要包括职业伦理、专业知识和实务技能三个方面。无论从事何种法律职业,以崇高的法律信仰和良好的道德操守为核心的职业伦理都是必不可少的。专业知识和实务技能方面,不同层次、不同方向的法治人才要求不同,应该有所区别。

1. 全面整合加强法律职业伦理教育

习总书记强调,法学教育要坚持立德树人,不仅要提高学生的法学知识水平,而且要培养学生的思想道德素养。在法学院开展法律职业伦理教育，无论从法律教育的职业属性，法律职业发展繁荣，还是出于职业伦理教育在培养对象、培养主体、法律职业共同体和法治社会等获得的收益来看，都有其必要性。在法律职业伦理教育处于起步阶段的当下，尽管认识到了其重要性，但无论是国家还是行业并没有在行动上切实予以重视并采取有效措施。政法院校必须通过扎实有效的职业伦理教育提高准法律职业人的自律意识和能力。

对世界上的优秀法治文明成果，要积极吸收借鉴，可以考虑借鉴美国等国家的做法，在全面加强对法律职业伦理的学术研究和教学研究的基础上，建立和完善师资队伍，科学编写教材，构建课程体系，将法律职业伦理教育列为法学核心课程，并将职业伦理教育贯穿到全部法律教育中，真正实现德法兼修。

2. 确立多层次的专业知识和实务技能培养方案

无论是第一类法治职业人才，即传统的合格司法人才，还是第二类法治职业人才，即与法律直接相关的非司法人才，大体上都可以区分为高端、常规和一般三个层次。高端人才数量较少，一般处理行业内最复杂、难度最大、综合素质要求最高的法律事务，是当前法治人才最为紧缺的部分，在个别领域甚至还处于空白状态；常规人才数量最大，一般处理行业内较为复杂、难度较大、综合素质要求较高的法律事务，是当前法治人才培养的主流；一般人才能够服务于经济欠发达地区，能够处理行业内一般性的法律事务，当前法治建设也需要不在少数的一般性人才，许多政法院校主观上并不愿意培养这一类人才。

(1)高端法治职业人才培养模式的转变

对于高端法治职业人才的培养，往往需要较长的过程，且需要高校、政府、法治实务部门、企业等多方力量共同努力，需要本人具备扎实的法学专业功底、全面的知识结构和相当程度的实务历练。目前，很多行业的高端人才是极度缺乏的，例如，能够熟练应对海外仲裁、能够服务民族企业海外并购的法律人才，包括“一带一路”战略的实施，沿线各国的一系列投资、建设活动都需要大量的高端法律人才，但显然这方面的人才储备严重不足，各政法院校也没有采取积极有效的措施迅速补齐这个短板。此外，随着全面深化综合改革的逐渐深入和中国经济社会的持续发展，会出现越来越多复杂的法律问题，对于法官、检察官、律师也会不断提出新的更高要求。

一般而言，高端人才首先必须是复合型人才。政法院校必须创新机制，整合资源，甚至是整合不同高校之间、高校与社会之间的广泛资源，共同实现高层次、应用型、复合型和国际化人才的培养。根据不同的人才培养方向，在专业知识方面着力于法学专业知识与外语、经贸、政治、历史、管理、宗教等学科的交叉融合。其次，高端法律人才往往是领导型、合作型人才，在实务技能方面着力于处理突发性、复杂性问题能力的培养，这些问题往往不是单纯的法律问题，同政治、经济、宗教、民俗等复杂的社会问题交织在一起，需要能够带领团队，不以单纯的法律视角看待和解决问题。

对于长期以来被忽视的第二类法治职业人才，即与法律直接相关的非司法人才，政法院校应该予以高度重视并努力填补空白，实际上即便是律师行业，长久以来以诉讼和法庭为中心的课程设置也没有对其中数量庞大的从事非诉业务的律师培养予以足够的重视和对待。法学教育必须根据各类人才的特点确定科学的培养模式，比如立法人才的思维就同司法人才有很大不同，立法是分配正义，司法是矫正正义，立法人才应有整体性思维，关注数据，具有统合不同主张的能力；司法人才是个案思维，关注证据，具有辨析真伪的能力。此外，企业法务与一般的律师不同，政府法制部门职员与法官、检察官不同，公安执法人员与司法人员也不同，应该有针对性地开设有关立法、执法、企业法务、非诉业务等法律专业和实务课程，以更开阔的视野引入更加广泛的社会资源参与到法学教育之中，培养学生具备扎实系统的专业知识，树立正确的法治理念，养成基本的法律思维，熟悉法律运用领域及其流程和法律职业技能需求。

(2)常规法治职业人才培养模式的修正

对于占据当前法治人才培养绝对主流的常规人才而言，同样面临着前文所讲的填补与法律直接相关的非司法人才培养空白的问题，只不过在具体的培养目标、层次和方案方面可以适当的调低。此外，对当前的培养模式还必须做以下修正：一是全面加强法律知识的系统性教育。在以培养合格司法人才为主要目标的当下，许多政法院校在课程设置方面是不健全的，或者即便课程健全，但在实际操作中仍然偏重于司法知识的讲授，对其他必要的课程在是否列为必修、课时保证等问题上区别对待，严重影响了法律知识的系统性讲授，"例如法理学、法史学、法律社会学、比较法、国家公法乃至外国法的研究……这类知识尽管对一个像样的中国法学院来说几乎是不可或缺的，但对于绝大多数法官的日常司法都并非必备的专业知识"，政法院校的法学教育应该夯实基础，注重法学知识的整体性。二是凝练特色，形成人才培养的比较优势。中端人才培养的同质化导致整体过剩和结构性不足并存，使法学毕业生就业率持续走低，为人诟病。各政法院校应立足于自身条件，结合学科特色和学校整体竞争优势，确定差异化的人才培养目标和方案，使培养的人才具有鲜明的特色和亮点，形成竞争优势。当前一些政法院校开设的法律与金融实验班、法治新闻人才试验班、英美法证书班等都是十分有益的探索。

(3)一般法治职业人才培养模式的确立

对于一般法治职业人才的培养，首先在观念上应该予以正视，他们并不是法治人才培养的残次品，只是未来职业选择的地域、行业有不同，在专业知识方面要求相对低一些。实际上，一般法治职业人才有效发挥作用对法治建设的贡献是非常大的，在经济欠发达同时也是法治水平落后的地区，他们所从事的工作是具有开拓性、基础性的，而在法治建设水平落后地区坚持严格执法、公正司法、依法行政、依法办事，来自传统、观念、世俗人情以及公权力等方面的干扰因素更多，难度也要大得多。因此，不能简单地将一般法治职业人才的培养看做是较高培养标准之下的后进者，更不能把这部分人才的培养等同于司法考试课程辅导，应该在明确培养目标的基础上确定相应的培养方案，通过定向培养等途径予以实现。

（二）特殊法治人才培养的路径探索

对于特殊的法治人才，尽管他们不直接从事具体的法律职业，却对法治建设的影响十分巨大，但我们目前都尚未将这类人才纳入法治人才培养的视野。此类人才主要来自两个部分：一是法学科班生当中的“不务正业者”。他们在完成学业后并没有选择进入法院、检察院、律师事务所等这些对口的单位，而是进入政府部门、人大、企业以及社会组织。二是并非出身于法学专业，但在职业发展过程中慢慢成长为可以决定、影响或是配合法治环境的改善、法治建设的推进的关键人物。他们或者是各级政府及相关部门的决策者，或者是企业的经营管理人员，或者是人大代表、政协委员，甚至是具有重大影响力的公众人物。政法院校应该具备更加开阔的视野，将法治人才的培养不局限于职业人才的藩篱，在更多的领域和行业，培养更多具有法治思维、具备一定法治素养的特殊法治人才。

1. 以培养对法治的崇高信仰为第一要务

不从事专门的法律职业，但却成为懂法守法的决策者、法治建设的推动者和深度参与者、合规经营的掌舵者、法治建设的积极宣传者，本身必须具备对法治的坚定信仰。特殊法治人才在具体的法律知识上可能是有欠缺的，但对法治、对法律的认识，对中国特色社会主义法治建设的理解，对建设法治国家的美好向往应该是远胜于一般民众，如此才能有力推动法治建设的进程。政法院校应该以更大的格局，在法治文化建设、课程设置等方面向更多专业的学生辐射，以达到更好的人才培养效果。

2. 更加灵活地设置法学专业的学生培养模式

一个不可否认的事实是，即便是办学水平再高的政法院校培养的学生也不可能百分之百成为法治职业人才，有的甚至绝大多数都从事了与法律不直接相关的工作。不能简单地以从事法律职业的比例作为评判法学教育成败的标准，应该在高标准、严要求的前提下，更加灵活地设置法学专业的学生培养模式，在确保培养一定数量的高素质法治职业人才基础上，给予其他学生灵活的学业自主权，通过双学位教育、选修课设置、联合培养等方式，拓宽学生的专业结构和视野，培养学生多方面的能力，满足毕业生之后多个就业领域的选择和需要。

3. 探索“大类培养、融通教育”培养模式

对于特殊法治人才的培养，促进多学科间的融通教育是非常重要的一个方面。在今后的发展过程中，需要在促进专业融通方面更加精细化、科学化。当前的专业融通更多的是站在法学的视角看待其他专业，是从“我需要你了解什么”的角度来进行知识的整合和教育，在实际教学过程中容易导致融通性课程针对性不强，并没有得到应有的重视，学生的积极性也不高，专业融通的人才培养效果并不明显。未来，需要在整合资源促进多学科间的科研合作、教学研究基础上，对融通性课程进一步优化设置，更多地从其他专业的角度看待法学专业，有针对性、区别化地进行法治思维、法治素养的培养。

四、中南财经政法大学卓越法律人才培养的经验

中南财经政法大学早在20世纪90年代就提出了法律人才培养的目标是"懂法律、懂经济、懂管理、懂外语的应用型法律人才"的观点,依托本校经、法、管三大学科融合的优势,提出了"应用型、融通性、开放式"的本科人才培养目标,将"应用型、复合型"纳入了法律人才培养目标之中,并付诸实施。

卓越法律人才教育培养计划自2012年出台以来,学校立足优势,以已有的基础和经验为依托,借助经济、法学、管理学这三大主干学科,努力探索和尝试卓越法律人才培养的新模式。2013年11月学校在深入调研、科学论证的基础上,成立了"卓越法律人才教育培养计划"工作领导小组负责我校"卓越法律人才教育培养计划"的组织、实施、协调和监控等工作。

(一)应用型复合型法律职业人才培养举措

1. 改革培养方案,注重课程的复合性与实践性

为贯彻"复合型、应用型卓越法律人才培养"的目标和要求,学校2012年再次调整修订《法学专业全程培养方案》,继续在法学本科教育中除法学方向以外,增设民商法、政府法制和涉外经贸法三个方向。法学课程内容主要包括通识教育课程、学科基础课程、专业课程、实践与实验课程、素质教育课程五个部分。"新培养方案"对专业课程的理论教学和课内实验分配了具体学时,部分课程的课内实验学时约占总学时的30%,法律诊所课由此前的通识选修课调整为专业选修课,实践与实验课程的学时和学分明显提高。根据民商法、政府法制和涉外经贸法三个方向的特点和职业能力开发的要求,新的培养方案对相应的课程体系进行扩展。为了紧密依托学校"经、法、管"三大学科优势,在课程体系设置上引导法学专业学生在必修《经

济学通论》和《管理学通论》的基础上，结合自己的兴趣、职业规划选修至少3门经济学和管理学专业课程。

修改后的培养方案具有三大特征：一是重视实训教学和法律技能的培养，在必修课中专门设置课内实验课时，要求教师配合课程教学开展实训训练；二是以就业为导向，以融通性法律应用人才为培养目标来设置不同方向的培养方案；三是遵循现代高等教育的规律，将方向设置模块化和课程设置学分化。

2. 改革教学方法，拓展实践教学途径

我校法学学科通过各种措施推动教学方法的改革。在传统的课堂教授之外积极探索新的教学方法，如讲授式与参与式结合教学法、信息技术与课程整合教学法、案例教学法、双语教学法、诊所式教学法、沙龙式教学法等，借助多媒体教学和学校的BB教学辅助平台，促进教、学以及师生之间的良性互动，并探究法律学科在运用多媒体教学中的特殊规律；鼓励教师特别是青年教师参加讲课竞赛，以此推动各专业教师在教学方法与教学手段方面的更新与完善。

强化法学实践教学途径。主要采取以下五种方式：一是普通课堂途径，实行案例式教学，通过案例解剖分析进行部门法教授；实行诊所式教学，发挥已有的法律诊所的作用，以疑难案例供学生课堂“诊断”。与此相关，考试也变单纯知识记忆考查为知识记忆与综合应用能力相结合的考查。二是模拟法庭教学和旁听法院实案审判并进行书面分析评议，实现课堂内外的互动与促进。三是对实践过程进行实验模拟，让学生在实验室里参与办案过程，培养实际工作能力。四是聘请法律实践第一线有涉外经验的资深实务部门工作者（如法官、律师等）到学校任兼职教师，具体讲授涉外法律实务课程，特别是纠纷解决实务课程。通过正式排定课时的方式落到实处，争取使兼职教师每周授课不少于两课时，让这类兼职教师参与学生毕业论文指导，并实际给予相关报酬。五是依托学校法律援助与保护中心开展诊所式法律教育、社区法律服务、教学实习等教学活动，组织“法律人在行动”“法律进社区”等大型法律援助活动。

3. 建设法学实验室

目前，学校现有国家级法学实验示范中心，成立法学实验教学中心，下设立法实验室、执法实验室、诉讼实验室、非诉讼实验室、法律实效实验室、证据学实验室、知识产权实验室等七个实验室，形成全新的实验教学体系。同时，学校已经开发一套拥有自主知识产权的法学实验教学系统，开设了一门独立的必修法学实验课程。

4. 建设实践教学实习基地

在原有教学实习基地基础上，法学院又与湖北省高级人民法院、武汉市中级人民法院、武汉市检察院、东莞市中级人民法院等共 14 家政法机关分别签署了校外法学教育实践基地建设协议。按照协议，这些基地均由学校与相关政法机关共同建设，并由双方领导担任基地负责人，双方在学生实习指导、案件调研、理论研讨、互派专家讲座等方面展开深入的合作。

5. 建设理论与实践经验相结合的师资队伍

学校采取了多种切实有效的举措建设高水平师资队伍。第一，在“青年教师挂职锻炼计划”基础上，进一步落实“双千计划”，鼓励支持法学专任教师到法律实务部门挂职，参与法律实务工作。第二，注意加强与国内高校、科研机构的交流，鼓励专业教师到其他高水平法学院校、科研机构进行博士后研究。第三，加强与海外高水平法学院校的联系。学校先后邀请美国、德国、意大利及我国台湾地区同行来校讲学，并与瑞典、美国、德国及我国台湾地区等多所法学院合办研讨会或签订合作协议。第四，学校进行了专项投入做好人才引进工作。

6. 编写优质教材

法学学科确立了系统而完善的课程体系，并打造系列精品教材，取得了优异的成绩。学校组织教师积极参加国家"十一五"规划教材、法学精品课程系列教材、普通高等教育国家级规划教材和21世纪通才系列教材等各类教材的编写工作，由高等教育出版社、北京大学出版社、法律出版社等知名教材出版单位出版教材近百种。根据实验教学的需要，法学院还在北大出版社出版了多本法学实验教材。

7. 整合多种资源，建立合作培养机制

学校倡导并加入了武汉市南湖片区十校联合办学。在此过程中，法学学科抓住机遇，大力宣传学校法学专业，并认真地准备双学位培养计划，遴选优秀教师担任授课老师，保证了双学位教学的质量。联合办学，实现了培养对象的多样化，一方面，使本专业学生可以辅修其他专业，在保证法学专业学习的前提下拓展综合素质；另一方面，为更多的学生提供了接受优秀法学教育的机会，使法学知识成为他们综合素质中非常重要的一个方面。

（二）涉外法律人才培养措施

学校在涉外法律人才培养上，除了吸收、借鉴、共享某些应用型复合型法律人才培养的举措，还特别针对涉外法律人才培养的实际，采取了如下一些"补强"措施：

1. 构建"国内——海外合作培养模式"（也可称为"四个一培养模式"）

主要内容包括以下几个方面：建立适合培养涉外法律人才需要的招生机制或生源选拔机制，重视对语言能力的要求；实行分阶段的培养，即分为四个阶段，第一年学生在国内进行通识教育，目的使涉外法律人才具备社会精英或英才的品质和素养。第二年学生在国内进行知识结构中第三、四、五层次学习，即进行法学共同的基础理论和方法论的学科、社会科学领域相关部门和人文社会科学贯通基础理论和方法论的学科的学习。第三年学生在国外进行知识结构中第一、二层次学习，目的是使学生具备涉外法律人才所需要的坚实的专业理论素养和初步的职业技能，掌握熟练地运用外语的能力。第四年在国内进行完整的国际法学科的学习，并且进行适当涉外法律人才培养的实践学习；实行导师为主，课堂教学为辅的培养方式进行教学；采取学校与涉外职业部门联合培养，涉外职业部门的专家可以承担课堂教学、担任导师组成员、指导实践和实习方式，参与联合培养；聘请外国专家学者进行课堂教学，增强涉外法律的知识与外国语言能力；通过国际合作办学培养涉外法律人才的国际视野和处理国际事务的能力。

2. 建立涉外实践教学实习基地

目前，我校法学院已经与武汉海事法院联合建立了实践教学实习基地。确保每年 20 名左右的学生进行实习，了解海事案件的处理流程，熟悉处理海事案件的技巧，提高解决海事纠纷的能力，掌握国际法尤其是海事方面的国际法制度以及国际惯例。

3. 鼓励、支持学生参与国内外实践活动

建立有效机制，促进学生参与国内外的法律竞赛活动。例如，模拟联合国大会、国际空间法模拟法庭竞赛、国际人道法模拟法庭竞赛等活动，促进学生综合素质，尤其是涉外法律实务技能的提高。

（三）西部基层法律人才培养措施

与上述涉外法律人才培养相一致，我校在西部基层法律人才培养过程中也富有针对性地采取了如下一些举措：

1. 继续加强和完善西部基层政法干警试点班的培养工作

学校 2008 年开设的西部基层政法干警试点班，最初是培养西部基层法律人才的“试点”。该班学员大多来自中西部地区，毕业通过国家司法考试后到中西部地区法院、检察院工作。该试点班现已为内蒙古、宁夏、青海、陕西、贵州、甘肃、广西等西部地区培养了大批优秀政法人才,他们构成了西部基层法律人才的重要组成部分。2012年"西部基层法律人才教育培养基地"获批后,学校根据基地建设的实际需要,将原有的西部基层政法干警试点班打造成培养西部基层法律人才的"特色班",将原有试点班学员培养纳入"西部基层法律人才教育培养基地"的建设框架当中培养。

该特色班培养方案按法官业务与检察官业务两个方向分类培养,在课程设置与实践教学方面各有所侧重。我校2008年率先组织研究制定了西部基层政法干警试点班培养方案,成为当时全国第一个西部基层政法干警试点班的培养方案蓝本,目前根据实际培养需求已做过多次调整。

2. 继续开展西部基层需要的法学专业建设

继续设置与完善与西部基层密切相关的边防管理、治安学专业,将其打造成"西部基层法律人才教育培养基地"的特色专业。这两个专业在边疆辽阔、民族与社会治安问题比较突出的西部地区有很大的需求。我校边防管理专业与治安学专业对新疆、西藏等西部边疆地区予以政策倾斜和支持,每年都吸引许多来自新疆、西藏等西部地区的学生赴我院求学深造。迄今为止,已经培养了逾百名维吾尔族、藏族、回族等少数民族优秀本科毕业生,为当地社会发展、经济建设提供了大批法律高级人才。而很多中东部地区的学生,通过这两个专业的教育培养,也有不少主动选择到祖国的西部与基层工作。

3. 积极开展各种服务西部基层理念的"融入式教育"

西部基层法律人才的培养不仅跟"应用型复合型人才培养基地"一样强调"职业教育",重视应用能力培养,而且特别重视"德育教育",引导学生树立"志在西部、扎根基层"的思想认识观念。法学学科举办了多场“法行天下　直面职场”职业规划系列讲座，邀请了我校法学专业从事法院、检察院、律师、企业法务等方面的历届毕业生代表，以讲座形式面向法学本科学生交流有关职业选择、职业发展、职业待遇、地域区别等信息，帮助在校学生更好地开展职业规划，引导学生改变就业观念，倡议到西部基层广阔的天地中大展身手。

在校外实践基地当中，我校着手考虑在湖北西部的恩施少数民族聚居区和新疆等地区设立实践教育基地，让学生可以直接到西部基层法院去见习、实习，直接了解西部基层司法的要求，为他们能够适应西部基层司法搭建重要的实践平台。

同时我校还积极推动符合“西部基层法律人才”教育需要的通识课程建设，开展服务西部基层的“融入式教育”，目前已开设了一些帮助学生更好地了解基层实际、西部社会民情的《法律与乡村治理》《宗教文化导论》等通识课程，将社会主义法治理念教育融入西部基层法律人才培养全过程，目前已全面进入《法理学》的课堂。

4. 培养熟悉西部法律事务/实务的师资队伍

遴选校内外有丰富实务经验的专职教师和兼职教师担任授课老师，借助“青年教师挂职锻炼计划”打造熟悉西部基层法律实务的师资队伍，并在“双千计划”的推进过程中向西部基层有所倾斜，加强与西部基层法律实务部门的交流与合作。我校于 2011 年成立“中国信访与社会稳定研究中心”以来，先后多次到包括中西部在内的各信访局调研，对信访立法起到积极推动作用。在对农村基层司法问题，我校多名教授对鄂南等中西部乡村进行调查研究，提出了乡村司法的“双二元结构”观点及一系列解决乡村纠纷问题的实践建议。这些调查研究对我校如何有针对性地加强西部基层法律人才的培养，打造熟悉西部基层法律实务与西部实情的师资队伍具有重要意义。

5. 加强与西部法律实务部门的联系，创建校外实践基地

加强对西部基层的各种调研，并着手启动面向西部基层与西部民族地区的校外实践基地创设。2013 年 8 月，我校与新疆警察学院、新疆国际反恐怖主义与国家安全战略研究院就教学研究方面进行了深入交流。2013 年 10 月新疆警察学院、新疆维吾尔自治区人民政府应急管理办公室回访我校，加深了沟通与交流。在建立学校—法律实务部门的联合培养机制的目标指引下，2013 年 6 月，我校还与鄂西恩施自治州签订《"法治恩施"建设战略合作协议》，约定中南财经政法大学法治研究院和恩施州政府充分发挥各自的比较优势，加强"法治恩施"建设相关领域的互动合作，建立全方位的合作。

五、中南财经政法大学卓越法律人才教育培养计划实施中存在的问题

在卓越法律人才实施的过程中，我校结合自身情况，实施了契合于本校法律人才培养的一系列举措，但我们也应注意到，卓越法律人才教育培养计划在实施中还存在一些问题，有些问题甚至是各高校面临的共性问题。

第一，卓越法律人才培养的理论研究有待加强。卓越法律人才培养是对传统法学教育的一种革新。因此，如何在理论上深挖、论证卓越法律人才的培养，关乎此项革新的成败。尽管我校对卓越法律人才培养的理论研究也有所开展，并于 2014 年 1 月出版了《卓越法律人才培养探索》一书，从应用型复合型卓越法律人才教育培养、法学教育方式的改革与创新以及法学实践性教学的推广运用这三个方面进行理论探讨，但是，我们的研究还略显分散、缺乏针对性。

第二，卓越法律人才质量规范体系尚未完全统一。卓越法律人才教育培养计划实施以来，各高校尤其是各培养基地都根据自身的

情况制定了卓越人才培养计划，该计划涉及培养模式、课程设计、师资建设等多个环节的改革，目前已按步骤展开。各基地建设的效果如何需要有具体的评价体系加以衡量，因此卓越法律人才教育培养标准呼之欲出。但目前对于培养标准尚停留在各高校拟制的层次，尚未形成全国性的培养标准。我校虽结合自身的实际，制定了卓越法律人才质量规范体系，如《中南财经政法大学应用型复合型卓越法律人才培养标准（建议稿）》，但还缺乏和兄弟院校的沟通和交流，以致整体意义上的卓越法律人才质量规范体系尚未统一。

第三，高校教师评价体系使得教师对参加实务工作积极性不足。现行法学教师的选拔、考评体系以及课程任务等体系与实践型法律人才培养不切合。卓越法律人才的培养对教师素质的要求更高，法学教师不仅需要具有法学理论深度还要具有其他学科知识基础，还要具备一定的实践经验。但目前高校法学教师体系存在以下问题：一是目前法学教师的选拔多为博士毕业生，知识体系偏重于理论而缺乏实务经验。二是目前高校对于教师的考察偏重于教师的理论科研成果，而忽视教师从事实务工作，此种评价体系使教师更愿意将精力投入理论研究中而缺乏从事实务工作的精力和积极性。三是法学教师教学任务繁重，对象从本科生到博士生，从法学学生到非法学学生，从偏重实务性的法律硕士到偏重理论研究的学术硕士，教师毕竟精力有限，难以满足卓越法律人才教学对教师的要求。

第四，跨学科专业知识融合程度不高。各高校利用自身的特色专业与法学专业相融合的过程中存在问题。虽然学校利用自身的优势为法学学生开设其他专业的课程，如经理类、管理类、工科类课程。但是这些课程多以选修课的形式出现，学生缺乏重视。例如，我校现开设的通识课程共 63 个学分，1072 学时，仅占全部学时的 35%，但还不能充分实现跨学科的培养目标，跟法律职业领域相关的社会常识，应当包括历史通识、哲学通识、经济学通识、管理学通识、政治学通识、文学通识，以及必要的外语、计算机和体育常识等，有必要进一步增加。

第五，实践教学的效果尚不够明显。在卓越法律人才培养过程中，实践教学至关重要，它不仅有助于学生对于理论知识的理解，而且能够激发学生主动性地进行学习。现有实践教学大致包括课堂实训、实验室模拟实验、暑期实习以及学期中土实务部门值班等方式。然而，在实际的实践教学中，我们发现由于司考备战压力、就业压力，以及学位论文的撰写压力，学生常常忽视实践教学，以追求实践学分为目的也大有人在，由此导致实践教学的效果并不明显。因此，如何缓解学生的压力，使其全身心地投入实践教学当中，需要进一步的思考。

六、卓越法律人才教育培养计划的改进思路与对策

根据《教育部、中央政法委员会关于实施卓越法律人才教育培养计划的若干意见》的精神，结合学校长期以来所坚持的“应用、开放、融通”的办学理念，我们认为在未来卓越法律人才教育培养计划的改进上，从宏观方面，应从如下一些方面入手：

第一，创新人才培养模式。加强中国特色社会主义理论体系教育，把社会主义法治理念融入卓越法律人才计划全过程，把科学道德和学风教育纳入卓越法律人才培养的各个环节。科学统筹安排本、硕、博各个学位阶段，探索新型的法律人才培养学制模式，如借鉴医学培养学制延长法学本科就读时间或实行本硕连读模式。在卓越法律人才培养过程中，注重理论学习与实践能力培养相结合，培养学生的创新能力，探索形成各具特色的培养模式。

第二，建立创新激励机制。根据法科学子的学术兴趣、知识结

构、能力水平等，制定个性化的培养计划。发掘学生创新潜能，鼓励学生自主提出具有创新价值的研究课题，在导师和团队指导下开展研究，由培养单位提供必要的条件支持。

第三，改革质量评价机制。敦促培养单位建立科学合理质量保证体系建设规范，保障培养单位质量保证的主体作用，通过完善外部监督体系，搭建质量监督信息平台等措施全面客观地加强对各实施院校的监督和指导。

第四，营造良好的政策环境。强化政策保障，适当加大投入力度，鼓励改革试点，着力破除制约卓越法律人才计划的体制机制障碍和政策瓶颈，进一步帮助培养单位建设拔尖创新人才和高层次应用型人才培养示范平台，积极探索提高质量的新机制。

第五，建立国家性的统一培养标准。在目前各高校培养标准的基础上加快制定国家性的统一培养标准。该标准作为卓越法律人才培养的纲领性文件，应当体现科学性、全面性、前瞻性以及可操作性。根据卓越法律人才培养的目标，对应用型、复合型法律人才，涉外型法律人才，西部基层法律人才的培养分别制定不同的培养标准，对作为卓越的法学学生应当具备的能力和素质加以明确。明确作为卓越法律人才所应当具备的道德素质、学科知识的掌握以及不同的实践能力。

第六，各学校需要根据自身的特点和优势将本校法学教育特色化、专业化。各高校应充分利用本校的各种资源，尤其是专业领域优势，培养有特色的法学人才。如财经类院校的法学生重点学习将法学与财经相融合，适用于企业以及金融等法律领域；医学类院校利用自身的医学学科优势，培养法学与医学知识相结合的法学人才，满足医药领域对于法律服务的需求；综合性大学则利用本身多学科发展的优势以及理论研究优势，培养综合型以及涉外型法律人才；理工类大学则利用理工科优势，培养适用于知识产权领域以及懂得相关技术的法律人才。

具体而言，为了更为扎实、有效地实现卓越法律人才计划的实施，在具体措施上，还应该在如下几个方面有所侧重：

第一，加强法学实验室建设。法学不应是低成本办学，卓越法律人才培养对实践能力的要求需要高校加大对法学教育的投入，建立专门的法学实验室。其中法学实验室包括模拟法庭、法律诊所、案例分析室、证据提取与分析室、法规案例资料查询系统等在内的教学实验室体系。

第二，法学教育的内容应体现前沿性。知识的前沿性要求教学内容的更新应当紧随时代发展，紧跟立法和司法的脚步设计课程内容，避免陈旧性的理论教授。

第三，实践教学中的案例应尽量真实。实践教学过程中采用的案例以及法律诊所、模拟法庭等实践环节所采用的案例应尽量真实，有利于学生学到适应真实社会的能力。此外，模拟法庭、法律诊所等实践活动应鼓励法律实务专家的参与，由实务专家进行指导、点评，使实践活动真正与现实接轨。

第四，课程设置上应更加注重学科之间的有效融合。对法学生开设的其他专业的课程不同于相关专业的学生，课程应当与法学融合在一起，两者教授的内容应当有不同的侧重与评价体系，更加注重培养法学生在相关领域利用该专业知识背景进行实际操作的能力。

第五，进一步完善联合培养机制。联合培养包括学校与实务部门的联合培养，也包括国内与国外的联合培养。联合培养机制的建立应当常态化、体系化、规范化，真正收到人才交流学习的作用，避免随机性和表面化。

第六，改革现有教学评价体系。评价体系包括对教师的评价以及对学生的评价。新评价体系应重在评价法学实践教学环节和教学效果，应具有高度的开放性，不仅有教师和学生的参与，还应当将法律实务部门纳入整个教学评价机制中。对教师的评价，将学生对教师的评价纳入教师的评价体系中，改变现有以教学和科研为主导的评价体系，加入教师实践教学能力和实践效果加入评价体系中，将教师参加挂职锻炼、参加学生实践活动指导等方面纳入评价体系中。对学生的评价，不仅要包括教师对学生的评价，还要包括实务部门对学生的评价。

第五章 中南财经政法大学大事记

一、中原大学时期(1948.6～1953.7)

(一)1948 年

6 月,以邓小平同志为第一书记的中共中原局决定并报经中共中央批准筹建中原大学,由第二书记陈毅同志担任中原大学筹备委员会主任。

(二)1949 年

中原大学迁往武汉办学。

(三)1953 年

在全国高等院校调整中,根据中南局指示并经中央人民政府高等教育部同意,撤销中原大学,同时以中原大学财经学院、政法学院为基础,荟萃中南地区六省多所高等学校的财经、政法系科,分别成立了中南财经学院和中南政法学院。

二、中南财经学院与中南政法学院时期(1953.8～1958.9)

(一)1953 年

以中原大学政法学院为基础,合并了湖南大学、中山大学、广西大学的政治系和法律系组建中南政法学院,同时荟萃中南地区六省多所高等学校的政法学科,成立了中南政法学院法律教研室,由我国著名民法学家戴淳隆先生任教研室主任。

（二）1954 年

1.5 月，中南政法学院成立马列主义关于国家与法的理论教研室。

2. 国际公法首次被列为本科教学计划中的主修课程之一，中南政法学院是国内最早系统教授国际公法的高等院校之一。

（三）1955 年

张仲伯教授进入学校工作，逐步建立中南政法学院国际私法教学的理论体系，并最终形成在我国国际私法学界颇具影响的“小国际私法观”，得到中国法学界的广泛关注和积极评价。

（四）1957 年

卢俊凯着手编写了中南政法学院第一部适用于法学本科教学的国际公法讲义。这部讲义被当作教科书实际应用于教学中，该教材是中华人民共和国成立后最早的国际公法教材之一。

（五）1958 年

湖北省接收了教育部和司法部移交的中南财经学院、中南政法学院并将两校与中南政法干校、武汉大学法律系合并组建为省属湖北大学，同时扩充了文史和数理化专业，拟将湖北大学建设成为综合性大学。

三、湖北财经专科学校时期(1971.12～1977.12)

（一）1971 年

在“文化大革命”的肃杀气氛中，高等教育园地一片凋零。湖北大学被迫撤销，缩编为湖北财经专科学校，后者是当时全国原有 18 所财经院校仅存“一所半”中的“半所”。在极端困难的条件下，剩下的教职员工坚守财经教育阵地，并尽力保存政治、法律专业的师资力量。

（二）1975 年始

湖北省高级人民法院委托原湖北财经专科学校法律教研组的十几位同志为其定期举办“司法干部培训班”。

四、湖北财经学院时期（1978.1～1985.9）

（一）1978 年

1. 湖北财经专科学校更名为湖北财经学院，恢复四年制本科教育和研究生教育，成为“文化大革命”以后最早恢复本科生、研究生招生的高等学校之一。

2. 中国共产党第十一届三中全会召开，学校在中国社会科学院法学研究所的组织下，与全国各地法学教学、研究等单位的部分同志一起着手编写了中华人民共和国成立以来第一部《法学词典》和第一部《中国大百科全书（法学卷）》。1980 年，中国新闻出版署为每位编辑委员颁发了“荣誉奖状”。

（二）1979 年

1. 经国务院批准，湖北财经学院由财政部及湖北省双重领导，以财政部为主。

2. 开始招收民商法方向的硕士研究生。

（三）1980 年

郑庭佐、王献枢老师参加王铁崖、魏敏主编的权威教科书《国际法》（法律出版社 1981 年版），这是对我校在中国国际公法重镇地位的肯定和确认。其后，王献枢、邓烈参与中政大版司法部规划教材《国际法》、梁西武大版《国际法》、法律出版社版全国自考《国际法》等国内最知名、最重要教材的主编、副主编工作，也印证了湖北财经学院在国内高校国际法教学研究中的地位。

（四）1981 年

法理学科取得硕士学位授予权，并被学校列为重点学科。

《经济法概论》教材编写出版，反响强烈，被誉为全国第一部经济法教材。

（五）1982 年

章若龙教授主编全国第一部司法部统编教材《西方法律思想史》。

（六）1983 年

学校首次在本科阶段开设环境法课程，是国内最早系统教授环境法课程的高等院校之一。

（七）1986 年

宪法学科取得硕士学位授予权。

五、中南政法学院时期（1984.12～2000.5）

（一）1984 年

12 月，学校以湖北财经学院法律系为基础另辟新区，恢复重建中南政法学院，隶属司法部。

（二）20 世纪 80 年代初

游绍尹先生作为副主编与中国政法大学张晋藩先生共同主持了《中国法制史》的撰写；张梦梅先生参加了《外国法制史》的编写。

（三）1987 年

9 月，民商法学科开始正式招收民商法硕士研究生。

（四）1990 年

由章若龙、李积桓主编的《新编法理学》教材出版。

（五）1993 年

民法学学科获得硕士学位授予权，同时设立了知识产权法这一研究方向,并成立了专门的知识产权教研室。

(六)1995 年

经济法学科获得硕士学位授予权。

民法学科被评为司法部重点学科,民法教研室被评为湖北省优秀教研室。

(七)1996 年

国际法学科获得硕士学位授予权。

行政法学学科获得硕士学位授予权。

(八)1997 年

1. 徐国栋教授在民法学学科任教期间建立了民商法典研究所,并组织民法学学科点教师写作并出版了《绿色民法典草案》,在学界产生了较大影响。

2. 宪法学与行政法学两个法学二级学科合并为宪法学和行政法学学科点、获得港澳台地区招收研究生资格,1998 年成为司法部重点学科,1999 年成为湖北省重点学科。

3. 王全兴教授出版《劳动法》教材,被国家教委列为“九五”普通高等教育国家级重点教材,被司法部列为“九五”规划高等学校法学教材,2000 年获司法部“九五”期间优秀科研成果一等奖。

(九)1999 年

12 月,《法商研究》编辑部、《法学研究》编辑部共同举办了“法理学向何处去”全国性的专题研讨会。

六、中南财经大学时期(1985.9 ~ 2000.5)

(一)1985 年

9 月 30 日,湖北财经学院更名为中南财经大学。

（二）1988 年

四十周年校庆之际，邓小平同志亲笔为学校题写了校名。

七、中南财经政法大学时期（2000 年 5 月至今）

（一）2000 年

1. 2 月，国务院批准教育部的方案，中南财经大学和中南政法学院合并，于 2000 年 5 月 26 日组建成新的中南财经政法大学。学校下设法学院，原中南政法学院经济法系教学体系基本不变，原中南财经大学政法系法律专业的教学人员按对口专业分别归入法学院相关系和教研室。

2. 民商法学科获得博士学位授予权。

3. 学校承办中国国际私法学会年会。

（二）2001 年

1. 中南财经政法大学法律史研究所正式成立，陈景良教授任所长。

2. 法律史研究所创办《中西法律传统》学术年刊，成为国内第一个由普通高校的法律史学术点创办的学术年刊。

3. 中南财经政法大学环境资源法研究所成立。

（三）2002 年

1. 吴汉东教授主编的《私法研究》创刊号在中国政法大学出版社出版发行。

2. 法律史研究所正式开办了全国法律史学界的第一个学术网站——“法律史学术网”。

3. 学校承办中国法学会宪法学年会。

4. 环境与资源保护法学科获得硕士学位授予权。

5. 吕忠梅教授荣膺第三届全国十大中青年法学家称号。

6. 蔡虹教授获北京市教育教学成果一等奖和国家级教学成果二等奖。

(四)2003 年

1. 法律史学科获得博士学位授予权。

2. 湖北省人大和学校联合成立“湖北地方立法研究中心”。

3. 中南财经政法大学法学实验教学中心正式成立。

(五)2004 年

吴汉东教授总纂的《民商法文库》在中国政法大学出版社出版发行,其中包括民商法学科陈小君教授等著《农村土地法律制度研究——田野调查解读》、曹诗权教授所著《未成年人监护制度研究》和麻昌华教授所著《侵权行为法地位研究》等力作。

(六)2005 年

1. 9 月,学校跨入国家“211 工程”重点建设高校行列。

2. 国际法学科与诉讼法学科获得博士学位授予权。

3.《民法学》课程获评教育部“国家级精品课程”。

4. 民商法学科被评为司法部重点学科。

5. 姚莉教授入选教育部新世纪优秀人才支持计划。

(七)2006 年

1. 学校获得法学学科一级博士学位授权点。

2. 中南财经政法大学法律文化研究院创立,范忠信教授任院长。

3. 民商法学科被评为湖北省重点学科。

4.《宪法学》成为省级精品课程,《中国宪法导论》获第二届全国法学教材与科研成果二等奖。

5. 环境与资源保护法学科获得博士学位授予权。

(八)2007 年

1. 8 月,民商法学科以雄厚的实力、丰硕的成果和丰富的平台被教育部评为"国家重点学科"。

2. 民商法学科获准建立博士后流动站。现已形成了学士—硕士—博士—博士后完整的人才培养体系。

3. 法律史学科点首倡发起成立湖北省法律文化研究会,范忠信教授、陈景良教授先后当选第一届至第八届会长。

4. 法律史学科点发起并承办第一届"全国法律文化博士论坛",并于2016年再次承办第十届"全国法律文化博士论坛",是国内法律史学界具有重要影响和良好效果的学术会议。

5. 姚莉教授入选"新世纪百千万人才工程"国家级人选并获教育部全国教育系统先进工作者和全国教育系统巾帼建功标兵称号。

(九)2008年

1.《国际私法学》课程获评教育部"国家级精品课程"。

2. 在经济法教研室的基础上,经济法教研室形成了经济法基础理论、宏观调控法、市场规制法三个相对有所突出但又紧密协作的研究团队,组织机构完善。

3. 民商法学科获湖北省优势学科称号。

(十)2009年

1. "依托区域优势,高校联合培养人才模式的研究与实践"荣获国家级教学成果奖一等奖。

2. 学校与美国律师协会、美国自然资源保护委员会合作设立环境法高级培训与研究基地。

(十一)2010年

1.《中国法律史》获评教育部"国家级精品课程"。

2. 学校承办海峡两岸国际私法学术研讨会。

3. 学校与湖北经济学院合作共建湖北省人文社科重点研究基地——湖北水事研究中心。

4. 民商法学科高飞博士的博士论文《集体土地所有权主体制度研究》获得全国优秀博士学位论文，为当年唯一一篇法学论文。

（十二）2011 年

1. 6 月，学校进入国家“985 工程优势学科创新平台”项目重点建设高校行列。

2. 12 月，湖北省教育厅批准成立湖北省人文社会科学重点研究基地——中南财经政法大学刑事法治发展与司法改革研究中心，后更名为“中南财经政法大学法治发展与司法改革研究中心”。

（十三）2012 年

1. 7 月，中南财经政法大学法治发展与司法改革研究中心正式成立，《中南财经政法大学法治发展与司法改革研究中心简介》《中南财经政法大学法治发展与司法改革研究中心发展规划书》及 LOGO 正式发布，中心网站“中国法治发展与司法改革网”正式开通。

2. 10 月，教育部、财政部、湖北省人民政府签署正式协议，共建中南财经政法大学。

3. 10 月，“湖北法治发展战略研究院”经湖北省民政厅审批登记成立，其与中南财经政法大学法治发展与司法改革研究中心实行合署科研。

4. 学校成功入选全国首批“卓越法律人才培养”三个基地，即应用型复合型法律职业人才教育培养基地、涉外法律人才教育培养基地、西部基层法律人才教育培养基地。

（十四）2013 年

中南财经政法大学法治发展与司法改革研究中心与澳门中华文化交流协会科学院签署战略合作协议，挂牌成立中心—研究院澳门基地。

(十五)2014 年

1. 基层法治研究所成立，由陈柏峰教授担任所长，龚春霞博士担任副所长。

2. "基于 LETS 软件的法学实验教学体系"荣获国家级教学成果奖二等奖。

3. 中南财经政法大学金融法与国际金融法研究所成立。

(十六)2015 年

1. 中南财经政法大学欧盟及人权法研究所正式成立。

2. 最高人民检察院检察委员会委员、法律政策研究室主任万春与法治发展与司法改革研究中心研究院主任兼院长徐汉明签署了最高人民检察院检察应用理论研究基地合作协议。

3. 中国法学会〔2014〕100 号文批复，中南财经政法大学法治发展与司法改革研究中心为"中国法学会法治研究基地"。

(十七)2016 年

1. 中南财经政法大学"一带一路"研究中心正式成立。

2. 日本东京大学大村敦志教授被聘为 2015 年度"长江学者"讲座教授。

3. 杨灿明教授、徐汉明教授、张德淼教授，陈子远博士后撰写的《关于中国法学教育改革的若干建议》，获得中国法学党组书记、常务副会长陈冀平及副会长张文显批示，并呈报中央领导，获得中共中央政治局委员、国务院副总理刘延东批示。

4. 学校承办中国法学会民法学年会。

5. 陈小君教授和温世扬教授均为中国法学会民法典编纂项目领导小组成员，其领导的团队直接承担了中国法学会民法典编纂项目领导小组《民法总则专家建议稿征求意见稿》民事主体部分的起草与修改工作。

6. 陈小君教授、温世扬教授、徐涤宇教授分别担任中国法学会民法分则物权法编、侵权责任法编、婚姻家庭法编立法研究项目组负责人之一，积极参与相关立法研究并提出立法建议。

（十八）2017 年

1. 1 月，我校与意大利罗马第一大学共建“中意法学研究中心”，意大利总统塞尔吉奥 · 马塔雷拉（Sergio Mattarella）先生出席中心成立仪式并为中心揭牌。意大利前司法部长、意大利前共产党总书记、罗马第一大学罗马法首席教授、我校文澜讲座教授奥利维耶罗 · 迪利贝尔托（Oliviero Dilibeto）教授任意方主任，我校徐涤宇教授任中方主任。中意法学研究中心的成立，标志着我校对外学术交流迈上新台阶。

2. 宪法学科举办“宪法的社会哲学理论与中国宪法学发展”学术研讨会暨“全球政治伦理：权利、民主与立宪主义”。

3. 9 月，学校入选世界一流大学和一流学科（简称“双一流”）建设高校及建设学科名单。

4. 中国特色社会主义进入新时代，学校将坚定不移地走中国特色社会主义教育发展道路，为建设成为“特色鲜明的高水平人文社科类大学”而奋斗，为建设富强民主文明和谐美丽的社会主义现代化强国做出应有的贡献。

西政篇

歌乐山下的“红岩精神”

第一章　红色基因与恢复重建

西南政法大学(以下简称西政)原名西南政法学院,其前身是1950年成立的由刘伯承元帅担任校长的西南人民革命大学。西南人民革命大学的爱国情怀是西政精神的源头。1953年以西南人民革命大学为基础,合并重庆大学、四川大学、贵州大学、云南大学、重庆财经学院的法律院(系),正式挂牌成立西南政法学院。建院伊始,学校得到了时任西南局负责人邓小平、刘伯承等老一辈无产阶级革命家的亲切关怀,原东北抗日联军第二路军总指挥周保中将军出任西南政法学院首任院长。西南政法学院建院之初即选择歌乐山下红岩烈士殉难之所作为校址,是为“以先烈们的革命精神教育青年、培养政法干部”。1958年,中央公安学院重庆分院又并入西政。特殊的建校背景,使西政既汇聚了法学名流,又吸纳了实务精英,既秉承了深厚的法学传统,又融入了公安教学的特色。学校也因此被誉为新中国法学教育的“西南联大”。

学校先后经历了由西南大区、司法部、四川省、最高人民法院、司法部、重庆市等多次管理隶属关系的变更。回首往昔,学校在“文化大革命”期间曾一度被迫停办,1977年经中央批准率先恢复招生。1978年学校经国务院批准为全国重点大学,是司法部部属政法院校中唯一的重点大学。1993年学校被国务院学位委员会批准为博士学位授权单位;1995年,经原国家教委批准更名为西南政法大学。2003年学校被国务院学位委员会批准为全国首批法学一级学科博士学位授权单位;2004年学校经国家人事部批准设置法学博士后科研流动站。2012 年 3 月学校经教育部批准为自主招生试点高校；同年 8 月学校经中共中央政法委员会、教育部批准成为首批卓越法律人才教育培养基地；同年 10 月学校成为教育部和重庆市人民政府共建高校。2016 年学校入选国家“中西部高校基础能力建设工程”院校；2017 年入选重庆市一流学科建设高校。

近 70 年来，西南人民革命大学、西南政法学院、西南政法大学一脉相承，生生不息；近 70 年来，创业的艰辛与曲折，探索的迷惑，起伏跌宕；近 70 年来，从化龙桥、歌乐山披荆斩棘到渝北校区破土拓荒，从复办的艰苦卓绝到拓展办学的宏图大展，几代西政人薪火相传、矢志前行，一次次成就骄人的辉煌，共同书写了中国法学教育史上浓墨重彩的一页；近 70 年来，西南政法大学发展中的每一个点滴和大小时刻，凝聚、塑造了独特的西政学人风格与学术品格；近 70 年来，变化的是历史，不变的是“心系天下、自强不息、和衷共济、严谨求实”的西政精神。

第一节 始于“革大” 命名“西政” 十年浩劫 丹心护校(1950 ~ 1976 年)

1949 年 11 月 30 日，中国人民解放军解放重庆，中共中央西南局和西南军政委员会所面临的是管理、建设刚获解放的四川、云南、贵州、川康四省和重庆市这一历史性的任务。这是一个拥有 100 万平方公里土地，拥有 7000 万人口的大区——西南地区。此时，这一地区仅西藏还未获得解放，解放西藏也是西南局、西南军政委员会将要面对的又一历史性重任。要完成这些艰巨的历史性重要任务，干部显得极为重要。据统计，当时随解放军南下进入西南地区地方工作、有一定工作经历和经验的干部总人数不足 3 万人，3 万名干部远远不能满足西南地区社会主义革命和社会主义建设的需要，干部奇缺的尖锐矛盾凸显出来。为了解决“干部荒”的问题，西南局人事部决定招聘10万名干部以解燃眉之急。事实上，10万名干部也不能满足西南地区社会主义革命和建设之需。不仅如此，而且干部不应只有足够的数量，还应当有相当的质量，所以培训干部成为当务之急。鉴于此，中共中央西南局、西南军政委员会决定设立一个“专门教育培养人材的机构”。

1950年3月西南军政委员会致电中宣部并转政务院，拟请创立西南人民革命大学，“统一对旧公务人员和知识分子进行有计划、有步骤、有方法的改造教育”。中央政务院即回电，同意创建西南人民革命大学。1950年3月25日《新华日报》即以“西南军政委员会决定筹办西南人民革命大学”为题，报道了西南人民革命大学筹建并即将招生的消息。1950年4月23日，招生工作正式开始。1950年5月14日，西南人民革命大学成立暨开学典礼在红岩村西南人民革命大学总校大操场（复旦中学操场）隆重举行。西南人民革命大学校长由西南军政委员会主席刘伯承兼任。

时任校长刘伯承为西南人民革命大学题校名，校风定为“团结　紧张　严肃　活泼”。校训为“实事求是　民主作风　虚心冷静　艰苦朴素。”刘伯承校长在西南人民革命大学开学典礼上讲道：“现在人民解放战争胜利了，为要使这批学生参加新民主主义的国家建设，我们照毛主席指

刘伯承校长出席西南人民革命大学成立暨开学典礼并作讲话

示来办西南人民革命大学,也就是继承抗大精神而来的。”他强调:“我们打破旧世界之目的,就是要建设一个人民的新世界……我们要把这期学生准备学习几个月之后,用之于参加西南政治、经济、文化、教育各方面的建设工作。”

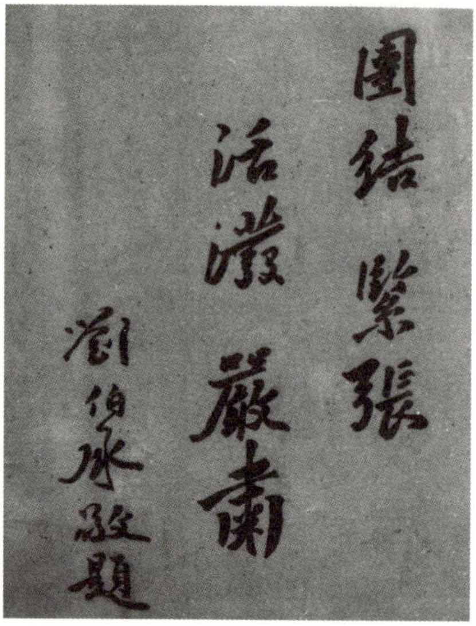

刘伯承校长题写的校风

西南人民革命大学第一期计划招生 20,000 名,重庆总部计划招生 6500 名,成都分校 3500 名,昆明(云南)分校 3001 名,贵阳分校 2500 名,川北分校 1500 名,西康分校 500 名,川东分校并入总校。后来,学校实际招生人数均超过了计划人数。第一期重庆总校学员的主要来源中,公教人员占招生人数的 58%,学生占 31%,工人占 7.7%,其他占 3.3%。学员中大学文化程度的占招生人数的 28%,专科文化程度的占 11%,高中文化程度的占 38%,初中文化程度的占 18%,小学文化程度的占 5%;主要是接收各机关留用人员、编余人员及新招失业知识分子。

随着我国社会主义革命和建设的快速发展,全国大规模的经济建设和文化建设即将来到,我国高校的目的、任务和格局分布都必然发生与之相适应的调整和变化。1952 年 10 月,西南人民革命大学根据西南文教部高等学校院系调整计划,在西南人民革命大学政法系的基础上建立西南政法学院。在此前后,西南财经学院法律系、重庆大学法学院、四川大学政法学院、云南大学政治和法律两系、贵州大学

西南人民革命大学总校校门

法律和政治经济系政治组也相继并入，成为成立西南政法学院的基础。

1953 年 8 月，中共中央西南局决定由西南行政委员会政治法律委员会主任周保中兼任西南政法学院院长。1953 年 9 月 20 日，西南政法学院在原西南人民革命大学一部原址——重庆市化龙桥正式挂牌成立。

建院之初，学院的组织机构简单，仅有一室两处，即院长办公室和教务处、总务处。院长办公室下设秘书、人事两科；教务处下设教务科、资料科、教研室、图书馆，并领导专修科 6 个班和指导 1 个干部轮训班；总务处下设事务、财务、膳食 3 个科。全院职工共有 146 人。校舍因在西南人民革命大学一部的化龙桥旧址，房屋较少，教室不足，尤其缺乏运动场地和学生自习场所，全院师生只能在草棚上课，在山坡上锻炼，在空地上自习。学院最感困难的问题是师资力量的薄弱，西南大区一级机关许多部门的负责同志在百忙中挤出时间，热心为学院的学生授课，为培养新中国的政法人才做出了贡献。1953 年，先后来院授课的领导同志有：时任中共中央西南局宣传部副部长张非垢、时任新华社西南分社社长常子青、时任最高人民法院西南分院院长张曙时、时任西南公安部副部长刘秉琳、时任西南总工会主席杨超、时任西南财经委员会副主任邓晨曦、时任西南民族事务委员会副主任孙雨亭、时任西南民政部副部长王德茂、时任西南农村工作部副部长李登瀛与秘书长张再望,以及西南劳动局、检察分署的负责同志等。但由于他们工作繁忙,授课多数是单元式集中上大课,加之主讲教师与学生相互交流少,校内仅有孙孝实、吕谨 2 人讲课,校内教师的辅导与讲授内容不能很好衔接。因此,大力培养师资成为亟待解决的重要问题之一。

1953 年暑期,院系调整来的一年制学生已有 191 人毕业。同时,学院参加全国统一招生,录取新生 114 人。到学院成立后的第一学年开学时,全院共有学生 889 人,其中专修科二年级 4 个班 457 人,一年级 2 个班 216 人;干部轮训班学员 216 人(系由西南各省业务部门选送的县法院院长,省、市法院的审判员、书记员等)。

西南政法学院成立后,新建校舍的问题亟待解决。1953 年 8 月,西南高教局、财政局划拨学院建校基本建设费 84.7 亿元(旧币,下同),要求在年内完成新建校舍任务。经多次寻觅校址,并接受了时任西南政法学院党委和中央司法部部长史良的建议,学院确定在烈

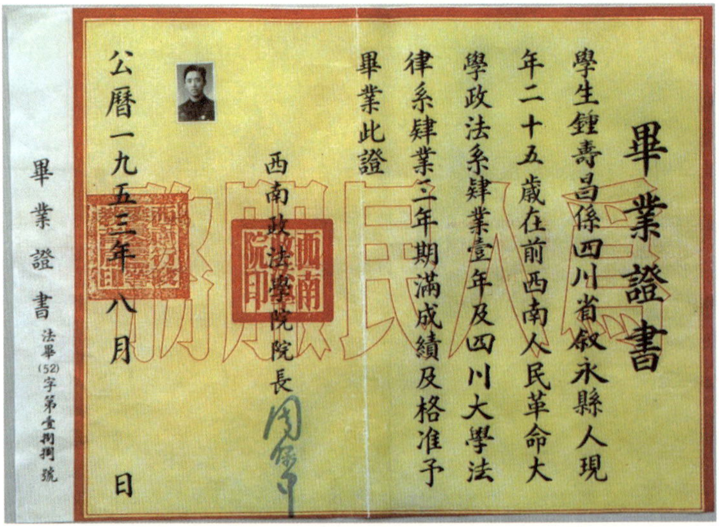
畢業證書

學生鍾壽昌係四川省叙永縣人現年二十五歲在前西南人民革命大學政法系肄業壹年及四川大學法律系肄業三年期滿成績及格准予畢業此證

西南政法學院院長

公曆一九五三年八月 日

畢業證書 法畢(52)字第壹捌捌號

1953 年由西南政法学院颁发的毕业证书

士墓旁建校。因为这个地方当时是西南公安局劳改处所属劳改农场土地，可以无偿调拨，免却群众迁移等工作，并可提供修建方便；且这里原系美蒋“中美特种技术合作所”旧址，过去是美蒋特务囚禁、屠杀革命志士的地方，正好以先烈们的革命精神来教育青年、培养政法干部。学院决心在这面积约400亩的荒坡上，建起一座崭新的政法高等学府。

1954年8月，位于沙坪坝烈士墓的新校址，包括教学大楼、学生宿舍和办公大楼3幢主体建筑工程落成，学院即由化龙桥迁至烈士墓，并庚即迎接学院成立后新招收的第一届本科学生（通称58届）入学。全院上下满怀激情，在“三幢房子办大学”，既无图书馆，又无体育场地和专门的教职工宿舍，从领导到群众，从教师到学生，都在自觉而紧张地为创建新型政法学院而奋战、忙碌。全院师生员工，除搞好正常的教学、行政、后勤、基本建设外，都以极大的热情积极投入建设新校园的义务劳动之中。他们利用业余时间，自觉地美化环境，植树栽花、平整操场、修建道路，很快就把一个杂乱的工地变成为一个简朴的校园。可以说，西南政法学院新校址的建设，从一开始就凝结了广大师生员工无数的辛劳和汗水。

在社会主义大学向工农开门的思想指导下，58届的200名学生中，调干和工农兵占90%以上，党、团员达94%。1954年9月初，学院借用原中央人民公安学院重庆分院礼堂，为新招首届本科同学举行了简朴而又热烈的开学典礼。从此，他们开始了4年的大学生活。这时，学院已有包括新招首届本科同学、专科二年级同学和干训学员在内的3个层次共694人，连同教职工，全院总人数已达990人。一个以本科为主，兼有专科和干部轮训的新型政法学院已初具规模。

从党中央1956年9月召开党的第八次全国代表大会至1966年“文化大革命”前夕，是我国社会主义建设在探索中曲折发展的历史时期。在此期间，西南政法学院在探索建立社会主义高等政法教育实践中，遭遇了许多曲折。从 1957 年开始，“左”的思想政治路线干扰学校办学方向，各种政治运动连年不断，知识分子政策遭到扭曲和破坏，学校教育事业受到严重冲击。但是，全校师生员工经受住了各种困难的严峻考验。几经调整变革，教学、科研和基础设施仍有较大发展，新一代教学骨干力量在不断成长。学院曲折前进的历程，无论是正面经验抑或反面教训都是可贵的财富，均为学校的建设和发展提供了不少有益的借鉴和启迪。

1966 年 5 月至 1976 年 10 月的 10 年间，中国经历了一场史无前例的、震惊世界的“无产阶级文化大革命”运动。西南政法学院在 10 年内乱中遭到了空前的破坏和摧残，一大批有才能的知识分子和干部遭到残酷的打击迫害，许多重要的教学资料被焚毁，大批图书散失，校园被侵占，整个学校也几乎被强行撤销。由于学校广大教职工的努力抗争和最高人民法院向四川省委多次提出保留西南政法学院的意见，1975 年 8 月 26 日四川省委在给国务院的报告中表示，“最高人民法院如果决定办政法学院，四川省委没意见，由于四川外语学院已迁至原政法学院，续办政法学院校舍有困难，四川省委倾向给西南政法学院另盖校舍”。在以后 1 年多的时间里，学校党委领导教职工为争取复办继续努力，积极组织教师干部参加各项工作。

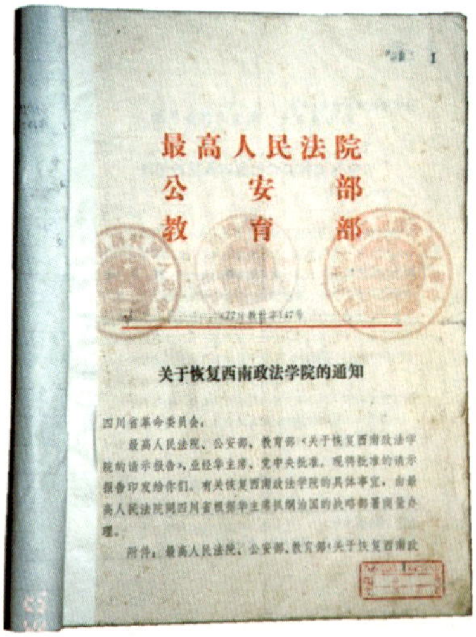
最高人民法院
公安部
教育部

关于恢复西南政法学院的通知

四川省革命委员会：
最高人民法院、公安部、教育部《关于恢复西南政法学院的请示报告》，业经华主席、党中央批准。现将批准的请示报告印发给你们。有关恢复西南政法学院的具体事宜，由最高人民法院同四川省根据华主席抓纲治国的战略部署商量办理。
附件：最高人民法院、公安部、教育部《关于恢复西南政

最高人民法院、公安部、教育部《关于恢复西南政法学院的通知》

打倒“四人帮”的消息传来，全院教职工无不拍手称快。1977 年 4 月，最高人民法院、公安部、教育部联合报请党中央政

治局批准，决定恢复西南政法学院。当院党委在办公楼底楼的过厅中召开全院大会传达中央的这一决定时，大家欢呼雀跃。院党委讨论、部署了奋斗一年、迎接招生的各项工作。全院教职员工决心为我院在新时期的发展而努力奋斗。

第二节　克服万难　恢复办学　建设国家重点院校(1978～1982年)

经历10年的“文化大革命”，随着“四人帮”被粉碎而宣告结束。从1978年召开的党的十一届三中全会起，中国进入了实现四个现代化的崭新历史时期。西南政法学院从此也步入了一个新的蓬勃发展时期。党中央批准西南政法学院复办，并列入国家第一批重点院校名单。这在校史上是一个重要的里程碑。

1977年5月，中央批准西南政法学院复办时，党委号召全院同志：加倍努力，克服困难，一年准备，明年招生。当时最大的困难是原有校园已经给了四川外语学院，我们必须新建校园。

复办后新建校园

1978 年 1 月 30 日，省委批准了省文教组提出的《关于四川外语学院和西南政法学院校址问题的请示报告》，形成两院并存的格局。复办初期，我院师生与四川外语学院师生混住，易发生纠纷。1978 年 10 月 19 日，两校学生因生活用水第一次发生抓扯斗殴事件，经市文委及时出面调停解决。1980 年 5 月 3 日至 5 日，西南政法学院学生在校园上体育课把球踢进了正在上课的四川外语学院教室，两院学生再次发生摩擦。事情反映到中央，引起了中央领导同志的重视，并派人来川与省、市委领导商议，作出交叉居住的房屋限期调整的硬性规定。到 1980 年 9 月 22 日，两院住房交换完毕，消除了因混住发生纠纷的情况。

1978 年 2 月 18 日，国务院高教部决定将西南政法学院列入全国首批重点院校。4 月 25 日，四川省委决定撤销学院革委会和核心小组，成立院务委员会，委任苏明德为党委副书记兼院长，胡光为副院长（内定张文澄任党委书记）。8 月 31 日，最高人民法院以〔1978〕法司字第 95 号文，重新规定学院学制为 4 年，本科在校生规模为 2000 人。当时西南政法学院教职工队伍有 411 人，比“文化大革命”前 1965 年少 131 人，但仍保留有 131 人的教师队伍。校园占地面积由原来的 470 亩减少为230 亩。校舍面积由原来的 8.8 万平方米减少

复办初期学生在简陋的教室听报告

了一半多。学校的物质条件受到很大限制，工作和生活环境都很艰苦。但是，总算有了一个可以继续奋斗耕耘的基地。

中央批准西南政法学院复办后，学校核心小组领导全院教职工，一方面，解决校址问题，抓紧落实政策工作；另一方面，积极进行党政机构的调整，把教研室的摊子铺开，以适应办学的需要。1977 年 9 月，学院核心小组公布了全院科以上单位的负责人名单，新提拔了一批科、处级干部，包括 16 个教研室的正副主任；对全部教职工都作了相应的安排，教师则确定了自己从事的学科和承担的教学任务，立即投入备课编写教材的紧张工作。同时，学院核心小组派出一部分骨干教师到北京、上海等省市的高校和政法部门调查访学，了解各地教学和教材的情况。

1980 年 1 月 8 日，最高人民法院党组报经中央组织部批准，任命张文澄任党委书记，苏明德任党委副书记，胡光任院长，王嘉惠、边保生、程地迴、李冠吾、宋子祥任副院长，组成新一届院党委。1980 年转归恢复重建后的司法部领导。西南政法学院复办后第一届 78 级本科有 3 个专业，即政法（423 人）、哲学（30 人）和共运史（29 人），哲学和共运史 2 个专业是为四川省培训的高校政治教师，只开办了 1 届。

78 级法律专业全体同学毕业留影

1. 改革教学，践履躬行。复办以后，西南政法学院不断加强和改进法律专业教学计划。

一是加强基础教育（基本理论、基本知识、基本技能），使学生有宽厚的基础知识，将外语课两年220学时，增加为两年280学时，三四年级选修。做到“三门课”4年不断线，即思想品德课4年不断线，外语学习4年不断线，体育锻炼4年不断线。

二是传授知识与培养学生实践能力相结合。减少课堂讲授时数，加强实践性教学环节。为了增强学生分析问题、解决问题和独立工作的能力，要求精讲多练。西南政法学院进一步搞好模拟法庭，组织好教学观摩，改进课堂讨论。

开展模拟法庭教学实践活动

三是增设选修课，扩大学生知识领域。修订后的教学计划：必修课25门，2314学时；选修课36门，1342学时。选修课尽可能同步或近期开设，改变过去将选修课集中在三四年级开设的状况，提前到二年级开始安排。

西南政法学院复办后，从78级到84级，学校的教学工作有了重大发展。这种发展集中体现在课程的开设方面，必修课由20门增加到25门，选修课由6门增加到36门，到82级，专业课的比例上升到56%以上，文体课占25.4%，而政治课缩减到18.3%。课程设置的上述变化是学校重视学生素质教育的表现，也反映了教师队伍在数量和质量上都有较大的发展。这就为改革西南政法学院单科性办学体制，为建系、增设专业创造了必要的条件。

教师认真授课

中华人民共和国最高人民法院通知

一九七九年八月

我校专业设置档案

最高人民法院关于同意西南政法学院设置刑事侦查专业的通知

刑侦专业开展的摩托教学

2. 重建函授，干部专修。1980 年 8 月 27 日，学院党委决定，以资料研究室为基础，重建函授部，由孙孝实任主任，以适应西南地区政治经济建设的发展和社会主义法制建设的需要。根据司法部门大批干部需要进行专业培训而又难以离职学习的实际情况，决定开办 3 年制法律函授专科。该计划报经司法部批准。1981 年先在西南三省的昆明市、贵阳市、成都市和重庆市试点，分别设立函授站。同年 2 月，创办刊物《函授通讯》用以指导函授学员的学习。西南政法学院的函授教育自复办以来发展迅猛、成效显著，多次受到司法部和省、市司法部门的表彰。

1980 年 10 月，司法部指出，目前全国司法干部中受过专门的法科教育的人占 3% 左右，大批干部需进行培训，为此，要求各政法学院从 1981 年起开设 2 年制的干部专修科，招收司法机关在职干部进行专业进修；由学校单独招生，对象仅限于 35 岁以下，具有高中文化程度（或同等学力）、身体健康的在职司法干部；学习期间由原单位发工资，毕业后回原单位工作；所需培训经费，由学校列入教育事业经费。根据司法部通知的要求，学院撤销了干训部的建制，于 1984 年成立干部专修科并从1984年起开始招生。到1987年干部专修科与函授部合并，成立成人教育部，统管函授及各种层次的成人教育。

3. 培育硕士，更上层楼。根据教育部的指示，学院从1979年起开始招收攻读硕士学位的研究生。首批招研的专业有“刑法学”“民法学”“诉讼法学”“法律制度史”“法律思想史”“法学基础理论”6个学科，同时，确定了各专业学科的指导教师。第一届79级招收了11名学生（学习期间病逝一人）。当时，学院没有经验，一切从零开始，一边向有关兄弟院校学习请教，一边不断摸索总结经验，逐步建立了从招生入学、培养、管理、教学、考试、论文答辩到毕业分配等一整套必要的制度。

教研室和导师对研究生的教育都很重视，按照专业学科不同研究方向制定了研究生培养方案，提出明确的培养目标，贯彻因材施教、理论联系实际的方针，坚持政治思想和业务能力并重的原则，贯彻治学从严的精神；采取自学为主与导师指导相结合，掌握系统的专业知识与重点深入研究相结合，注重传授知识与培养智能相结合的方法，注意培养研究生的分析研究能力、理论思维能力和写作表达能力。导师要为研究生开列本学科研究方向所必读和选读的书目。

硕士研究生学制3年，攻读学位课程2年，撰写毕业论文1年。课程设置一般设学位课程5~7门，选修课程3~5门。必修第一外语过关考试合格后，选修第二外语。非法律专业或以同等学历考取的研究生，入学后必需补修本科主干课2~3门。第三学年要安排适当时间进行教学实习，主要是给本科生讲授专题、上辅导课或编写教材、讲义等，实习结束由导师写出评语。为了开阔视野、扩大知识领域，培养调查研究能力和勇于探索创新精神，研究生在导师的同意和指导下，要积极参加校内外有关的学术会议和学术活动。第三学年要安排四五周时间进行论文调查或做学术访问，毕业论文必须在导师指导下由本人独立完成，由学校聘请校内外专家教授组成论文答辩委员会，通过答辩，报学院学位评审委员会审查批准，授予学位。

研究生教育是为国家培养高级专业人才，必须正确掌握标准，保证质量，我院20世纪80年代前几届毕业的研究生一般素质都较好，教研室和导师要求也较严格，绝大多数成绩优秀。他们的论文有不少在国内外受到好评，并在学术界产生影响。走上工作岗位后，不少同学今天已是我国法学界的知名专家、学者或政法部门的高级领导干部。

1982年5月，西南政法学院刑法学、民法学、诉讼法学、法律制度史、法学基础理论5个学科获国家硕士学位授权。1980年2月，研究生工作转归科研处研究生科负责管理，到1984年4月，在校研究生已达70余人，这时才设立研究生处集中管理。不久，研究生处变更为研究生部。研究生教育获得了健康发展。

林向荣教授为研究生上课

4. 培养师资，编修教材。学院教师队伍经过"文化大革命"的打击和摧残，到复办时仅剩下131人。其中，除几位院系调整时留下来的老教授外，主要由两部分人组成：一部分是建院初期从业务部门抽调来校，作为青年教师加以培养，大多数是20世纪50年代毕业的研究生，又经过多年教学实践和政治运动的磨炼，年龄多数在50岁以上，是主要的教学骨干力量；一部分是五六十年代本校毕业留校任教的教师，当时年龄亦大多在40岁以上，他们中的许多人已成为教学的中坚。在教师队伍中，党员占50%，讲师占45%。从办重点院校的要求来看，人数太少，必须大力补充。

复办以来，党政领导十分重视教材建设工作。1977年至1980年，先后派出8批教师到四川等省市政法部门和兄弟院校收集资料，交流编写教材意见。为了多出成果、快出成果、出好成果，在学院的统一领导下，各教研室都积极投入紧张的编写教材工作中。教师们的积极性极高，无论过去受过多少委曲，也不计较住房简陋、工资微

邓又天教授指导青年教师

薄，为了给党和国家培养人才，他们在不透风的斗室和牛毛毡屋里，熬酷暑、战严寒，昼以继日，废寝忘食地著书立说。1978年编著的教材保证了开学使用。据统计，1980年3月，西南政法学院自编教材128种，教学大纲55种，教学参考资料198种，案例27种。

为了适应法学教育发展的需要，司法部和教育部联合组建了法

学教材编辑部，根据各高等院校的推荐，邀请了部分专家、学者和教师，编写一套全国高等学校法学试用教材，西南政法学院教师参加了这套教材的编写工作。这些教师和教材是《宪法学》(撰稿薛国安)、《法学基础理论》(撰稿王明三)、《中国法制史》(撰稿张警)、《外国法制史》(撰稿林向荣)、《西方法律思想史》(撰稿孙守煌)、《刑法学》(撰稿邓又天)、《民法学》(副主编金平)、《民事诉讼法教程》(副主编常怡)、《劳动法学》(撰稿苏万觉)、《婚姻法教程》(副主编杨怀英)、《犯罪侦查学》(主编周应德，撰稿邹明理、胡学贵)、《法医学》(撰稿谢仁福)、《经济法学》(撰稿李昌麒、何联升、戴大奎)、《国际法》(撰稿罗世英)、《法律逻辑学》(副主编阳作洲)、《语文教程》(副主编余继志，撰稿程幸超)等。教师伍柳村、蔡燕荞被邀请参加了编辑部工作。另外，有的教师还参加了《中国百科全书·法学卷》部分词条的撰稿，以及《法学辞典》(周应德、胡学贵)和《英汉法律词典》(夏登峻、何联升)的编写工作。这套教材在培养我国法学界一代新人方面，起了重要历史作用。

5. 学术立校，重视科研。复办后，学院领导明确提出，教师一定要把科学研究作为自己的一项基本任务，积极开展、长期坚持，务必取得成效。为了加强科研工作的领导，学院 1978 年成立科研处。为了开展科学研究、繁荣理论创作，创办科研园地，从复办一开始就积极筹备学报，成立院学报委员会，由王嘉惠、杨景凡任正副主任，孙守煌等 15 人为委员。1979 年第一期试刊《西南政法学院学报》出版(内部发行)。1980 年为适应法制建设和广大读者的需要，改内部发行为国内公开发行。

1979 年 10 月 16 日恢复西南政法学院院刊，庆祝复办开学出了特刊。校刊每月两期，内部发行。复办后的院刊，坚持以四项基本原则为指针，坚持实事求是的思想路线，全面系统反映学校的体制改革、教学研究、文体活动、后勤工作，以及报导政治思想工作、好人好事的表彰和重大事件。它是反映学院各方面发展变化的一面镜子。

1982年7月，学院刑法教研室邓又天副教授牵头正式成立青少年犯罪研究室。1982年8月，学院成立政治思想教育研究室，其任务是承担学生思想品德教育、探索思想政治工作的规律，研究室有针对性地向学生宣讲理想与现实、人生的目的与价值、人的本质、正确对待恋爱问题、美学知识等专题讲座。

为了活跃校园的学术气氛，1979年4月5日，学院领导主持召开了“民主与法制”座谈会，接着又召开了纪念“五四”运动60周年学术讨论会。9月院领导小组带头撰写论文《为加强无产阶级专政办好政法教育》，并组织专题学术讨论会，除本院教师代表外、重庆市公、检、法、民政等单位的代表或领导亦来参加，对论文展开了热烈讨论。该文在《西南政法学院学报》第1期发表。此后，学院教师为校内校外的各种学术会议提交了许多有价值的论文。据1983年统计，学院当年科研计划136项，当年完成计划内项目84项，占62%，完成计划外项目49项，共133项。其中，出版专著9部(4部与兄弟院校合作)，公开发表科学论文81篇，自编教材20种、科学参考资料40种、案例汇编2种、教学大纲17种。

从20世纪80年代开始，外国法学专家、教授来学院参观、访问、讲学，进行学术交流的活动，日益增多。1980年10月6日，日本国际文化馆评议员本间长世教授、常务理事兼企划部长藤宏先生来学院与学术委员座谈交流法学教育问题。本间长世赠送了他编著的《美国研究入门》一书。1981年9月13日，日本中国文化交流协会常务理事东京大学法学部教授、原东京大学校长加藤一郎为团长，率法学教授、律师9人，来院与民法、婚姻法教师座谈，日方赠送了交通法规方面的专著，学院把自编的民法和诉讼法方面的专著送给他们。

6. 多彩校园，化育新人。正当社会上一部分人公开贬低雷锋的光辉形象时，西南政法学院共青团团委在 1980 年 3 月 5 日主办了“学雷锋树新风”活动，1981 年“学雷锋树新风见行动”活动向纵深发展，4 月发动整治“脏、乱、差”活动，动员 1540 多人次清除校园内的垃圾，种植了泡桐、香樟、摇钱树、黄桷树 2000 多株，种植茉莉花、月季花等美化校园。同年 7 月，在学院召开的第十三届学代会上，学院又发出了《深入开展学雷锋树新风和“五讲四美”文明活动》倡议书，疏通路边沟渠，清理垃圾，美化了环境。

为全面贯彻党的教育方针，使学生德、智、体得到全面发展，从学校复办开始，就把体育当成学校教育的重要组成部分，明确规定，三好生必须做到“思想好、学习好、身体好”缺一不可。为了开展群众体育活动，学院成立了体育运动委员会，由一名副院长任主任，体育教研室主任任副主任，领导体育活动。从 1979 年起，每年都举行春季运动会，没有田径运动场，就把环绕办公楼的环形路作跑道，开展百米千米赛跑；没有跳高跳远赛场，就挖个土坑或铺上垫子进行比赛，没有足球场就借兄弟院校足球场进行比赛。困难没有难倒我们，群众运动开展得有声有色。学校在每年春运会基础上，通过选拔，组建各种运动项目代表队。1982 年重庆市举办首届大学生运动会，学院派出的男篮、女篮代表队分别获得了第一名和第二名，女子羽毛球获得邀请赛第一名。学院团委、学生会和工会还组织师生开展形式多种多样的文化娱乐活动。从复办起，每年的 5 月、10 月、元旦、春节都组织了较大型的歌咏比赛、诗歌朗诵、讲演会与舞会等活动。1982 年学生成立了文工团。同年 12 月 5 日，82 级学生刘争民在团市委举办的“爱国成才跟党走”的讲演比赛会上，获得一等奖。

7. 改善后勤，完善基建。学院复办后遵照中央“边办学边建设”的指示，一方面，因陋就简，挤出房屋或搭盖竹棚以应教学上课的急需；另一方面，积极组织力量，采取有力措施抓紧修建教室、宿舍。为了加强基建工作的领导，1980 年 9 月，学院成立了以程地迥副院长为主任，宋子祥、边保生两位副院长为副主任的基建委员会，在东山的山丘深沟上盖房，先要铲平山丘、填平深沟，为此花了许多时间和费用。现在的东山教学区，当时除办公大楼外是一片工地，至 1982 年后才逐渐改观。

1979 年的校门

由于国家对政法人才的迫切需要，1984 年全国高教会议决定，西南政法学院学生规模增加到 4600 人，需要土地 460 亩，但当时实有土地只有 210 亩。经司法部同意，重庆市政府批准，征用土地 151 亩，并将我院东山校区周边的烂泥湾、陈家坡、红炉厂坡等地划给我院，为扩大建校规模准备了条件。

由于上下齐心，各方面配合良好，1980 年至 1985 年，基建工作进展顺利。在这几年中建成男生宿舍 4 幢总计 14，522 平方米，图书馆 5961 平方米，学生一食堂 2975 平方米，教职工杨家山宿舍、东山宿舍、“72 家”宿舍共 10 幢共计 14，188 平方米。理发室 1000 平方米。

东山大楼

至1985年年底,1幢10,502平方米的教学大楼拔地而起,3500平方米的女生宿舍、7613平方米的铁路西教职工宿舍5幢也先后竣工。到这时西南政法学院的教学用房和教职工生活用房才得到缓解,但仍有一部分青年教师住在烂泥湾一带破旧的平房里。

新落成的图书馆

从总体上看,学院基本建设的布局是比较合理的,既考虑了教学科研与生活设施的配套,又注意到了校区的整个地形特点。教学大楼与办公大楼耸立在东山上，从山下遥望尚属巍峨，教职工宿舍依山傍路而建，从歌乐山俯视校园，绿树成荫，错落有致。

西政建校近70年来，西政人一直在锻造着自己的精神——“西政精神”。今天凝练的以“心系天下、自强不息、和衷共济、严谨求实”为主要内涵的“西政精神”，应该是包括78级在内的20万西政人共同铸就的。每当听到社会上议论“西政现象”“西政精神”时，不由地会想到群星闪耀的78级，并总思考这样一个问题：78级学子们的“歌乐岁月、青春年华”，究竟给我们留下了哪些有益的启示呢？

一是心系天下，志存高远。有志者博学而笃志，切问而近思。梁启超先生在著名的《少年中国说》中深情地写道：“今日之责任，不在他人，而全在少年。”20世纪70年代后期直到80年代前期的大学生

远眺校园

活，至今还被许多人怀念的正是那时年轻人的志存高远。只有志存高远，才能够承受艰苦考验，才能够忍受枯燥和相对单调的学习生活。西政78级423位学生都有一个共同特点：经历过“文化大革命”的磨砺。人生就是这样，失之东隅，收之桑榆，每一条道路都会有美丽的风景。78级绝大多数同学上大学之前，都已在农村、工厂、军营

等基层单位经历过大风大浪的考验，他们对中国的国情尤其是基层百姓的生活现状有着深切的了解，他们怀着“天下兴亡，匹夫有责”的远大抱负和“以天下为己任”的使命感和责任感考进西政。特殊的成长经历，使他们对国家命运有着深深的忧患意识，具有独立思考、求真务实的可贵品格。

无论是对张志新、蒋爱珍、“林彪、江青反革命集团案”（以下简称“林、江两案”）等案件的探讨，还是食堂红砖墙上的大字报及宿舍外的报刊栏、宿舍内的“卧谈会”，都体现出西政78级学子高度关注党和国家的前途命运，高度关注社会主义民主法制建设。他们热爱专业，利用各种机会深入社会实际，紧密结合课堂学习，使知识不断得到扩充、理想不断得到升华。正是有着坚强的理想信念作支撑，有过艰苦卓绝的成长历程，才有了今日“母校以你为荣”的无上荣耀。

二是博学广识，与书为友。78级绝大多数同学在上大学之前，没有赶上读书的好时光，但在西政4年的学习中，他们始终如饥似渴地博览群书。无论是已经结婚生子的30多岁已为人父，还是十五六岁的应届高中生，他们的学习热情空前高涨，他们学外语背单词，珍惜分秒，不敢懈怠，甚至烈士墓、歌乐山、铁路旁，无一不是他们学习的课堂。

78级学子当年刚入校时，图书馆只是一个孤独的灰色3层建筑物，屹立在西山半腰角落，号称“青砖楼”。为了迎接复办开学，学校图书资料工作人员重新集结，从1978年4月起至7月止，对“文化大革命”后遗留下来的20多万图书逐步清理，基本弄清了藏书的情况。此外，学院抽人突击半个月，整理出了一套比较完整的分类卡片，便于师生能够根据卡片了解藏书情况，方便借阅。在当年年底之前，学院又连续购进了5000多册新出版的社会科学类书籍，登记建卡，以应学生学习急需。在东山大楼山脚下，教务处曾找到一间200平方米的平砖房，草草拾掇，布置就绪，挂出“学生阅览室”门牌，在开学之后没多久便对78级学生开放。当时，校园里博览群书的氛围十分浓厚，大家除了看教科书外，最喜欢的是读原著。凡是能借到的原著，都争着借来一读。无论是法律专业的原著还是哲学政治类的专著，无论是世界文学名著还是中国古典名著，大家都争着去翻看。那是一个冰封初释、人心思书的年代。随着一些法学名著的解禁、出版，许多本来很正常的事情，但在校园里往往会变为新鲜事儿。当年重庆市新华书店派人到东山大楼操场上上门征订“汉译世界学术名著丛书”和台湾学者法学系列名著，许多同学蜂拥而至，在订购处前排起了长长的队伍。虽然有些同学甚至不知道《论法的精神》《政治学》等书出自哪个国家的作者，但大家仍不容置疑地、争先恐后地预定上再说，毫不吝惜手头相当拮据的经济收入。

三班的张国平出生于江苏无锡县东亭镇的一个农民家庭，高中毕业后回家务农，其最大爱好是看书。4年大学生活对他来说是相当艰苦的。每月20元的助学金，他总要挤出三四元，积攒起来做回家的路费。他形容，上学期间，除了回家外，课堂、图书馆和宿舍构成了他活动的“三角洲”。4年里，因为家庭贫困，他竟然没敢上街吃一碗1角钱的小面，这对他而言是“高消费”了。但是，为了买书，他硬着头皮，向其他同学先后借了50多元钱购买了一套世界法律名著，大学毕业工作后发的第1个月的工资，全数寄还给了借钱给他买书的同学。

4年寒窗苦，正是他们的勤奋思考、勤奋读书，才使弹丸之地的西政校园，培育出一批优秀学子，酿造了奋发读书的精神底蕴，才有了后来神话般的传说。有一位78级同学说：“在西政读书的日子里，每天早上起床后，总会沿着校门口左右两侧的蜿蜒小道去跑步，回来后自然就拐入烈士墓广场的小松林中去读书，许许多多的法律条文、英语单词都是在那里背会的。每次再到重庆，总要情不自禁地来这里看看，缅怀先烈们的功绩，追寻晨读的足迹。假如时间能够倒流，我一定会再到这块净土来读书！”在任何时代、任何地方，大学生的学习肯定是主业，因为在青春年华中，只有经历艰苦的学习，生命才可能成熟，生活才会有希望，世界才会更加灿烂，人生才更有意义和价值。

三是恩师情厚，如父如母。西政一直有尊师爱教、师生关系融洽的优良传统。2008 年 10 月，在庆祝西政恢复招生 30 年纪念大会上，回校的 300 多位 78 级同学全体起立，向老师们致敬。特别是 78 级校友李连宁在发言时，向远在天堂的老师们所说的那一番话，让在场者无不唏嘘。当年的许多西政老师、风华正茂的黄金时代已被滚滚“运动风浪”冲走，面对如饥似渴的学子们，发愿以只争朝夕的精神，一定把失去的宝贵时间夺回来！老师们虽身居斗室，但工作热情像火山爆发，抗酷暑、战严寒，夜以继日，查资料、写讲稿，翻箱倒柜，一切都为了重新站好西政三尺讲台。当时，教学用的是三段式模式：启发—指导—讨论，由此学生和老师之间形成了浓厚的学术讨论氛围，甚至连课间 10 分钟老师都会细心解答学生的提问。为了对学生负责，学校还建立了一套严格的教师上岗制度，一律按照先辅导、后听课、再试讲的程序运行。老师们不仅是知识的布道者，还是学生人生的领路人：在传授知识的同时，更以一颗慈父慈母般的心，给予学生无限关爱。

“绿豆汤”和“冰棍”是 78 级同学最熟悉的能够表达师生情的代名词了。当年，在炎热的盛夏考试时节老师给学生送“绿豆汤”的情形，至今大家都津津乐道。1979 年 6 月的那几天期末考试，山城酷热难耐，同学们在考场上汗流浃背。此时，一条条雪白的毛巾突然悄无声息地出现在大家的面前，抬眼便是监考老师慈祥而亲切的目光。更令同学们不可思议的是，学校老师不仅用自己的钱从街上买了一箱箱冰棍送到考场,而且在教室外面摆着用保温桶盛着的绿豆汤。那是许多老师们连夜熬好送来的,并从各自家里拿来许多色泽不同的杯子和碗勺。面对此情此景,每个同学不由自主都产生一种温馨的感觉,这也许是绝大数人从未享受过的考试待遇。

当年,到老师家里讨教问题、补课、"打牙祭",可谓是每个78级同学的"家常便饭",在大家的记忆中留下了许多美好的回忆。被誉为当代民法史"活化石"的民法教授金平的家里,当年到了晚上也经常坐满了前来请教、讨论学术问题的学生。时间长了,学生饿了,金平就亲自下厨做点东西给学生吃,然后接着讨论。金平说:"那时候,老师把学生当做自己的孩子,是非常普遍的现象。"

特殊的环境培养了特殊的师生情谊。江必新、顾培东在读研期间准备结婚,原打算让其他同学让出几天学生宿舍,挪动一下桌子床铺,临时腾出两间"婚房",将就办理"终身大事"。杨景凡老师闻知此事,立马放下手头繁杂事,火速招来二人,正色相告:"结婚是人生大事,不可草率。研究生宿舍是大家共同学习、休息的处所,把新房设在那里既影响他人,也不庄重,这种做法不合情理,应当放弃!"正当两位学生忐忑不安、茫然不知所措之时,从来不愿求人的杨老师从校总务部门借来一套新落成的三居室房子,并亲自呼三唤四,张罗布置,最终学生的婚礼办得风风光光,两对新人感激不尽,新娘幸福的泪水夺眶而出。

特殊的经历培育了特殊的感情,也化作了一种特有的西政传统:教师爱护学生,学生尊敬教师。有个同学说得好:"我们这个学校啊,也许是地处重庆、受本地民风影响的缘故,老师跟学生的关系啊,简直是没得比了,没有哪个学校能做到这样!"

四是学术开明,思想活跃。西政78级在校期间,正是一个拨乱反正、思想解放的时代,在人文荟萃、理想升腾的校园里,人们言必称国事、天下事，行必反思、批判，青年学子指点江山，激扬文字。在国家民主与法治恢复重建伊始，同学们自由结对讨论案例，自办刊物、自办法律顾问处，还发起了人大代表的竞选活动，其热烈程度并不逊色于当时电视上所见所闻的西方议会辩论和总统选举。

这种学术开明、思想活跃的氛围体现在同学们关心天下时事上。20 世纪 70 年代末 80 年代初，正是中国社会集中反思“文化大革命”的时期，“文化大革命”题材影视作品的大量涌现，以及那个时期的一系列案例和悲剧故事重现，围绕“文化大革命”的是非争议，成为 78 级学生的热点和焦点问题。1980 年冬，对“林、江两案”的公开审理，由于与所学专业密切相关，使 78 级同学的思考和质疑跃上了一个新台阶。同学们主要围绕以下问题：是否公开审理以及审判指导委员会的地位和作用如何？公开审判的方式由个人还是由国家通过法定程序确定？事先公布起诉书的做法是否合适？被告人是否有充分的法定时间考虑自己的辩解理由？……那段时间，大家带着各式各样的疑问、猜测和争论，怀着极大的兴趣和期待，认真观看了“林、江两案”的审理活动。在观看过程中，有的同学嘴皮也没有消停，对庭审时所看到的辩护律师的地位和作用不够突出等做法提出质疑；有的认为对“林、江两案”主犯的公开审判，既检验了“文化大革命”结束以来我国法制建设的成绩，也对“习惯”于政治运动的国人进行了一次形象生动的法制教育；还有的撰文认为，“林、江两案”审理的意义表明，党和国家正在努力尝试运用法律武器和法定程序来决定过去领导人倒台后的政治命运，虽然法律程序远远没有达到民主和法治国家所应达到的司法标准，但终归是中国法治建设的一大进步。

这种学术开明。思想活跃的氛围还充分体现在课堂上。众所周知，西方的法学教授讲课多采用“苏格拉底式”（问答式）和案例式教学法，课堂气氛相当活跃。当年给78级上课的老师们，由于大多具有丰富的司法实践经验，往往喜欢通过案例和现实问题启发同学们的思考和学习。课堂讨论便是78级学习生活的一道不可或缺的风景线。每个星期必有的课堂案例讨论绝对是西政78级办学的特色，一个阶段的学习下来，经过讨论分析，同学们便很快弄懂弄通知识点。一门课开下来，经过讨论，融会贯通，脉络清晰。讨论课非常锻炼人，使人家终生受益。

这种学术开明、思想活跃的氛围还体现在日常生活的方方面面。在校期间，同学们所看到的一系列中外电影的内容和情节，也往往成为大家批判和思索的热点和焦点。特别是当日本电影《追捕》上映时，大家结合1979年颁发的《刑法》《刑事诉讼法》，对影片涉及的一些法律问题进行热议和联想。

治学严谨、厚德重法、生生不息，是当时校园学习环境的真实写照。有人说，78级就读的时间就是“西政精神”奠基的时期，甚至有人将“西政精神”称为“78级精神”。这种结论是否贴切姑且不论，但在当时的西政校园里，思潮激荡、风起云涌，百花齐放、百家争鸣，从反省“文化大革命”、反省“极左”、反省“阶级斗争为纲”，到人生观问题的大讨论，对民主与法制道路的探索，对“两案”的审判等，无不畅所欲言、热闹非凡。也许正是从西政78级开始，西政人就表现出一种具有独特气质的精神。他们没钱坐车，却步行到重庆的解放碑书店里，用东借西凑来的钱，购回了一摞摞厚重的中外经典名著。当代著名的法律文化学者、西政78级学子梁治平说过：“同今天的许多大学相比，我的大学简陋、残破和狭小得不宜称为大学，但那确确实实是我的大学。我这样说，并不只是因为我曾经把一段青春留在了那里，也不单是因为她一直被人们叫作大学，更不是因为我认为大学就应如此。我的大学之所以无愧于大学之名，是因为她保有一种开放、自由和平等的精神，我曾经在这样一种精神氛围中学习和生活，在其中成长，了解世界，认识自己。”

（撰稿人：张旭、张兴明）

第二章　历任校长的观念与实践

第一节　法学教育的观念与路径

一、1977 年恢复招生以来的法学教育发展历程

1978 年，党的十一届三中全会召开，掀开了社会主义现代化建设的宏伟巨幕。在此历史背景下，中国法学教育作为现代化和法制建设的一部分获得了重新发展的历史机遇。

由于众所周知的历史原因，中国法学教育重新起步时基础极为薄弱。经过 40 年的发展，中国法学教育取得了巨大的成就。据不完全统计，1978 年学院复办后招收第一届 78 级本科生 482 人，北京大学、吉林大学、湖北财经学院和郑州大学 4 所法律院系招生只有 223 人；有关资料显示，2017 年年底，设立法学本科专业的高等院校已近 700 所，在校的法律专业本科生已达 30 余万人。经过 40 年发展，我国法学教育体系形成了以法学学士、硕士、博士教育为主体，法学专业教育与法律职业教育相结合的格局，基本适应了建设社会主义现代化国家的需要。

改革开放 40 年来的法学教育发展，大致可以划分为四个阶段：1977 年至 1988 年为第一阶段，是法学教育恢复与重建时期，以全国 5 所政法院校恢复重建为标志；1989 年至 1998 年为第二阶段，为法学教育结构调整时期，综合大学和非法律的专门院校普遍开设了非普通类法律专业，更突出强调贯彻党的教育方针，加强德育与“两课”

工作;1999 年至 2015 年为第三阶段,为法学教育快速发展时期,以高校扩招为标志,各类院校纷纷开设了法学专业;2015 年至今为第四阶段,为法学教育内涵特色发展时期,以 2015 年 10 月国务院印发《统筹推进世界一流大学和一流学科建设总体方案》为标志,部分院校以创建法学一流学科建设大学为目标,法学教育进入了注重内涵建设、重视特色发展的新阶段。

(一)1977～1988 年法学教育恢复与重建

"文化大革命"结束后,全国高等教育发展步入正轨。大约从 1977 年开始至 1987 年,为我国法学教育恢复与重建时期。此时期,以全国 5 所政法院校为代表的法学教育的恢复与重建是"重头戏",主要为改革开放初期的政法队伍建设提供紧缺人才。

1977 年 4 月,经最高人民法院、公安部、教育部联合报请党中央政治局批准,决定恢复西南政法学院。1978 年 2 月 18 日,国务院高教部决定将学院列入全国首批重点院校。此时,学院教职工队伍有 411 人。从复办到 1980 年 1 月 2 年多时间,学院共调入 156 人,其中包括"文化大革命"中调出后又归队的一批教师。1986 年 9 月,经四川省高教局同意,学校法学学科教师职务评议组取得了可评议教授、副教授任职的资格。

1978 年 8 月 31 日,最高人民法院下发〔1978〕法司字第 95 号文件,规定学院学制为 4 年,本科在校生规模为 2000 人。1979 年经最高人民法院和中央公安部联合提出,教育部批准在我院创办全国第一个刑事侦查学专业,学制 4 年。1979 年 7 月,该专业面向全国共招生 100 名。学院从 1979 年起开始招收攻读硕士学位的研究生。首届七九级招收了 11 名学生。首批研究生招生专业有"刑法学""民法学""诉讼法学""法律制度史""法律思想史""法学基础理论"6 个学科。1982 年 5 月,我院刑法学、民法学、诉讼法学、法律制度史、法学基础理论5个学科获国家硕士学位授权。1986年经国务院学位办批准,法律思想史、马克思主义哲学、政治学获硕士学位授权;到1985年,在校研究生达到151人。1985年至1988年,在校全日制研究生招生增至9个学科专业16个研究方向。在这4年中,共招收培养研究生443人,研究生的招生数是前6年的5倍多。在当时全国高层次法律人才十分紧缺的情况下,这批研究生在一定程度上缓解了社会对高层次法律人才之急需。

复办后,为了加强科研工作的领导,1978年学院成立了科研处,不久后成立了院学术委员会。为了开展科学研究、繁荣理论创作,学院创办了一系列报刊,成立了专职研究机构。1979年第1期《西南政法学院学报》出版;《侦查》、《外国法学研究》(根据司法部决定,该刊于1990年停办)、《函授通迅》相继创刊;1979年10月,西南政法学院院刊复办。1986年3月学院成立法学研究所,设3个研究室和《外国法学研究》编辑部;1988年4月学院高教研究所成立。

为加速学院教学科研现代化建设步伐,努力培养"三个面向"的合格法律人才,更好地服务国家经济法制建设,学院于1984年引进世界银行贷款修建了司法鉴定中心、图书资料信息中心、电化教学中心。其中,司法鉴定中心于1986年9月30日成立,其前身是刑事侦查实验室。1987年8月经司法部批准,司法鉴定中心享有司法技术鉴定权。教学、科研、鉴定是中心的3大任务。中心设置11个实验室,担负着4个系(部)每年研究生、本科生、专科生的16门专业技术课的教学、实习、实验任务。

为了鼓励师生从事科研的积极性,1984年学校制定了《优秀科研成果评选办法》,并进行了首届科研优秀成果评奖活动。"六五"期间,全院科研规划项目总计238项,在公开报刊上发表论文537篇;"七五"期间,学院共出版了专著50部,译著9部,教材、资料工具书151部，发表论文2641篇，其中论文公开发表837篇，内部刊物发表204篇，译文103篇，数量比"六五"期间增加了10倍，部分作品获得省市级的优秀科研项目成果奖。

（二）1989～1998年法学教育调整发展时期

从1990年起，学院加强了相关课程建设，并在两课教学中坚持四项基本原则，反对资产阶级自由化，学院各项工作取得重大成就。1993年学院成为博士学位授权单位。1995年学院更名为西南政法大学，学校进入了全面发展的历史时期。到"九五"期末，学院为国家共培养了45,000名各类专业人才，是1978～1988年培养各类人才数量的2倍多。建成3个博士学位授权点、13个硕士学位授权点、11个本科专业的多学科、多层次、多形式的办学体系。

1992年10月，为了加强青年教师的成长，学院制定了《青年教师导师制实施办法》。1993年，院长办公会议通过《对中青年教师、科研人员实行优惠的十条措施》。1995年4月，学校又制定了《西南政法大学关于加强师资队伍建设、加速青年教师成长的意见》。所有这些措施，在一定程度上缓解了师资不足的矛盾，对学校的人才培养工作起到了很好的推动作用。到"九五"期末，学校教职工人数达到千余人，一批具有全国影响力的专家学者不断涌现。

1993年12月11日，国务院学位委员会批准学院诉讼法学学科为博士学位授权点，从而填补了学院博士学位授权点的空白。1996年2月，经司法部重点学科论证委员会评审，批准学校（西南政法学院于1995年更名为西南政法大学，故称学校）"诉讼法学""经济法学"2个学科为部级重点学科。1996年，学校新取得了经济法博士学位授权点，获批了全国首批8家法律硕士专业学位点。1998年，学校民商法学被列为博士学位授权点。

1999年4月9日，司法部根据国务院学位委员会通知，决定将博士研究生指导教师的审批权下放给全部博士学位授予单位。1999 年 9 月，学校制定了《西南政法大学选聘博士生指导教师的暂行办法》。同年 11 月，学校学位委员会评定诉讼法学田平安教授及谢佑平教授、经济法学杨树明教授、民商法学张玉敏教授为博士研究生导师。

学校科研成绩取得了巨大进步。1989 年至 1999 年，学校共获得国家社科基金项目 19 项，国家青年社科基金项目 7 项，国家教委(教育部)科研项目 11 项，司法部项目 21 项，四川省和重庆市项目 24 项。在此期间，学校教学科研人员完成具有重大学术价值和社会影响的成果有：《禁毒全书》(赵长青主编)，受到全国人大法工委、国家禁毒办、公安及司法机关的高度重视，国家领导人将此书作为中国禁毒成果赠送给联合国禁毒署；《金律研究》(曾代伟著)，1996 年获四川省哲学社会科学优秀成果三等奖；1998 年获全国普通高校第二届人文社会科学研究成果三等奖，《从法制到法治》(程燎原著)获司法部 2000 年优秀专著唯一的一等奖；《抵押权制度研究》(许明月著)，获司法部 2000 年优秀专著二等奖。

1996 年学院《现代法学》被美国伊德图书出版公司编辑出版的《1995～1996 年尤里克斯国际期刊辞典》列为“国际著名期刊”。1998 年 9 月重庆市新闻出版局同意我校出版《西南政法大学学报》。

1996 年 3 月国家教委首届全国高等学校人文社会科学研究优秀成果颁奖，学校获二等奖 2 项。德育课教师公开发表论文 50 余篇，2 篇获四川省教委四川高校德育研究所优秀科研成果三等奖。1998 年，学校获 6 项司法部科研成果奖；重庆市人大委托我校起草《重庆市司法鉴定条例》，由学校王成荣教授、邹明理教授、谢佑平副教授起草。1998 年司法部教育司认定学校肖允中教授、陈艇讲师主研的“便携式‘502’胶手印显现器”，适合于司法技术部门和学校侦察专业使用。

(三)1999~2015年法学教育快速发展时期

进入21世纪后,我国社会经济持续高速发展,对法学人才的需求很大,法学教育的指导思想在本阶段依然强调"发展"。1999年,教育部出台《面向21世纪教育振兴行动计划》。由此,法学教育再次获得了飞速发展的历史机遇。

顺应高等教育发展趋势,学校的办学规模也进一步扩大。2007年,学校渝北校区成为主校区。2007年12月学校接受教育部本科教学工作水平评估,获得优秀等级,为建设高水平大学奠定了坚实的基础。2012年10月,学校成为教育部和重庆市人民政府共建高校,成为重庆市首家部市共建高校。

截至2015年9月,在校学生共计24,329人,比2000年增加了52%。师资队伍建设取得新成绩,教职工达到2300余人,其中专职教师近千人,33人入选国家级和重庆市级人才计划。学校的学科建设取得重大突破。2002年学校的经济法学科被评为国家级重点学科,实现了西部地区法学类国家级重点学科零的突破;2003年,我校与北京大学、中国人民大学等6所院校获准设立首批法学一级学科博士学位授权点;2004年,经国家人事部批准设置法学博士后科研流动站。在2012年教育部第三轮学科评估中,法学一级学科评估位列全国第5。到2015年,学校建有法学一级学科博士学位和硕士学位授予权,拥有哲学、应用经济学、政治学、马克思主义理论、新闻传播学、公共管理一级学科硕士学位授予权,建有14个博士点、39个硕士点、6个专业学位硕士点和23个本科专业;具有了招收保送生、高水平运动员、内地西藏班、内地新疆班、港澳台侨联合招生、香港免试生、澳门保送生及自主招生资格。

人才培养取得显著成就。在此期间,学校建成教学示范中心2个(国家级1个);人才培养模式创新实验区5个(国家级2个),教学团队12个(国家级3个),精品课程(国家级6门),双语教学示范课程5门(国家级2门)。另有教学名师3人(国家级1人)。学校获得国家级规划教材9项,司法部全国法学教材一等奖、三等奖各一项、优秀作品2项;获得重庆市高等教育教学成果奖12项。2009年9月,学校培育的"构筑法学教育与法律职业链接平台,培养法学理论与法治实践融通人才"项目,获得第六届高等教育国家级教学成果二等奖。2012年3月,经教育部批准,学校成为自主招生试点高校。同年8月,学校成为首批卓越法律人才教育培养基地,成功入选全国首批卓越法律人才教育培养计划三类基地。2015年年底,作为重庆市首家高校通过了普通高校本科教学工作审核评估。学校研究生培养结构进一步优化。全日制研究生平均年增长率保持在5%左右,研究生教育规模在市属高校中名列第一;专业硕士学位研究生与学术型硕士研究生的比例达到4∶6,招生结构得到合理调整。2009年以来,根据研究生教育两级管理的现实需求,学校制定了《西南政法大学研究生学籍管理规定》《西南政法大学硕博连读选拔、培养试行办法》等多项制度,初步形成了健全的研究生管理制度体系。2013年,学校启动硕博连读计划,实施"申请—审核"制选拔博士研究生。学校博士毕业生龙宗智、孙长永的博士学位论文分别获得2001年和2003年全国百篇优秀博士论文奖。

科学研究取得丰硕成果。2001~2005年,学校共获得司法部优秀科研成果奖6项,获重庆市社科优秀奖31项,获第四届吴玉章社会科学优秀奖1项。2006~2010年,学校共承担省部级以上科研项目和横向项目506项,其中国家社科基金项目54项(4项重点,2项特别委托),国际合作项目12项。"十二五"期间,学校承担国家级项目145余项、省部级项目619余项、大型国际合作项目11项。学校建成5个市级重点研究基地(新增2个)和1个省级工程技术研究中心，中央财政支持地方高校科研平台建设项目 14 项，重庆市创新团队 3 个。学校先后为全国人大、中央有关部委及重庆市提供立法建议 147 份，起草重庆市地方法规 112 部。建成重庆市人文社会科学重点研究基地 7 个，中国法学会法治研究基地 1 个。学校《现代法学》期刊获得“全国高校百强社科期刊”称号。2011 年，学校司法鉴定中心入选“十大”国家级鉴定机构，是中西部唯一的国家级鉴定机构。2013 年，“中国大法官讲坛”在我校设立。2014 年，“中国大检察官讲坛”又落户我校，学校的学术声誉进一步提升。

社会服务实现新跨越。学校与国家有关部委共建协同创新中心 5 个，拥有市级协同创新中心 1 个，市级咨政研究中心(高校)1 个；参加了 1200 余部法律法规的制定或修订，受委托完成重庆市等地方性法规和政府规章、市级行政权力清单清理等工作。2014 年 7 月，学校人权教育中心入选国新办、教育部国家人权教育与培训基地，实现了国家级研究基地零的突破。中国—东盟法律研究中心是中国法学会重点研究基地。2010 年以来，学校已面向东盟国家法律法学界已开办 10 期研修班，为东盟国家培训了百余名高级政府、司法官员。

国际知名度不断提升。为提高法学教育的规范化，提升中国法律人才培养质量，2010 年 5 月 30 日，中国政法大学、西南政法大学、华东政法大学、中南财经政法大学和西北政法大学 5 家高校发起成立了“立格联盟”。截至 2015 年，我校已与 19 个国家和地区的近 90 所大学建立了交流合作关系。2008 年，学校在美国西北部成立第一所孔子学院，积极促进对外汉语教学的开展和中外教育的交流与合作。2013 年学校获批教育部“优秀本科生国际交流项目”；2014 年获批“国家建设高水平大学公派研究生项目”，并获得来华留学生品牌课程 1 门，是 5 所政法院校中唯一一家。2014 年，学校与英国考文垂大学合作开办首个中外合作办学项目，开启了学校与国外高校联合开展本科学历教育的新篇章，首批获准招生100名。

(四)2015年以来法学教育特色发展时期

2015年10月24日，国务院印发了《统筹推进世界一流大学和一流学科建设总体方案》，提出要统筹推进世界一流大学和一流学科建设，实现我国从高等教育大国到高等教育强国的历史性跨越。“双一流”建设工程以学科建设为基础，引导和支持高等学校优化学科结构，实施内涵式发展，进一步提高教育质量。学校积极顺应国家高等教育发展要求，以创建国家一流学科建设大学为工作主线，稳步推进各项工作。2016年学校入选国家“中西部高校基础能力建设工程”院校；在教育部第四轮学科评估中，法学一级学科入围A级学科；2017年学校入选重庆市一流学科建设高校；2018年学校新增新闻传播学一级学科博士学位授权点，实现了西南政法大学法学以外学科博士学位授权点零的突破。

到2018年，学校拥有法学、新闻传播学等一级学科博士学位授权点、16个二级学科博士学位授权点、8个一级学科硕士学位授权点、38个二级学科硕士学位授权点和8个硕士专业学位授权点，设有法学博士后科研流动站；拥有2个国家重点学科，省部级重点学科9个；设有25个本科专业，其中4个国家级特色专业建设点、13个重庆市“三特行动计划”特色专业建设项目、6个重庆市“三特行动计划”特色学科专业群建设项目。

在人才培养上，学校按照教育部《普通高等学校本科专业类教学质量国家标准》，全面修订人才培养方案。学校获批4个重庆市一流专业，成立了人工智能法学院、审计监察学院、生态法学院、监察法学院、国家安全学院，积极培养国家战略急需人才；深入推进研究生教育综合改革，法学一级学科研究生教育与法律硕士研究生教育在中国研究生教育分学科排行榜中位列第二。学生就业率稳步提升，

2017 年的就业率为 92.55%。

在科学服务上，学校共获得省部级以上纵向科研项目 297 项，其中，2017 年学校获得国家级重大项目 4 项，实现历史性突破，位居重庆市高校榜首；获得国家社科基金立项 61 项，位居重庆第一，法学类国家社科基金 31 项，位居同类高校前列。地方立法研究院、知识产权保护协同创新中心成为重庆市 2011 协同创新中心，与最高人民法院共建国家毒品治理问题研究中心，设立人工智能法律研究院，组建讯飞语音语言联合实验室、3D 视觉识别联合实验室。2017 年，人权研究院入围国家高端智库培育建设单位，并进入中国智库索引首批来源智库，是全国 8 家国家级人权教育与培训基地中唯一入选单位。

在国际合作与交流上，2017 年学校新增与美国凯斯西储大学的中外合作办学项目，入选来华留学生中国政府奖学金委托培养院校；与境外知名大学新签和续签交流协议 135 份，建立海外实习实训基地 11 个。2017 年，学校单独设立国际教育学院，国际化人才培养力度进一步加大。

二、大学精神与办学特色

（一）“西政精神”引领下的品格塑造

大学精神是大学的灵魂，是大学在其生存和发展过程中积淀而成、为全体师生认同和内化的一种价值观念体系和群体自我意识。西政人始终满怀责任感和使命感，继承先贤传统，秉承正义精神，推进国家民主法治，捍卫社会公平正义。历代师生心血熔铸的以“心系天下、自强不息、和衷共济、严谨求实”为内涵的“西政精神”，是西政人文历史的积淀，是西政品格的凝练，更是指引西政未来发展的旗帜和圣灯。

西南政法大学的前身是 1950 年成立的由刘伯承兼任校长的西

南人民革命大学。西南政法大学与西南革命大学一脉相承，西南人民革命大学的革命爱国精神是西政精神的最初渊源。1953 年选址烈士墓建校，即饱含着以先烈革命精神来教育青年、培养政法干部的良苦用心；1954 年迁入沙坪坝烈士墓新校址之初，全校上下满怀激情，在“三幢房子办大学”，既无图书馆，又无体育场地和专门的教职工宿舍的简陋条件下，从领导到群众，从教师到学生，都在自觉而紧张地为创建新型政法学院而奋战忙碌。

1978 年西南政法大学率先恢复招生。在恢复办学之初，重返讲坛的老师们，以高度的学术虔诚和对国家命运强烈的忧患意识，将压抑了 10 年的激情转化为传道授业的热情；在简陋的校舍里，学生为了弥补失去的青春与时间赛跑。课堂上，师生争鸣，相互质疑；课堂外，关怀备至，情同父子，“吾爱吾师，吾更爱真理”之风在校园盛行，师生共同缔造了西政“新三届”的传奇。

20 世纪 90 年代末，中国高等教育事业快速发展，学校及时确立“争优转型升格”的办学目标，完善学科建设和办学机制，全力推进建设高水平大学的第三次创业。全校师生直面压力、励精图治，在偏远之地祛除浮躁之气、砥砺气节情操、潜心研习学问，虽处江湖之远，反得学问之精，缔造了人才辈出、星耀中国法学界的“西政现象”。在广大西政校友中，既有偏远荒漠简易法庭的法官，又有孜孜追寻公平正义的其他法律从业者，还有为民众平安勇于献身的时代英烈。诸多历史关头，西政人总是挺身而出，不畏艰险，为国分忧。

从西南人民革命大学为中华人民共和国培养革命干部的庄严使命，到院系调整选址烈士墓的良苦用心，无不体现出西政一贯对精神熏陶和品格塑造的重视。随着祭奠烈士的哀乐听课，入学教育、清明节、“11·27”纪念日到烈士陵园宣誓、祭扫，成为众多西政学子终生难忘的特殊记忆；老师们忍辱负重、自强奋进的言传身教也为学生播下了正直无私、求真务实的种子,金平老师给周强的毕业寄语——“许国不畏身家累,除弊应如金石坚”,已成为众多校友共勉的座右铭;校友在学术界、公检法实务部门乃至国际维和行动等各条战线的身体力行为西政精神树立了新的典范,通过“校友事迹传播中心”教育和激励一代代在校学生。“西政精神”是数代西政人用行动和志气凝聚出的校园之魂,已成为开学典礼、毕业典礼中校长嘱托的高频词汇,成了西政特殊的文化基因。

当前,国内外高等教育发展正处于日新月异阶段,“双一流”的号角已吹响,学校正处在重要战略机遇期。知危图强担使命,扬鞭奋蹄谱新篇。学校在“西政精神”引领下,上下一心,团结协作,加快“双一流”建设步伐,朝着全国一流、国际知名、特色鲜明、优势突出的研究型高水平大学目标不懈奋斗。

改革开放40年来,心系天下、兴亡有责的家国情怀,逆境崛起、自强不息的奋斗精神,团结协作、和衷共济的团队意识,求真务实、厚德笃行的求实作风,拓展了西政人“仰望星空”的视野,张扬了西政人逆境崛起的志气,增强了西政人团结奋进的力量,铸就了西政人务实创新的品格。面临新挑战、新机遇,西政人将一如既往秉承“西政精神”,以满腔热忱奋力前行,书写独具特色、无愧于时代的新篇章。

(二)“论辩文化”“实务教育”铸就的鲜明特色

西南政法大学一直致力于锤炼以崇真理尚思辨为要义的论辩文化氛围,建立以能力培养为核心的法律实务教育体系。改革开放40载,“论辩文化”和“实务教育”已经成为全国教育界公认的两个鲜明的西政办学特色。

1.“口头”和“笔头”是一个优秀的政法人才必须具备的两种能力。这也是西政从20世纪50年代便一直特别重视思辨训练的原因。改革开放初期,学校在全国高校中率先开展了课堂讨论,每门课的每个单元结束后，全班都要进行讨论。每个人精心撰写讨论稿，然后在课堂上发言。这种讨论绝不是温文尔雅、温情脉脉的，老师和学生经常为一个案例当场争论起来，谁也说服不了谁。这种追求真理、精诚协作、依循法律思维方法和行为方式逐渐演变为“论辩文化”，根植于每一位西政学子的血液中。

作为学校最具代表性的校园文化之一的论辩文化，其主要体现于三个方面：一是学生辩论，二是学术辩论，三是教学辩论。在学生层面，在西政，从学生入学开始，就以班级为单位开展论辩活动，并逐渐形成了以“天伦杯”辩论赛、模拟法庭辩论赛、模拟联合国辩论赛、辩论擂台赛为主体的辩论活动体系。为培养学生辩论技巧和素养、提高辩论水平，学校开设了专门讲授辩论理论和技巧的“辩才学”课程，编写出版了《辩才学教程》，目的是通过论和辩锻造学生的观察和思辨能力，养成独立思考的习惯。在学术层面，创办于20世纪90年代的西南法学论坛，让西政论辩文化蜚声国内高校，论坛独创“主持人阐述+辩论+听众提问”的模式，使再顶尖的专家也不是“权威”。现如今，学校已有各级各类讲座论坛近400场，西政的论坛文化塑造了以西南法学论坛和金开名家讲坛为代表的知名论坛品牌，也形成了以法学论坛和名家讲坛为中心，以研究生和本科生论坛为两翼的“西南学术大讲堂”体系，崇尚学术与争鸣精神的西政学风，随之蜚声国内高校。思辨之风也吹进了课堂。学校多个学院在教学中推陈出新，将老一辈西政人崇尚理性、以理服人的思辨精神延续至今：行政法学院积极推行“双师多项互动教学模式”，由一位教师主讲，另一位教师围绕主讲教师讲授的内容有针对性地进行点评，鼓励师生不同观点的交锋与交流；在法学院针对案例分析课程中，首开讨论加辩论式教学，学生分组对讨论案例质疑、辩论，主讲教师归纳要点并进行点评，学生也可随时与教师进行辩论；民商法学院与法学院教师联合推出实体法教师与程序法教师同台授课的法学课程教学新模式，这些有益的探索和尝试进一步锻造了西政学子兼容与批判的学术品格。

2. 法学是一门追求实践效果的实践性、应用性学科。法律实务教育不但要提高学生实践能力，使学生熟悉法律的技术操作层面，更重要的是着力培养学生的实践精神，引导学生在法学领域内进行务实的理论创新和实践探索。广大教师凝心静气做学问、为人师表带学生，注重培养学生诚实人品、朴实作风。用人单位普遍反映：西政毕业生“作风朴实，为人低调，上手快，适应能力强，后劲足”。

建校之初，特殊的建校背景使学校既会聚了法学名流又吸纳了实务精英，学贯中西的教授、居敬而行简的公安法检领导，均悉心为学生讲授法学基础课程，学校通过安排教师拜实务单位的同志为师、在司法机关的基层部门开展调查、研究和实习，由此形成了“教学、研究、实习、进修”师资培养传统。

改革开放初期，针对用人单位提出的实践能力较弱等问题，学校及时修订专业计划，以“三个面向”为指针和政法教育必须为经济建设服务，明确了将传授知识与培养学生实践能力相结合的教育思路，提倡启发式教学，开展模拟法庭教学、义务法律咨询活动，同时，创办了全国第一个刑事侦查学专业，与业务部门保持着密切的联系，在全国10多个地区建立实验基地。

多年来，学校教学始终坚持理论联系实际，在总结模拟法庭教学、法律咨询等实践教学方法经验的基础上，以雄厚的师资力量、出类拔萃的校友阵容和宝贵的“西政精神”整合优秀的教育资源，不断丰富和完善实践教学内涵：学校率先逐步建立了以“课内实践教学平台”“实务信息拓展平台”“课外实务指导平台”“社会实践训练平台”“实践理性强化平台”为核心内容的五大实务教育立体学习平台，基本实现了理论教学与实践教学、课内实践与课外实践、专业技能与科研创新有机结合;同时,在以探究式学习、实践性模拟和综合性创新为主要特点的案例教学、观摩教学、模拟法庭教学、专业实习、社会调查、法律咨询等多组实务教学项目中,教师汲取了"论辩文化"的精髓,将学生的创新精神和实践能力的培养贯穿于人才培养全过程。学校教学、学术交流中的论辩特色与源于实践、超于实践的教学风格完美结合,形成了具有西政特色的实务教育体系。

三、法律人才培养共同体

(一)多主体参与,形成协同合力

1984 年为了响应邓小平同志提出的"教育要面向现代化,面向世界,面向未来"的指示,学校以教学科研为中心的各项改革不断深入发展,增设新专业,扩大办学规模,改变单科性办学模式,逐步形成了比较合理的系科设置和教学管理体制,并提出了加强本科教育的10 条意见。经过 40 余年的改革发展,从 78 级本科 3 个专业(政法、哲学、共运史)到现在的 25 个本科专业,学校现已形成多主体参与、多维度给力的协同创新人才培养体系。

1. 汇聚社会各方资源,打造特色课程体系。学校与上百个法检部门、律师事务所等实务部门签订战略合作协议,共同实施"卓越法律人才计划"。通过案例编写与交流使用,现场经验教学、实习等方式,为人才培养提供最前沿真实的教学资料。学校还通过"千人计划"、讲座活动等方式,将具有丰富实战经验和业务技能的一线法律工作者请上讲台,通过观点的交锋碰撞出思想的火花。学校与市法检部门、律师事务所合办的"模拟法庭竞赛",已经举办了 12 年,实务专家不仅担任辩论赛事的点评嘉宾,还作为指导老师定期对辩论队进行指导和培训,形成了"课程教学 + 模拟教学 + 诊所教学"的校内实践教学特色，全面提升学生综合技能。

2. 融入协同创新机制，强化实践教学体系。2007 年年初，学校启动了“千县计划”，力求在全国 1000 个区县设立至少 1000 个学生实践教育基地。从 2010 年开始，学校在“千县计划”基础上，提出“跨学科基层社会实践教学基地建设”。截至目前，学校 6 个法学院共建立实践基地 300 余个，包括各级法院、检察院、仲裁委员会、公证处、律师事务所等法律实务部门，基地分布广泛，遍及全国 20 个省、4 个自治区、4 个直辖市。2016 年学校与重庆仲裁委员会共建中国仲裁学院，与重庆市公安局共建刑事侦查学院。中国仲裁学院是我国第一个从事仲裁学历教育的法学院，学院的成立解决了我国仲裁事业发展迅猛与仲裁学历教育缺失之间的矛盾。学院在全国范围内聘请了一批优秀仲裁员兼职仲裁实践教学工作，首要目标是通过本科（实验班形式）、研究生（法律硕士中设立仲裁方向）等学历教育培养工作，培养各学历层次的仲裁人才，为中国仲裁事业输送生力军。学校在与重庆市公安局共建刑事侦查学院过程中，与市公安局、区县公安局签署系列合作协议，在共建一级学科硕士点、教学实习基地、民警培训、学术交流等方面开展深度合作。

（二）特色平台滋养卓越人才

学校积极贯彻卓越法律人才教育培养计划，致力于培养适应中国特色社会主义法治国家建设需要的高素质法律人才。学校 2011 年即设立法学实验班，先后设有应用型复合型卓越法律人才实验班、“一带一路”法律人才实验班、基层卓越法治人才实验班、监察法学实验班、金融学专业 CFA 实验本、工商管理专业卓越法商人才实验班等校、院两级实验班；并出台《西南政法大学法学专业实验班运行方案》等系列政策，保障“卓越计划”顺利推行。在 2012 年首批卓越法律人才教育培养基地公布名单中，学校成为应用型复合型法律职业人才教育培养基地、涉外法律人才教育培养基地、西部基层法律人才教育培养基地。

1. 以基层卓越法治人才实验班为抓手，服务地方经济发展

针对西部基层紧缺法官、检察官和律师的现状，学校开办了基层卓越法治人才实验班，实行研究生和本科生两个层次的分类化培养。本科学历教育层次，开设了基层卓越法治人才实验班、“法学第二学士学位班”；在硕士研究生学历教育层次，开设了“政法干警招录培养体制改革试点班”，为西部地区市场经济发展、法治社会建设和民族法律文化传承培养了多层次的法律专业人才；在职培训方面，开展了“西部基层法律职业在职人员法律实务培训”。为更有针对性地培养西部基层法律职业人才，学校打造了一系列以法律职业为导向的特色课程，如“法律职业礼仪”“审判策略与庭审技巧”“律师非讼业务操作技能”“审判学”“律师学”“检察学”“法律适用学”“刑事辩护实务”8门法律实务课程。各实务课程教学团队成员在课程负责人的带领下通力合作、相互支持，有效开展课程的研发和建设，法律实务课程的授课能力进一步得到整体提升。

2. 以东盟法律人才实验班涉外法律人才实验班为抓手，全面实施对外开放

学校创设“一带一路”法律人才实验班，培养具备扎实的国际法理论基础，能熟练掌握一门以上东盟国家语言以及英语，熟练运用我国法律、东盟国家法律，从事国际谈判、处理国际法律事务的“双语双法”涉外法律人才。学校注重涉外性与实务性的结合，打造特色课程和特色教学平台，开设“国际贸易法成案分析”“国际贸易交易法”“国际私法”“国际经济法”精品课程。学校注重海外教学资源的挖掘与利用，一方面，通过教学资源共享，将部分专业课程直接开设在海外高校；另一方面，通过引入国外名师，为学生讲授国外法律知识，

同时利用MOOC课程，以远程教学途径接触海外优秀教育资源，拓宽学生知识面，开阔学生的视野。从2013年开始，东盟高端法律人才培养基地开始招收东盟国家留学生攻读硕士、博士学位；东盟法律法学界培训班也从2012年起连续开办，为东盟国家培养“中国—东盟”自由贸易区专门化法律实务人才，成果显著。

3. 其他特色平台并举，滋养卓越人才

2018年3月，全国首家检察法学院在学校揭牌成立。为适应新形势下高等教育改革与创新以及国际监察体制全面覆盖所带来的人才需求，学校设立了监察法学实验班，设立专业选修课监察法学专业课程模块，培养纪检监察机关急需的法律专门人才。侦查学专业海外利益保护方向实验班，是为了全面贯彻落实整体国家安全观，维护我国海外投资利益，培养从事海外利益保护的专门人才而开设。学校量身定做海外利益保护基础法律知识、安全保卫理论与实践、情报分析理论与实践等专业课程，整合校内外资源，与国家安全部及各地国家安全厅（局）等国家安全实务部门建立合作办学机制，培养了一批兼具国家安全和海外利益保护理论素养与实务技能的双导师队伍。金融学专业CFA实验班，培养理念强调理论教学与专业实践有机结合，实验班学生按照美国CFA协会全球统一专业教育标准，系统进行CFA全部核心课程学习。

四、多样性与融合发展

（一）“双千计划”夯实多样性基础

“双千计划”是教育部、中央政法委联合实施卓越法律人才教育培养计划的一项重要内容。“卓越法律人才教育培养计划”是中华人民共和国成立以来颁布的第一个关于法学高等教育的专门指导性文件，也是教育部在社会科学领域最先实施的卓越人才培养计划，是对法学教育性质的重新定位，必将对中国法律教育发展产生重大而深远的影响，也将对政法队伍建设产生重要影响。

学校从2013年实施“双千计划”以来，派出和接收17名“双千计划”挂职人员。来自一线的检察官、法官通过授课、讲座、科研项目、教材编写、实践课程设计等方式，为学生的学习打开一扇窗口，展示中国司法实践的真实面貌，在学生的求学阶段就可以掌握未来岗位的具体要求，也让学生的学习更有针对性，对他们法治观念的确立。法律技能的习得、法律职业伦理的形成、法律思维的训练都是正向推动；向未来的法律职业工作者及时介绍司法体制和工作机制改革进展情况和社会主义民主法治建设成果，全面拓展学生的社会视野。“双千计划”的实施，前往学校既提升了挂职干部的理论素养，又将他们的工作经验转化为在本职岗位进行司法创新的教学资源，既有人获得博士学位、优博论文，还有人主讲的课程入选全国检察教育培训精品课程。

法学教师到司法实务部门任职，有利于教师在理论和实践结合的基础上不断提高教学科研水平，也使司法部门的个案咨询变成了系统性的再教育。实务部门同志到学校授课，不仅促使这些同志加强自身学习，更使众多学生了解法律在实践中如何使用，提高学习兴趣，培养独立思考的能力。“双千计划”进一步密切了学校和实务部门的合作，推动了检察中的审判工作，高校挂职教师深入司法实务一线，知道了法官在“想什么”“关心什么”，对增进科研交流、拓宽学术视野具有重要的意义。

（二）多学科交叉融合，培养复合型人才

20世纪初期，学校根据《全国教育“十五”计划2010年发展规划》精神，在《西南政法大学“十五”发展规划》的基础上，按照重庆市教委关于重庆市高校发展规划编修的要求，制定《西南政法大学远期

发展计划和中长期发展规划》，绘制学校发展新蓝图，大力拓展交叉学科和边缘学科，形成具有自身优势、特色鲜明的学科和专业体系，在交叉学科建设中取得长足进步。

1. 打破传统学科壁垒，构建协同共生的学科体系。学校将培育西政特色交叉学科纳入发展规划，不断创新学科组织模式，以服务需求为目标、以问题为导向，按照内在联系组建学科群，加强学科协同交叉融合。20 世纪初期，学校大力开展法学交叉学科的遴选建设工作，不仅在学科建设管理办法中明确规定了二级交叉学科的设置问题，并出台了二级学科自主设置实施办法和细则。早期学校有法商管理、犯罪心理学、法律翻译等学科建设项目脱颖而出，发展成为成熟的二级学科和交叉学科。现如今，学校立足现有学科基础，加强交叉学科、新兴学科的建设，重点推进监察法学、国家安全学、公安学、人工智能法学以及法律与新媒体、法律与大数据等学科的培育与建设工作，着力打造工商管理与知识产权法、公共管理与环境保护法、应用经济学与经济法等学科的交叉学科点。2018 年人权舆论博士方向迎来了第一批博士研究生，学校在法学一级学科下自主设置的“国家安全学”硕士点，于 2019 年开始招生。人工智能法学、监察法学、马克思主义法律理论与党内法规、法经济学、法务管理等二级学科的设置筹备工作正在按计划有序推进。

2. 加强以人才培养为中心的专业交叉融合建设。基于人文社会科学的人才培养特点，对“专业对接产业”和“服务经济社会需求”的卓越人才培养，需要基于以人才培养为中心的专业交叉融合建设。因此，学校的具体举措有以下两点。一是开办专业交叉融合的实验班。学校在 2016 级本科生中开办了“资本市场法务”与“企业法务”2 个专业方向的实验班，充分依托我校民商法学院与经济学院及管理学院的学科专业交叉融合优势，并基于与经济学院签订的院际协同创新协议,合作设计“资本市场法务”实验班培养方案,基于与管理学院签定的院际协同创新协议,合作设计“企业法务”实验班培养方案。通过整合民商法学院与管理学院、经济学院优质师资,并依托重庆大学联盟,从重庆市高校经管类优势学科聘请教师,以及根据需要从公司企业、金融机构、律师事务所等实务部门聘请专业人士任教,合作开展学生培养。实验班单独开班,独立培养,实施小班教学。二是推行复合型人才培养的专业研修制度。学校逐步推行以全校选修为平台的复合型辅修制度改革,在不影响基础专业学习的前提下,学生可以选修全校任何专业的必修或选修课程,在学分达到相应专业及其学位的要求时,颁发辅修毕业证书和第二学士学位证书。

第二节　法学教师队伍建设

百年大计,教育为本;教育之计,教师为本。师资队伍不仅是大学完成立德树人任务的“安生立命”之根本,更是大学在培育学术竞争力、提升社会美誉度等方面的重要凭借。

一、师资队伍建设发展历程

西南政法大学的发展伴随共和国法制建设的历程,改革开放40年,也是学校飞速发展的40年。40年来,从地处内陆的西南一隅走出了数十万改革开放事业亟须的法治人才,这些人中许多成为国家政法界的栋梁,形成了举世瞩目的“西政现象”,被誉为中国法学教育的“黄埔军校”。学校发展取得的瞩目成绩,离不开几代以教师为主的“西政人”的辛勤耕耘和努力。学校法学教师队伍发展的历史,也是学校法学教育的发展。

（一）克服万难，恢复办学（1977～1984年）

1977年，法学教育百废待兴。1977年5月，中央批准西南政法学院复校。1978年2月18日，国务院高教部决定将学校列入全国首批重点院校。此时，全校教职工队伍有411人，比1965年"文化大革命"前少131人，仍保留有131人的教师队伍。为了尽快恢复办学，学校多措并举加强教师队伍建设。从复办到1980年1月两年多时间，共调进156人，其中包括"文化大革命"中调出又归队的一批教师，安排到教研室的80人。到1984年12月底，全校有教师403人，比原有131人增加了2倍多，正副教授30人，讲师192人，助教72人，教员109人。通过克服重重困难，学校解决了复办时期师资奇缺的棘手问题，办学迅速恢复，为后续发展打下了坚实基础。

（二）逐步完善，持续发展（1985～1988年）

经过前一阶段的建设，学校的师资队伍建设进入稳定发展的阶段，师资队伍不断充实，教师水平有了一定提高，师资结构趋于合理，至1987年3月，学院有教师478人（含兼职教师22人），其中：教授18人，占教师总数3.2%；副教授107人，占22.4%；讲师141人，占29.4%；教员助教211人，占44.1%。这一时期，学校师资建设的重点主要是，促进教师访学进修，继续补充教师队伍数量，规范、完善教师考核管理制度和职称评审制度等方面，尤其是重视青年教师的培养，为青年教师迅速成长提供制度上的支持和保障。

1986年学校制定《教师队伍建设规划》，通过举办助教进修班、讲习班、研讨班、培训班等形式对教师进行培训：校内进修与校外进修相结合，以校内为主；在职进修与离职进修相结合，以在职为主；国内进修与国外进修相结合，以国内进修为主。此等方法提高了教师的教学、科研专业知识及外语水平。通过进修培训，相当一部分教师获得了重新学习的机会，老教师更新了知识结构、开阔了眼界；广大中青年教师有机会了解到新的信息，掌握学科发展的前沿动态，扩大了知识面。教师教学水平明显提高，科研能力明显加强，一大批中青年教师脱颖而出，成为教学科研和重点学科的骨干。

为不断补充教师队伍中的新鲜血液，学校每年从外校调入或本校选留一定比例的研究生、本科生充实教师队伍。学校提倡本校党政干部在完成本职工作前提下、研究生完成学业的情况下，经批准可以承担一定的教学任务。为解决某些学科师资短缺的问题，学校还从外校、外单位选调一定数量的人员做师资。凡留校或调入我院作师资的，首先对其进行岗前培训，开办助教进修班，组织他们学习教育学、教育心理学、教育管理学，强化外语，到基层业务部门去调查研究、去实习，体验生活，提高实践能力。

1988 年学校教务处组织有关人员先后到重庆大学、西南师范大学等兄弟院校学习考察教研室建设的经验，结合贯彻司法部关于加强教研室建设的经验，对教师的职责考核、培训作出了更明确的规定。党支部建立在教研室上，使教研室工作与基层党务工作有机结合，真正成为教学科研、教师培训的一个独立实体。

1986 年至 1988 年 5 月，国家教委先后下达《关于实行专业技术职务聘任制度规定》《高等学校教师职务试行条例》。1986 年 9 月，经四川省高教局同意，学校法学学科教师职务评议组取得了可评议教授、副教授任职的资格。为建立科学合理的职称评审制度，学校出台了《教师工作规范》《教日制方案》，出台了教师专业技术职务《工作守则》《试行条例》《评聘意见》等文件，学校对教师职务的评审聘任工作逐渐走向科学化、制度化的轨道，促进教学科研向更高层次发展。

（三）强化激励，提升师资（1989～1998 年）

进入 20 世纪 90 年代以后，一大批老教师、老教授、老专家相继从教学一线退休，教师队伍发生了变化。1995 年学校共有教师 453 人，45 岁以下的教师 335 人，具有研究生学历的教师 87 人，教师队伍出现学历低、师资力量青黄不接的现象。为解决这一问题，学校明确了师资队伍建设的重要性，把加强对中青年教师的培养作为工作的重点，并在教师队伍建设方面实施了一系列改革举措：1995 年 4 月，学校制定了《西南政法大学关于加强师资队伍建设、加速青年教师成长的意见》，争取在 10 年内教师队伍达到 600 人左右，培养出国内一流、国际上有影响的专家 10 人左右，跨世纪中青年学术带头人，培养出有博士、硕士学位的中青年教学科研骨干 100 人左右的“6141 人才工程”。

学校要求全校职工包括各级领导干部必须树立“以教学科研为中心、为教学服务”的思想，为教师办实事，培育起尊师重教的优良环境。稳定教师队伍是师资建设工作的关键，按照《西南政法大学优秀中青年骨干教师遴选暂行规定》，对遴选出的优秀中青年教师在科研基金、职称评定及住房分配上给予鼓励。

学校将师资培训作为新专业建设的重点来抓。1995 年，学校对新专业教师培训，举办了 3 期师资培训班及送校外进修，以提高专业知识和教学理论水平；制定了《西南政法大学教师岗前培训暂行办法》，培养青年教师的职业技能，派出 10 多名教师前往美国、意大利、法国、日本和香港地区留学提高教师的理论水平和数学能力。

这一时期，学校注重引进人才，充实教师队伍，在新专业教师比较缺乏的情况下，将一些在实际部门工作多年，并有较高理论水平的同志调入任专业课教师，同时，引进外语、新闻、国贸、会计、管理等专业的毕业生，充实人员新专业的师资力量，为引进高层次人才，优化教师队伍结构，对来校工作的教授及博士在住房、安家费、工资、科研启动经费等方面提供优惠条件。

学校为加强师资队伍建设，注意改善教师的职称、工资、住房和工作条件，调动了广大教师在教学科研方面的积极性，对有突出贡献的专家优先改善生活和工作条件，激励搞好教学、科研工作。

同时，学校还大胆改革教师职称评定办法，鼓励中青年教师脱颖而出，破格晋升相应职务。1992～1999 年，我校有 21 名中青年教师破格晋升了高级职务，有 10 名青年教师破格晋升了中级职务。1995～1999 年我校晋升正高职称 36 人（教授 30 人），副高职称 139 人（副教授、副研究员 108 人），中级职称 160 人（讲师 79 人）。在 500 多名教学科研人员中具有高级专业技术职务的有 300 余人，1996 年，学校评选出 55 名"中青年跨世纪学术骨干"。

1995 年学校修改了《校内特殊津贴的发放办法》的规定，对有副高以上职称在教学科研中成绩优异的专业技术人员，发给校内特殊津贴，奖励教学科研突出的教师，每年提前和越级晋升奖励工资，1994 年到 1999 年共奖励晋升工资 218 人中，教师占 129 名。

（四）夯实基础，快速发展（1999～2015 年）

20 世纪 90 年代末，在高校扩招和管理体制调整的大背景下，中国高等教育事业步入快车道，法学教育领域竞争异常激烈，全国各高校纷纷开办法学专业，甚至被戏称为"全民办法学的时代"。扩招必然带来高校包括师资队伍在内的各种资源要素的短缺。面对发展的机遇和挑战，学校认识到法学师资队伍建设工作的重要性，实施了"人才兴校"战略，实施多种类教师队伍培养激励机制。2008 年，学校制定了《西南政法大学中青年教学骨干队伍建设工程实施方案》，选拔一批教学骨干教师进行重点培养，设立"教学骨干教师专项基金"，并在岗位聘任、职称评审和评优评先时予以优先考虑。为提高教师队伍博士化率，学校 2011 年 5 月制定了《西南政法大学博士教师津贴暂行办法》，设立特殊人才专项经费，对具有博士学位的专职教师按照每人每月800元的标准发放博士津贴。为提升教师师资队伍国际化水平，每年投入200万元人民币在全校选拔20名具有较好发展潜质和外语基础的中青年教师，通过一定的外语强化培训后选派到国（境）外进修，拓展他们的研究视野并提升他们的专业研究水平。实施系列培养激励制度，极大地激发了教师队伍干事创业的积极性和主动性，培养了大批优秀人才。

加大了人才引进工作特别是高层次人才引进工作的力度。在"十一五"期间，学校引进专职教师188人，其中，具有副高及以上职称的高层次人才21人，具有博士学位的119人（具有海外留学背景的8人），其他人才48人；同时，柔性引进高层次人才5人，保证了师资队伍数量的充足。

完善了一系列的师资人事工作规章制度，学校制定了一系列制度，建立了教师进修、在职攻读学位、赴实务部门锻炼"三位一体"的人才培养机制；健全了教师选拔、培养、考核和奖惩等机制，实现了教师全员岗位聘任制，初步实现了校院两级师资管理模式；大力实施教师的师德师风教育活动，确保了师资队伍整体具有良好的政治、业务素养和职业道德水平。

（五）全面建设，争创"一流"（2015年至今）

2015年8月18日，中央全面深化改革领导小组会议审议通过《统筹推进世界一流大学和一流学科建设总体方案》。随着"双一流"建设号角的吹响，学校师资队伍建设进入了增量提质、全面建设的新时代。

新的时代，学校提出了"双一流建设战略行动"，并将"人才攻坚计划"作为六大攻坚计划之首，把人才建设摆在战略优先位置。根据一流学科建设需要，遵循教师成长发展规律，以中青年教师和创新团队为重点，培育跨学科、跨领域的创新团队。规模化培育人才梯队，实施了

"西政 122 人才工程",力争用 5 ~ 10 年时间,分类别培养 100 名领军和拔尖人才、200 名教学科研和管理骨干人才、200 名优秀青年博士。

加大人才引进力度,吸引汇聚优秀人才,学校实行了几项举措。一是于 2016 年启动修订了《西南政法大学人才引进办法》,大幅度提高了引进人才的待遇,并将引进人才分为 6 大层次,分别给予相应的引进待遇。2016 年学校共引进各类人才 42 人,2017 年学校拟引进全职教学科研人员 70 人,柔性引进专家学者 10 名左右。二是为更好地发挥博士后科研流动站在师资引进和学科建设等方面的积极作用,加强新进青年教师的考察和培养力度,学校专门制定了《西南政法大学师资博士后招收选聘办法》,对符合条件的博士后申请人,学校通过师资博士后的进站考核和签订师资博士后工作协议,视为在职在岗教师,承担相应的教学科研任务。

改革教师队伍管理体制,破除制约人才发展的"瓶颈"。学校为改革完善教师考核评价制度,制定了《西南政法大学教师考核评价制度改革实施意见》,通过改革转变了平均主义、重科研轻教学等观念,打破论资排辈,鼓励青年人才脱颖而出,激发了教师队伍活力。在内设机构方面,学校成立了法学研究所、教师发展中心(教师工作部)、高等研究院等教师发展专门性服务支持机构,为教师发展提供专业的指导、支持和服务。学校以法学教师培养为特色的教师发展中心还入选了重庆市首批高等学校教师发展示范中心。

完善师资建设平台,提升青年教师能力。一是加强教师能力发展中心建设。2015 年学校设立了教师能力发展中心,为全面提升教师的教学能力、科研能力和专业发展能力打造了服务平台。通过不断改造建设,2017 年 1 月该中心成功入选为重庆市级高等学校教师发展示范中心。二是组建教师工作部。2017 年 4 月学校又组建教师工作部,与教师发展中心合署办公,形成以思想政治为引领的教师全面发展促进机制，为青年教师的学术提升、外出访学、实务挂职、搭建校内工作平台等提供全方位服务，取得了一系列成果。三是对青年教师进行能力提升培训。学校定期组织中青年骨干教师赴兄弟院校进行培训学习，2016 年与四川外国语大学合作开展教职工外语水平出国培训，已遴选首批 25 名访学支持计划人选。四是选派优秀青年教师挂职提升。学校充分利用国家“双千计划”和学校“千县计划”资源，按年度选派青年教师和管理人员赴校外实务部门挂职锻炼和学习，继续支持青年教师到政府机构、企事业单位挂职锻炼，搭建人才成长成才平台，遴选了一批有发展潜力的青年教师兼任校内期刊社副主编或参与学院教学与管理工作，为教师搭建了职业发展平台。

二、师资队伍建设成绩斐然

学校有重视师资队伍建设工作的传统，改革开放 40 年来，在师资队伍建设方面取得了举世瞩目的成绩，形成了良好的人才成长环境，建立健全了教师管理制度，初步建成了一支与“全国一流、国际知名、特色鲜明、优势突出”的研究型高水平大学办学目标相适应的高素质专业化法学学科教师队伍。

（一）以建促管，营造了人才发展的良好环境

人才培育离不开滋养其成长的良好环境，学校注重人才成长氛围和环境的营造，通过制定人才队伍发展规划、改革人才评价制度、设置专门性服务支持机构、实施人才成长激励措施和荣誉体系等措施，全方位、多渠道助力人才成长。学校也重视在校内尊重人才、表彰先进、树立榜样的效应，积极宣传有代表性人才的事迹，努力营造出重人才、爱人才的氛围。从 1985 年 9 月首届“教师节”开始，学校每年都举行教师节庆祝大会，集中表彰“优秀教师”，还设立了“西政好老师”“双一流建设突出贡献奖”等表彰奖励；设立了“三好一突

出”奖励，对“双一流建设突出贡献”“西政好老师”和“西政好干部”进行集中嘉奖；着力营造“人人渴望成才、人人努力成才、人人皆可成才、人人尽展其才”的生动良好局面。全校形成了爱护人才、尊重人才、尊师重道的良好环境，最大限度地激发教师群体干事创业的积极性。

教师节表彰优秀教师

（二）以引提质，提升了师资队伍的数量和质量

刚复校时，全校教师总数仅 131 人，师资数量奇缺，远不能满足各项教育事业发展的需要。40 年来，学校着眼“建”“引”“育”“规”4 个关键点，花大力气补充师资队伍数量，提升师资队伍质量。师资队伍相对稳定，结构合理，老、中、青三代教师规模分布较为均衡，人才梯队建设科学。截至 2018 年 3 月，全校专职教师共计 986 人，师资队伍的年龄、职称和知识结构也得到了很大改善：有高级职称 568 人（正高 192 人，副高 376 人）；具有博士学位 656 人；最高学历非本校毕业 590 人。

（三）以育培优，提升了高层次人才队伍建设

学校不仅重视“人才高原”建设，更重视对培育具有影响力的专家学者“人才高峰”的打造。在高层次人才培育方面，学校遵循人才成长发展规律，将基础性发展与个性化发展有机结合，有重点、规模化培养各类人才梯队，实施系列人才培养工程，科学制定职业发展规

划，实现人才分类发展。制定了青年拔尖人才、骨干人才、领军人才和新秀人才支持计划，分四类量身定制培养方案。学校实施了《西南政法大学省部级以上人才年薪制实施方案》，为高层次人才潜心教学科研提供有效的制度支持；实施了“西南政法大学国际化人才工程”项目等专项人才支持计划，专门化培养人才。学校通过实施和完善各类人才激励和支持政策，为人才成长提供全方位服务和强有力保障，解除了人才发展的后顾之忧。

40 年来，学校多名教师入选国家级和省部级人才名单，包括：第二批国家“万人计划”哲学社会科学领军人才，全国文化名家暨“四个一批”人才，全国、重庆市教学名师，国家高层次人才特殊支持计划“哲学社会科学领军人才”“百千万工程领军人才”，“青年拔尖人才”，“新世纪百千万人才工程”国家级人选，国家有突出贡献的中青年专家，“新世纪优秀人才支持计划”，国务院政府特殊津贴专家，全国十大杰出青年法学家，全国“黄大年”式教师团队，重庆市高层次人才特殊支持计划人选，重庆市杰出专业技术人才，重庆市有突出贡献中青年专家，重庆市“巴渝学者”特聘教授，重庆市“两江学者”特聘教授，重庆市学术技术带头人等。

经济法学全国“黄大年”式教师团队

（四）以规立业，助推了教师德业并重全面发展

没有规矩，不成方圆。学校在教师队伍建设的过程中，遵循高等教育发展规律，注重教师管理制度规范化，积极推进职称评审、岗位聘任和教师考核制度完善工作，按照配置科学、总量控制、结构合理、管理规范的原则，建立了科学合理的教师管理体制，做到师行有范。成文的教师发展管理制度在全校范围内起到很好的宣传和指引作用。

学校还重视教师队伍师德师风建设，以师德为先，建立健全了师德长效机制，将师德考核贯穿了教师入职、晋升、考核等职业发展全阶段，覆盖了日常教育教学、科学研究和社会服务全过程；建立“师德一票否决制度”，全面提升了教师队伍的思想政治理论水平和职业道德。

学校编撰的教师手册及校内制度选编

三、师资队伍建设的优良传统

改革开放40年来，西政教师循循善诱、诲人不倦，面对有限的条件和重重困难、挑战，不忘初心、风雨兼程，用实际行动践行着“西政精神”。在几代西政人的不懈努力下，学校师资队伍建设和发展经历

了由少到多、由弱到强、数量与质量并重的发展过程。回顾40年来的师资队伍建设发展历程,学校在师资队伍建设方面形成并保持了自身的独特传统。

(一)自强不息的奋斗

改革开放以来,西政的教师队伍的发展随着学校发展过程的磨难、曲折和坎坷,一路走来并非一帆风顺:有复校阶段百废待兴、物资匮乏和教师奇缺的困难;有因地域条件限制,在高校人才争夺战中,处于劣势的困惑;也有20世纪90年代,面对大批资深老教授、老专家集中退休,人才“青黄不接”的迷茫。面对困难和挑战,西政人从不轻言放弃,也不妄自菲薄,发扬自强不息的奋斗精神,在困境中寻求发展机遇。

(二)师道尊严的坚持

学校尤其重视尊师重道传统的保护和发扬。从复校以来,在老一辈教师的影响下,老师们一直保持着为人师表、教书育人强烈的责任心和使命感。刚刚复校时,老师们住在简陋的房间里,恨不能把毕生的心血和所学都传授给如饥似渴的学生。老师们扎实的学识、悉心的指导和真情的关心,内生了“不与世争、不以浮躁、潜心问学”的教风和学风,赢得了同学们发自内心的尊敬和钦佩,构建了和谐融洽的师生关系,更督促着一代又一代西政教师为履行好老师的神圣职责呕心沥血、废寝忘食。

(三)改革进取的创新

改革开放40年,也是高等教育改革发展的40年。在改革发展的浪潮中,西政人没有故步自封,始终紧随法学高等教育改革发展的前进步伐,在师资队伍建设方面,开展了大刀阔斧的改革:早在1995年,学校就制定了《西南政法大学破格晋升专业技术职称规定》,大胆改革教师职称评定办法,建立公开、公平、公正的竞争机制,把考评结果与职称挂钩，打破论资排辈，转变了平均主义的观念，鼓励中青年教师脱颖而出，破格晋升专业技术职务。进入“双一流”建设新阶段以来，学校开拓创新，开展了“专职科研岗”“师资博士后”等岗位的探索工作，实行了“高层次人才年薪制”和“学科优秀人才支持计划”等人才发展制度建设探索，实施了“毓秀计划”“教职工访学支持计划”“青年教师到实务部门挂职锻炼计划”“青年创新团队培育计划”等人才成长支持计划，对吸引人才、稳定人才和调动人才积极性发挥了积极的效果。

（四）司法实务的融合

法学教育与司法实务部门的关系紧密、理论与实务结合是学校的办学特色之一。在教师培养方面，学校注重与司法实务部门联合，实现教师教学能力的可持续发展。与司法实务部门开展广泛深入的合作，通过法学名师讲堂、博士论坛、实务精英讲座、法学专家工作室、青年教师沙龙等方式，为教师提供法学专业能力提升、法学实践教育教学、法学教师教学技能竞赛、教学效果评价等项目，有效提升教师的综合能力，实现需求与培养的深入融合。同时，学校还通过外聘教师等方式，聘请具有司法实务经验的教师充实实务教师队伍。

定期召开教师挂职经验交流会

(五)薪火相继的传承

青年教师是学校教学科研的生力军,是学校建设发展的希望。学校重视青年教师培养工作,从20世纪80年代开始,为帮助青年教师尽快成长,就在全校推行教师"以老带新"培养制度,安排青年教师给老教师当助手,让他们一边学习,一边搜集资料、听课、备课、写讲稿、试讲。老教师还带青年教师参加科研项目、参与学术会议、专题研讨会,安排他们到司法实务部门参与实践锻炼,帮助青年教师迅速进入教师角色,更好地成长成才。

为促进教师队伍"传、帮、带",顺利渡过师资队伍新老交替阶段,学校将部分继续愿意为学校发光发热的老教授、老专家请回校园,担任督导专家,督促和指导青年教师成长。督导制度现已成为学校教师队伍传承的重要制度载体之一。

张警教授指导青年教师

(六)以人为本的关怀

学校遵循"育人以学生为本,办学以教师为本"的理念,全方面关心教师工作和生活,为教师办实事。学校通过各级工会、党支部、教研室、社区等组织，及时发现教师群体工作生活中遇到的困难和问题，为他们提供帮助、排忧解难，使教师群体有归属感和尊严感。早在1980年年初学校就成立了师资科，专门从事教师队伍建设工作。学校还成立了教师工作部，与教师发展中心合署办公，为教师职业和专业发展答疑解惑，并提供专业性的支持和服务。

以人为本的关怀还体现在学校对中青年教师成长的关心关怀上：中青年教师处于事业发展的初期，为帮助中青年教师迅速成长，学校制定了《西南政法大学优秀中青年骨干教师遴选暂行规定》，对遴选出的优秀中青年教师在科研基金、职称评定及住房分配上给予鼓励。

每年举行新进教师座谈会

第三节　法学专业人才的培养

一、法学专业培养方案、模式的优化

（一）本科人才培养方案、模式的演变

1. 1977～1984年：探索完善教学计划

学院复办后第一届78级本科有3个专业，即政法（423人）、哲

学(30 人)和共运史(29 人),哲学和共运史 2 个专业是为四川省培训的高校政治教师,只开办一届。

政法 78 级的教学计划是根据教育部在武汉召开的全国文科教学工作座谈会制定的《高等政法院校法律系法律专业学时制教育方案》,结合我院实际拟定的。

1981 年 9 月 24 日,司法部发出《关于印发〈政法学院法律专业学时制教学方案〉的通知》,学院根据通知精神对法律专业的教学计划又进行了修订,供法律专业 82 级和 83 级使用。到 1984 年秋季,我院 78 级、79 级、80 级 3 个年级已经毕业,业务部门对我院毕业生普遍反映良好,认为他们有一定的专业基础知识和适应工作的能力,但提出部分学生写作水平差,字也写得不好。此外,我院报考研究生的学生大多数因外语成绩差未被录取。鉴于以上情况和校内教学中存在的问题,学院认真参照教育部 1984 年 5 月在武汉召开的综合大学法律专业教学计划讨论会上好的设想和意见,以"三个面向"为指针和政法教育必须为经济建设服务的指导思想,对我院法律专业教学计划进行修订。

(1)加强基础教育(基本理论、基本知识、基本技能)。为使学生有宽厚的基础知识,将外语课 220 学时学两年,增加为 280 学时学两年,三、四年级选修。做到"三门课"4 年不断线,即思想品德课 4 年不断线,外语学习 4 年不断线,体育锻炼 4 年不断线。

(2)传授知识与培养学生实践能力相结合。减少课堂讲授时数,加强实践性教学环节。为了增强学生分析问题、解决问题和独立工作的能力,要求精讲多练。修订后的教学计划课堂讲授 1800 学时(占课程总时数 77.8%),与实践性教学环节 514 学时(占课程总时数 2314 学时的 22.2%)分别单列,以保证实践性教学活动正常开展。其中,政治课、专业基础课的课堂讨论约占各课总学时的 10% ~

20%；司法文书和语文课作文、作业约占各课总学时的16% ~33%；逻辑学课外作业时数为该课总学时的27% ~35%，如民法、刑法均为30%。进一步搞好模拟法庭，组织好教学观摩，改进课堂讨论。

认真贯彻理论联系实际原则。学院要求教师教书育人，备课备人，因材施教，课堂讲授提倡启发式、防止注入式。千方百计引导学生积极思维。同时，认真组织总结模拟法庭经验，在各专业课中进一步开展这项工作。法律咨询工作是理论联系实际，培养锻炼学生能力的一种有效措施，也是对社会进行法治宣传的好形式。要求各教学单位有组织有计划的开展。

（3）增设选修课，扩大学生知识领域。修订后的教学计划，必修课25门，2314学时。选修课36门，13472学时。原有15门为："专业外语""中国法律思想史""西方法律思想史""社会学""行政法""罗马法""环境保护法""海商法""犯罪心理学""监狱学""预审学""司法精神病学""司法会计""资产阶级法理学评介""律师与公证制度"。增设22门："中国哲学史""办案与逻辑""人口学概论""电子计算机技术""文献检索与利用""教育学""法学古文选读""伦理学""资产阶级宪法""国民经济管理""国际经济法""财政法""劳动法""外国经济法""企业管理""对外贸易""世界经济""经济思潮""社会主义建设""比较合同法""西方民事诉讼法""苏联与东欧国家民事诉讼法"。取消一门"律师与公证制度"，合计36门。选修课尽可能同步或近期开设，改变过去将选修课集中在三、四年级开设的状况，提前到二年级开始安排。

学院复办后，从78级到84级，学校的教学工作有了重大发展。课程设置的上述变化是学校重视学生素质教育的表现，也反映了教师队伍在数量和质量上都有较大的发展。这就为改革我院单科性办学体制，为建系增设专业创造了必要的条件。

2. 1985 ~ 1988 年:夯实实践教学基础

学院历来十分注重对学生多种能力的培养。至 1986 年,本科实践性教学课时达到总学时的 25% 以上,学生实习也由原来的 1 次增加为 2 次。在加强实践性教学环节、培养学生能力方面,学校采取了多种措施,主要有:第一,选择典型案例进行课堂讨论,还编写有关辅导资料,帮助学生加深基本观点、基本理论的理解和掌握。例如,1986 年民法教研室编写的《疑难案例剖析》对学生进行辅导,收效较好。第二,采用"模拟教学法",在老师指导下,由学生们自己动手,开办模拟法庭。生动直观的教学方式,使学生比较容易掌握案件审理的程序和要求,深受同学们欢迎。第三,用"请进来""走出去"的办法,邀请人民法院有丰富办案经验的审判人员到校作公开示范教学,组织学生到人民法院旁听观摩审判,引导学生正确运用所学基本理论。第四,利用寒暑假、节假日组织学生深入工厂、农村、机关、部队、学校开展法律咨询,进行社会调查,鼓励学生到司法机关实习、办案,了解社情、民情,掌握执法动态,犯罪特点,开阔视野,巩固所学知识,提高了他们观察分析问题、解决问题的能力和才干。第五,建立律师事务所。1984 年 12 月,学院成立了以教学、科研和社会服务为宗旨的律师事务所(重庆市第三律师事务所),作为全校师生专业实习和社会法律实践的基地和场所。所内专兼职律师由具备资格的学校各专业课教授、讲师担任。1985 年学院 421 名专业课教师中,有 172 人参加了律师事务所的各项业务活动,占专业课教师总数的 41% 。至 1987 年 6 月,有近 40 位教师担任重庆市人民政府、第二汽车制造厂、重庆大学等近 60 家企事业单位常年的法律顾问;办理民事代理、刑事辩护、经济合同、涉外经济等各类案件上千宗;接待、指导学生专业实习、毕业实习及学生参与律师值班代书达数百人次;事务所组织了上百次典型、疑难案例分析讨论会,举办律师讲座,培养律师工作者上百人；在学生中开展最佳代理词、辩护词写作竞赛活动。通过这些活动，学生熟悉了办案程序、要求，增强了法律意识；教师们不仅提高了教学科研水平和办案质量，还把最新的研究成果运用到教学中去，丰富了教学内容，写出了有较高学术价值的论文。同时，律师事务所还为学校创下了不菲的经济效益，起到了"实习工厂"的作用。

此外，各系、各学科还根据自身特点建立或确定实习场所和实习基地。例如，劳政管理专业，从成立的1985年起就把实习场地确定在四川省二监狱。虽系2年制专科，仍给学生安排了为期2个月的监狱实习。通过实习加深了对"改造第一，生产第二"劳改方针的理解。同时，也掌握了对犯罪教育、管理、生产劳动及减刑假释等业务技能的基本操作，加深了对课堂所学知识的理解，学到了课堂上学不到的知识。

经过多年的探索、实践，学院已逐步把案例教学、课堂讨论、模拟法庭、观摩教学、社会调查、社会实践等教学环节形成"一条龙"，列入教学计划，使实践性教学步入正规化、制度化轨道。

3.1989～1994年：强化德育工作与"两课"教学

德育工作与"两课"教学的好坏，关系到能否真正贯彻党的教育方针与执行高等教育法，培养合格的德智体全面发展的社会主义事业建设者和接班人的根本方向问题，只能发展、完善，丝毫不能削弱。

从1990年起，学院党委、行政部门多次作出把德育放在首位的决定。要求教师为人师表，重视学生的思想政治教育和品德教育；干部、职工都应当把加强学生的德育当成自己义不容辞的责任。各级党组织、全体党员和教职工都要从培养合格人才的高度认识德育的重要性，做到思想上重视、行动上支持；要把德育落实到学校工作的各个方面、各个环节，教师出国、进修、上讲台、职务晋升、评选先进等，必须坚持政治标准。学生招生、考核、奖惩、毕业分配要坚持德育标准第一;要发挥政治理论课对学生进行马克思主义教育的主渠道和主阵地作用,为政治理论教学提供必要条件,在职称、经费等实际问题的解决上实行必要的倾斜。

为了把德育放在首位,学院加强了相关课程建设。一是党委要求充实马列主义理论队伍,加强德育课、马列理论课的研究和建设,并对教材、大纲作了调整。二是党委决定加强政治理论课,恢复马克思主义哲学和政治经济学,组织力量编写教材;要求把对学生进行马克思主义理论灌输与批判资产阶级自由化结合起来,增强马克思主义对现实生活的指导作用。三是学院要求进一步落实德育课、政治理论课、形势与政策课的教学方案与教学计划,调整教学时数,改进教学方法,并在成人教育的各类教学中增设思想修养课。四是党委要求把学习马克思列宁主义理论、毛泽东著作贯穿于学校教学工作各环节。专业课要增加马克思、恩格斯以及毛泽东等老一辈无产阶级革命家原著的学习和党的路线、方针、政策的学习,并加强辅导;提倡每个学生每学期读一本马克思、恩格斯、毛泽东的原著,写学习心得和体会;每班组织一次学习经验交流,开展一次理论与实践相结合的实际活动。

为了在"两课"教学中坚持四项基本原则,反对资产阶级自由化,党委先后提出:政治理论课教师,要把四中全会精神贯穿于讲课之中,引导学生认识国情;要始终坚持四项基本原则,反对资产阶级自由化;根据形势发展调整教育的内容;继续清除教材、教参中的有关遗毒;对社会主义信念教育方面的难点热点、疑点加强集体研究。为此,马列理论教研部组织各教研室修订了各门课程的教学大纲,并根据各门教材的理论体系,制定了本学科坚持四项基本原则、反对资产阶级自由化的意见。思想修养课提出把党的四中全会精神和坚持四项基本原则、反对资产阶级自由化的任务贴切自然地贯穿到所教授的14个专题中，坚持针对性、思想性、知识性和趣味性，摸清学生思想脉搏，密切联系学生思想实际，做到有的放矢、对症下药、以理服人。

4. 1995～1999年：增专业、厚基础

1995年，学校设有法律系、经济法系、刑事司法系、侦查学系、法学二系、经济系、外语系、国际经济贸易系、新闻学系9个系；同时，开设有"国际经济法""司法鉴定学""职务犯罪侦查""律师学"4个专业化班。学校对各专业的课程结构进行了调整，增大了应用型、技能型课程比例。1996年经调整开设14个专业（方向）及4个专门化班。德育教研部承担全校的"思想品德修养"和"形势与政策"课程教学。1997年，司法部批准我校增设"物证技术""工商行政管理""市场营销学"3个专业；10月，依照司法部和国家教委专业建设的要求，我校对新设专业（方向）的建设情况进行了自查总结，新专业教学计划中注重加强非外语专业的外语教学和所有新专业的计算机教学和写作教学，增加了学时比例，坚持外语教学4年一贯制；增开了加强文化素质教育的任意选修课，以提高学生的综合素质。

根据教育部1998年对普通高校本科专业进行归并和调整、《普通高等学校本科专业目录》原则上按其分类属性设置专业的精神，1999年4月，学校专业设置作了大幅度调整，撤销原法律系、经济法系、刑事司法系，设立法学一系、法学二系、法学三系，原设置的法学类其他系科逐步归并，将原17个本科法学专业方向归并为11个，对新的专业设置优化课程结构，减少课内学时，加强课外指导；学校调整非法学专业，成立经贸系、马列理论系与思想品德教研部、刑事侦查学院。管理学系（管理学院）下设市场营销、行政管理、工商管理和会计4个专业。6月，学校制定了《关于制定或修订普通本科各专业（方向）教学计划的意见》，重新修订调整了普通本科专业教学计划，

设置有法学、侦查学、刑事科学技术、行政管理、工商管理、国际经济贸易、金融学、会计学、市场营销、英语、新闻学、思想政治教育、治安管理共13个普通本科专业及1个法学第二学士学位班，取消原有律师、职务犯罪侦查专门化班，将司法鉴定专门化班并入刑事科学技术专业。学校重新调整专业教学计划中的必修课：政治理论及思想品德课程、文化基础课程、专业基础课程、部分专业课、专业实习、社会调查、学年论文、毕业论文、军事训练等，将课堂内课程的门数控制在25门左右，总学时严格控制在2000学时以内，总学分控制在110分以内；重新调整了教学计划中的选修课：(1)限定选修课程30学分，其中设置100学时、6学分的外语课程；(2)任意选修课(公共选修课)20学分。为拓宽学生的知识面，了解与专业有关的知识，学校设专题讲座开展第二课堂活动，学生自由参加，不计学分。在1999年8月教育部召开的重点高校教务处长会和11月司法部召开的部属高校教务处长会上，参会人员对此方案进行了交流，对其给予广泛好评。

5. 2000～2005年：调结构、促融合

2001年4月25日，学校下发实施《西南政法大学“十五”发展规划》。之后，为了适应新形势发展的需要、完成新时期改革发展的新任务，2003年6月学校根据《全国教育“十五”计划2010年发展规划》精神，按照重庆市教委关于重庆市高校发展规划编修的要求，重新绘制出学校新的发展蓝图，努力把西南政法大学建设成为以法学为主，多学科协调发展，特色鲜明的著名重点大学。在逐步扩大学生规模的同时，将着重调整办学结构、提升办学层次、继续稳步发展普通本科教育，重点发展研究生教育，适度发展高职教育，探索继续教育的新路径，努力扩大外国留学生及港澳台学生规模，将学校定位于教学与科研并重的教学研究型大学。在学科专业发展上，发挥法学

学科的优势，发展哲学、经济学、管理学、文学等人文学科，拓展交叉学科和边缘学科，形成具有自身优势、特色鲜明的学科和专业体系。在学校发展区域和服务方面，中央与重庆市共建，以重庆管理为主，建议立足于重庆、面向全国、以法学为主的高水平人文社会科学人才培养和研究基地。根据经济社会发展和法治国家建设需要，学校进一步明确了专业定位，突出“育人”中心，在理论课程、实践教学、素质教育等方面进行了改革和创新，体现了“厚基础、宽口径、强能力、高素质的务实创新人才”的人才培养目标。

2000 年以来，学校调整了原有专业，依托法学学科优势，增设了思想政治教育、刑事科学技术、治安学、公共事业管理、经济犯罪侦查学、广播电视新闻、传播学 7 个专业，进一步调整了专业结构。截至 2005 年年底，已建成以法学为主，覆盖法学、经济学、管理学、文学、工学 5 个学科大类，9 个专业门类，16 个本科专业的专业体系。

在专业方面，学校依托法学学科的强大优势，以及师资培养、教学改革、教学条件等坚实基础，发展法学、侦查学 2 个法学类优势专业，开办思想政治教育、治安学、经济犯罪侦查 3 个法学类专业，率先在法学专业中设置应用技术、公安法制 2 个专业方向；2005 年，学校根据最高人民检察院的办学建议，在侦查学专业下试点设置了全国首个职务犯罪侦查专门化班，专门培养职务犯罪侦查人才，满足国家检察机关之急需。学校还分别以民事法、刑事法、经济法、行政法为方向积极进行专业内涵改造，法学专业结构更趋合理。

在人才培养方面，学校调整人才培养方案中的公共基础课程模块，强化以“互动式”为主的“思想政治理论课”教学、“口语训练和分级教学”为主的大学英语教学、“应用型”为主的大学语文教学以及由学生自主选择学习内容的体育课等公共基础课的教学效果；人才培养方案以促进相关个专业的交叉、融合为目标，在选修课程中设置了一定的专业拓展课程，为学生构建了宽口径知识结构；人才培养方案采取压缩课内总学时、提高实践教学环节课时比例、在培养方案中增设“创新学分”等举措，强化实践教学环节，培养了学生的创新精神和实践能力；同时，将任意选修课模块化，并明确规定了文化艺术、理工、社会学、体育学4个模块应修读的学分，旨在培养德、智、体、美全面发展的高素质人才。

学校陆续开设了法学、英语、金融学、国际经济与贸易、会计学、新闻学6个辅修专业、积极探索符合学校人才培养目标定位的“主修+辅修”人才培养模式。学校还积极探索“中外合作培养”的人才培养模式，截至2005年年底，通过“史迪威国际学院”等交流平台，已选派优秀本科生在3个国家的7所大学进行“互认学分”式联合培养。

为切实保证本科教学质量，落实教高〔2005〕1号文件，2005年，学校研究制定了《关于进一步加强本科教学工作全面提高人才培养质量的实施意见》等一系列规章制度，对教学各个主要环节的工作任务进行了界定，明确了各教学环节的质量标准，并在执行过程中不断修改、完善，使之与学校的总体目标和人才培养目标一致。

6.2006～2014年：改方案、抓质量

学校按照教育部本科教学工作水平评估专家组的意见，于2008年3月启动了新一轮本科人才培养方案的修订工作，当年制订了突出“务实”与“创新”特点的2008年版本科人才培养方案。这一方案进一步明确了各专业人才培养目标，重构了以专业基础课、专业主干课和专业拓展课为核心的专业课程体系，各专业总学时由原180学分、2500学时压缩至160学分左右、2300学时以内，增加了学生自主学习时间；同时，强化了实践教学，在第4学年集中开展实践教学，基本构建了3年理论教学、1年实践教学的“3+1”培养模式，鼓励学生申请创新创业学分。

为适应学分制改革要求,在2008年版人才培养方案基础上,学校又制定了以"转变教育教学观念,推进学分制改革"为主题的2009年版本科人才培养方案。这一方案实现了两大转变:一是对专业拓展课程进行了优化、整合,将法学专业拓展课压缩为40门,其他专业的专业拓展课调整为20门;二是加强全校公共选修课建设,新增管理学、政治与社会学、新闻学等全校公共选修课模块共50门,丰富了课程资源。

2009年,学校围绕"改革体制,提高质量"这一教学主题,成立了校学分制改革领导小组和12个学院分制领导小组,在申报评审、人才培养方案修订、人员培训等方面开展了大量工作。在12个学院4095名2009级全日制本科生中全面启动学分制改革试点工作,并配备了129名本科导师,修订了相关制度,制定新的人才培训方案,新增工商管理和行政管理2个辅修专业。

在学校历次本科人才培养方案中,实践教学的课程比重占总数的1/3以上,建立起了5大平台支撑的、富有实务教育特色的综合实践教学体系。本科2006届2968篇毕业论文实现了"三次指导"和"全员答辩",此后一直坚持了100%全覆盖的做法,先后在全国18个省市区的法律、商务、政府等实务部门建成204个实习基地,由专业课新师带队(计算40学时),每年组织30%~40%的学生参加基地的实习,做到了实习有岗位、工作有记录、表现有评价。

7.2014年至今:对"国标"、强内涵

学校认真贯彻落实教育部《关于进一步加强本科教学工作若干意见》的精神,全面体现以生为本、综合培养、求实创新、追求卓越的教育理念,继续完善应用型复合型人才培养模式,着力构建研究型高水平大学的本科人才培养新体系,努力培养高素质创新型人才。

人才培养方案突出以生为本理念。2014版人才培养方案的修订把充分发挥学生主体性作为设计轴心，实现了三方面改革。

一是以人才培养目标定位人才培养方案：为使人才培养方案修订密切适应社会需求，按照“根据用人单位的要求确定人才培养标准”的理念，学校通过校友会发放了上万份调查问卷，并多次召开座谈会、研讨会，最终确定了“通识素养＋专业知识＋职业能力”三大人才培养核心，并据此设计课程模块，配置代表性课程，进一步优化课程数量、结构和授课时序。二是以人才培养方案引领教育教学活动：统筹教师课堂教学组织与学生课后自主学习，主动适应网络时代的教学资源环境和大学生学习习惯，重构大学课堂的功能。一方面，降低课堂教学总时数，保证学生自主学习时间；另一方面，增加课程学习的实践性项目，训练学生的实作能力。三是将实践教学内容贯穿于人才培养全过程。一方面，为课堂讲授类课程合理分配实践性教学内容；另一方面，支持和鼓励各学院、各专业开展多种形式的实务课程，注重实践项目选题，切实提高学生实践能力。

培养方案修订程序规范，实施有序。为保障人才培养方案修订质量，学校专题研究人才培养方案修订工作，将 2013 年确定为“人才培养方案修订年”，明确修订工作的指导思想、修订原则、工作方针和具体要求，各学院根据学校统一部署制定、实施本学院各专业的培养方案。

2018 版本科人才培养方案修订特色与亮点。为提升本科人才培养质量，加强学校“双一流”建设，学校严格对照教育部最新颁布的《普通高等学校本科专业类教学质量国家标准》，启动新版培养方案修订工作。本次培养方案修订，旨在突出以下几个特点。

一是以习近平新时代中国特色社会主义思想为引领，坚持高等教育正确育人方向。在此次培养方案修订工作中，切实贯彻“立德树人”“德法兼修”培养理念，把立德树人作为人才培养的根本任务，探索新时代习近平中国特色社会主义思想“进校园”的新路径、新方略，法学专业开设“中国特色社会主义法治理论”专业必修课，将第一课堂作为新思想“进校园”的主渠道予以推进。

二是以《普通高等学校本科专业类教学质量国家标准》为基准，同时突出学校办学特色。此次培养方案的修订严格对照“国标”，要求各专业培养方案培养目标、培养规格和课程体系要与“国标”高度契合。就法学专业而言，根据“国标”中法学专业核心课程“10 + X”的分类设置模式，将“10”中的“法律职业伦理”增设为专业必修课，同时结合我校传统优势确定“X”课程的开设。为对应培养目标构建科学合理的课程体系支撑矩阵，使专业选修课与专业必修课形成逻辑上的拓展和延续关系，此次培养方案修订将法学专业选修课分为法学新兴课程模块、法学交叉课程模块、法学基础理论课程模块、法学专业拓展课程 4 大课程模块供学生选择性修读。

三是以培养具有熟练职业技能的人才为目标，强化实践实验实训教学环节。本次培养方案修订将实践教学环节的强化和大力开展实践教学改革作为修订要点之一。学校落实“国标”中实践教学环节学分不低少于总学分 15% 的要求，分别在第 1 学期、第 5 学期开设“职业生涯规划与就业指导”，将第二课堂和公益活动作为实践教学必修环节，以实现学生的各类教学实践活动与党团和学工部门的实践活动的有机结合；同时，鼓励各学院开设类型丰富的实践实验实训选修课，丰富实践教学方法和内容，将理论与实践有机结合。

四是坚持学生为主体的个性化培养，适当压缩学时学分。本次培养方案修订从注重培养学生认知能力、职业能力、创新能力和合作能力的角度出发，从注重知识传授转向实务能力的提升，从以教师为主体转向以学生为主体。在保证教学质量的前提下对专业必修课的学时学分进行了适当压缩，加大了选修课学分学时比重，为应用型复合型创新型人才培养奠定良好基础。

五是对接各专业人才培养目标，做好课程体系的优化设计。为兼顾学生毕业后可能的继续深造、就业创业、出国留学等多样化需求，此次人才培养方案修订将课程建设作为重大突破口来抓。一方面，鼓励各专业开设双语课程、专业交叉融合类课程、与实务部门联合开发实务课程、中华传统文化类课程和创新创业类课程；另一方面，将结合我校人才培养“短板”积极引进优质慕课资源，同时强化我校在线开放课程建设。

六是突出创新能力培养，将创新创业教育融入人才培养全过程。此次培养方案修订在通识必修课环节开设了“创新创业基础课”，在实践实验实训必修环节开设了“创新创业（含学年论文）”。将进一步采取措施加强创新创业课程体系和教学内容的规划和建设，广泛开展创新创业实践活动，将创新创业教育融入人才培养全过程。将专业教育与创新创业教育相融合，在专业教育中通过教学理念、教学方法、教学内容的改革创新，培养学生的创新精神、创新意识，训练学生发现问题和解决问题的创新思维，提升学生的创新能力，以能够让学生以创新带动创业、以创业带动就业。

（二）研究生人才培养方案、模式的演变

完善研究生培养方案，优化研究生培养模式是提高研究生培养质量的关键环节。纵观研究生人才培养方案的历史演变，具有以学科发展为主线，以社会需求为导向的特点。我校研究生培养方案原则始终高度保持与国家研究生教育发展同步、与时代同行。

二、法学教育的教学方法探索

（一）教师课堂教学方法探索

1. 课程资源是教学方法改革的基础

学校积极转变教育观念，坚持“四个转变”，坚定不移地推进教学改革向纵深发展。

四个转变

教学理念	以教为本	→	以生为本
教学内容	专业教育为主	→	通识教育与专业教育相结合
教学组织	第一课堂为主	→	向第二课堂广泛延伸
教学评价	结果评价	→	过程评价

学校以精品课程建设为契机，深化教学内容与课程体系改革，积极改进教学方法和手段，课程建设得到整体推进，教材建设得到进一步加强，取得了一定成效。

学校提出以课程为核心发力点，以课程作为专业建设的核心驱动力。2014 年被确定为本科教学质量提升的“课程建设年”。学校设立课程建设奖励专项基金，以重点课程建设和优秀课程评选为推进方法，分期、分批、有计划地开展课程建设；以精品资源共享课程建设为抓手，大力推进课堂教学改革，创新教学方法，建设以课程中心为主线的互动教学平台；加强教学内容的基础性、系统性、实践性和前沿性；促进专业课程的模块化、小型化、多样化，不断将学科发展的前沿性课题成果融入教学过程中。

打造精品，逐步优化课程数量与结构布局。围绕高等教育人才培养的根本任务，学校以推进专业建设、提高人才培养质量为目标，充分发挥现有精品课程的示范带动作用，扎实推进课程建设；将素质教育与专业教育有机结合，促进学生知识、能力和素质的协调发展，构建了以通识课程、学科基础课程为根基，专业课程为主干，选修课程为延伸的课程结构。

为保障教学改革，学校对市级以上教改项目、质量工程等项目给予不少于1∶1的经费支持，对校级教改按照重点项目1万元、重大项目2万元的标准给予经费支持。学校紧扣教学与教学管理改革所需，设置教研指南，鼓励教师瞄准教学第一线开展研究，促进成果转化。

协同创新，探索教学改革新机制。学校率先利用“中国政法高校立格(Legal)联盟”这一平台，在《“立格联盟”法学教育研究协同创新战略合作协议》框架下，寻求教学合作、人力资源等方面深度交流。同时，学校与最高人民法院、最高人民检察院合作建立应用法学研究基地，建立共享成果、协同育人的机制。学校充分利用校友会网络，在获取人才培养评价之外建设人才培养咨询智库，为学校培养方案设计、人才培养标准制定、培养过程优化提供支持。

2. 课堂教学组织形式创新

重视信息化建设，推广现代教学观念与教学方法。学校先后制定了《西南政法大学全面提高本科教育质量的实施意见》《西南政法大学精品开放课程建设实施办法》等文件，引导教师积极建设精品开放课程、微课，以此为抓手推广现代教学观与教学方法。

学校自2015年起全面启动网络教学平台建设，分步推进在线课程建设，实现课程的信息化升级。学校以“重建课堂教学过程观”为指引，从优化教学大纲、更新教学内容、丰富教学方法、提升教学手段科技含量、改革考核评价等方面入手，倡导在课堂教学中建立新型的师生关系。目前，学校引进了部分通识类课程资源作为我校课程资源的有效补充；同时，学校还制作了部分优质在线课程，在校外公开平台上线，供其他高校选修。截至目前，在校外平台上线的在线开放课程共有3万人次选修，扩大了学校的品牌影响力。

实时更新，充实教学内容。学校围绕以生为本的教学观念，引入互联网思维，将教学内容作为增加课堂吸引力和提升课堂学习体验的着力点，努力破除传统课堂教学的封闭性，通过教研室集体备课发挥教学力量的群体优势，集思广益，引入“源头活水”，相互分享近期所学所感，实时更新教学内容。学校定期组织对教研室集体备课的专项检查，将集体备课作为教学团队提升教学质量、确保教学内容及时更新的重要抓手。

学校秉承“教之有法、学之有据”的理念，开展案例教学，广泛借鉴境内外高校的教改成果，以法学为示范，逐步形成了“课课有别，堂堂相异”的课堂教学局面，课堂教学焕发了生机。学校成立了“西南政法大学WTO案例教学研究中心”，国际法学院与商务部条约法律司合作，组织校内外50余名专家学者开展了历时5个月的法学教学方法大讨论，出版教学成果《法学教学方法：探索与争鸣——WTO案例教学与研究初探》。

学校引导实体法和程序法教师，开展跨界合作，探索并完善“双师多向互动式教学法”，将“设疑开拓法、情景启动法、发散思维训练法、大小课程互动法”等方法综合运用于教学中，探索“双师同堂”教学。[①] 西南政法大学副校长唐力教授和民商法学院（知识产权学院）刘有东副教授“同台”讲课。30个人的班级被分成了6个小组，课前两位老师先将准备好的案件材料发给其中2个小组，学生拿到案件之后根据自己的理解进行辩论。辩论结束后，两位老师分别运用自己所精通的专业知识，对该辩论内容及案件，从不同方面进行侧重讲解和分析。整个课堂，“师生互动”“生生互动”和“师师互动”，构成了师生“多方位”全新互动教学模式，辩论场面激烈。这是西政“双师同堂”教学模式改革的一个缩影。

① 参见《西南政法大学〈双师同堂〉：两位老师“一台戏”让课堂“活”起来》，载华龙网：http://education.cqnews.net/html/2018-06/13/content_44474663.htm，最后访问日期：2019年1月9日。

学校全面优化“模拟庭审”教学模式，引导学生就案件的性质、证据、定罪、量刑等问题进行讨论，提高学生司法职业适应能力。我校学生辩论队先后获得第二届全国“贸仲杯”国际商事仲裁模拟辩论赛冠军，第八届中国名校大学生辩论赛冠军，“创想青春——2010 两岸四地高校世博辩论大赛”冠军，第二届、第三届全国大学生模拟庭审竞赛冠军。这些竞赛成绩的获得也从另一个侧面证明我校“模拟庭审”教学水平较高，学生学有所获。

西南政法大学法律诊所成立于 2006 年 6 月，以“所有人的正义”为宗旨，秉承“以我所学，服务社会”的理念，集社会公益法律援助机构、大学法学教育平台、大学生社会实践社团三位于一体的志愿服务组织。依据培养目标，学校设立法律诊所，为基层社区组织提供服务，让学生诊断法律问题、提供法律援助，培养学生的法律职业技能、素养以及职业道德，提升社会责任感。近 3 年来法律诊所共开展咨询 145 次，累计咨询 445 小时，处理各类案件 704 件。

自 2013 年 2 月，学校开始以法学专业本科《环境资源法学》教育为试点课程实施教学方法改革，其教学团队全员参与推行“靶向教学法”。以干扰、抑制和转化影响学生学习欲望和学习质量的消极因素为“靶点”，通过细化学习时间分配、优化学习内容配置和系统化学习效果测评等方法，凭借任务导向模式引导学生建立自主学习的体系和养成持续学习的习惯，从而达到提升人才培养质量的目的。由于课堂教学内容和课外自主学习内容细化，学生必须完成规定的学习任务和训练项目，学习目的性大大增强。2013 年 12 月，西南政法大学首次组队出征全国模拟环境法庭大赛即在全国 16 所知名高校中脱颖而出，夺得冠军。

3. 分类考试，建立多元考核机制

为引导学生将重点从考试成绩转移到学习过程上来，学校制定了《西南政法大学考试制度改革实施意见》，自 2010 年开始推行考试制度改革，确立了过程性评价的多元评价机制，期末考试成绩不再被作为评价学生学业成就的唯一标准。改革不仅要求教师在命题时兼顾考试效度、难度和区分度，使学生成绩总体上呈正态分布，还要求教师根据课程性质、特点以及教学要求，进行分类考试。各学院对此制定了实施细则，如法学院出台了《必修课试题命制规范》等文件，对不同类型的课程制定分类考试的标准。

4. 完善实践教学体系，深化实践教学改革

学校以提升学生就业竞争力、持续学习能力、解决实际问题的能力为目标，协同社会各方力量，促进实践教学系统化、实效化。学校有效整合各类实践教学资源，系统构建了由“课内实践平台、社会实践训练平台、实践理性强化平台、创新训练平台”支撑的综合实践教学体系。

承袭传统，课内实践学时量化。学校将课内实践平台作为实践教学的基础环节，确保课内实践学时不少于总学时的 30% 。学校鼓励教师各显其长，结合课程特点，采取多种形式组织学生开展课内实践。

深入基层，做实社会实践实训。学校坚持“让课堂回归社会”，用活、用足、用好社会教育资源，探索“不间断深度集中实习”模式，分类制定实习规范与指导标准，明确学生校外实习的培养目标与教学内容。目前，各专业集中实习基本实现了实习有岗位、工作有记录、表现有评价。

结合科研训练，提升理性思维能力。学校实施以撰写社会调查报告、学年论文、毕业论文为基本形式的科研训练环节，为学生养成必要性论证、可行性分析、多方案比较的思维习惯提供帮助。

开展自主实验，培养创新意识和创新能力。学校多途径提高实

验室开放力度，广泛开展学生自主设计、自主实验、自主分析结果的探究性创新活动，培养学生的实践动手能力、创新意识和创新能力。

利用现代信息技术探索模拟教学方式。2014 年，学校启动法学专业本科生数字化“角色模拟”实践教学活动，利用数字化角色模拟平台进行法官、检察官、律师等角色模拟，帮助学生加深对程序法与实体法区别与联系的认识。

依托“六坛一苑”探索实践教学的新内涵。学校已建成“六坛一苑”，即金开名家讲坛、全球法学家论坛、中国大法官讲坛、中国大检察官讲坛、律师论坛、西南法学论坛、毓秀议苑。“六坛一苑”实务专家为学生拓展了课堂之外的学习空间。以律师讲坛为例，至今已举办 50 期，参与学生 1 万余人次，主题围绕法律修改的解析、当前热点案例的研判，进行实践教学的探索。

庭审进校园，不断丰富实践训练形式。学校于 2010 年 4 月联合重庆市高级人民法院启动了“校园庭审”活动，根据旁听学生专业方向选择案件进校审理。截至目前，该活动已开展 101 场，受惠学生 1 万余人次。

5. 第二课堂是专业课堂的有效补充

完善文化育人体系。学校组织开展学院辩论赛——校园辩论擂台赛——“天伦杯”校园辩论赛三级辩论赛事，针对专业特点开展模拟法庭辩论赛，引导学生关注社会现实问题。开展高雅艺术进校园活动，组建校学生艺术团，开展“大学生艺术季”等丰富多彩的校园艺术活动。

完善第二课堂创新实践体系。学校连续 11 年获评全国大中专学生暑期“三下乡”社会实践活动优秀组织奖。学生以各类志愿者群体为单位参与公益服务和社会实践活动，拥有各类学生志愿者群体 20 余个，注册志愿者 23, 167 名。学校青年志愿者协会和学生“法律诊所”分别被评为中国青年志愿者优秀组织奖,“爱心手语队”“筑爱行动”服务项目荣获首届中国志愿者优秀服务项目银奖和铜奖。

完善学生创新创业教育体系。学校大学生创业基地成立后,设立了“西南政法大学创业计划大赛”“西南政法大学商业创业大赛”以及学院的“职业生涯规划大赛”等校院两级赛事,成立校级创新创业导师团进行一对一指导。学生汪小康和张伟创业事迹分别被《经济半小时》和《人民日报》报道。

(二)推行研究生课程教学机制改革,建立与法硕成长规律相符合的教学方式

实施责任教授制度,创新课程管理模式。法律硕士研究生专业必修课程实施责任教授制度,实行团队教学。课程所属学科确定一名课程责任教授负责组建教学团队。课程责任教授负责主持课程建设的各项工作,包括课程规划、教学内容安排、课程进度控制、教学方法使用、考核评价方式等。课程责任教授制度的确立,改变了任课教师单打独斗的授课局面,形成了课程教学合力。

编写法硕专用教材,优化课程教学内容。立足培养高层次复合型、应用型法律职业人才,学校组织全校法学教育骨干教师和行业专家共同编写了法律硕士专业学位研究生专用教材。教材以案例为教授法律知识的主要载体,注重法律硕士研究生教学的实践性、应用性,得到众多法律硕士培养院校师生的认可。

推进课程教学改革,创新课程教学方法。学校自 2013 年大力推进研究生课程教学改革,制定实施了《西南政法大学研究生课程教学改革办法(试点)》,推行基于问题、基于项目、基于案例的教学方法和学习方法,探索建立以学生为主体、以培养学生创新能力为主要特征的研究型教学方式,促进课程教学与科研训练、实习实践相结合。学校已立项建设 4 批次共 37 门改革课程,培育重庆市研究生优质课

程12门。

强化教学案例建设,注重实践能力培养。学校重视案例编写,积极开展案例教学,已组织编写校级法律硕士教学案例21个。其中,4个教学案例入选首批全国法律硕士教学案例库,我校为首批入库案例最多的院校。在积极开展案例库建设的同时,学校大力推进案例教学,在法律硕士专业课程教学过程中,引用案例进行讲解的教学内容占比达到30%以上。

开设实践训练课程,强化职业能力培养。为适应职业型与复合型的法律硕士人才培养定位,法律硕士人才培养要把理论知识与实务能力加以复合,要更注重实务与应用的实践性教学。学校专门开设了法律实践训练课程,占法律硕士课程的1/4,1/2的教师为校外行业专家,大大提升了学生的法律逻辑分析能力与知识运用能力。

推进课程考试改革,提升课程考核质量。2012年学校制定实施了《西南政法大学硕士研究生课程考核制度改革实施意见》,法律硕士研究生必修课程采取"1+3"的考核模式,即一种必选考核形式加三种自选考核形式。"期末考试"为必选考核形式,占总成绩40%,其他三种为自选考核形式,各占20%。通过课程考核改革,学校建立了形式多样、涵盖整个学习过程的全新考核体系,多角度、全方位考查研究生基础知识掌握的广度和深度、创新性思维和分析解决问题的能力等。

三、法学教育与司法考试制度的互动

(一)司法考试制度的导向作用

2014年11月28日,西南政法大学校长付子堂在接受人民网专访谈时表示:"应当明确建立'通过国家司法考试的政法专业毕业生,可经遴选直接进入法治专门队伍,而不必再行参加公务员考试'的机制。”付子堂校长认为，当前以公务员考试为标准招录法治专门人才，不利于司法改革的深入推进。落实十八届四中全会关于“健全从政法专业毕业生中招录人才的规范便捷机制”的要求，使通过司考者不必再经公务员考试而直接经遴选进入法治专门队伍，符合司法规律，有利于为加快建设法治国家提供有力的组织和人才保障，有利于理顺公务员管理体制。现行公务员职务类别包括专业技术类、行政执法类和综合管理类，公务员考试注重对综合行政能力的考查，主要是满足党政机关的人才需求。“将司法人员纳入到公务员管理序列，对法治专门队伍实行与普通公务员相同的管理模式，用考察党政机关人才的标准来考察法治专门人才，实际上是忽视了党政机关和司法机关的职业属性。”①

付子堂校长在《法制与社会发展》2014 年第 5 期上发表名为《改革司法考试制度，推进国家智力法治化、现代化》的文章提出构建阶段性考试模式，将法律职业资格考试分为两个阶段，分别颁发第一阶段、第二阶段证书。通过第一阶段考试可获得在法律职业人员短缺地区从事法律职业工作的资格；通过第二阶段考试可获得全国法律职业资格证书。两个阶段的考试内容各有侧重，第一阶段考试重在考察学生对法律基础理论知识的掌握程度；第二阶段重在考查学生的思维能力，特别是在个案中的法律解释、推理和论证能力。第二阶段考试注重考查考生的法律应用能力，侧重检测考生的综合分析能力、文字表达能力及其思维过程和理论素养，检验考生运用法律专业知识综合分析案件、处理案件的能力。

付子堂校长认为，法律职业资格考试知识一种初步检测、判断考生是否具有法律行业准入资格的考试，不能代替系统的法律专业理

① 贺迎春：《西政校长建议法检两院直接通过司考选人　不用公考》，载人民网：http://edu.people.com.cn/n/2014/1128/c1106-26112789.htm，最后访问日期：2019 年 1 月 9 日。

论和知识的学习。因此,他建议第一阶段考试只限法学专业本科毕业生参加,取得法律硕士学位的研究生可免试第一阶段考试直接报名参加第二阶段考试。在鼓励律师、专家学者进入法官、检察官队伍的同时,还应鼓励优秀律师、法官、检察官进高校任教,实现法律实践与教学、理论研究良性互动,促进律师、法官、检察官、法学学者之间的交流融合。[①]

(二)分类培养:法学教育对司法考试制度的顺应与独立

司法考试反映了社会对应用型、复合型职业人才的需求,我校顺应这个大势,举办了各类实务人才、应用人才实验班或专门化班;同时,我校结合自身特色,坚守因材施教、百花齐放,顺应社会和学生成才的综合需要,实施了体系化的分类培养。

1. 双管齐下:法学体系的完善应当注重德法兼备

付子堂校长在《完善中国特色社会主义法学体系》一文中指出,法学体系的完善应当理论联系实际。法学知识源于法律实践,同时又能对法律实践发挥指引作用。因此,法学教育不能仅仅是一种法律知识的灌输,更要注重法治思维能力与依法办事能力的培养;法律实践亦不能忽视法学知识的指引作用,而应当以实践去检验具体知识的科学性,并不断完善知识内容和体系。将知识教学与实践教学有机融合是法学学科体系建设中的一项重要内容。

2. 利用资源,发挥不同类型法治人才培养特色

(1)创新特色专业方向,点面结合培养应用型、复合型法律职业人才

学校在高质量地完成教育部"卓越法律人才"对于法科人才的培

① 付子堂:《改革司法考试制度,推进国家治理法治化、现代化》,载《法制与社会发展》2014年第5期。

养要求之外，较早地开始了复合型特色人才培养的尝试，成功地建设完成“知识产权”专业，并获批建设国家级人才培养模式创新实验区“复合型知识产权人才培养模式创新实验区”，率先设立专门的实验室。国家级高级知识产权复合型人才培养试验区设立专门的实验室，可同时容纳 80 人进行专利检索，实行网络教学，率先在全国高校建立随时可升级的专利检索系统。知识产权实验班通过设置知识产权管理等专业性实践性课程，培养满足实践需求的复合型知识产权专业人才。

在总结学校首届学术型、实务型法学实验班办学经验的基础上，2015 年学院和管理学院、经济学院等联合全面启动了“企业法务”与“资本市场法务”两个特色方向暨相关法学实验班建设。学校制定《西南政法大学(民商法学院)卓越法律人才实验班实施方案》，开设企业法务专业和资本市场专业。在大一第二学期从学院学生中各选拔 50 人，共 100 人，单独开设“资本市场法务”与“企业法务”实验班，独立培养，实施小班教学。通过开设法学、经济学、管理学课程，以及以项目训练的方式进行课程教学，培养复合型、实践型人才。

(2)立足“中国—东盟”法律人才培养平台，培养涉外法律人才

学校围绕“涉外卓越法律人才教育培养计划”开展创新试点，主要围绕涉外法律人才“三个能力”推进建设。通过 5 年多的努力，此项工作取得了非常积极的成效。自 2013 年起，学校开始开办涉外类法律人才实验班。在前期举办涉外法律人才实验班的基础上，总结经验，并结合目前国家推进目前开设有涉外法律人才实验班、“一带一路”法律人才实验班，每个实验班均由 30 名左右新生组成。涉外法律人才实验班采用专门制定的人才培养方案，针对课程设置、制度设计等各方面实行创新的培养模式，涉外实验班注重专业素质和能力的提升，积极参加校内活动。学生自发组织进行读书交流会、案例

研讨会，参与国际青年对话论坛，在吸收知识、深化思想的同时锻炼外语能力。在英语专业方面，学校增开“外交商务礼仪与谈判”等课程，通过学习国外见闻拓宽学生视野；在法律专业方面，特别注重涉外法律的学习，增开“罗马法”“外国法制史”“比较公司法”等课程，培养学生学习涉外法律的思维能力。秉持涉外实验班活动多样化、学术化、国际化的特点，每学期为实验班开办了系列专题讲座，继续实施“国际青年对话项目”，邀请来自美国、法国、英国、德国等国的学者、留学生与学生进行全英文交流；通过举办全国 WTO 模拟法庭大赛等活动，为实验班学生提供平台发挥个人特长。学校已与泰国法政大学、澳大利亚悉尼科技大学等高校建立协同培养涉外法律人才机制，并已结合培养方案组织实施，让学生亲身感受国外发达国家不同的法学教育模式，了解澳大利亚法律的基本理论架构与具体的实践运用。

(3)西部基层法治人才培养

西部基层法律人才培养通过“政法干警招录培养体制改革试点班”“法学第二学士学位招生”“西部基层法律职业在职人员法律实务培训”等平台，立足重庆、面向西部，为西部地区市场经济发展、法治社会建设和民族法律文化传承培养了多层次的法律专业人才，针对西部基层特别是少数民族区域和其他经济欠发达地区难以吸引、留住优秀法律人才的现实，基地通过调整培养对象、思路予以回应。利用学校优质的法学教育资源，面向西部基层法律实务部门开展定制课程教育，开展西部基层法律职业培训。学校按检察院系统、法院系统、公安系统、监狱系统、纪检监察系统、道路交通行政执法系统等职业领域，为西部基层相应法律职业部门培养政治素质高、实战能力强的政法应用型人才。目前，基层卓越法治人才实验班已经完成2016 级和 2017 级两届招生。实验班在整合全校优质课堂教学资源的基础上，利用学院自身的办学优势，突出培养学生的综合素质和法律实务能力，鼓励学生积极参与法律实践，以创新创业精神的培育、创新创业能力的训练为“龙头”，引领实验班学生综合素质的全方位提升。该实验班学生整体精神风貌优良，学习积极性高，综合表现优良。基层卓越法治人才实验班中有7个学生团队进入“西南政法大学众创空间2017年度第五批创业项目和首批模拟合伙制律师事务所专项项目”入孵名单，占本次进入名单的全校团队数量的53.8%，让学生充分利用好学校搭建的良好平台，调动他们在实践中学习、在实践中成长的积极性和原动力。在学校2017年度创新创业训赛项目申报中，“卓越法律人才培养机制下刑事诉讼全流程释法说理‘训赛’项目”成功立项为重大项目，2016级、2017级基层卓越法治人才实验班学生积极参加，共计14个团队参与了该训赛项目，通过训赛项目中扎实开展的8场法律实务技能培训讲座和高度还原法庭现场的模拟庭审比赛，使学生通过该项目获得实实在在的法律实务技能。在基层卓越法治人才实验班部分课程的考核中实施期末考试考核方式的改革，采用“笔试+面试”的方式进行考核。2017～2018学年第一学期期末考试中，“民法学”课程的面试方式为答辩式，由任课教师和课程组其他教师组成面试小组，由学生对教师所提该课程相关问题进行答辩，面试组评委根据学生现场答辩情况给予评分。“法律职业伦理与礼仪”课程的面试方式为实操式，由任课教师现场提出实操要求，由学生按照教师要求进行实际演练，教师根据学生表现情况给予评分。

第四节　法学教育的产学研合作

一、学校产学研发展历程

1978年，学校成立科研处，为开展科学研究，加强产学研融合，成立了一批科研基地，服务国家和地方社会经济发展。

1982 年，学校成立青少年犯罪研究室和政治思想教育研究室；1986 年成立司法鉴定中心，1988 年成立高教研究所；1991 年至 1993 年，新设研究中心 2 个、研究所 1 个；1995 年成立西南学术中心；1997 年成立法制新闻研究中心、中国地方法制研究中心；2006 年至 2010 年，建有 5 个市级重点研究基地（新增 2 个）和 1 个省级工程技术研究中心，中央财政支持地方高校科研平台建设项目 14 项，重庆市创新团队 3 个。此外，学校为全国人大、中央有关部委及重庆市提供立法建议 147 份，起草重庆市地方法规 112 部；2010 年至 2015 年，人权教育中心入选国新办、教育部国家人权教育与培训基地，实现了国家级研究基地零的突破。建有重庆市人文社会科学重点研究基地 7 个（新增 2 个），中国法学会法治研究基地 1 个，与国家有关部委搭建协同创新中心 5 个，市级协同创新中心 1 个，市级咨政研究中心（高校）1 个。

目前，学校建有国家高端智库、中国法学会法治研究基地、重庆市 2011 协同创新中心（2 个）、重庆市人文社会科学重点研究基地（7 个）、重庆市社会科学普及基地、重庆市高校咨政中心、重庆市高校工程研究中心、重庆市高校重点实验室、重庆市示范性众创空间，与最高人民法院、最高人民检察院等国家机关、企事业单位协同共建研究基地（23 个），其中，人权研究院是国务院新闻办公室和教育部共建的国家人权研究基地和国家高端智库培育建设单位，中国—东盟法律研究中心是中国法学会重点研究基地。自 2012 年以来，全校共承担横向项目 1474 项，在高端智库刊物上发表成果 193 篇。与最高人民法院、最高人民检察院联合开设“中国大法官讲坛”“中国大检察官讲坛”，获得良好的社会声誉。

二、产学研高度融合，发挥服务司法的社会功能

西南政法大学司法鉴定中心是中西部地区唯一一家国家级司法鉴定机构。该中心紧紧围绕审判中心主义改革的现实需要，突出证据科学技术理念，坚持“教学、科研、检案”融合发展，在司法鉴定实务、司法鉴定人才培养、司法鉴定理论研究等方面做出了突出贡献，是国内卓有声誉的十大国家级司法鉴定机构之一，其鉴定结论在全世界范围内被116个国家和地区的各成员组织多边互认。

1. 中心是我国司法鉴定人才的重要培训基地。中心通过举办培训班、专业学习班授课和指导进修等方式，为各地检察机关、公安机关、社会鉴定机构的人才培养、培训提供大力支持，推广证据科学技术理念、思维和素养。2013～2017年，中心为司法与行政机关举办的各级培训班授课2000余课时，培训学员5000多人次，接收各地各级公检法技术部门、各地司法鉴定机构的进修人员共计80人次，其中大部分现在已经是各单位的骨干，甚至专业领域权威。

2. 司法鉴定中心是司法鉴定科研成果转化的孵化器。该中心长期坚持推进产学研一体化建设，不断拓展司法鉴定研究新领域，在文书和痕迹鉴定技术、电子证据技术、文物和艺术品技术研发方面加大投入力度，获得了重庆市政府科技进步三等奖1项，公安部科学技术三等奖2项。近几年，该中心又增加了文物艺术品鉴定、电子数据鉴定等新的司法鉴定项目，主持或参与了6项司法部司法鉴定行业规范的制定。

三、全面协同创新，服务地方立法

学校法学一级学科以地方立法研究院为依托，协同重庆市人大常委会、重庆市人民政府法制办公室、重庆市发展和改革委员会等机

构设立了“重庆市地方立法研究协同创新中心”（以下简称中心），充分利用学校已有的基础，汇聚社会多方资源，在立法理论、立法起草、立法评估、社会调查研究等方面脚踏实地、稳扎稳打，为服务地方法治和中国法治建设努力，硕果累累。

1. 中心开发的我国首家地方立法数据库涵盖了地方立法基本资料数据库、地方性法规规章数据库、地方立法评估数据库、地方立法专题调研数据库、地方立法与法治研究数据库等，全方位服务地方立法。

2. 参与高端人才培养与地方立法咨询。中心累计对全国各地立法机关培养高端立法人才300余人。中心研究员中2人受聘为重庆市委首批法律顾问，3人受聘为重庆市“十三五”规划专家咨询委员会委员，10人受聘为重庆市人大常委会立法咨询专家，还有20余人被聘为其他省市立法咨询专家和政府法律顾问。

3. 接受重庆市人大常委和重庆市政府4次专项委托，完成了对重庆成为直辖市以来现行有效的地方性法规、政府规章，以及重庆市多项行政权力清单、重庆市涉及企业发展法制环境的规范性文件的清理评估工作，受到全国人大法工委、国务院法制办和重庆市人大高度评价。

四、发挥高端人权智库功能，服务国家和地方

学校依托国家高端智库建设培育单位、教育部高校高端智库联盟首批成员单位、国家人权教育与培训基地——人权研究院，服务国家人权战略计划，紧紧围绕国家人权事业工作大局，重点研究中国特色人权话语的建构和传播、国际人权战略格局的研判、大众人权观念的分析与提升等。

1. 深度参与国家人权事务，受委派组织起草国家人权文件。受

中宣部委派，学校承担《2012～2015年国家人权行动计划实施评估报告》《2016～2020年国家人权行动计划》等国家人权文件起草工作，组织起草《中国的减贫行动与人权进步》《中国人权法治化保障的新进展》等白皮书，参与人权白皮书的修订工作7次，多次参加涉藏、涉疆人权宣传政策制定等活动。为中宣部、外交部提供人权咨询建议15次，起草中国在第70届联合国大会第三委员会就挪威提出的“人权卫士”决议草案表决前的解释性发言。

2. 参加联合国人权理事会等国际人权会议，提升我国在人权领域的国际交流与对话能力。研究院团队成员参加了联合国禁止酷刑委员会第56届会议并作大会发言，参加联合国人权理事会第32次会议并作大会发言，参加联合国理事会第34次、第36次会议并举办“共同构建人类命运共同体：全球人权治理的新路径”边会，积极传播中国特色人权理念。

3. 打造国际高端人权学术交流平台。受中宣部委派，学校在中国重庆、荷兰阿姆斯特丹、比利时布鲁日承办“中欧人权研讨会”，邀请联合国人权机构负责人、中欧人权相关机构负责人以及人权类专家、学者参会，促进中欧人权专家学者在“少数民族权利保障”“残疾人权利保障”“文明多样性与人权”方面深入交流。

4. 积极构建中国特色人权话语体系，传播中国特色人权理念。学校在《红旗文稿》《人民日报》《光明日报》等重要报纸、杂志上发表30余篇人权理论文章；协助中央电视台录制反映美国人权问题的专题纪录片，多次接受中央电视台《焦点访谈》、*Dialogue* 等媒体栏目的人权问题专访，普及人权知识与理念；深度参与在纽约联合国总部举办的“不断发展进步的中国人权事业”图片展，宣传中国人权保障事业新进展。与中国国际广播电台签订战略合作框架性协议，向国际社会讲述中国人权故事；长期开展人权法治培训，编写人权通识教材

《人权之门》,传授人权基本知识,针对公安、检察院、法院等执法、司法系统共开展了“人权与法治”培训班 40 期,共 3000 余人接受了人权知识培训。

五、科研成果转化全面升级,开启地方立法新模式

以大数据、云计算、人工智能等为代表的信息技术正深刻改变着我们认识世界、改造世界的方法。在信息时代,大数据及科技革新对法律行业以及社会关系均带来了极大的挑战,地方立法研究协同创新中心积极吸纳信息社会的新思维、新方法,同相关科技类企业建立了良好的合作关系。

1. 地方立法研究协同创新中心同重庆兆光科技公司联合申报研发了“人工智能法律咨询系统”研究项目。目前,该项目已经学习了 500G 标注的法律语料和 2000 万份裁判文书,达到了 5 万次以上的用户咨询,应用准确率达到 78%。未来预计,该系统能为 1000 万人提供免费的法律咨询服务,并会将法律人工智能技术推广应用于法院、地方立法的项目领域,实现案件智能分析、立法智能辅助目标。

2. 学校还研发了“融合多尺度语义及逻辑网络的有名合同智能审查系统”。该系统提升了人工智能合同审查知识的丰富性和审查结果的准确性,预计未来可为企事业单位法务部门提供 24 小时线上智能审查服务,在线下可以通过设置在商圈的实体机器人进行合同审查宣传。随着法治进程的加快,法律服务需求也随需而生,同时要求具备极强的专业性。有名合同智能审查系统是一套基于专业服务和良好体验感的人工智能合同审查云服务系统,可以 24 小时不间断提供突破时间和空间的法律服务,从而实现法律服务应用的便利性和先进性。

3. 积极推进人工智能法学院建设工作。学校整合了科大讯飞、

四川元贞实业、成都恒图科技等企业资源，本着“优势互补、自愿平等、开放公平、互利共赢”的原则，共同推进人工智能法律公共服务平台建设、智慧校园建设、复合型人才培养及其他人工智能科研项目等全方位合作，建立紧密的产学研合作关系，为今后立法前沿理论研究、学生培养等奠定了坚实的基础。

六、服务国家区域战略，推进中国—东盟法律合作

教育部国别与区域研究中心、中国法学会法治研究中心、重庆市人文社会科学重点研究基地——中国—东盟法律研究中心编撰《中国—东盟法律评论》（中英文）、与东盟国家的高校和司法部门等共建人才培养协同体、建设东盟法律文献特色数据库，服务中央和地方对外咨询决策，助力国家涉外法律工作和高端法治人才培养。

自2013年起，该中心面向东盟成员国招收了12名法律界在职人员来校留学，攻读本学科硕士学位。经中央批准，为柬埔寨、老挝、缅甸等东盟国家的司法系统官员举办司局级干部研修班，培训东盟各国法律、法学人员160余人次。2013～2017年，依托中国—东盟法律研究中心，先后举办或承办了“中国东南亚南亚法律合作磋商会暨21世纪海上丝绸之路法律研讨会”“第六届中国—东盟法律论坛”“中国—东盟法律论坛：促进可持续发展法治高层论坛”“中国—东盟互联网金融法律变革与合作研讨会”，极大地促进了东盟国家的交流合作，提升了学校法学一级学科的学术影响力。

在对外交流与教育方面，该中心对外签署14个合作协议，主办和承办10余次论坛和研修班，累计培训130余名司法官员、大学教师和律师，招收了80余名东盟留学生来校攻读本硕博学位。2017年，东盟法律研究中心被认定为教育部国别和区域研究中心。2018年5月，该中心出访柬埔寨和越南，与8个单位座谈，签署和商签8

个合作备忘录,与柬埔寨司法部和柬埔寨、越南5所高校开展深度合作,成效显著。

未来,学校将致力于打造国内一流、世界知名的法治人才培养基地、法学研究与政策咨询智库、进修与资源共享平台,引领中国法学教育改革发展,为打造中国特色、中国风格、中国气派的法学学科体系、学术体系、话语体系提供有力支撑。

第五节 法学人才的国际化

一、学校外事发展历程

学校自20世纪80年代单独设立外事处及港澳台事务办公室,统筹全校的国际交流与合作工作。随着对外交流的不断拓展,为适应社会发展和满足对外工作需要,2013年外事处更名为“国际合作与交流处(及港澳台事务办公室)”。国际合作与交流处是学校对外交流工作的归口管理和服务部门,港澳台事务办公室是学校对港澳台事务工作的归口管理和服务部门,与国际合作与交流处合署办公。2015年学校设立国际教育学院,主要负责来华留学生和中外合作办学项目工作;国际教育学院挂靠国际合作与交流处。2017年国际教育学院独立办公。

学校历来高度重视国际化发展战略,积极拓展海外合作伙伴,争取各类优质教育资源,不断开创国际交流与合作新局面。截至2018年6月,学校与20多个国家和地区的120余所高校和机构建立了合作关系。2011年,我校与美国蒙大拿大学合作举办美国西部第一所孔子学院——蒙大拿大学孔子学院。学校通过设立中外合作办学项目,积极与境外高校和机构、学术团体等开展学术等人文合作与交流，不断提升学校的国际知名度和国际化水平。

二、开放办学提升人才培养国际化程度

（一）积极与境外高校开展交流合作培养

学生出境留学人数不断增长。学校积极与境外高校及机构开展学分互认项目、硕士和博士研究生联合培养项目、暑期课程、海外实习、孔子学院志愿者等多种项目，选派优秀学生到境外高校游学、攻读学位、实习等。截至2018年6月，学校共与境外20余个国家和地区的60余所高校和机构开设了90余个学生交流等项目。2013～2018年学校共向境外校际交流学校和机构派出各类学生2184名，学生派出人数均呈逐年增长态势。

来华留学生规模不断扩大。学校自20世纪80年代初开始招收来华留学生，历来重视来华留学工作，并把接收海外留学生、开展留学生教育作为提升我校国际竞争力、促进教育国际化、营造校园国际化氛围、培养国际化人才的重要途径之一。近年来，学校积极开展"体验西政"等多种来华留学项目，吸引境外交流院校学生来校学习。此外，为贯彻落实国家"一带一路"倡议，学校以"中国—东盟法律研究中心"为依托，积极拓展东盟国家来华留学生学历生的招生培养工作，我校对课程进行精心设计，打造出既具我校专业特色又能满足留学生自身需要的留学生教学课程，构建了来华留学生多层次的人才培养课程体系。我校留学生培养已覆盖预科生、本科生、硕士研究生、博士研究生等多个学生层次。

学生国际流动奖助机制健全。为鼓励更多的学生出境留学，吸引更多的来华留学生来校学习，学校设立国际交流专项奖助学金和来华留学生校长奖学金，积极争取各类资源。2007年开始，我校设立来华留学生校长奖学金，同时协助留学生申请重庆市来华留学生市

长奖学金;2010 年学校被国家汉办孔子学院总部批准,并成为孔子学院奖学金生接收院校;2017 年,学校正式成为来华留学生中国政府奖学金生培养院校。此外,自 2012 年开始,学校设立研究生留学奖学金制度;2015 年,先后又设置本科生、研究生国际交流专项奖学金;2018 年,为了推进“双一流”学科建设,在原有的国际交流奖学金的基础上,学校制定《西南政法大学学生国际交流专项助学金实施办法》,以扩大国际交流奖学金的学生受益覆盖面,提升学生出境交流学习的积极性。2013 年,学校入选教育部国家留学基金委“优秀本科生国际交流项目”及“国家建设高水平大学公派研究生项目”资助。2013 ~ 2018 年,学校 13 个学生交流项目入选教育部“优秀本科生国际交流项目”,共有 178 名学生入选留学基金委国家公派项目资助出境学习,国家公派项目数及人数位列重庆市高校前列。

(二)合作举办中外合作办学项目,引进优质的教育资源和教学理念

2014 年,学校与英国考文垂大学合作举办的法学专业本科项目,2017 年,学校与美国凯斯西储大学合作举办的法律硕士研究生教育项目,在校本、硕合作办学项目学生人数达 420 人。

学校针对本、硕层次的中外合作办学项目,严格按照合作办学项目的政策要求,制定专门的人才培养方案,其中包括 1/3 的课程为外方课程、1/3 的课程须由外方教师担任等,既结合学校自身师资队伍、教学资源、办学特色等方面实际情况,又严格按照教育部关于中外合作办学项目的政策要求拟定,也体现法学专业本科人才培养方案的科学性和规范性。

学校通过以上中外合作办项目,搭建国际课程、教材引进渠道,通过中外教师“双师同堂”等形式,引导教师利用国际教学资源提升教学国际化程度,提升人才培养过程的国际化水平,从而实现专业知

识结构合理、专业基础扎实、专业技能熟练、英语水平突出、具有国际化视野的卓越法律人才的培养目标。

(三)加大全英文课程的开发力度,继续支持双语课程建设

近年来,学校着力开发和实施全英文授课的学位项目、专业课程和品牌课程,并在现有的人才培养方案中明确开设全英文课程的要求,开设了专门针对留学生全英文授课的"中国法硕士项目",对全英文课程的开发和建设提供专项经费支持,每年支持开发10~15门全英文授课的专业课程和通识课程。在课程建设方面,我校"国际贸易交易""知识产权国际保护"先后入选教育部来华留学英语授课品牌课程,"知识产权法"入选重庆市来华留学英语授课品牌课程。

通过加大全英文课程的培育与开发力度,有利于扩大留学生规模,有利于留学生与中国学生的互动与交流,培养具有国际化视野的开放性人才,并带动学校教学、管理和师资队伍的国际化。

三、内培外引提升师资国际化水平

(一)积极推进中青年教师国际化人才工程的实施

师资队伍的国际化程度是衡量和实现国际化水平高低最重要的要素。全球化时代的高校教师应当具有国际视野,了解本学科、本专业国内、国际发展的动态,向学生传授那些处在学科前沿的知识和方法。为加快学校师资队伍的国际化进程,支持中青年教师尤其是青年教师赴境外一流大学(学科)攻读学位、访学、研修或参与国际学术合作,2007年开始,学校实施了师资队伍建设的"国际化人才工程",每年资助若干名教师赴境外进行访学,启动专任教师外语能力提升培训计划,对教师进行外语能力提升培训;为尽快实现"双一流"学科建设目标,学校启动"西南政法大学教职工访学支持计划",将在"十三五"期间遴选100名专任教师、30名辅导员和管理人员赴国外访

学交流。此外，学校先后制定相关政策进一步规范、鼓励和支持教职工境外访学等国际交流活动。

近年来，学校通过国家留学基金委、重庆市教委、学校国际合作与交流处、科研处、人事处等部门及学院教师出国（境）项目以及合作办学、合作研究等各种项目，不断加大对教师出国（境）进行学术交流、访学、进修及参加学术活动的支持力度，提升我校教师的参与国际学术活动的能力。

（二）引进境外优质师资，增加外籍教师数量

学校充分利用国家、重庆市的人才引进政策（如“巴渝海外引智计划”）以及中外合作办学项目，着力增加外籍教师数量，通过引进优质的境外师资资源，改善师资队伍结构。为此，学校将外籍师资引进纳入学院考核指标，由学校各职能部门共同为外籍教师创造良好的教学、生活环境，为外籍教师的聘任设立绿色通道。

四、兼容并蓄提升学术交流的国际化

（一）积极拓宽国际学术合作与交流渠道，搭建国际学术交流平台

学校积极与境外高校和机构开展交流与合作，先后与 120 余所高校和机构签署 130 余份校际国际合作协议，为教师出境访学、讲学、参加国际学术会议等提供学术交流平台；同时，积极主动邀请国外权威、著名学者来校开设讲座、访学、参加国际科研合作。

（二）支持举办国际学术会议，鼓励开展学术合作研究

学校鼓励学院与境外高校和机构开展学术合作研究，支持学院举办国际学术会议，鼓励教师在国际著名学术期刊发表论文、在国际权威学术出版社出版著作。

依托研究中心，积极开展智库建设。学校人权研究院 2017 年被纳入国家高端智库建设培育单位；2017 年，学校“中国—东盟法律研

究中心”入选教育部国别与区域研究中心；2018 年，教育部“中外人文交流及教育涉外法律研究中心”落户学校，依托国家级、省部级、校级各研究中心，充分发挥我校专业优势，致力为国家、各级政府和中外企业提供国外法律制度等相关法律咨询，积极开展国际人权、涉外特别是“一带一路”沿线国家等法律智库建设工作。

五、取长补短提升行政管理国际化水平

强化与境外高校间行政管理层的互访交流，增强国际化办学意识。为增强学校二级学院及相关职能部门对国际合作与交流工作及国际化办学意识，提升行政管理层的国际化水平，学校积极选派行政管理人员参加教育部、重庆市教委组织的高校管理人员海外培训项目，如参加教育部“千名校长海外培训项目”、重庆市教委“教师海外培训项目”等；同时，学校在年度的因公出国境公务团组中，安排一定比例的管理人员赴境外高校访问交流；“十三五”期间，学校选派一定比例的管理人员出境进修并将其纳入教职工出境访学支持计划的范畴进行资助，从而提升管理人员职业技能与专业素质培养，进而实现以促进学生国际间流动、优化师资队伍结构、加强学术交流和合作办学的目标。

第六节　法律人才评价体系的构建

一、多层次、多元化本科法律人才评价体系的构建

（一）教学质量标准明确，人才培养评价有章可循

学校重视教学质量标准建设，围绕办学定位及人才培养目标，在本科教学的各个环节建立了比较完备的质量标准。

1. 实践教学质量标准

制定《西南政法大学实践教学管理办法》《西南政法大学本科实践教学质量测评暂行办法》《西南政法大学实验室管理条例》《西南政法大学专业实习管理办法》，对实验课程、社会调查、模拟法庭等实践教学的形式及考核标准作出要求。

2. 毕业论文质量标准

制定《西南政法大学本科毕业论文管理办法》《西南政法大学学位论文作假行为处理实施细则》等文件，对选题、开题、格式、字数、指导次数、文字复制比、评阅、答辩等环节提出量化要求。

3. 学位授予标准

制定《西南政法大学全日制普通本科生学士学位授予工作实施细则》，对本科生学位授予条件做出明确要求。自 2013 级开始增加法学专业毕业资格考试——法律知识与法律职业综合能力考试，加强“出口”控制。

（二）内外结合，全面监控人才培养质量

学校建立了全面听课、教学督导、专人查课、自我评估、外部评估等多层次、全方位的质量监控网络。

1. 全面听课

学校在 2014 年修订了《西南政法大学听课制度》，强化课堂教学监督保障体系建设，实现学校领导、相关职能部门副处级及以上干部、本科教学督导专家每学期对任课教师听课全覆盖，学院党政班子成员、教研室正副主任每学期对所在学院任课教师以及辅导员对所在年级任课教师听课全覆盖。

2. 教学督导

学校教学督导专家委员会成立于 2004 年，为教学质量保障发挥了巨大作用。退休督导专家每人每学期听课不少于 45 学时，在职督导专家每人每学期听课不少于5学时。教学督导专家每学期对试卷和毕业论文进行专项检查,及时发现并反馈问题。

3. 专人查课

自2013年起,教务处专门设立2个查课岗位,由专人对课堂教学秩序进行全天候巡查,重点检查学生到课率和课堂学习状态,第一时间掌握课堂教学基本状态。

4. 自我评估

从20世纪90年代开始,学校围绕教学质量开展了多轮全校性自评自查。其中2007年组织了2轮大规模的从院级到校级全方位全过程的自查自评整改;2014年,学校组织校内专家对学院开展审核评估自评工作,学院根据反馈意见对本科教学存在的主要问题进行有效整改。

5. 外部评估

学校先后接受了3次上级组织开展的全面教学评估:1996年司法部普通政法高等院校教学工作水平评价;2007年教育部本科教学工作水平评估;2015年本科教学工作审核评估。与人才培养有关的新专业评估及学科基地评估、验收则不计其数。2014年,学校委托麦可思公司对学校毕业生就业发展情况跟踪调查,形成2013届毕业生的《社会需求与培养质量年度报告》以及2011届毕业生的《中期职业发展年度报告》。学校与相关职能部门结合自身工作对报告认真研读并撰写《研读报告》,有利于改进人才培养工作。

(三)成立“法学专业人才培养协同研究中心”

2015年,学校与麦可思公司在学校联合成立“法学专业人才培养与评价协同研究中心”,联合建立政法院校人才培养监测体系,研究和制定法学专业人才培养标准,构建全国首个法学人才培养质量监测体系,发布法学专业培养质量报告。其中,法律人才培养评价标准从以下维度考察:培养目标与模式,培养目标需符合学校整体目标,明确法学专业人才培养类型,满足社会主义法治建设需要。法学专业本科人才培养需公开毕业要求,并确立能够恰当测定学生达成情况的方法手段。毕业要求应能体现培养目标的达成,为毕业生步入社会或继续深造提供个人知识、能力、素养等方面的基础。课程体系设置过程中需要实务界专家参与,课程体系应与社会需求相适应,应能体现对法学核心知识、能力、素养的培养,应能支持毕业要求的实现。同时,注重学生发展现状和发展趋势了解能力和法律推理、论证能力、法律事实还原能力的培养。师资队伍,包含教师的工作职责与投入,教师培养与培训。职业训练应具有层次性,遵循从易到难、循序渐进的规律,并与专业知识课程相结合。学校聘请实务界专家承担部分实践教学任务,并选拔现有教师去往实务界挂职锻炼。学校对从事实践指导、实验教学、管理与科研工作的专职实验技术人员进行职业培训。教师授课应有完善的实践教学计划和教学大纲。相关教师可根据实验实践教学任务和条件,安排实践教学进度,做好实验实践准备,保证学生能按计划完成规定学时的实践课程。学校强调考查知识现实转化能力,依据不同的教学目标分别设定考核要求、学生相互评价计入考试成绩。学校提供达成教师教学需求和学生毕业要求所必需的基础设施。同时,学校应建立教学质量保障及监控制度。2015 年 9 月在学校召开的全国高等院校本科教育教学管理研讨会上,全国近 20 所高校的代表对于研究中心提出的"中国法学人才培养模式定量测标体系"进行了研讨与修订,法学人才培养质量监测体系也得到了参会高校的充分肯定。

(四)学生学习效果

1. 学业成绩稳中有升

对 2013 届毕业生毕业半年后的跟踪调研显示,学校 2013 届毕业生对学校的总体满意度为95%，高于全国“211”本科院校的总体满意度。2012～2013年学校校友联谊会完成了针对毕业校友的毕业生追踪调查，其中，评价“好”和“比较好”的占到90%以上。学校委托北京新锦成数据科技有限公司，对2015年本科毕业生进行第三方

全国高等院校本科教育教学管理研讨会

调查和评估。参与调研的毕业生覆盖13个学院，采用问卷调查的方式。通过在线调研系统向2015年本科毕业生发送答题邀请邮件，共调查2015年本科毕业生4917人，收到有效问卷1985份，回收率达40.98%。

该项调研报告显示：学校本科毕业生对教育教学总体满意度为97.72%，任课教师满意度为98.79%，教学实践环节满意度为91.04%，89.19%的本科毕业生认为所学专业课能够满足目前工作和学习的需求，95.89%的本科毕业生能够掌握所学专业知识。该报告显示学校高水平、应用型、复合型的人才培养模式获得了学生的认同，同时这也体现了学校人才培养机制的科学性和合理性，为毕业生更好地就业奠定了坚实的基础。

2017 年，学校针对在校生开展了关于学习满意度的调研，覆盖本、硕、博全体在校学生。据调查结果显示，学生学习满意度总体较高。在选用教材方面，65% 学生比较满意；在课时、课程设置方面，认为课程设置适中的本科生和研究生分别占 59% 和 56%；在必修与选修课程设置方面，认为满足需要、种类丰富的占比 29.13%，认为一般、设置合理的占比 46.65%；对于实践课程，69.2% 的学生认为设置比较合理；对教师水平的满意度较高，占比 63.2%；对教学设施比较满意的比例是 77.5%；对自习条件比较满意的占比 62%。在学习风气方面，大部分学生认为我校学习风气良好，占比 75.6%。

2. 毕业生发展势头好

学校健全学生就业指导体系，强化就业指导。如组建了包含 35 人的就业课程教师团队，选送 120 人次参加生涯规划师、职业测评师等专业认证培训，进一步提升就业指导水平；依托就业教师团队开设“大学生职业生涯规划”“职业发展与就业指导”等就业课程；启动职业生涯个体咨询服务；继续强化职业生涯规划主题等品牌活动；积极开拓就业市场，为毕业生就业提供了有力保障。

3 年来，在就业毕业生中，签约机关、事业单位、律师事务所、银行比例达 37.27%，其中，律师事务所 8.72%、公检法机关占 20.04%。2014 年对毕业半年后学生的跟踪调查显示，2013 届毕业生的工作与专业相关度为 73%，工作与职业期望吻合度为 55%。我校学生在机关和法律服务类行业具有较强的就业竞争力，与学生专业相关度较高，符合学生的职业期望。

3. 普受用人单位好评

2015 年，学校委托第三方高等教育数据与解决方案专业机构麦可思，实施用人单位跟踪评价项目，通过电子邮件向用人单位发放《用人单位跟踪评价调查问卷》，最终形成了《西南政法大学用人单位跟踪评价报告》，显示用人单位聘用的我校应届毕业生主要从事律师、公检法及经济执法岗位，聘用过本校应届毕业生的用人单位对本校应届毕业生的总体满意度为94%，该调研报告建议学校进一步加强对学生能力和知识的培养，加大校企合作力度。

二、多层次、多元化研究生法律人才评价体系的构建

研究生教育是高等教育的最高层次，是高等院校高层次办学水平和高层次人才培养质量的重要环节。学校坚持切实突出研究生教育以质量为核心的管理理念，构建多层次、多元化的研究生法律人才评价体系。

（一）人才评价和质量监控的制度体系建设

在全面依法治国背景下，西南政法大学作为政法院校坚持依法办学，不断提高研究生教学质量保障的主体意识，加强研究生教学质量监控保障体系制度建设。为提高研究生培养质量，建立一支高素质的研究生指导教师队伍，学校制定了相关制度与服务体系为强化研究生日常管理，提高研究生培养质量，保障研究生教学和培养质量，确立行之有效的质量监控运行机制。

（二）多层次研究生人才评价体系构建

1. 研究生学习质量评估

为提升对研究生学习质量评估结果的有效性和科学性，学校制定实施了《西南政法大学硕士研究生课程考核制度改革实施意见》，硕士研究生必修课程采取“1+3”的考核模式，即一种必选考核形式加三种自选考核形式。其中，“期末考试”为必选考核形式，其他三种为自选考核形式，由任课教师分别从学校推荐的考核形式中自选三种。按“期末考试”占总成绩40%、平时考核（三种）各占20%的比例计算总成绩。通过课程考核改革：一是硕士研究生更主动地参与

到课堂教学中，体现了硕士研究生在课堂教学中的主体地位，增强了学生开展合作型、研究型学习的积极性和主动性；二是通过连续性考核有利于督促学生保持一贯的学习态度，通过多样化考核有利于充分挖掘学生的学习潜能和创新能力，促使研究生在学习过程中不断综合运用各种能力进行学习，提高其自主学习的能力；三是建立了形式多样、涵盖整个学习过程的全新考核体系，多角度、全方位考查研究生基础知识掌握的广度和纬度、创新性思维和分析解决问题的能力等，考核结果更客观公正。

2. 研究生课程质量评估

学校将课程教学作为研究生综合能力培养的主渠道，不断完善研究生课程评估机制，保证课程教学质量。一方面，对课程设置体系进行科学论证和评估，学科专家组根据专业培养目标，反复论证专业课程设置，制定专业课程体系、实践教学体系及相应的学时、学分要求，明确每门课程的培养目标和作用，注意课程之间的内在逻辑关系，使其能够对本专业的培养目标构成有效支撑。另一方面，制定课堂教学质量评估指标体系，针对研究生教学的特点将教师教学态度、教学内容、教学方法及教学效果作为测评指标，强调传授新知识的同时注重开发研究生的创造潜能，培养其创新能力。

3. 指导教师工作质量评估

研究生导师是研究生培养的关键力量，肩负着培养高层次创新人才的使命与重任，为全面落实研究生导师职责，学校对博士研究生导师带生资格实行动态调整程序。每一轮岗位聘任结束年度，研究生院组织各学院对全校博士研究生导师进行带生资格审查。各学院根据规范的要求提出建议继续招生的导师名单和暂停招生的导师名单，报校学位评定委员会审议。对于导师在指导过程中出现问题的，学校视其情节轻重，对导师予以惩戒。同时，我校已完成研究生指导教师招生资格认定与管理办法的起草，将对导师带生资格进行动态调整，变"身份"为"岗位"，淡化导师身份终身制，促进导师队伍质量的提升。

4. 学位论文质量评估

为实现我校法学一级学科的内涵发展，推进"双一流"建设，学校将论文质量作为法学学科研究生培养质量的核心评价标准。为此，学校建立了覆盖选题、开题、中期检查、评阅答辩等环节的学位论文质量全过程审核监督机制，针对法学学位论文的法条引用较多等特点制定了学位论文质量审核标准，加强导师对研究生培养主体责任意识，明确招生指标向研究生培养质量高的导师和学院倾斜。为加强学风建设，学校早在 2008 年就已引进"学位论文学术不端行为检测系统"，对学位论文学术不端行为进行专项监控，规范和加强文字复制比检测措施的实施。

5. 建立听课制度

建立辅导员、课程责任教授、教研室与学科负责人、学院主管教学院长、研究生院教学检查人员、教学督导专家等组成的研究生课程听课团队。学校现已基本实现对所有法学学科研究生课程任课教师的课程质量监管全覆盖，相关评价反馈已成为教师考核、晋升的重要依据。

6. 规范化的学生年度评教活动

坚持研究生教学的全程全员全覆盖的评教制度。每门课程结束后，研究生必须通过研究生管理信息系统对该门课程的教授情况、课堂效果等进行评价。研究生院将学生评价情况及时反馈给学院，督促学院进行整改提高，并对教学效果差、学生反响强烈的课程任课教师予以整改警示，经整改无效的，责令更换任课教师。

7. 建立课程动态调整机制

为保证研究生课程质量，学院、学科组根据学科发展及人才培养需要，定期对课程进行评估审查，并聘请毕业研究生和用人单位参与课程审查，对不适应培养需要或质量未达标的课程进行整改或调整；另外，也建立选修课程动态调整机制，连续两年达不到开课人数的选修课程或必选的必修课程予以强制退出。

8. 学位论文审查制度

为了更好地监控学位论文质量，学校博士学位论文于2004年下半年开始实行匿名评审；硕士学位论文于2008年开始按一定比例抽取部分进行匿名评审，至2012年全面实行所有硕士学位论文的匿名评审，评审结果采取“一票否决制”。此外，学校于2014年9月出台《西南政法大学研究生学位论文抽检办法》，并于2015年7月开始全面施行研究生学位论文校内抽检制度，以加强学校对学位论文质量的监管。

9. 引入第三方评价机构

2015年9月，学校与麦可思公司及社会相关主体联合研究法学专业人才培养质量标准，共同建立政法院校人才培养质量监测体系，定期发布法学专业培养质量报告。

三、法律人才培养共同体的形成

法律人才培养共同体的建构宗旨是，将位于法律人才培养体制末端的用人单位需求与评价机制前移至法律人才培养方案制定与落实的具体环节中，将“法律人才消费者”转化为“法律人才生产者”，并与高校人才培养活动形成紧密联系，实现高校法律人才培养的每一环节都以用人单位及社会的人才需求为转移。

（一）共同制定人才培养方案

开放的法律人才培养共同体，旨在为人才培养体制的前后端架设桥梁：引入法律实务部门对人才培养的目标分析、方案设计、过程指导与效果评价，根据行业需求确定培养目标。学校高度重视与行业企业、政府部门协同培养高层次人才，学院在申报法律硕士培养方向、制定培养方案时，须对相关法律实务部门进行广泛深入的调研，听取行业意见，邀请行业专家参与培养方案制定；学校在审查培养方案时同样邀请行业专家参与，重点考察培养目标是否符合行业需求，课程设置、教学内容与培养目标是否契合。

（二）共同开展研究生人才培养

教师是人才培养方案的主要实施主体。学校施行法律硕士“双导师制”，即一名法律硕士研究生由一名校内专职导师与一名校外实务导师联合指导，校内导师侧重理论指导，校外导师侧重实务与实践指导；行业专家广泛参与课堂教学，法律硕士的特色方向课与法律职业技能训练课大多由行业专家与校内教师一起讲授；与实务部门、行业律所共建实习基地，共同拟定实习内容、实习计划、考核标准，通过实习单位考核后方可申请学位。

（三）共同促进学生就业

法律实务部门的专家参与我校法律硕士研究生培养的过程。一方面，作为行业教师有意识地向学生传授各自领域的知识与技能，培养学生的职业能力，提升学生的就业能力；另一方面，又代表部门、企业为单位物色人才，促进学生就业。此外，学校还与行业开展培养目标更明确的订单培养项目。

（四）共同评价培养质量

行业专家通过参与课堂教学、指导专业实习、指导学位论文写作等人才培养过程，评价人才培养质量，向学校反馈人才培养存在的问题。此外，学校、学院通过召开行业座谈会、调研用人单位、分析就业情况等方式开展自我评估，及时发现问题，改进教学内容与方式。

通过培养机制改革，学校与政府、行业企业多方联手，共同制定培养目标、共同建设课程体系和教学内容、共同实施培养过程、共同促进学生就业、共同评价培养质量，实现了人才培养与职业发展的良好衔接。

（撰稿人：闫恩晓、周倩、王路、章晓明、刘进平、杨雨昕、梁小平、张旭、张兴明　统稿人：周文全）

第三章　付子堂校长眼中的“西政精神”

一、心系天下的家国情怀

西南政法大学的“文化核”就是西政精神。西政精神，是西南政法大学的镇校之宝，是西南政法大学的核心竞争力；是西政人特有的文化品格，是西政人共同价值选择，也是西政人分享的心灵密码！

正是西政精神，感召着一代又一代西政人，举大体不忘积微，务实效不图虚名，博学笃行、厚德重法，历经创业之艰辛，终成西政之美誉！

西政精神，首重“心系天下”。所谓“心系天下”者，更要有一种情怀、一种气质、一种境界、一种使命、一种梦想。西政人，应当有大担当、大眼界、大格局。

（一）心系天下，立心修德，做有担当的西政人

西政人心系天下，首当立心。

孟子曰：“穷则独善其身，达则兼济天下。”“独善”，不是苟且、封闭，而是隐忍、磨砺与自我提升；“兼济”，不是施舍、炫耀，而是情怀、奉献与回馈社会。北宋哲学家张载提出：“为天地立心，为生民立命，为往圣继绝学，为万世开太平。”言简意宏，为后世所传颂。

我们身边就有这样一位平凡西政人“立心修德”的不平凡故事。10年前，经济法学院2002级任爱阳校友毕业，面对很多机会，但他毅然选择了去西藏，被分到当时全国唯一不通公路的县——西藏墨脱县。他跋山涉水，走过原始森林，走过泥石流塌方路段，来到墨脱县

检察院，成为全县第一位法科毕业生。他边工作边学习，2008 年通过国家司法考试，2010 年被调到林芝地区政府法制办，最近又被抽调到国务院法制办。

前两天，作为 2006 届毕业生的他，专门写来一段文字，寄语 2016 届毕业生。这里摘几句与大家分享：亲爱的学弟学妹们！我在青藏高原期盼西政校友的加盟，期待西政学子为边疆稳定和人民安康注入强大力量。职业没有高低贵贱之分，大地没有东西南北之别，不论在哪里，都要坚守最基本的职业要求和最崇高的历史使命……

肩扛千斤谓之“责”，背负万石谓之“任”。西政人当“乐以天下，忧以天下”。西政人无论是位居庙堂还是远遁江湖，无论是身在海外华都还是地处塞外边关，都要用自己的豪气、勇气、锐气，立心修德，奋进争先，做有担当的西政人！

（二）心系天下，志向坚定，做有眼界的西政人

西政人心系天下，当树大志。有眼界的人总是在奔跑，没有眼界的人永远在流浪。我不希望，同学们走进社会，如泥牛入海，在庸碌无为中，放弃了攀登；在急功近利中，丢失了梦想。

我希望，各位同学毕业以后，仍然要不断设定前行的目标，以善为本，不阿不迎；以行见知，不苟不怠；眼界高远，脚步稳笃。

西政的发展历程，既是一部披荆斩棘、攻坚克难的拓荒史，也是一部百折不回、逆境崛起的励志片。在西政人的血脉中，融入着一种永不服输的倔强，一种战胜困难的斗志。

然而，最近有一首名为《毕业了我们一无所有》的歌，引发我的忧虑。我担心有些同学走出校园后，稚嫩的肩膀能否承受生活之重。社会现实往往带着一种颠覆性的力量——可能颠覆你对青春的遐想、对未来的规划、对美好的期待。

走上社会后，绝非一路凯歌。相反，极有可能会像孔子周游列国

时那样，颠沛流离、处处碰壁，甚至遭遇“穷途末路”，壮志难酬。但一定要坚信，苦难与幸福总是如影随形。得意不忘本，固然可嘉；失意不坠志，更属难能可贵。暂时的苦难，终将变成人生的馈赠。“门槛”跨过了便是门，跨不过才是坎！

有眼界，方有境界；有远大志向，方有远大前程。但抽象的“大”，其实是由一个个具体的“小”积微而成。古人云：“以身观身，以家观家，以乡观乡，以邦观邦，以天下观天下。”

我殷切地希望，每一位西政人都明晓“一人之道即家国天下之道”。滴水成泉，万涓成河。只要你每天尽己之力，认真做好眼前的每一件事；每天尽己之心，感染着身边的每一个人，便是对西政精神之“心系天下”的最好践行。

（三）心系天下，虚怀若谷，做有格局的西政人

西政人“心系天下”，当走四方。

新版学位证书采用了中英文设计，正是期望同学们能放眼世界，心系“人类命运共同体”。

汉语拼音之父周有光老先生告诫我们：“要以世界的眼光看中国，而不能以中国的眼光看世界。”在当今大国崛起的时代，高等教育国际化日益加深，我校的国际交流与合作也取得了长足进步，这使包括我们今天在场的一些同学，拥有了向世界一流国家一流大学学习交流的宝贵机会。

巍巍歌乐山，激发着西政人昂扬的浩然正气；泱泱嘉陵水，涵育着西政人宏大的天下格局。

事实上，正有越来越多的西政校友，凭借家国情怀和全球视野，在国外高校的讲堂上，在外交事务的斡旋中，在国际经贸的商场上，在海外维和的军营里，实现着西政人胸怀世界的美好愿景，在国际舞台上诠释着“心系天下”的西政精神。

格局决定结局。头脑有智慧,心中有天下,就会放大我们为人做事的格局。西政人的格局是胸襟、是目标,是包容、是从容。

格局要大,是内心的强大。我殷切地希望,各位同学无论何时,都要抑制小我,历练大我。养大气、大度,怀大爱、大仁;无故加之而不怒,猝然临之而不惊。

格局要大,是目标的远大。我殷切地希望,各位同学无论何时,都不斤斤计较,不患得患失。利而不害、为而不争,乐观向上、阳光豁达,做人生的仁者、智者和勇者。

格局要大,是视野的宏大。我殷切地希望,各位同学无论何时,都要"仰不愧于天,俯不怍于地"。放眼四海、求证古今,融入社会、服务大众,人生必将绚烂多彩!

(本部分选编自《付子堂校长在西南政法大学2016年毕业典礼暨授位仪式上的致辞》)

二、自强不息的奋斗精神

今天的毕业典礼暨授位仪式,既是一场伤别离的纪念,也是一个新起点的宣告。经过在西政这所神圣殿堂的数年"修炼",各位同学已到"出关"之日。在大家面前展开的,将是一条全新的人生之路。前面的道路是起伏的,个人的命运是未知的。我衷心希望同学们在今后的日子里,能够一以贯之、始终坚持一种精神——自强不息。

重庆人民、西政师生都不缺乏自强传统。今年是中国人民抗日战争胜利暨世界反法西斯战争胜利70周年。前天,6月13日星期六晚上,中央电视台《新闻联播》节目播出了《抗战影像志》之"重庆大轰炸",首次披露了许多当年的珍贵史料。在20世纪三四十年代,从1938年到1944年6年零10个月的时间里,重庆人民同仇敌忾、万众一心,挺过了日军实施的共218次地毯式"无差别轰炸",最终与全中国人民一道取得了抗战的伟大胜利——这是一种自强精神。

同样,在20世纪七八十年代,面对“文化大革命”等带来的种种冲击与波折,西南政法全院师生和衷共济,逆境奋发,终于战胜了各种艰难困苦,玉汝于成,铸就了今日社会公认的“西政现象”,打造了响当当的“西政品牌”——这也是一种自强精神。

今天我想特别告诫大家:自强不息乃是西政精神的核心。西政人当自强不息!

修身乃自强之本。孔子曰:“智者不惑,仁者不忧,勇者不惧。”各位同学要通过修身让自己变得睿智、仁爱、勇敢,成为智者、仁者、勇者。尽管时代在发生着巨变,但修身的内核却永恒存在。你睿智,中国就多了一份明亮;你厚重,中国就多了一块基石;你仁爱,中国就多了一份温暖。明代思想家王守仁写道:“种树者必培其根,种德者必养其心。”这就是所谓“修身先正心”。虚其心,自会受天下之善;大其心,方能容天下之物。每个人正直善良的内心,正是自己精神自由的起点,也是社会公正的泉源。作为西政人,一定要努力锻造一颗强大的内心,在常态和非常态中修炼自身。西政人相信:自强不息涵养我们的品性,锻造我们的风骨,是西政人安身立命、修身养德之本。我愿各位同学永远择善而从,修身不倦。

坚持乃自强之基。不久前谢世的著名诗人汪国真先生早在20世纪80年代就有一句名言十分流行:“既然选择了远方,便只顾风雨兼程。”坚持,应当成为西政人最可贵、最强大的生命特质。我常在校园里遇见晨读的同学,也常在学术报告厅里看到没有座位却坐在地上或站在过道中专心听讲的学子。我相信,这就是西政学子最基本的坚持,它折射出同学们内心的坚守,最终也将引导你们生命的航向。坚持不懈的品质,能助西政人飞得更高。古代法家李斯说过:“泰山不让土壤,故能成其大;河海不择细流,故能就其深。”作为西政人，决不可以幻想今天刚起步，明天就能到达终点；今天刚栽下一棵树，明天就能结出果实。西政人相信：自强不息是坚持的力量，任凭时光的冲刷，依然能聚合成巨大动能，所向披靡。我愿各位同学永远认准目标，坚持不懈。

担当乃自强之道。习近平总书记指出，“有多大担当，才能干多大事业”，“历史和现实都告诉我们，青年一代有理想、有担当，国家就有前途，民族就有希望”。社会是一张大考卷，它写满太多的难题；社会是一个大熔炉，它通过熊熊烈焰提炼真金。人们经常说知识就是力量，但今天我还想强调，责任就是本分。当今中国正处于一个大时代，海量信息中碰撞激荡的思潮在不停地拷问着我们的价值观，现实世界里纷繁杂陈的问题在不断地干扰着我们的判断力。也许，我们对目前的某些社会不公强烈不满，甚至深恶痛绝，但切不可沉溺于迷惘与困惑中，更不可随波逐流，甚至同流合污。作为西政人，面对责任要学会担当；面对邪气要勇于亮剑。西政人相信：自强不息，是坚韧的种子，即使在艰难困苦的岩石下，依然能生根发芽，绽放出倔强的花朵。我愿各位同学永远固守初心，矢志不渝。

各位毕业同学一定要记住，只有自强才能自信。只有自强不息，方能选好人生的方向，方能迎接人生的挑战，不断超越自我。前段时间，一起因“路怒”引发的交通纠纷暴力事件，在网络上持续发酵。我想叮嘱大家：人生之路亦不可任性。或许，在今后相当长的一段时间里，你都默默无闻，日日简单重复，工作枯燥乏味；或许，你始终百分之百地投入，但事业却总不见起色；更或许，当你朝着自己的理想前行时，那些不期而至的打击让你猝不及防。于是，你动摇了，开始质疑自己昨天和今天的选择与决定，开始盲目攀比他人似乎风光的生活，任性地变换着人生的轨道，你甚至开始深深绝望。这里，我想特别提醒大家，作为西政人，面对挫折与失败，要善于理性思考，善于自我砥砺，怀揣对生活的热爱，肯定自我价值，应当成为我们最基本的信念。正如习近平在北京大学师生座谈会上语重心长告诫的那样："不要顺利的时候，看山是山、看水是水，一遇挫折，就怀疑动摇，看山不是山、看水不是水了。"我希望，每一位西政人都能从容面对如电光石火般变幻难测的社会百态、人世沉浮。只要自强不息，就会产生充足的底气！只要脚踏实地，成功迟早都会到来。常言道：人生不如意十有八九，是金子有朝一日总会闪闪发光。同学们，请勇敢些，再勇敢些！自强就是"忍人所不能忍"。西政人当在逆境中永不言败，永不言输！

各位毕业同学一定要记住，只有自强才有自尊。只有自强不息，方能站在时代的前沿，方能把握时代的脉动，不断刷新自我。约50年前，1966年我们的一位学长与今天的各位同学一样，在母校完成学业后走上了平凡的工作岗位。由于当时的历史原因，在相当长的一段时间里一直从事着与所学专业无关的职业，从普通工人到中学老师。但是，她坚信：民主、自由、人权、法治，乃是任何社会都必须承认的价值。后来，她终于被调到江苏镇江市检察院工作。20世纪70年代末，她回到母校担任经济法教研室老师；80年代初，南下担任刚刚成立的深圳市司法局局长助理、党组成员；90年代，又毅然舍弃官职，创建了中国最早的合伙制律所——广东星辰律师事务所。这位一次又一次地进行着事业"瓶颈"突破的校友，就是郭星亚师姐。而今，她已年过七旬，却依然孜孜以求，不知倦怠。她捐资数百万在母校设立了"星辰奖学金"。前年，她发起成立了西南政法大学深圳前海法律研究院，把西南政法大学的金字招牌挂在了祖国"特区中的特区"，使西南政法大学的旗帜飘扬在改革开放的最前沿。去年，她刚刚接任西南政法大学律师校友联谊会会长，她说她的目标是要打造最好的律师团队，陪着中国的企业、陪着西南政法大学走向世界。星亚师姐凭着自己高昂的激情、敏锐的目光和旺盛的生命力，精确地把握着时代脉搏，在奉献社会的过程中实现着自我价值。星亚校友的人生经历启示我们：自强就是“敢为天下先”。西政人当在事业上挑战自我，突破自我。

各位毕业同学一定要记住，当你登上社会之船，启动航程，在前行的途中累了、倦了、晕了，甚至突然遭遇到惊涛骇浪、天旋地转，风骤袭、雨骤急、浪骤起，最好立即高唱《西政之歌》，或者默默念诵西政精神“16 字箴言”——“心系天下，自强不息，和衷共济，严谨求实”，便会出现西政人或西政人的朋友，及时地在法治的轨道内施以援手、无私帮助，如此便会逢凶化吉、遇难呈祥；同样，当你离开了校园，如果发现某位校友落水了、受伤了，一定也要及时把他/她呼唤，托他/她出水、带他/她上岸，给他/她抚慰，甚至千里驰援、送去温暖。

各位毕业同学一定要记住，母校就是港湾里那盏温暖的渔火，永远照亮你前行的航程，也日夜盼望你平安归来。几天前，6 月 11 日上午刚成立的 2015 届毕业生校友理事会送给学校一块匾额：“一生西政人，一世西政情。”西南政法大学永远陪伴你一路同行。西政是路，你就是路上奔腾的骏马；西政是桥，你就是桥上威严的雄狮；西政是梯，你就是梯上登天的勇士。

最近，在微信朋友圈流行着一个非常温暖的热词——“陪伴”。这个词与“成长”“力量”“爱”等这些充满正能量的词汇相连相随。我想，在同学们成长的道路上，总有一种力量令大家感动，总有一种激励推动大家前行。母校陪伴大家成长，母校也感谢你们人生青春的陪伴。所谓人生，其实就是一次又一次的出发：正如当初各位同学从家乡出发、从另一个母校出发，来到了西政。此时此刻，我和老师们一样，非常欣慰，同时也怀揣一丝伤感，深情地目送各位毕业同学从这里再次出发。无论你走到哪里，都要认真对待两个关键词：一是

"西政校友";二是"西政精神"。因为你就是西政校友的一员,你就是西政精神的载体!西政精神是我们这所大学的精神气场,也是从这里走出的每一位西政学子应该具备的文化气质。各位同学务必铭记西政精神,也务必铭记:作为西政校友,负有传承弘扬西政精神的特殊使命。

愿西政精神陪伴各位毕业同学一生一世,陪伴大家从学业成功走向事业辉煌!愿西政学士、西政硕士、西政博士们带着亲人的牵挂,带着母校的期盼,自强不息、勇敢前行!

(本部分选编自《付子堂校长在西南政法大学2015届毕业典礼暨授位仪式上的致辞》)

三、和衷共济的团队意识

西南政法大学建校近70年,一级又一级学生来到,一届又一届学子离开。时代加速变迁,科技迭代发展,校园旧貌换新颜,但西政人的凝聚力从未改变,西政人的社会担当从未改变,西政学子对母校的情感从未改变!

每一所大学都有不同的气场,而西南政法大学的气场与众不同。这是因为,我们有独特的西政精神,即心系天下、自强不息、和衷共济、严谨求实。

西政精神十六字"箴言",是西政人文历史的积淀和凝练,见证着西政近70年的春华秋实;西政精神,在西政人的血液里流淌,在西政人的骨子里生长,激励着一代代西政学子无问西东,勇敢前行。

西政精神十六字"箴言",已成为西政人扬帆远航的压舱石,已成为西政人奋勇向前的发动机,已成为西政人顺境时的警醒钟、挫折时的指南针。

今天,西南政法大学2018届毕业生即将离开山城,行千里、致广大，我想与大家重点分享西政精神之“和衷共济”。

中国司法史上第一人，“上古四圣”之一的皋陶，最早提倡“和衷”，即有才者团结如钢；春秋时期以正直和才识见称于世的晋国大夫叔向，倾心砥砺“共济”，即有德者不离不弃。

在中华民族精神里，“和”是天、地、人相处的最高境界。正如国家主席习近平最近在“上合组织”青岛峰会期间所强调的：儒家思想倡导“大道之行，天下为公”，主张“协和万邦，和衷共济，四海一家”。和衷共济、和合共生，正是中华文化的历史基因，体现着兼容并包、博大宽厚的东方智慧，在新时代正实现着创造性转化，展现出永久魅力。

新时代是一个分享的时代。一个能分享的人，必定是一个幸福的人。知识上的分享，有助于从互动中共同受益；合作中的分享，有助于营造更舒心的氛围。要襟怀坦荡，不要小肚鸡肠；要与人为善，不要以邻为壑。心宽则路远，分享是为人大气的表现。因此，西政人相信，懂得分享的人是有福的，必将芳华永驻。

新时代是一个和合的时代。一个有归属的人，必定是一个美好的人。合则利，合则惠，合则兴。“和合”理念就是要相互补台，而非相互拆台；要相互包容，而非相互猜忌；要相互支撑，而非相互鄙视。“必有容，德乃大；必有忍，事乃济”。因此，西政人相信，懂得和合的人是快乐的，必将芳华永驻。

希望同学们深刻感悟“和衷共济”之要义，努力在西政精神的指引下，成为新时代美好西政人。

西政精神指引我们与家人美美与共。美好西政人，当善待家人，与家人和衷共济。家庭是个人事业拼搏奋斗、诗意栖居的港湾，大事业从小家庭起步。修身、齐家，方可治国、平天下。《礼记》有言：“父之笃，兄弟睦，夫妻和，家之肥也。”人生在世，更多的是关爱、共生和共赢。请同学们牢记:美满的婚姻,就是通过造就对方来成就自己;最好的尽孝,便是父母以你为傲;你的美好,便是家庭的美好。同学们当用真爱和真诚去经营自己的人生,要努力成长为家人依靠和仰仗的大树,不要加入长大而未成人的“啃老族”。我衷心祝愿各位同学,与家人美美与共,都能拥有美好的爱情与幸福的家庭!

西政精神指引我们与团队甘苦与共。美好西政人,当善待同事,与团队和衷共济。在世界杯足球赛场上,没有永远的冠军,却有经久不变的定律,那就是,配合完美的团队始终是赛场的佼佼者,而一盘散沙的团队注定溃不成军。同学们走上社会,应当坚持“成己为人,成人达己”,尽快融入团队朋友圈。请同学们牢记:要善于感悟与新同事合作之道,利而不害,为而不争;要善待你遇到的人,或许有朝一日他就会改变你一生的命运;少纠结团队给了自己什么待遇,多反省自己为团队做了多少贡献。我衷心祝愿各位同学,与团队甘苦与共,都能拥有和谐的团队与美好的事业!

西政精神指引我们与母校荣辱与共。美好西政人,当为实现母校持续发展繁荣的“西政梦”而群策群力。学校现有的成就,离不开历代西政人协力同心、风雨同舟。沙坪坝校区历史厚重的壮志路、继业岛、东山大楼、七十二家,渝北校区郁郁葱葱的“七九香樟”“八零花园”“八一桂苑”,竞相争艳的“岭南红樱”“齐鲁丹若”“豫园月季”,无不见证着西政的人和、心齐。请同学们牢记,离开母校后,即由西政学子升格为西政校友,你们的一言一行都在为西政代言,因此,一定要有西政人的身份意识,要时时处处呵护母校荣光,要让你们安身立命的工作单位“用了都说西政好”!我衷心祝愿各位同学,与母校荣辱与共,都能永远让母校以你们为骄傲!

西政精神指引我们与天下忧乐与共。美好的西政人,当为实现中华民族伟大复兴的“中国梦”而万众一心。不久前,西政校友、最高人民法院第一巡回法庭庭长裴显鼎大法官，应邀在北京大学国际法学院毕业典礼上致辞，号召青年们不仅要立志做“无愧时代的中国人”，而且要立志做“造福人类的地球人”。西政人身在大国，胸有大爱，遵循大道；西政人心系天下、志存高远，对国家、对社会、对民族，一直都有着强烈的责任感和使命感。请同学们牢记：以和衷共济的人生态度，以人类命运共同体的思维高度，为民族复兴、为人类进步，贡献西政人的智慧和力量，这是西政人应有的大格局。天下美好，西政人便美好。我衷心祝愿各位同学，与天下忧乐与共，都能勇做新时代的弄潮儿！

今年是人类历史上最伟大的思想家、顶天立地的“千年伟人”马克思诞辰200周年。马克思在青年时代，曾把自己称为求知路上“不知疲倦的旅行者”。1837年，19岁的马克思在《给父亲的信》中开篇写道：

生活中往往会有这样的时机，它好像是表示过去一段时期结束的界标，但同时又明确地指出生活的新方向。在这样的转变时机，我们感到必须用思想的锐利目光去观察今昔，以便认清自己的实际状况。

同学们！你们今天就处于马克思所讲“这样的转变时机”，我希望同学们，在科学上求真，在伦理上求善，在艺术上求美，成为新时代真善美并举的美好西政人；我相信同学们，都能牢记西政校训“博学、笃行、厚德、重法”，成为新时代德法兼修的美好西政人；我祝愿同学们，毕生心系天下、自强不息、和衷共济、严谨求实，成为新时代芳华永驻的美好西政人！

（本部分选编自《付子堂校长在西南政法大学2018年毕业典礼暨授位仪式上的致辞》）

四、严谨求实的治学态度

近70年办学的风雨历程，一代代西政人的艰苦奋斗，我们共同培育并凝练出“心系天下，自强不息，和衷共济，严谨求实”的“西政精神”。“西政精神”是西南政法大学的文化内核，是西政人攻坚克难的力量之源，是西政人最具引力的特有气质。

如果说，“心系天下”意味着宽阔胸襟、责任担当，“自强不息”意味着成长根基、发展动力，“和衷共济”意味着相濡以沫、同心协力；那么，“严谨求实”则体现了一种为学的原则，一种做事的态度，一种做人的品格。

今天，我特意把“严谨求实”这4个字，郑重地载进各位毕业生已经满满的行囊。

同学们在毕业以后，要继续保持精思睿智、严谨求实的优良学风。李大钊先生有言：“凡事都要脚踏实地去作，不驰于空想，不骛于虚声，而唯以求真的态度作踏实的工夫。以此态度求学，则真理可明；以此态度做事，则功业可就。”严谨求实的西政精神要求我们，穷学术之浩瀚，做到6个字：“严格、严肃、严密。”严格，就是指对知识的掌握要弄通弄懂，切忌不求甚解；严肃，就是指诚实扎实的学术训练，切忌轻率浮躁；严密，就是指对学习、对生活都要精益求精，切忌马虎应付。

同学们在毕业以后，要始终坚持认真精细、严谨求实的工作作风。老子曰：“天下难事必作于易，天下大事必作于细。”社会就像一张极密的过滤网，认真精细者将脱颖而出，粗心大意者将被淘汰出局。严谨求实的西政精神要求我们，在任何岗位上，都要有认真负责的耐劳态度、一丝不苟的耐烦性格。要从最简单、最平凡、最普通的事情做起，把每一件事都做精做细，在处理各种小事中练就干大事的本领;于精细之处见真精神,于精细之处见高水平,于精细之处见大境界。

同学们在毕业以后,要永远秉持德法兼修、严谨求实的品格德性。习总书记告诫广大青年:"一个人的品格,是人的无价之宝,是金钱买不来,权力换不来,邪恶压不住,岁月磨不掉。……面对纷繁复杂的社会现实,大家更要增强定力,管住自己,努力培养高级和淳朴的情感。以良好的品格赢得人生和事业的成功。"严谨求实的西政精神,不只是做事的重要法宝,更是做人的基本准则,意味着厚爱、厚道、厚德、厚善,要求我们以严谨求实的生活态度,助推严谨求实的生活实践。

"举大事,必慎其终始。"严谨求实的西政人,当刻苦勤奋,厚积薄发,反对急功近利;严谨求实的西政人,当恪尽职守,稳中求进,反对华而不实;严谨求实的西政人,当严以立身,实以为本,反对好高骛远。

世纪之交,中国法律界产生了一个特别的溢美之词——"西政现象"。应当讲,随着西政精神的不断深入人心,这一现象的内涵正在不断得以丰富和完善;一代代西政校友,不断弘扬西政精神、传承西政文化,为经济社会发展尤其是法治中国建设贡献出西政智慧。

母校十分感念校友们已经为西政赢得的良好的业界口碑,更期待着新时期毕业的新校友们为母校带来新的、更崇高的社会美誉,为"西政现象"增光添彩,使西政辉煌生生不息!

(本部分选编自《付子堂校长在西南政法大学2017年毕业典礼暨授位仪式上的致辞》)

第四章　学校大事记

1978 年

1 月 30 日，中共四川省委函（1978）11 号文正式批准划定我院同四川外语学院的校界。

2 月 18 日，国务院批准我院为全国重点高等院校。

4 月 25 日，中共四川省委决定撤销我院在“文化大革命”中成立的学院核心领导小组，成立“中共西南政法学院委员会”，由苏明德任书记兼院长，胡光任副院长。

8 月，学校制定 1978～1985 年的发展规划。

9 月，四川省高教局同意我院开办共运史、哲学两个专业的师资班。

10 月 12 日，学校举行复办后首次开学典礼。

10 月 16 日，学院举行复办后第一期轮训在职公、检、法、民政干部学员大会。

1979 年

1 月 8 日，党委作出《贯彻党的十一届三中全会精神，把学校工作重点转移到教学和科研上来》的决定。

8 月 1 日，学院设置四年制本科刑事侦查专业。

9 月，首次招收法学理论、刑法、民法、诉讼法和法律思想史 5 个学科的硕士研究生。

11 月 30 日，最高人民法院党组通知，中央同意调整院领导班子，由张文澄任党委书记，苏明德任副书记，胡光任院长，王嘉惠、程地迴、李冠吾、边保生、宋子祥任副院长。

1980 年

6 月，学院改属司法部领导，实行党委领导下的院长分工负责制。

9 月 13 日，院学术委员会成立，胡光任主任委员，张警任副主任委员，王嘉惠等 17 人为委员。

9 月 22 日，我院与四川外语学院办完办公用房交接手续。

11 月 1 日，司法部同意我院举办法律专业函授班，学制 3 年。

1981 年

3 月，全院党内开始开展“创先争优”活动。

7 月，学院新图书馆竣工。

8 月，学院恢复函授招生。

11 月 3 日，国务院学位委员会批准我院刑法、民法、诉讼法、法理、法律制度史为硕士学位授权点。

1982 年

1 月 15 日，国务院学位委员会和文教部将我院列入首批高等院校学士学位名单。

1 月 16 日，中组部通知：中央同意吴耀森任学院党委副书记。

2 月 6 日，司法部委托我院主办的全国高校法学教师进修班开学。

3 月 6 日，司法部党组转中组部通知，免去张文澄党委书记职务，由胡光任代理党委书记。

3 月，学院受司法部委托，承担全国高等院校法律师资培训任务。

4 月 30 日，司法部党组转中组部通知，同意免去苏明德党委副书记职务，改任学院顾问。

5 月 10 日，司法部根据国务院学位委员会和教育部（1980）019 号文批示，同意我院学位委员会成员和代主席名单。

9 月，学院停办干训部，筹备干部专修科。

1983 年

4 月 2 日，学院举行首届硕士学位证书和研究生毕业证书颁发大会。

9 月 20 日，学院举行建校 30 周年庆祝大会。

10 月 6～8 日，司法部、教育部在我院召开西南、西北片区法学教育座谈会。

11 月 22 日，司法部党组通知，经中央批准决定调整院级领导班子，吴耀森任党委书记，杨炳勋任院长，宋子祥、种明钊、高绍先任副院长，胡光、程地迴为顾问。

12 月 10 日，学院成立四川省高等学校自学考试法律专业考试指导小组。

1984 年

1 月 10～14 日，全国政法院校首届体育学术交流会在我院召开。

1 月 16 日，司法部批准我院同美国华盛顿大学法学院建立校际关系。

5 月，学院向世界银行贷款 150 万美元。学院决定成立外资贷款办公室，合理有效地使用贷款。

9 月，学院改干训部为干部专修科。

9 月，学院开始举办法学理论、刑法和民法研究生班，并选送了一批青年教师报考外校研究生班。

1985 年

1 月 25 日，学院举行首次优秀科研成果授奖大会，全院有 162 项科研成果获奖。

4 月 27 日，经教育部批准，学院增设经济法学、劳改管理和司法行政管理三个专业。

4 月 30 日，司法部(1985)204 号文批复，同意成立法律系、经济法学系、司法行政管理系、刑事侦查学系、劳改管理系和基础部。司管、劳管两个专业为 2 年制。

7 月，学院正式实行校系(部)两级管理体制。

8 月 14 日，司法部党组决定对院级领导班子进行调整，新班子成员是：吴耀森任党委书记，田平安任党委副书记，高绍先任院长，种明钊、刘泽贵任副院长。

9 月 3 日，研究生大楼、新教学大楼开始使用。

9 月 10 日，全院师生职工隆重集会欢庆第一个教师节。时任党委书记吴耀森在会上作了《依靠教师办好学校，努力为国家培养合格人才》的讲话。学院表彰了 44 名优秀教师。

10 月，国家教委批准我院承担四川高等教育自学考试法律专业主考任务。

1986 年

3 月，学院接收首批外国留学生。

3 月 22 日，司法部党组批准我院试行院长负责制。

4 月 18～19 日，学院召开第四次党代会，选举了党委委员 11 人，吴耀森为书记，田平安为副书记。选举了纪委委员 9 人，田平安兼任书记，李明清为副书记。

4 月 28～30 日，学院召开首届教职工代表大会，宣布正式实行院长负责制。选举田平安为教代会执委会主任，刘泽贵、刘永誉为副主任。

6 月 26 日,党委召开首次思想政治工作研讨会。

7 月 28 日,国务院学位委员会批准我院新增 3 个硕士学位授权点:辩证唯物主义与历史唯物主义、法律思想史、政治学。

9 月 1 日,本科各专业 86 级开始全面实行学分制。

9 月 19 日,四川省高教局同意我院法学学科评议组为省高校教师职务评议组,可评议教授、副教授任职资格。

9 月,学院建立司法鉴定、图书资料信息、电化教学三个中心。

11 月 9 日,最高人民检察院检察长杨易辰来学院视察工作。

11 月 11 ~15 日,我院同中国法学会法理学研究会和重庆市法学会联合举办了 100 多名专家学者参加的全国法学理论讨论会。

12 月 9 日,学院举行首届大学生辩论赛,对经济体制改革必须首先更新观念等五个问题进行了辩论。

1987 年

3 月,国家教委批准学院为招收在职人员硕士生单独考试试点单位。

5 月 23 日,学院召开首次优秀教材颁奖大会。

8 月 25 日,司法部批准我院司法鉴定中心享有司法技术鉴定权。

9 月 15 日,学院开始在新生中实行奖学金和贷学金制度。

1988 年

2 月 26 日,司法部以(88)司发教函 053 号通知,同意劳改法专业改为四年制本科。

3 月 31 日,学院召开首次专业技术高级职务聘任大会,为 18 名正高、114 名副高职务的教师和专业技术干部颁发了聘书。

12 月 7 日,国家教委同意我院设置第二学士学位班。

1989 年

11 月 20 日，我院诉讼法教研室编创的《判例、观摩、模拟法庭教学法》荣获国家教学成果一等奖。

12 月 15 日，司法部批准我院终止院长负责制，恢复党委领导下的院长负责制。

1990 年

3 月，学院制定《教研室工作条例》，撤并了一些教研室，拟订了《关于加强教师队伍建设的意见》和《关于青年教师参加社会实践的办法》。

9 月 1 日，学院恢复研究生院级管理体制，制定了《评选优秀研究生办法》《研究生管理暂行规定》《研究生毕业申请学位办法的补充规定》。

10 月，国务院学位委员会批准设立经济法学硕士学位授权点。

12 月，司法部党组同意学院党委设立临时常委会，由吴耀森、高绍先、种明钊、刘泽贵、田平安 5 人组成。

1991 年

1 月 8 日，学院确定经济法、诉讼法、法学理论为第一批院级重点学科。

5 月 14 日，学院举行新校门落成典礼。

5 月 14 日，司法部党组决定对院级领导班子进行调整充实，胡泽君任党委副书记，种明钊任院长，倪仁富任副院长、党委常委，高绍先任正局级巡视员；免去高绍先院长、党委常委职务，免去刘泽贵副院长、党委常委职务，免去田平安党委副书记职务。

6 月 10 日，党委讨论通过学院“八五规划”。

1992 年

4 月 14 日，全国高等教育自学考试指导委员会确定我院为四川省公安管理专业主考校，并承担西藏地区法律专业、公安专业自考阅卷任务。

5 月 7～9 日，学院召开第五次党代会，选举党委委员 17 人，纪委委员 9 人。学院党委、纪委分别召开第一次全委会，选举吴耀森、种明钊、胡泽君、田平安、倪仁富、朱锐、袁稚西 7 人为党委常委，吴耀森为党委书记，种明钊、胡泽君为党委副书记，朱锐为纪委书记。

8 月 11～14 日，我院成人教育部在全国首次成人高教工作会上，受到国家教委的表彰，荣获《全国高等教育先进单位》奖牌。

9 月 26 日，我院经济法学、诉讼法学被确定为四川省普通高等学校重点学科。

10 月 13～14 日，司法部部属政法院校组成的教学评估组西南分组来院对民事诉讼法和哲学课进行全面评估，这两门课程均被评为 A 级。民事诉讼法还被评为 A 级中的优质课程。

10 月 28 日，学院召开第二届教职工代表大会，选举委员 25 人。

11 月 6 日，学院第二届教代会第一次全委会选举胡泽君为主任，何金如、鲁正新为副主任。

1993 年

2 月 18 日，司法部批复同意我院增设行政管理、文秘、商贸、金融、外语专业。

3 月 9 日，司法部职改领导小组批准我院享有法学学科副教授任职资格审定权。

3 月 15 日，国家教委将我院成人教育夜大学本、专科列入国家教委普通高校夜大学本、专科教育备案名单。

3 月 18 日，国务院总理李鹏为我院 40 周年校庆作了“西南政法学院成立四十周年”的题词。

4 月 3 日，司法部批示，同意我院恢复《外国法研究》季刊，同意我院创办《法人权益报》。

9 月 20 ~ 22 日，我院隆重举行建校 40 周年庆祝活动，时任司法部部长肖扬，时任四川省人大常委会主任杨析综，时任四川省政法委副书记、四川省公安厅厅长牛平，中共重庆市委副书记记滕久明等部、省、市领导出席了庆典仪式。

11 月 11 日，司法部同意西南政法学院于 1994 年在港、澳、台招收研究生。

11 月 20 日，司法部批复同意西南政法学院建立国际贸易本科专业，学制四年，毕业生授予经济学学士学位。

12 月 15 日，国务院学位委员会同意增补西南政法学院诉讼法学科为博士学位授予点、行政法学科为硕士学位授予点。

12 月 15 日，司法部批准西南政法学院进行优秀普通专科直接转入本科的试点工作。

1994 年

1 月 14 日，学院新增民法、法律思想史为院级重点学科。

3 月 24 日，司法部批复同意我院与泰国宋卡国王大学建立校际合作关系。

6 月 1 日，时任司法部副部长王巨禄在时任四川省司法厅厅长曾宪章、时任重庆市司法局副局长唐玉珍的陪同下，前来西南政法学院了解情况，视察工作，并对学校的综合体制改革工作作出了重要指示。

9 月 24 日，司法部批复同意学院与澳大利亚悉尼大学亚太法律研究中心建立校际交流关系。

1995 年

4 月 12 日，经国家教委批准，西南政法学院更名为“西南政法大学”。

5 月 26 日，隆重举行更名为“西南政法大学”的挂牌庆典。

8 月，学校经济法概论和民法学课程被省教委评为“四川省重点课程”。

9 月，司法部批准学校成立“中国国际高级法律人才培训中心”。

11 月，西南政法大学主办的《现代法学》被美国伊德图书出版公司编辑出版的《1995～1996 年尤里克斯国际期刊辞典》列为“国际著名期刊”，并在四川省、重庆市优秀期刊评比中均获一等奖。

1996 年

5 月 20 日，中国国际高级法律人才培训中心在我校正式成立，司法部副部长刘飏和国家外专局副局长徐振元为中心授牌。

5 月 20 日，司法部与重庆市政府共建西南政法大学签字仪式在我校三会议室隆重举行，司法部副部长刘飏与重庆市副市长肖祖修分别代表司法部与重庆市政府签订了共建协议书。

6 月 14 日，司法部、四川省人民政府共同建设西南政法大学协议签字仪式在司法部隆重举行，刘飏副部长、徐世群副省长分别代表司法部和四川省人民政府在共建协议上签字。

10 月 10 日，根据国务院学位委员会学位〔1996〕33 号文有关通知，西南政法大学经济法专业被批准为第六批博士学位授权学科，种明钊教授、李昌麒教授为新增经济法学博士学位点的指导教师。

10 月 14 日，四川省教委校园文明建设检查小组一行 14 人来我校对校园文明建设进行检查验收，一致认定我校成绩优秀。

11 月 12～17 日，司法部普通政法高等院校教学工作水平评价专家组对西南政法大学进行为期五天的教学工作水平考察和评价。

11月25日，种明钊、徐静村被任命为国家教委高等法学教学指导委员会委员。

1997年

1月13日，司法部法学教育司就1996年10月对部属5所普通高等政法院校举办的函授、夜大学教育进行验收评估的结果在《法制日报》上予以公告，西南政法大学是唯一一所在两项评估中都获优良的学校。

3月21日，时任司法部部长肖扬在时任司法部党组成员、政治部副主任胡泽君，时任重庆市常委副市长肖祖修，时任四川省司法厅厅长曾宪章，时任重庆市司法局副局长唐玉珍等领导同志陪同下，前来西南政法大学视察工作。

6月1日，在中国共产党重庆市第一次代表大会上，时任院党委书记田平安当选为中共重庆市纪律检查委员会委员。

11月，司法部批准西南政法大学增设物证技术、工商行政管理、市场营销3个专业。

1998年

5月19日，美国前国务卿万斯先生及其夫人参观访问西南政法大学，并与我校领导、法学专家、学者就我国有关法律问题进行了友好交谈。

6月8日，重庆市人大常委会委托西南政法大学起草《重庆市司法鉴定条例》的合同签字仪式在我校举行。该条例是重庆直辖后委托起草的第一个地方性法规。

8月，国务院学位委员会批准西南政法大学民商法专业为博士学位授权点学科。

1999 年

1 月 26 日，时任最高人民法院院长肖扬在时任重庆市市长蒲海清陪同下莅临西南政法大学视察工作。

4 月 9 日，司法部根据国务院学位委员会的通知，将博士生导师审批权下放给西南政法大学。

2000 年

2 月，根据党中央和国务院制定的《关于高等教育管理体制改革和布局结构调整的决定》，西南政法大学由司法部划转重庆市人民政府管理，实行中央与地方共建，以地方为主的管理模式。

6 月 20 日，国家有关部门重新筛选中国中文核心期刊，西南政法大学主办的《现代法学》杂志再次被确定为中国中文核心期刊。

11 月 7 日，市委副书记、市委“三讲”教育领导小组副组长刘志忠，市委党委宣传部部长邢元敏来校检查工作，了解我校“三讲”教育工作情况。

2001 年

3 月 21 日，西南政法大学渝北校区用地协议签字仪式在渝北区重庆市现代农业园区管委会会议室隆重举行。

11 月 24 日，市长包叙定主持召开了市政府第 57 次市长办公会议，决定支持西南政法大学在渝北区征地扩建新校区。我校渝北校区建设工作全面展开。

2001 年，西南政法大学刑法学专业获得博士学位授予权。

2002 年

1 月 22 日，西南政法大学举行渝北校区工程建设开工典礼。

3 月 21 日，全国首届大法官、大检察官授衔仪式在京举行，根据《法官法》《检察官法》的有关规定，西南政法大学刘家琛、胡克惠等

11位校友被授予二级大法官、大检察官称号。

4月16日,时任中共重庆市委常委、组织部部长马儒沛,时任市委教育工委书记、时任市教委主任欧可平一行来校宣布市委、市政府对学校领导班子成员的任免决定,任命张国林为中共西南政法大学党委书记、李光辉为中共西南政法大学党委副书记,龙宗智为西南政法大学校长、付子堂为西南政法大学副校长;免去李化德的西南政法大学党委书记职务(另有任用),田平安的西南政法大学校长职务(保留正校级待遇),徐静村的西南政法大学副校长职务。

5月28日,西南政法大学在校学术报告厅隆重举行全国重点学科经济法学科点挂牌仪式,程贻举副市长向我校授牌。

6月5日,61级校友、时任最高人民法院刘家琛副院长和81级校友、时任重庆市高级人民法院张轩院长莅临西南政法大学。

6月6~7日,由中国政治学会主办的21世纪政治发展战略暨各省市政治学秘书长联席会议在西南政法大学召开。这是全国最高规格的政治学年会首次在西部地区召开。

6月21日,时任国务院学位办主任周其凤院士莅临我校,听取了我校关于学位与研究生教育工作的汇报。

9月23日,时任中共重庆市委贺国强书记、邢元敏副书记带领相关职能部门的负责同志莅临西南政法大学考察调研,并就我校的人才培养、体制调整和渝北校区建设等关键问题作了重要指示。

10月11日,西南政法大学渝北校区启用庆典仪式在我校渝北校区举行,市委、市政府及市教委的有关领导莅临庆典现场,并为学校形象墙揭牌。

2003年

4月8日,渝北校区二期工程建设项目正式动工。

4 月 16 日，学校召开预防与控制非典型肺炎工作会议，专题研究了“非典”防控问题，成立了预防与控制“非典”防治领导小组及其办公室，全面启动学校“非典”防治工作。

5 月，我校孙长永教授荣获 2003 年全国优秀博士学位论文奖。

7 月，我校申报法学一级学科博士学位授权点获得成功，新增了 4 个非法学学科硕士点，并成为法学学科博士后流动站设置单位。

8 月 25 日，学校渝北校区二期工程投建项目基本竣工。

9 月 1 日，学校举行名为“辉煌历程”的 50 周年校庆新闻发布会。新华社、《人民日报》、《光明日报》、中央人民广播电台、中国新闻网、《重庆日报》、《重庆晚报》、《重庆晨报》等 20 多家新闻媒体参加了发布会。

9 月 12 日，庆祝西南政法大学建校 50 周年《西南政法大学学子学术文库》出版座谈会在北京人民大会堂举行，时任全国人大副委员长顾秀莲、全国政协前副主席孙孚凌等中央有关部门的领导出席了会议。

9 月 20 日，我校建校 50 周年庆典大会暨法学教育中的素质教育研讨会开幕式在校体育馆隆重举行。

9 月 20 日，学校在体育馆隆重举行庆祝西南政法大学建校 50 周年文艺晚会——“走向灿烂的明天”。

9 月 20 日，由我校承办的教育部高等学校法学学科教学指导委员会和中国法学会法学教育研究会学术年会暨“法学教育中的素质教育”研讨会召开。

9 月 20 ~ 21 日，我校成功承办 2003 年重庆“21 世纪法律与经济发展展望”国际学术研讨会。

9 月，学校增设法学理论、法律史、国际法 3 个法学二级学科博士点。

11月，我校圆满完成承办2003年全国统一司法考试阅卷工作。

11月29日，学校召开以“总结教学成果，改进教学管理，提高教学质量，正式启动学校教学自评创建工作”为主题的2003年教学工作会议，为迎接教育部普通高等学校教学水平评估做准备。

2004年

1月，时任国务院学位办主任周其凤院士来学校考察高层次人才培养工作。

2月26日，学校隆重举行法学博士后科研流动站挂牌仪式。

4月22日，中国西部首家新闻资料库在学校建立。

5月12日，学校隆重举行成都军区与西南政法大学联合培养军队干部签约暨驻西南政法大学选培办挂牌仪式。

6月1日，学校成立西南地区第一个欧盟法律研究所。

6月10日，学校召开“保持共产党员先进性教育活动”动员大会。

7月13～15日，由学校承办的重庆市依法治校理论研讨会顺利召开。

8月，学校获得马克思主义理论和思想政治教育2个学科的副教授评审权。

9月29日，根据最高人民检察院的办学建议，学校决定在2004级刑事侦查学专业本科生中划出60名学生，先行设立职务犯罪侦查专门化试点班，按照职务犯罪侦查方向培养。

12月1日，学校就业指导中心在广州挂牌成立，开创了全国高校在异地设立就业指导中心的先河。

12月10～11日，学校召开以“认清形势，明确思路，积聚力量，振兴学术”为主题的2004年科研工作会。

12月30～31日，学校召开“2004年教学工作会暨贯彻教育部第二次全国普通高等学校教学工作会议精神动员大会”，会议主题为“深化教学改革，强化教学管理，进一步实施教学质量工程”。

2005 年

5 月，在 2005 年度国家社科基金项目评审中，学校共获得 5 项国家社科基金项目，其中一项被列为重点项目。

7 月 7 日，学校召开保持党员先进性教育活动动员部署大会，正式启动学校保持党员先进性教育活动。

8 月 17 日，《当代中国法学名家》首发式在人民大会堂举行，我校 32 名教授和校友入选。

9 月 5 日，我校龙宗智教授、付子堂教授、王洪教授应邀出席在京举行的第 22 届世界法律大会。

9 月 21 ~ 22 日，学校与重庆市司法局共同承办的“构建和谐社会法治保障——中国法学家论坛”在渝举行。会议开幕式由中国法学会党组书记、常务副会长刘飏主持。

10 月 15 日，学校李昌麒教授主持的课题《改革发展成果分享法律机制研究》被列为国家级社会科学基金重大项目 A 级项目，实现了重庆市在此方面零的突破。

12 月 29 日，学校召开以“全面加强迎评工作，努力提高教育教学质量”为主题的 2005 年教学工作会。

12 月 29 ~ 30 日，学校召开西南政法大学发展规划工作会，对学校“十一五”发展规划征求意见稿进行讨论。

2006 年

1 月 8 日，中国校友会网发布我国首个反映 1952 年(含)以来中国高校杰出人才培养状况调查报告，并依此推出“中国高校杰出校友榜”。我校以法学人才培养方面的杰出成绩名列“青年法学家校友榜”第一名，成为进入排名榜前10名中唯一的重庆高校。

2月，学校获准在马克思主义理论一级学科和中国哲学、伦理学、传播学和企业管理等四个二级学科设立硕士学位授权点。

6月24～25日，由中国法学会主办、学校承办的“物权法研讨会”在渝召开，来自全国的近百名法学专家参加会议。

6月27日，学校第一届入住渝北校区的本科生正式毕业，重庆市委副书记邢元敏等领导专程来校送别。

6月28日，学校召开“庆祝中国共产党成立85周年暨总结保持共产党员先进性教育活动大会”，正式明确西政“三次创业”的概念。

10月10日，时任重庆市市委常委、市委组织部部长马儒沛一行来学校宣布校长任免决定，新任党委副书记、校长陈彬正式到校工作。

12月，曹明德教授、孙长永教授被中国法学会授予第五届“全国十大杰出青年法学家”称号，付子堂教授获第五届“全国十大杰出青年法学家”提名奖。

12月，学校4部教材在司法部第二届全国法学教材与科研成果评奖活动中分获一等奖、三等奖及优秀奖。

12月，学校田平安教授主讲的民事诉讼法学被批准为国家级精品课程。

2007年

3月，我校“传播学”本科专业获准设置，将自2008年开始面向全国招生。

6月22～23日，中国共产党西南政法大学第六次党代会召开，张国林同志代表学校第五届党委作了题为《统一思想、负重自强、争优升格、开创未来，为建设特色鲜明的高水平大学而努力奋斗》的工作报告，会议选举产生了中国共产党西南政法大学第六届委员会和纪律检查委员会。

6月23日，新一届校纪律检查委员会召开第一次全体会议，王建华同志当选为新一届校纪律检查委员会书记，韦晓路同志当选为副书记。

6月23日，第六届校党委召开第一次全体会议。会议选举产生了第六届校党委常务委员，张国林同志当选为第六届党委书记，陈彬同志、李春茹同志、李光辉同志当选为副书记；会议同时审议批准新一届纪委第一次全体会议选举结果的报告。

7月8日，西南政法大学“教学质量与教学改革工程研讨会”暨“西南政法大学第五届校友工作会”召开。谭操校友捐资200万元人民币，用于设立“西南政法大学教学质量与教学改革工程基金”。

8月27日，我校田平安教授荣获“第三届高等学校教学名师奖”。

8月，我校经济法学科通过考核评估，再度被列为国家重点学科，诉讼法学被增补为国家重点学科。

9月14日，第三届“中国—东盟法律合作与发展高层论坛”永久纪念——“法律文化园”在我校举行揭幕仪式。

9月20日，学校正式举行渝北校区办公大楼启动仪式。

10月，在中国共产党第十七次全国代表大会召开期间，我校6位校友分别当选为第十七届中央委员会委员、中央纪律检查委员会委员。

10月，在教育部思政司组织的2007年高校校园文化建设优秀成果评选活动中，我校《让独立的精神在论辩中生长——西南政法大学论辩文化建设成果》获得二等奖。

11月3日，我校《现代法学》成功入编国际著名文摘检索系统——美国《剑桥科学文摘：社会科学数据库》（CSA）。

12月2～7日，教育部组织的“赴西南政法大学本科教学工作水平评估专家组”对我校进行本科教学工作水平考察和评估。期间，中共重庆市委副书记张轩，中共重庆市委常委、市委政法委书记刘光磊等到校慰问专家组。

12月7日，“西南政法大学本科教学工作水平评估意见反馈会”在我校渝北校区举行，专家组初步肯定了我校本科教学工作水平。教育部高等教育教学评估中心主任刘凤泰、重庆市常务副市长黄奇帆出席会议并作重要讲话。

2008年

1月17日，在教育部思政司主办的“全国高校校园文化建设优秀成果表彰暨专题工作研讨会”上，我校申报的项目“让独立的精神在论辩中成长——西南政法大学论辩文化建设成果”荣获“2007年高校校园文化建设优秀成果二等奖”，受到教育部表彰。

1月，我校常怡教授主编的《民事诉讼法学》（中国政法大学出版社）、付子堂教授主编的《法理学进阶》（法律出版社）和梅传强教授主编的《犯罪心理学》（中国法制出版社）共3部教材入选普通高等教育“十一五”国家级规划教材。

1月，付子堂教授负责的法理学课程被批准为2007年度国家精品课程。

3月4日，“侦查学专业人才培养模式创新实验区”被教育部、财政部批准为首批国家级人才培养模式创新试验区。

4月，教育部公布全国198所普通高等学校本科教学工作水平评估结论，我校被评为优秀高校。

4月，重庆市重点学科中期检查评估结果揭晓，我校法学一级学科、政治学理论二级学科和新闻学二级学科被评为“优秀”，国民经济学、外国语言学及应用语言学两个二级学科被评为“合格”。

7月24日，时任教育部部长周济和时任重庆市市长王鸿举在渝签署了部、市战略合作协议，决定共同建设“国家统筹城乡教育综合配套改革试验区”。我校与重庆医科大学成为教育部、重庆市重点建设的大学。

10月3~4日，由中国法学会主办、西南政法大学承办的“改革开放与中国法制建设30年论坛暨西南政法大学恢复招生30周年纪念活动”在学校渝北校区隆重举行。

10月，以李昌麒教授为带头人的“经济法教学团队”被评为2008年国家级教学团队，这是目前我国唯一的国家级经济法学教学团队。

11月14日，重庆市司法局、西南政法大学、重庆市律师协会合作开办重庆律师学院协议签字仪式在市司法局举行。

11月20日，学校决定成立西南政法大学国际法学院。

12月1日，首届“中国法学优秀成果奖”颁奖暨“百名法学家百场报告会”表彰大会在北京人民大会堂举行。我校李昌麒教授所著的《经济法——国家干预经济的基本法律形式》获得专著类二等奖，徐静村教授撰写的《论我国刑事诉讼法的再修正》获论文类二等奖，李开国教授撰写的《民法通则的历史功绩与历史局限》获论文类三等奖。同时，李昌麒教授还获得了“百名法学家百场报告会”优秀宣讲奖。

12月13日，我校首届126名全国政法院校招录培养体制改革试点班新生入学。

2009年

1月，学校实施研究生教育校院两级管理体制改革。

3月13日，我校在渝北校区召开学习实践科学发展观活动动员大会，拉开为期6个月的学习实践活动序幕。

3月，教育部、财政部批准我校“复合型知识产权应用人才培养模式创新实验区”为2008年度人才培养模式创新实验区建设项目。

6月23日，由西南政法大学和重庆市司法局、重庆市律师协会举办的重庆市首家律师学院在渝北校区挂牌成立。

7月9日，经济贸易法学院更名为经济法学院，经济贸易法学院党总支更名为经济法学院党总支。

8月13日，重庆市委、市政府任免学校领导新班子及成员：任命付子堂同志为中共西南政法大学委员会副书记、西南政法大学校长，温良同志为中共西南政法大学委员会副书记，孙长永同志为西南政法大学副校长；免去陈彬、李春茹、李光辉同志中共西南政法大学委员会副书记、常委职务；免去陈彬和李春茹的西南政法大学校长和副校长职务；任命李光辉同志为西南政法大学副巡视员。

8月31日，学校召开深入学习实践科学发展观活动总结大会。

9月，学校在2009级12个学院，4095名全日制本科生中全面启动学分制改革试点工作。

9月，学校在民商法学院、经济法学院、法学院、行政法学院、国际法学院、刑事侦查学院、管理学院、经济学院、政治与公共事务学院、新闻传播学院、外语学院、应用法学院等12个学院中实施校院两级管理体制改革工作。

9月10日，在庆祝重庆市第25个教师节表彰大会上，我校民商法学院辅导员李晓梅老师获得“全国模范教师”“全国高校优秀辅导员”“全国教育系统巾帼建功标兵”荣誉称号，孙鹏教授获得“重庆市名师”荣誉称号。

9月，我校教学成果《构筑法学教育与法律职业链接平台　培养法学理论与法制实践通融人才》荣获教育部第六届高等教育国家级教学成果奖二等奖。获奖项目组成员：陈彬、付子堂、王学辉、杨建学、胡晓春、唐力。

10 月 6 日,学校在渝北校区笃行楼举行了侦查专业成立 30 周年庆典暨政法院校招录体制改革研讨会。

10 月,我校行政管理专业被批准为第四批国家级高等学校特色专业建设点。

10 月,我校《外国民商法》被批准为 2009 年国家级双语示范课程。

10 月,民事诉讼法学教学团队被评为 2009 年国家级教学团队,并获得中央财政 30 万元专项资金资助。

11 月,我校商法学(课程负责人:赵万一教授)被批准为 2009 年度国家精品课程。

11 月,行政法学院法学 06 级 3 班获得共青团中央、教育部 2009 年“全国先进班集体”称号。

2010 年

1 月 12 日,“全球新闻教育与全球议程——2010 全球化背景下新闻教育改革国际研讨会”在我校渝北校区笃行楼举行。“西南政法大学世界与中国议程研究院”和“西南政法大学全球新闻与传播学院”正式挂牌成立。

1 月 20 日,学校师生举行追思会,沉痛悼念在海地大地震中遇难的我校 96 级法律硕士毕业生、公安部警务保障局副处长、驻海地民事警察队队长赵化宇校友。

1 月 22 日,我校召开以“转变教育教学观念,推进学分制改革,提高人才培养质量”为主题的 2010 年教学工作会。

1 月 22 日,我校哲学本科专业获准设置,将自 2010 年开始面向全国招生。

1 月 26 日,我校美国蒙大拿大学孔子学院揭牌仪式在美国蒙大拿大学举行,这是美国西北部唯一的一所孔子学院。

1月27日,李昌麒教授获得“新中国成立60年重庆教育功勋人物”称号。

2月8日,校长付子堂被最高人民法院聘为特邀咨询员。

4月,我校国际经济法与现场勘查两门课程被列为重庆市2010年度高等学校市级精品课程,知识产权法学教学团队与国际私法教学团队同时被列为重庆市2010年度高等学校市级教学团队。

4月28日,由我校承担的中国法学会重大专项课题《农民权益保护与农村产业发展法律问题研究》启动仪式暨学术研讨会召开。

5月22日,共青团西南政法大学第十二次代表大会举行。

5月,西南政法大学研究生学报《法论》公开出版。

6月,我校收到中国法学会的正式批复,同意在我校设立“中国—东盟法律研究中心”。

8月27日,重庆市人民政府公布第一批“重庆市重点古籍保护单位”名单,我校图书馆珍藏的5部古籍亦同时入选“第一批重庆市珍贵古籍名录”。

8月,我校民法学(课程负责人:谭启平教授)被批准为2010年度国家精品课程。

9月8日,以李昌麒教授为首席专家的国家社科基金重大项目(A级)“改革发展成果分享法律机制研究”结项座谈会召开。

9月10日,我校申报的新闻传播硕士、公共管理硕士和翻译硕士3个硕士专业学位授权点获得国务院学位委员会批准。

9月14日,全市教育系统创先争优活动“一讲二评三公示”现场会在我校举行。

9月17日,“西政文库”揭幕仪式在图书馆举行,标志着“西政文库”特藏文献室建成并正式开放。

9月19日,西南政法大学隆重庆祝建校60周年。

10 月 22 日，我校司法鉴定中心入选国家级鉴定机构名单，为我国中西部地区唯一的国家级司法鉴定机构。

10 月，我校民商法学院博士生导师谭启平教授领衔申报的项目“政府财政科技投入重大项目监管重大问题研究”获准确立为国家软科学研究计划重大项目。

11 月，2010 年“国家哲学社会科学成果文库”评审结果公布，我校陈苇教授申报的科研成果“外国继承法比较与中国民法典继承编制定研究”入选。

12 月 21 日，海牙国际法庭时任院长小和田恒先生在我校渝北校区模拟法庭学术报告厅作了题为“国际法院在维护世界和平与安全中的作用”的讲座。

12 月 25 日，由我校李开国教授主持的司法部重点项目“我国土地制度改革与物权法研究——以土地使用权为中心”的结项报告会召开。

12 月，我校新闻网等荣获“第四届全国高校百佳网站”称号。

2011 年

1 月 14 日，时任教育部社会科学司副司长张东刚一行来校，考察统筹城乡发展制度创新研究院的建设情况。

1 月 19 日，学校召开全校干部大会，时任重庆市委组织部干部三处处长向曦宣读了市委市政府关于曹春华等同志职务任免的通知，任命曹春华同志为西南政法大学党委常委、副校长。

1 月 25 日，我校校长付子堂教授获得第六届“全国十大杰出青年法学家”称号。

3 月 24 日，我校与图卢兹大学签署了两校框架合作协议与执行协议。

3 月，刘俊教授劳动与社会保障法学获准为 2011 年度教育部哲学社会科学研究重大课题攻关项目(马克思主义理论研究和建设工程重点教材编写专项),实现了教育部哲学社会科学研究重大课题攻关项目零的突破。

4月,据《教育部关于公布2010年度高等学校专业设置备案或审批结果的通知》,我校2010年申报的政治学与行政学、审计学2个本科专业获得批准,并可自2011年开始招生。

4月,我校哲学、应用经济学、政治学、新闻传播学、公共管理等5个学科被增列为硕士学位授权一级学科点。

5月7日,重庆市加强和改进大学生思想政治教育工作采访座谈会在我校召开。

5月,由李昌麒教授担任首席专家的国家社科基金重大项目(A级)《中国改革发展成果分享法律机制研究》最终成果由人民出版社以"中国法学高阶文丛"的规格正式出版发行。

6月21日,我校与中国青年政治学院战略合作协议签约仪式在中国青年政治学院举行。

6月29日,建党90周年庆祝表彰大会在渝北校区召开。

6月29日,金平法学教育思想座谈会暨金平教授90诞辰庆典大会召开。

6月,中共中央宣传部、司法部联合表彰了2006~2010年全国法制宣传教育先进集体和先进个人。我校党委书记张国林被授予法制宣传教育模范光荣称号。

7月13日,中纪委驻教育部纪检组副组长、监察局局长徐开濯一行来我校检查"阳光招生"工作。

7月27日,我校与联合国训练研究所地方政府国际培训中心、联合国工业发展组织华南投资促进中心签订合作意向协议书。

8月22日,第七届中国青少年科技创新奖颁奖大会在人民大会堂举行。我校政治与公共事务学院 2007 级本科生彭卫民同学作为全国政治与公共管理类唯一一名获奖者参加颁奖大会,这也是我校学生首次获得中国青少年科技创新奖这一殊荣。

8 月 30 日,西南政法大学干部大会召开。时任重庆市委组织部副部长胡奕代表市委宣读了关于我校领导班子换届调整的决定:张国林任校党委书记,付子堂任校长、党委副书记,温良任党委副书记,王建华任党委副书记、纪委书记,刘俊、孙长永、曹春华、袁永新、刘想树、岳彩申任党委常委、副校长。

8 月,我校实现国家自然科学基金项目零的突破,获准项目为《基于藻蛋白功能化的纳米磁珠在潜指纹显现中的应用研究》,主持人为刑事侦查学院张凌燕副教授。

9 月 22 日,我校与高雄大学签署了《西南政法大学与高雄大学学术交流与合作备忘录》和《西南政法大学与高雄大学学生交流协议》两份校际合作文件。

9 月,经济法学院张怡教授的专著《衡平税法研究》成功入选《国家哲学社会科学成果文库》,同时作为 2011 年国家社科基金项目予以立项,实现了税法学领域入选《国家哲学社会科学成果文库》零的突破。

10 月 1 日,我校教师陈苇、李晓梅作为全国模范教师代表,应邀出席了在北京人民大会堂举行的“国庆劳模招待会”。

10 月,在第四届全国高校社科期刊评选活动中,我校《现代法学》荣获“全国高校百强社科期刊”称号,期刊编辑部林士平副编审被评为“第四届全国高校社科期刊优秀编辑”。

11 月 14 日,时任全国政协原副主席、中国人权研究会会长罗豪才一行来校调研座谈。

11 月 17 日,“中国国际私法学会 2011 年年会暨《涉外民事关系法律适用法》实施学术研讨会”召开，刘想树教授当选为中国国际私法学会副会长。

11月29日，“联合国训练研究所地方政府国际培训重庆中心”揭牌仪式举行，标志着西部地区第一家联合国专业培训机构正式成立。

11月，我校会计学专业成为重庆市2011年度高等学校市级特色专业建设点。

11月，我校哲学、应用经济学、法学、政治学、新闻传播学、公共管理以及工商管理等7个一级学科被批准为重庆市高等学校“十二五”市级重点学科，其中，工商管理为立项建设学科。

11月，我校入选内地63所免试招收中国香港学生高校。

12月6日，西南政法大学与澳大利亚悉尼麦考瑞大学签署联合培养学生协议。

12月26日，中共西南政法大学第七次代表大会召开。

12月，我校民革党员袁林教授承担的《重庆市孤残儿童救助与权利保护机制研究》课题荣获中央统战部、人力资源和社会保障部“民主党派、工商联、无党派人士为全面建设小康社会作贡献”建言献策优秀成果奖。

12月，我校“侦查策略”本科课程被评为重庆市2011年度高等学校市级精品课程。

2012年

1月9日，第32届国际企业管理挑战赛(GMC)中国赛区总决赛在北京圆满落幕。我校管理学院学生组成的“圆动力”队夺得全国总冠军。

1月18日，重庆市2012年教育工作会召开，我校被命名为“健康校园”示范学校和“人文校园”示范学校。

2 月 28 日，重庆市召开 2012 年全市高校党建和思想政治教育工作会。学校被授予“重庆市大学生社会实践工作先进集体”荣誉称号。

2 月，教育部高校学生司来函（教学司函〔2012〕6 号），原则同意我校试点开展自主选拔录取改革。

3 月 15 日，时任日本驻重庆总领事濑野清水一行来我校访问。

3 月，教育部公布了 2011 年度“新世纪优秀人才支持计划”入选人员名单，我校经济法学院盛学军教授和民商法学院李雨峰教授入选。

3 月，重庆市教委公布了 2012 年度高等学校市级精品视频公开课（选题）的名单，我校民事诉讼法、法理学、民法系列课程、经济法学四门课程入选。

4 月 13 日，重庆市社科联下发了《关于命名第一批社会科学普及基地的通知》，我校法文化博物馆成功入选，成为首批命名的 16 个单位之一。

4 月 14 日，商务部条约法律司与我校举行共建“涉外法律人才教育培养基地”协议签字暨揭牌仪式。

4 月 28 日，我校中国农村经济法制创新研究中心主任卢代富教授荣获“重庆市先进工作者”称号。

5 月 7 日，中国—东盟法律研究中心落成暨揭牌仪式举行。

7 月 12 日，“全国政法大学‘立格联盟’第三届高峰论坛”在我校举行。

7 月 16 日，湖南省高级人民法院院长康为民一行来我校签署协同创新战略合作协议。

8 月 10 日，以岳彩申教授为首席专家的 2012 年度教育部哲学社会科学研究重大课题攻关项目《民间借贷与非法集资风险防范法律问题研究》正式开题。

8月,我校付子堂教授入选全市首批“百名学术学科领军人才”培养计划。

8月,我校成功入选全国首批卓越法律人才教育培养基地,成为全国60个应用型、复合型法律职业人才教育培养基地之一、全国22个涉外法律人才教育培养基地之一、全国12个西部基层法律人才教育培养基地之一。

9月26日,中国法学会在北京人民大会堂隆重举行“纪念中国法学会恢复重建30周年大会”。会上,我校金平教授、种明钊教授被授予“全国杰出资深法学家”称号。

9月,我校唐力教授荣获“重庆市名师”称号。

10月24日,《教育部重庆市人民政府共建西南政法大学合作协议》在渝签署,教育部党组副书记、副部长杜玉波和重庆市政府副市长吴刚代表双方签字。

12月10日,党的十八大精神市委宣讲团成员、市委党校党史教研部主任胡大牛教授来校作十八大精神解读专题报告会。

12月13日,我校首批境外干部培训工作圆满结束,25名参训人员全部获得由美国佛蒙特大学(UVM)继续教育学院颁发的“高等教育发展与管理”结业证书。

12月18日,我校国际学术交流中心项目举行开工典礼。

12月26日,学校举行第四次全国人权研究机构工作经验交流会。第十届全国政协副主席、中国人权研究会会长罗豪才出席会议。

12月,国家知识产权局召开全国知识产权领军人才集中评审会,评出了4大类首批知识产权领军人才。其中,高等院校及科研机构知识产权领军人才21名,我校民商法学院(知识产权学院)李雨峰教授名列其中。

2013 年

1 月 16 日,重庆西南政法大学教育基金会揭牌仪式在我校举行。

1 月,国家知识产权局评出了 4 大类首批知识产权领军人才。我校民商法学院(知识产权学院)李雨峰教授名列其中。

2 月 22 日,主题为“学习贯彻十八大精神　切实推进部市共建”的寒假党委中心组(扩大)集中学习会举行。

2 月 27 日,台湾东吴大学校长潘维大教授来我校访问交流。

2 月,我校在国家留学基金委 2013 年“优秀本科生国际交流项目”申报评审工作中获批 5 个项目,这是我校首次获得该项目的资助。

2 月,我校常怡、李昌麒、黎国智、杨景凡、金平 5 位教授的生平事迹入选《20 世纪中国知名科学家学术成就概览》。

3 月,我校中国—东盟法律研究中心与中国稳定与危机管理研究中心两个研究机构入选第三批“重庆市人文社会科学重点研究基地”。

3 月,我校盛学军、施鹏鹏、李雨峰 3 位教授分别获聘经济法、诉讼法、民商法学科巴渝学者特聘教授。

3 月,由李昌麒教授、岳彩申教授主编的全国首部经济法学硕士研究生教材《经济法学》由法律出版社正式出版。

3 月,我校法律诊所荣获第九届中国青年志愿者优秀组织奖。

4 月 13 日,中共中央编译局与我校共建“政治学法学理论研究基地”签约揭牌仪式举行。

4 月 23 日,全国人大法律委员会原副主任委员洪虎参观了我校人权教育与研究中心。

4 月,我校刘俊教授的《土地所有权国家独占研究》和柯泽教授的《理性与传媒发展》获得第六届高等学校科学研究优秀成果奖(人文社会科学）三等奖。

5 月 4 日，首届中国互联网与民主法治建设研讨会在我校召开。来自中宣部、中国社会科学院、清华大学、中国人民大学、国家行政学院等单位的 28 位专家出席了会议。

5 月 6 日，泰国法政大学颂奇校长来我校访问，并与我校签署校级合作谅解备忘录。

5 月 7 日，重庆市第十三届大学生排球比赛在我校举行。我校男子排球队获得重庆市第十三届大学生排球比赛男子组冠军，实现了校男子排球队在重庆市所有排球比赛中 27 连冠的佳绩。

5 月 29 日，“中国重庆市大学联盟与意大利托斯卡纳大学联盟合作协议签署仪式暨中意大学校长论坛”在重庆大学召开。会上，重庆市大学联盟的 6 所成员院校与意大利托斯卡纳大学联盟的 6 所成员院校（比萨圣安娜大学、比萨高等师范学院、比萨大学、佛罗伦萨大学、锡耶纳大学、锡耶纳外国人大学）正式签署了战略合作协议。根据协议，两大大学联盟将在人才培养、科研研究、资源共享、举办国际会议等方面开展实质性战略合作。

5 月 28 日，我校 8 名学者荣获重庆市第二届优秀法学专家称号，3 人荣获法学专家提名奖。

5 月 31 日，央视《法律讲堂》栏目组与我校共建“西南法文化研究传播中心”签约揭牌仪式举行。重庆市委宣传部副部长樊伟等领导出席了揭牌仪式。

5 月，根据教育部《关于公布地方所属高校“本科教学工程”大学生校外实践教育基地建设项目的通知》，我校“西南政法大学法学教育实践基地”入选该建设项目。

5 月，时任我校党委副书记、纪委书记、工会主席王建华荣获 2013 年重庆五一劳动奖章。

5 月，在第十二届全国高等院校企业竞争模拟大赛全国总决赛中，我校管理学院“四月天”代表队荣获全国总决赛一等奖。

5 月，我校外语学院 2009 级本科生杨辉当选“中国大学生自强之星”。

6 月 2 日，我校获得全国首届大学生模拟法庭竞赛二等奖。

6 月 14 日，我校获得第 32 届重庆市大学生“校园之春”辩论赛冠军。

6 月 19 日，新西兰怀卡托大学常务副校长 Alister Jones，副校长 Ed Weymes 来我校访问。

6 月 21 日，重庆市地方性法规规章委托清理签约仪式在市人大机关举行。市人大常委会副主任周旬与付子堂校长签署了委托清理地方性法规协议，市人民政府办公厅副秘书长艾扬与付子堂校长签署了委托清理政府规章协议。

6 月 24 日，西南政法大学法与经济研究中心启动与共建签约仪式在我校举行，该中心由重庆市发改委、重庆市综合经济研究院和我校共同建立。

6 月 25 日，时任中国刑事警察学院政委、副书记马玉生等人来校访问。

6 月，教育部留学基金管理委员会公布了 2013 年“优秀本科生国际交流项目”出国留学人员录取名单，我校 14 位本科同学被录取。

6 月，国家级司法鉴定机构遴选委员会对 2010 年全国遴选出的 10 家国家级司法鉴定机构进行了首次审核，我校司法鉴定中心顺利通过首次审核。

7 月 6 日，最高人民法院研究室、中国应用法学研究所与我校共同签署了《应用法学与审判理论教学科研战略合作框架协议》。

7 月 6 日，“中国大法官讲坛”在我校渝北校区开坛，标志着该讲坛正式落户西政，最高人民法院江必新副院长作为首位讲坛嘉宾做了精彩演讲。

7月9日，我校与重庆市第一中级人民法院、重庆市人民检察院第一分院、中豪律师(集团)事务所三部门共建的西南政法大学国家级法学教育实践基地挂牌成立。

8月15日，我校付子堂、刘俊、谭宗泽、卢代富四名法学专家受聘为第四届重庆市人民政府法律顾问，岳彩申、谭启平、王学辉、盛学军、孙兵、杨明成6位法学专家受聘为第四届重庆市人民政府立法评审(行政复议咨询)专家委员会成员。

8月25日，加拿大不列颠哥伦比亚大学代表团与我校签订合作协议。

8月29日，学校召开主题为"开展党的群众路线教育实践活动 推动学校健康发展"的党的群众路线教育实践活动暨党委中心组(扩大)集中学习会。

9月5日，由中国国际法学会主办、西南政法大学承办的"第四届中国国际法学会师资研修班"开班仪式举行。

9月9日，西南政法大学党的群众路线教育实践活动动员大会举行。

9月22日，我校与巴中市人民政府签署战略合作协议。

9月29日，中国民法学研究会2013年年会暨民事立法与民法适用理论研讨会在我校开幕。

9月29日，国家首批"2011计划"协同创新中心之一的司法文明协同创新中心与西南政法大学共建"司法文明协同创新中心西南基地"签约仪式在我校召开，司法文明协同创新中心西南基地正式落户西政。

9月，2013年度教育部哲学社会科学研究重大攻关项目评审结果揭晓，民商法学院刘云生教授的“农村土地股份制改革的理论探索与制度设计”项目中标并获立项资助。

9月，中共重庆市委、重庆市人民政府联合下发了《关于公布重庆市第二期“两江学者”计划特聘教授（专家）名单的通知》，我校岳彩申教授入选了本期“两江学者”计划特聘教授。

10月10日，俄罗斯高等经济学院（下诺夫哥罗德分校）校长奥列格·库茨米诺夫莅临我校访问交流，双方签署了校际合作备忘录。

10月16日，主题为“社会变迁中的法学教育”的第四届海峡两岸法学院校长论坛在我校开幕。

10月24日，时任司法部副部长郝赤勇一行莅临我校调研司法鉴定工作。

10月29日，重庆市地方性法规清理成果验收领导小组会议召开。第十届全国人大常委会委员、法律委员会主任委员杨景宇，第十一届全国人大常委会委员、法律委员会主任委员胡康生等领导专家参加了会议。

10月，我校关工委辅导员周益华副教授荣获“优秀辅导员”称号，受到中国关工委、教育部关工委表彰。

10月，我校经济法学院王煜宇教授成功入选“国家特支计划”首批青年拔尖人才。

11月1日，国务院新闻办公室七局副局长黄军衔到我校调研人权教育与研究中心的工作。

11月4日，中国—东盟法律培训基地第七期东盟学员研修班开学典礼在我校举行。

11月6日，重庆市高校党的群众路线教育实践活动调研座谈会在我校举行。市委常委、市纪委书记、市委党的群众路线教育实践活动领导小组副组长徐松南，市委组织部副部长、市委党的群众路线教育实践活动领导小组办公室副主任唐小平，市委第十四、十五、十六督导组各组长、副组长，全市 53 所高校的党委书记等参加了座谈会。

11 月 10 日，我校与河南省委政法委举行战略合作协议签署仪式。河南省委常委、政法委书记刘满仓出席了签字仪式。

11 月 15 日，第二届全国模拟环境法庭大赛在武汉大学法学院举办，我校荣获冠军。

11 月 22 日，中共西南政法大学委员会党的群众路线教育实践活动专题民主生活会召开。重庆市委第十四督导组组长蒋天伦、联络员杨金华、成员向孝彦，校领导班子全体成员参加了专题民主生活会。

11 月 24 日，西南政法大学商会法律研究院、深圳前海法律研究院成立。

11 月 26 日，台湾新党主席郁慕明先生“中国梦　赤子心”两岸文化交流巡回演讲第一站在我校启幕，郁慕明主席作了主题为“圆梦：共谋发展，共创文明”的讲座。

11 月，教育部公布第二批国家级精品资源共享课立项项目名单，我校孙长永教授负责的刑事诉讼法、谭启平教授负责的民法学两门课程获准立项。

11 月，我校龙大轩教授主讲的中国法制史经逐级评审入选“第十九批大学视频公开课”。

11 月，我校“两个一对一”主题活动入选重庆市党的群众路线教育实践活动领导小组办公室编写的《为民　务实　清廉——重庆市联系服务群众经验做法选编》，全市仅有西南政法大学唯一一所学校的经验做法入选。

12 月 3 日，河南省高级人民法院与我校签署协同创新战略合作协议，双方将共同培养卓越法律人才。

12 月 13 日，中共西南政法大学委员会党的群众路线教育实践活动领导班子“回头看”专门会议召开。市委第十四督导组组长将大伦、组员向孝彦，学校领导班子全体成员参加会议。

12 月 14 日，由中共中央编译局与我校共建的“政治学法学理论研究基地”首届高峰论坛召开。

12 月 26 日，校外标准化教学实践基地建设研讨会在我校召开。23 家校外教学实践基地代表及我校相关学院教学副院长共 50 余人就“标准化实习基地建设，培养职业化法律人才”会议主题展开研讨。

12 月 27 日，重庆金平法学教育基金会“金平法学成就奖”颁奖典礼举行。我校 66 级校友、中国社会科学院学部委员、著名法学家梁慧星教授，我校 61 级校友、原最高人民法院副院长、二级大法官刘家琛获奖，各获基金会奖励 10 万元。

12 月，重庆市教委正式公布了 2013 年重庆市本科高校“三特行动计划”特色专业建设项目名单，我校法学等 6 个专业顺利入选。

2014 年

1 月 16 日，龙大轩、孙鹏两位教授荣获首届“西政名师”奖。

1 月 22 日，第 34 届国际企业管理挑战赛(GMC)中国赛区总决赛落幕。我校“蛟龙队”和“苗苗队”分别获得全国一、二等奖。

1 月，我校法理学、经济法学、民事诉讼法、商法学等 4 门课程成功进入第三批国家级精品资源共享课立项名单。

2 月 21 日，重庆市地方性法规及政府规章清理工作总结会举行。会议对我校高质量完成的 195 件地方性法规和 176 件政府规章的清理工作进行了表扬。

2 月 24 日，学校召开党的群众路线教育实践活动总结大会。党委书记张国林作了教育实践活动总结报告。市委第十四督导组副组长彭建康出席会议。

2月，重庆市高层次人才特殊支持计划首批人选名单公布，校长付子堂教授等5人分别入选百千万工程领军人才培养计划、哲学社会科学领军人才特殊支持计划、青年拔尖人才培养计划等3个子计划。

3月17日，法国驻成都领事馆总领事魏雅树、法领馆科技与教育合作专员李凤兰来我校访问交流。

3月，我校副校长孙长永教授入选重庆市首批首席专家工作室领衔专家。

3月，我校与英国考文垂大学合作举办的法学专业本科教育项目获得教育部批准。

3月，我校申报的劳动关系专业获教育部备案，自2014年9月开始招生。至此，我校普通本科专业增至23个。

3月，我校外国家庭法及妇女理论研究中心荣获2014年"全国三八红旗集体"称号。

4月24日，重庆—维也纳城市管理国际培训项目落户我校。付子堂校长出席了合作备忘录签署仪式。

4月，重庆市第八次社会科学优秀成果奖公布，我校共获奖15项，其中，一等奖1项、二等奖5项、三等奖9项。李昌麒教授的《中国改革发展成果分享法律机制研究》获得一等奖。

4月，团中央表彰了2013年度"全国优秀共青团员"。我校行政法学院2010级本科生张洪艺获"2013年度全国优秀共青团员"荣誉称号，是此次评选中重庆市高校学生唯一获此奖项者。

5月15日，我校78级校友、最高人民法院院长周强回到母校，对法学研究和法学教育进行了深入调研。

5月17日，最高人民法院与西南政法大学召开协同创新座谈会，并举行"东盟国家法律研究基地"与"东盟国家适用中国法律咨询中心”揭牌仪式。

6月7日，我校证据技术实验教学示范中心复评验收获全票通过，标志着该中心正式进入国家级实验教学示范中心行列。

6月9日，经中央批准，由中国法学会主办，我校承办的邓小平理论与中国改革开放政策（老挝司法部）研修班在我校举行开班仪式。

6月17日，重庆市人大常委会与我校签订委托协议，委托学校对我市涉及企业发展法制环境的789件市政府及其部门的规范性文件进行评估。

6月20日，教育部法制办公室副主任王大泉一行来校调研大学章程、学术委员会章程建设等情况。

6月27日，最高人民法院民一庭、最高人民法院中国应用法学研究所、重庆市高级人民法院与我校共同签署协同创新框架协议。

6月30日，重庆市地方税务局与我校签署协同创新战略合作协议。

6月，教育部公布第七届全国高校校园文化建设优秀成果获奖名单。我校申报的校园文化建设成果“推广青春倡廉　弘扬西政精神”荣获优秀成果二等奖。

7月17日，重庆市高校领导干部暑期读书班党风廉政建设专题报告会在我校召开。中纪委驻教育部纪检组组长、教育部党组成员王立英同志在会上围绕高校反腐倡廉工作做了专题报告。

7月22日，第二批国家人权教育与培训基地授牌仪式在北京举行。我校人权教育与研究中心跻身“国家队”，实现了我校国家级人文社科基地零的突破。

9月12日，西南政法大学与英国考文垂大学联合举办法学专业本科教育项目开班典礼。

9月17日，重庆市委第三巡视组巡视西南政法大学工作动员会召开。

9月27日,中国刑法学研究会成立30周年纪念大会暨2014年全国刑法学术年会在北京开幕。我校董鑫教授、赵长青教授被授予“资深刑法学家”荣誉称号。

9月,我校政治与公共管理学院党总支副书记肖丽霞荣获“全国高校优秀辅导员”荣誉称号。

10月11日,教育部政治学类本科专业教学指导委员会在我校召开。教育部高教司文科处处长刘向虹、教指委主任委员王浦劬等领导出席会议。

10月14日,最高人民检察院与我校签署《应用法学与检察理论教学科研战略合作框架协议》。

10月14日,“中国大检察官讲坛”落户西政,最高人民检察院副检察长柯汉民、最高人民检察院法律政策研究室主任万春出席开坛仪式。

10月,我校王煜宇教授所著《农村金融法律制度改革与创新:基于法经济学的分析范式》获得第六届“中国农村发展研究奖”专著提名奖。

10月,我校获准2015年在澳门招收保送生。

11月5日,国家民委民族理论政策研究基地在我校成立。

11月14日,重庆市委组织部副部长、市人才办主任谢礼国一行来校宣布学校领导班子调整任命:刘俊同志任西南政法大学党委副书记,不再担任副校长职务;商文江同志任副校长、党委常委。

11月17日,重庆市属普通本科院校生源结构调整座谈会在我校举行。

11月17日,重庆市高校维护稳定研究咨政中心签约暨任务部署会在我校举行。

11 月 17 日，西南政法大学官方微信（西政微信频道）开通。

12 月 12 日，学校举行党委中心组（扩大）集中学习会，会议传达学习了《关于深化“四风”整治、巩固和拓展党的群众路线教育实践活动成果的指导意见》《关于建立健全高校师德建设长效机制的意见》等文件内容。

12 月 15 日，我校“重庆市地方立法研究协同创新中心”入选 2014 年度重庆市 2011 协同创新中心择优支持名单。

12 月 29 日，我校 2014 级研究生高珺荣获重庆“最美支教教师”称号。

12 月，我校团委荣获 2014 年全国大中专学生志愿者暑期“三下乡”社会实践活动先进集体。“探寻时代发展，感悟改革成果”暑期“三下乡”社会实践团队被评为全国优秀团队。

12 月，我校“西政网—西南政法大学门户网站”荣获“全国高校百佳网站”称号。

12 月，我校经济法学科组织编写并出版的《消费者保护法（第三版）》（李昌麒、许明月编著，法律出版社出版）和《竞争法学（第二版）》（种明钊主编，高等教育出版社出版），入选第二批“十二五”普通高等教育本科国家级规划教材。

2015 年

1 月，我校被重庆市教委评选为 2014 年重庆市普通高校毕业生就业示范中心。

2 月 11 日，我校党委统战部牵头的《统一战线构建中国特色新型智库研究》论文荣获 2014 年度全国统战理论政策创新成果一等奖。

2 月 15 日，中央台办主任助理龙明彪、重庆市台办主任李志雄一行来我校调研。

3月，付子堂教授入选2014年国家百千万人才工程，并被授予"有突出贡献中青年专家"荣誉称号；刘想树教授被批准享受2014年国务院政府特殊津贴。

4月17日，中国法学会王乐泉会长来我校调研并召开座谈会，听取了中国—东盟法律研究中心建设和工作开展情况汇报。

4月23日，市委组织部"全面从严治党"党代表第一调研组来我校就"全面从严治党"等党内政治生活开展情况进行调研座谈。

4月25日，我校张怡教授荣获第三届"中国法学优秀成果奖"专著类二等奖，石经海教授和王衡教授分别荣获专著类三等奖和论文类三等奖。

4月30日，《中华人民共和国民法典·民法总则专家建议稿(征求意见稿)》首次研讨会在我校举行。

5月4日，我校法律诊所直属团总支荣获2014年度"全国五四红旗团支部"称号。

5月24日，我校首个法学以外国家社科基金重大项目"健全坚持正确引导舆论的体制机制研究"开题会召开。

5月25日，我校召开"三严三实"专题教育党课报告暨动员部署大会。

5月29日，中国—东盟法律研究中心2015年理事会暨加强对东盟法律交流协调会议在我校召开。

5月29日，中科创基金设立暨首届"中科创智慧奖"颁奖仪式在我校举行。

5月，我校心理健康教育与咨询中心获评"全国大学生心理健康教育工作优秀机构"称号，胡晓老师获评"全国大学生心理健康教育工作优秀青年工作者"称号。

6月5日，意大利驻渝总领事馆总领事马非同来我校访问。

6月26日，我校召开西南政法大学第二届法学标准化教学实践基地建设研讨会，来自19家法学实践教学基地的27位代表就"创新人才培养机制，培养卓越法律人才"主题展开研讨。

6月，我校国际经济与贸易（负责人：张国林教授）、会计学（负责人：陈和平教授）两个专业被评为2014年重庆市本科高校"三特行动计划"特色专业建设项目。

7月4日，中华司法研究会成立大会在北京人民大会堂举行。我校校长付子堂教授、俞荣根教授当选常务理事，副校长孙长永教授当选为理事。

7月23日，付子堂校长在金边与柬埔寨王国司法部部长昂翁·瓦塔纳（Ang Vong Vathana）签署合作备忘录。

7月25日，我校学生会当选为全国学联第二十六届委员会团体单位，是重庆市仅有的两个高等学校学生会之一。

8月28日，中国法学会董必武法学思想（中国特色社会主义法治理论）研究会第二次会员大会在北京召开。我校付子堂教授当选为新一届理事会副会长、曾代伟教授当选为常务理事。

9月9日，我校龙大轩教授荣获2015年"重庆名师奖"。

9月18日，最高人民法院与我校以及中国人民大学法学院、清华大学法学院、深圳大学法学院在深圳大学会议厅签署了合作备忘录，正式建立第一巡回法庭与四所法学院校合作机制。

9月18日，市委"三严三实"专项督查组来我校督查工作汇报会暨领导班子座谈会召开。

9月28日，学校举行重庆银鑫集团与西南政法大学战略合作协议签约暨"银鑫研究生奖学金"设立授牌仪式。

9月，教育部思政司发布了《关于开展第二批高校网络文化建设专项试点工作的通知》，我校被确定为专项试点单位。

10月12日,学校召开本科教学工作审核评估迎评整改工作布置会。

10月17日,由中国国际私法学会和台湾地区国际私法研究会主办,我校承办的2015年海峡两岸国际私法学术研讨会举行。

10月23日,重庆市高层次人才特殊支持计划第二批人选名单公布,我校4名教授入选。其中,盛学军教授入选重庆市百千万工程领军人才培养计划,李雨峰教授入选重庆市哲学社会科学领军人才特殊支持计划,周尚君教授入选重庆市青年拔尖人才培养计划,孙鹏教授入选重庆市教学名师培养计划。

10月,学校完成包括2015级研究生,2015级、2014级与2013级本科生在内的共计约15000名学生的心理普测工作,是重庆市高校中唯一实现本硕博学生心理普测全覆盖的高校。

11月5日,由教育部学位与研究生教育发展中心、《中国研究生》编辑部主办的第十一届中国研究生媒体联席会议在贵州大学举行。我校微信"西政研工部"入选"中国研究生媒体优秀作品",并获得"年度关注媒体"奖,全国86家参会单位仅3个微信平台获此殊荣。

11月16日,由中国法学会主办的第六届中国—东盟法律论坛暨"一带一路"法治论坛在我校举行。论坛通过《重庆宣言》,并签署共建"中国—东盟'一带一路'区域法治研究联合体"框架协议。中国法学会副会长、全国人大常委、全国人大法律委员会副主任委员张鸣起,印度尼西亚最高法院院长、东盟法律协会印度尼西亚分会主席穆罕默德·哈塔·阿里,越南中央司法改革指导委员会副主任、越南法学家协会党组副书记兼会长阮文权,柬埔寨司法部部长昂翁·瓦塔纳,中国司法部副部长张苏军,老挝司法部副部长凯·吉雅迪萨,东盟法律协会主席阿维利诺·克鲁兹等出席会议。

11 月 16 日，我校作品《有期徒刑并罚的实践悖论与偏误修正——基于数学建模的分析视角》《中国青年反腐观念调查报告》参加第十四届“挑战杯”全国大学生课外学术科技作品竞赛决赛，并分获二、三等奖。

11 月，我校李珮教授申报的“校企联合培养新闻传播本科创新实务人才”入选 2015 年全国教育改革创新典型候选名单。

11 月，我校硕士生郑兴伟、汪小康分别凭借创业公司重庆雅明教育集团以及重庆校园咖啡第一品牌 · 豆芽咖啡馆分获“2015 年大学生创业英雄”10 强和 100 强。

12 月 8 日，《教育部加强和改进大学生思想政治教育工作简报》（第 1224 期）刊登了《西南政法大学“两个一对一”充分发挥党组织育人作用》一文，对学校连续十年开展“两个一对一”特色党建活动所取得的育人效果进行了专题报道。

12 月 9 日，教育部思想政治工作司司长冯刚来我校调研校园网络文化建设专项试点工作。

12 月 22 日，我校七个“十二五”市级重点学科通过市教委专家组验收。

12 月 25 日，付子堂校长与韩国东义大学校长孔淳镇签署交流合作谅解书和学生及教师交流协议书，双方就互相交换教师和学生等事项达成共识。

12 月 25 日，金平法学教育基金颁奖仪式暨座谈会举行，20 名教师获金平法学教育基金西南政法大学教学贡献奖、教书育人奖与永泰教学贡献奖。

12 月，以学校民商法学院辅导员简敏老师命名的“简敏工作室”入选“重庆市高校辅导员名师工作室”。

12 月，2015 年度教育部高校辅导员工作精品项目评选揭晓，我校申报的"'辩论文化'涵育社会主义核心价值观——基于'五位一体'的研究生论辩活动项目平台"获批立项,这是我校首次入选此项目,实现了学校在全国辅导员精品项目立项工作中零的突破。

2016 年

1 月 20 日,学校召开全校干部大会。市委组织部副部长、市委人才办主任谢礼国宣读了市委关于西南政法大学党委书记调整的决定:任命樊伟同志为中共西南政法大学委员会书记、常委,免去张国林同志中共西南政法大学委员会书记、常委、委员职务。

1 月,我校分别与重庆中钢投资集团、重庆启富企业管理咨询公司签订创新战略合作协议,这标志着我校首个校级创业孵化基地的建立。

1 月,我校中国—东盟法律研究中心被认定为"中国法学会法治研究基地"。

1 月,学校法学博士后科研流动站在全国综合评估中被评为优秀等级。

3 月 3 日,浙江省委教育工委书记、省教育厅厅长刘希平一行来校调研依法治校工作。

3 月,我校孙长永教授入选"全国文化名家暨'四个一批'人才"工程。

4 月 22 日,学校与深圳前海合作区人民法院签署合作协议,我校首个司法改革研究实践基地揭牌。

4 月 28 日,我校召开"学党章党规、学系列讲话,做合格党员"学习教育动员部署会。

4 月,我校岳彩申教授《民间借贷的激励性法律规制》获第七届高等学校科学研究优秀成果奖(人文社会科学)法学类二等奖,该论文发表于《中国社会科学》2013 年第 10 期。

5 月 5 日，市委常委、统战部部长宋爱荣一行来我校调研统战工作。

5 月 9 日，我校党委中心组（扩大）集中学习会首次开展“两学一做”专题宣讲，市社科联党组书记、副主席杨清明作辅导报告。

5 月 11 日，光明日报社品牌学术活动——“光明讲坛”走进我校。中国民法学研究会副会长、中国科学技术法学会副会长、我校民商法学院谭启平教授做题为“创新型国家建设的若干重大法治问题思考”的主题演讲。

5 月 13 日，由中国法学会和泰国司法学院共同主办，西南政法大学、中国—东盟法律研究中心、中国社会科学院法学研究所共同承办的中国—东盟法律论坛“促进可持续发展法治高层研讨会”在北京举行。研讨会上，泰国王孙女帕查拉吉迪亚帕公主受聘为“西南政法大学荣誉教授”和“中国—东盟法律研究中心名誉顾问”，付子堂校长还代表中国—东盟法律研究中心与泰国司法学院签署合作备忘录。

5 月 30 日，中共重庆市委常委、宣传部部长燕平，市委宣传部常务副部长周波一行来我校，调研人权研究院、新闻传播学院和马克思主义学院的建设发展情况。

5 月，我校陈伟教授荣获“2015 年度中国人文社科最具影响力青年学者”奖，成为重庆市三名获该奖的青年教授之一。

5 月，我校经济法学院辅导员朱琳入选 2015 年全市高校辅导员年度人物，应用法学院辅导员张艳娣获评全市优秀辅导员，党委学工部卿婕获评全市优秀思政工作者。

6 月 20 日，我校举行西南政法大学中国仲裁学院揭牌仪式。重庆市人民政府副市长谭家玲出席会议并讲话。

6 月 26 日，教育部办公厅副主任邓传淮来我校调研指导工作。

6 月 27 日，学校与重庆市公安局签署《重庆市公安局　西南政法大学共建刑事侦查学院协议》。

7月1日，我校马克思主义学院党总支荣获“重庆市先进基层党组织”称号。

8月5日，我校与新疆维吾尔自治区党委政法委签署战略合作协议。

8月23日，国务院学位委员会法学评议组“法学一级学科研究生课程建设调研座谈会”在我校举行。

8月，孙长永教授入选“万人计划”哲学社会科学领军人才。

9月12日，学校召开“统筹推进‘双一流’建设会”，全面推进学校“双一流”建设工作。

9月19日，以色列驻成都总领事馆副总领事雅各布一行来我校交流访问。

9月24日，教育部社科司张东刚司长莅临我校参加重点研究基地建设工作座谈会，指导科研基地建设。

9月26日，学校举行“西南政法大学体育法学研究中心”成立授牌仪式。

9月28日，由中国人权研究会主办、我校人权研究院承办的“2016中欧人权研讨会”在渝召开。这是中欧人权研讨会首次在中国举办，中宣部副部长崔玉英同志亲临学校视察指导。

9月，我校张力教授、徐以祥教授、文学平教授、陈刚教授、张吉喜教授、周振超教授被遴选为第七批重庆市高校中青年骨干教师。

10月24日，学校校长付子堂与澳大利亚西悉尼大学校长格罗夫(Barney Glover)签署《课程对接协议》。

10月25日，学校与日本广岛大学副校长签订共同培养法学研究生合作协议和学术交流协议。

10月，我校治安学、政治学与行政学、审计学三个专业入选重庆市“三特行动计划”特色专业建设项目，建设期均为3年。

10月，我校学生心理健康教育与咨询中心入选第二批“重庆市高校心理健康教育与咨询示范中心”。

10月，我校2014级马克思主义理论专业硕士研究生郑兴伟同学荣获由中宣部、教育部、共青团中央和人民日报社四部委联合发起的“第十一届中国大学生年度人物”入围奖，其优秀事迹也被团中央机关刊物《中国青年》2016年第13期整版报道。

11月15～20日，2016年“创青春”全国大学生创业大赛终审决赛在电子科技大学举行。我校“善书法律诊所”荣获公益创业赛银奖，“青少年成长评价与目标规划系统”荣获创业计划赛铜奖，“云上说法法律兼职服务平台”荣获电子商务专项赛（创意类）优秀奖。

11月18日，学校举行党的十八届六中全会精神宣讲报告会。市委宣讲团成员、党委书记樊伟作宣讲报告。

11月，学校李满奎、张丽梅、伏红勇三位青年教师入选第三批重庆市高等学校青年骨干教师资助计划。

11月，校长付子堂教授、副校长孙长永教授领衔申报的“社会需求与职业发展为导向的法律硕士专业学位研究生教育改革与实践”荣获2016年中国学位与研究生教育学会研究生教育成果奖二等奖，这也是本次评选中重庆市高校获得的唯一奖项。

11月，我校在2016年度国家法治与法学理论研究项目评审中获立项课题17项，其中，重点课题1项、一般课题8项，中青年课题6项、专项课题2项，立项数居全国高校之首，也创我校获得司法部项目立项数历年之最。

12月21日，重庆市教委组织专家组对我校新闻学、侦查学和刑事科学技术3个“三特行动计划”特色专业建设项目进行了复评验收。

12 月，我校《现代法学》“影响力指数”（CI）跃居全国法学期刊第 5 名，“影响力指数”及“影响因子”显著提升。

12 月，我校高锡蓉、殷卓丽、薛倩等十五名学生组成的五支代表队荣获 2016“高教社杯”全国大学生数学建模竞赛本科组二等奖，由奥茹娜、许艳、雷旖玄等 21 名学生组成的七支代表队获本科组重庆赛区一等奖。同时学校被评为“优秀组织工作单位”，彭选华、陈志英两位老师被评为“优秀指导教师”。

2017 年

1 月，我校教师发展中心入选重庆市高等学校教师发展示范中心。

1 月，我校民商法学院 2014 级团总支荣获 2016 年全国高校“活力团支部”称号。

1 月，我校“毓秀微风润人无声——西南政法大学‘互联网 + 校园文化’育人新模式”荣获第九届高校校园文化建设优秀成果二等奖。

2 月，我校与美国凯斯西储大学合作举办法律硕士研究生教育项目顺利获得教育部批准。

2 月，我校“刑事科学技术重点实验室”获批重庆市高校重点实验室培育建设。

3 月 6 日，教育部官方网站首页“战线联播”栏目刊登了“西南政法大学多措并举加强大学生就业工作”。

3 月 24 日，教育部国际司专家王勇来校就中国政府奖学金培养条件进行考察。

3 月 24 日，我校与凉山彝族自治州人民检察院签署战略合作协议。

3 月 27 日，学校与重庆市知识产权局签署“十三五”知识产权战略合作协议。

3 月 28 日,我校行政管理和英语两个“三特”专业建设项目接受市专家组验收。

3 月 30 日,学校与最高人民法院第五巡回法庭签署交流合作协议。

3 月,学校王怀勇、张晓君两名教授获聘 2017 年重庆市高等学校巴渝学者特聘教授。

4 月 18 日,我校男子排球队获得 2016 ~ 2017 年中国大学生排球联赛总决赛总冠军。这是重庆市大学生男子排球队有史以来取得的最好成绩。

4 月 21 日,学校召开全校思想政治工作会议。

4 月,刘俊教授作为首席专家的“马工程”第三批重点编写教材《劳动与社会保障法学》正式出版。

4 月,我校申晓敏副教授申报的《“四个全面”布局下大学生社会主义核心价值观培育路径》获评“2016 年度高校辅导员影响力论文”。

4 月,我校民商法学院本科 2014 级党支部“不忘初心,继续前进”微党课入选全国高校“两学一做”支部风采展示活动微党课特色作品。

5 月 4 日,党委书记樊伟主持召开第七届党委第 142 次常委会,传达学习习近平总书记在中国政法大学考察时重要讲话精神,研究部署贯彻落实工作。

5 月 12 日,重庆市“马克思主义理论研究和建设工程”重点教材任课教师培训会在我校举行。

5 月 12 日,我校召开推进“两学一做”学习教育常态化制度化工作座谈会。

5 月 16 日，我校召开纪念习近平总书记在哲学社会科学工作座谈会上重要讲话发表一周年座谈会。

5 月，我校获批成为中国政府奖学金来华留学招生院校。

5 月，我校民商法学院辅导员简敏教授获“第九届全国高校辅导员年度人物”。

6 月 22 日，最高人民法院、国家禁毒办与西南政法大学合作共建的国家毒品问题治理研究中心揭牌仪式举行。

6 月，我校申报的马克思主义传播人才培养专业群（负责人：樊伟）、国家治理与公共安全专业群（负责人：黄清吉）和经济监督与经济秩序治理专业群（负责人：郑国洪）三个专业群入选重庆市 2017 年市级特色学科专业群建设项目名单。

6 月，我校经济法学院辅导员周鹏入选 2016 年全市高校辅导员年度人物，管理学院辅导员张闻获评全市优秀辅导员，教务处副处长、本科招生办公室执行主任吕亮获评全市优秀思想政治教育工作者。

7 月 2 日，由中国人权研究会和阿姆斯特丹自由大学共同主办、我校人权研究院与荷兰跨文化人权研究中心共同承办的“2017 · 中欧人权研讨会”在荷兰阿姆斯特丹举行。

7 月 7 日，我校举行网络空间安全法治研究中心揭牌仪式。

7 月，由我校牵头组建的“知识产权保护协同创新中心”入选第四批重庆市 2011 协同创新中心（文化传承类）。

7 月，我校中国刑事诉讼法总论、竞争法专题研究、公共管理研究方法、国外马克思主义经典著作研究、法律法规翻译 5 门课程入选重庆市第五批研究生优质课程立项建设名单。

8 月，中国东盟法律研究中心成功获批教育部国别与区域研究中心。

9 月 15 日，教育部部长助理、党组成员郑富芝一行来我校检查 2017 年秋季开学工作。

9 月 20 日，高校高端智库联盟成立仪式暨首届圆桌会议在京召开。我校人权研究院成为首批联盟成员单位。

9 月，我校民商法学院孙鹏教授当选 2017 重庆市教书育人楷模。

10 月 12 日，我校与国家检察官学院签署协同创新合作协议。

10 月 26 日，我校成立习近平新时代中国特色社会主义思想大学生讲习所。

10 月 27 日，我校召开全校干部大会，传达学习党的十九大精神和全市传达学习贯彻党的十九大领导干部大会精神，安排部署全校学习宣传贯彻十九大精神工作。

11 月 9 日，我校教师欧阳锐璇获得“全国高校思想政治理论课教学标兵”称号。

11 月 15 日，中央电视台综合频道（CCTV－1）新闻联播栏目在题为《用新思想武装头脑　用新作为开创未来》的新闻播报中报道了我校大学生讲习所宣讲活动。

11 月 22 日，我校民商法学院简敏教授作为第九届全国高校辅导员年度人物入选“‘双巡’活动全国报告团”成员。

11 月 28 日，我校荣获“中国高校报协 2016 年度好新闻奖”二等奖三项，三等奖一项。

11 月，2017 年度国家社科基金重大招标项目评审结果揭晓，我校民商法学院黄汇教授担任首席专家的“创新驱动发展战略下知识产权公共领域问题研究”和马克思主义学院梁勇教授担任首席专家的“‘湖广填四川’移民墓葬碑刻文献数据库建设及其乡村社会研究”两项投标项目获准立项。

12 月 6 日，我校人工智能法学院举行挂牌仪式。

12月9日，我校举行西南政法大学商学院成立仪式暨首届法商融合论坛。

12月17日，我校举行中国共产党西南政法大学第八次代表大会。

12月20日，我校商文江教授当选中国民主建国会十一届中央委员会监督委员会委员。

12月28日，教育部学位与研究生教育发展中心公布全国第四轮学科评估结果。我校法学入选A档级学科，成为重庆地区唯一进入A档级的学科。

12月，我校吴喜教授"新形势下我国涉藏对外传播战略研究"获2017年度教育部哲学社会科学研究重大课题攻关项目立项。

12月，我校民商法学院黄汇教授、经济法学院徐以祥教授、经济学院陈刚教授入选第五批重庆市高校优秀人才支持计划。

2018年

1月5日，我校被评为2017年度全市重点高校安全稳定工作先进单位。

1月11日，由司法部、新华社、中央电视台联合举办的"守望初心——新时代最美法律服务人"揭晓仪式在中央电视台举行。我国邹明理教授荣获"新时代最美法律服务人特别提名奖"，龙大轩教授当选"新时代最美法律服务人之普法人"。

1月16日，我校举行生态法学院、监察审计学院揭牌仪式。

1月，我校袁红照教授负责的"网络安全与法治人才培养模式探索与实践"获批国家级新工科研究与实践项目立项。

1月，我校民商法学院张力教授获第四届"中国法学优秀成果奖"论文类三等奖。

1月，重庆市人民政府下发了《关于重庆市教学成果奖励的决定》，我校 7 项成果获奖，其中，一等奖 2 项、二等奖 2 项、三等奖 3 项。

1 月，我校经济法教师团队入选首批“全国高校黄大年式教师团队”。

3 月 5 日，共青团重庆市委下发了关于 2017 ~ 2018 年重庆市向上向善好青年（标兵）结果的通报，法学院法律专业硕士研究生张平被评为“崇义友善好青年”，民商法学院法律专业硕士研究生洪森被评为“诚实守信好青年”。

3 月 22 日，我校新闻传播学一级学科增列为博士学位授权点。

3 月，我校人工智能法学院同梁平区人民检察院举行共建教学科研实践基地签约、授牌仪式。

3 月，我校刑事侦查学院 2016 级团总支入选 2017 年全国高校“活力团支部”。

3 月，教育部留学基金管理委员会公布了 2018 年“优秀本科生国际交流项目”的立项结果，我校共 13 个项目获批，位居重庆市高校第一。

4 月 11 日，“新时代 · 新媒体 · 新教育”2018 首届重庆教育政务新媒体年会在我校举行。

4 月，我校刑事侦查学院刑事科学技术专业 2014 级本科生刘睿在国际知名期刊 Journal of Materials Science 发表封面论文，这是目前学校在校本科生发表的最高级别论文。

4 月，我校培育建设的重庆高校刑事科学技术重点实验室青年教师彭迪博士在碳基发光新材料潜在手印显现领域取得了最新研究成果。该成果发表在英国皇家化学会旗下著名学术期刊 Dalton Transactions 上，为我校迄今为止发表的最高的 SCI 论文。

4 月，我校与重庆市监狱管理局签署战略合作协议。

5 月 18 日，我校与中国石油国际勘探开发有限公司西非公司签署了战略合作框架协议，共同设立“非洲统一商法组织(OHADA)研究中心”。

5 月 18 日，中共中央统一战线工作部网站党外知识分子新闻栏目以“西南政法大学探索建立统一战线成员参政议政成果纳入工作业绩评价机制”为题，报道了我校关于支持统一战线参政议政实施办法。

5 月 22 日，我校举行西南政法大学国家安全学院揭牌仪式。

5 月，我校荣获“全国国防教育特色学校”称号。

6 月 1 日，“中外人文交流及教育涉外法律研究中心”在我校揭牌。

6 月 5 日，由教育部主办，中共重庆市委教育工委、重庆市教育委员会承办的“学习新思想千万师生同上一堂课”重庆市启动仪式暨首场报告会在我校举行。

6 月 7 日，我校与北京市金杜律师事务所签署《北京市金杜律师事务所与西南政法大学战略合作备忘录》。

6 月 20 日，我校学生心理健康咨询中心荣获“2015～2018 年度大学生心理健康教育工作先进集体”，学生工作部副部长胡晓老师荣获“大学生心理健康教育工作优秀工作者”荣誉称号。

6 月，我校辅导员潘清滢荣获“2017 年重庆市高校辅导员年度人物”称号，校党委宣传部网络舆情科科长吴洁荣获“2017 年重庆市优秀思想政治教育工作者”称号。

6 月，我校外语学院章勇副教授以第一作者身份，在世界著名期刊 Brain and Language 上发表题为《动作动词的运动特征——基于功能磁共振成像的证据》高级别学术论文。

7 月 26 日，教育部学位与研究生教育发展中心公布了全国首次专业学位水平评估结果。我校法律专业学位授权点获得 A 评级，这也是重庆地区唯一进入 A 评级的专业学位授权点。此外，我校公共管理硕士专业学位授权点获得 C + 评级。

7 月，我校法学、新闻学、刑事科学技术、侦查学 4 个专业点入选重庆市首批本科一流专业立项建设项目。

（撰稿人：闫恩晓）

改革开放四十年纪念

1978-2018

西法大篇

千年古都彰显历史潮流

老校长与历史中的西北政法

西北政法大学(简称西法大)是一所具有光荣革命传统和丰厚文化底蕴的法学特色鲜明、多学科协调发展的高等学府。从陕北公学到西北政法大学,走过了80余年的光辉历程。对部分老校长的采访和记录,再现了他们在学校复建过程中岁月如歌的青春、重现了他们艰苦奋斗的事迹,也展现出学校深厚的发展历史以及西法大所继承的延安精神。这些文字将激励一代代政法人,为学校的发展壮大不懈努力。

王云：献身高等教育事业的革命老人

一

王云(原名王之鼎),1905 年 10 月出生于陕西省淳化县通润镇一户农民家庭,10 岁进私塾读书,16 岁考入淳化县立高小。1922 年夏,他从淳化县高小毕业,1923 年春考入陕西省立三原第三师范学校。1925 年 2 月,他经李子健、姚志哲介绍加入了共产主义青年团,同年冬成为中国共产党党员,并任党的三原特支宣传委员。此时他成为三原地区学生运动突出的领导人之一。1927 年年初,中共三原特支改组为三原地委,王云任地委宣传委员。这段时间,他不仅是渭北地区学联和学运的重要领导人之一,而且对三原地区的党团创立工作做出了贡献。许多过去与王云一起工作过的老同志在回忆当时的情况时,都一致称赞王云是一位好党员,在青年学生中有较高的威信。张仲实回忆说:“王云同志是当时所有党员(20 多人)中品质最好的党员之一,其特点是不出风头,埋头苦干,吃苦耐劳,政治认识亦较清楚,一般同志对他印象都很好。”王炳南回忆说:“他……是学运领导人之一,能吃苦,肯负责,积极有能力,在那时青年界颇有威信,是一个好党员。”

二

1940 年王云进入陕甘宁边区后,先后在延安青年干部学校、民族学院和三边公学任教,为培养边区干部做出了贡献。1949 年 11 月,他被调入中共中央西北局宣传部任教育科长，后被任命为理论教育处处长兼西北行政委员会干部教育局副局长。1954年中央决定撤销大区组织机构后，王云被调到中共中央第二中级党校任副教育长兼中共党史教研室主任。1959年中共中央第二中级党校与陕西省初级党校合并为陕西省委党校后，他又被任命为副校长并兼任陕西省社会科学院中共党史研究所所长。1961年年初，王云调任为西安政法学院党委书记兼院长。那时，由于生产劳动过多，政治运动过多，又错误批判了一些同志，学校教学质量有所下降。王云刚到学院，就深入调查研究，带领党委成员，解决了教学工作、思想政治工作和总务工作方面的一些突出问题，“进一步树立和加强了以教学为主的思想，稳定了教学秩序，肯定了些教材，克服了思想政治工作中方法简单的缺点，从而在学生中增长了认真读书之风，显著地提高了教学工作的质量”。

1962年5月，中共陕西省委在贯彻落实中央“调整、巩固、充实、提高”八字方针、大力压缩城镇人口、加强农业第一线时，提出全省高校砍掉一半，西安政法学院也在被砍掉之列。后来，在王云的力争下，才保留下来与西安财贸学院合并，改名为西安政治经济学院。

1963年8月，根据《中共中央批转中央政法小组、教育部党组关于加强高等政法教育和调整政法院系问题的请示报告》，又将西安政法学院与西安财贸学院分开，由最高人民法院接管，改名为西北政法学院，只设法律专业，面向西北五省招生，成为一个单科性学院。哲学、政治经济学、中共党史等专业均停止招生，较彻底地纠正了过去忽视政法教育的倾向，端正了办学方向。

“文化大革命”时期，在“砸烂公检法”的叫嚣声中，西北政法学院也被解散了，王云被当作走资本主义道路的当权派、反党反社会主义分子，关进牛棚6年之久。1972年他被释放，分配到陕西师范大学，担任《陕西师大学报》编委会副主任委员。粉碎“四人帮”以后，他被任命为陕西省教育学院临时党委书记兼筹备组组长，同时被选为陕西省教育学会副会长，为筹建陕西省教育学院，付出了辛勤劳动、做出了贡献。他在很短的时间内，使教育学院初具规模，得以招生开课。1978 年 10 月国务院批准恢复西北政法学院后，他又被任命为西北政法学院党委书记兼院长，同时被遴选为陕西省社会科学学会联合会常务理事、副主席，陕西省马恩列斯著作研究会总干事长。这时，他已是 73 岁高龄的老人，但他却以老当益壮的精神，勇敢地挑起了这副重担。

复校后，面临着许多亟待解决的问题。王云患有糖尿病，每天都要吃药打针，但他仍然夜以继日地坚守在工作岗位上，狠抓教师和工作人员的收回调进工作，校舍的修复、收回和扩建工作以及冤假错案的复查平反工作，全面促进了全院教职工在思想上的团结一致。1979 年暑假，学校即开始面向西北五省招生，并在短期内使学校的专业设置逐渐增加，学校规模逐年扩大。

三

王云毕生从事教育工作 50 余年，积累了非常可贵的教育工作经验。他一贯重视全面贯彻党的教育方针，要求把学生培养成德育、智育、体育多方面发展，有社会主义觉悟、有文化的劳动者。1961 年他到政法学院后，针对过去生产劳动过多、政治运动过多、社会活动过多影响教学质量提高的情况，提出“学校必须以教学为主，努力提高教学质量”的号召，要求学校的各项工作都要被纳入“以教学为主，努力提高教学质量”的轨道上。1978 年复校后，根据学生中普遍存在的重专业技术课、轻学习马列主义理论课的倾向，他在各种会议和个别谈话中反复强调，青年学生要重视马列主义理论学习，要求青年学生建立正确的人生观和世界观。

他离休以后，仍然精神抖擞地多次向师生员工讲授建立正确人生观和世界观的必要性。他谆谆告诫青年学生，要学好专业课，同时也要学好政治课，要把专业课与政治课结合起来，不要对立起来，专业知识如果离开了正确政治的指引就会迷失方向。他列举外国和我国近代史上许多著名人物，如苏联的叶遂宁、爱伦堡，中国的杨邨人、叶灵凤等人，以说明一个专家或作家，如果没有正确的人生观和世界观，不但会在政治上走入邪路，而且在专业研究上也会出现偏差。因而，他要求青年学生对自己提出高标准、严要求，力求做到"又红又专"，成为既有专业知识又有社会主义觉悟的新型大学生。

由于他一贯重视要求学生既要学好专业课，又要学好政治课，树立正确的人生观，并多次亲自给学生讲党课，因此各届学生在学习过程中，都较快地克服了重业务轻政治的思想，积极要求进步，不少人主动靠拢党组织，申请入党。从1981年到1986年，入党人数逐年上升。1981年只有3人入党，1982年增加到31人，1983年63人，1984年100人，1985年172人，1986年6月底前又有112人入党。其中76%是在学生中发展的党员，当然这和全院学生和教工人数增加有关，但入党人数占全院人数的比例却是逐年上升的。1985年学院党委为了满足广大青年学生和一部分青年教工积极要求入党的愿望，创办了业余党校。王云被聘为业余党校名誉校长，1986年下半年，学院组织专人到西北五省调查复校后毕业学员的情况，他们不仅专业知识较好，政治表现也良好，大部分已成为政法战线干部队伍中的骨干力量，为党的四化建设和政法事业做出了应有的贡献。

四

王云在教育实践中，一贯主张教书育人、身教和言教必须统一，主张学生要尊师重道，教师要爱护学生、做学生的表率。在他的倡导下，学院曾多次评选了教书育人的模范教师，进行表彰，推动了教学质量的提高。可以看出，他是一个教书育人、身教与言教相统一的模范。

王云作为一名党员，事事处处按照党的纪律及各种规章制度要求自己。每次党支部和党小组会，他从不缺席，还总是提前到。交党费，他也是第一个。他还能主动向组织汇报自己的工作和思想情况。有关同志认为党委书记向自己汇报，感到很不好意思，而王云同志却说："我是一个党员，怎么能不遵守党的规矩呢？"当有事外出，他总要向办公室请假。要求大家做到的他也以身作则。有一次，学校对干部的学习进行考试测验，发题的那天他刚从北京开会回来，主持考试的同志也给他送了一份考试题，让他了解一下考试内容。王云不顾旅途疲劳，连夜答题，第二天在全院第一个交卷。组织考试的同志说："我们只让你看看题，谁让你答题呢？"他却说："为啥不叫我回答呢？我也是一个党员，还能例外？"

王云为人处世，总是实事求是，从不见风使舵、推脱责任。1959年，有位同志的三篇文章被批为"三株大毒草"，不少人怕被株连。但王云却公开承认其中有篇是经他审阅的，主动承担责任，为此他受到了多次不公正的批判。1957年王云有一些朋友被错划为右派，但并不影响他们之间的友谊交往，这给予了那些蒙冤者精神上的温暖。

1983年11月，78岁高龄的王云同志被批准离休，但谁也不会忘记他为西北政法学院的建设与发展所花费的心血，谁也不会忘记他为高等教育事业所积累的宝贵经验。

（撰稿人：吕夷、王诚勇。本文节选自《峥嵘岁月——西北政法大学校史资料辑录》，陕西新华出版传媒集团2016年版，原文有删节，曾刊于1989年出版的《大学校长的教育思想和实践》）

"科研为教学服务"：
穆镇汉教授谈学校历史

穆镇汉教授，男，1929年10月生，汉族，江苏省无锡市人，共产党员，1983年9月任西北政法学院副院长，1985年任院长，1988年任院长兼党委书记。

李瑰华：首先是介绍学校科研工作整体情况及本次访谈的主要目的。为纪念改革开放40周年，法律出版社计划出版原司法部部属五所政法大学的复校、建设历史等，其中一部分是第一任校长或者熟悉学校建设发展历史的人物谈建校历史。

穆镇汉：西北政法大学1958年成立，刘若曾是第一任校长，后又任教育厅长，后来调到武汉湖北师范大学当校长，现在已去世了。第二任校长是王云，他也去世了。我是第四任校长。之后分别是王天木、陈明华、贾宇担任校长。现任校长是杨宗科。

中央原来的政法干校，以西北政法干校为一个分校，"西法大"后来被称作中央政法干校西北分校是有历史沿革的。学校校址就是原来的北校区（雁塔校区），是1950年开始建设的。当时校舍由人民解放军施工建成，直到1954年正式作为中央政法干校西北分校校舍。到1958年，这个分校都是培训干部，两三个月为一期。

后来司法部、最高人民法院要成立政法学院但没有教师，只有不到100人的管理干部队伍，也没有学生，都是参加短期培训的培训干部。因此，最后决定把西北大学法律系全建制调入政法干校。这是指人事行政干部、教师以及图书资料、各种设备全建制的调入，以此组建西安政法学院。当时大概50多名教师，近300名学生。其中，1958年到1961年这几年的毕业生中有很多优秀的学生。赵炎、王俊、郭志琦都是1961年的毕业生，裴苍龄是1960年的学生。现在的延安大学有一个教授写了一篇文章说道：西北政法大学是过去陕北公学的继任者，它是历史事实，必须要尊重这个事实。

学校是1958年9月15日合并的。大学教学学历教育是1958年才正式开始。首先，要制订教学计划，要搞学历教育就要坚持。学校领导里的王陆原是真正的大学生。后来他到北京收集了很多学校的教学计划，然后制订了本校32门课的教学计划。

当时由刘若曾领导，后来他调到教育厅后，到1960年王云才调进来。当时作为教师我认为教学是一个大的空当。最开始的时候没有教室，只有一个大礼堂，学生就住在临时教室里，教师住在当时为了培训而盖的两栋楼（2、4号楼原址上）。当时后面还有一个司法培训楼也只有一两个教室，所以教室很紧张。政治课等大课基本都在大礼堂上。

原来后面有两个小食堂，后来拆掉了，当时的这个校舍没有现在的行政办公楼。卫生所、保卫处这两个小楼是有的。另外，后面还有司法楼，后来还盖了两栋学生楼。直到1960年学生挖地基盖了行政楼，教师也参加了劳动。当时，学校就是这么艰苦的一个环境。

到1960年后，根据毛主席的指示，还有高教60条办专业学院，规模要达到千人左右。另外，要选好校长，选好教师，办好后勤，办好学校。当时要贯彻“教育为无产阶级政治服务，教育与生产劳动相结合”的方针，所以，我们当时要下乡劳动，是教育与生产劳动相结合，特别强调为无产阶级政治服务。此外，当时还特别强调法律要服从政治，所以有政治运动时是要停课的，然后参加运动。

穆镇汉:1958 年学校成立以后,教学有计划地进行了。另外,教师队伍有了西北大学的基础,也从北京、华东等其他地方调进了一些教师,形成了一定规模的教师队伍。王云是老革命,所以始终坚持艰苦奋斗、勤俭朴素。王云强调,要坚持党校性质。从 1960 年开始不评职称。在科研方面,大家也都不太写文章。

穆镇汉:我所学的专业是劳动法,但当时其他的课程,如税法、劳动法、国际私法等全部取消了,主要是讲民事政策和刑事政策。

穆镇汉:"文化大革命"期间,学校停办,留了 10 个人看管校舍,而教师被分到各个大学,也因此保留了这批教师。后来 1978 年得到复校的通知,即政法学院要复校。我是 1979 年 2 月回来的,从 1960 年开始到 1978 年教经济学。后来我又教了资本论,给西安地区年轻的政治课教师开设两年的培训班,培训班分哲学、政经、党史三部分,我负责政治经济学,讲资本论。王云是讲党史,哲学则是王陆原负责。

穆镇汉:在经济法教研室待了 1 年多,讲经济法原理,我负责 83 级、84 级的两个班。讲了一次经济法原理课以后,司法部又任命我当副院长。

至于师资培养,从 1983 年开始职称评定,学校原来只有 4 个副教授,后来增加到 6 个。"文化大革命"以前的副教授不是评的,而是由学校定的,4 个系的主任就是副教授。因为最初党校性质不定、评定职称不规范,所以后来贯彻国家教委的文件精神,当时给北大 30% 的指标,而法律专业的学校要降低指标,中国政法大学大概是 25%,西南政法大学大概是 23%,我们只有 21%,也就是 100 个教师里可以有 21 个副教授。后来指标增加到了 23%,再后来大概达到 25%。最后我提出师资队伍建设要加快,根据有关条例中的一条破格规定,可以根据学历来定职称,因而留下了很多大学生。

此外，要提高图书馆的管理水平，所以我提出加强图书馆建设，花重金从我国台湾地区购书。在电教建设方面，也建立了电教设备，然后设专门电教教研室。在1984年配备24万元人民币一套日本进口的设备。另外，还请了外教讲授外语。

总的来讲，教学规划里的基本建设，是从根本满足学校发展的需要为基础的。学校规模发展不了，教师也没地方住，那该怎么办？所以学校陆续盖了2号楼到11号楼教师住宅。教学1号楼是原来领导在任时就开始盖，但离任时还没有完成，到1983年年底我上任刚刚盖好。还有学生宿舍楼、小研究生楼、教工食堂、教育服务中心，西安政法学院的教职工宿舍当时在全西安市教职工宿舍中，都是最好的。

（访谈人：李瑰华，记录人：张廷发、赵丽云，原文有删节）

附：

穆镇汉教授学术评传

一、个人简介

穆镇汉，男，1929 年 10 月生，汉族，江苏省无锡市人，共产党员。1952 年 9 月，穆镇汉进入中国人民大学法律系研究生班学习；1955 年 7 月，作为民法劳动法专业研究生毕业；同年 9 月，被分配到西北大学法律系任教；1958 年 9 月，西北大学法律系全建制并入中央政法干校西北分校，组建西安政法学院（后更名为西北政法学院），他在新的民法教研室任教。1958 年后，因为民法改民事政策，取消了劳动法课程，他随后调入政经教研室任教。“文化大革命”开始时他并未返校，直到 9 月才回校参加运动。

此时，学校已停课，主要领导也“靠边站”，师生分成两派，互相贴大字报，其中也有揭发他历史问题的大字报。从 1966 年“文化大革命”开始到 1969 年全校师生集体下放白水，他曾用 9 个字概括自己当时的处境，“靠边站，受审查，搞家务”。他因出身不好，不是党员，两派都不要他。在“文化大革命”期间，穆镇汉教授遭受动乱冲击，身处逆境，却仍然能够泰然处之，保持乐观向上的人生态度。1972 年，西北政法学院解散，他又被分配到西北大学马列主义教研室政治经济学教研组任教。在未接受教学任务前，他被通知去大荔西大劳动基地劳动，半年后才回校。

1978 年，中央撤销了有关他不能入党的条件规定，并经支部会议讨论和西北大学党委批准，于 1978 年 12 月 29 日成为一名他梦寐以求的共产党员。1978 年西北政法学院复校。1979 年 2 月，他又被调回了西北政法学院任政治经济学教研室副主任。1981 年年底，邓小平批示，50 年代毕业的法律专业大学生全部归队。同年 11 月，他再次回到法学教学岗位，并被任命为法律系经济法教研室主任。1983 年被评为政治经济学副教授，1987 年被评为法学教授，曾任政治经济学、经济法硕士生导师。

1983 年 9 月，穆镇汉任西北政法学院副院长，1985 年任院长，1988 年任院长兼党委书记，同年被选任为陕西省第七届人大常委会委员。他还先后担任过中国法学会理事、中国劳动法研究会副会长、陕西省法学会会长、陕西省决策咨询委员会委员兼法律组组长、陕西省老教授协会副会长、三秦文化研究会法律顾问等职务。自 1993 年起，他享受国务院特殊津贴待遇。

1995 年他退休。从 1994 年到 2008 年他被陕西省人大法制委员会聘为特邀顾问，参与陕西省和西安市地方立法工作。2008 年开始，因妻子生病，他在家照顾，才过上退休生活。

穆镇汉教授在西北大学和西北政法大学任教期间，曾讲授和研究“政治经济学”“马恩列原著”“劳动法”“经济法”“金融法”“宪法”“法学概论”等课程。在教学过程中，为了搞好教学和促进新中国法制建设的发展，他有针对性地进行了大量学术研究活动，曾编写民法、政治经济学、资本论、经济法等教材，并主编司法部统编教材《商业法教程》，担任《劳动法词典》的编委和撰稿人，发表过《民法对象》《劳动法是一个独立的法律部门》《专利制度的社会作用》《企业法是现代企业的宪章》《市场经济呼唤经纪人》《市场经济是法治经济》和《省人大常委会如何审议地方性法规》等多篇文章。在省人大法制委任顾问期间，他参与起草、调研、修改的陕西省和西安市地方性法规达 140 多部。

二、学术评价

有段时间，社会上重理轻文，曾流传“学好数理化，走遍天下都不怕”的口号，受此影响，他爱好数理化，而且数理化成绩相当好。他本来的理想是大学攻读理工科，后来却根据国家的需要和安排，在中国人民大学学习了法律专业。在人大法律系研究生班的同学中，多半是北京大学、复旦大学、武汉大学和朝阳大学法律本科毕业的科班生，而他则是没有经过本科学习的调干生。相对而言，不少调干生底子差，学不下去，半年后就回了原单位。然而，穆镇汉教授那时以顽强的毅力迎难而上，顶着很大的压力继续学习直到完成学业。1955年9月，作为民法劳动法专业的研究生毕业，他被分配到西北大学法律系任教。因为政法专业招生，只招贫下中农子弟，对教师要求高。他因家庭出身是“地主阶级当权派”，虽然他在政治上积极向中国共产党靠拢，但在那个讲成分看出身的年代，却长期没有入党。另外，他自认为文科知识薄弱。出于这两个方面的考虑，使他担任法律和政治课教师时曾备感无形的压力。1956年上半年，他去北京收集劳动法资料，在劳动部、总工会、计委，因为他不是党员，不被允许看有关劳动方面的政策文件和材料。

(一)政治经济学研究领域的成就

1958年后，因为民法改为民事政策，劳动法课程被取消，穆镇汉教授调入政治经济学教研室任教。1960年下半年，从教研室安排他讲社会主义工业和农业专题开始，政治经济学就成了他一生中重要的教研领域之一。

1961年开始，他主讲政治经济学。当时，由于政治经济学无大学统一教材，他便根据在大学学习这门课的基础，结合复旦大学蒋学模编写的“南方本”教材，谷书堂牵头编写的“北方本”教材，收集各种相关参考资料，认真备课。后来，资本主义部分有了统编教材，他就按照教材授课。而社会主义部分用南方教材，但是，他有意地添加了一些新材料和党的政策，充实了讲课内容。1962年到1963年，他为党史系、新闻系的学生讲政治经济学课，最多时1周讲20小时课，还要组织课堂讨论和辅导。他把自己全身心地投入教学任务中。

1972年，西北政法学院解散，穆教授被分回西北大学马列主义教研室政治经济学教研组任教。从1973年开始，全国大学政治课学习、讲授《哥达纲领批判》《共产党宣言》《国家与革命》《帝国主义论》《反杜林论》《唯物主义与经验批判主义》。当时，何炼成主任选了6位教师，分别写出6本书的提纲，经大家讨论同意后，各个教师根据提纲写出讲稿，到所在系讲课。穆教授当时负责撰写《哥达纲领批判》的提纲，同时写了疑难问题解释。1973年至1975年，他分别为生物系、化工系和数学系的学生授课。另外，还在西安、渭南、咸阳、宝鸡、铜川的机关、单位、学校、部队，讲授300多场次。在6本书中，除了《唯物主义与经验批判主义》之外，其他5本，他都讲过。讲这5本书不仅是教学任务而且是政治任务。1974年他还与化工系的师生到甘肃兰州西固兰化公司实习3个月。其间，应公司邀请，他为公司员工讲了“三个世界的理论”，博得了全场班组长及上千人的热烈鼓掌，公司领导也感谢他精彩的讲解。

从1976年下半年到1978年，西北大学举办“政治课教师培训班”，培训各大学政治课年轻教师，招收了200名学员，分哲学、政经、党史3个班。穆教授被从西北大学马列教研室抽调到培训班，负责政经班的管理，并担任授课老师。他为政治经济班的同学讲了政治经济学资本主义部分和资本论第一卷、第二卷和第三卷，只作了通讲介绍。由于穆教授对资本论相关文献广泛的涉猎，刻苦钻研，一丝不苟地备课，以及多次讲授马恩列的其他原著的知识积淀和教学功底，使资本论的课堂教学，收到了良好的预期效果。一直随堂听课的西工大马列室主任和四军医大马列室主任，都对穆教授当时的授课内容和效果表示满意和赞赏。

1979 年 2 月,穆教授回西北政法学院任教。因以前他长期从事政治经济学教学,被分配到政治经济教研室任教,开始培养政治经济学研究生。他负责制订教学计划、组织教学,并讲授《政治经济学》、《资本论》(第 1 卷)、《共产党宣言》、《哥达纲领批判》,以及《社会主义经济问题》。同时,他又整理和补充了《资本论提要》(第 1 卷)和其他老师编写的《资本论提要》第二卷、第三卷,一起铅印成书作为西北政法学院的教材。1981 年,他受延安大学政教系邀请,以单课独进的形式,讲授资本论 2 个月,得到了校方和学生的好评。同年,他又受西北农业学院邀请,给政教系讲授《资本论》第一卷前五章。

穆镇汉教授从事政治经济学的教学和研究活动长达 20 多年之久,潜心钻研马恩列原著,并长期讲授马恩列原著,精通马克思主义思想,马克思主义基本原理功底深厚。

(二)民商法、劳动法、经济法研究领域的成就

穆镇汉教授曾在中国人民大学攻读民法劳动法专业研究生,1955 年毕业后被分配到西北大学法律系民法教研室任劳动法教师。1958 年在西安政法学院(后更名为西北政法学院)民法教研室任教,直到 1971 年。1972 年,西北政法学院解散,他再回到西北大学马列主义教研室任教。1979 年他被调回复建后的西北政法学院任政治经济学教研室副主任。1981 年年底,根据邓小平的批示,要求 50 年代毕业的法律专业大学生全部归队。他又回到法律系任经济法教研室主任。在任期间,他研究了课程设置,并选送教师前往北京进修学习,为后来成立经济法系做了师资和课程建设方面的准备。1982 年,他从头开始准备,给法律系四班和五班的学生讲授经济法原理,同时还给函授部的干部培训班讲金融法。1986 年中国劳动法研究会组织编写"劳动法词典",邀请他担任编委和撰稿人。1986 ~ 1987 年,司法部组织各政法学院有关人员编写出版了 8 本统编教材,其中《商业

法教程》由他主编完成。1988 年下半年,穆教授当选陕西省法学会会长。他在 5 年的任职内,除筹集资金召开年会,承办全国性的法学研讨会外,还领导成立了宝鸡、渭南、西安、汉中、延安等地方法学会;并与政法学院科研处合作组建了省法学会下属的民法学、刑法学和宪法学等二级法学研究会。

穆镇汉教授是新中国初期培养的具有研究生学历的法律专业人才,毕业后长期从事法律教学和研究工作,其法学研究范围横跨民商法、劳动法和经济法等研究领域。由于他拥有政治经济学与法学交叉的知识结构,且均功底深厚,加之他丰富的人生阅历,因此他能够将经济学、法学与国情有机地结合起来,并融会贯通地去探讨法律问题。这使他对所研究的问题往往具有更开阔的视角,更透彻、更深远的见解。

1955 年他同教研室主任同志敏,在讲课之余曾经讨论,中国何时制定民法。当时正值社会主义改造时期,两种公有制已经建立,农民还有自留地,还有商品交换、商品生产,因而,他认为民法必然会制定。因为民法是调整商品关系的法律。于是他们商量写一篇文章,《民法的对象》,由同志敏执笔,后来发表在《政法研究》(现在的《法学研究》)上。该文章认为,民法是调整人们之间财产关系和人身非财产关系的法律规范,并分析了民事主体(公民和法人),民事行为、民事权利与民事责任。文章的基本依据是两种公有制之间有商品交换,存在集市贸易。穆教授回顾这篇早期的文章认为,现在看来,主要观点没有错,但因为受计划经济框架影响,表达不明晰不具体,论述方法一般化。当时我国的社会经济情况以及民法学术研究状况,与现在制定《中华人民共和国民法总则》的大背景相比,不可同日而语。

当时,西北大学法律系助理系主任姚风楼要讲民法课,曾安排民法教研室其他老师给他写讲稿,但都不满意。最后,请穆教授为他写讲稿。为了锻炼自己,穆教授欣然同意。教学过程由主任讲课,他辅导。讲稿的内容仍是苏联框架,有些内容基本与他在中国人民大学学习民法时听课笔记相同。穆教授认为,现在看来,当时传授的基本知识是对的,但同现在市场经济条件下的民法相比,有的内容已过时了。

1957 年上半年,他在西北大学法律系讲劳动法。穆教授认为,他讲课的内容在当时条件下是对的,不存在什么问题。因为当时社会主义改造已经完成,两种公有制已经建立。劳动者是生产资料的主人、国家的主人、企业的主人,劳动者和自己所有的生产资料结合进行生产。劳动法的基本原则也是宪法规定的原则。劳动法适用的范围是,全民所有制职工和城镇集体所有制职工。农民只是在计划招工,进入全民企业后,转变为工人才能适用,因此,没有劳动合同。但是,企业从大学、中专,从农村招工,招收职工是劳动就业,不签合同。劳动者付出劳动后取得的是劳动报酬,不是工资。劳动保险没有纳入社会保障体系,而独立出去。劳动争议由行政和工会调解,但是,没有建立政府、企业、工会三方机制。总之,是计划经济模式。

1983 年,穆教授受邀参加了中国劳动法研究会在安徽黄山召开的年会。在会上,他针对有些大学法律系把劳动法作为选修课而不作必修课的情况作了发言,他主张“劳动法是一个独立的法律部门”,应该被重视。回校以后,他就自己的想法和思考从理论上加以分析,写成了文章发表在 1984 年的《西北政法学院学报》上。1986 年,该文章被中国劳动法研究会编辑的劳动法论文集收编,并由法律出版社出版。

1992 年,在北京参加中国劳动法研究会年会时,他参加了制定劳动法的讨论。当时,针对在工资条款中只规定了包含维持劳动者自身生活的费用和养家维持妻儿的费用的内容，穆教授提出增加劳动者住房的费用和劳动者学习的费用。时任劳动部部长张左己认为职工住的是福利房，学习由国家出钱组织培训，该内容不应写入劳动法，否定了穆教授的正确意见。而穆教授认为，这是计划经济和市场经济两种思维的对立。使他感到遗憾的是，我国当时的劳动立法因受传统计划经济思维定式的束缚，不能为民生立命。

1984年，在我国专利法刚颁布之际，穆教授就在《中国专利》撰文，宣传专利制度的社会作用。穆教授认为，从社会层面看，专利制度和法人制度是资本主义社会推动市场经济大发展的法律制度，意义非凡。这篇短文发推广专利制度的先声，它对专利制度在资本主义社会和我国的现实意义，从新的视角给予合理的揭示。

1988年穆教授应《现代企业》月刊记者之约，在《现代企业》1988年第8期发表《企业法是现代企业宪章》一文。1994年，陕西省人大通过了《陕西省经纪人条例》，应《民声报》记者的邀请，穆教授撰写并发表了《市场经济呼唤经纪人》。1996年，他在《陕西人大研究》发表了《市场经济是法治经济》的文章。穆教授对专利、经纪人和企业制度，以及对市场经济是法治经济的研究和论述，粗略地反映了他关于市场经济的法制思想，其中不乏真知灼见。

（三）参与地方立法工作及其立法研究成果

1988年穆镇汉教授被选为陕西省第七届人大常委会委员。1990年4月，陕西省人大常委会临时动议，要制定“陕西省实施《中华人民共和国集会游行示威法》办法”，穆教授和另外两同志接受委托花了一天一夜的时间拟定草案，后来经省人大常委会通过，公布施行。

从1994年到2008年年初，他在任陕西省人大法制委员会特邀顾问期间，参加陕西省地方立法工作，对陕西省和西安市许多地方性立法的调研和修改等工作倾注了大量的心血，贡献了自己的智慧和力量。他先后参与的立法有:《陕西省公证工作若干规定》《陕西省经纪人条例》《陕西省商品交易市场管理条例》《陕西省城市房地产市场管理条例》《陕西省建筑市场管理条例》《陕西省预算外资金管理条例》《陕西省渭河流域水污染防治条例》《陕西省实施〈中华人民共和国村民委员会组织法〉办法》《陕西省煤炭石油天然气开发环境保护条例》《西安市劳动力市场管理条例》等140多部。此外,在任顾问期间,他还为陕西省人大常委会作过多次报告,并作为会议参阅文件印发。同时,他受邀给省委党校、榆林市委党校讲授《依法治国,建设社会主义法治国家》。

2003年,穆教授应邀为陕西人大常委会作法律专题报告,题目:省人大常委会如何审议地方性法规草案。穆教授在作这场报告期间,时任陕西省委书记、人大常委会主任李建国一直在台下认真地听,报告结束后,他特别指示秘书要将这个报告作为省人大常委会会议的参阅文件,印发给常委委员。这足见陕西省省委书记对穆教授这次报告非常重视。

2008年5月29日,由省委书记、人大常委会主任赵乐际主持,穆教授在陕西省人大常委会上作了《地方立法的几个问题》的讲座。这次讲座的内容也被作为参阅资料印发。穆教授有关地方立法的研究和学术思想,是他参与地方性立法的调查、研究、起草、修改和旁听审议等活动20年以来的认识、体会和经验的总结,对陕西省人大常委会立法有参考价值。穆教授在陕西省人大工作先后长达20年,无论是当委员还是任顾问,他始终认真做好工作,无愧于心。多年来,他对陕西省地方立法作出了重要贡献。

(四)大学教学与教育管理思想

穆镇汉教授从1955年开始从事大学教育工作,其中用以课堂教学的时间长达30多年,教书育人、行为师范、恪尽职守。他长期的教学实践体现了将传授专业知识与培养学生健全的人格相结合，主张大学生不但要掌握专业知识和技能，更要有人文关怀精神。他曾提出培养“四有”“三懂”的人才。1989年前后，穆教授的建议和耐心细致的思想教育工作，挽救了一大批一时迷失政治方向的大学生的命运和前途。

穆镇汉教授指导学生进行法律咨询

穆教授从担任教研室主任、副院长，直到担任西北政法学院院长兼党委书记，几乎从事过高等院校各层次的管理工作，具有丰富的管理经验，并形成了自己关于高等院校的管理理念。他在任副院长和院长期间，主要完成了修订和落实教学计划，科研为教学服务，师资培养、教学设备和图书馆建设，教师和学生上课纪律，教材建设，落实法律专业学生实习基地、扩大本科招生省区和增加硕士生培养点等重要工作。这些工作不仅推动了学院教育事业的快速发展，而且也体现了他的教育管理思想。

西北政法学院属于“教学为主，科研为辅型大学”，因此，穆教授提出了“科研为教学服务”的主张。他认为一个高等学校有两个任务，一要出人才，二要出成果。办好学报是出成果的重要体现。科研须坚持学术性，防止商业性。另外，他认为图书馆不是一般管理机构，是学术性管理机构，是学生知识的重要来源。在电脑网络出现前，根据调查统计学生知识来源，40%的知识来源于老师的教学，60%来源于学生在图书馆借书阅读。因此，建设图书馆十分重要。这种认识和主张，比那些一直将图书馆视为教辅机构的观点，显然具有先进性。

（撰稿人：郭富青，原文有删节）

把法理的知识原本地教给学生

——王天木教授访谈录

王天木(原名特木其勒),男,蒙古族,1937年7月出生于辽宁省阜新蒙古族自治县,中共党员。1951年考入中央民族学院附属中学,1962年毕业于北京大学法律系(5年制),1962～1971年在内蒙古锡林郭勒中级人民法院工作,1971～1979年在吉林市第十一中学工作,1979～1980年在吉林市昌邑区基层人民法院工作。1980年7月他被调入西北政法学院法学基础理论教研室,担任法学基础理论教研室副主任,1984～1987年担任《西北政法学院学报》(现名为《法律科学》)主编,1987～1988年担任教务处处长,1988年起担任法学理论专业硕士研究生导师,1988～1991年担任西北政法学院常务副院长,1991年3月至1997年8月担任西北政法学院院长,1994～1997年担任法学理论专业硕士研究生导师组组长。他曾兼任中国法学会常务理事,陕西省第八届人大常委会委员、法制委员会委员,西安市第十届人大常委会委员、法制委员会委员,曾获得国务院授予的“有突出贡献的专家”称号和陕西省法学会授予的“陕西省资深法学家”称号(2013年)。

邱昭继:王老师,非常感谢您接受我们的采访!您能跟我们聊聊关于您上学时候的一些事情吗?

王天木:我1937年7月出生在辽宁省阜新县,从小一直在阜新县读书。1951年7月小学毕业,我考入了中央民族学院附属中学,包括初中3年和高中3年,在那里一共读了6年书,1957年7月毕业。

民族学院附中是一所少数民族学校，原名叫蒙藏学校，中华人民共和国成立后才改为民族学院附中。为了照顾少数民族，我们在这个学校学习期间所有的吃、住、穿和学习用品都是公费，所以在这方面不需要花钱。中央民族学院附属中学的师资力量较强，都是北京一些拔尖的老师。另外，我们的伙食也很不错。所以在这种比较好的条件下，我度过了 6 年非常充实的时光，学习成绩也很不错，1957 年通过高考考入了北京大学法律系。

邱昭继：您当初报志愿的时候为什么选择法律专业呢？

王天木：这主要是受印度电影《流浪者》的影响，我看完这部电影以后非常感动，对律师丽达非常敬佩，认为律师的职业是很高尚的，对流浪者拉兹也很同情，所以就决定学法律。当时北京大学法律系录取人数不多，在全国只录取 70 人。法律专业在那个时候是机密专业，我根本就没有抱多大希望，结果出乎意料，竟然就被录取了。

邱昭继：您本科同学毕业后都从事了什么工作？

王天木：我们 70 个同学毕业后被分到了全国各地，有的被分到了新疆，有的被分到了西藏，我被分到了内蒙古，大多都是从事法律行当。后来在学术界影响大的同学有李步云和杨永华。李步云是调干生，当时高校录取比例要求有 10% 的调干生，调干生都是有工作的，条件比应届生优越，年龄差距也比较大。李步云本科毕业后直接读了研究生，后来长期在中国社会科学院法学所工作，发表了大量的论著，在法学界影响很大。杨永华也是本科毕业后考上了北京大学法律系的研究生，后来一直在高校工作，他在陕甘宁革命根据地法制研究方面造诣很深。

邱昭继：您当时对北大法律系的哪些课程印象比较深刻？

王天木：当时北大的课程设置还是不错的，学术性也比较强，北大法律系主任陈守一教授强调学术性，注重法学教育。当时开的课有《国家与法的理论》,用的是苏联的教材,当时基本没有中国教材,刑法和民法也都是苏联教材,唯一有中国味的教材就是《中国法制史》和《中国法律思想史》。

邱昭继:《国家与法的理论》教材是由谁编写的?

王天木:这本书是苏联社科院的玛·巴·卡列娃教授编的。当时实体法的内容叫《刑事政策》《民事政策》,没有刑法和民法之类的法典,那是粉碎"四人帮"以后才有的。

邱昭继:毕业以后您去哪里工作了?

王天木:1962 年 7 月毕业以后开始分配,当时想把我分配到北京的郊区法院,但我觉得在北京没有发展前途,所以就请求分配到内蒙古。当时内蒙古没有分配名额,最后通过内蒙古驻京办才分到锡林郭勒盟中级人民法院当书记员,在那里工作了 9 年。在锡林郭勒盟中级人民法院工作比较顺利,每天忙着办案,下乡比较多,当时强调设置巡回法庭就地调解处理,贯彻党的审判工作方针。当时我还没有结婚,干劲儿也足,就骑马下乡,这份工作也挺吸引我的。1966 年"文化大革命",单位开始分派系,主要分为造反派和保守派。在这种情况下,群众和单位中都分成了两派,锡林郭勒盟也不例外。当时局面比较混乱,两个派系之间经常辩论,有时候甚至武斗。到 1968 年内蒙古实现军管,公检法也是如此。我于 1971 年离开了内蒙古,调到了我妻子李淑娥工作的吉林市。她是北京大学历史系毕业的,毕业分配的时候不照顾两地生活,各分各的,结果我被分到了内蒙古,她被分到了吉林。1971 年我在吉林市第十一中学担任保卫干事。1979 年 10 月粉碎"四人帮"以后,我就被调到了吉林市昌邑区人民法院,当时的说法叫"归队",因为当时法学人才太缺了,"打烂"公检法的时候法律人才都被打没了,拨乱反正以后才慢慢恢复。当时原本打算把我调到吉林省高级人民法院,后来因为家庭原因我选择了昌邑区人民法院。1980 年 7 月，我和妻子被调到了西北政法学院。

邱昭继：您当时是因为什么契机调到西北政法学院的？

王天木：当时有多方面考虑，一是因为在司法部门工作业务多，比较忙，当教师比较稳定一些；二是因为西北政法学院那时刚复校不久，正是用人之际，我老同学杨永华就在这里工作，在他的帮助下我来到了西北政法学院，当时我和妻子李淑娥分别研究法理和法制史。我是 1980 年 7 月调过来的，当时法学基础理论教研室主任是马朱炎，从事法理教学的老师有文钦明、杨承鑫、杨琪和曲可伸等，从事法制史教学的老师有方克勤、杨永华、李文彬和张继孟等。法理教研室的名称经历了一个演变的过程，最初叫国家与法的理论教研室，后来又叫法学基础理论教研室，最后才叫作法理学教研室。

邱昭继：您是什么时候去的《法律科学》编辑部呢？

王天木：我是 1984 年被调去的，当时叫《西北政法学院学报》编辑部，《法律科学》这个名称是 1989 年以后改的。我去的时候任学报的第一任主编。在学报编辑部干了几年以后，1987 年我又被调去教务处当处长，1988 年又升任常务副院长，再到 1991 年升任院长，一直工作到 1997 年 8 月退休。

邱昭继：在您担任西北政法学院院长期间，哪些成就是您最想被人记住的？

王天木：我记得的一个是理论系调整，我设置了经济法系，也算不上什么太大的贡献。我觉得学校的发展不能仅看作一个人的功劳，这就像火炬接力棒，每个人在自己的那段时期都做出了一定的贡献，学校的发展要归功于每一个人。在我担任院长的那段时间内，我认为履行好自己的职责，让学校稳步发展、维持好教学科研秩序就是最大的贡献。

邱昭继：您在担任院长期间，西北政法学院在 5 所政法院校中处于什么地位？

王天木：咱们学校当时归司法部领导，是司法部下属的5所政法院校之一。当时西北政法大学以西北地区为重点，是西北地区法学教育的中心，但因为西北穷，很多人才不愿意来，所以在某些方面不如其他学校，但我们也有优势学科，总体上来说排在中等水平。

邱昭继：就法理学教学而言，有哪些成果您最愿意被人们记住？为什么？

王天木：我觉得把法理的知识原原本本地教给学生就是最大的贡献。原来这一学科不叫法理学，叫作国家与法的理论，这其中的国家理论属于政治学，占据着大量法学的位置。我们早期的几代学者通过努力，把政治部分给划分出去，后来才进一步将其发展成法理学，这才正式地把法学理论恢复到应有的位置上，这是我们前几代人一代代争取的成果。当时我还编了几本书，其中一本是《法学基础理论教程》，我是这本书的主编。这是80年代司法部统编教材，是大专教材。还有一本也是司法部的统编教材，书名叫《法学基础理论》，主编是西南政法大学的卢云教授，我是副主编。

（访谈人：邱昭继）

服务国家重大特殊需求

——贾宇教授谈西北政法大学法学教育

2013年10月27日，中央政法委在西北召开法律人才互聘“双千计划”现场会。“双千计划”是教育部、中央政法委联合实施“卓越法律人才教育培养计划”的一项重要内容。“卓越法律人才教育培养计划”是新中国成立以来颁布的第一个关于法学高等教育的专门指导性文件，也是教育部在社会科学领域最先实施的卓越人才培养计划，是对法学教育性质的重新定位，必将对中国法律教育发展产生重大而深远的影响，也将对政法队伍建设产生重要影响。

在西北政法大学的教育事业发展过程中，一直得到上级党委和政府的正确领导和大力支持，得到中央和地方政法机关的指导和支持，得到中国法学会和兄弟法学院校同仁们的关心和帮助。中央政法委选择在西北政法大学召开法律人才互聘“双千计划”现场会，给了我们极大的鼓舞。

一、服务国家重大特殊需求，积极承担大学社会责任

大学的根本任务是培养人才。为谁培养人才，培养什么样的人才，怎样培养人才，这是育人的根本问题。作为一所具有光荣革命传统的高等政法院校，从1937年成立的陕北公学，到1958年的西安政法学院和2006年更名后的西北政法大学，在不同的办学时期，我校始终坚持把人才培养工作与满足国家重大特殊需求紧密结合，积极遵循为国家培养合格人才的办学方向。

2008 年，中央启动政法干警招录培养体制改革，把为西部地区基层政法机关培养造就政治业务素质高、实战能力强的应用型、复合型政法人才作为国家重大需求，我校认真准备积极申请，被中央确定为政法干警招录培养体制改革首批试点单位。2011 年，教育部和中央政法委基于法治建设重大需求，推出“卓越法律人才教育培养计划”，我校首批入选包括应用型、复合型法律职业人才、涉外法律人才和西部基层法律人才全部 3 个类型的“卓越法律人才教育培养基地”。2011 年，国务院学位办开始实施服务国家特殊需求博士人才培养项目。中央政法委安排中央司法体制改革领导小组办公室，主持论证了我校申报的“服务西北地区稳定发展与国家安全高级法律人才培养项目”，获得批准，2018 年开始招收全日制法学专业博士研究生，培养政治立场坚定、法学功底扎实、知识交叉综合、思维视野开阔、实践能力突出，能有效运用科学方法独立从事研究和解决西北地区重大法律实际问题的高级法律专门人才。

西北地区对于国家安全具有特殊战略意义。为西北地区的民主法治建设和边疆稳定培养可靠法律人才，是国家的重大需求。我校长期立足陕西、服务西北、面向基层、面向实践、面向西北边疆少数民族地区，培养了 10 万余名具有坚定正确政治方向的高素质法律人才。2000 年以前，我校 70% 以上的毕业生服务西北，扎根基层。西北五省区各级法院和检察院、省市级政府法制办、司法厅局的主要业务干部，高等学校法律院系和法学研究机构中的大多数教学科研骨干，多是我校的毕业生。2000 年高校扩招后，东部生源增加，但我校自愿前往新疆和藏区的毕业生绝对数量也在增加，2003 年以来的 10 年间，我校有 993 名毕业生到新疆工作，307 名毕业生到西藏工作。从 2004 年到 2009 年连续 6 年，新疆生产建设兵团录取了我校 250 余名毕业生。

二、定位职业教育,培养卓越人才

我校围绕法律教育是职业教育的性质定位和培养思路,在创新法律人才培养机制方面,主要进行了四个方面的探索。

第一,以全覆盖的法治理念教育培育学生的法律职业信仰。学校在70多年的办学过程中,形成了"政治坚定、实事求是、勇于创新、艰苦奋斗"的老延大(延安大学)办学传统,培养学生具有坚定的政治立场和法治信仰,是我校坚持社会主义办学方向的具体体现。2009年,中央政法委、教育部等四部委联合发布《关于认真学习〈社会主义法治理念读本〉的通知》。我校党委及时制定了《关于学习〈社会主义法治理念读本〉进一步深化社会主义法治理念教育的实施意见》,把《社会主义法治理念》课程确定为全校所有专业的必修课,并要求把社会主义法治理念贯穿于法学所有课程中,把法治理念教育与学生的思想政治教育和法治信仰养成有机结合起来。学校成立了由校长担任主任、28名教授组成的社会主义法治理念教研中心,具有法学教育背景的校领导和各法学院院长带头每年在一线为学生讲授社会主义法治理念课程。从2009~2010学年以来,共有22,397名研究生、本科生和专科学生接受了社会主义法治理念教育。通过教育活动,使学生在思想上明确了中国选择现行法律政治制度的历史必然性,从本质上厘清了社会主义法治理念与西方法治理念的区别,有力增强了学生坚持社会主义法治理念的自觉性和坚定性。

第二,"送出去、请进来",建设法律职业教育教师团队。"送出去",旨在提升专任教师的法律实务能力。从2008年以来的6年间,我校共派出法学教师49人次在法律实务部门挂职或者兼职,其中,在基层法院挂职副院长和兼任法官助理的共计6批32人次，在基层检察院挂职副检察长（检察长助理）的5批12人次，兼任科（局）长助理的共计2批5人次。挂职副院长、副检察长的教师，都是经过地方党委组织部门按照领导干部任职条件进行考察，并且由人大常委会依法任命；担任法官助理检察官助理的教师，均由基层法院和检察院按照规定程序任命，这些教师到法律实务部门后，朝九晚五指纹打卡上下班，并完全按照本院干警接受管理。教师通过1～2年的挂职兼职，丰富了人生经历，接触到中国法治的“原生态”，使他们更了解国情，逐渐“从旁观者变成建设者，从局外人变成局内人”，发现“中国问题”，提升了自身的科研能力和教学能力，使科研创新紧扣社会现实，教学内容贴合实际需要。教师的教学科研因为“接地气，而更有底气”，用法律实践经验反哺课堂教学，有效地提升了法律理论教学和实践教学的质量。

“请进来”，旨在优化法学教师队伍结构。学校在2008年制定了《客座教授兼职教授聘任办法》，在从其他高校聘请高水平学者担任客座教授的同时，从中央政法单位、陕西省高级人民法院等政法实务部门聘请具有丰富实务经验的专家型领导担任客座教授或兼职教授，共同组成高水平法学教学团队。目前，我校已经形成了由281名法学专任教师、56名实务部门兼职教授、20名学科理论客座教授构成的专兼结合的高素质法学教师队伍。中共陕西省委常委政法委书记安东、陕西省高级人民法院副院长顾德镰、全国律协刑事辩护专业委员会主任田文昌等兼职教授坚持每年为学生讲课、作报告、指导研究生，深受学生欢迎。

第三，构建法学实践教学体系，培养学生法律职业能力。经过长期的探索，我校按照“专业人才培养的全过程覆盖、专业核心知识的全分布覆盖、专业实践能力的全要素覆盖”原则，建立了“课堂实验实训、社会实践和专业实习”三位一体、四年不断线的实践教学体系。我校是国内首家自发开展诊所式法律教育的高校，现有民事法诊所、公益法诊所、农村社区诊所、行政法诊所、劳动法诊所、立法诊所和刑事辩护诊所，形成了诊所式法律教育本土化——“西北模式”的成熟经验。截至2013年7月，法律诊所总计开办58期，结业学生总计1587人，案件法律咨询总计16,948件，援助代理各类案件总计411件，已结案件337件，开办学生模拟审判23次。成立于1984年的我校学生社团组织“大学生法律服务中心”，坚持“以我所学，服务社会”的宗旨，长期为弱势群体排忧解困，义务为群众提供法律咨询和援助。在省内外各地进行大型义务法律咨询80余次，举办专题法律宣传600余次，解答观众来信4万余封，接待来访群众6万余人次，代写各类法律文书3000余份，免费代理各类案件1200余起，荣获“全国百佳大学生社团”“中国百个优秀青年志愿者服务杰出团体”等称号，受到共青团中央、全国学联的表彰。

我校在法科硕士研究生培养方案中明确规定，学生必须在法律实务部门从事不少于6个月的见习法官助理、见习检察官助理等实践工作；在法学博士人才培养方案中也规定，在培养期间至少要到实务部门从事不少于10个月的调研。

第四，搭建“校院合作”“校检合作”法律职业教育平台。2008年以来，我校按照“人员互聘互派、资源共建共享、信息设施互通共用、教学科研互帮共进”的原则，先后与中央和地方法律实务部门签订了合作协议，形成了常态化、规范化的法律职业人才联合培养机制。中央政法委机关领导及西北五省（区）政法委的领导亲自指导我校“服务西北地区稳定发展与国家安全高级法律人才培养项目”申报和培养方案的制订；西安市中级人民法院、西安市人民检察院参与我校卓越法律人才培养方案制定的论证；学校专任教师与实务部门的人员组成刑法学、民法学、行政法学、诉讼法学等课程的联合教学组，为学生共同授课，共同开展课程建设；学校还与法律实务部门开展了一系列科研合作活动，取得了丰硕成果。

在近年来的工作中，我们深深地体会到，法学教育改革必须准确把握和妥善处理好三个关系。一是法学教育应当遵循高等教育的一般规律和法律人才培养的特殊规律。法学教育是以法律职业的存在和需求为前提的，因此，不可能脱离法律实务部门的指导和参与。近代中国自清末以来，法科的人才培养既有教育行政部门的管理，也有司法部门参与其中。民国时期由教育部和司法院交叉管理法学教育。中华人民共和国成立后，法学教育也曾长期由教育行政部门和最高人民法院、司法部等法律实务部门共同管理。而在西方发达国家中，美国的法学教育由美国法律家协会和法学院联合会共同指导。二是从事法学教育的院校，应当结合学校的办学历史和学科特点，适应党和国家对高素质法律人才的需求，突出自己的人才培养特色。三是法律职业人才的培养应当坚持"理实并重""知行合一"的人才标准。法学教育要实实在在地全面贯彻理论联系实际、知识传授与人格养成相统一的育人理念。

西北政法大学虽然在创新法律人才培养机制方面作了一些探索，取得了一些成就，但与党和国家以及社会对我们的期望还存在很大距离。我们将以实施服务国家特殊需求博士人才培养项目和三个类型卓越法律人才培养国家基地的建设，以及本次"双千计划"现场会为重要契机，在上级党委和政府的正确领导下，在中央和地方政法机关的大力支持下，继续与全国兄弟法学院校互相学习、友好合作，把我校的法学教育改革进一步推向深入，为培养造就一大批信念执着、品德优良、知识丰富、本领过硬的社会主义法治事业可靠接班人和合格后备军做出应有的贡献。

（撰稿人：贾宇，本文原载于《法学教育研究》总第11卷，法律出版社2014年版）

老教授与“西法大”精神

西北政法大学的几代学人筚路蓝缕、艰苦创业，传承红色基因，传播法治思想，为社会培养了一大批优秀的法治人才。我校数位教授的回忆、自传以及对他们的采访，都弘扬和传递着老一辈教授的创造精神、人文情怀，传承着我校的大学精神。他们对学校建设历史的回顾，对学校总结教研经验、展示科学成果、共享发展理念、推进学科建设等都有重要的意义。

赵建学:两校的回顾　复校的艰辛

一、学校历史回顾

延安大学(后迁入西安,改名为西北人民革命大学)及西北大学的两校历史与我都有短暂的直接、间接的联系,现作如下回顾。1949年2月,我16岁时从宜君老家徒步400华里到达革命圣地延安。首先投奔延安大学,拜会延安大学校长李敷仁先生,想进延安大学学习,未能如愿,于是到西北局从事党的机要工作,于1949年4月加入新民主主义青年团,1950年2月光荣地加入中国共产党。

1. 延安大学改建为西北人民革命大学。1949年5月20日西安解放,西北局机关立即迁往西安,主管延安大学的西北局,根据革命形势的需要将延安大学更名为西北人民革命大学,将其迁入西安,并任命陕西省委第一书记、省政府主席马明方为校长,李敷仁为副校长。6月30日,就以西北人民革命大学的名义招生,到七八月共招收学生2216名,以后又录取了部分新生,共计2923名,以文化程度分别编班,短期轮训。8月10日,马校长第一次在全校干部大会上讲话,为办学指明方向,他指出:"我们学校是一个短期的、以政治训练为主的干部学校。"到了1950年4月6日,有2444名学员毕业,在永乐店三部校园内举行了一、二、三部第一期学员毕业典礼。西北局习仲勋书记作了重要讲话,马明方校长还为本期学员结业纪念册题词:"预祝同志们在各个革命工作岗位上,将学到的马列主义、毛泽东思想理论知识,很好地和当前革命实践结合起来,密切联系群众,发挥创造性，为建设人民的新西北而奋斗。”这期学员毕业后被分配到西北五省工作。就在这期学员毕业分配不久，西北局决定：西北人民革命大学原由西北局直接领导，改为西北军政委员会领导，由于马明方校长工作繁忙，免去了他的校长职务，任命原副校长李敷仁为校长。1951 年 1 月，李校长参加赴朝鲜慰问团离校，又任命刘端棻为副校长（1908～1997 年，1953 年夏调任西北大学副校长、校长等职）主持校内工作。1990 年刘校长写的回忆录指出：西北人民革命大学又举办了多期行政、司法或其他专业的培训班。西北人民革命大学前后四年共培养了 11,000 名干部，他们不怕艰苦，不计名利，一批又一批地竞相投身于祖国大西北建设事业，献出了青春年华，他们早已成为各条战线上的骨干。今天，不少同志还在继续为大西北的四化建设大业勤奋工作。他们总是说：“民大（西北人民革命大学）的学习，是我一生的转折点……”

2. 西北人民革命大学改建为西北政法干部学校。1953 年夏，我们经过了国民经济恢复、“土改”、“镇反”、“三反”、“五反”、“抗美援朝”，要开始政权建设以及恢复，组织新的司法、检察、民政等方面工作急需大量司法干部，因而上级决定将民大改建为西北政法干校，以培养县级以上的司法、民政、检察干部。西北人民革命大学结束后，上级决定将原学校四部主任刘若曾，原三部副主任张治平调任干校正副校长。他们奉命带领民大部分干部到南郊八里村筹建西北政法干校，短期培训政法干部以适应形势的需要。大概过了 1 年多后大区撤销，就将西北政法干校更名为中央政法干校西北分校，不仅为西北五省培养政法干部，还为山西、河南、四川等省培训政法干部，此时学校归属中央政法干校领导。这段时期的档案已经于 60 年代初上交陕西省档案馆，此段时间的老同志也很少写回忆录，资料鲜见，亟待收集、挖掘整理。

3. 西北大学法律系是怎(样)组织建设起来的？西安解放不久，陕甘宁边区高等法院接收陕西西北法政专科学校的学生并吸收一部分知识分子共约160余人组成的司法班，由高等法院院长马锡五、朱婴担任正副主任。这些学员后来也被编入西北人民革命大学五部序列，但一直由时任高院及西北军政委员司法部副部长朱婴领导，他们一直还亲自为学员授课。西北人民革命大学五部司法班于1950年11月结业后，在司法部领导下，着手筹办西北军政委员会司法班，先后办了两期，训练学员数百人分配原单位工作，这个司法班轮训近3年之久。学校于1952年在西北大学开办了司法专修科，学制2年，面向全国招收了90名新生入学，1954年毕业分配工作。司法专修科办了1期结束后，8月开始筹办西北大学法律系，当年9月招收了第一届新生50余人。由当时西北大学党委书记朱婴担任系主任，姚凤栖担任助理系主任，以后从1955～1957年又招收了3届学生大约有300人。1957年后，从北京政法学院党委书记调任系主任兼系总支书记。

4. 西北大学法律系全建制并入中央政法干校西北分校组建成西安政法学院。学院首任院长为刘若曾并兼任党委书记，副院长为张治平、吴仲璧，党委副书记为王润；法律系主任为郭怀都，党史系主任为曹树铮，哲学系主任为闫希贤；副主任为王陆原，政治经济学系主任为贾步云等。西北大学法律系是1958年10月并入中央政法干校西北分校的重新组建西北第一座正规的法学高等学府——西安政法学院(1963年改名为西北政法学院，2006年更名为西北政法大学)。法律系所有领导、教职员工以及未毕业的300余名学生全部并入，以及有百年校史的西北大学及抗日战争迁入西安的东北大学、北京大学等名校组建西北联大，他们大量的图书资料都入西安，全国独有的一些珍贵的有关法学图书资料也一并无偿移交给政法学院，为我校以后组建图书馆奠定了良好的基础。从1959年8月开始我校才正式以政法学院为名招收本科生。这样，西安政法学院从延安大学、西北人民革命大学到西北政法干部学校一直以来的短期训练干部转入正规本科学制的学历教育。

在建院初期，学院的条件极差，没有教学楼，没有图书馆，没有办公楼，没有教职的宿舍楼。我们这期学生都参加了大炼钢铁、修建办公大楼，参加打地基，我们同级同学王德增，因打地基而砸伤了脚，从而打上石膏卧床休养。经过几年的努力，继承延安大学、西北人民革命大学的艰苦奋斗的精神新建了教学楼、办公楼、图书馆、职工宿舍楼并招聘了大批教职工，还组建了党史、哲学、政治经济学、新闻等多学科的学院，逐步走上了正规的多学科的高等政法学院。1960年7月我们年级部分同学提前一年毕业(留)校搞教学工作我先搞党史教学。1963年中央批准政法学院改为西北政法学院，专办法律专业的政法院。这时，我又被调配到刑法教研室，从事敌情基础知识和公安业务教学。为了备公安业务课，1964年1月派我到中央政法干校进修，适逢毛泽东主席、刘少奇主席等中央领导接见了我们第八期学员，在人民大会堂接见、照相。《人民日报》还发了消息。由于"文化大革命"开始，学校仅在1969年招收了最后一期学生，1972年即(停)办了。在校的学生全部结业分配工作，校址交给部队使用，职工都分散各地，已经建院10年的西北唯一政法高等学府，就此结束。

二、复校的艰辛与时逸之对复校的贡献

1976年，在华国锋主席为首的党中央的领导下，在粉碎"四人帮"，又在"三中全会"的指引下，经过揭发批判、拨乱反正，使全国各项工作走上了正确的轨道。我们学院1978年奉命恢复。我从大荔调回学校继续从事公安业务劳改法学、中国监狱史、犯罪学等教学工

作。当时困难重重，一无校址，地方被部队占用；二无教职工，原有人员下放白水，后被分配省内外各地及部分院校、企业、农村，要调回亦很困难；三无教材图书资料，有些原有图书资料远拨新建的延大；四无后勤物资保障，收回的校址已经乱七八糟。要恢复重建问题确实不少。在上级的安排下，调回老院长王云，升为副院长郭怀都等领导努力承建。但由于事情非常复杂，涉及面广，好些问题难以处理，正在这时，时任陕西省（人民政府）秘书长、副省长时逸之（1907 年至 1982 年 7 月 29 日）1978 年平反任省革委、人大常委会副主任，不久即患脑中风，病愈不久，就边住院边工作，既要忙于人大的相关工作，还忙于"加强政法队伍建设，保卫四化顺利进行"。他给《陕西日报》约写专稿，亲自抓紧政法学院复校问题，还兼任陕西律师协会名誉主席，并于 1982 年 1 月 11 日亲自出席理事会议，并作了重要讲话。他曾为西北政法学院的恢复而多次奔走，为动员原政法学院教师归队，曾两次以省政办名义召集同志们开会，动员教师返校，一次在丈八沟宾馆，一次在人民大厦。他为了写聘书，还专门将起草好的底稿，拿到我校王院长住处征求意见。由于我在 50 年代初任他的秘书，那天他还将我叫到王院长的住处，当着王院长和郭怀都的面，让我做他的联络员，协助解决复校的难题。由于他的亲切关怀，在全校师生的共同努力下，学校初步具备了招收的条件，1979 年就开始招收新生。1979 年 10 月 13 日终于正式开学，时副省长那时已身患食道癌等重病，在西安医学院边住院治病，还抽空关注陕西省人大常委的工作，并亲临我校作讲话。当时我到中央政法干校学习"两法"，未能听取他的讲话。由于他的山西口音太重，大会记录同志听不懂，当我返校后，我根据录音进行整理，打印稿文稿还在我处保存。

复校后，在司法部以及陕西省委、省政府的领导下，在几代院校领导的领导下，在全校教职员工的共同努力下，学校的建设有了很大的发展、壮大。学校现有南北两个校区，布局合理，环境优雅。学校师资力量雄厚，有专职教师745人，其中教授103人，副教授309人，具有和在职攻读博士学位的教师119名。涌现出一大批学术界的专家学者。学科特色鲜明，专业涵养（盖）社会学、人文科学、商学、工学四大学科门类。学校面向全国31个省（市）、自治区招生，在校本科生近1.5万人，研究生2400人。经过70多年的发展建设，学校已成为全国法律人才培养的重要基地之一，西北、陕西人文社会科学教育和研究的重要基地。

（撰稿人：赵建学，本文节选自《峥嵘岁月——西北政法大学校史资料辑录》，陕西新华出版传媒集团2016年版，原文有删节）

严存生:“西法大”精神感言

我与西北政法大学相伴成长。“西法大”由西北政法干校和西北大学法律系合并改为西安政法学院后招收时,我是第一届法律系的本科生;“文化大革命”后复校时,1981 年我又回母校任教于法理教研室,先后担任教研室主任、导师组长、学科负责人等,直至 2012 年退休。“西法大”培育了我,又为我的教学科研活动创造了一个宽松的环境,我也为“西法大”的发展尽了微薄之力。

“寸有所长,尺有所短。”“西法大”地处西北,地缘上的劣势给她的发展造成了许多不利,但这毕竟只是外因,而我们知道,压力会变为动力。所以,虽然“西法大”至今未获得博士单位授予权,但她并没有停止发展,其某些学科的发展在国内并不落后。我所在的法理学学科就是一例,她是国内法理学的重镇之一,是原司法部和陕西省的重点学科,有一支雄厚的教学科研队伍,有较良好的教学科研风气,勇于进行学科改革和学术研究,是国内最早对法理学进行教学改革的单位之一,在法理学研究的某些领域,如法的文化、法的价值、法治观念、西方法哲学问题、西方马克思主义法学等领域的研究上居于国内领先地位。她先后承担了近 19 个国家社科基金项目,其中,重点项目 1 个(严存生:“‘三个代表’与我国的法治建设和法学研究”),重大项目 2 个(李其瑞:“社会主义核心价值观与法治文化建设研究”、杨宗科:“中华优秀传统文化传承发展的立法对策研究”);司法部、教育部和陕西省级科研项目 18 个;出版学术专著 50 余部,译著 20 部,发表学术论文 800 余篇,其中,在《中国社会科学》《法学研究》

《中国法学》等权威期刊上发表学术论文 20 余篇，被《新华文摘》、《中国社会科学文摘》、中国人民大学复印资料《法学》、《法理学、法史学》、《社会学》、《高等学校文科学报文摘》等刊物转载、转摘 80 余篇；其科研成果获得国家省部级以上政府科研奖励者 30 多个；主编国家普通高校规划教材 1 部；其他教材 10 多部。

"西法大"为什么在非常困难的条件下仍能保持"五大政法院校"的地位，并在某些方面居于领先地位，这里仅从法理学学科的角度谈点感受。

一、有一支爱国爱校、忠实于法学教育事业、勇敢为之献身、能坚守岗位和辛勤工作的教师队伍

我校法理学教研室有 20 多人，不仅人数在国内是数一数二的，而且在学科成就上也是出类拔萃的。他们大都安心于西北地区的低待遇，踏实地从事教学科研工作。他们教书育人、为人师表，能经受得住各种社会的诱惑，专心于教学和勇于进行科研探索。因而"西法大"涌现了一批教学科研型优秀人才。如法理学教研室建立以来许多教师获得国家级和省部级荣誉称号，其中 2 人享受国务院特殊津贴，1 人荣获"陕西省优秀教师"称号，1 人荣获"陕西省普通高校优秀青年教师标兵"称号，1 人荣获"司法部优秀教师"称号，2 人荣获陕西省普通高校教学名师奖，1 人荣获"陕西省师德标兵"称号，1 人荣获"陕西省青年拔尖人才"称号，2 人入选陕西省高层次人才"特支计划"。他们中许多人在全国学术研究机构中担任要职。如中国法学会法理学研究会顾问 1 人、常务理事 1 人；中国法学会比较法学研究会顾问 1 人、常务理事 1 人；中国法学会法治文化研究会常务理事 1 人；中国西方法律思想史研究会顾问 1 人。他们也能关注对学生的优良品德和基本能力的教育，因此，法理学专业毕业的硕士生都有比

较好的品德和扎实的理论功底，为人忠厚，工作踏实，认真负责，受到所在单位的普遍好评。“西法大”的法理学学科是国内较早获得硕士生授予权的单位之一（1987 年），至今已招收 33 届 400 余人，其中许多已成长为杰出人才。有的在中央机关担任要职，如尹伊君、贺小荣、王敬波；有的在高校任教授、博士生导师，或担任国内的学术研学会的会长、副会长，如刘作翔、葛洪义、陈金钊、龚向和、石东坡等。

二、勇于探索，敢为人先

（一）学科改革方面

1. 法理学改革。20 世纪 80 年代初，由于受苏联的影响，我国的法理学课叫作国家与法的理论，把法学与政治学混在一起，内容庞杂。所以改革的第一步，就是把二者分开，将其改为法学基础理论。但由于其内容比较形而上，又安排在法律专业一年级的第一学期，这对于完全没有法律感性经验的人来说，如听天书，效果很差。所以，法理学所面临的第二步改革，就是把“法理学”改到第三学年上，而第一学年的第一学期，只讲一些法学的入门理论，称为《法学导论》。我校的法理学教研室的老师们清醒地认识到这一点，积极地进行改革。我校在 20 世纪 90 年代向陕西省教育厅申请了一个教改项目：“法理学课程改革研究”，编写了《法学引论》和《法理学》教材，改革了教学安排。该项改革获得成功，2005 年获得陕西省人民政府优秀教学成果二等奖。其后，《法学导论》《法理学》两门课程又被评为陕西省精品课程，法学理论教学团队是陕西省省级教学团队。本专业教师积极参与教改撰写和发表了教学研究论文 100 余篇，获得的陕西省人民政府优秀教学成果奖 4 项，获得国家级高等教育优秀教学成果奖 1 项，省级人民政府优秀教学成果奖 2 项，编写省部级优秀教材 6 部。

2. 西方法律思想史学科建设。(1)20 世纪 80 年代改革开放初,《西方法律思想史》作为一门课程在我国一些学校试点开设。“西法大”没有落伍,及时安排了这一课程,我作为任课老师在走访先行学校——北京大学、中国人民大学等校老师和收集有关资料的基础上编写出讲授大纲和阅读材料,于 1983 年开设了该课程。1989 年我组织全国五所政法院校(北京政法学院、西南政法学院、华东政法学院、西北政法学院、中南政法学院)和四个大学的法律系(复旦大学、苏州大学、云南大学、广州大学)的任课老师,共同编写了《新编西方法律思想史》教材。该教材很有特色,不再把法律思想和政治思想放在一起,能用比较易懂的中国话语客观地介绍西方的法学观念,出版后反响很好,被全国许多高校采用。正因如此,后来以之为基础编写的《西方法律思想史》教材获准为“十五”和“十一五”国家普通高校规划教材。(2)西方法律思想史课程的改革在实践中不断前进。随着国内硕士研究生的普遍招生,相应的西方法律思想史课程如何开设成为一个新问题,“西法大”的老师为此进行了积极摸索,逐渐编写出相应的专题史(内有学派史和问题史两部分)的教学大纲,以与适用于本科生的“通史”相区别。接着,在 2007 年又与华东政法大学何勤华教授合作编写了相关教材《西方法理学史》。

(二)学术研究方面

“西法大”的法理学科的老师们在学术研究上勇于探索、敢为人先,在许多领域、问题的研究上,取得了丰硕的成果。

例如,对法律文化、法律价值的研究,我们走在前列,最早提出问题和发表论著。如我在 1988 年长春“法学基本范畴”研讨会上提交了《“法律价值”概念的法哲学思考》一文,接着在 90 年代初相继出版了《法律与自由》《法律的价值》《论法与正义》等书,2002 年又在修改补充的基础上把它们汇总为《法的价值问题研究》;刘作翔教授在 1988 年就在《法学研究》上发表了"论法律文化"一文,1999 年又在商务印书馆出版了《法律文化理论》一书。正是由于我校有一批教师潜身于法律文化、法律价值研究,我校学报《法律科学》也于 1989 年起率先推出法律文化、法律价值和法制现代化专题。该专题从 2004 年起定名为"法律文化与法律价值"专栏,并作为重点栏目建设。到目前为止,这一专题研究已达近 30 年,极大地推动了我国的法律文化、法律价值研究,形成了很大的社会反响。故此,2012 年该专栏入选第二批教育部哲学社会科学学报名栏。

又如,法治问题。他在承担了国家社科基金重点项目后,用了近 10 年左右时间系统研究了古今中外存在的各种法治观念和几个"法治国家"的政治体制,以及与之密切相关的政党体制,撰写出版了《法治的观念与体制》。他在系统评介各种法治观念和政治体制的基础上,从观念与体制两个角度论述了"法治"问题,批判了形式法治观念和把法治于法制混淆的观点。在"法治"体制上,他深入政党体制的角度研究了法治问题,认为当今民主社会,政党活动的法律化是法治建设的关键,而政党活动的法律化首先在于党内有一套严谨科学的规章制度。也就是说,"依法治国"关键在于"依法治党",而"依法治党"首先要抓紧"党内法规"的建设,只有实现了"法治政党",然后才会有"法治政府""法治社会""法治国家"。该书于 2016 年获得中国政法大学钱端升法学研究成果奖三等奖。

再如,法的全球化研究。我们现在已进入全球化时代,与之相适应的,法律也已经全球化。近些年来,我国兴起了对全球化研究的高潮。但许多人对全球化的认识不够全面,认为全球化就是"一体化"。法律就是"世界法",即世界上有统一的法律和统一的政府,这一认识显然是片面的。为此,我向教育部申请了课题进行研究,最后出版了《法的"一体"和"多元"》一书,深刻地分析了当代法律全球化的问题，揭示了法律全球化存在的两种趋势："一体"和"多元"，从理论上论述了两者的辩证关系，批判了当代法律全球化中的错误观念（世界法观念）和不良倾向（西方化、资本主义化）。该书获得中国政法大学钱端升法学研究成果奖三等奖。

最后，对当代西方马克思主义法学的研究。马克思主义是我国一切建设的理论基础，马克思主义经典作者对法律问题有许多精彩论述，当代西方马克思主义法学著作是其继承和发展，对我们全面地研究马克思主义法学思想有很大的价值。我国学者，包括法学家，对马克思主义经典作者比较熟悉，但对当代西方马克思主义法学著作研究不够。我们"西法大"法理学的教师锐敏地发现了这一点，为了便于研究当代西方马克思主义法学思想，近年来关注于西方马克思主义法学著作的翻译，组织翻译和出版了一批相关著作，受到好评。李其瑞教授主编的《西方马克思主义法学译丛》已被列入国家"十二五"重点图书规划项目。

三、学风踏实，重视基础研究

法理学学科是法学的基础科学，从业者必须有广博的知识和深厚的理论基础，而要具备这些素质，就必须淡泊名利，甘于寂寞，能坐得住"冷板凳"。必须认真地阅读和研究各种社会科学名著，扎扎实实地积累资料，敏锐地观察社会现实，使历史与现实、理论与实践有机地结合起来。本专业的许多教师由于树立了正确的治学观念，养成了勤恳踏实的治学风气，因而能安心于基础学科研究的冷落和薄利，遵循科学研究的规律，潜心于对某一学科、某一领域或某一问题的研究，坚信学术研究必须做"老实人"。我 30 多年来专心于西方法律思想史的教学与研究，在广泛阅读和研究西方法学名著的基础上，研究了西方历史上的法学概念、观念、理论、问题，撰写并出版了《西方法哲学问题史研究》一书,得到了社会的好评,于 2017 年获得中国人民大学吴玉章人文社会科学奖优秀奖。

“西法大”法理学科团队朝气蓬勃,为国内法理学的法展培育了许多精英人才,在法理学的许多领域的研究中有所贡献,她将永葆“西法大”精神!

(撰稿人:严存生)

郭志琦传略

一

郭志琦出生于1935年5月2日，西安市灞桥区南牛寺村一个农民家庭。他7岁开始在本村读小学，1945年秋9岁时到离本村5里以外的灞桥小学上学。1950年10月，正当郭志琦与同学们一起在和平环境中认真读书的时候，朝鲜战争形势紧张起来。党和国家号召知识青年投笔从戎，抗美援朝，保家卫国。这时，郭志琦和许多同学都纷纷积极报名参军，要求赴前线杀敌。但郭志琦家里只允许他的小叔叔郭致昌去参军，而坚决反对郭志琦参军，并将他锁在一个房间里，由专人看管，直到郭致昌走后才放松看管。一天晚上，郭志琦趁看管人不在时跳窗逃跑，连夜摸黑到西安城里参军同学集结处报到。当时他还给其祖父写过一封劝告信，发表在1950年12月30日的《陕西日报》上。

军干校同学集结完毕后，郭志琦被分配到中共中央西北局机训队学习。1951年7月学习毕业后他又被分配到西北局机要处工作，直到1954年大区撤销。其间，由于他工作积极认真，努力学习，要求进步，经常能按照共产党员的标准严格要求自己，觉悟不断提高，所以，1953年11月6日他刚满18岁不久，即被党吸收为中共预备党员，并于1954年按期转正。

大区撤销后，1954年冬天，郭志琦又被分配到中共中央办公厅机要局工作。

二

参加工作后，郭志琦深感自己的文化基础薄弱，先天不足，所以他在努力工作的同时，一贯抓紧业余时间进行自学，以补自己的不足。尤其到中央机要局后，他除积极参加中央办公厅文化学校课堂听讲外，还在星期天参加了社会上办的文化补习班学习。他把业余时间大都花在看书学习上（包括预习、复习、写作业）。他在中学阶段的语文、数学、历史、地理等未学课程，多是通过业余时间补习的，所以学得不够扎实。

1957 年上半年，郭志琦响应国家向科学进军的号召，向组织提出申请报考高校学习。经组织批准，脱产 2 个月积极准备报考高等院校。他于 7 月参加考试，成绩合格，被西北大学法律系录取，9 月到校报到。在他学习 1 年后，1958 年下半年陕西省政府决定，西北大学法律系与中央政法干校西北分校合并成立西安政法学院，郭志琦随西北大学法律系又到西安政法学院学习。

当时，高等院校政治运动多、社会实践多（这两项加在一起约占 1 年多的时间），在校上课自学时间极为有限。除几门政治理论课（哲学、政治经济学、中共党史、科学共产主义理论）外，他主要学习了专业课如法制史、法权理论、宪法，文化课如外语、汉语，其他专业课均未学习。

在大学 3 年的学习阶段（本来是 4 年制，郭志琦等同学提前 1 年毕业，故大学阶段为 3 年），郭志琦深感时间的宝贵，所以他抓紧时间，加倍努力学习。他除在课堂上认真听讲、记好笔记外，课外抓紧时间认真看书学习。他常常早上起得很早，摸黑到图书阅览室学习（当时学校阅览室晚上不关门）。

1960 年下半年，学校根据上级决定，增加了几个新专业（如新闻专业、政治经济学专业、哲学专业、党史专业)，教师奇缺。为加强教学力量，学校决定让30多名同学提前毕业到相关教研室边干边学。郭志琦也在其中，他被分配到经济系政治经济学教研室当助教。在教研室工作1年后，学校又决定抽调一些教师报考中国人民大学研究生班，政治保送，专业考试，谁考上谁去学习。当时中国人民大学单独招生，考场设在西安火车站对面的解放饭店，考生吃住均在那里，共考了2天。后来，郭志琦接到通知，他被中国人民大学经济学说史专业研究生班录取，学制3年(1961年9月至1964年8月)。

三

在3年的读研过程中，郭志琦除到中越公社劳动锻炼10天外，其余时间就是听课、读书。特别是他在卫兴华老师指导下系统地学习了《资本论》，在李宗正老师指导下系统地学习了马克思的《剩余价值学说》和有关经济学说史的一系列名著(约百本书)，在高鸿业老师的指导下学习了凯恩斯的《就业利息和货币通论》及人民资本主义的有关著作。他自己还选择了系统听吴易风老师给本科同学讲的《经济学说史》课，以补自己非经济学本科专业毕业的不足。此外，他在最后一学期到北京图书馆和北大图书馆进行调研(翻阅中华人民共和国成立前有关凯恩斯主义在中国的传播和影响的报刊资料)，并写出毕业论文。

在这3年读研过程中，这个专业的4名同学都备感压力，这是由于：第一，郭志琦和其他3名同学均属非经济学专业毕业生，需要补许多课和补看许多书；第二，经济学说史这个专业本身涉及经济学家较多和他们的代表作较多，不仅有中国近现代的、古代的，还有国外的，不仅有奴隶主、封建主阶级的，还有资产阶级的和无产阶级的，各阶级有价值有代表性的经济学著作都必须读，不能偷懒、跳跃，因此，他们都努力抓紧时间,连星期天都要挤出半天看书,半天到颐和园,边走路边互相提问,边讨论问题,爬山过程中也要提问题、讨论问题,就连寒暑假也要带书回家去看。

从读书学习的角度讲,这3年可以说是郭志琦在大学阶段所经历的第一个最好的时期,也是他年平均读书最多、收获最大的时期。这是他在高等院校学习生活阶段的第一个黄金时段。

四

读研3年毕业后,一个尖锐的问题摆在郭志琦的面前,这就是回母校还是另行分配?因为母校的经济系在阶级斗争为纲方针的指导下,有关部门已决定将其予以撤销。上级指示精神非常明确,所有政法学院只能办法律专业,不能办别的专业。当时郭志琦曾经想过到其他有经济系的学校去工作,但母校一再来函,希望他回母校工作,出于感情他最后还是决定回母校。

1964年8月,回母校后,学校首先安排他到新疆去招民族班学生。他在新疆大学和自治区人民法院住了1个多月(从新生录取到最后等学生报到集中,再将学生交给班主任)。回校后,学校又通知他到陕西省教师进修学院参加陕西省理论教师学习班,接受清除理论教学中修正主义影响的教育。学习班由陕西省委宣传部理论处主持,时任陕西省委宣传部长刘端棻常到会指导。

陕西省理论教师学习班结束后返校,不久,郭志琦等又被派到陕西汉中参加西乡社教。社教运动结束后,郭志琦返校回政治经济学教研室。1965年下半年又被借调到哲学教研室工作1年,下班给69级二班同学辅导哲学,并到同学宿舍与同学同住。1965年上半年他又随同学到黄陵县上畛子劳改农场下连当兵。下连当兵1个月后返校,"文化大革命"逐渐开始。直到1972年学校宣布撤销停办。

1972 年 5 月西北政法学院停办后，陕西省高等教育局（以下简称陕西省高教局）将郭志琦分配到西安医科大学工作。当时按专业需要陕西师范大学要求将他分到该校，但陕西省高教局分配小组成员不同意，理由是他的妻子在医科大学。

到西安医科大学后，他被分配到政治理论教研室政治经济学教研组。当时医科大学实行开门办学，教师除在校上课外，还定期轮流随医教队到外县上课。这一段时期，郭志琦除在校内上课和二附院上课外，还到渭南、大荔、绥德、米脂、榆林上过课。

五

1979 年西北政法学院复校，学校领导多次到西安医科大学要人，但都未果。最后郭志琦只好先到政法学院上班，过一段再办手续，这样，回到了母校。

回母校后，他从 1979 年到 1998 年退休，再加上退休后又给研究生上了好几年课的这一段时间，这是我国大学教育已经恢复秩序走上正常轨道的时期，也是我国广大教育工作者比较能集中精力为教学和科研做出贡献的时期。可以毫不夸张地说，这是郭志琦在高校阶段的另一个最好的时期，是他在大学生活的第二个黄金时段。

在这 30 多年中，郭志琦主要做了如下几项工作。

第一，备专业课。1979 年 6 月从西安医科大学回母校后，郭志琦即开始准备 1979 年新生的经济学课。他很兴奋，因为这是他研究生毕业 15 年后第一次给经济学专业的学生备专业课，给复校后第一届学生备课，这才是他的正业。在备课过程中，他认真翻阅资料，深入研究问题，尽量做到把讲稿写得既深入浅出，通俗易懂，又要有一定的深度，能反映出新问题、新进展，新的研究成果，并注意把理论回到现实中，使学生听后有收获、有启发。

对郭志琦来说，他要备的课有三类。首先是政治经济学课，面向的主要是经济学专业和哲学专业的学生。其次是经济学说史课，面向经济学专业本科生。为备此课，他曾专门到中国人民大学和北京大学进行了2个多月的调研，访问了有关名家（如李宗正、厉以宁等），并听了他们的课。调研题目是“文化大革命”后如何讲授经济学说史和西方经济学课。最后是为经济学研究生备《西方经济学专题》和《西方经济学名著选读》这两门课。

第二，讲课。这30多年中他先后为理论系政治经济学专业和哲学专业、经贸系营销专业学生讲过《政治经济学》，给法学系有些班也讲过《政治经济学》。此外，他给经济学专业本科生讲过《经济学说史》，给政治经济学专业研究生上过《西方经济学专题》和《西方经济学名著选读》课程，还给经济法专业和环境保护法专业的研究生讲过西方经济学某些专题课（主要讲同立法、执法关系密切的西方外在性理论、产权理论和公共选择理论等）。

第三，继续深入学习。虽然他过去读研阶段读书较多，但当时有些书还未翻译出版，如马歇尔的《经济学原理》上下卷，庞巴维克的《资本实证论》等，这些书都在他研究生毕业后两三个月才翻译出版。在备课阶段他将这些书都认真读了一遍，并写出笔记。另外，还有些书过去虽然读过，但理解不深，而这些书在经济学史上都是划时代的，所以他在备课中又读了一遍。此外，还有些书是当代经济学家写的，是改革开放后翻译出版过来的名著，具有在学说史上划时代的意义，需要把它介绍给研究生，所以他需要与时俱进、认真阅读。还有些书是新自由主义代表人物的书，在他读研阶段接触较少。为了给研究生讲好新自由主义，特别是其产权理论、市场经济理论、公共选择理论等专题，对新自由主义主要代表的书他也认真读了一两遍，并写出笔记。

第四,办系和创建新专业。从 1987 年起,郭志琦被理论系教工选为理论系主任(后党委予以任命。当时,学校决定在理论系进行试点,系领导班子先选举,后任命)。1988 年下半年理论系撤销,他又到经济法系任副主任,1991 年到理论部任副主任兼总支书记,1992 年任经贸系主任。他在这些领导岗位上做了许多工作,做出了有益的贡献。值得纪念的主要有如下一些事情。

1. 组建新的系务委员会。过去的系务委员会只包括系上的正副主任和党总支正副书记,郭志琦上任后,将系工会主席、各教研室主任也吸收进系务会。系里的一切重大问题均由新的系务会讨论决定。

2. 制订新的教学计划。为适应新的就业形势,郭志琦上任后,即着手组织修改原来的教学计划,加强专业和专业基础课,增大选修课,培养学生一专多能,以增强学生在就业上的适应性。当时除保证专业课和专业基础课外,他还特别通过增加 20 多门选修课(分两组),一面深化专业理论教学,一面扩展学生的适应能力。前者通过本专业方面的系列选修课实现,后者则通过利用政法院校在法学方面的优势,设立法学方面的系列选修课实现。此教学计划已经学院领导同意开始实施了好长时间。

3. 制定理论系的第一套改革方案。当时在理论系教师中,曾经有教师提出了好几套改革方案,但只有第一套方案是代表理论系的方案。这套方案的基本内容是,理论系建制保留,原来的两个专业(哲学和政治经济学)也予以保留,新增两个专业:(1)行政管理专业(行政法方向),面向全国培养既懂哲学又懂法律、懂管理的政工干部和其他管理干部;(2)企业管理专业(企业经济法方向),面向全国企业培养既懂经济又懂法律、懂管理的经济管理干部和企业管理干部。

此方案陕西省高教局领导表示同意,他们表示:“只要理论系建制保留，怎么改革都可以。”但司法部领导坚决不同意，说“这是挂羊头卖狗肉”，“理论系必须撤销”。

4. 申办编辑出版政治理论杂志。在理论系主任岗位上，郭志琦曾经与杨文汉同志一起，请来陕西省高教局领导并向他们汇报工作。在这次汇报中，郭志琦提出了如下两点要求：(1)请陕西省高教局支持理论系编辑出版一个理论刊物，主要面向陕西全省政治理论课教师，公开发行，并请每年拨一定的经费；(2)请高教局给理论系拨一台复印机。这两个要求陕西省高教局领导同志当时就口头给予了令人非常满意的答复，特别是第一个要求，当时陕西省高教局领导答复得很具体：刊号由陕西省高教局办，编辑部设在理论系，由陕西省高教局每年拨 4 万元支持办刊。此事后来经过陕西省高教局办公会议正式决定，并在一些会议上进行了通报，有些稿件已经寄到了理论系。可惜的是，不久司法部就决定要撤销理论系，此事也没有了下文。

5. 创建经济贸易系和市场营销、国际贸易专业。1992 年郭志琦与其他同志共同努力，并经学校和上级有关部门领导同意和支持，在西北政法学院原理论部、马列研究所的基础上创建经济贸易系，先招市场营销专科生，后设立市场营销和国际贸易两个本科专业；并结合政法学院实际，制订了以法商结合为特色的教学计划，培养既懂经济，又懂法律，还懂外语和管理的市场营销和国际贸易专门人才。我校经济贸易系的成立，打破了我校单科法学院在培养人才方面的不利局面，为西北政法大学办成综合性多学科大学开了个好头。

6. 参与政治经济学研究生硕士点授予权的申报工作。过去多年(从 1979 年起)政治经济学专业虽然招研究生，但没有学位授予权。1992 年经济贸易系成立后，郭志琦同其他同志即精密组织申报授予权的工作，搜集、写好申报材料，并组织几位同志到北京有关部门进行宣传工作(送材料)。这次终于申报成功，经国务院学位委员会批准,从 1993 年起,西北政法学院政治经济学专业终于有了硕士研究生的学位授予权。这次报批成功的经验是,填报导师组成员时必须从实际出发,从科研能力和成果出发,而不能从照顾关系出发、论资排队,同时,必须做好宣传工作,要使别人了解申报点的情况。

第五,搞好科研。从 1979 年到 1998 年,再到 2013 年(郭志琦退休后身体还算健康的 15 年时间),这是郭志琦进行科研工作的最好时期。这个时期不仅现实生活、时代提出许多需要研究的问题,教学中的许多理论问题也需要研究,而且这个时期社会安定,党和政府的路线正确,没有像过去不断发动的政治运动干扰,时间也相对充裕。

郭志琦一贯重视社科研究,早在"文化大革命"前就曾写过关于凯恩斯研究方面的论文投稿至《光明日报》,当时该报准备发表,到西北政法学院了解作者,但因为"文化大革命"开始而未能发表。在西安医科大学工作阶段,他也曾在《陕西日报》发表过几篇文章。回到西北政法学院后,他遇到了改革开放的好时代。这时在学校工作干扰较少,他的精力比较能集中在教学科研方面,他的潜能、专业基础也更有条件充分发挥出来。所以这个时期他在社科研究方面的闪光点犹如泉涌。

六

郭志琦的研究成果可以分为如下几类:第一类是有关西方经济学和经济学说史的研究成果;第二类是有关市场经济理论及市场经济理论史的研究成果;第三类是有关我国改革开放和批判新自由主义干扰的研究成果;第四类是其他方面的研究成果;第五类是发表在网络上的论文和还未公开发表的论著。

七

郭志琦的科研成果有如下几个特点。

第一个特点就是独创性。他的绝大部分成果都有独到见解，有新思想、新观点，有些还有一定的社会反响。由于他的科研成果具有较高的水平，所以，有的被国内著名学者评述，有的则被国内著名刊物全文转载或摘要转载，还有的被国内著名出版社全文辑刊。此外，他有大量论文被作为参考文献，有多篇论文被引用，有的甚至被大段引用，并在引用后对郭志琦同志表示了充分肯定和赞扬。

第二个特点就是有针对性，绝不无病呻吟。他的科研工作都是或者针对现实中的问题，或者针对理论界和教学科研中的问题，并希望通过调查研究，科学地回答这些问题。

第三个特点是他的许多成果都极具战斗性。他像一个战士在战场上战斗，对那些企图把中国的改革引入歧途的中外自由派文人和政客，他无私无畏，毫不留情。他将他那锐利的笔锋直接指向以哈耶克、弗里德曼为代表的新自由主义理论，指向那些积极自觉鼓吹新自由主义的中国自由派，指向那些不知新自由主义为何物而却盲目贯彻新自由主义的人，以捍卫当代的马克思主义——中国特色社会主义理论、捍卫中国特色的社会主义事业。

第四个特点是严谨性。这主要体现在两个方面：一方面，对严肃的理论问题，他一定要通过广泛收集、阅读文献，进行反复比较，仔细推敲，然后再作出结论，整理出论文后，一般要压数月甚至更长时间，经过再思考，然后再拿出发表；另一方面，凡涉及现实问题或自己无感性认识的问题，一定要深入现实中进行调查研究，获得感性认识，最后再参照书本知识，经过深入思考再下结论，写出书面成果。

第五个特点是合作性。通过团队协作互帮互学提高科研质量，并带动学生提高科研能力。他的一些项目在他写出纲目后，与学生共同协作，收集资料，一起讨论，分头写出初稿，最后由他定稿。

八

郭志琦在教学、科研和管理工作上的突出表现，为社会各方面所认同。他于1987年被学校评为先进教师，于1988年被同学评为最受欢迎的教师。他的科研成果多次被学校或省上有关学会、教育厅评为优秀成果，《市场经济理论史纲》一书则被司法部系统评为“九五”期间优秀成果二等奖。他的一些论著被国内著名刊物摘转或全文复印，一些论著被国内著名学者和书刊评述，不少论著被下载和引用以及作为参考文献。他的有些观点甚至被作为争论一方的主要代表进行评述。他还于1986年被评为省直科教系统优秀共产党员。他还多年被选为陕西省经济学会理事，陕西省外国经济学说研究会理事、副会长、会长、名誉会长，还被选为中华外国经济学说研究会理事，现仍任该会顾问。鉴于他在高等教育战线上的突出贡献，国务院于1995年10月批准他为享受政府特殊津贴的专家。

（撰稿人：郭志琦，原文有删节）

向道位：教书育人　终向所感

古稀自述

临世逢国难，家破依母生。
旧布缝新衣，野菜常做餐。
十三谋生计，担卖走四乡。
村野烈火吠，出入影伴身。
幼学常无师，但读初识文。
新国百废举，初试进学门。
饥寒常顾我，十年苦学成。
青丝变白发，杏苑育成林。
伏案长夜思，科研无大成。
盛世学吟诗，古稀颂人生。

这是我70岁时所作的一首诗，基本上概括了我这一生所走过的人生道路。当教师是我人生经历中作出的一种必然的完全理性的选择。教书育人是我这一生努力的事业。

我1936年出生于湖北省江汉市原上的沔阳县城。1959年9月，我怀着献身教育事业的理想，背着沉重的行李，千里迢迢地来到了古城西安，迈进了西安师范学院（陕西师范大学前身）的大门，就读于政治教育系。大学毕业后，我满怀着献身教育的热情，来到了陕西户县。我被分配到一中工作，这里是我毕业前夕曾经实习教学过的学校，所以是既陌生又熟悉的地方。当时中学的政治课开设《社会发展简史》《政治经济学常识》《哲学常识》等课程。

1980 年,我有幸奉调来到了西北政法学院政治经济学系从事教学工作,第一次走上了高等学府的讲台。面对充满朝气的大学生,我深感责任重大,也为教书育人的工作上升到了一个新的层次而感到自豪。同时,我又感受到巨大的压力,因为自己的学历、理论水平有限而为能否胜任教学工作感到忧心。又因为我是非政法毕业的而为能否融入这个教学集体感到忧心。我下定决心,加倍努力地再学习,不断地充实自己,提高理论水平。同时,我要潜心教学,在教学上狠下功夫,使自己尽快地适应高等学校的教学要求。我入校后首先承担的是面向全校法律系的政治经济学的教学任务。我在备课上狠下功夫。每轮课我都要认真地反复地通读教材,做到细读、深思、透彻理解内容,绝不因重复讲授而有所忽视。与此同时,我广泛搜集不同版本的教材,对比研究,撷采众长丰富教学内容。编写讲稿要达到体系完整,内容详细充实,语言表达规范严谨。每次课前我都要默读到熟练。课堂讲授要求达到脱稿,表达流畅自如;讲授内容要条理清楚,重点突出;疑难问题要抓住突破点,深入浅出;理论联系实际,要抓住热点问题。对于比较尖锐的现实问题,要勇于面对,把自己摆进去,与学生平等地交流自己的认识;对于不同专业的班级,要适当地有针对性地联系其专业内容,以激化其学习兴趣;板书要求书写规范,大小标题完整,板面要整洁。经过几轮教学,我的教学收到了较好的效果。当时在学校组的学生评价教学的活动中,我被法律系的同学评选为受欢迎的教师。

我从 1983 年开始,兼任本系政治经济学的教学工作。本系的政治经济学教学与公共课相比,要求更高。我主要在深化理论分析方面加强学习。我在课堂讲授中,不止于一般书面理论知识的传授,而是着重于培养学生理性思维的能力,掌握理论分析的方法,加强其理论联系实际的观察和解决实际问题的能力。例如,当我讲"抽象劳动"这一概念时不止于讲授一般书上的定义,而是着重分析了马克思通过对劳动的观察,经过由形式到内容、由现象到本质、由具体到抽象的科学思辨,得出了"抽象劳动"的科学概念,使学生能理解劳动价值论的科学性。又如,我在讲授平均利润和生产价格的内容时,当讲授平均利润率和生产价格的内容时,着重从三个方面深化理论分析:其一,资本追逐利润引起市场竞争,其经济本质是资本对剩余价值分割的争夺,揭示其资本主义经济发展的内生动力的经济内涵;其二,市场竞争引起利润率由不均衡趋于均衡再到不均衡的变化,从而导致市场价格变化,市场价格变化引导着资本在市场中的流量和流动方向的变化,揭示其市场价格是市场经济调节器的作用原理;其三,资本主义经济发生在利润、价格、竞争和资本流动的共同影响下,呈现出由不均衡到趋于均衡再到不均衡的经济发展周期的规律。这样就强化了同学们对资本主义经济发展从现象到本质的理论分析能力。我在这一阶段的教学,得到了教研室和系领导的肯定。当时在杨文汉教授的推荐下,由我在全系老师大会上介绍了教学经验。

20 世纪 90 年代开始,政治经济学系改组,我转任理论系及政治经济学教研室主任。其间,学校受司法部委托由理论系承办全国政法院校的《社会主义建设》的教师培训班,时间是一学期,学生共有 50 多人。当时没有统一的教材,由我拟订教学计划,具体负责聘请教师、组织管理培训班。具体教学内容由我起草教学大纲,并经过校内杨文汉、郭志琦等老师的具体指导,经过教研室的集体讨论确定下来作为教学的依据。外聘的教师有来中国人民大学、西安交通大学等著名的专家及领导来讲课。校内则主要由杨文汉教授担任主讲,其教学受到了学员们的好评。

理论系通过体制改革,新创办了国际贸易专业,更名为国际经济贸易系，我又承担了国际贸易专业课的教学工作。“国际贸易”这门课是我从来没有学过，也没有教过的新课。“国际贸易”既是理论课，又是实用性的专业课，讲授该课对外语也有较高的要求，所以开设这门课对我又是一次极大的挑战。一方面，我要在理论上从头学起，在较短的时间内熟悉教材的全部内容。另一方面，这门课还要求有一定的专业实践知识和外语水平，外语则要求适应教学需要，做到一边教，一边学，达到学以致用。我用一学期的时间备课，终于走上了讲台。当时我使用的是中国对外经贸大学使用的专业课教材，其理论和专业水平都具有权威性。我通过认真备课，反复通读精读教材，并广泛阅读了国内外的有关理论专著和最新研究成果的论文，编写了完整的讲稿。同时，我又争取机会多次参加了引进外资、引进国外技术以及进行加工贸易和国际租赁贸易的商务实践活动，这使我积累了一定的外贸经验，并运用于教学中。因此，我的第一轮教学就收到了较好的效果。

我从 1994 年开始参加了本校经济学硕士研究生教学的导师组，开设国际经济贸易专题的教学课程，并兼任研究生学习研究的指导工作。当时的研究生普遍缺乏有关国际贸易的基础理论知识，我从这一实际出发，在讲授国际贸易专题时，既要补基础知识，又要适应研究生学习研究的要求。于是我专门编写了国际经贸专题的教学提纲，并附列了有关的阅读书目。我的教学采用的是以现实热点问题为切入点，以国际贸易理论研究的前沿问题为重点，应用引导式的阅读及研讨方法来进行教学活动。当时，由于本校有关专业的图书资料缺乏，我个人订了一份由对外经济合作部国际贸易研究院编辑的《国际贸易研究》月刊杂志，供学生阅读研讨。这本杂志的理论水平高，学术研究的导向性强，其实用性的研究成果、资料、案例分析都比较前沿。我把每一期的主要文章指定为必读文章，并引导学生进行研讨,开展写小论文的活动。我以学生的论文作为评定学习成绩的依据,收效甚好。

我在繁重的教学之余,也从事一些力所能及的理论研究工作。我至今已出版有《市场经济模式比较研究》(联合主编)、《国际贸易》、《环境经济学概论》(合著)、《社会主义初级阶段经济分析》(合著)、《马克思主义原理》(参编)、《政治经济学新论》(参编)、《政治经济学新编》(参编)、《国际贸易理论与实务》(参编)等12部著作,并在全国期刊发表论文多篇。其中,《市场经济模式比较研究》一书获得陕西省1998年社科优秀成果二等奖,《政治经济学新编》获得司法部1997年部级优秀教材二等奖,《国际贸易》1997年由法律出版社出版,由司法部审定为司法部大学本科教材。1993年我撰写的《简论商桥工作与标准化的关系》论文,参加了全国商桥理论与政策研讨会,并作为优秀论文收录会议论文集选第一期,又于1995年全文被载入中央编译出版编辑出版的大型的《中国经济文库》(第14卷)。

我在西北政法学院始终坚持在教学第一线。由于领导的信任,我从1984年开始担任政治经济学教研室的副主任及至主任直到退休。本教研室的教学任务是极其繁重的:既要承担分院公共政治理论课中的政治经济学的教学,又要承担许多新办专业的经济理论专业课的教学,每位老师要求同时开设多门课程的教学,工作压力很大。在这种情况下,我和教研室党支部书记王华治同志商量,决心做到以身作则,担任更多的教学任务,以带动教研室的全体同志齐心协力,克服一切困难来保证完成其全部的教学任务。就我而言,每学年始终在教研室中承担的教学工作量最多,所承担的专业课也是理论难度较大的课程。

我在西北政法学院工作和生活的几十年,获得了信任,收获了友谊，得到了前辈的真诚关心和帮助，使我在教学、研究上取得了值得欣慰的成绩。在同志们热情的关照与支持下，使我的工作与生活充满了愉悦感和成就感。西北政法学院这个高等学府为我提供极其理想的工作与生活的环境，使我在这里得以安心地工作，愉快地生活。

（撰稿人：向道位，原文有删节）

马朱炎教授访谈录

马朱炎，男，生于1926年，陕西蒲城人，中共党员，西北政法大学法学理论学科奠基人之一，法学理论专业硕士点创建人。马朱炎先生1949～1953年在延安大学韩城分校和西北人民革命大学学习和工作，任副班主任和校总支委员，1953年7月至1954年7月在中央政法干校西北分校任教研室教师，1954年9月至1956年7月在中国人民大学法律系研究生班学习，1956年至1958年任教于中央政法干校西北分校宪法、国家与法的理论教研室，任教研室秘书，1958年至1972年任西北政法学院国家与法的理论教研室和哲学教研室讲师，教研室副主任，1972年至1978年在西安外国语学院英语系任讲师和系副主任，1979年任西北政法学院法学基础理论教研室副教授和教研室主任，1988年晋升教授职称，1992年9月离休。马朱炎先生于1984年担任法学理论专业硕士研究生导师组组长，先后培养了刘作翔、葛洪义、贺小荣、陈金钊、尹伊君、德全英等优秀的法学理论和实务人才。马朱炎教授曾兼任中国法制史学会副秘书长、全国法理学会干事、陕西省法学会常务理事等。马朱炎教授研究法理学和马克思主义法学，代表作包括《法学基础理论》（主编，1984年，函授教材）、《法的基本面理论》（主编，1988年，陕西人民出版社）、《马克思恩格斯法律思想述要》（1992年，中国政法大学出版社），在《法律科学》等期刊发表论文数十篇。

问题：您曾在延安大学韩城分校学习和工作过，您能讲讲在您的求学生涯中有没有印象深刻的一些事？或者说，您有没有觉得当时的哪些课对您的一生影响很大？

马朱炎：1949 年 1 月，我经过党的指引，和其他青年一样，怀着“追求真理，渴望光明”的抱负踏向了延安大学的大门。当时我去的时候还联系了几个人同去，但那时他们家里人阻止，因而他们没有入校。我那时比较爱学习，别人还给我起了外号叫“压坏板凳”，别人还没起床我就到教室学习了，别人都睡觉了我还在教室看书。在这种情况下，我是一心要去大学学习的，虽然当时家里不让走，但我也得去。于是，我就过了封锁线，从蒲城出发，走了 3 天。第三天到了延安大学在韩城的分校所在地。在分校报名的时候，需要每个人写一份自传，我在自传上写的是 1949 年 2 月 1 日正式报到。报到以后我被编在了 13 班，一共 130 人，当时班主任是李景生，还有 1 个助理员，叫张蒲三。当时老师宣布我做 13 班的班长，于是我就带队走了五里路到韩城的姚庄，在那里有一个庙，是我们班的主要活动地点。

在这里我上的第一节课叫作“劳动建校，艰苦奋斗”。我们班所有人分成了 10 个小组，每个小组 10 人，开始除草和清理垃圾，当时没有床，我们便自己找一个席位用草铺床。因为那个庙比较破，没有门窗，所以我们就用高粱秆扎实了，用报纸去糊，做成了门和窗户。我们的操场是农民打麦子的麦场。伙食是萝卜白菜大烩菜，主食是小米，吃饭的时候 8 个人一桌，围着一盆菜。我们吃饭的地方离上课的地方有一里多地，吃饭的时候就排着队去，吃完排着队回来，周而复始，如果下雨的话就更麻烦了。小米饭有干饭有粥，偶尔也有一些馒头之类的。当时的伙食都是清水煮萝卜，刚开始去都吃不习惯，跟家里的条件比那都是天壤之别。而且当时还有一个情况，就是好米要供前方的解放军，剩下的米都是后方吃，学生和老师当时同甘共苦，吃的都是这个。当时我们上课都是在空地上，总结起来就是，空地是课堂，双膝是课桌。我们有时候上大课要往返十里地，也是排队去，排队回。这就是我在延安大学上的第一课，叫作“劳动建校，艰苦奋斗”。这段生活经历塑造了我们的劳动观念和劳动思想。虽然当时的条件比较艰苦，但同学们当时都很快乐，歌声不断，笑声不断。这时候同学们都觉得为了革命，为了全国老百姓的翻身解放，为了自己的锻炼和思想改造，艰苦一点是值得的，并且，当时学生们都以延安大学的学习锻炼和改造为荣，所以同学们形成了一种革命的苦乐观。这就是我要讲的第一部分内容。

我们上的第二课是形势教育课，这个课主要是我们自己教育自己，通过国内形势教育自己，做得最多的事就是看报纸、看别人作形势报告。当我们听到淮海战役情势特别是听到山西太原解放时，那种心情难以描述，觉得西安解放有望了，我们返回西安有望了。此时，我们讨论小组讨论的问题都是全国的形势、国家的前途命运。经过这些讨论，我们都觉得中国的前途、民众的命运、个人的出路都在共产党，跟着共产党走就是胜利，跟着共产党革命就有前途、有出路。这种形势教育对学生的影响非常大。在那段时间里很自然地就形成和坚定了我们的革命人生观。这就是我的第二节课，主要是革命人生观的建立。

第三课是阶级斗争课。这个课主要有两种形式：一种方式是诉苦，就是诉说国民党统治下的百姓之苦。当时我们的班主任被国民党抓走了，抓走以后是严刑拷打，遍体鳞伤，所以学生们群情激昂，高呼口号“打倒蒋介石，解放全中国”，当时都是全校的大会，所以场面很是震撼人心；另一种方式是演了一部话剧，《关中血债》，看剧的同学们也是群情激昂，有的同学当时甚至砖头就扔上来了。当时我们喊的口号也是一浪接一浪：“打倒反动派，解放全中国。”在这样的情况下，培养了我们学生的阶级情、民族恨，我们认为要跟上中国共产党，为人民的解放翻身贡献力量。这个时候大家都懂得了阶级斗争和为人民服务，什么是为人民服务？就是为了人民的翻身解放而奋斗。这样一来，通过这种方式，我们的阶级感就树立起来了。

第四课是关于“三项纪律，八大注意”的纪律教育课。当时的校务主任马淇川找我谈话，意思是把我留在学校，让我招生。这个时候我们成立了一个延安大学招生队，由郭仪老师带队，大概有八九个人，随军招生。我们几个步行，第一站是澄县，当时晚上到了以后脚底都磨出了大水泡。第二天起来，大家脚疼得都走不动了，几个人就相互搀扶着，走了大概 5 分钟，脚热了以后，就不太疼了，几个人就继续往前走。第二站是蒲城县，第三站是富平，第四站是三原。当时是 1949 年 4 月 16 日，我们随军到三原县后，三原城当时正在打仗。后来我们的部队后退了 20 里，到了西阳镇。当时部队吃饭时，把我们安排到了一个小学校。因为部队人数多，村子里容纳不下，吃得也很艰苦，当时给我们送来的馒头有的还好，有的砸都砸不开，我们喝的水是学生研墨用的水。到了 1949 年 4 月 17 日，三原城打开了，我们便连夜进城。进城了以后，我的领导郭仪说在这有熟人，让我们帮忙找。结果到晚上城里就戒严了，戒严的时候有口令，如果三声还不应就开枪。当时我们也不懂口令，大晚上没吃没喝的，领导也不见了，部队也没联络上，所以当时很焦急，要是部队走了留下我们怎么办。于是我们想了个办法，几个人打着一个手电到刚才的地方，有人问的时候就说是延安大学的，后来在站岗点与部队联系上了。第二天早上，因为打仗，商铺都没开门，我们都没吃的。后来有人介绍说有一家卖锅盔的，我们几个听了很兴奋。但是，当时有“三项纪律，八大注意”，要求我们不能敲门，不能踢门。于是我们便喊：“老乡，我们是八路军”，但门还是叫不开，于是我们就轮流叫了很长时间。后来门叫开了，小贩担了一担锅盔，我们跟着他一块到了三原中学。之后我们一边喝着凉水，一边吃着锅盔，都很开心。到下午的时候，军管会成立了，当时把我们安排在了三原的池阳中学。当时有规定，就是我们几个人每天领粮，每天做饭，自己安排工作。但有一条规定：每天早上起来要打背包，然后背着背包工作，目的是防止敌人的袭击，做好随时离开的准备。当时我们两个人负责做饭，一个人负责去领粮食，每天吃完饭以后，我们就负责去街上招生。我们是代表延安大学招生，但很多人都不了解，都躲着我们，学校也没人，我们要找人宣传，当时局面很窘迫。

第五课是关于“军民鱼水情”和“枪杆子里出政权”的感悟。西安是1949年5月20日解放的，我们5月23日进西安城，当时住的地方就是现在的后宰门。27日时让我们做支前工作。当时学校还没改名，还叫延安大学，改成西北人民革命大学是1949年7月1日。当时学校出了23个人，我就在其中，我是延安大学支前队的副队长，当时的队长是刘志显。我们先去的是北郊的一个原名华峰一家面粉公司，负责收粮发粮。后来，由于木头桥断了火车不通，于是我们23个人就去了临潼，在临潼负责收粮发粮。因为当时华山有土匪，怕土匪下山抢粮，于是就派民兵跟我们一起，发粮的时候民兵就围在粮食周围，保护军粮。当时的人不怕国民党，都说如果国民党来了就要和他们拼命。又过了段时间，十九兵团回来到了西安，虽然当时西安解放了，但人们还是不敢开自家门，因为人们不知道共产党能不能靠得住，不知道国民党万一反扑回来该如何应对。这段支前工作对人的教育意义非常大，我在这一过程中有一个很深的感触就是：“枪杆子里出政权”。这个时候我才明白“枪杆子里出政权”的意义：有枪杆子才能拿到政权、保存政权，军队没来的时候百姓都人心惶惶，军队一来人心就安下来了。那时我们也感受到支前工作的重要性，支前就是支援前方的解放军，为人民的翻身解放而献身，为了人民当家做主而献身。在这一过程中，我才深刻体会到“民拥军，军为民，军爱民，军民鱼水情”这句话深刻的含义，同时也感受到了无论是枪杆子还是笔杆子,都是为人民服务的,都是为了人民的翻身解放、为了人民的幸福服务的。在延安大学的这段时间对我来说终身难忘、终身受益,使我永不迷航。在延安大学的这段时间虽然很短,却使我们坚定了革命的人生观,懂得了"为人民服务"这句话的含义。

1949 年 7 月 1 日,我们回到了西安,当时延安大学已改名为西北人民革命大学。当时学校校部和二部在铁砂场,就是现在自来水厂的位置,三部在当时东关的一个小学,四部在山西永和,五部是在现在话剧团的位置。我在民大的二部。当时一部和二部用的是电力。一部是培训校长教师的,二部是高中,三部是培养初中生的,四部记不太清了,五部是留用人员。毛主席当年说的:"三个人的饭,五个人吃。"因为当时解放的时候有一大批当年的国民党留用人员,我们和他们都要吃饭,所以才有"三个人的饭,五个人吃"这种说法。

问:当时西北人民革命大学招生有什么条件吗?

马朱炎:当时招生没有限制条件,对年龄都没有要求,只要你愿意来就能上学。但那时人们都害怕国民党再反扑回来,如果反扑回来发现有人在延安大学上学,就要找麻烦。因此,我们当时上学的时候都用化名,很多人名字后来都没改过来。当时招生时对"三项纪律,八大注意"的学习以及一系列活动,对学生们有着很深的影响,使学生们懂得了爱民为民,培养了学生们爱民为民的思想。当时还有一个口号,叫作"加强纪律性,革命无不胜"。就在这样的指导下,大家都很认真地学习"三项纪律,八大注意",也按照"三项纪律,八大纪律"的要求展开工作,这种精神贯穿我们招生工作的始终,所以同学们都形成了爱民为民、为人民服务的思想。

问:听说当时西北大学要和我们学校合并,这是怎样的情况?

马朱炎:当时西北局有一个决定,就是撤销西北大学,重建西北人民革命大学,相当于北京的中国人民大学。但是西北局又改变了决定,要保留西北大学,不再重建西北人民革命大学,所以1953年的时候,就把西北人民革命大学撤了,改名为西北政法干校了。

问:听您这么一说,感觉学校的发展也是挺曲折的,我觉得我们个人的学习与成长过程也是如此,都是比较曲折的。那您能不能结合"事物的发展是前进性与曲折性的统一"这一哲学道理为我们谈一谈这句话对个人来说有着什么样的启发,以及您对我们后辈有着什么样的期望?

马朱炎:这是哲学的三大规律之一,恩格斯提出是螺旋式上升运动,毛主席将它改为事物的发展是波浪式前进的。我在建校60周年会议上发表了一篇讲话,讲的内容大概就是,事物发展都是曲折的,作为一个人要警惕两种考验:一种是胜利的考验;一种是失败的考验。因为事物是不可能直线发展的,而是曲折发展的。任何事情有成功的,也有失败的,有对的,也有错的。毛主席也说过:"错了不要紧,改了就好。"我以西游记举例,西游记大家都很熟悉,唐僧他们都是神人,去西天取经都要经历九九八十一难,我们常人难道一生就没有曲折?所以,我们应该乐观面对生活中的困难与挫折,胜不骄,败不馁,这不仅限于学习中,而是适用于我们生活的各方面,我希望你们随时随地都能记着这一道理。

问:我们对您的学术生涯也比较感兴趣,所以很想了解一下您最初为什么会选择法学学科,是因为自己对这门学科感兴趣吗?

马朱炎:我们是完全听党的安排。1953年国家提出学校要办大学,就送一批人到北京中国人民大学,进修或读研究生,我在这一批人中。1954年经过考试,我进入了中国人民大学法律系读研究生,当时咱们学校跟我一起去的有7个人,有现在的罗楠副院长、王国军教授、王家桢副教授等。我们几个一块在中国人民大学学习,我当时学习的专业是国家与法的历史。1956年回校后,学校党委决定成立几个教研室，法理和宪法是一个教研室，当时还没有教研室主任，我是教研室的秘书。当时我教的课程是"国家与法的理论"，后来又演变成"法的基本理论"。在这个情况下，学校当时哲学院的王陆原院长让我讲哲学，我表示同意但有三个要求：第一，不担任领导职务；第二，第一年不开课；第三，要让我去参加一个短期进修。他答应了。后来1958年，学校与西北大学法律系调入中央政法干校西北分校改名为西北政法学院后，我转到了哲学专业后，他让我讲两门课，一门是法学基本原理，讲的大概就是辩证唯物主义和历史唯物主义；另一门是经典著作，这个课我讲的是唯物主义经验批判主义。

问：马老师，您从1956年从事法理教学至今已有60年时间，请问您在长期的教学过程中有哪些成绩最希望让人们记住？为什么？

马朱炎：不敢说让你们记住，只是希望你们能够多多了解和学习学科前辈们经过长期努力所形成的一些成果。人们都说，"我们看得远是因为站在巨人的肩膀上"，我觉得这句话是非常正确的。前辈们的成果都是经过长时间的思考和辨证的，他们的这些成果经历了时间的检验，经历了众多学者专家的考验，这其中的思考方式和思想内容对你们的学习研究有着极其重要的借鉴和指引作用。我在学术生涯中主编了《法学理论基础》《法的基本理论》和《马克思恩格斯法律思想述要》等书，另外还多多少少发表了大概20多篇论文，我倒不希望你们能记住我有多大贡献，而是希望你们在学习研究的过程中要多多了解前辈们的成果，这对你们是很重要的。

问：您当年指导的研究生现在都很出色，好多毕业生都成为法学理论界或司法实务界的骨干。您培养研究生有什么特别的方法吗？

马朱炎：第一，基本功一定要扎实。否则谈理论就出错，谈前辈们的经验还会出错，不能正确理解他们的意思，这是不能成为研究生的。第二，要面对现实，要创新。我在当时的教学中要求学生做到两点：其一，要求学生要了解和学习这个学科在世界范围内有什么新论点和新论题；其二，要求学生们掌握党和国家对这一理论所提出来的新的要求，然后大家们都把自己的收获在课堂上相互交流。第三，善于讨论。讨论的过程是一个强化知识点、锻炼逻辑思维能力的过程。我当时上课的时候学生们都争得脸红脖子粗，下课以后都没有遗留问题。我还记得当时有一个学生基础特别差，连法的基本理论都说不出来，所以就让他延迟毕业了。

研究生学习一定要掌握好基础，就像我刚才说的，学习是一个由生到熟的过程，是由理论到实践再到理论的一个不断完善的过程。你们切记不要坚持一次认识论和一次实践论，就是不要因为一次失败就否认了自己所努力的整个过程。当年苏联解体的时候，很多人都说社会主义阵营不行，我就反驳他们说，苏联解体是众多因素造成的，况且就垮了这么一次，决定性因素也是不确定的，怎么就能因为一个国家的解体去全盘否定社会主义阵营呢？所以在学习的时候不要畏惧失败，要懂得不断地查找问题并持之以恒地坚持下去。

还有一点，学习的时候要注重对思维的锻炼，我比较注重对大脑的锻炼。我手拿笔就抖，写东西很困难，所以当时记东西主要靠脑子。以前听 4 个小时的讲座，我不用笔记，回来以后就能把讲座的内容完整地复述。我每天晚上就躺在床上想每天都学习了什么内容，听了哪些讲座，关键点掌握了没有，疑点难点要下功夫。所以我现在就养成了习惯，每天看报两个钟头，看完以后就回想，不要求能给别人讲，目的就是锻炼自己的思维能力。

问：您对当下的法理学教学和科研有什么建议？

马朱炎：法理这门课在所有的法学课中处于基础的地位，并且我们都知道这门课的重要意义。但由于这门课比较抽象，不是特别容易理解，离实务比较远，所以又有很多同学感觉学习这门课用处不大。造成这种现象的原因是多方面的，但最主要的原因有两方面：一方面，是当前法学基础理论的内容立足于典型的社会主义，而我国现在正处于社会主义初级阶段，理论与实际脱节，既与时代不合拍，又显得枯燥空洞；另一方面，我们多年以来以阶级斗争为纲，这种思想也渗透到法学理论中，致使我们的法理学失调。我认为这两方面就是造成这一现象的主要原因。要想改变这种现状，就要求我们必须要在教学思想和教学内容上进行更新。首先，我们要以社会主义初级阶段理论为指导来研究和改进我国的法理教学，应将法理的立脚点彻底移到社会主义初级阶段。其次，我们要彻底从以阶级斗争为纲转向以生产力为中心，法学理论要把发展生产力作为根本任务。再次，我们既要坚持马克思主义法学理论，又要发展马克思主义法学理论，以其为指导来总结我国法制建设的经验、教训，实现建立有中国特色法学体系的目标。在这一过程中，我们要重视吸收外国法制建设的经验，尤其是技术、经济和管理方面的经验，但要符合实际。只有这样才能使我国法理学的眼界开阔，才能使我国的法学理论面向世界，面向现代化。最后，我们要尽快适应商品经济的法律观，商品经济的发展要求平等与竞争、民主与法制。依法治国是商品经济的需求，法制的发展状况标志着一个国家成熟的状况。这就要求我们要转变观念，培养与时俱进的法律观。

问：您对年轻人为人处世有什么忠告吗？

马朱炎：家和万事兴。我觉得必须要抽出一定精力来思考家庭方面的问题。我把自己的积蓄都拿了出来，分给了孩子们，争取做到“一碗水端平”。另外，还有就是“吾日三省吾身”，想一想自己的为人处世，人每天要反省三次，做得好的要发扬，做得坏的要改正，以做到“严于律己，宽以待人”。不管与同事、家人还是同学相处，都应该看到别人的长处、学习他们的长处，不能总看别人的短处，揭别人的短。我觉得办事一定要干干净净、光明正大,不含含糊糊。我有一个观点就是要做到"严于律己,宽以待人"。我举例说明:当时有的年轻老师在刚开始教书的时候并不是特别适应,教务处要停他们的课,我是非常不同意的。我作了一个比喻,小孩从爬到走再到跑需要一个过程,不能因为小孩刚开始不会走就再也不让他走路。教书也是同理,这是一个不断锻炼的过程,应该给他们机会慢慢锻炼和适应。还有,原来一位老师是讲社会学的,写了一本很厚的教材,当时很多老师觉得教材多多少少有点问题,不想通过。但我觉得年轻人能写这么大一本教材很不容易,光搜集资料这一点就精神可嘉,虽然教材稍微有点问题,但可以改,所以我当时就通过了,最后这本教材也在省里顺利通过了。我觉得在处理事情的时候要多站在对方的立场上看问题,多体谅对方。后来我还处理了一些事情,通过处理这些事情,就慢慢树立了一定的威信,很多人有事了都来找我评理。

访谈人:特别感谢马朱炎先生接受我们的采访。马老师虽已 90 岁高龄,但耳聪目明,思维敏捷,记忆力超好,60 年前的往事记得清清楚楚,让后学晚辈钦佩不已。本次采访得到王贤、朱凤翔、赵玎玎老师提供的重要素材和无私帮助,在此一并致谢!

附:马朱炎教授直接指导或参与指导的硕士研究生名单

1984 级　刘作翔　葛洪义　贺小荣　董国声

1985 级　杨玲梅

1986 级　李　邨　宋瑞兰　杨　斐

1987 级　陈金钊　潘向旭　尹伊君　杨建国　刘小文　周百灵

1988 级　朱继萍　贺海仁　德全英　刘青峰　吴春雷

1989 级　冯景合　程抱英　魏春田　黄竹胜

(访谈人:邱昭继,原文有删节)

四度春风化绸缪，几番秋雨洗鸿沟：方克勤教授访谈录

引　言

西北政法大学是学界公认的法律史研究重镇。数十年以来，西北政法大学法律史学人励精图治，固守耕耘，先后涌现了方克勤教授、杨永华教授、胡留元教授、冯卓慧教授、王健教授、汪世荣教授、闫晓君教授等一大批蜚声学界的学术大家，在陕甘宁边区法制研究、金文法制研究、中国古代判例研究、秦汉法制与陕派律学研究、近现代法律教育研究等领域，取得了重大学术突破，受到了学术界和实务界的广泛关注和充分肯定。本文以西北政法大学法律史学科创始人之一——方克勤教授的事迹为主要线索，以展示我校法律史学科学术研究和发展变化的一个侧面。

一、个人简介

方克勤教授，女，汉族，1927 年出生，河北涿州人，祖籍安徽定远。方克勤教授于 1949 年考入临时性政法大学（后来的中国政法大学），1950 年并入中国人民大学，1954 年毕业于中国人民大学。她毕业后进入西北大学法律系工作，1958 年西北大学法律系与中央政法干校西北分校合并为西安政法学院后，进入西安政法学院工作，1972 年在西安交通大学教授哲学课。西北政法大学复校后她为本科生、

研究生讲授苏联法制史、中国法制史、中国刑法史等课程，曾任西北政法大学法律史专业硕士生导师，法制史教研组组长。她历任中国法律史学会理事、陕西省法学会常务理事、陕西省女法律工作者协会顾问、法制史委员会副主任。她的主要研究领域为边区法律研究和关于出土文物的法律研究，主要代表作有《陕甘宁边区法制史稿——诉讼狱政篇》《陕甘宁边区惩治贪污罪的立法与实践》《正当防卫立法的修改与完善》等。她扎根陕西，投身于法律史的教学、法律史研究生的培养及陕甘宁边区法律史的研究，坚持不懈，在法学教育和法学研究领域都取得了相当的成就，尤其是她立足于陕甘宁边区司法档案资料对边区法律史的深入研究，与杨永华教授等同仁们一同开创了革命根据地法律史研究的一个新领域，并为后进学者的研究奠定了扎实的基础。

二、求真崇善终有成

(一)寒门之子，艰辛求学

方克勤教授家在北京，其父亲是一名小学老师。在中华人民共和国成立前，方教授就已经高中毕业。当时高中毕业后，方教授因为家庭条件所限，无法继续攻读大学完成学业，因为方教授还有弟弟妹妹，他们还需要钱读小学、中学。因此，高中毕业之后，方教授就去一所学校当了小学老师。在中华人民共和国成立后，谢觉哉老师任中国政法大学(临时性政法大学)校长，实行“小包干”制，就是给学员们发衣物、包吃住，还给发点零花钱。在这样的条件下，方克勤教授就进入了当时的临时性的政法大学继续完成她的学业。当时的政法大学是由朝阳大学改过来的，朝阳大学与东吴大学是中华人民共和国成立前两所培养法学人才的法科学校，有“北朝阳，南东吴”之称，东吴大学就是现在的苏州大学的前身。但政法大学好景不长，后来从晋察冀边区搬来了华北大学，当时的华北大学是一所多学科的学校，到北京之后，就将其内部学科与当时北京的一些学校进行了合并。比如，将该校工科与北京理工大学合并，将原来的鲁迅艺术学院与音乐、美术学院合并，其中的外贸系与当时的政法学校合并为中国人民大学。1950 年 3 月中国人民大学开学，方克勤教授是中国人民大学的第一批学员，于 1954 年毕业。虽有磨难艰辛，但是方教授终是走上求真崇善之路，作为寒门之子实属不易。

（二）峥嵘岁月，求真致知

方克勤教授为我们讲述她的大学求学生涯之时，脸上充满笑容，记忆的大门也随之打开。基于国家对政法教育的重视，1949 年 5 月，国家在朝阳大学法学院的基础上办了一个临时的政法大学，9 月招生，10 月 3 日开学上课，时任校长是谢觉哉，方教授于此期间进入该政法大学学习。在该政法大学，他们主要学习了社会发展史、中国革命史等，真正系统地学习法学知识是在 1950 年方教授进入中国人民大学之后。进入人民大学后，课程设置有了变化，当时人民大学基本就是把苏联的法律体系给搬过来了，法理、法制史等课程都有开设。法制史主要是讲苏联法制史，后来才开始讲授中国法制史，但中国法制史的学习都比较浅。由于当时刚刚解放，所以有的课程是由苏联专家讲授，如法学理论。而中国法制史是由中国老师讲授，几个老师轮流接班讲课。当时还要学俄语，也是由苏联人讲。他们当时都住在学校里，除去正常的上课，每周三的下午都要开一个“批评与自我批评”的生活会，那是一种时代特色。另外，当时学习小组活动很多，同学们之间进行相互交流学习。

三、传道授业育桃李

1952 年院系调整，当时全国的法律系只剩下五院四系，后来国家考虑到人才培养不足的问题，决定再恢复一批院校的法律系，在此背景下，1954 年国家恢复了北京大学、复旦大学、西北大学三所学校的法律系。

（一）服从分配，扎根陕西

方克勤教授毕业的时候正好赶上北京大学、复旦大学、西北大学这三所学校的法律系恢复，这三所学校之前是有法律系的，后来因为法律系、政治系的政治性太强被撤。她毕业时正好赶上法律系恢复，所以她的同学中去这三所学校工作的有二三十人，其他的有去最高人民法院的，有去地方高级人民法院的，还有去了其他实务部门的。当时的考试采用“五分制”，方教授就是全优生，当时只有学习成绩好的才能去高校任教。她毕业那年是 1954 年，恰好西北大学法律系恢复成立，方教授就服从分配到西北大学任教。时任西北大学的法律系主任是一个叫朱婴的老同志，方教授对他记忆深刻。（朱婴在广州参加过第一次大革命，后来去了延安，在那里主要做法院干部培训。再后来调到西北大学，她当时是西北大学党委书记兼任法律系主任。）

谈到何时到西安政法学院（今西北政法大学）任教，方教授为我们讲了西安政法学院的源头，“到 1958 年的时候，正好是西北大学法律系一届学生毕业，此时成立了西安政法学院，我们就带着还在读的三个年级到了咱们学校。可以说当时过来的 50 多名教师和 300 多名学生就是咱们学校的基础。搬过来之后，大部分课程就都开设了，像财税法、劳动法，这些相对来说不是主课的课程也开设了，还开设了很多选修课，当时还有犯罪对策实验室，实验设备也很齐全。我们刚到西北大学法律系工作时，就在它的生物楼开展工作，西北大学是曾经有过法律系的，在生物楼的地下室里都是法学图书，在西安政法学院成立时，我们把这些图书都给带过来了，这些图书很全，是咱们学校现在图书馆的基础。当时咱们学校有个搞行政法的老师，因为当时很少有人搞行政法，所以他就去了北京进修，结果去了北京政法学院之后，发现北京图书馆、人民大学图书馆、北大图书馆都没有咱们学校齐全，甚至于咱们图书馆还有之前国民党中央政府的公告，还有齐全的线装书。这是现在西北政法大学的一个源头”。

（二）博采众长，薪火相传

由于西北政法大学地处陕甘宁边区，历来是法制史研究重镇，法制史学科在数年期间发表了一系列陕甘宁边区法制史研究方面的文章，所以1985年司法部决定在西北政法大学举办“中国法制史师资班”，方克勤教授担任班主任，主持教学工作并授课。在此期间，方克勤老师花费心思力邀中国人民大学、北京大学等著名高校的法制史专家学者，如张国华、张晋藩、由嵘等著名教授前来“师资班”授课。本次“师资班”为后来的中国法史教学和研究奠定了基础，为当时中国法制史的学科发展提供了强有力的支撑，培养出许多著名学者，如华东政法大学丁凌华教授、湘潭大学李交发教授等人都在当时的“师资班”接受过培训，这些学者后来陆续成为所在单位法制史教育和研究发展的领军人物与核心力量。

（三）学为人师，行为世范

方教授回忆，她第一次走上讲台是在西北大学的时候。那时方教授主讲中国法制史、苏联法制史这些课程，每天备课都要到很晚。她上课的时候也带着讲义稿子，但她不会照着稿子念，她自己要先完全熟悉讲义的内容。谈到讲课方面的内容时，方教授反复说道：“老师们讲课还是要做好准备工作，要先把自己要讲的内容自己先弄懂吃透，你才可以给学生讲授。”

方克勤教授从事法学教育事业几十年，对法学教育也有自己的理解和认识。她认为法学教育不应该仅局限于在学校内的学习，还要多出去实习，理论还是要联系实际的，学生要到实务部门去。一方面，可以把学习到的理论知识，带到实践中去检验和应用；另一方面，实践也确实会提高学生的个人综合水平。

四、边区法制探真理

方克勤教授不仅在法学教育领域做出重大贡献，她在法律史学科专业科研方面也是成就斐然，她与杨永华教授、李文彬教授等同仁们一同开创了陕甘宁边区法律史研究的新领域，是陕甘宁边区法律史研究的主要开拓者和奠基者之一。同时，方克勤教授在刑法学研究方面也有建树。在几十年的科研事业中，方克勤积数十年之心血先后发表出版了一些专著和学术论文，如《陕甘宁边区法制史稿（诉讼狱政篇）》（与杨永华教授合著，获陕西省第三次社会科学优秀成果二等奖）、《陕甘宁边区惩治贪污罪的立法与实践》（《西北政法学院学报》1987 年第 4 期）、《陕甘宁边区审判方式的一个范例》（与杨永华教授合著，《现代法学》1980 年第 3 期）、《陕甘宁边区调解原则的形成》（与杨永华教授合著，《西北政法学院学报》1980 年第 2 期）、《陕甘宁边区调解工作的基本经验》（与杨永华教授合著，《西北政法学院学报》1984 年第 2 期）、《抗日战争时期陕甘宁边区司法工作中贯彻统一战线政策的几个问题》（《西北政法学院学报》1984 年第 4 期）、《抗日战争时期陕甘宁边区的选举制度》（与杨永华教授、李文彬教授合著，《人文杂志》1979 年第 1 期）、《正当防卫立法的修改与完善》（与周伯森教授合著，《西北政法学院学报》1997 年第 5 期）。

（一）辛勤科研，挚爱法史

很多人认为法律史专业非常冷门，对法律史专业望而却步，但方克勤教授并不这样认为。她觉得法律史专业并不是冷门专业，人们之所以认为法律史专业是冷门专业，是因为法律史这个专业很难学，既要求懂法学，又要求懂历史。方克勤教授回忆起当时为何要投身于法史研究时说道：“我当时是咱们法史专业教研室主任，我就是考虑到咱们教研室不仅要完成教学任务，还要完成科研任务，那搞科研搞什么方向呢？后来就考虑研究方向，一个是要因地制宜，立足于就在我们跟前的陕甘宁边区，这样的话资料是应该比较容易拿到的。同时考虑到以往的考古学者、历史学者他们不会对文物从法律的角度进行研究，这是一个空白。正好咱们教研室有搞历史出身的胡留元、冯卓慧二位老师，咱们具备这个研究的条件，后来胡老师与冯老师就创作了一本《出土文物与古代法制》，这本书出版之后还在香港举办了书展。”

（二）立足边区，开拓研究

方克勤教授扎根陕西，立足于陕甘宁边区法律史研究，不仅开拓了边区法律史研究的新的、独立的领域，而且在研究方法上也为后进学者提供了参考和启迪。在数十年的时间里，方克勤教授与同仁们先后对陕甘宁边区的立法、选举制度、调解制度、司法审判等领域展开了深入的研究，同时她极为倡导重视陕甘宁边区司法档案资料，以及“走出去”采访陕甘宁边区当时人民民主政权司法、法制建设的亲历者、建设者，从而更直观地获取第一手资料。谈及陕甘宁边区法制史研究方老师笑着说道，这是她个人最有发言权的领域，并提到了现在我校在陕甘宁边区法制史研究领域取得了不错研究成果的汪世荣教授等人，称赞他们为陕甘宁边区法制史研究做出的贡献。正是方克勤教授等学者，立足于陕甘宁边区，基于司法档案资料，深入研究边区法制史，革命根据地法制建设的面纱才得以揭开。方克勤教授对陕甘宁边区法律史的研究不仅开拓了新的研究领域，而且也为新中国法治建设作出了经验总结和有益尝试。

五、几经风雨未失志

方克勤教授年已九旬，几十年来经历了人生路上的风风雨雨，作为老一辈学者经历了“砸烂公检法”“文化大革命”等挫折磨砺，一路走来颇为不易，但她无论面对怎样的艰难都未曾忘记自己当初立志法学教育和法学研究的内心坚守，而且她也坚信是这些磨砺、苦难才成就了如今更好的自己。古人有云，“宝剑锋从磨砺出，梅花香自苦寒来”，笔者觉得这样的诗词用在方教授的人生经历上并不为过，反倒是十分贴切。当时“砸烂公检法”之后，西安政法学院就散了，老师也就散了，都被重新分配。方教授和周伯森教授就被分配去了西安交通大学，到了西安交通大学以后在马克思主义教研室工作，此时，他们的一些研究工作也就不得不停下来了。1952 年批“胡风集团”，因为“胡风集团”都是知识分子，所以那段时间就是给知识分子“扣帽子”，说知识分子是“资产阶级的知识分子”，之后的一段时期内，知识分子都不敢写文章。在这样的背景下，方教授的一些研究也被迫中止了。一直到改革开放这种情况才有所改变，在此期间，方教授仍然不忘初心，坚守岗位，坚持教学研究，利用有限的条件作出了一些不平凡的成果。置于当时之背景和氛围中，仍坚持不懈研究，方教授之精神与勇气，令我们这些后辈实在钦佩。

六、桑榆未晚倾寄语

方克勤教授退休后，仍然关心学校的发展、学生的情况、后进的研究，对一些不时登门求教的青年教师、研究生们，方克勤教授总是热情招待，倾尽数十年自己的知识积累，用自己的人生经历来讲述她的观点，也时常对他们提出一些意见和建议，常使求教者受益匪浅。

落花立言，倾吐新曲，教授之言，当为我们所牢记。

（撰稿人：陈玺、田明辉，本文节选自《法学教育研究》总第 17 卷，法律出版社 2017 年版，原文有删节）

杨永华教授访谈录*

一、个人简介

杨永华教授,男,1937 年 2 月 4 日出生,山东东营人。1957 年 8 月他从山东惠民地区的北镇中学毕业考入北京大学法律系。1962 年大学毕业时,适逢我国招收第一届导师制硕士研究生,杨永华报考并如愿以偿地成为北京大学法律系录取的 6 个研究生之一,师从张友渔、张国华等教授,攻读中国法制史专业硕士学位。1965 年硕士毕业后,他被分配至西北大学中东研究所研究法律,1978 年被调入西北政法学院法律系。1982 年他被定为讲师,1987 年被评为副教授,1989 年破格升为教授。

30 年间,杨教授先后承担了司法部科研项目、国家社会基金项目、陕西省社会科学理论课题等多项研究项目,作为主编、副主编、参编出版了《陕甘宁边区法制史稿(诉讼狱政篇)》《陕甘宁边区法制史稿(宪法政权组织法篇)》等 10 余部著作,主编、参编了六七部中国法制史教材,撰写了数十篇学术论文,推动了革命根据地法制史研究领域的深入,成为陕甘宁边区法制史研究领域的开拓者和奠基人。

---

* 本文内容是在笔者 2012 年、2016 年多次拜访杨永华教授的谈话记录、阅读其学术著作及参阅相关资料的基础上形成的。因杨教授年事已高、身体健康欠佳,特意提供并嘱咐笔者参阅《当代中国法学名家》(第四卷)及何勤华教授主编的《中国法学家访谈录》中的相关内容,因此,特向人民法院出版社 2005 年出版的《当代中国法学名家》(第四卷)的编者及北京大学 2010 年出版的《中国法学家访谈录》(第二卷)主编及记者余甬帆、张伟致以诚挚的谢意。

由于在教学和科研方面工作突出，杨永华教授在西北政法学院先后担任法制史教研室主任，中国革命根据地法律研究中心主任，法制史专业硕士研究生导师组组长，西北政法学院学位委员会委员、职称评定委员会委员、督导专家组成员等。

多年来，杨教授还曾兼任中国法学会理事、中国法律史学会执行会长、陕西省学位委员会委员、西安市法学会副会长、陕西省学位学科点评审法律组组长、陕西省高等学校职称评定专家组成员、陕西省律师职称评定委员会委员等。1989 年，中华人民共和国教育委员会、人事部及中国教育工作委员会授予杨教授"全国优秀教师"称号和奖章；1992 年，杨教授获得国务院颁发的首届政府特殊津贴；1996 年 4 月，中共西安市委市政府授予其"西安市劳动模范"的称号和奖章。1998 年，陕西电视台宣传本省各行业优秀人物的《陕西人》栏目，专门制作了专题片"中国法制史专家——杨永华教授"；2003 年，杨教授入选人民法院出版社编辑的《当代中国法学名家》词典。2012 年杨教授荣膺中国法学会评选的"全国杰出资深法学家"称号，2016 年入选中国百名法学家名录。

二、学术评传

从青年求学时期朦胧的研究梦想，到成为享誉全国的资深法学家，杨永华教授在陕甘宁边区法律史领域笔耕不辍，著述颇丰。

20 世纪 80 年代初，革命根据地法制史研究刚刚起步，陕甘宁边区法制史的研究尚处于空白，杨教授与方克勤教授等从到档案馆查阅、摘抄档案及到边区故地走访人物开始，搜集了大量的第一手珍贵资料。

积数十年之心血，杨教授逐渐在根据地法律史领域开拓出一片天地，先后承担了司法部科研项目"陕甘宁边区法制史稿"（1986 年）、国家社科基金重点项目"中国共产党廉政法制史研究"（1996

年)以及参与陕西省社会科学重大理论和现实问题研究项目“陕甘宁边区社会和谐建设的历史经验及其现实启示”等。1987 年法律出版社出版了《陕甘宁边区法制史稿(诉讼狱政篇)》(与方克勤教授合著,次年获陕西省第三次社会科学优秀成果二等奖);1992 年陕西人民出版社出版了《陕甘宁边区法制史稿(宪法政权组织法篇)》(独著,1996 年获全国高等学校人文社会科学优秀成果二等奖);1998 年山西人民出版社出版了《中国法律思想通史(现代卷)》(2000 年获陕西省第五次哲学社会科学优秀成果一等奖);2005 年人民出版社出版了《中国共产党廉政法制史研究》(主编,2007 年获陕西省第八次哲学社会科学优秀成果一等奖)等。此外,杨教授还作为副主编编写了《中国革命法制史》《革命根据地法制史》《中国法制通史(新民主主义政权卷)》等著作,参编了《陕西省审判志》《陕西省司法志》等方志著作,撰写论文数十篇,成为陕甘宁边区法制史领域的开拓者和主要奠基人。

杨教授在学术方面的贡献在于:其一,他与同事的研究成果使陕甘宁边区法律史在革命根据地法制史研究领域脱颖而出,成为具有领军意义的独立研究领域;其二,在于其研究方法;其三,在于其关于边区法制内部结构的阐述和主要成就的提炼与总结;其四,杨教授的研究展现了陕甘宁边区司法制度的主要内容;其五,杨教授的研究指出,陕甘宁边区在人权保障、政府管理和廉政建设方面亦有值得借鉴的经验;其六,在中国现代法律思想研究方面,杨教授通过对毛泽东、董必武、谢觉哉等领导人群体法律思想的研究,首次勾勒出了中共领导群体法律思想的轮廓,较客观地评价了他们在法律史上的地位。杨永华教授的研究表明,陕甘宁边区法制建设的成就,不仅是革命根据地时期新民主主义法制建设的典范,也为新中国的法制建设进行了有益的尝试。

三、趣闻逸事

1. 法律史学术界的“一大代表”

1979年在张友渔教授的倡导下，中国法律史学会在吉林大学成立。[①] 这次会议决定以“中国法制史”作为中国法律史课程的名称，并明确了中国法制史课程教学的范围、内容及目的。这次法律史学术界的“一大”，使法律史的教学与研究开始摆脱苏联模式，开启了中国模式。

中国法律史学会成立时的参会代表有31人，杨永华老师是其中之一，方克勤老师也在其中。当时，与会学者们的思想还不够解放，推选学会理事有一个条件，即被推选者必须有担任系主任以上行政级别的身份。张晋藩教授尽管时为中国人民大学法律系教研室主任，但还是不够被推选的条件。杨永华老师大胆提出，推选理事应以学术水平为主要参照，不能仅凭行政级别评判。最后，在几个年轻学者的倡议和支持下，张晋藩教授成为中国法律史学会的第一届理事。2009年，杨永华教授等多位第一届代表受邀莅临长春，出席吉林大学承办的中国法律史学会成立三十周年纪念大会。参加过法律史成立大会而其时尚健在的学者正好有13位，中国法律史学会执行会长霍存福教授便尊称这些老教授们为“一大代表”。的确，正是杨永华教授这样如今已入耄耋之年的老学者们，以其毕生精力推动了中国法律史教学和研究的奠基和发展。

2. 奠定西北政法法律史研究的根基

西北政法学院刚复校时，法制史教研室尚未独立，与法理教研室

---

① “中国法律史学会”成立之初，其学科及研究领域包括中国法律史及外国法律史，1983年后外国法律史从中分立出来。

合在一起,法制史专职教师仅有杨永华、方克勤两位老师。在杨、方教授的努力下,法制史教研室在两三年后独立出来,并明确了学科梯队多元化、研究方向特色化的发展目标。

杨永华教授非常重视学术人才的培养。他从不囿于狭隘的专业或院校圈子,只要是上门求教的,总是给予力所能及的帮助。杨教授说:"我培养学术人才的办法不是静止的,而是动态的。"20 世纪 80 年代,法律史教研室成立不久,吸收了一批年轻教师。杨教授带领陈涛、侯欣一、蒙振祥等年轻教师参加了国家"六五"社科重点项目"中国法制通史"、国家"七五"社科重点课题和国家"八五"重点出版物"中国法律思想通史"以及国家"九五"社科重点课题"中国共产党廉政法制史研究"等重大科研项目的研究工作。20 世纪 90 年代初,编撰《中国法律思想通史》(第十一卷·现代卷)时,为扶持年轻一代,杨永华教授特向总主编、著名法学家李光灿、张国华教授提议并得到他们的支持,由陈涛、侯欣一两位年轻教师任主编助理。由于杨教授等的积极倡导,西北政法学院的法律史学科早在 20 世纪 80 年代后期就形成了一支实力雄厚的教学科研队伍。现任全国政协委员、南开大学法学院副院长、博士生导师的侯欣一教授在 1998 年接受陕西电视台采访时说了如下一段话:"年轻学者的成长,离不开老一代学者的培养和帮助,这是人所共知的道理。但真正能做到这一点,却是极不容易的,这需要高尚的品德、宽广的胸怀。正是在这一点上,杨永华先生给我留下了非常深刻的印象。我们教研室年轻人比较多,老一代学者包括杨永华先生,对我们的成长付出了极大的心血。他不仅以自己对这个事业的高度责任感,还以自己的严谨、刻苦、务实的精神,给我们树立了榜样。而且,他手把手地对我们进行传帮带,比如说尽可能给我们创造各种各样的条件,帮助我们确定研究方向,提供各种各样的课题,平时解答疑难问题,争取各种参加学术讨论会的机会等。他还一再告诫我们，要有超越他的这种信心和勇气。正是在他们的帮助下，使我们自己一步步走上了学术研究之路。我们从杨老师身上所学到的这种牺牲个人名利、甘当铺路石的精神，将使自己受益终身。”这正是对杨教授甘当孺子牛精神的恰当概括。

杨永华教授指导法律史学研究生

杨教授在陕甘宁边区法律史领域的成就和影响力，吸引了不少有志于法律史研究的年轻人登门求教。缺乏法制史基础的，杨教授利用业余时间“开小灶”给他们补课；苦于研究方向不清楚的，杨教授利用自己在边区法律史方面的深厚学养，帮助他们确立具体的研究方向；缺乏资料的，杨教授就将自己多年积攒的珍贵资料贡献出来；不熟悉学术界的，杨教授也利用自己的人脉关系帮助他们联系院校、导师等。正是在杨教授的提携、帮助下，现任西北工业大学法学系主任、博士生导师的肖周录教授、西安武警学院的欧阳华教授及西北政法学院的青年教师赵全宇博士、马成博士等对陕甘宁边区法律史领域的兴趣和研究，均与杨教授的影响密不可分。

在本科教学中，杨教授从自己的研究经验出发，从 79 级开始就开设了“陕甘宁边区法制史”课程，深受学生欢迎。学生们在论文写作中遇到困惑，也愿意请教杨教授。杨教授不仅给学生的论文提建议、提供材料，还告诉他们如何搜集材料、如何布局开篇以及如何创新。

20世纪80年代后期，西北政法学院的法律史硕士生培养也很快步入正轨。西北政法大学的法制史硕士导师组成立于1988年，同年开始招生，1992年获得硕士学位授予权，是西北政法大学最早获得学位授予权的两个硕士点之一。在杨永华教授担任导师组副组长、组长期间，共招收硕士生21届104人。其中有28人考上了北京大学、中国人民大学、中国政法大学等名校的博士研究生，在西北政法学院一直居于前列。已毕业的学生绝大部分进入高校、研究所及人民法院，逐渐成长为单位的领导、业务骨干和学术人才，表现突出的如汪世荣教授、魏秀玲教授、钱弘道教授及张生教授等。

在杨永华教授的带领和学科教师们的共同努力下，法律史教研室在课程建设方面，以中法史、外法史两个方向齐驱并进，人才济济，教学水平突出，科研能力较强，是国内具有重要影响的硕士点之一。对此，杨教授总结了培养研究生的三条经验：第一，引导研究生把主要精力放在学习马列关于法律的基本理论、经典著作及西方法学名著上，为学习和科研打下坚实的基础；第二，发动教师把自己的科研新成果随时充实到教材中，提高教学质量；第三，引导学生掌握导师的学术优势，围绕导师的学术优势选择论文题目，提高论文质量。在科研方面，杨教授指出，学科科研方向的确定应该从陕西实际出发，打造符合陕西特点的、得天独厚的拳头产品。因此，依托三秦大地悠久的历史文化底蕴及便于搜集资料的优势，明确了两大研究方向：其一，陕甘宁边区法律史方向；其二，文献与法律史研究方向。这一举措为西北政法法律史学科研究传统的形成奠定了扎实的基础，并影响深远。之后，法律史学科在这两个方向不断拓展和深入，有不少优秀的科研成果问世，使这所普通本科高校在法律史研究领域跻身于全国前列。

3. 情系陕甘宁

对历史兴味浓厚、古文基础扎实的杨永华，受本科时张国华教授讲授的中国法制史课程的影响，选择了中国法制史方向，师从张友渔、张国华、肖永清、蒲坚等诸位老师。受张友渔教授的鼓励，很早就树立了改变中国法制史研究中心在日本的现状、确立我国在中国法制史研究方面中心地位的理想。蒲坚老师讲授中国法制史时曾指出，革命根据地法制史部分只有草草一章，内容单薄，实质上是空白的。这一点让杨永华印象深刻，也使他萌生了研究革命根据地法制尤其是陕甘宁边区法制史的想法。从青年求学时期朦胧的研究梦想，到成为享誉全国的资深法学家，杨永华教授在边区法律史领域笔耕不辍，至今已至古稀之年，可谓情系边区法制 50 载。

自 1979 年西北政法学院复校开始，杨教授开始着手陕甘宁边区法制史的研究工作。巧妇难为无米之炊。其时，陕甘宁边区法制史的研究尚处于空白，杨教授开始了漫长的资料挖掘工作。为此，杨教授和方克勤教授等到陕西省档案馆摘抄、整理法制档案资料，前后达 9 年之久。由于档案馆离学校较远，杨教授与方教授等人，常一大早骑着自行车赶到档案馆，因复印费太贵，他们就只能手抄。中午闭馆时，他们在外头随便找地方坐下休息，以馒头当午餐，下午继续抄录。数年来，积累了百万余字的资料。同时，杨教授、方教授等走遍了边区故地，寻访曾在边区司法部门工作过、当时尚健在的老革命，对这些珍贵的“活历史”进行记录和保存，如走访了曾任陕甘宁边区政府秘书长的李维汉、曾任高等法院典狱长的党鸿魁、书记长高桐以及评剧《刘巧儿》的原型封芝琴等，搜集了大量的第一手珍贵资料。杨教授与方克勤教授合著于 1987 年出版了《陕甘宁边区法制史稿（诉讼狱政篇)》,于1992年又独立撰写出版了《陕甘宁边区法制史稿(宪法政权组织法篇)》,奠定了他作为陕甘宁边区法制史研究领域开拓者和主要奠基人的地位。之后,他陆续参编《中国革命法制史》、副主编《根据地法制史》、主编《中国共产党廉政法制史研究》等著作,撰写了数十篇学术论文。

2002年6月,杨教授应邀成为西安思源学院的首席教授。之后的6年期间,他协助思源学院建设起了法学院,聚集了一批兼职学者,成立了陕甘宁边区法律史研究所,促进了民办高校的科研能力的提高。2007年,他在我校国家社科基金项目"陕甘宁边区高等法院研究"成果讨论会上提出自己的意见,曾口授并由学生记录整理了《新中国司法制度的基石——陕甘宁边区高等法院(1937-1949)》一书的序言。

杨教授的人生代表了一个杰出法学家成长的历程。这一历程的起点,就是他尚在北京大学求学时期就确立的研究方向和填补研究空白的远大理想,这一理想是照耀他一生的灯塔。他不媚俗,不浅尝辄止,三十年如一日,在浩如烟海的史料中爬梳、思考,提炼其中的精华,凝聚自己的思想,累积自己的深度。他不惧物质生活的贫瘠,不惮于岁月的冷寂,坚守陕甘宁边区法制史这块阵地,用一生的坚持和踏实的脚印,一步步朝着理想逼近。居西北一隅,却能放眼全国;耕耘陕甘宁边区,却能独领风骚。杨教授的人生,告诉了我们,树立理想、坚持不懈和具有独立之思想的永恒魅力。

几个月中,杨永华教授等经过与其他高校的反复协调,与中国社科院法学所的多次沟通协商,在西安与北京之间的多次奔波,最终与中国社科院法学所签订协议,准备联合申报博士点。中国社会科学院法学所诸位法制史专家学者的加盟,大大加强了申报实力。如果申请成功,这将成为西北政法学院发展史上的一个里程碑。经历了几个月常人难以想象和别人看不见的辛苦,终于看到成功希望的杨教授等人,喜极而泣。回西安后,疲惫至极的他们,每人病了一场。

20年过去,提及此事的杨教授,眼里仍然泪花点点,声音低沉地说:“这个工作,难死我们了!”

4. 意外的殊荣

2012年的9月26日,为表彰在我国社会主义法学理论体系建设和法治建设中作出杰出贡献的学者,“纪念中国法学会恢复重建30周年大会”在人民大会堂隆重举行。杨永华教授被授予“全国杰出资深法学家”称号。这是中国法学会成立30年来首次举办“全国杰出资深法学家”的评选和表彰,全国入选者仅25名,其评选条件中有“从事法学教学和法学研究工作50年以上”及“法学教育成绩突出、法学研究成果显著”两条,让无数人难以望其项背,西北地区获此殊荣的更是仅有两位,杨教授便是其中之一。2012年12月12日西北政法大学在长安校区召开了全国资深法学家杨永华教授表彰大会,“我从来没想过能被评上,全国有那么多著名法学家”,在学校表彰大会上的杨永华教授如此说。年已75岁的杨教授如此坦言,其谦逊、平和之心让人动容。

(撰稿人:刘全娥,本文节选自《法学教育研究》总第9卷,法律出版社2013年版,原文有删节)

民法的教育家:寇志新教授学术访谈

一

寇志新教授,男,生于1930年10月1日,1950年高中毕业后考入北京大学法学院,1952年院系调整为北京政法学院,1954年毕业被分配到中央政法干校东北分校民法教研室任教。由于先生刚正不阿、坚持真理,在反右运动中被错划为右派,被迫离开教学岗位。1979年平反后他被调入西北政法学院民法教研室任教,担任教研室主任多年。从1986年起担任民商法硕士研究生导师组组长,后又任民商法学院民商法研究中心负责人。他曾任西安市政协第八届、第九届常委,西安市人民政府参事,西安仲裁委员会委员、仲裁员,陕西省社科院、西安市社科院特邀研究员、西北第二民族学院客座教授等多种社会职务。寇志新教授自50年代初从事民法学教学科研,特别是自1979年到西北政法学院从事民法学教学科研以来取得了辉煌的成就,为法律人才的培养和民商法科研与法制建设做出了突出的贡献。自1986年开始,他共招收和培养了12届108名硕士研究生,这些学生如今遍布全国各地,都已成为民商法学教学科研和法律实践工作的骨干,凝聚成我国民法学界一股不可忽视的研究力量。

二

在学生看来,寇志新教授最值得敬仰的是他对民法的倡导和实践。他对权利、尊严、自由、公正的执着、信仰和不懈追求,深深感染着他的每一位弟子；他的法学教育生涯紧密渗透了民法的精神、理念。他和学生聊得最多就是民法，他时时教导学生应如何认识民法的私法本质，如何把民法的规律应用于各种实践问题，如何按科学性来构建和完善我国的民法。听寇老师上课，他满含激情地为弟子们讲述民法；和寇老师聊天，他能饶有兴趣地把各种社会问题放在民法视角来分析。他的学生清华大学法学院施天涛教授曾在寇志新教授八十华诞庆祝会上说，"寇老师是一名完美的民法学者……民法是他的生命。可以说，寇老师就是民法，民法就是寇老师。身剑合一，浑然一体，完成了一个民法学者与民法学结合的最高境界。似乎他就是为民法而生的……民法是他的宿命。可以说，寇老师的性格就是民法性格，民法性格就是寇老师性格。这正是一个民法学者与民法的共同人格魅力和道德诉求的完美结合。他胸怀坦荡、践行自由；他不阿权贵，追求平等；他为民代理，不轻私权。知行须合一，书生可济世"。施天涛教授的这段话，恰如其分地概括出了寇老师与民法的不解之缘。在寇老师的法学教育思想中，"民法"当然地成为最重要的关键词。

三

寇志新教授的突出学术贡献是他对民法是私法观念的阐述。或许在很多法律人看来，民法只是普通的、中国诸多部门法之一。而在寇志新教授多年的民法教学中，他形成了独有的民法认识论。西北政法大学校长杨宗科教授在评价寇志新教授的民法地位观时指出，寇志新教授对民法与宪法关系的看法可以这样理解："法律体系如果是一个人，宪法相当于人的大脑，而民法相当于人的心脏，心脏供血不足，脑功能也就难以正常发挥了。"在国家的主干基本法（民法、行政法、刑法）中，民法与社会经济利益和人身利益的关系最优先、最直接、最普遍。因此，民法是国家规范民商事社会(经济)关系即市民社会关系的首要法律。他教导学生，学习民法一定要充分认识到民法的地位、其作为私法的本质以及民法在中国改革开放中的重要作用。这种观念是寇志新法学教育思想的核心。

寇志新教授认为，民法调整的民事财产关系，是自主性、有偿性的财产关系。从社会经济观念和马克思主义经济基础与上层建筑的理论来讲，民法调整的民事财产关系，是社会经济关系的一种，属于社会经济基础范畴。民法赖以存在的经济关系的自主性、有偿性，决定了民法调整的特别性质。

在完成了民法内涵的基础上，寇志新教授特别强调民法作为私法的意义。民法所调整的市民社会领域不具备权力性质，国家对市民社会也不能越位干预，私法自治、意思自由和权利不得滥用是民法作为私法最基本的原则。因此，在寇志新教授看来，强调民法的私法本质就是强调私法的自治、自由和公平。在20世纪90年代末，当中国民法学界开始为中国民法典的制定侃侃而谈时，寇志新教授旗帜鲜明地提出："历史的发展证实——民法典的制订必须以私法观念为指导"。他指出，中国市场经济法律体系应以民商法为主导，市场经济的立法必须为科学的私法观念作为立法指导思想。今天我们知道，中国改革开放30年来，有中国特色的社会主义法律体系已经基本形成；总体看来，民商法领域的立法在遵照科学的私法观念方面，确实如寇志新教授所说，是"基本遵照"而没有完全遵照。在我们与寇老师的相处中，我们时常听到他对很多案例的深刻剖析，让我们明白很多社会问题如果我们能转换以民法视角，应当会有更公正，也更能为当事人接受的解决方案。寇老师对我们弟子的民法教育，相当一部分是通过这种交谈式的学习完成的。在无数次聆听寇志新教授的教诲后，我们这些弟子中有相当一部分成为民法是私法的坚定信仰者,并努力将民法的公正、公平、自由等观念运用于各自的工作和生活中。

四

作为法律人的寇志新教授的性格中,深深浸透着斗士的精神。他疾恶如仇,敢于和一切社会不公正现象去斗争;他时刻都警醒着,要用民法作为伸张正义的利器。但是,寇志新教授更是一位民法学家,他强调民法的科学性,经常教导我们学习民法一定要重视和总结民法的自身规律。而他在 20 世纪 80 年代创立的民法法理逻辑结构,则是他倡导民法科学性的典型代表和学习民法的重要方法论。他把民法学总论的理论概括为:民法部门论、民事法律关系论、民事法律事实论、民事责任论四大有机构成部分,并将其运用于民法学各论诸民事权利制度的理论。

运用法律规范的法理逻辑构成:假定、处理、制裁,仔细分析民法理论法理逻辑结构的四大部分之间的对应关系。按照这一"民法法理逻辑结构",寇志新教授完成了在学界影响深远的《民法学》《商法学》等教材著述。因而可以说,民法法理逻辑结构已深深渗透民商法体系中,在阅读他撰写的教材时,就不知不觉地接受了这一民法法理逻辑结构。可见,民法法理逻辑结构必然成为寇志新教授法学教育思想的重要组成部分。法理学对民法的指导作用巧妙地被寇志新教授运用于民法学理论的研究和学科体例的安排,该举措对民法法学体系的科学化做出了重大贡献。中国社会科学院孙宪忠研究员认为,民法法理逻辑结构一方面可以革新民法学总论,使人更容易理解和掌握民法,另一方面也补充了传统民法学总论的一个缺陷。法律规范的基本逻辑是假定、处理和制裁,所以任何民事关系都存在保护合法、制裁非法的问题,故民事责任应作为总括性的一般理论归入总论部分。而我国《民法通则》与《法国民法典》《德国民法典》《苏俄民法典》相比的一个重要特征是,《民法通则》中专门规定了“民事责任”。中国社会科学院法学研究所孙宪忠研究员指出,寇志新教授把民事责任作为民事权利的救济方法相较于传统民法有相当的创新意义。

尽管寇志新教授提出的民法法理逻辑结构还有值得深入探讨的地方。比如,无论是法律事实还是法律本身,都因不确定而有解释问题,但在当时力推依法治国的法学研究背景下,这一民法法理逻辑结构的提出,大大提升了民法的科学性,因此,这一思想殊为可贵,并且影响深远。很多他的学生通过学习该法理逻辑结构,认为借此能够系统地、富有逻辑地整合、学习和理解相关民法制度,并能在办案过程中明确指导思想,使自己工作有序,方法得当,还能抓住重点,明辨是非,正确适用法律并作出公正裁判。

五

寇志新教授爱生如子。在他 80 岁华诞时,每一位弟子都能回顾起许多受他和师母特别关爱的事情,心中充满着感激和感慨。在寇志新教授的学生中,人才济济,令人赞叹。在弟子们回顾他的法学教育思想时,才发现自己原来受益于他法学教育的远见卓识。总结而言,寇志新教授的法学教育人才观分为以下三个层次。

第一,法学教育应当按照宽口径、厚基础的标准设计教学内容。在他看来,若想学好民法,学生就必须具备扎实的法学基础和系统的法学知识,还应当注重法学学习的交叉性。这就是将宽口径、厚基础作为法学教育的人才观。据他的弟子清华大学施天涛教授说,早在 1986 年跟随寇老师学习民法时,他就要求学生要修习会计法的课程。针对当时的法学教育现状,时任西北政法大学民法学教研室主任的寇志新教授指出，民法是古老而重要的学科，有自己独特的体系和丰厚的内容，但民法课程的教学方式陈旧，不能适应这个内容丰富、体系完备的学科的需求。按这种模式培养出来的学生，民法功底不会扎实，不能适用商品经济社会实践中错综复杂的诸多民事问题。为此，他提出了民法学的教学改革思想：前两年中，对本科生普遍先开设一门《民法学概论》课程，讲民法最基本的东西，使学生了解民法学的基本原理；对在后两年中学习民法专业的学生，则将民法学分成专论课程，如“民法总论”“物权法论”“债权法（合同法）论”“人身权法论”“知识产权法论”“继承法论”；同时，开设“民法案例”课程，详细具体地讲授，使学生全面深入理解和掌握民法各种制度的理论和应用。此外，还应讲授“商法”课（公司法、票据法、海商保险等）以及“外国民商法”，充实民法专业学生的知识结构。此外，他还谈到了政法院校的分系教学问题。在他看来，现在这种分系教学很难培养出高质量的合格法学专门人才。当时我们的专业研究生课程设计非常周全，寇志新教授还经常鼓励我们去旁听别的专业研究生课程，要求我们学习哲学、社会学、经济学等；他还亲自为民事诉讼法专业的研究生上民法学课程，因为他经常说程序法不能离开实体法。或许那时寇志新教授的这些观点确实有些难以令人接受；但是，今天看来，他的这些观点无疑具有超前性和科学性，包括西北政法大学在内的很多法学院系，其法学专业课程设计都是按这个思路在进行。

第二，法学教育培养的人才应当适应社会需求。寇志新教授认为，要培养合格人才，仅靠改变教学形式是不够的，还必须使我们的教学内容适应社会主义商品经济的要求。由于法律与社会、法律与经济、法律与文化等存在复杂关系，我们不可能单纯依据某一方面的法律规定就能处理好法律问题，更不可能通过单纯学习哪一个部门法就能成为合格的法律人才。如果法学的教育脱离社会的需求，法律人才则难以取得人生和事业的成功。

第三,法律人才应当是有强大心理内力的人才。法律与其他学科的区别之一就是应然与实然之间总是存在区别,如果没有强大的心理内力,即使有法律的信仰,恐怕也难以持续太久。寇志新教授对学生常常以鼓励为主,坚决地执行"爱的教育",这些教育理念和方法大大激发了弟子们学习的心理内力,学生们主动学习,而不需要老师要求。寇志新教授作为老师的个人人格魅力和他发自内心地对学生的爱显然是不可忽视的,也是最终成就他成为民法教育家的关键所在。

六

寇志新教授热爱民法,将毕生精力献给了民法学的研究,但他从不偏执。他在民法世界发现和享受的,是更宽广的学术情怀。退休后的寇志新教授虽然离开了讲台,但他的心仍然牵挂着法学教育。有时候去他家里聊天,他仍常问起现在研究生的课程设置、研究生的学习情况,也依然会对中国当下的社会矛盾、司法进程提出自己的独到看法。他也仍和以前一样喜欢与人交谈和辩论,耄耋之年仍保持着相当敏锐的法律思维和惊人的记忆能力。或许,对寇老师来说,民法本身就是一棵常青树,他与民法的相知相融,也使他成为不老的神话。

(撰稿人:程淑娟,本文节选自《法学教育研究》总第 10 卷,法律出版社 2014 年版,原文有删节)

王俊教授学术评传:“西法大”经济法学科的创始人之一

一、个人简介

王俊教授,男,1936年1月19日出生,汉族,甘肃省陇西县人,中国共产党党员,西北政法大学法学教授。1956年至1961年,他先后在西北俄文专科学校(西安外国语大学的前身)、西北大学法律系、西安政法学院(西北政法大学的前身)学习,1961年10月毕业于西安政法学院法律系。大学毕业后,他长期从事基层法院审判工作和企业保卫工作。1979年6月,他被调入西北政法学院(现更名为西北政法大学)从事经济法的教学和研究工作,是经济法学学院经济法学科的创始人之一。他曾任经济法系经济法原理教研室主任、党支部书记等职,1982年被评为讲师,1987年被评为副教授,1995年被评为教授,1984~1985学年被评为优秀教师。

自从事高等学校教研工作以来,他潜心钻研法学专业知识,探索经济体制改革中不断出现的立法、执法、司法和教学工作出现的新问题,著书立说,笔耕不辍。他先后在《中国法学》《西北政法学院学报》《法律科学》《经济改革》《人文杂志》等刊物发表学术论文20余篇。其中,有些论文被收入《中国经济文库》、《中国当代战略文典》、《中国跨世纪战略文献》和复旦大学创办的《经济法研究》。他担任主编、副主编和参编的著作有:《社会主义法制问答》《经济法学》《经济法学原理》《经济法通论》《中国经济法通论》《经济合同法》《新编经济法概论》《中国审计法概论》《新编经济法教程》《国营工业企业法讲座》《合同法原理与实务》等11部。

在教书育人方面，先后给西北政法学院的硕士生、本科生、专科生、函授生、自考生和专业培训班学员，主讲过《经济法概论》《经济法学原理》《经济合同法概论》《审计法概论》和《合同法》等多门课程。

20世纪80年代，法学教师资源稀缺，王俊教授除完成本校的教学任务之外，还热心和积极地支援其他兄弟院校的法学教育，为国家培养更多急需的法律人才。1982年6月他被西安大学聘请为该校法律系法律专业的经济法课教师，1984年11月又被聘为该校中文系党政干部专业1984～1985学年第二学期经济法课的教师。1984年至2003年期间，他先后被聘于民办西安外事学院、西安欧亚学院、西安电子科技学院为这些院校法律专业和律师专业的学生讲授经济法和合同法课。1992年10月至1998年4月期间，他又致力于民办高等学校的教学管理工作，曾任民办西安法律培训学院和西安华西大学主管教学的副院长、副校长，为我国的法学教育与法学研究做出了贡献。

二、学术评价

在从事法学教研工作之前，王俊教授曾在革命圣地延安从事基层法院审判工作和企业保卫工作近18年。1979年6月5日，他被调入西北政法学院，从此，开启了其一生为之奉献和追求的高等法律教育和研究事业。成为一名高等学府的人民教师，是他人生道路上的一次重要转折。长期在延安工作的经历使他将革命圣地艰苦奋斗的传统和无私奉献的精神带进了西北政法学院，在新的工作岗位上迎接新任务的挑战。

(一)积极参与和推动经济法学科的创建

党的十一届三中全会提出了国家的重心转移到社会主义经济建设上来,各行各业百废待举,渴望法律的推动和保护,而在众多领域中法律却空白一片,尤其调整经济活动的法律奇缺。正是在这种背景下,王俊教授投身于经济法学科创建的滚滚热潮中。然而,由一名基层企业保卫工作者转变为一名高等学府的法学教师,而且要从事新兴学科的教研工作,对当时的王俊教授来说,绝非易事。

由于工作性质和岗位的变化,给王俊教授带来了新问题,用他自己话说,"一切都需要从头开始"。摆在他面前的任务是学习,向书本学习,向前辈们学习,向有丰富教学经验的老教师学习,同时,也需要到社会实践中去学习。王俊教授被分配到西北政法学院法律系民法教研室经济法教研小组,小组中只有 3 个人,除王俊教授外,还有石文琰老师和窦玉珍老师。此时,北京政法学院、西南政法学院、中南政法学院、华东政法学院和西北政法学院等 5 所司法部直接领导的专业政法学院以及极少数综合大学的法律系,如北京大学法律系、兰州大学法律系等,相继组建了经济法的教学研究机构,尤其是北京大学法律系在全国率先开讲了经济法这门课。

在经济法学诞生之时,开展教学活动之初,教学资源极其匮乏,几乎是两手空空,白手起家。王俊教授与经济法教学研究小组的其他老师于 1980 年 8 月,在石文琰老师的率领下,与窦玉珍、徐德敏等老师赴北京开展了一系列地学习、走访、收集资料和听课等活动,历时近 4 个月。

这期间,王俊教授在中国人民大学聆听了南斯拉夫专家有关南斯拉夫经济法的专题讲座;在国家专利局听取了世界知识产权组织总干事关于知识产权问题的专题讲座;在北京大学法律系随班听了杨紫煊、刘隆亨 2 位老师分别主讲的"经济法基础理论"和"税法"课程。课外，还与这2位老师以及中国人民大学法律系经济法教研室的刘文华、北京政法学院法律系经济法教研室的陶和谦等多位老师，进行了多场次的座谈，并虚心向他们请教了有关经济法基础理论、部门经济法以及经济法教材建设等方面的问题。他先后拜访了司法部教育司、中国社会科学院法研所等部门，收集到数十份有关国家立法和部门规章，作为编写教材的重要素材。

从北京返回西安后，在石文琰老师的领导下，王俊教授立即着手对从北京带回来的经济法方面的文献资料筛选和整理。然后，他开始编撰“经济法概论”教材。按照编写大纲和分工，王俊教授被安排负责“财政法律制度”和“全民所有制工业企业法律制度”这两章的编写。在当时，经济法教材奇缺和急需的情况下，这部教材的编写完成，意义重大。它为经济法人才的培养作出了应有的贡献。王俊教授在经济法学科的初创时期始终参与其中，是西北政法大学经济法学科的创始人之一。

（二）以法学研究促进教学，为教书育人呕心沥血

王俊教授在完成经济教材编写任务的基础上，在为学生讲课前还要认真备课，准备讲稿。当时对教师授课的要求非常规范和严格。每位授课教师的讲稿都须经过经济法教研小组集体审定，并进行试讲通过后，才能用于为学生授课。按照教学大纲及教学任务的安排，经济法教研小组的各位老师，每个人分别承担了部分章节的讲授任务，此时，没有人能够通讲全部课程的内容。王俊教授第一次授课的对象是经济法培训班和法律系79级5个班的同学，并取得了良好的效果。

1983年，西北政法学院法律系民法教研室经济法教研组，从民法教室中分离，并升格为经济法教研室，教师由原来的5人增加到9人。原来编写的《经济法概论讲义》经过一段时间的试用，成为正式

教材。王俊教授曾先后为法律系 79 级、80 级、81 级和 82 级本科生讲授经济法。这四届学生渴求知识、学习刻苦、深入钻研、不耻下问的态度和学习风气，给王俊教授留下了深刻的印象。尤其是 79 级同学在冬季教室暖气片漏水的情况下，踏着地面流水，踮着脚或用砖头垫着，坚持听讲课的情景，感人至深，令人难忘。这激发了他为人之师的责任感和荣耀感，全心全意地投入到教书育人事业中。

法律系 80 级 6 个班的经济法概论课作为必修课，按照 2 个班 1 个课堂，划分为 3 个课堂，即 1、2 班，3、4 班，5、6 班分为 1 个课堂。王俊教授被教研室安排担任 5、6 班的授课老师，这将是他第一次全程通讲这门课。虽然他深感责任和压力重大，但是，因有了给经济法培训班和法律系 79 级 5 个班的同学授课的尝试和经验，以及一个学期认真、扎实的备课基础，使他对讲好这门课充满信心。后来，经过一个学期，近 100 个学时的授课过程，也确实从未发生任何问题。

1984～1985 学年，王俊教授在给法律系 82 级 3、4 班的同学讲授经济法课的过程中，其授课风格已趋于成熟。在上第一节课时，他首先用 5 分钟的时间告诉同学们，学习这门课应该具有的学习态度和学习方法。然后，鉴于经济法是一门新兴学科，学派林立、百家争鸣、观点纷呈，当时比较重要的观点有："纵向与横向统一经济法论""纵向经济法论""横向经济法论""国家意志经济法论"等不同学说，王俊教授根据自己的研究，向同学声明自己的学术观点属于"纵向与横向统一论"。并且，他对自己学术主张产生的背景、理论和实践依据，优点和缺点，以及支持该观点的缘由等，进行了全面系统的讲解和剖析。

为适应国家经济体制改革、经济立法快速发展的迫切需要，西北政法学院于 1985 年成立了经济法系，并招收了第一届两个班共 100 名新生。王俊教授被系领导委任担任经济法原理教研室主任，负责安排授课，培训教师以及考试等工作。在任教研室主任期间，王俊教授除严格要求自己讲好课、做一名合格的大学老师外，还要求教研室的每一位老师恪尽职守、认真备课，讲好每一堂课，关爱学生、教书育人。同时，他重视经济法研究，以科研成果促进教学，并带动每位教师的自身发展。

（三）坚持法学研究解决实际问题，回报社会的学术导向

王俊教授从基层司法工作岗位进入法学教研领域，在法学教研工作之余一直从事兼职律师业务。因此，他深知法学作为一门应用学科必须从实践中来到实践中去，研究现实中真正存在且急需解决的问题，然后用科研成果指导和促进法学教育、立法、执法、司法等法律实务工作。王俊教授敏锐意识到对公众进行普法教育的重要性，并针对性地撰写和发表了《罚工厂百元不如罚厂长一元》《我国民事诉讼的任务是什么》《违反经济合同的处理方法》《维护妇女儿童合法权益法律常识问答》等文章。在我国发展社会主义市场经济的过程中，必须实现市场经济法制化，建立健全市场主体、交易和监管制度以及制度齐备、功能完善的法律体系。为此，王俊教授开始潜心研究市场交易中存在的法律问题，对经济合同的签订、履行以及制止不正当竞争，建立有序、公平的竞争的市场秩序和环境等实际问题，进行了探讨并发表文章。他主张合同的订立和履行应遵守合同法的基本原则，有奖销售应当纳入法制轨道，完善企业竞争法律制度。在建立现代企业制度、健全市场主体方面，他早期曾提出，对国营工业企业领导体制改革的合理化建议，后来他又主张建立现代企业制度，实现企业民主管理，促进国有企业成为独立的市场主体。我国的市场经济是可调控的市场经济，因此，王俊教授主张建立有权威的市场执法、监督机构，实施有效的监督；工商行政管理部门应当加强对房地产市场的监督，尤其是对市场经济活动的审计监督。王俊教授主编

了《中国审计法概论》,并发表了一系列文章对该领域进行了全面而系统的研究,为我国审计法学的创立和发展奠定了基础。此外,他还撰写论文对我国如何建立市场经济法律体系,提出了富有建设性的思路和对策。

(撰稿人:郭富青,原文有删节)

刘振江教授访谈记：复校时第一个教授国际私法的老师

10月的西安已渐渐充满寒意，校园里葱绿的树叶也慢慢变黄。在这个秋末冬初的季节，我们有幸获得了采访西北政法大学国际法学科的奠基人刘振江教授的机会。阅历粗浅使我们诚惶诚恐；崇敬有加又使我们倍感荣幸。10月19日，刘教授应邀来到国际法研究中心。虽已是耄耋之年，但他依然精神矍铄、步伐矫健，这给我们留下了深刻的印象。

作为西北政法大学国际法学院的学子，常在学校各大会议和报告中听到刘振江教授的发言，亦常于恩师口中听闻对刘教授的赞誉。虽已退休多年，刘振江教授的大名依然为法学家们和学生们口口相传。在近40年的教学科研生涯中，刘教授撰写了十几部法学教材、专著和译著，以及50篇论文和译文。在研究国际私法学方面，他全面系统地研究了国内外学者的不同观点，发表了《论国际私法性质》一文，获司法部"优秀论文奖"。在国际民事诉讼法方面，他著有《国际民事诉讼法原理》《论国际民事司法协助》《中国区际司法协助发展途径》等专著和论文。他主编的《国际私法教程》和《国际经济法》，为数所大专院校采用作为教材。他参加编写的《国际法》，获国家教育委员会"优秀教材特等奖"和司法部"优秀教材奖"。

刘教授让我们称呼他为老师，使我们倍感亲切。访谈虽然只有短短的一个小时，却为我们带来一场无与伦比的听觉盛宴。

一、动荡年代，法律实践中的懵懂认知

刘老师于1926年出生在山东寿光，1945年初中肄业后任教于刘家村小学。1948年山东解放，他随南下干部团参加革命，解放上海后回到无锡，被分配到苏南行署法院任办事员。刘老师回忆说，那个年代我国只有《中国人民政治协商会议共同纲领》而没有其他法律可以遵循，他也根本不懂法，但在工作中还是注意到了一个问题，那就是在办案的过程中，我们的审判员只知道按政策办案，对于审判程序和案卷记录则不够重视。

在刑事案件的审判工作中，刘老师认识到学习法律知识的重要性，这也使刘老师从一个对法律处于无知状态的青年成长为一个具有一定法律知识的工作者。刘老师深思道：苏南法院的那段日子，对他的影响非常之大。

二、苏联热潮，接受社会主义法学教育

中华人民共和国成立后，国家对建立社会主义司法制度采取了“学习苏联”的措施。当时开展苏联式法律教育是以中国人民大学作为“孵化器”，将其培养的老师分配到其他各个大学的模式进行的。刘老师正是这次学习中的一员。1951年中国人民大学以有政法工作经验为条件开始招生。刘老师饶有兴致地回忆道：“那个时候请苏联的专家来讲课是没有教材的，我们的学习全部靠笔记——上课记笔记，下课对笔记，考试背笔记。中国第一个国际私法专家刘丁就是苏联法学家明仁斯基[①]以这样的方式培养出来的。”在这样的时代背景

① 明仁斯基：苏联法学专家，1950年到1951年任职于中国人民大学外交系国际法教研室，讲授国际私法。

和治学环境下，刘老师开始了他法律学习和研究的探索之路。

1956年刘老师赴苏联莫斯科大学攻读国际私法博士学位。他说，在人大学习期间，学校虽然开设了国际私法课程，但他并没有选修。与国际私法结缘，是政治任务使然。在苏联求学期间，刘老师在认真研习苏联法律知识的同时，还得到了一份特殊的收获——笃深的师生情谊。在之后的执教生涯里，刘老师将苏联的法学教育理念运用到了教学中：加强同学生的联系，给学生和老师探讨法律问题、碰撞思维火花的机会，启发学生的学习能动性，营造浓厚的学术氛围。正因如此，刘老师才培养出了一批又一批的法学专家。

刘老师指出，现在中国的教育体制在进行了一系列改革后，不但没有实现真正的启发式教育，而且又落入应试教学的窠臼。学生学习到的知识和在实际中的应用是“两张皮”，完全没有达到应有的效果，在这一点上，应当进一步推进教育体制改革。

三、政法执教，创设中国国际私法新学科

刘老师是西北政法大学国际法学科的创建者，也是第一个教授国际私法的老师，在他的带领下国际法学科于1982年开始招收国际私法专业硕士研究生，西北政法大学国际法学科成为中国最早开展国际私法专业研究生培养教育的学科点之一。刘老师被誉为西北政法大学国际法学科的奠基人。对此，刘老师笑着谦虚道：这是他们过奖了。

在获得莫斯科大学博士学位后，刘老师于1960年12月回国，1961年2月被分配到西安政法学院[1]任教。他回忆道：“当时受‘法律虚无论’的影响，学校没有开设法律课，只有刑事政策和民事政策

① 西北政法大学旧称。

课。然而我觉得，政策离不开法，在讲授对外政策课时，我会在毛主席‘三个世界’理论的指导下加入一些国际法知识编写对外政策课讲稿，学生由于觉得新鲜而很感兴趣，教学效果还不错。比如‘和平共处五项原则’就涉及很多关于国际法的内容。当时只给三个系：法律系、新闻系和党史系，讲授对外政策课。当时法律系只有一个教研室，即法律教研室，该室下设宪法组、法理组、刑法组和民法组，我在宪法组里任教。1965 年司法改革时学校归最高人民法院领导，并改名为西北政法学院。全院各系都被撤销，学生都转学法律专业。全院设四个教研室，即法理教研室、刑法教研室、民法教研室和宪法教研室。宪法教研室下设宪法组和国际法组，由此开始讲授国际法课程。1966 年‘文化大革命’开始，在‘砸烂公、检、法’口号下，政法学院被迫解散。1979 年复校后，学院归属司法部领导，下设两个系：政治理论系和法律系。法律系下设七个教研室。国际法第一次从宪法教研室中分离出来，成立了国际法教研室。由于我国实行‘改革开放政策’，对外民商事交往日益频繁，学院开设了国际私法课程学校，第一个教授国际私法的就是我。1982 年开始招收研究生我担任导师组组长，前期共招收了三期，你们的导师就是第一期招收进来的，是我的学生。”说到此，刘老师欣慰地笑了：他的学生们后来都很有成就。1987 年我被调到法学研究所任所长，专门做法学研究工作。

四、执教体会，理论和实践必须结合

刘老师是国际私法方面的专家，他认为国际私法是国际法的一个法律部门，法学界对国际私法属性争论的原因，从根本上来说，是没有分清“涉外私法”和“国际私法”的区别。刘老师高度评价了 2010 年颁行的《涉外民事关系法律适用法》，我国《涉外民事关系法律适用法》是一部规定比较全面完整、详尽合理的法律。

刘振江教授在执教生涯中一直提倡进行法学教育必须要理论联系实践,以法学理论去指导实践,在实践中推动理论的发展。对此,他是这样说的:“我认为法学教育制度有一个长期存在的问题,那就是法学教育的理论与实践严重脱节。法学不同于理工科、艺术学科(如音乐、美术等),这两类学科的学习过程本身就是实践的过程,而法学不同,法律作为一种社会规范要在实践中发展,靠实践来推动,用实践来完善。法学教育工作者长期在学校教书育人,只知道围着书本转,和实践严重脱节。老师们只当教书匠是不行的,必须在实践中丰富和发展理论,希望今后能在这方面有所改善。另外,令我欣慰的是,我提出的在学校举办模拟法庭、将一些真实案件拿到学校来审理的意见,都已经基本实现了。这种方式很好,能让学生真真切切感受到案件审判的过程,更好地消化在课堂中学到的知识。”

刘老师在近40年的教学科研生涯中,一直勤勤恳恳、兢兢业业,培养了一大批国际法人才,同时也为我国国际法学科的发展做出了重大贡献。

(撰稿人:杨怡萍、陈玮珏,本文节选自《法学教育研究》总第8卷,法律出版社2013年版,原文有删节)

问渠哪得清如许

——裴苍龄先生访谈记：首开证据学先河的拓耕者

坎坷二十载，霜重胆未寒。嶙峋傲忠骨，心玉任谁看。

韶华付流水，老大惊逝川。会当秉全躯，投火助大燃。

——裴苍龄《正气歌》

早些时候，学校科研处便有意发起采访名师活动，以此来记述那些往昔岁月的点点滴滴。10 月间，我们有幸获得了采访裴苍龄先生的机会。先生大名，耳闻已久。日渐发达的传媒与广泛的交流，使我们能看到更多文字和听到更多声音。其中"谷歌"与"百度"等搜索引擎就有很多有关先生的文字，《世界名人录》《世界人物辞海》《世界优秀专家人才名典》《国际名人录》等对先生都有记述。老师、同学也时常谈起先生，当然更多的是他那些颇有分量的著述，尤其是他那本《新证据学论纲》最为大家所称道。

先生于 1935 年 12 月出生于甘肃民勤，于是这次访谈便又多了另一番值得记忆的意义。这次访谈主要是围绕如何阅读先生的《证据法学新论》《新证据学论纲》及与此相关的一系列论文而进行的。其中，《新证据学论纲》乃是先生积 18 年之功完成的力作。在该书中，先生一方面对自己长期于证据学的研究进行了总结；另一方面深刻地反思了自己以前的一些研究成果。

一、求学体会:语文是基础的基础

我一直比较重视语文学习,也体会到语文对我作用很大。我在求学中最看重的学科就是语文。语文水平是作研究必须具备的一个重要条件。有位著名作家讲:"语文和数学是基础,语文是基础的基础。"这话确实不错。我过去上学的时候就比较喜欢语文。大学之前,我学习比较认真,成绩也不错。我的成绩小学毕业时是第一,初中时是第二。初中3年中,每一次作文评分,我的作文分都是最高分。1953年我初中毕业前,学校举行了一次讲演比赛,我也参加了。我的讲演稿是《悼念斯大林》。1953年斯大林去世,我当时讲的就是悼念斯大林这个内容。出乎所有人的预料,那次讲演我拿了第一,原因是我的讲演稿写得好。当时讲了以后,不仅同学,连老师都很感动。我高中是在(甘肃)武威上的,那时学校每年都有校庆征文竞赛,高中一年级时我就是全校第一,高中二年级、三年级也是第一。我大学就读于西北大学法律系。到大学三年级时即1958年,西北大学法律系分出来成立了西北政法学院,我也就随着过来了,我是这个学校从西北大学搬过来的第一批大学生。①

先生文字功底很深,好诗歌。② 当年高考作文即兴作诗一首,写了三四十行。及至后来读大学,尊普希金,习自由体,尤擅古诗词。大学期间,先生也曾作过史诗,已写出第一章,约200行。但由于历史的原因,终究未能完成。尽管如此,先生当时的创作仍得到了我国

① 西北政法学院(今西北政法大学)是在1958年由西北大学法律系与中央政法干校西北分校合并成立的。其前身可追溯至1937年创建的陕北公学和1941年建立的延安大学;后几经变迁,其间又过1949年的西北人民革命大学、1953年的中央政法干校西北分校。

② 《中华传世诗词选集》收有先生诗词多篇。

著名鲁迅研究专家,西北大学文学院教授单演义[①]教授的肯定和鼓励。1988 年,先生写出了《满江红·黄山述怀》:"始信峰头,依危石,望断天涯。无处觅,童颜青髫,少年英华。时光流水水流金,岁月逐浪浪淘沙。看江流,贼舟覆没处,千帆发!喜峰回,遍地花,金光道,跨骏马。任春风催动,枯枝新芽。眼前松林耕绿海,脚下群峰托云霞。弹指间,中华腾巨龙,惊天下!"最近,先生还为连战大陆行赋诗:"隔海一笑泯恩仇,六十年后重聚首。民族大义化热血,历史重任铸心头。'我们不做谁来做?此时无求更何求!'探寻中华一统路,共造福星照千秋。"某诗词编委会这样评价先生的诗词:"擅长诗词艺术的研究与探索,注重深入实际感悟人生,其作品以极为凝练的笔墨,烘托出极为深邃的意境和宽广的情蕴,行文简洁犀利,想象奇特新颖;文字对仗工整;语言质朴明达。"

二、学术历程与心路:拓荒、耕耘

先生之所以从事证据学的教学与研究工作,并将此作为自己的人生选择,缘于先生早期的一段工作经历。大学毕业后,先生被分配到了延安市中级法院(时称"延安地区中级法院")。在法院工作的10 多年,先生接触到大量有关证据方面的问题,兴趣所在,性情使然,久久思索……1981 年入政法学院执教以来,先生更是将一腔的热血与全部的激情都融入到这其中。"人生的真正价值在于创新",对于自己的教学研究先生这样说。

1. 首开证据学课程[②]

刚被调到西北政法学院时,我承担的是"刑事诉讼法学"课程的

---

① 单先生著有《鲁迅在西安》。

② 参见裴苍龄:《十年改革 推陈出新——关于〈证据学〉教学改革的总结》,载《政法教育研究》1992 年第 2 期。

教学。在当时,全国范围内都没开证据学课程,之前也没有开过。我们学校在1981年秋季提出要开证据学课,为什么呢?据了解,北京有部分学者已开始尝试编纂证据学这门课的教材。那个时候,我们的老主任王兆生老师也对这门课感兴趣,认为这门课前景乐观,很有讲头。于是就开会研究增开证据学课的问题。当时我们教研室承担两门课的教学任务,一是刑事诉讼法学,二是民事诉讼法学。证据法学谁都没有准备。大家提出让我来代这门课,我自己也乐意,于是就承担下了证据学课的教学任务。承担这门课的还有王振河和吴运才老师。我们三个人就开始找证据学方面的资料。在当时,学校基本上没有什么相关的资料,于是我们就出去跑了一圈。我们跑了北京、上海、天津等地,后来又跑了西南政法学院,也没有找到多少资料。那个时候全国都没开证据学课,所以资料非常匮乏。就这样,我们从1982年开始准备,[①]到1983年借助这年出版的中华人民共和国成立以来第一本证据学统编教材[②]就正式开了证据学这门课。

证据学课一讲,我就发现问题了——证据学的讲课内容基本上跟刑事诉讼法学是重复的。这样,在刑事诉讼法学讲过以后,再讲证据学,就讲不出新东西了。

为了解决这个问题,我们专门开会讨论,当时是由我主持的。大

① 为适应当时的教学科研需要,学校科研处组织编写了《证据学资料汇编》一书。该书由诉讼法教研室王振河、王兰两位老师及法律专业资料室孙晓辉老师收集选编,并由王兆生老师审定。全书约50万字,分上、下两册,收集了中华人民共和国成立后至1982年年底全国主要报刊、杂志中有关的证据学方面的文章和实例。

② 该书是指巫宇甦主编的由群众出版社1983年5月出版的《证据学》。该书时为高等学校法学试用教材,约18万余言,至1984年6月印数已逾万册。全书体例大致如下,除绪言外,共计17章。其中,10~17章分别为“物证”“书证”“鉴定结论”“勘验检查笔录”“证人证言”“刑事被害人陈述”“刑事被告人供述和辩解”“民事当事人陈述”,这些内容大致接近全书内容的1/2;另1~9章为“外国几种主要证据制度和证据理论概述”“旧中国的证据制度和理论简介”“新中国证据制度的创立和发展”“证据的概念和意义”“证明”“证据的分类”“运用证据的指导原则”“收集证据”“审查判断证据”。

家提出了两种意见。第一种意见是把“证据学”撤销，认为“证据学”这门课开不成。因为，若把“证据学”设置在“刑事诉讼法学”课之前，“刑事诉讼法学”课就没法讲了；如果设置在“刑事诉讼法学”课后面，“证据学”便没人听。第二种意见是说，把“证据学”和“刑事诉讼法学”这两门课放在一起，两门课都排在一个课时点上，由同一个老师去讲，由他自己掌握。这就等于把“刑事诉讼法学”的课时扩大了 30 多个小时，这样“刑事诉讼法学”讲完再讲“证据学”，或者把“证据学”糅到“刑事诉讼法学”里讲也行。反正是两门课同时开，由一个人讲。最后我们采纳了第二种意见。由于《证据学》统编教材与《刑诉》统编教材证据部分（共一编七章）内容上的大面积重复问题，当时全国许多政法院校都没有开证据学课；开课的学校，也是像我们一样——两门课，同时开，一个人讲。

我当时觉得，这样做不是长久之策，“证据学”要独立必须走创新之路。因此，从那时起，我就开始了“证据学”创新的艰难历程。1988 年夏季，学校将“证据学”课排在了“刑事诉讼法学”课之后，一改过去同时开课的格局，这给我们提出了不小的挑战。在这次课程调整后我们再次开会讨论。我提出，“证据学”和“刑事诉讼法学”课还是分为两门课——走创新的路，要给证据学创出一条路来，一定要使“证据学”具备单开课的条件，“刑事诉讼法学”课先开，“证据学”课后开，先由我来上，其他的同志备课、准备。这样，自 1989 年开始整个“证据学”课都由我一个人讲，一直连着讲了好几年。这对我有一定的压力，因为它逼着我，非得把这门课讲出一些新的东西来，要不然的话没人听。所以当时我全部精力都集中在这上面，教学和科研密切结合：教学当中提出什么问题，就通过科研去解决，哪个问题解决了，很快地就充实到教学中。就这样，每讲一次课都换一次、修改一次讲稿，等于说，每年下来就要充实一部分新内容到讲稿中。从 1983 年起，

"百易大纲，十易讲稿"，到了 1989 年，便出版了《证据法学新论》。

《证据法学新论》的出版，为证据学的创新提供了基础。此后不久，我又给研究生讲课。研究生讲课也基本上是用这个思路，讲这个内容。[①] 当时研究生在课堂上讨论十分热烈，因为好多学生是从别的学校来的，他们之前基本上没有学过、听过这样的"证据学"课，他们之前的这门课都是跟"刑事诉讼法学"课一块上。"刑事诉讼法学"和"证据学"大面积重复这个问题，实质上全国都存在，我们是走创新的路。所以要说真正把这两门课的讲课内容重复问题解决了的，我们学校是最先做到的。

2. 对我国法条上规定的证据种类的检讨[②]（略）

3. 首次区分证据与证据资料（略）

4. 证据与证明的区分（略）

5. 从实质证据观到实质真实标准（略）

6. 实质逻辑（略）

7. 学术交流

我第一次参加学术会议是 1988 年在黄山召开的全国诉讼法年会，[③]会上我宣读了《论诉讼中的证明责任》一文，大会将我的论文作为讨论的重点。会后，时任《法学研究》杂志编辑的我国行政法学家苏尚智先生找到我，让我将这篇论文整理修改后寄到编辑部，他们想发表这篇文章，后这篇文章便刊在《法学研究》1989 年第 3 期。我后来又参加了两次国际研讨会，一次是 1994 年、一次是 1996 年。第一次会上我宣读的就是《关于证据效力的研究》[④]那篇文章。宣读过以

① 此处指裴先生仍然用《证据法学新论》一书做学生的讲稿与教科书。

② 裴苍龄：《论证据的种类》，载《法学研究》2003 年第 5 期。

③ 《满江红·黄山述怀》就是在这次会议期间即兴而作的。这也是先生所参加过的唯一的一次年会，先生希望学院能有更多的老师拥有这些不多的机会。

④ 裴苍龄：《关于证据效力的研究》，载《现代法学》1995 年第 1 期。

后，影响确实不错。有些外国学者，给我竖大拇指。我不懂英语，他们说些什么我不懂。樊崇义教授，当时他是中国政法大学诉讼法教研室主任。他跟我讲，你这篇文章发表以后，反映相当好，无论中国的、外国的学者反映都是相当好的。1996 年宣读的文章是《论推定》。① 这篇文章实际上提出了对推定的新的理解，基本内容《新证据学论纲》上有。② 这篇文章还特别提到了法国人权宣言上的无罪推定（后文有论述）。当时有一位法国的学者，在讨论发言的时候，也提到这个问题。

三、态度与方法：求实、求是

1. 研究态度

研究应该抱怎样的态度，应如何把握方向？我研究这些东西最根本的一条就是从实际出发。学习研究一定要抓住事实，不要光跟着别人跑，要走自己的路！现在，我们法学界好些著作、论文，一开口就是什么西方发达国家……把西方的东西抄一通，就变成了他的成果，这些可以说是没有严肃科学的态度。我们该如何看待西方国家的这些成果呢？首先，这些东西很多都是几百年前的。比如，自由心证就是法国资产阶级大革命以后的东西，无罪推定也是那个时候的东西，沉默权更早，到现在已有 300 多年了，应当看到它们已经陈旧了，历史的灰尘在那里积了很多！我是这样看待的，现在已经旧了的，我根本不可能用，也根本不考虑；有些东西虽然没有陈旧，即使现在还可以用，但人类是要往前走的，有没有比那（西方国家）更好的呢？我们需要探寻。对真理的认识并没有到尽头，社会制度、法律制

① 裴苍龄：《论推定》，载《政法论坛》1998 年第 4 期。
② 裴苍龄：《新证据学论纲》，中国法制出版社 2002 年版，第 401～415 页。

度也并没有创造到极致,人类往前走的路还远呢。

2. 研究方法

研究的方法也很重要。我这样看,要往前看,从实际出发,多接触一些实际,看看实际的一些情况——从实际当中看怎样解决才是合理的。尤其重要的是要抓住事实,任何科学上的发现,都是先研究了一定的事实。假如一个人出生后,就一直把他关在屋子里,什么也看不到、什么也听不见,那他什么都不知道,那他什么也创造不出来、什么也发现不了。要想搞出成果来,就要到社会上,从社会各个方面去看,从外界、从客观方面找根据,找需要解决的问题,找可能发展的方向,这就是我写题前①的基本意义。

先生学术造诣深厚、成就斐然,自 1981 年入西北政法学院从事教学研究工作以来,对我国证据法学的发展创新做出了自己的独特贡献。先生著述颇丰,笔耕不辍,时有佳作。在采访中我们得知,先生现在每日仍坚持研究与写作。"宝剑锋从磨砺出。"先生取得今天这样的成就,自是与先生不断的思索、探索分不开的,但这更与先生的坚韧、激情、豪情,坚实的理论功底、独立的学术品格息息相关。先生这种对学术追求、尊重、创新、求是的精神值得我们去学习。

晚秋、隆冬、初春,就这样,我们愉快地进行着与先生的交谈,我们感谢先生对我们的热情接待与指导,并祝福先生幸福、健康,也期待先生能奉献更多的精品于我国的证据法学建设。

(撰稿人:韩宝、黄通利,本文节选自《法学教育研究》总第 6 卷,法律出版社 2012 年版,原文有删节)

① 此处是指《新证据学论纲》一书的题前。

不忘初心　牢记使命

长期以来，学校始终坚持党的领导，坚持社会主义办学方向，秉承“政治坚定、实事求是、勇于创新、艰苦奋斗”的“老延大”[编者著：延安大学(1941～1949年)，西北政法大学的前身]优良传统；恪守“严谨、求实、文明、公正”的校训，立足陕西，面向西北，服务全国，以国家和区域经济社会发展的战略需求为导向，坚持理论与实践相结合，不断加强内涵建设，着力培育高素质人才，为国家民主法治建设和经济社会发展做出了重要贡献。弘扬“老延大”优良传统，培养德法兼修、理实并重的高素质法治人才，是学校新时代的根本任务和历史使命。

杨宗科：自觉服务国家战略需求 奋力建设特色鲜明高水平大学

从1937年到2017年，从延安到西安，从陕北公学到西北政法大学（简称西法大），这所中国共产党亲手创办的大学，走过了80年艰苦卓绝的探索历程，经历了国防教育、干部教育向现代高等教育的历史性转变，以自己的办学实践生动回答了“为谁培养人”“培养什么样的人”的根本问题。

80年前，在抗日战争的烽火硝烟中，党中央在延安创办陕北公学。毛泽东主席为学校欣然题词，确定了“造就一大批为民族解放而斗争到底的先锋队”的培养目标，为陕北公学指明了办学方向。

1941年7月30日，中共中央政治局决定：“青干、陕公、女大合并，定名延安大学。”这是中国共产党创办的第一所综合性大学。老延安大学坚持把坚定正确的政治方向放在第一位，教育学生树立共产主义的世界观和人生观，解决好人生信仰、政治立场和服务对象的问题。

1949年5月20日西安解放，中共中央西北局决定，延安大学南迁西安，改名为西北人民革命大学。中共中央西北局书记习仲勋同志为办好西北人民革命大学倾注了很大的心血。他亲自参加第一期开学典礼和毕业典礼，并向学员提出了“每个人都争取成为建设新中国事业中的突击手”的要求。

1953年3月，西北人民革命大学改组为西北政法干部学校，1954

年年底更名为中央政法干部学校西北分校。1958 年 9 月，西北大学法律系调入中央政法干校西北分校，成立西安政法学院，1963 年改为西北政法学院。学校一直是为党和国家培养“又红又专”的政法高级专门人才的“国家队”。

1972 年学校被撤销。1978 年 8 月经国务院批准，学校在原校址复办。1979 年开始招生，360 名求知若渴的本科生、研究生走进校园，与刚从祖国各地不同岗位上回校的老师们一起，翻开了学校为改革开放和法治建设培养人才的新篇章。2000 年学校由司法部划转到陕西省，成为“中央与地方共建，以地方政府管理为主”的高校。学校于 2006 年 11 月更名为西北政法大学，2011 年成为陕西省人民政府确定的省属高水平大学建设单位，2012 年成为教育部、中央政法委首批“卓越法律人才教育培养计划”实施高校，覆盖应用复合、涉外和西部基层全部三个类型；同年获批“服务国家特殊需求博士人才培养”项目；2014 年获批“法学一级学科博士后科研流动站”。学校在 59 年本科教育、38 年研究生教育历程中，全面贯彻党和国家的教育方针，着力培养造就信念执着、品德优良、知识丰富、本领过硬、适应中国特色社会主义法治国家建设需要的高素质专门人才，被誉为“法律人才的摇篮”。学校已成为陕西人文社会科学教育和研究的重要基地、西北地区法学教育和法学研究的中心、国家法治人才培养的重要基地。

八秩峥嵘，薪火相传。80 年来，学校师生始终怀着对党和人民的忠诚，传承红色基因，坚守大学理念，逐步形成了“政治坚定、实事求是、勇于创新、艰苦奋斗”的“老延大”优良传统，以及“严谨、求实、文明、公正”的校训，“法治信仰、中国立场、国际视野、平民情怀”的育人理念，“质量立校、人才强校、特色兴校、依法治校”的办学方针等在内的具有丰富内涵的大学精神。这种精神已经内化为西北政法大学的文化品质，成为一代代西法大人共同的精神品格和行为规范，成为新时代学校推进高水平大学建设的不竭动力。

为国育才，桃李芬芳。80年来，学校培养了15万余名革命和建设人才。他们顺应时代潮流，勇担历史使命，奋斗在全国各条战线，以扎实的专业基础、踏实的工作作风、朴实的为人品格受到社会的好评；他们之中60%以上工作在祖国的西部，一生服务西部，扎根基层，默默无闻地在青藏高原、在新疆建设兵团、在祖国的边陲，挥洒汗水、倾注才华，成为推动西北经济社会发展、巩固民族团结、维护边疆稳定的中坚力量。

维护法治，重任在肩。80年来，学校师生始终怀揣法治宏愿，捍卫法治尊严，追求公平正义，投身国家和地方民主法治建设，为形成中国特色社会主义法律体系、推进全面依法治国伟大事业做出卓越贡献。

学校80年的办学历程是一部不忘初心、勇担使命、自觉服务国家战略需求的历史，也是一部扎根西北、艰苦奉献、推动民主法治建设、维护边疆稳定和民族团结的历史。西法大的每一步跨越，都凝聚着各级领导的亲切关怀；学校历史的每一页，都承载着广大校友的美好年华；学校发展的每一个节点，都浸透了历届领导班子和广大师生的智慧与汗水。

“雄关漫道真如铁，而今迈步从头越。”中国特色社会主义已跨入新时代、踏上新征程。按照服务国家战略需求的办学宗旨，西北政法大学第三次党代会明确提出了建设法学特色鲜明、多学科协调发展的教学研究型高水平大学的奋斗目标，并经过认真分析和审慎研究，提出加快建设高水平大学“三步走”的战略设想。

第一步，到“十三五”末，我国全面建成小康社会之时，学校的办学条件和整体实力达到国务院学位委员会确定的申请博士授权单位各项指标要求;第二步,国家基本建成社会主义现代化之时,也就是建校一百年之时,法学学科整体实力稳居国内一流;第三步,实现中华民族伟大复兴中国梦之时,学校人才培养、科学研究、社会服务、文化传承创新、国际合作交流等职能充分发挥,建成一流学科引领、多学科协调发展的具有国际影响的高水平大学。

为实现这一奋斗目标和战略设想,学校将不断增强使命自觉、差距自省、奋斗自强,抓住机遇、追赶超越,着力做好以下工作,努力开创高水平大学建设新局面。

一、坚持立德树人,坚定政治定力,自觉成为传承中国共产党红色办学传统的模范大学

培养人才是大学第一职能,立德树人是大学的根本任务,通过思想政治教育保证育人目标实现是中国特色社会主义高等教育的本质特征。习近平总书记在全国高校思想政治工作会议上指出,我国高校重视思想政治工作的历史源于抗日军政大学和陕北公学。我们西北政法大学是陕北公学的直接继承人,也应当是这个红色育人传统的模范传承者。

实施"红色传统育人行动计划"。把坚定正确的政治方向摆在首位,坚定不移地用习近平新时代中国特色主义思想教育引导学生,牢牢掌握意识形态领域的主导权,在思想上、政治上、行动上以习近平同志为核心的党中央保持高度一致;倡导实事求是的科学精神,始终做到理论与实际统一、学与用统一,倡导师生做经世济民的学问、治国安邦的文章。深化大学文化建设、凝练大学精神,努力将80年办学积淀起的红色文化和优良传统,转化为学校加强党建与提升思想政治教育的独特精神资源,拓展为独特办学优势和育人品牌。

实施"德法兼修、明法笃行"的高素质法治人才培养行动计划。

认真贯彻落实习近平总书记“5·3”讲话精神，深化法治人才培养模式改革，积极构建价值塑造、人格养成、能力培养、知识传授“四位一体”的高水平教育教学体系；深化专业综合改革，深入推进卓越法律人才教育培养计划、一流专业建设计划、教学质量工程建设，把办学传承、红色基因与一流人才培养有机结合起来；处理好理论教学和实践教学的关系，积极引进实际部门优质资源，完善协同育人机制，优化实践教学体系；构建“德法兼修、理实并重”高水平有特色第二课堂活动体系，为提升学生政治素质、人文素质、法治素质和创新能力提供强有力的支持体系和良好的成长氛围。

实施“马克思主义学科重点建设行动计划”。对标教育部《高校马克思主义学院建设标准》，把思想政治理论课作为重点课程，把马克思主义理论学科作为重点学科，把马克思主义学院作为重点学院，全面推动思想政治理论课建设的思路攻坚、师资攻坚、教材攻坚、教法攻坚、机制攻坚；聚焦思政课程和课程思政建设，充分挖掘法学、经济学、管理学、新闻学等学科所有课程课堂教学的思政因素，在教学大纲、教案和课堂教学中凸显马克思主义立场、观点和方法，使各类课程与思想理论课同向同行，形成协同育人效应。

二、坚守学术本位，大力推进一流学科建设与科研创新，着力建设丝绸之路经济带法学理论创新高地

学术是大学的本位，创新是大学的灵魂。坚守学术本位，就要以学者为先、学术为基、学风为要、学生为本，就要建设学科、创新学术、培养学者、涵养学风，大力推进一流学科建设与科研创新。

实施“创建一流学科”行动计划。按照陕西省“双一流”“四个一流”建设战略部署，加强学科建设的顶层设计和战略规划，体现高水平大学的定位意识、学位授权审核的指标意识、学科建设主体的责任

赵馥洁教授指导马克思主义哲学研究生

邵诚教授指导法理学研究生

赵馥洁

全国师德先进个人

吴明童

全国优秀教师

汪世荣

全国优秀教师

杨永华

全国资深法学家

贾　宇

全国十大杰出青年法学家

韩　松

新世纪百千万人才工程国家级人选

“万人计划”领军人才

意识，推动学科优化调整，凝练发展方向，引导交叉融合，提升学科建设整体水平；坚持择优扶重、特色引领，重点实施“法学国内一流学科建设计划”四大计划，打造学科高峰、高地；在保持传统优势学科底蕴的同时，大力支持党内法规学科、国家安全法学、信息技术法学、人工智能法学、网络金融法学、智慧司法等新兴学科和前沿领域研究，探求新的学科增长点，抢占学科建设制高点；以一流学科建设为龙头，带动一流专业建设，打造一流本科教学。

实施学术创新行动计划。以党的十九大确立的习近平新时代中国特色社会主义思想的深入学习和科学解读为重点，全面深入持久开展哲学社会科学学术创新、理论创新，努力产出高水平研究成果；以习近平总书记在哲学社会科学座谈会上的讲话精神为指导，坚持正确的学术方向，拓展和深化特色研究，敢于立时代之潮头，发思想之先声，提供原创性的研究成果，推动形成有鲜明特色和重要影响的研究学派；整合研究力量，组建习近平新时代中国特色社会主义法治思想研究院，深入推进法治中国理论和实践研究，打造法学理论学术创新新平台；完善科研奖励激励体系，推进科研成果转移转化，释放科研创新活力。

实施名师名家培养行动计划。强化“人才强校”战略，坚持“用好现有人才、稳定关键人才、造就高端人才、引进紧缺人才”方针，统筹推进各类人才队伍建设；把培养“名师名家”放在人才工作的首位，创造最有利于高端人才成长的环境，发挥好名师名家对学术创新、教书育人的引领示范作用；着眼10年、20年后学校事业发展，把青年教师队伍建设放在更重要的战略地位，深入推进“长安学者”“长安青年学者”特聘岗位制度，加强青年创新团队和学术骨干队伍建设，优化青年教师成长发展、脱颖而出的制度环境。

实施优良学风涵养行动计划。引导师生牢记为党和人民述学立论、建言献策的光荣使命，崇尚“士以弘道”的价值追求，始终走在服务国家战略需求、服务西北经济社会发展和民主法治建设的前列；加强学术道德建设，反对学术浮夸、学术不端、学术腐败，推动形成严谨治学、崇尚精品、担当责任的优良学风，营造互学互鉴、积极向上的学术生态，锤炼“板凳要坐十年冷，文章不写一句空”的学术品格；充分发挥图书馆和各研究院在优良学风建设中的应有作用。

三、坚持需求导向，积极服务国家战略，着力建设中国特色高水平新型智库

服务社会是大学的基本职能。坚持策略研究与战略研究相结合，决策咨询与公共服务相结合，建设一批站位高、导向明、聚焦准、机制活的新型智库，打磨出学校“能揽瓷器活的金刚钻”，发挥好特色鲜明的高水平新型智库的应有作用。

坚持总体国家安全观，深入做好服务西北地区国家安全这篇“大文章”。西北政法大学研究西北稳定安全，既是站位大局、顺应大势的使命担当，也是基于学科积淀、区位优势的必然选择。要以法学、政治学、民族学等学科为支撑，以实施服务国家特殊需求博士人才培养项目为依托，做强做大反恐研究院、民族宗教研究院等新型智库，持续办好国家总体安全法治长安论坛，巩固法治反恐研究的先发和领先优势；要聚焦反对暴力恐怖和维护政治安全、金融安全、网络安全、公共安全等五大领域，带动其他学科发展，在国家安全法治研究方面形成多头并进、分进合击、互相支撑的良性发展格局。

积极服务国家优秀传统文化传承战略。加强研究，科学总结吸收中华传统文化中法治和德治结合转化的历史经验，为推进国家治理体系和治理能力现代化提供文化借鉴和理论支撑。加强法律史等传统优势学科建设，建设好中华法系与法治文明研究院和马锡五司

法精神研究院，为中华优秀传统法律文化传承和"走出去"战略做出我们独特的贡献。

积极服务陕西省第十三次党代会确定的"五新"战略。发挥学校法学学科和人才优势，做法治陕西建设的积极推动者，做陕西法治创新的思想引领者，做陕西法治文化建设的先锋队和突击队。

四、全面推进开放办学，加强国际合作交流，着力建设具有国际影响力的高水平大学

开放办学是现代大学发展的趋势，拓展国际交流、提高学校国际影响是高水平大学建设的必由之路。

强化开放办学意识。借力陕西自由贸易试验区、西安国际化大都市建设等重要战略机遇，大力加强国际合作交流，重点与"丝绸之路经济带"沿线国家高校开展合作交流；积极组织策划有较高国际影响力的学术会议和国际论坛，扩大学校国际声誉和影响力；积极发展留学生教育，不断扩大中亚国家留学生数量；利用中外合作办学项目和机构，积极探索合作办学新模式，推进人才培养国际化，努力提升学生参与国际竞争的能力。

建设"一带一路"国际法律服务中心。积极主动融入"一带一路"建设，通过建设"一带一路"法律文化交流中心，举办丝绸之路长安学者论坛等活动，构筑丝绸之路法学高地新平台，提高学校服务国家重大战略的能力；探索设立与"一带一路"建设相关招生专业和方向，培养懂法律、懂国际规则、懂当地语言和风俗习惯的外向型、应用型、复合型法律人才；加强与最高人民法院第六巡回法庭的合作，在"一带一路"商事纠纷解决法律服务领域，率先创新合作机制；整合力量，建设"一带一路"法律服务实体机构，提高开放办学效益。

瞩目未来，风正帆悬。西北政法大学教育事业发展已进入全面

提升、重点突破、强化优势、争攀高峰的新阶段。高水平大学的建设要靠扎扎实实干出来，学校当发奋图强、锐意进取，走好属于我们自己的新征程。在未来，学校将深入学习贯彻党的十九大精神，以陕西省委“五新”战略为指引，以建校80周年为契机，在上级组织的正确领导下，团结依靠全校师生和广大校友们，为早日全面建成法学特色鲜明、多学科协调发展的教学研究型高水平大学不懈努力。

（撰稿人：杨宗科，本文选自《西北高教评论》总第4卷，中国社会科学出版社2017年版）

校史大事记

中国共产党的高等法学教育开端于新民主主义革命的延安时期，始于陕甘宁边区行政学院，初步完善于延安大学，在西北人民革命大学、西北政法干部学校、中央政法干部学校西北分校、西安政法学院、西北政法学院时期逐步形成和壮大。历经沧桑、迭经变革的西北政法大学走过了80余个春秋。学校有着81年的办学历史、60年一个甲子的本科教育历史，是中国共产党延安时期高等法学教育的直接延续，也是中国共产党在延安时期法学教育的主要传承者。从陕北公学到西北政法大学，学校逐渐形成了办学育人的红色血脉和革命基因。谨以简略版的大事记，向学校走过的光辉历程致敬。

1978 年

8 月 5 日，国务院批准西北政法学院（以下简称学院）在学校原址复办，学制 4 年，在校学生规模 1000 人，面向西北地区，1979 年开始招生。学院实行最高人民法院和所在省双重领导，以最高人民法院为主。

8 月 14 日，学院收到 1978 年 8 月 5 日中华人民共和国最高人民法院、最高人民检察院、公安部、教育部联合发的〔1978〕法司字 82 号《关于国务院批准恢复北京政法学院、西北政法学院的通知》。文件指出，两院恢复，批准学院设置法学本科专业，并于 1979 年下半年招收新生，原来的教职工基本上被调回。

10 月 26 日，王云同志主持召开了全体教职工会议，会上由王云同志代表，宣布了〔78〕法司字 82 号关于恢复北京，西北政法学院的文件，并于即日开始挂出学校校牌、启用校印，对外办公。参加会议的有于行同志、刘韧同志以及原西北政法学院留守处负责人唐士斌等教职工 20 余人。

1979 年

5 月 14 日，陈美英馆长带领工作人员从延安大学运回图书。

8 月 18 日，复校后首届新生开始报到。21 日，在大礼堂召开 79 级迎新大会。

10 月 13 日，学院召开第一届新生开学典礼，陕西省委章泽副书记、省革委人大常委会时逸之副主任、省法院副院长杨作义、省检察院副检察长王江祯、省公安局副局长何一、西安师专党委书记、校长张悦参加开学典礼，会后照了全体师生员工合影像。

10 月 27 日，学术委员会召开第一次会议，研究如何开好复校后第一次学术讨论会有关问题。

11 月 8 日至 10 日，学院召开首届学术报告会。

11 月 14 日，学院在大礼堂全体师生学习社会主义民主和社会主

1985 年建成的图书馆

1985 年建成的学校大门

义法制有关问题，由郭怀都宣讲。

11 月 21 日，学院在大礼堂召开师生员工大会，马朱炎讲民主和法制问题，郭怀都讲整顿社会治安问题。

1980 年

3 月 15 日，学院召开学术委员会议，研究科研 3 年规划。

7 月 18 日，学院收到司法部文件，中央组织部批复王云同志任常委书记、院长；司法部党组批于行、王陆原任副书记、副院长；陶健生、周增华任副书记；吴仲壁、郭怀都、刘韧任党委委员、副院长。

1982 年

11 月 11 日，学院学士学位评定委员会召开会议，认真讨论了首届学士学位授予工作，审查了授予学士学位的名单，并作出了授予 316 人学士学位的决定。

1984 年

1 月 13 日，经国务院批准，学院获得刑法学硕士学位授予权。

9 月 1 日，学院首届招收的法律专业 481 名函授生开学。

11 月 23 日，西北政法学院学生法律服务中心成立。

12 月，经司法部批准，学院于 1985 年招收刑法学、经济法学、国际法学硕士研究生。

1985 年

1 月 27 日，学院首届法律专业函授生第一学期学习胜利结束，及格率达 95%，取得了较好的成绩。

1 月，学院外语教研室聘请澳大利亚籍英语教师为学生上口语课，提高教学能力。

10 月 16 ~ 20 日，由学院等单位发起的全国青年法学工作者学术讨论会西安市举行。

10 月，学院新开设经济学专业。

10 月，学院招收研究生工作迈出新步伐，总计 107 人报考学院研究生。

1986 年

1 月 1 日，院总务处按照《管理工作改革方案》，正式推行年度任务内各项经费包干使用和单独核算办法，全面实施以经济承包和岗位责任制为核心的管理改革。

7 月，学院获批法学理论、马克思主义哲学硕士学位授予权。

7 月 8 日，学院召开西北政法学院法学研究所成立大会。副院长徐健主持大会，北京、西南、中南、西北五省区等兄弟单位和院校代表参加大会，院长穆镇汉致开幕词。西北政法学院法学研究所的成立标志着学院科研组织系列的新发展。

1987 年

1 月 5 日，学院试行科研成果奖励暂行办法。

10 月 15 日，硕士学位授予工作首次在学院进行，余新喜、狄瑞明等 8 人被授予硕士学位。

1988 年

9 月 20 日，经司法部党组研究决定，调整学院领导班子。穆镇汉同志兼任西北政法学院党委书记，王天木同志任西北政法学院常务副院长，张力同志、曹正超同志任西北政法学院党委副书记，陈明华同志任西北政法学院院长助理。

根据国家教育委员会〔88〕教高一字 017 号文件，批准学院设置行政管理本科专业。

1990 年

4 月 4 日，学院首次推荐 5 名应届毕业生为硕士研究生工作顺利结束。

周柏森教授指导刑法学研究生

1991 年西北政法学院召开教学科研工作会议

4 月 5 日,西北政法大学学生通讯社正式成立。

11 月,学院获批法律史硕士学位授予权。

1991 年

3 月 7 日,时任司法部鲁坚副部长一行人来学院宣布新一届领导。张力同志任党委书记,王天木同志任院长、党委常委,陈明华同志任副院长,赵志高同志任纪委书记、党委常委,赵炎同志任党委常委。

10 月 28 ~ 30 日,学院召开首届思想政治工作会议。时任党委书记张力主次大会,时任陕西省教工委宣传处副处长姚繁同志也出席开幕式并作了讲话。

1992 年

3 月 14 日,司法部招生分配工作会议在西北饭店召开。

3 月 17 日,时任世界法学会主席富兰克林及夫人来学院访问,与学院领导及有关教师就知识产权相关问题进行了座谈。

10 月 8 日,学院首届学生军训总结汇报大会隆重举行。

1993 年

3 月 9 日,学院新增设 6 个专业方向,分别是国际贸易法、民商法、国际经济法、行政法、工商税务管理和侦查学。

5 月,西北政法学院司法鉴定中心正式成立。

10 月 12 日,西北政法学院建院 35 周年纪念典礼隆重举行。时任院党委书记张力主持大会,司法部、陕西省、各兄弟院校及有关方面的领导出席大会,新老校友及在校师生共 5000 余人参加了大会。国家教委办公厅、最高人民法院、陕西省人大常委会、西安市人民政府发来贺电。

11 月 8 日,时任中国法学会会长、亚太地区法律协会副主席邹瑜访问学院，并与时任学院党委书记张力、院长王天木、副院长赵炎进行了座谈。

12 月，学院获批政治经济学、民商法学、经济法学、国际法学硕士学位授予权。

1994 年

1 月，学院逻辑教研室被司法部评为 1993 年“司法行政系统政治工作先进集体”，时任学院团总支书记刘天德、党总支副书记侍秀英、党总支书记高全仁被司法部评选为“司法行政系统优秀政治工作者”。

9 月 10 日，司法部在北京召开直属高校教学工作先进集体、先进个人表彰大会，我校武步云、刘进田等 10 名同志分别被授予“先进教师”“先进教学管理人员”“先进教学辅助人员”光荣称号。

10 月 8～12 日，学院召开西北政法学院成人教育 10 周年表彰先进暨工作会议。

11 月 3 日，学院教学管理出台 4 项新规定，分别是《关于试行通过国家大学英语四级考试与学士学位挂钩的决定》《关于选拔优秀专科生升本科的暂行规定》《关于试行主辅修制度的规定》《关于试行本、专科学生淘汰制的决定》。

根据司法部〔94〕司教字 88 号文件，学院被批准设置国际经济与贸易、市场营销、英语本科专业。

1995 年

2 月 25 日，陕西省委常委中心学习组举办“社会主义市场经济条件下的法制建设”讲座。学院法学系副教授葛洪义担任主讲人。

3 月 21 日，学院首届成人教育本科生毕业典礼隆重举行。院领导张力、陈明华、董小龙、刘兴春、宣力和武彦杰等同志出席大会，会上对优秀函授生进行了表彰。

1996 年，司法部部属院校教学工作水平评价会

1994 年，教与学工作座谈会

1996 年，法律系首届教学科研基金颁奖

学院自1997年开始法律硕士专业学位(JM)教育，是全国第二批和西北地区最早获得法律硕士学位授权的高校

1998年，学院举办“世纪之交中国法制建设与法学研究之展望”研讨会

1998 年建成的研究生楼

1999 年 9 月，哥斯达黎加最高法院大法官来西北政法学院访问

5 月 16 日,学院外事处更名为西北政法学院国际交流中心。

1996 年

5 月 8～12 日,司法部法学核心课教学大纲编写会在学院召开。

6 月,学院获得行政法学、诉讼法学硕士学位授予权。

10 月,学院赵馥洁教授获"全国司法行政系统英雄模范"称号。

1997 年

5 月,学院图书馆自动化集成系统安装完成投入运行。

9 月 14 日,学院召开处以上干部大会,司法部党组对学院领导进行调整,陈明华同志任院长。

11 月 26 日至 28 日,学院举办了首届"教师教学基本功大赛"。

1998 年

4 月,经国务院学位办批准,学院获准为法律硕士专业学位试点单位。

6 月,学院获批环境与资源保护法学硕士学位授予权。

8 月 9 日,赵馥洁应邀参加第二十届世界哲学大会。

10 月 12 日,学院隆重举行庆典大会和一系列纪念活动,庆祝西北政法学院建校 60 周年暨成立学院 40 周年。

1999 年

5 月 19 日,学院法制新闻系隆重举行成立庆典仪式。

6 月 17 日,学院法学四系(国际法方向)隆重成立,原法学系更名为法学一系,原经济法系更名为法学二系,原行政法系更名为法学三系。

根据教育部教高函〔1999〕2 号文件,批准学院设置新闻学本科专业。

1999 年，西北政法学院举办海峡两岸行政法学学术研讨会

1999 年 9 月，台湾大学廖义男教授作学术讲座

1999 年，西北政法学院与莫斯科国立法律学院签订交流协议

1999 年，西北政法学院举办新疆民族干部培训班

2000 年

6 月,学院获得行政管理硕士学位授予权。

6 月 5 日,学院召开“西北政法学院公安系成立大会”。

根据陕西省教育委员会陕教高〔2000〕11 号文件,批准学院设置治安学本科班、侦查学本科班。

根据陕西省教育厅陕教高〔2000〕87 号文件,批准学院设置劳动与社会保障本科专业。

2001 年

10 月 26 日,学院来小鹏、黄河、强力 3 位教授在陕西省决策咨询委员会第二届全会上受聘为咨询委员。

根据陕西省教育厅陕教高〔2001〕100 号文件,批准学院设置边防管理、经济学、政治学与行政学、哲学本科专业。

2002 年

3 月 6 日,学院国家司法考试研究中心成立暨“司法考试与法学教育 · 法学研究”研讨会召开。

5 月 19 日,学院政治与公共管理系成立大会隆重召开。

9 月,学院荣获教育部本科教学评估优秀单位。

9 月 28 日,西北政法学院在南校区(西安市长安区)举行了隆重的奠基仪式。

根据陕西省教育厅陕教高〔2002〕114 号文件,批准学院设置人力资源管理、公共事业管理、编辑出版学、广播电视学本科专业。

2003 年

根据教育部教高函〔2003〕2 号文件,批准学院设置治安学、金融学本科专业。根据陕西省教育厅陕教高〔2003〕11 号文件,批准学院设置侦查学本科专业。根据陕西省教育厅陕教高〔2003〕66 号文件,

2000 年 11 月，学院举办中国加入 WTO 与西部大开发法律研讨会

2005 年，中欧公共管理硕士（MPA）项目谅解备忘录签字仪式

批准学院设置信息管理与信息系统、思想政治教育、社会学本科专业。

9 月 15 日，陕西省委组织部副部长王绪刚一行 4 人来学院宣布了陕西省委关于我校新任院领导的决定，省委决定：高霄同志任西北政法学院党委委员，党委副书记；贾宇、郭捷同志任党委委员、副院长。

10 月 22 日，学院法制新闻系正式更名为新闻传播学院。

10 月 29 日，学院南校区迎来第一批学生。

2004 年

根据教育部教高函〔2004〕3 号文件，学院被批准设置刑事科学技术本科专业。

学院获得马克思主义基本原理、思想政治教育、新闻学硕士学位授予权。

4 月 22 日，学院公安学院、新闻传播学院建院庆典仪式在模拟法庭隆重举行。

5 月，"五四"前夕，共青团中央授予学院樊铁虎同志"全国优秀共青团干部"称号。

5 月 21 日，学院申请更名大学的工作获教育厅专家组初审通过。

2005 年

2 月 22 日，陕西省委教育工委副书记、省教育厅厅长胡致本，省委教育工委干部处处长杨萍，副处级调研员梁爱芳一行 3 人来学院宣布省委、省委教育工委有关学院领导任免的决定：免去陈明华同志西北政法学院院长、党委副书记职务；在新的院长到任之前，由现任党委书记朱开平同志主持行政工作。

4 月 12 日，陕西省委组织部、省委教育工委在学院召开大会，宣

2006年11月18日,西北政法学院正式更名为西北政法大学,中共陕西省委副书记、代省长袁纯清和最高人民检察院党组成员、副检察长赵虹为学校揭牌

武步云教授指导马克思主义哲学研究生

布了《中共陕西省委教育工委关于宋觉同志任职的通知》。陕西省委决定:宋觉同志任西北政法学院党委委员、党委副书记。

4 月 23 日,学院法学四系主任、中国国际私法学会副会长王瀚教授被中国国际商会仲裁院聘任为仲裁员,聘期为 3 年,王瀚教授专程赴京接受了聘书。

9 月 4 ~ 7 日,学院法学四系主任王瀚教授应第二十二届世界法律大会中国组委会邀请,出席了在北京人民大会堂举行的第二十二届世界法律大会。

11 月 21 日,教育部全国高等学校设置评议委员会专家组一行 9 人莅临学院,对学院更名大学进行实地考察。

12 月 3 日,西北政法学院基建处与西安市雁塔区人民检察院预防科共建的"预防职务犯罪联络点"正式挂牌成立。

2006 年

学院获批法学一级学科硕士学位授予权。

学院获批中国哲学、军事法学、政治学理论、马克思主义发展史、马克思主义中国化研究硕士学位授予权。

6 月 19 日,陕西省委在西北政法学院雁塔校区召开会议,宣布贾宇同志任西北政法学院院长、党委副书记。

7 月 10 日,经校党委会议研究,西北政法学院决定实施校院两级管理体制,在校一级机构下设立哲学学院、经济管理学院、刑事法学院、民商法学院、经济法学院、行政法学院、国际法学院、政治与公共管理学院、公安学院、外国语学院、新闻传播学院 11 个二级学院。

10 月 12 日,中国法学会刑法学研究会在杭州举行了换届选举大会。学院校长贾宇教授当选为中国法学会刑法学研究会副会长,并被推荐为全国第五届"全国十大杰出青年法学家"候选人。

11 月 18 日,西北政法大学(以下简称学校)设置暨揭牌大会在长安校区中心广场举行。陕西省副省长朱静芝宣读了陕西省人民政府《关于西北政法学院更名为西北政法大学的通知》。时任中共陕西省委副书记、代省长袁纯清和时任最高人民检察院党组成员、副检察长赵虹为学校揭牌。

2007 年

1 月 22 日，第五届“全国十大杰出青年法学家”评选颁奖仪式在北京中南海隆重举行，学校校长贾宇教授当选，这也是西北地区学者首次获此殊荣。

3 月 9 日，中国共产党西北政法大学第一次代表大会在长安校区行政楼报告厅隆重开幕。

5 月 26 日至 6 月 1 日，教育部专家组对我校本科生教学水平进行了为期 1 周的实地考察评估。

6 月 28 日，学校本科教学工作水平评估报告会在长安校区图书馆一层报告厅隆重举行。

10 月 20 日，西北政法大学 70 周年校庆庆典大会在长安校区隆重举行。

12 月 1 ~2 日，教育部高等学校法学学科教学指导委员会、中国法学会法学教育研究会 2007 年年会暨中国法学教育论坛在南京举行。学校校长贾宇教授当选为新一届理事会副会长，副校长郭捷教授当选为常务理事，副校长杨宗科教授、研究生教育院院长王健教授当选为理事。

根据陕西省教育厅陕教高〔2007〕48 号文件，批准学校设置广播电视编导本科专业。

2008 年

5 月 13 日，学校与西安市雁塔区检察院合作建立的“法科研究生实训基地”“检察实务理论研究中心”在雁塔区检察院挂牌。

6月4日，学校刑事法律科学研究中心执行主任、刑法教研室主任、刑法专业硕士研究生导师杜发全教授正式担任西安市雁塔区检察院副检察长。这是陕西省首位法学学者通过地方人大常委会任命，挂职担任基层检察院副检察长，也是学校探索“检校合作”模式取得的又一项重要成果。

9月26日，学校与西安市中级人民法院正式签署协议，在西安市中院设立法科研究生实训基地，合作开展法科研究生实务训练计划。

10月27日，经陕西省司法厅批准，以对司法鉴定人进行教育培训为主要职责的机构——陕西省司法鉴定人教育培训基地在学校揭牌成立。

2009年

1月20~21日，中国法学会第六次全国会员代表大会在北京召开。经投票选举，时任学校校长贾宇当选为中国法学会第六届理事会常务理事，时任副校长王瀚当选为理事。

4月24日，“首届中国法学名家论坛”在上海华东政法大学举行。时任校长贾宇教授、科研处处长汪世荣教授出席论坛并发表演讲，贾宇教授被遴选为“当代中国法学名家”。

10月17日，西北政法大学恢复招生30周年纪念大会在长安校区中心广场举行。西北政法大学“廉亭”揭牌仪式在长安校区张汤墓遗址举行。

10月17日，西北政法大学校友会成立大会暨第一次校友代表大会在学校长安校区行政楼报告厅召开。

10月28日，世界知名的刑事鉴识专家、美籍华人李昌钰博士为学校千名师生举办了一场题为“当代世界刑事鉴识学科发展趋势”的学术演讲。

12 月 15 日，学校马克思主义教育研究院成立大会暨授牌仪式在雁塔校区大会议室举行。

根据陕西省教育厅陕教高〔2009〕30 号文件，批准学校设置戏剧影视文学本科专业。

2010 年

学校获批哲学、理论经济学、新闻传播学、公共管理一级学科硕士学位授予权。

1 月 6 日，学校与西安市人民检察院联合举办的“检校合作、理实并进——法科研究生实训制度研讨会”在西安市人民检察院举行。

5 月 30 日，时任校长贾宇教授参加了在华东政法大学召开的以“培养具有国际视野的法律高端人才”为主题的首届政法高校书记、校长论坛。

5 月 25 日，学校毕业生就业见习基地协议签署暨授牌仪式在佛山市人民检察院举行。

2011 年

学校获批逻辑学，经济思想史，经济史，西方经济学，世界经济，人口、资源与环境经济学，管理经济学，法经济学，知识产权法学，劳动法学与社会保障法学，传播学，法制新闻与传媒法，社会医学与卫生事业管理，教育经济与管理，土地资源管理硕士学位授权点。

根据陕西省教育厅陕教高〔2011〕29 号文件，批准学校设置社会工作本科专业。

4 月 29 日，西北政法大学知识产权学院在长安校区正式揭牌，同时举行了陕西知识产权发展论坛。

7 月 9 日，由西北政法大学主办的全国政法大学“立格联盟”第二届高峰论坛在长安校区隆重举行。

西北政法大学长安校区建设奠基仪式

西北政法大学长安校区图书馆揭牌仪式

自2012年9月起，学校承担包括“应用型复合型法律职业人才”“涉外法律人才”“西部基层法律人才”全部3个类型的国家卓越法律人才教育培养任务

8月8日，《西南政法大学、西北政法大学战略合作与发展计划协议书》签字仪式在学校长安校区图书馆举行。

12月28日，中国法学会常务理事会（扩大）会议暨第二届中国法学优秀成果奖颁奖仪式在深圳举行。时任中共中央政治局委员、中央政法委员会副书记王乐泉，时任广东省委书记汪洋出席会议并为获奖代表颁奖。学校《法律科学》主编韩松研究员的论文荣获一等奖。

2012年

3月12日，学校聘任西南政法大学21位教师为兼职教授的证书颁发仪式在西南政法大学举行。

3月23～25日，中央电视台社会与法频道《法律讲堂（文史版）》播出了校长贾宇教授主讲的西汉御史大夫张汤系列节目《平民墓中的高官》《陈皇后巫蛊案》《三王谋反案》。

3月26日，由教育部、中央政法委联合举办的卓越法律人才教育培养计划启动工作会议在京召开，来自最高人民法院、最高人民检察院、外交部、公安部、司法部、商务部、各省（区、市）教育部门和高校的代表参加了会议。学校副校长郭捷教授应邀参加会议。

10月，根据国务院学位办文件，学校获批“服务西北地区稳定发展与国家安全高级法律人才培养项目”，获得服务国家特殊需求博士人才的招生资格。

10月18日，学校举行实施国家“卓越法律人才教育培养计划”启动仪式。

12月12日，学校召开大会隆重表彰“全国杰出资深法学家”杨永华教授。

12月28日，学校法学实验实训中心顺利通过国家及实验教学示范中心建设验收。

2013 年

1 月 24 日，在北京全国政协礼堂举行的首届中国新闻法治建设学术峰会上，新闻传播学院慕明春教授的论文获得全国首届新闻法治论文一等奖，孙晓红副教授的论文获得优秀奖。

2 月 6 日，陕西省省长娄勤俭主持了新一届陕西省政府领导班子第一次集体学法活动。时任学校副校长杨宗科受邀作了题为《树立法治理念 推进依法行政 加快建成法治政府》的讲座。

3 月 22 日，学校 4 位青年教师受聘雁塔区人民法院兼职法官助理。时任学校副校长杨宗科、雁塔区人民法院院长王联社等出席了在雁塔区人民法院举行的聘任仪式。

10 月 30 日，中央政法委、教育部在学校长安校区图书馆报告厅召开法律人才互聘“千人计划”现场会，总结交流高校及政法系统实施“双千计划”的经验做法。

12 月 13 日，第五届“国际航空法模拟法庭竞赛”中国区赛在中国民航大学举行，比赛语言为英语。学校代表队首次参加比赛并获得亚军，取得代表中国参加 2014 年 3 月在罗马尼亚举行的国际航空模拟法庭竞赛的参赛资格。

2014 年

1 月 7 日，中共陕西省委在我校长安校区召开干部大会，宣布宋觉同志担任学校党委书记的决定。

1 月 13 日，由共青团中央、全国学联主办的 2013 年度寻访“中国大学生自强之星”活动在京揭晓。学校经济管理学院 2011 级经济学专业学生王道润以其在志愿服务领域的表现获得“中国大学生自强之星”称号，并获得“中国大学生新东方自强奖学金”。

2 月 31 日，陕西省高级人民法院召开大会，聘请学校贾宇、郭捷、王正勋、强力、郭富青、王周户、李永宁、韩松、王麟、冯卫国、董少谋、杜发全12位法学教授为陕西省高级人民法院首批特邀咨询员。

6月16日,全国哲学社会科学规划办公室公布了2014年度国家社科基金立项名单,学校共有11项课题获得立项资助。其中,重点项目1项,一般项目7项,西部项目3项,总数位列陕西省第三位,并且,重点项目的立项取得了突破。

经国务院学位办批准,学校获得国际商务硕士、翻译硕士、新闻与传播硕士专业学位授予权。

10月,学校获批民族法学、财务审计与风险管理、市场营销与危机管理硕士学位授权点。

根据教育部教高〔2014〕1号文件,批准学校设置朝鲜语、商务英语本科专业。

2015年

1月8日,学校召开干部大会,宣布中共陕西省委关于学校领导班子调整的决定:任命赵健任西北政法大学党委副书记,罗新远任西北政法大学党委委员、纪委委员、纪委书记。

3月16日,西安市雁塔区人民法院聘任西北政法大学青年教师担任法官助理仪式在雁塔区人民法院举行,学校青年教师常鑫、刘为锋受聘任法官助理。

3月30日,"《中华人民共和国立法法》修改研讨会"在学校长安校区举行,会议邀请陕西省人大、西安市人大、渭南市人大等的领导和立法实务专家、从事立法相关领域研究的专家学者以及研究生等40多人出席。

4月2日,学校举行"西北政法大学·威尔帝3D与新媒体实验室"揭牌仪式暨兼职教授聘任仪式。西北地区第一个校企共建的"3D与新媒体实训中心"在我校挂牌成立。

4月8日,学校反恐怖主义研究院和民族宗教研究院入选中共中央对外联络部"'一带一路'智库合作联盟",贾宇为特邀理事、穆兴天为理事。

5月14日,学校举行学生事务管理服务中心揭牌仪式,宋觉等校领导和各学院、相关职能部门负责人以及学生代表参加。

7月4日,中华司法研究会成立大会暨中华司法的历史、现状与未来高峰论坛在人民大会堂举行,贾宇当选为常务理事,王瀚当选为理事。

7月16日,学校创办的"中国反恐信息网"开通仪式在西安市法学会举行。

10月15日,学校与阿里巴巴公司签署战略合作协议,成为阿里巴巴首批跨境电商人才培训基地。

10月20日,学校举行西北政法大学艺术团成立大会。时任校长贾宇、校党委副书记赵健及校艺术顾问李传敢、张文立出席。

10月26日,根据《陕西省人力资源和社会保障厅关于认定省属创业培训定点机构的通知》(陕人社函〔2015〕902号)精神,学校被认定为省属创业培训定点机构。

11月25日,《西北政法大学校歌》标准版录制完毕。校歌是在成仿吾作词、吕骥作曲的《陕北公学校歌》基础上,由时任校长贾宇填词创作完成的。

12月16日,举行首届"长安学者""长安青年学者"聘任仪式,校党政领导、校长助理、校学术委员会委员、首届"长安学者""长安青年学者"聘任人选出席。汪世荣、韩松、王周户、刘进田、杨建军、王政勋、冯卫国、张周志、柯泽9位教授被聘为首届"长安学者",孙昊亮、李明、程淑娟、刘萍、张师伟、陈京春、舒洪水7位教授被聘为首届"长安青年学者"。

根据教育部教高函〔2015〕2号文件,学校被批准设置审计学、电子商务及法律本科专业。

2016 年

1 月 16 日，西北政法大学反恐怖主义法学院成立大会暨反恐怖主义学术研讨会在长安校区举行。教育部、中国法学会的与会领导与校党委书记宋觉、时任校长贾宇共同为反恐怖主义法学院揭牌。

3 月 23 日，学校反恐怖主义法学院开学典礼在长安校区召开。时任校党委书记宋觉、校长兼反恐怖主义学院院长贾宇出席并讲话。

5 月 12 日，学校公安学院、司法鉴定中心与陕西省人民检察院技术处司法鉴定合作签约仪式暨西北政法大学教学科研实践基地揭牌仪式在陕西省人民检察院隆重举行。

5 月 31 日，最高人民法院召开《法治天下》开播 1 周年座谈会，时任校长贾宇参加并发言。人民法院新闻传媒总社、中国教育电视台与学校签署了《法治天下》战略合作框架协议。

7 月 20 日，时任校长贾宇应邀在东莞市行政办事中心会议厅举行的“百名法学家百场报告会”暨东莞市委理论学习中心组专场——“东莞学习论坛”第 58 期报告会上，为该市广大领导干部作题为“我国反恐形势、对策与反恐怖主义法”的专题报告。

8 月 4 日，学校教师彭红军在新疆维吾尔自治区司法厅促进和谐预防犯罪办公室挂职，任主任助理。

8 月 31 日，学校召开干部大会，宣布中共陕西省委关于学校领导任职的决定，李平安同志任西北政法大学党委副书记，王麟同志任西北政法大学副校长、党委委员。

9 月 5 日，学校教师舒洪水同志在新疆维吾尔自治区政法委研究室挂职，任副主任。

10 月 9 日，时任学校校长贾宇受深圳市委邀请，在“百名法学家百场报告会” 暨市委理论学习中心组(扩大)学习会上，围绕“我国的

2017 年，西北政法大学研究生院正式挂牌

专家组评议学院本科教学工作

反恐形势、对策与反恐怖主义法”主题作了专场报告。

11 月 1 日，学校在长安校区举行了李昌钰博士受聘西北政法大学理事会理事仪式。

根据教育部教高函〔2016〕2 号文件，批准学校设置金融工程、网络与新媒体本科专业。

2017 年

1 月 4 日，省委组织部宣教干部处副处长王远路、省委高教工委组织部副处级干部冯政清一行来学校宣布中共陕西省委关于学校领导任职的决定，肖道远同志任西北政法大学副校长、党委委员。

2 月 8 日，时任学校校长贾宇参加最高人民法院召开的特邀咨询员座谈会，就人民法院工作和起草中的《最高人民法院工作报告》提出意见建议。

3 月 3 日，省委高教工委书记董小龙、省委组织部宣教干部处副处长王远路，省委高教工委组织部副部长许文学来校宣布省委决定，漆思同志任西北政法大学副校长。

3 月 6 日，西安市长安区人民检察院与刑事法学院——检校战略合作签约仪式暨刑事法学院教育实践基地与法律教育基地揭牌仪式，在长安区人民检察院六楼会议厅举行。

3 月 10 日，学校与华可教育研究院共建的全国首家“司法辅助人才研究培训基地”在雁塔校区揭牌成立。

5 月 5 日，最高人民法院召开交流挂职学者座谈会。学校博士研究生导师汪世荣教授被遴选为第三批挂职学者，并经最高人民法院党组任命，担任最高人民法院司改办副主任。

5 月 17 日，陕西师范大学、西北大学、西安外国语大学、西北政法大学、西安邮电大学五校“长安联盟”成立大会暨合作协议签约仪式在陕西宾馆举行。

5月21日，学校2016届博士学位授予仪式在长安校区举行。

5月26日，学校本科教学工作审核评估意见反馈会在长安校区举行，所有专家组成员出席会议并反馈意见。

6月16日，研究生院揭牌仪式在雁塔校区举行。校党委书记宋觉、时任校长贾宇等校领导以及学校79级校友、兼职博士研究生导师、新疆生产建设兵团党委常委郭永辉出席。

6月24日，中国仲裁法学研究会仲裁规则研究中心授牌仪式学校举行，中国仲裁法学研究会顾问卢云华、副校长王瀚共同为中心揭牌。

6月25日，陕西省哲学社会科学重点研究基地——西北政法大学社会政策与社会舆情评价协同创新中心在学校揭牌。

7月1日，时任学校校长贾宇、校党委副书记李平安，党政办公室、党委宣传部、校史馆、新闻传播学院等部门负责人参加李敷仁纪念馆开馆仪式。

7月4日，学校召开干部大会，宣布中共陕西省委关于学校领导任职的决定。杨宗科同志任西北政法大学校长，王健同志任西北政法大学副校长、党委委员，免去贾宇同志的西北政法大学校长职务。

7月8日，西北政法大学刑事辩护高级研究院成立大会暨首届长安刑事辩护高峰论坛在学校长安校区图书馆一楼报告厅举行。

9月15日，副校长王瀚教授等拜访著名国际法学家、“航空法之父”、英国伦敦大学华裔终身荣誉教授郑斌先生，感谢郑斌先生将其父郑天锡先生(常设国际法院中国籍法官)和自己的国际法、航空法藏书赠与西北政法大学。

9月28日，吴玉章基金委员会在中国人民大学国学馆举行第七届吴玉章人文社会科学奖、第六届吴玉章人文社会科学终身成就奖颁奖典礼。学校严存生教授荣获第七届吴玉章人文社会科学奖。

10月，学校获批司法鉴定学、警事法学硕士学位授权点。

10月6日，根据《关于开展陕西普通高校“一流专业”项目申报工作的通知》（陕教高办〔2016〕52号），我校3个专业入选“一流专业”建设项目，9个专业入选“一流专业”培育项目。

10月28日，学校纪念建校80周年暨建设高水平大学推进大会在长安校区学术报告厅隆重举行，校党委书记宋觉主持大会。校长杨宗科作了题为《自觉服务国家战略需求 奋力建设特色鲜明高水平大学》的报告。

11月15日，学校行政法学院常安教授、刑事法学院邱昭继教授入选“青年杰出人才”支持计划，学报编辑部付玉明副研究员入选“青年杰出人才”培育计划。

12月1日，教育部政策法规司发布《关于合作建设教育立法研究基地的函》（教政法司函〔2017〕83号），决定与西北政法大学合作共建教育立法研究基地。中国立法学会副会长、西北政法大学校长杨宗科教授担任教育立法研究基地主任。

根据教育部教高函〔2017〕2号文件，批准学校设置国际政治、财务管理本科专业。

后　记

1978年党的十一届三中全会的召开以及在此之前召开的科学和教育工作座谈会,中国的教育事业迎来了重要的历史时刻,法学教育也迎来了重大的发展机遇。以西南政法学院、北京政法学院、华东政法学院、中南政法学院、西北政法学院为代表的一批政法院校先后恢复重建或新建,伴随着改革开放的步伐,筚路蓝缕、披荆斩棘,形成了各自独特的办学理念和学科特色,培养了大批法治人才,积淀了丰富的研究成果,传播和弘扬法治精神,对我国的法学教育的复兴和法治事业的发展起到了无可替代的重要作用。

2018年是改革开放40周年,在这个重要的历史节点,我们约请了中国政法大学、华东政法大学、西南政法大学、中南财经政法大学、西北政法大学五所院校的有关部门,组织编辑出版了《足迹——政法五院重建记忆》一书,以此纪念改革开放的伟大成就。

书稿共分五篇,分别叙述五所政法院校复办历程及其各自的发展简史,从不同的侧面展示和描绘了我国法学教育的恢复、发展与振兴,展现了我国改革开放40年在法学教育领域所取得的历史性成就。

本书能够顺利成稿并出版,得益于五所院校的党委和领导的鼎力支持,得益于每一位参与稿件具体撰写的作者的辛勤付出,在此我们表示诚挚的谢意！由于时间紧迫，书稿仍有不尽完善之处，恳请读者批评指正。

法律出版社编辑委员会

2018 年 11 月 29 日

图书在版编目(CIP)数据

足迹：政法五院重建记忆／法律出版社编辑委员会编. -- 北京：法律出版社，2019
ISBN 978－7－5118－9035－1

Ⅰ. ①足… Ⅱ. ①法… Ⅲ. ①法学教育－教育史－中国－现代 Ⅳ. ①D929.7

中国版本图书馆 CIP 数据核字(2018)第 296878 号

足迹
——政法五院重建记忆
ZUJI
—ZHENGFA WUYUAN CHONGJIAN JIYI

法律出版社
编辑委员会 编

策划编辑 法律出版社编辑委员会
责任编辑 沈小英 郑导 张泽华 单洁 毛镜澄
装帧设计 汪奇峰

出版 法律出版社
总发行 中国法律图书有限公司
经销 新华书店
印刷 天津嘉恒印务有限公司
责任校对 王晓萍
责任印制 吕亚莉
编辑统筹 法治与经济出版分社
开本 720 毫米×960 毫米 1/16
印张 59.75
字数 798 千
版本 2019 年 6 月第 1 版
印次 2019 年 6 月第 1 次印刷

法律出版社／北京市丰台区莲花池西里 7 号(100073)
网址／www.lawpress.com.cn
投稿邮箱／info@lawpress.com.cn
举报维权邮箱／jbwq@lawpress.com.cn
销售热线／400－660－8393
咨询电话／010－63939796

中国法律图书有限公司／北京市丰台区莲花池西里 7 号(100073)
全国各地中法图分、子公司销售电话：
统一销售客服／400－660－8393/6393
第一法律书店／010－83938432/8433　西安分公司／029－85330678　重庆分公司／023－67453036
上海分公司／021－62071639/1636　深圳分公司／0755－83072995

书号:ISBN 978－7－5118－9035－1　**定价**:390.00 元
(如有缺页或倒装,中国法律图书有限公司负责退换)